Contract Law *of* China

中国契約法

契約法が中国の市場経済の発展において果たした役割は顕著である。とはいえ、市場経済の発展に伴い、各種の新しい状況そして新しい問題は不断に出現しており、契約法にも新しい発展と活力が求められるとともに、その解釈と適用には新しい挑戦が突き付けられている。

著者―王 利明
監訳者―小口彦太
翻訳者―胡 光輝・但見 亮
　　　　長 友昭・文 元春

早稲田大学出版部

Contract Law by WANG Liming
©2015 China Renmin University Press. All Rights Reserved.

Translation Copyright ©2016 by Waseda University Press, Co. Ltd.
All Rights Reserved. This translation published under license.

「契約法」の中国的特色
―― 序に代えて

　契約法の制定および施行には，市場経済の法律秩序維持，そして取引当事者の合法的権益保護という点で大きな役割が期待される。それに加えて，今後の取引の発展および市場の繁栄についても重要な法律上の保障を提供してくれるであろう。

　同法の施行により，経済契約法，渉外経済契約法そして技術契約法という三法並立という局面が解消されることになった。これは，市場経済の法律体系の整備という点でも大きな一歩と言うことができる。契約法における関連規則はかなり完成されたものとなっており，長期にわたって存在していた契約関係立法における不足を広く補うとともに，三法並立によりもたらされた重複，不調和ひいては矛盾といった現象を解消し，中国の契約立法の分散・散乱状況を改善して，契約法とりわけ契約法総則の統一・体系化を実現したのである。

　総じて，契約法には以下のような重要な機能がある。

　まず，契約自由の保障である。契約法の内容は，十分に社会主義統一市場の必要を反映したものとなっており，計画経済体制の本質的特徴たる経済契約の概念が廃棄され，当事者の意思自治の原則が体現されている。契約法は契約自由の原則を貫き，契約の締結や取引相手の選択，内容および形式の決定そして契約の変更または解除，さらに紛争解決の方法など，いずれも当事者の自主的決定に任せることとしている。

　規範的側面から見ると，契約法は，強行規定ではなく，主に任意規定を通じて取引関係の調整を行う。例えば，契約法では各種の典型契約について規定があるものの，これら法律に規定される典型契約の規定により契約の内容を確定することは必要ではなく，その内容はあくまで当事者双方の合意による契約条項の確定に任されている。当事者が合意した条項が，法律により禁止される規定や社会公共利益または公共道徳に違背する内容でないかぎり，契約法はその効力を承認することになる。ここでは，個人の私的自治が最大限尊重されてい

るのである。

　次に，市場取引の促進である。契約法は取引の促進（promoting trade）をその目標とし，取引の促進により，市場経済の発展推進を目指している。契約の効力の認定という面では，契約法では契約の効力における瑕疵事由，とりわけ契約の無効事由が厳しく限定されている。これは契約の効力を維持し，それにより取引を促進するという立法目的の実現を目指すものである。

　契約法は英米法の立法を参考に，根本違約制度を確立し，違約による解除の条件を制限している。また，非実質的な変更は契約の成立に影響を与えない，というルールを採用するとともに，契約解釈制度及び不足補填制度を明確に規定している。これらはいずれも，契約の効力を維持し，取引の完成を促進することに有利に働くものである。

　第3に，契約厳守原則の貫徹があげられる。契約法には，「契約は必ず守られなければならない」（pacta sunt survanda）との原則が貫かれている。これは契約精神の集中的表現と言うことができる。

　契約精神というものは，単なる生活上の，または商業上の道徳ではなく，遵法精神そのものを体現するものなのである。「民に私約ありそれ律令のごとし」，「契約を重んじ，信用を守る」，「言必ず信じ，行必ず果たせ」，というように，これは中華民族の伝統的道徳の重要な構成部分であり，かつ社会主義商業道徳の主要な内容なのである。契約においては，当事者に契約上の信用を守らせるようにしてはじめて，正常な市場取引秩序が維持され，市場経済の秩序ある正常な発展を保障することができる。契約法は，契約が当事者を拘束することを強調するとともに，体系化された違約責任ルールを通じて当事者の契約遵守を保障することを通じて，契約厳守の原則を貫徹しているのである。

　第4に，信義に沿った誠実な履行の促進がある。信義誠実の原則は，私法ないしは法律体系全体の「黄金律」であり，契約の締結および履行の過程において，当事者はその承諾を守り，忠実かつ偽りなく，公平で合理的な心理状態および価値ルールにもとづいて行為しなければならない。契約法はその重要な機能として，当事者が信義に沿って誠実に履行することを促進しようとしている。契約法はその6条で，「当事者が権利を行使し，義務を履行するときは，信義誠実の原則を順守しなければならない」としている。これは，信義誠実の原則を契約法の基本原則とするものであり，そこには，当事者が信義に沿い誠実に

履行することを促す，という契約法の立法的精神および価値指向が体現されている。そのほかに，契約の履行，契約内容の解釈および欠缺の補塡においても，信義誠実の原則遵守が明確に規定されている。これは，当事者が信義に沿い誠実に履行することに有利に働くものである。

第5に，契約正義の維持ということがあげられる。契約法は，契約自由の保障を掲げるだけでなく，契約上の正義の維持をも重視するものである。契約法は正義を実現するための法律的手段であり，契約上の正義はまず当事者の法律的地位の平等を意味する。平等は取引関係における法律的要求であるとともに，契約正義の主要な内容でもある。

契約法はこのように平等原則を確認するとともに，約款の条項についての制限ルール，強制的契約締結制度，契約の効力の瑕疵に関する制度などにより，当事者の平等な契約締結の地位の保障を目指している。とりわけ，当事者の一方が経済的な地位を利用したり，相手方の逼迫した必要または各種の隷属的関係を利用して，不平等な契約条項を押し付けることの防止を目指している。契約法において公序良俗原則が確認されていることもまた，商業上の道徳及び正常な取引秩序の維持に有利に働くものと言えよう。

第6に，国際取引に便利である。グローバル化の時代に，資本およびビジネスの必要は既に国境を超え，統一的取引ルールにより制度的な不統一によりもたらされる取引コストを減少させることが求められている。それは，契約法が世界的範囲で統一に向かうことを促すものである。

このような中で，市場経済の基本法たる契約法は，国内市場の統一という要求を満たす一連の統一的ルールを形成するにとどまらず，国際的慣例ともリンクしていかなければならない。中国の契約法は，二大法系において成し遂げられた立法経験および判例学説を幅広く参考にし，それに学ぶことを通じて，現代契約法の各種規則や制度を採用し，国際的ルールおよび慣例との一致を目指すと同時に，中国の実際にもとづいて，中国の立法及び司法実務の経験を系統的かつ全面的に総括し，その面からも中国の契約法と国際的慣例との接合を図ってきた。これは，中国の企業が国際的な市場競争に参加し，対外投資と貿易を発展させていくうえで有利に働くものと言えよう。

市場化とはすなわち契約化であり，市場経済の本質はつまり契約経済である。契約法は取引関係を規律する法律，すなわち市場経済の基本法なのであって，

市場経済全体の秩序だった運営を支える支柱なのである。

　中国の契約法は，その公布からわずか20年足らずという法律であるが，それが中国の市場経済の発展において果たした役割は顕著である。とは言え，市場経済の発展に伴い，各種の新しい状況そして新しい問題は不断に出現しており，契約法にも新しい発展と活力が求められるとともに，その解釈と適用には新しい挑戦が突き付けられている。

　契約法をして，迅速かつ有効に新しい状況に対応し，新しい問題を解決しうるものとしていくことは，司法実務に関わる人々の当面の急務であるだけでなく，一人一人の民法研究者にとって辞すべからざる責任なのである。

目　次

「契約法」の中国的特色──序に代えて　iii

第 1 章　契約および契約法概説 …………………………………… 1

1　契約の概念と種類　2
　1.1　契約の概念と特徴　2
　1.2　契約の種類　4

2　契約関係　9
　2.1　契約関係の構成　9
　2.2　契約関係の相対性　10

3　契約法の概念と特徴　12
　3.1　契約法の概念と適用範囲　12
　3.2　契約法の特徴　15
　3.3　契約法の機能　16

4　契約法の基本原則　18
　4.1　契約自由の原則　18
　4.2　誠実信用原則　19
　4.3　合法原則　21
　4.4　取引奨励原則　22

第 2 章　契約の成立 ………………………………………………… 25

1　契約成立の概念と要件　25
　1.1　契約成立の概念　25
　1.2　契約成立の要件　27

2　申込み　28
　2.1　申込みの概念と法的性質　28
　2.2　申込みと申込みの誘引の区分　30
　2.3　申込みの効力発生　35
　2.4　申込みの法的効力　40

2.5　申込みの撤回，取消しおよび失効　41
　3　承諾　45
　　　3.1　承諾の意義と効力発生要件　45
　　　3.2　承諾の期限　50
　　　3.3　承諾の遅延および承諾の撤回　51
　　　3.4　黙示の承諾　54
　　　3.5　強制的な契約の締結　55
　4　契約成立の時期および地点　58
　　　4.1　契約成立の時期　58
　　　4.2　契約成立の地点　59
　5　契約締結上の過失責任　59
　　　5.1　契約締結上の過失責任の概念および構成要件　59
　　　5.2　契約締結上の過失責任の賠償範囲　63
　　　5.3　契約締結上の過失責任と関連責任の区別　63
　　　5.4　契約締結上の過失の典型的類型　66

第3章　契約の内容および形式　71

　1　契約の内容概説　71
　　　1.1　契約内容は当事者の約定または法律の規定により生ずる　71
　　　1.2　契約内容は主に契約条項として体現される　73
　2　契約条項　73
　　　2.1　契約条項概説　73
　　　2.2　契約条項の分類　74
　　　2.3　契約に通常含まれる条項　76
　3　約款　81
　　　3.1　約款の概念　81
　　　3.2　契約内容への約款の利用　83
　　　3.3　約款の無効　85
　　　3.4　約款の解釈　87
　4　免責条項　91
　　　4.1　免責条項の概念　91

        4.2　免責条項の無効　93
    5　契約の形式　95
        5.1　契約の形式概説　95
        5.2　契約の形式の具体的類型　96
        5.3　法定または約定の形式要件を欠く場合の契約の法的効果　103

第4章　契約の効力 …………………………………………………… 107

    1　**契約の効力概説**　108
        1.1　契約の効力の概念　108
        1.2　契約の効力の発生と契約の成立の区別　109
    2　**契約の効力発生要件**　111
        2.1　行為者が相応の民事行為能力を具えていること　112
        2.2　意思表示が真実であること　115
        2.3　法律と社会公共の利益に違反しないこと　117
        2.4　契約は法定の形式を具備すること　117
    3　**条件付および期限付契約**　119
        3.1　条件付契約の概念と意義　119
        3.2　条件付契約中の「条件」　120
        3.3　条件付契約の分類　122
        3.4　条件付契約の効力　123
        3.5　期限付契約　125
    4　**効力未確定の契約**　128
        4.1　効力未確定の契約の概念　128
        4.2　効力未確定の契約の類型　129
    5　**無効な契約**　135
        5.1　無効な契約の概念と特徴　135
        5.2　契約の無効と契約の不成立の区別　137
        5.3　無効な契約の種類　138
        5.4　契約の一部無効　146
        5.5　無効な契約の補正および転換　147
    6　**取消可能の契約**　149

        6.1　取消可能の契約の概念と特徴　149
        6.2　取消可能の契約の種類　150
        6.3　取消権の行使　161
    7　契約が無効と確認され，または取り消された場合の効果　163
        7.1　財産の返還　163
        7.2　損失の賠償　165

第5章　契約の履行 …………………………………………………… 169
    1　契約の履行概説　170
        1.1　契約の履行の概念　170
        1.2　契約の履行の特徴　171
    2　契約の履行の原則　172
        2.1　全面履行の原則　172
        2.2　適切な履行の原則　174
        2.3　誠実履行の原則　175
    3　契約履行中の抗弁権　176
        3.1　同時履行の抗弁権　176
        3.2　後履行の抗弁権　181
        3.3　不安の抗弁権　183

第6章　契約の保全 …………………………………………………… 187
    1　契約の保全概説　188
        1.1　契約の保全の概念と特徴　188
        1.2　契約の保全と契約の担保　189
        1.3　契約の保全と民事訴訟における財産保全　190
    2　債権者代位権　191
        2.1　債権者代位権の概念と特徴　191
        2.2　代位権行使の要件　192
        2.3　代位権訴訟の訴訟主体　196
        2.4　代位権の行使範囲と費用負担　197
        2.5　代位権行使の効力　199

3 債権者取消権　201

- 3.1 債権者取消権の概念　201
- 3.2 債権者取消権の行使要件　203
- 3.3 取消訴訟の主体　208
- 3.4 取消権行使の範囲　209
- 3.5 取消権行使の効力　210

第7章　契約の変更と譲渡　213

1 契約の変更　214

- 1.1 契約の変更の概念　214
- 1.2 契約の変更の条件　216
- 1.3 契約の変更の効力　219

2 契約上の権利の譲渡　220

- 2.1 契約上の権利の譲渡概念と特徴　220
- 2.2 契約上の権利の譲渡の条件　221
- 2.3 契約上の権利の譲渡の法的効力　225

3 契約上の義務の移転　228

- 3.1 契約上の義務の移転の概念　228
- 3.2 契約上の義務の移転と第三者代位履行の区別　230
- 3.3 契約上の義務の移転の条件　231
- 3.4 契約上の義務の移転の効力　232

4 契約上の権利・義務の包括移転　234

- 4.1 契約上の権利・義務の包括移転の概念と特徴　234
- 4.2 契約上の権利・義務の包括移転の類型　235
- 4.3 契約上の権利・義務の包括移転の効力　238

第8章　契約上の権利義務の終了　241

1 契約終了概説　242

- 1.1 契約終了の概念と原因　242
- 1.2 契約終了の効果　243

2 弁済　245

2.1　弁済の概念と特徴　　245

　2.2　弁済の主体と目的［標的］　　246

　2.3　弁済の充当　　247

3　**契約の解除**　251

　3.1　契約の解除概説　　251

　3.2　契約解除の類型　　254

　3.3　契約解除権の行使　　259

　3.4　契約解除の法的効果　　262

4　**相殺**　264

　4.1　相殺の概念と制度の効能　　264

　4.2　法定相殺　　265

　4.3　約定相殺　　268

　4.4　相殺権行使の効力　　269

5　**供託**　270

　5.1　供託概説　　270

　5.2　供託の条件　　271

　5.3　供託の効力　　274

6　**免除と混同**　276

　6.1　免除　　276

　6.2　混同　　279

第9章　違約責任　……………………………………………………　283

1　**違約責任概説**　284

　1.1　違約責任の概念と特徴　　284

　1.2　違約責任の帰責原則　　285

　1.3　違約責任の一般的構成要件　　287

2　**違約行為の形態**　289

　2.1　履行期前の契約違反　　290

　2.2　実際違約　　295

3　**双方違約と第三者の行為による違約**　299

　3.1　双方違約　　299

3.2　第三者の行為によって生じた違約　300
　　3.3　履行補助者によってなされた行為に対する債務者の責任　301
　4　違約責任の主要な形式　303
　　4.1　実際履行　303
　　4.2　損害賠償　307
　　4.3　違約金　315
　　4.4　手付責任　321
　　4.5　減額　323
　5　免責事由　324
　　5.1　免責事由の概念　324
　　5.2　不可抗力　325
　　5.3　債権者の故意・過失　327
　6　違約責任と不法行為責任の競合　329
　　6.1　責任競合の概念　329
　　6.2　違約責任と不法行為責任の区別　330
　　6.3　違約責任と不法行為責任の競合の処理　332

第10章　契約の解釈 ……………………………………………… 333

　1　契約の解釈概説　333
　　1.1　契約の解釈の概念　333
　　1.2　契約の解釈の目的　334
　2　契約の解釈の具体的規則　335
　　2.1　用語の通常の理解によって解釈を行う　335
　　2.2　全体的解釈の規則　337
　　2.3　当事者の契約締結の目的と結び付けて解釈を行う　340
　　2.4　慣習にもとづく解釈の規則　342
　　2.5　起草者に対して不利な解釈を行う規則　344
　　2.6　誠実信用原則と結びつけて解釈を行う規則　345
　3　契約の不備の補充　347
　　3.1　契約不備の概念　347
　　3.2　契約の不備を補充する具体的方法　348

第11章　売買契約　……… 351

1　売買契約概説　352
- 1.1　売買契約の概念と特徴　352
- 1.2　売買契約の分類　353
- 1.3　売買契約の主要条項　354

2　売買契約の効力　357
- 2.1　売主の義務　357
- 2.2　買主の主要な義務　364

3　売買契約における目的物の危険負担　368
- 3.1　売買契約における目的物の危険負担概念と特徴　368
- 3.2　中国契約法における目的物の危険負担規則　368

4　売買契約違反行為とその責任　374
- 4.1　履行拒絶　374
- 4.2　不完全履行　375
- 4.3　瑕疵ある履行　376
- 4.4　履行遅滞　377
- 4.5　付随義務違反　378
- 4.6　継続的供給契約違反の違約責任　378

第12章　特殊な売買　……… 381

1　所有権留保　381
- 1.1　所有権留保の概念と特徴　381
- 1.2　所有権留保と条件付売買の区別　383
- 1.3　所有権留保の効力　384

2　割賦販売　386
- 2.1　割賦販売の概念と特徴　386
- 2.2　割賦販売と所有権留保の区別　387
- 2.3　割賦販売の効力　388

3　見本売買　390
- 3.1　見本売買の概念　390
- 3.2　見本売買の効力　391

        4 試味売買　392
            4.1 試味売買の概念と特徴　392
            4.2 試味売買の効力　394
        5 入札売買　396
            5.1 入札売買の概念と特徴　396
            5.2 入札売買契約の成立および効力の発生　396
        6 競売　398
            6.1 競売概説　398
            6.2 競売契約の成立　399
            6.3 競売の効力　400

第13章　電力，水，ガス，熱エネルギー供給契約　401
    1 電力，水，ガス，熱エネルギー供給契約の概念と特徴　401
    2 電力，水，ガス，熱エネルギー供給契約の締結　403
    3 電力，水，ガス，熱エネルギー供給契約の履行　404

第14章　贈与契約　407
    1 贈与契約概説　408
        1.1 贈与契約の概念と特徴　408
        1.2 贈与契約の成立および効力の発生　409
    2 贈与契約の効力　409
        2.1 贈与者の主要な義務　409
        2.2 受贈者の義務　411
    3 贈与者の取消権および困窮の抗弁権　412
        3.1 一般的贈与における任意の取消権　412
        3.2 法定取消権　414
        3.3 困窮の抗弁権　415

第15章　金銭消費貸借契約　417
    1 金銭消費貸借契約概説　417
        1.1 金銭消費貸借契約の概念と特徴　417

  1.2　金銭消費貸借契約締結の原則　420

  1.3　金銭消費貸借契約の内容　422

 2　**金銭消費貸借契約の効力**　424

  2.1　貸主の主要な義務　424

  2.2　借主の主要な義務　425

 3　**民間の金銭消費貸借契約**　428

  3.1　民間の金銭消費貸借契約の概念と特徴　428

  3.2　民間の金銭消費貸借契約の効力発生　430

  3.3　民間の金銭消費貸借契約の無効　433

  3.4　民間の金銭消費貸借契約の貸付金の利息　437

第16章　賃貸借契約　443

 1　**賃貸借契約概説**　443

  1.1　賃貸借契約の概念と特徴　443

  1.2　賃貸借契約の内容　445

 2　**賃貸借契約の効力**　446

  2.1　賃貸人の義務　446

  2.2　賃借人の義務　449

  2.3　家屋賃借人の優先購買権　452

  2.4　売買は賃貸借を破らない　453

 3　**賃貸借関係の終了**　455

  3.1　賃貸借関係終了の原因　455

  3.2　賃貸借関係終了後の効力　456

第17章　ファイナンス・リース契約　461

 1　**ファイナンス・リース契約概説**　462

  1.1　ファイナンス・リース契約の概念と特徴　462

  1.2　ファイナンス・リース契約と賃貸借契約　464

 2　**ファイナンス・リース契約の内容**　466

 3　**ファイナンス・リース契約の効力**　467

  3.1　リース貸主の主要な義務　467

                3.2　リース借主の主要な義務　469
        4　ファイナンス・リース契約の終了　472
                4.1　ファイナンス・リース契約終了概説　472
                4.2　ファイナンス・リース契約期間終了後のリース物件の帰属　473

第18章　請負契約 …………………………………………… 477

        1　請負契約概説　478
                1.1　請負契約の概念と特徴　478
                1.2　請負契約の内容　479
        2　請負契約の効力　480
                2.1　請負人の主要な義務　480
                2.2　注文者の主要な義務　484
        3　請負契約の終了　485
                3.1　請負契約終了事由　485
                3.2　請負契約の終了の法的効果　487

第19章　建設工事契約 ………………………………………… 489

        1　建設工事契約概説　490
                1.1　建設工事契約の概念と特徴　490
                1.2　建設工事契約の締結　491
        2　建設工事契約の効力　493
                2.1　発注者の主要な義務　493
                2.2　請負人の主要な義務　495
                2.3　請負人の建設工事優先権　498

第20章　運送契約 ……………………………………………… 501

        1　運送契約概説　501
        2　運送契約の効力　503
                2.1　運送人の主要な義務　503
                2.2　旅客および荷送人の義務　505
        3　旅客運送契約　506

3.1　旅客運送契約の概念と特徴　　506
　　　3.2　旅客運送契約の効力　　507
　4　物品運送契約　511
　　　4.1　物品運送契約概説　　511
　　　4.2　物品運送契約の効力　　512
　　　4.3　物品運送契約における危険負担　　517
　5　複合運送契約　518
　　　5.1　複合運送契約概説　　518
　　　5.2　複合運送契約の効力　　519

第21章　技術契約　523

　1　技術契約概説　523
　　　1.1　技術契約の概念と特徴　　523
　　　1.2　技術契約の内容　　525
　　　1.3　職務上の技術成果と非職務上の技術成果　　525
　　　1.4　無効および取消可能の技術契約　　529
　2　技術開発契約　530
　　　2.1　技術開発契約の概念と特徴　　530
　　　2.2　開発委託契約　　531
　　　2.3　共同開発契約　　533
　3　技術譲渡契約　534
　　　3.1　技術譲渡契約概説　　534
　　　3.2　技術譲渡契約の効力　　537
　4　技術コンサルティング契約と技術サービス契約　540
　　　4.1　技術コンサルティング契約　　540
　　　4.2　技術サービス契約　　543
　　　4.3　技術コンサルティング契約と技術サービス契約における新技術成果の帰属　　546

第22章　寄託契約　547

　1　寄託契約概説　547

        2　寄託契約の効力　549
            2.1　寄託者の義務　549
            2.2　受託者の義務　551

第23章　倉庫保管契約 ……………………………………………… 555
    1　倉庫保管契約概説　555
    2　倉庫保管契約の効力　557
        2.1　受寄者の義務　557
        2.2　受託者の主要な義務　559

第24章　委任契約 …………………………………………………… 563
    1　委任契約概説　564
        1.1　委任契約の概念と特徴　564
    2　委任契約の効力　565
        2.1　委任者の主要な権利義務　565
        2.2　受任者の主要な義務　568

第25章　取次契約 …………………………………………………… 573
    1　取次契約概説　574
        1.1　取次契約の概念と特徴　574
    2　取次契約の効力　576
        2.1　取次人の主要な義務　576
        2.2　委託者の主要な義務　578

第26章　仲立契約 …………………………………………………… 581
    1　仲立契約概説　581
    2　仲立契約の効力　584
        2.1　仲立人の主要な義務　584
        2.2　委託者の主要な義務　586

【文中の略語とその正式名称】

1．主要な法律および司法解釈
　(1)　「民法通則」←「中華人民共和国民法通則」（1986年4月12日）
　(2)　「契約法」←「中華人民共和国契約法」（1999年3月15日）
　(3)　「民法通則意見」←「最高人民法院の『中華人民共和国民法通則』を貫徹執行するうえでの若干の問題に関する意見（試行）」（1988年1月26日）
　(4)　「契約法司法解釈(1)」←「最高人民法院の『中華人民共和国契約法』を適用するうえでの若干の問題に関する解釈(1)」（1999年12月1日）
　(5)　「契約法司法解釈(2)」←「最高人民法院の『中華人民共和国契約法』を適用するうえでの若干の問題に関する解釈(2)」（2009年2月9日）
　(6)　「売買契約司法解釈」←「最高人民法院の売買契約紛争事件審理における若干の法律問題に関する解釈」（2012年3月31日）
　(7)　「ファイナンス・リース契約司法解釈」←「最高人民法院のファイナンス・リース契約紛争事件審理における若干の問題に関する解釈」（2013年11月25日）
　(8)　「都市部住宅賃貸司法解釈」←「最高人民法院の都市部住宅賃貸契約紛争事件における法律の具体的適用に関する若干の問題についての解釈」（2009年9月1日）
　(9)　「民間金銭消費貸借司法解釈」←「最高人民法院の民間金銭消費貸借事件審理における法律の適用に関する若干の問題についての規定」（2015年9月1日）
　(10)　「建設工事契約司法解釈」←「最高人民法院の建設工事契約紛争事件の審理における法律の適用に関する若干の問題についての解釈」（2004年9月29日）

2．国際条約及び模範法
　(1)　「売買契約条約」←「国際動産売買に関する国連条約」（United Nations Convention on Contracts of International Sales of Goods）
　(2)　「商事契約原則」←国際統一私法協会の起草による「国際商事契約原則」（The Principles of International Commercial Contracts）

【監訳者注記─本文中の中国契約法条文の邦訳について】
　本文第17章〜第26章中の引用契約法条文の邦訳については塚本宏明［監修］『中国契約法の実務』（中央経済社，2004年）に拠ったが，その他の章についても折にふれて同書を参照した。

第 1 章　契約および契約法概説

案例　甲と乙は国慶節の長期休暇期間中に旅行に行こうと約束し，乙の車に同乗して出かけることとしていた。しかし，旅行の前日に乙は甲に電話し，家の用事で出かけることができなくなったと告げた。甲はすでに旅行に行くためのグッズなどを購入していただけでなく，他の場所に旅行に行く機会も失ってしまった。このようなことから，甲は乙との間で，乙の車に同乗して出かけることについて契約が成立しているとして，乙の違約責任を追及した。これに対し，乙は双方には契約関係は成立していないと主張し，双方は対立するに至ったのである。

簡単な評釈　契約法2条は，「契約は平等主体である自然人，法人またはその他の組織の間での，民事上の権利義務関係を設定，変更または消滅させることに関する合意である」と規定している。契約はその性質において民事の法律行為であり，行為者の予期する民事法律効果の達成をもってその目的とし，当事者の契約関係成立の意思をもってその成立を決し，かつその意思表示により拘束されるとの意思をもってその条件とする。

本件において，乙は確かに，国慶節の長期休暇の際に甲を連れて旅行に行く，と甲に約束している。しかし，乙は甲との間で契約関係を成立させる意思を有しておらず，かつそのような意思表示を行っていない。乙の行為はその性質上，交友関係に属するものであり，法律的効果を生じるような行為ではない。ゆえに，甲乙間に契約関係は成立しない。

1　契約の概念と種類

1.1　契約の概念と特徴

　中国では契約を「合同」と称するが，これを「契約」と呼ぶこともある。英語の"Contract"，フランス語の"Contract"または"Pacte"，そしてドイツ語の"Vertrag"または"Kontrakt"，そしてイタリア語の"Contractto"，これらいずれも契約を意味するものであり，そしていずれもローマ法における契約概念である"Contractus"[1]に由来するものである。とは言え，契約をどのように定義するか，という点については，大陸法と英米法とではその見方が異なっている。大陸法の学者は，基本的に契約とは一種の合意または協議である，と考えている。これに対し，英米法学者は概ね契約を一種の約束［允諾］promiseであると考えているのである。

　契約は取引を反映した法律形式であり，そこに反映されるのは等価交換という基本原則である。中国においては，古来より，契約はその含意として基本的に「合意」と「拘束」という意味を持っている。漢語における「契」とは，古代においては「鍥」と同一であり，それは刀を用いて刻み付ける，という意味であった。また，"約"，"纏束也"とされるとき，それは「古の時代に木に書状を刻み，縄を結って物事を記した遺風を反映したものである」[2]とされている。その後，このようなものから「合意」という意味が生じることとなった。『説文解字』によれば，「券，契なり。券別の書，刀を以て契を判ずるをその傍らとす，ゆえにこれを契券という」とされている。また『辞源』によれば，「合同は契約文書を指す。当事者が『約』を締結することは，それに拘束されることを望むことを示す」とされる。「契」と「約」が基本的に意味するものは「合意」や「約束」である。古代における最も典型的な契約形式である「質剤」と「傅別」も，同様の意味を示すものである。なお，文言上は，1949年以前の中国においては「契約」が使用され，「合同」という文言が使用されてはいなかったが，50年代初期から現在まで，台湾地区を除き，中国の民事立

---

[1]　学者の考証によれば，"Contractus"という言葉は"con"と"tractus"の2つの部分で構成される。"con"は"cum"から転じたもので，それは「共」を意味し，"tractus"は取引を意味する。ゆえに，契約の本義は「共に取引を行う」ということになる（王家福主編『中国民法学・民法債権』法律出版社，1991年，286頁）。

[2]　葉孝信主編『中国民法史』上海人民出版社，1993年，62頁。

法および司法実務では主に「合同」という用語が用いられ,「契約」という名称は用いられていない[3]。現在の中国の民事立法における契約［合同］の定義は,基本的に大陸法の概念を継受したものであり,契約は一種の合意または協定である,とされている。例えば,民法通則85条は,「契約は当事者間で民事関係を設定,変更または終結させる合意である」とされている。契約法は同規定を引き継ぐ形で,2条1項において,「契約とは,平等な主体である自然人,法人またはその他の組織間で民事権利義務関係を設定,変更または消滅させる合意である」としている。このような規定から,契約には以下のような特徴があることがわかる。

(1) 契約は平等な主体である自然人,法人またはその他の組織が行った一種の民事法律行為である

　契約法3条によると,「契約当事者の法律的地位は平等であり,一方は他方に対して自らの意思を強制してはならない」とされている。契約当事者は平等な法律主体であり,自発原則にもとづいて契約を締結しなければならない。加えて,契約法2条1項の規定で「本法に言う契約とは,平等な主体である自然人,法人またはその他の組織の間で,民事の権利義務関係を設定,変更または終結することに関する合意である」とされているように,契約は合法的行為に属すものであって,当事者の行った意思表示が違法であれば,たとえ当事者が合意に達しているとしても,法律による拘束力を生じることはできないのである。

(2) 契約は,財産関係の設定,変更および消滅を内容とする

　契約法は主に平等な主体間の財産関係を調整するものであり,当事者間の身分関係を調整するものではない。これに関しては,契約法2条2項において「婚姻,養子縁組,後見・保護など身分関係に係る合意については,その他の法律の規定を適用する」とされている。当事者間の身分関係に関わる合意については,婚姻法,養子法そして相続法といった法律により調整される。ただし,夫婦間そして親族間の財産関係に係る合意は契約法により調整される。例えば,夫婦間で財産についての約定する合意については,契約法の規定を適用するこ

3　法律から見たとき,「合同」と「契約」に区別はある。契約は通常双方による法律行為を指し,かつ双方の意思表示が対向的であることが強調されるのに対し,「合同」は主に多数による法律行為を指し,そこでは主にそれら各自の意思表示の方向が一致していることが強調される。

第1章　契約および契約法概説　　3

とが必要である。

(3) 契約の成立には当事者の意思表示の一致が必要である

契約はまた合意と称されるものであり，それは英米法上の"agreement"に相当する。実際に，中国の原語である"協議"という文言は，民法上，当事者の間で形成された合意を指す[4]。当事者は必ず平等かつ自由という基礎の上に交渉を行い，合意を形成するものでなければならない。もし平等または自由が欠けているならば，それは真の合意とは言えない。契約は平等な主体である自然人，法人またはその他の組織により締結されたものであるから，契約締結の主体の法律上の地位は平等であり，双方はいずれも自らの意思を相手方に強要してはならないのである。契約は取引を反映した法律形式であり，取引は取引当事者の合意があってはじめて成立するものであるから，契約は必ず当事者が交渉して一致した産物であり，意思表示の一致による合意でなければならないのである。

1.2 契約の種類

契約の種類とは，一定の基準により契約について行った分類である。契約について分類を行い，異なる法律ルールを確定していくことは，当事者の契約締結および履行の指導となるだけでなく，人民法院または仲裁機関が紛争処理にあたって法律を正確に適用することの助けともなるのである。

1.2.1 双務契約と片務契約

当事者双方に相対する給付義務があるかどうかにより，契約は双務契約と片務契約に分けられる。双務契約とは，当事者双方が相対する給付義務を負う契約を指す。すなわち，双方当事者は相手方当事者が相対する給付義務を負うことを目的として，自らも履行義務を負うことを約するのである。双務契約においては，双方当事者の権利義務は相互に対応し，かつ相互に依存する。これに対し，片務契約とは，当事者の一方のみが給付義務を負う契約のことである。例えば，使用貸借契約においては，借入人のみが約定にもとづく使用および期間満了時の借用物返還義務を負うことになる。

---

4 梁慧星『民法学説判例与立法研究』中国政法大学出版社，1993年，242〜243頁。

双務契約において，当事者の一方が自らの過失のために不履行となるかまたは完全な履行ができなかったとき，相手方がまだ履行を行っていなければ，違約のある側に対して契約の履行を求めるか，またはその他の違約責任を負担するよう求めることができる。また，違約を理由として契約の解除を求めるときは，すでに履行した部分について，違約のある側に返還を求めることができる。これに対して，片務契約においては，主に一方のみが義務を負担することになるため，履行義務のある側が契約の義務に違反したとしても，相手方に財産の返還を要求する権利などはない。同時に，片務契約については通常一方のみが義務を負担するが，他方が何らかの義務を負担する場合であっても，それは主要な義務ではないことから，双方の権利義務に対応または牽連の問題はない。ゆえに，片務契約については同時履行の抗弁権のルールは適用されない。

1.2.2　有償契約と無償契約

当事者が契約において利益を得るか否かにより，契約は有償契約と無償契約に分けられる。有償とは，一方が契約に約定した義務を履行することを通じて，相手方に何らかの利益を与えるものであり，かつ，相手方は当該利益を得るために相応の代価を支払うものを指す。有償契約は取引における最も典型的な法律形式であり，実際上も絶対多数の契約が有償である。これに対して，無償契約とは，一方が相手方に何らかの利益を給付するが，相手方は当該利益を得る際に何らの対価も支払わない契約を指す。例えば，無償の使用貸借契約，無償の保管契約，贈与契約などである。無償契約は取引関係においては典型的な形式ではなく，等価有償原則の適用における例外現象と言うべきものである。

契約は取引関係を反映したものであるため，当事者の間の利益関係は契約義務の内容に影響を与えることがある。例えば，契約法374条では，「保管期間に，保管者の保管不善により保管物が毀損または滅失したときは，保管者は損害賠償責任を負わなければならない。ただし，保管が無償であるとき，保管者が自らに重大な過失がないことを証明できた場合には，損害賠償の責任を負わない」とされている。このように，無償保管契約では保管者が負担する注意義務の程度は低くなっている。そのため，保管者は過失により保管物を毀損または滅失したときも，すべての責任を免れはしないが，事情に応じてその責任を軽減される。これに対して，有償の保管契約であれば，保管者はより高い注意

義務を負うことになり，過失により保管物を毀損または滅失したときは，その全部について賠償責任を負うことになる。

1.2.3　有名契約と無名契約

　法律上一定の名称が規定されているか否かにより，契約は有名契約と無名契約とに分けられる。有名契約はまた典型契約とも称され，法律上一定の名称およびルールが規定された契約を指す。契約法が規定する15種類の類型はいずれも有名契約に属する。無名契約はまた非典型契約とも称され，法律上一定の名称またはルールが確定していないものを指す。例えば，広告において他人の肖像を使用する契約や，ダイエットやエステ，クレジット・カード，コンサルティングなどの現代型の契約などである[5]。契約自由の原則に照らせば，それが有名契約であれ無名契約であれ，当事者は原則的に契約の内容を自由に取り決めることができる。

　法律ルールの適用という面では，有名契約については，契約法またはその他の関連の契約関連規定を直接適用することができる。これに対し，無名契約については，契約法124条に「本法各則またはその他の法律に明文の規定がない契約については，本法総則の規定を適用し，併せて本法各則またはその他法規の最も類似した規定を参照することができる」と規定されている。このように，契約法各則に関連の規定がない場合は，契約法総則の規定が適用され，またその内容が有名契約の何らかのルールに係るものであるときは，類似する有名契約のルールを参照するとともに，契約目的および当事者の意思等に鑑み処理される，ということになる。

1.2.4　諾成契約と要物契約

　契約の成立が目的物の引渡しを条件とするか否かにより，契約は諾成契約と要物契約とに分けられる。諾成契約とは，一方の意思表示に相手方が同意しさえすれば，それにより法律的効果が生じるものであり，すなわち「一諾即成」の契約である。これに対し要物契約とは，当事者双方の意思表示の合致以外に，目的物を引き渡して初めて契約が成立するものをいう。この契約では，双方当

　　5　王澤鑑『債法原理』北京大学出版社，2013年，137頁。

事者の意思表示の一致だけでは，当事者間に契約関係は成立せず，一方が実際に目的物を引き渡して初めて契約が成立することになる。例えば，契約法367条は「寄託契約は受寄物の引渡しのときに成立する。ただし，当事者に異なる約定がある場合を除く」と規定している。

　諾成契約と要物契約とは，その効力発生の時期が異なる。諾成契約では，双方当事者の意思表示が一致すれば，即時に契約は成立することになる。これに対して，要物契約においては，当事者間に合意が成立した後，当事者による目的物の引渡しおよびその他の給付が完成された初めて，契約が成立することになる。諾成契約は契約の典型的形態であり，要物契約は例外契約であるから，法律に特別の規定がある場合を除き，契約は一般に諾成契約に属することになる。

1.2.5　要式契約と不要式契約

　契約が一定の形式を要件とするかどうかにより，契約は要式契約と不要式契約に分けられる。要式契約は，法律の規定する方式によってのみ成立する契約である。重要な取引については，しばしば法律が当事者に対して，必ず特定の方式によって契約の締結を行わなければならないとしていることがある。例えば契約法238条2項は，「ファイナンス・リース契約は書面の形式をとらなければならない」と規定している。不要式契約とは，当事者が契約を締結するとき，法律上特定の形式が要求されてはいないものを指し，それは口頭で行うことも，また書面で行うことも許される。不要式契約は契約の典型形態であり，契約自由の原則に照らし，法律に特別の規定が置かれている場合を除き，契約は一般に不要式である。

1.2.6　主たる契約と従たる契約

　契約相互の主従関係により，契約は主たる契約と従たる契約に分けられる。主たる契約とは，それとは別の契約の存在を介することなく，独立で存在しうる契約を指す。例えば，保証契約について言えば，そこでの主な債務を設定する契約が主たる契約である。これに対して，従たる契約とは，それとは別の契約の存在をその存在の前提とする契約を指す。例えば，保証契約は，主たる債務についての契約に対して言えば従たる契約である。主たる契約が成立しなけ

れば，従たる契約も有効に成立しない。また，契約が譲渡されたときも，従たる契約はそれ単独では存在しえない。主たる契約が無効を宣告されるかまたは取り消されたときも，従たる契約はその効力を失う。主たる契約が終了したときは従たる契約もそれに伴って終了する。ただし，例外状況において，従たる契約の従属性については変更が可能である。例えば，独立保証においては，保証人の責任については一定の独立性がある。

1.2.7 予約（予備契約）と本契約

いわゆる「予約」とは，当事者間で将来一定の契約を締結することを内容とする契約である。そこで将来締結するとされる契約が，本契約と呼ばれる。例えば航空券の売買が本契約であるとすると，それに先立って，将来航空券を購入するということを約する内容の契約が予約ということになる。予約の見地から見ると，予約が成立した段階では本契約は未成立である。予約が成立し効力が発生しても，当事者は将来この予約の規定する条件に従って本契約を締結するという義務を負うのみで，本契約中の義務を履行しなければならないわけではない。もちろん，予約はその性質上独立した契約関係である。もし予約の一方当事者が本契約締結の義務を履行しないときは，相手方当事者は裁判所に対し，義務の履行および違約責任の負担を請求することができる。

1.2.8 締結者自らのためにする契約と第三者の利益のためにする契約

契約締結の目的が締結者自らの利益を図ることにあるか否かにより，契約は「契約締結者自らのためにする契約」と「第三者の利益のためにする契約」とに分けられる。締結者自らのためにする契約とは，契約締結当事者が，自らの権利を設定し，そこから直接ある種の利益を得またはそれを享受するために行う契約を指す。これに対し，第三者の利益のためにする契約とは，契約締結の当事者が自らの権利を設定するのではなく，第三者の利益のために契約を締結し，契約が第三者に対して効力を生ずるものを指す。例えば，甲乙間で，甲が乙の製造したケーキを購入し，それを乙が甲の友人である丙に送り届ける，という契約を締結した場合，当該契約において，丙は契約締結過程に参加していないが，契約により権利を享受することになるのであり，これは第三者の利益のためにする契約に属することになる。

第三者の利益のためにする契約においては，第三者は契約締結の当事者ではないが，債務者に対して債務の履行を求めることができる。ただし，債務者が債務を履行しないとき，当該第三者は違約責任の請求権を有しない。この点について，契約法64条は，「当事者が約定により，債務者は第三者に債務を履行するとしている場合に，債務者が第三者に債務を履行しないかまたは債務の履行が約定に合致しないときは，債務者は債権者に対して違約責任を負う」と規定している。

2　契約関係

2.1　契約関係の構成

2.1.1　契約関係の主体

　契約関係の主体は，契約の当事者とも称され，債権者と債務者が含まれる。債権者は債務者に対し，法律の規定と契約の約定に従って義務を履行するよう求める権利を有する。これに対して債務者は，法律の規定および契約の取り決めに従ってその債務を履行しなければならない。契約関係において，債権者と債務者の地位は相対的なものである。双務契約においては，当事者双方がいずれも権利義務者である。つまり一方が享有するところの権利は，他方が負うところの義務であり，その逆もまたしかり，ということになる。そのため，双方は相互に債権者であり，債務者なのである。

　契約の相対性の原理により，契約関係の主体は特定され，債権者は特定の債務者に対してのみ請求を行うことができるのであって，契約関係にない第三者に対して請求を行うことはできない。債務者もまた，債権者またはその指定する者に対してのみ債務を履行することになる。まさにこのために，契約債権は「対人権」と称されるのである。

2.1.2　契約関係の内容

　契約関係の内容には，契約により生ずる債権と債務が含まれる。これは契約債権，そして契約債務とも称される。契約債権とは，法律または約定により債権者が債務者に対して有する一定行為の作為または不作為請求権を指す。契約債権は本質においては一種の請求権であり，物権のような支配権ではない。契

約関係において，債権者は目的物を直接支配する権利を有するのではなく，債権の定めるところにより，債務者が一定の行為を行うことまたは行わないことを請求することができるだけである。例えば，売買契約において，売主が特定の期日に目的物を引き渡すと規定している場合，買主は履行期の到来後に，売主に目的物の引渡しを求めることができるのみであり，売主の下にある目的物に直接その支配を及ぼすことはできない。売主が実際に買主に引き渡し，買主がその占有を得たのちはじめて，それに対する所有権を行使することができる，ということになる。もちろん，請求権以外に，契約債権には代位権や取消権など法定の権利が含まれている。

契約債務とは，債務者が負うところの義務，すなわち債務者が債権者に対して特定の行為を行いまたは行わない義務を指す。契約債務はそれを区別する基準の違いによりいくつかの種類に分類される。それは例えば，主要な義務と主要でない義務，給付義務と付随義務，明示の義務と黙示の義務などである。ただそれがいかなる義務であれ，債務者は法律の規定および契約の取り決めそして信義誠実の原則に従って履行を行わなければならない。

2.1.3 契約関係の客体

契約関係の客体とは，契約債権および契約債務が指向するところの対象である。思うに，契約関係の客体は行為，すなわち債務者が行うべきところの特定行為である。債権者は，債務者による目的物引渡し以前には，当該目的物の占有または支配を得ることはできず，債務者に一定行為を行うことまたは行わないことを求めることができるのみである。このように，契約関係の客体は主に債務者の行為であり，物ではない。

2.2 契約関係の相対性

契約関係は特定当事者間の関係であり，それゆえ相対性を持つ。契約関係の相対性は，大陸法では「債の相対性」とも称される。それは，契約は主に特定の契約当事者の間で発生し，契約当事者の一方は契約にもとづいて契約関係にある相手方に対してのみ請求を行うことができ，契約関係にない第三者に対して契約上の請求を行うことはできない，ということを意味する。契約の相対性のルールは，主に以下の3つの内容を持つ。

(1) 契約主体の相対性

　契約主体の相対性とは，契約関係が特定の主体間でのみ発生し，契約当事者の一方のみが，契約の相手方に対して契約にもとづく請求を行い，または訴訟を提起することができる，ということを指す。契約関係は特定の当事者間でのみ発生するものである。そのため，契約関係にある当事者だけが，相互に契約にもとづく請求を行うことができる。契約当事者と契約の権利義務関係を持たない第三者は，契約にもとづいて契約当事者に対して契約上の請求を行ったり訴訟を提起することはできない。例えば，甲乙間で売買契約が結ばれた後，甲が丙に対して乙に目的物を送付することを委託したが，丙の原因により目的物が毀損したというとき，乙は甲に対して違約の責任を追及することができるが，乙と丙の間には契約関係が存在しないため，乙は丙に対して違約の責任を追及することができない。

(2) 契約内容の相対性

　契約内容の相対性とは，法律または契約に異なる定めがある場合を除き，契約当事者のみが契約の債権を有しかつ契約の義務を負い，契約当事者以外の第三者は契約上の権利を主張することはできない，ということを指す。双務契約において，契約内容の相対性は一方の権利が他方の義務であるということにも現れる。そこでは，権利義務は相互に対応する者であって，権利者の権利は義務者がその義務行為を履行することにより実現される。契約の規定により当事者が権利を有するとされるとき，原則的にそれは第三者により享有されることはない。また，契約の規定により当事者が義務を負うとされているとき，一般にそれは第三者に対して拘束力を持たない。もちろん，契約内容の相対性にも一定の例外がある。例えば，契約の保全に関して，債務者の財産の不当な減少により債権者の債権に損害が生ずることを防止するために，法律上債務者および第三者間の一定の行為について債権者に取消権または代位権が認められている。これらの権利の行使は，いずれも契約関係外の第三者にもおよび，第三者に対して法的拘束力を生ずるものであって，契約相対性原則の例外ということができる。

(3) 契約責任の相対性

　契約義務の相対性により，必然的に契約責任の相対性がもたらされる。契約責任の相対性とは，契約責任が特定の当事者間すなわち契約関係の当事者間で

のみ発生するものであり，契約関係外の者が違約責任を負うことはなく，またこれらの者に対して契約当事者が責任を負うこともない，ということを意味する。例えば，「顧某が交通銀行上海支店を訴えた預金契約事件」において，被告上海交通銀行は原告顧某に太平洋カードを発行したが，同カード上には「銀聯」のラベルがあり，全国銀行カード連合組織の構成員資格を有するその他の銀行との間での取引が可能となっていたが，この取引はこれらその他の銀行が上海交通銀行の代理として行うものであり，それらと顧某とに直接の契約関係はなかった。このような状況下で，顧某がその他の銀行においてATMを使用する際に生じた預金契約に係る紛争について，裁判所はカード発行銀行である上海交通銀行が契約当事者である，と認定している[6]。第三者の行為により債務の履行が不可能になった場合，債務者は債権者に対して違約責任を負っており，債務者が違約責任を負担した後，第三者に求償することができる。この点につき，契約法は121条で「当事者の一方が第三者のもたらした原因のために契約に違反したとき，相手方に対して違約責任を負わなければならない。当事者の一方と第三者との間の紛争については，法律の規定または約定に照らして解決する」と明確に規定している。もちろん，第三者の行為がすでに債権侵害を構成するときは，債権者は第三者に対して権利侵害責任を負うよう求めることができる。

3　契約法の概念と特徴

3.1　契約法の概念と適用範囲

　契約法2条の規定により，契約法は，平等主体間における財産的権利義務の設定，変更または消滅に係る契約関係を調整する法律規範の総称である，とされている。そこでは主に，契約の締結，契約の効力および履行，変更，解除，保全，そして契約違反の責任等の問題について規範が置かれている。この契約法は独立した法律部門ではなく，民法の重要な構成部分をなす。

　契約法は，形式的意義の契約法と実質的意義の契約法とに分けることができる。形式的意義における契約法とは，法律の形式で表現された契約法であり，

6　上海市第二中級人民法院民事判決書（2004）濾二中民一（民）初字第19号。

1999年に公布された契約法はまさに形式的意義の契約法の集中的体現と言うことができる。これに対し，実質的意義における契約法とは，契約関係を調整するあらゆる法律規範の総称であり，「契約法」以外にも，関連民事法規および関連司法解釈における契約関連規定などが含まれる。
　契約は取引関係を反映した法律形式である。契約法は取引関係をその調整対象とする。すなわち，平等主体間で平等自由および等価有償の原則にもとづいて行われる商品またはサービスの交換関係を対象とする。市場における各種の取引関係は，その主体が公民であれ，公民と法人であれまたは法人間であれ，またその客体が生産手段であれ生活手段であれ，さらにその財産が国家または集団所有であれ公民の個人所有であれ，平等主体間で生じた取引関係であればすべて契約法により調整され，かつ契約法の基本原則および準則に従わなければならない。契約法2条は「本法に言う契約とは，平等主体である自然人，法人またはその他の組織の間での，民事上の権利義務関係を設定，変更または消滅させることに関する合意である。婚姻，養子縁組，後見等の身分関係に係る合意については，その他の法律の規定を適用する」と規定している。この規定によれば，契約法の適用範囲は具体的には以下のようなものになる。

(1) 契約法は平等主体間で締結された民事権利義務関係に関する合意について適用される

　契約法の適用範囲は，平等主体たる自然人，法人およびその他の組織の間での，民事権利義務関係の設定，変更または消滅に関する各種の合意である。契約法は各種の民事契約に適用されるものであり，それには①契約法に明確に規定される15種類の有名契約，②物権法，知的財産権法，労働契約法などの法律により規定される抵当契約，質権設定契約，土地使用権払下または譲渡契約，特許権または商標権の譲渡もしくはライセンス契約，著作権使用契約，出版契約，労働契約など，③商事特別法に規定する各種契約，例えば会社設立の合意，株式譲渡合意，手形等権利譲渡合意など（これらの契約については商事特別法により規律されるだけでなく，契約法のルールによる調整も受けることになる），そして④その他の民事契約（平等な民事主体により締結されたその他の民事契約には，例えば使用貸借など無名契約であっても契約法の基本ルールが適用される）。もちろん，当事者の地位が平等でない場合，そこでの関連の合意は契約法の適用対象とはならない。例えば，税務機関と納税者の間で締結された徴税契約などは，

平等主体間の契約ではないから，契約法の調整対象とはならないのである。
(2) 契約法が適用される契約は，各種民事主体が平等自由の原則にもとづいて締結した民事契約でなければならない

　それが自然人間で締結された民事契約であれ，法人間または法人と自然人の間で締結された民事契約であれ，さらにそれが中国の自然人または法人であれ，外国人または無国籍者によるものであれ，それが中国法の適用対象たる契約であるかぎり，平等主体間で締結された民事契約にはすべて契約法の規定が適用される。付け加えれば，自然人と法人以外のその他組織により締結された民事契約についても契約法の規定が適用される。ただし，政府が経済秩序の維持のために法により行う管理活動（例えば関連の財政支出や徴税など）は行政管理関係に属し，契約法は適用されない。

(3) 契約法は主に当事者間の財産関係を規律するものであり，当事者間の人身関係を調整するものではない

　契約法2条2項は「婚姻，養子縁組，後見等身分関係に係る合意については，その他の法律の規定を適用する」と規定している。身分関係は取引関係ではなく，当然契約法で調整されるものではない。例えば，離婚協議は婚姻法により調整されるものであり，一方が合意に違反した場合，他方は契約法の規定により相手方に違約責任を追及することはできない。ただし，これらの契約については絶対に契約法が適用されないというわけではない。例えば，これらの契約関係の調整に係る法律に特別の規定がなければ，契約の締結，履行，変更，解除，違約責任の負担といった問題については，契約法総則の関連の規定を参照することができる。

　契約は債権発生原因の1つであることから，大陸法の民法体系では，契約法は債権法の構成部分となっている。債権法とは，特定当事者間の特定行為についての請求という財産関係を調整する法律規範の総称である[7]。中国も伝統的に大陸法系に属するため，民法においては一貫して大陸法の債権概念を継受している。目下，中国では民法典が公布されておらず，民法典に規定される形式的意義における債権法は存在しない。とは言え，それは民法体系の中に実質的意義の債権法が存在しないということを意味するものではなく，契約法は理論的

7　王家福『合同法』中国社会科学出版社，1996年，1頁。

に債権法の構成部分となっているのである。

3.2 契約法の特徴

　契約法は取引関係の調整をその内容とし，かつ各種の民事契約をその適用範囲とする。それは契約法にその他の民事部門法規（例えば人格権法，権利侵害責任法そして物権法など）とは異なる特徴をもたらしている。それは具体的に，以下のように現れる。

　まず，契約法のルールの任意性である。市場経済という条件下では，取引の発展と財産の増加のために，取引における市場主体の独立・自主が求められ，その意思の表現が十分認められたうえで，自発的意思にもとづいて取引関係を調整することが求められる。当事者の行為の自由は，契約法において最も徹底的に表れており，契約法は強制規範ではなく主に任意規範により取引関係を調整しようとするのである。例えば，契約法において各種有名契約について規定が置かれているものの，それは当事者に法律上有名契約の規定にもとづいて契約内容を確定することを強いるものではなく，契約条項は当事者が自由にこれを決めることができ，その合意した条項の内容が法律の禁止規定または社会公共利益もしくは公共道徳に違反する規定でないかぎり，法律上効力を認められる。契約法の大多数の条文は，当事者の合意による変更が許される任意規定であり，その意味において，契約法はこれを任意法と称することができるであろう。

　次に，契約法は平等協議と等価有償の原則を強調するものである。契約法の規律対象は取引関係であるが，取引関係はその本質において，平等協議と等価有償の原則の順守を求めるものである。商品交換においては必ず，価値規則の遵守と等量労働の交換が求められるのであり，そのため契約法もまた平等協議と等価有償の原則を貫徹しなければならないのである。

　第3に，契約法の規則には国際ルールへの同化傾向がある。市場経済は開放的経済であり，市場の分断や独占そして不正競争といった現象を取り除き，各種市場の分断を避け，統一へと向かうことが求められる。統一的市場においては，各種市場主体は各種取引活動に平等な立場で従事することができる。経済のグローバル化という状況において，市場経済の基本法たる契約法は，国内統一市場の必要に応じて統一的規則を形成するだけでなく，国際的慣例に沿った

ものとなる必要がある。近時の数十年来，契約法の国際化はすでに法律発展における重要な傾向となっている。国際取引を調整する契約に係る条約としては，「国際動産売買契約の成立に関する統一法条約」(1964年)，「国際動産売買統一法条約」(1964年) および「国際動産売買に関する国連条約」(1980年) などがあり，これらはいずれも契約法の国際的統一化という傾向の重要な表現となっている。

第4に，契約法は富の創造を促進する法律である。ロスコー・パウンドが指摘するように，「ビジネスの時代にあって，富はいずれも承諾により構築される」[8]のである。富の創造という契約法の特徴は，当事者の意思の保障に表れるものであり，その意図した目的と期待する利益が契約により実現されるのである。この点からすれば，契約法は多主体間での社会資源の自由な流通に有利に働き，もって社会における富の創造を促進することができるのであって，これはまた契約法が不法行為法と区別される重要な特徴ということができる。不法行為法は，不法行為により損害を受けた者に救済を与えることを目的とするものであり，その着眼点は被害者の権利保護にある。すなわちその趣旨は原状回復であり，富の創造ではないのである。

3.3 契約法の機能

契約法の機能とは，契約法が社会経済生活において発揮する役割のことを言う。具体的に言えば，契約法の機能は主に以下のようなものである。

まず，取引を奨励し，富を創造することである。契約法は，できるだけ当事者が取引を行うよう奨励することを目標とする。物権は単に一種の静態的な財産権であって，人と人との間での財産権は，契約の締結を通じた取引の発生によってのみ流通・移転し，異なる主体間の異なる必要を満たすことができる。つまり，契約規範を通じた取引関係によってのみ，資源の有効な配置ができるのである。この点において，契約法は正に富を創造する法律なのであり，当事者が契約の締結を通じて契約により生じる利益を実現することを保障し，財産の流通と富の創造を促すことができるのである。

次に，リスクを分配し，取引を規律することができる。市場経済社会におい

---

8 パトリック・アティヤ（程正康訳）『合同法概論』法律出版社，1980年，3頁。

て，取引におけるリスクには必ず一定程度の不可測性が伴う。契約法は，契約のあるべきモデルを示すことで，当事者が将来のリスクについて合理的に想定することを促し，より優れた契約を結ぶよう導くことにより，将来生じうるリスクを有効に予防し，紛争の発生を回避することを目指すのである。例えば，契約法に規定する各種の有名契約は，当事者の契約締結のための有用なガイドラインとして，契約締結時の交渉リスクを低下させ，取引リスクを低下させるものと言うことができる。

第3に，自由を保障し，承諾を実現することである。契約は私的自治の内容と精神を最も体現するものと言うことができる。「契約法の中心は，承諾の交換である」[9]。契約は，各当事者が共同でその意思にもとづく交渉と自治を行うための道具であり，それは当事者の意思および利益を十分に体現するものである。契約法では「契約の厳守（pacta sunt survanda）」の規則が強調されるが，これは当事者が随意に契約を変更したり解除したりしないことを求めるものである。フランス民法典の古典的記述によれば[10]，当事者の間では，契約は法律的効力を持つとされる。契約が持つ法律的効力は契約法の保護に依存しており，それは契約が履行され，その結果，当事者の意思を実現することを保障する。

第4に，信頼の保護と秩序の維持である。契約は当事者間に合理的信頼を形成するが，これは取引安全の重要な内容である。契約法によってのみ，契約のスムーズな履行が保障され，当事者間の信頼が実現し，取引の安全が保障される。このほかに，契約法は市場経済秩序を構築する法であり，それは幾千万にも及ぶ合意を規律しかつ支持することを通じて，市場体制の基礎を構築するのである。

第5に，私人の生活を組み立て，生活秩序を保障する。契約は私人の生活を組み立てるための有効な制度的ツールであり，それによって生活の予測可能性を実現し，生活の秩序を保障することができる。契約は日常生活中の法秩序であり，契約法により契約を規律することは，生活秩序を規律することでもある。つまり，契約は国家，社会そして個人の三者間の調和的関係を構築するための基礎なのである。

9　ロバート・クーター他（張軍訳）『法と経済学』上海三聯書店，1994年，314頁。
10　フランス民法典第1134条は「法により成立した契約は，契約を締結した当事者間においては法律に相当する効力を有する」と規定している。

4 契約法の基本原則

4.1 契約自由の原則

　私的自治の集中的体現が契約自由である。契約法はその4条で「当事者は法により自由に契約を締結する権利を有し、いかなる単位または個人も不法に干渉してはならない」と規定している。契約自由の原則には契約締結の自由だけでなく、契約内容および形式、変更、解除、違約責任等について選択する自由が含まれる[11]。具体的に言えば、契約自由の原則には以下の2つの内容が含まれる。

　第1に、当事者の合法的な合意が法定の任意規定に優先して適用される、という効力の確認である。当事者の約定は法律の規定に優先すべきであり、約定があれば約定に従い、約定がないときは法律の規定に従う。例えば、契約法の多くの条文では「当事者に異なる約定があるときを除く」と規定されているが、これはまさに当事者の約定が契約法の規定に優先する効力があることを意味する。例をあげれば、契約法113条は「当事者の一方が契約上の義務を履行しないかまたは義務の履行が約定に適合しないために相手方に損失が生じたときは、損失の賠償額は契約違反により生じた損失に相当するものでなければならず、それには契約履行後に得べかりし利益……などが含まれる」と規定している。しかし、当事者が違約金または損害賠償額について約定していた場合は、その約定が上述の規定に優先して適用されることになる。もちろん、法律の強制規定を、当事者が約定によって排除することはできない。

　第2に、当事者の契約締結、契約の内容および形式の確定、違約責任の確定などにおける選択の自由の尊重である。契約内容の面では、契約法12条に契約の一般的・包括的な条項について規定がおかれ、例えば当事者の名称または姓名、住所、目的物、数量、質、価格または報酬などについて定められているが、当事者は契約自由の原則にもとづき、契約の内容について自由に取り決めることができる。また契約の形式については、契約法10条1項は「当事者の契約の締結には、書面の形式、口頭の形式およびその他の形式がある」と規定している。これによれば、法律、法規に特別の規定が置かれていないかぎり、

11　胡康生編『中華人民共和国釈義』法律出版社、1999年、7頁。

契約の形式に関する問題については，当事者が自由に取り決めることができる。さらに，契約の変更および解除についても，契約法は当事者の意思自由を尊重しており，契約法77条1項は，「当事者は協議による一致によって，契約を変更できる」と規定している。このほかに，契約法は当事者による契約紛争解決方法の選択の自由にも十分な尊重を払っている。つまり，当事者は訴訟を選択することもできるし，また仲裁等の方法を選択することもできる。

　もちろん，契約法により定められた契約自由は相対的な自由であって，決して絶対的な自由ではない。契約法4条は，自由原則は必ず法によるものでなければならないということを強調している。これは，契約自由は法律規定の範囲内の自由である，ということを意味する。契約がその内容において法律または法規の強制規定に違反するか，または公序良俗に反するとき，それは効力を生じない。例えば，契約法39条，40条，41条そして53条は，約款および免責条項の効力について制限的な規定を置いている。これらの規定は，広く消費者の利益保護を目指し，約款および免責条項の使用について合理的な制限を加えるものであり，一定程度当事者の意思の自由に制限を加えるものと言うことができよう。

4.2　誠実信用原則

　誠実信用原則とは，当事者が民事活動に従事する際，誠実に信用を守り，善良な意思でその義務を履行し，権利を濫用したり，法律または契約に規定する義務を免れようとしてはならないというものである。大陸法の国家では，それは通常債権法における最高の指導原則ないしは「帝王規則」と言われている。誠実信用原則は，中国の伝統文化の重要な構成部分でもあり，それはまさに「人にして信なくんば，その可なることを知らざるなり」(『論語』為政)，「信は，言にこれ実あるなり」(朱熹『四書集注』)とされるところである。

　中国の商業慣習においては，かねてより，誠実に信を守り，老幼いずれも欺かず，ということを重要な商業道徳としてきた。契約法において誠実信用の原則を確認したことは，つまり中国の伝統的価値および商業道徳慣習を法律上で確認したということであり，道徳観念を称揚し，取引活動を規律する上で重要な意義を有している。誠実信用原則は現代契約法の重要な原則であり，同原則は行為確定規則としての役割を有するだけでなく，利益衝突の衡量，そして法

律および契約解釈の準則としての役割も同時に有している。具体的に見ると，誠実信用原則の契約法上の意義は以下のような面において体現されている。

　第1に，契約の締結においてである。契約締結段階では，契約は未だ成立に至っていないとはいえ，当事者は相互に契約締結上の関係にあり，誠実信用の原則により，忠実・誠実に信用を守り，相互に注意・協力し，約束・秘密を守るといった義務を果たさなければならない。例えば，当事者の一方は，商品の瑕疵または品質の状況についてありのままに相手方に伝え，同時に自らの財産状況や履行能力等についてもありのままに相手方に伝えなければならない。

　第2に，契約履行前の準備においてである。契約締結後，履行以前において，当事者双方は誠実信用の原則に従って，約束を固く守り，各種の履行準備を行わなければならない。一方の経済状態が履行前に悪化して重大な欠損が生じるとき，またはその他法定の状況が存在するときは，他方は法律の規定により，契約の履行をいったん中止して，相手方に契約履行のための担保の提供を求めることができる。この中止の権利を行使する際には，誠実信用の原則および法定の条件を厳格に守ることが求められ，相手方の支払能力に一時的または重大でない事情が生じているにすぎないときに，それを口実に契約の履行を中止することは許されない。もし誠実信用原則に違背して中止権を行使し，相手方に損害を与えたときは，損害賠償責任を負わなければならない。

　第3に，契約の履行においてである。契約の履行においては誠実信用原則が厳格に順守されなければならない。一面において，当事者は法律および契約に規定する義務のほかに，誠実信用原則により生じる各種の付随義務を履行しなければならない。それは例えば，相互協力・注意義務，瑕疵告知義務，使用方法告知義務，重要事情告知義務，忠実義務などがある。また他面では，法律および契約に規定する義務内容が不明確であるかまたはそれに欠落がある場合において，当事者は誠実信用原則にもとづいて義務を履行する必要があり，それにより具体的な履行目的，履行時間，履行地点，履行方法などが確定されることになる。例えば，債務者が深夜に突然弁済を行うとか，わざと閉店の不在時に商品を持参する等といったやり方は，いずれも誠実信用原則に反するものである。さらに，債務者の給付物の数量が不足している場合に，それがごくわずかであって債権者に損害を生じるとは言いがたいような場合に，債権者は受領を拒絶した上に同時履行の抗弁権を行使して代金の支払を拒むといったことは

許されない。また，債務者の給付物が約定の数量を超えている場合に，債権者がその超過部分を返還することが容易であるようなときは，債務者の給付を拒絶することは許されない。

　第4に，契約の変更および解除の場合がある。契約締結後，当事者いずれの責めに帰すこともできない原因により重大な事情の変化があり，契約の存在の基礎が揺らぎ，ひいてはそれが失われ，当事者の利益に重大な不均衡が生じるに至ったときは，誠実信用の原則にもとづいて，当事者に契約内容の変更または解除を認めるべきである。事情変更が生じたとき，当事者は誠実信用原則に従って，契約の変更または解除を行うことができる。その他の状況下においても，契約の解除は誠実信用原則を順守して行われなければならない。例えば，長期の継続的契約において，一方が契約の規定する条件に従って契約を解除する場合は，相手方が必要な準備を行うのに十分な時間が取れるように，事前に相手方に通知しなければならない。一般的に言って，一方に契約違反があったとき，それが相手方に重大な損害を与えるものでないときは，誠実信用原則により，相手方は契約を解除することができない。

　第5に，契約の消滅においてである。契約関係が消滅した後，双方当事者には契約上の義務はなくなるが，誠実信用原則からの要求により，ある種の必要な付随義務，例えば秘密保持や忠実義務などを負担しなければならない。これらの義務は，誠実信用原則により生じる契約後の義務である。例えば，以下の例を考えてみよう。甲が乙を助手として雇い入れ，その雇用期間を3年としていたが，3年経過後，乙の働きぶりに不満であった甲は，乙の雇用契約延長の求めに応じなかった。乙はこれに深く不満を持ち，甲と競争関係にある丙のもとで働くこととし，併せて甲の経営管理に係る多くの秘密を丙に伝え，結果として甲に重大な損害を与えるに至った。これは誠実信用原則により生じる契約後の義務，すなわち忠実・秘密保持義務に反するものであり，このような義務に反して甲に損害を生じさせた乙は損害賠償の責任を負わなければならない。

4.3　合法原則

　当事者が締結した契約を国家の意思そして社会公共利益と合致させるため，そして当事者間の利益の衝突さらには個々の当事者の利益と社会・国家利益との衝突を調整し，正常な取引秩序を維持するために，中国の契約法は合法原則

を定めている。契約法7条は「当事者の契約締結または履行においては，法律および行政法規を遵守し，社会公共道徳を尊重しなければならず，社会経済秩序を混乱させ，社会公共利益を害してはならない」と規定している。これは合法原則を定めたものであるが，同原則は広義において，以下の2つの側面を持つものと理解される。

第1に，法律の規定に適合することである。当事者は契約締結および履行の過程において，必ず法律および行政法規を遵守しなければならない。契約法は主に任意法規であるが，社会公共利益および取引秩序の維持のために，特殊な状況については，契約法もまた当事者の意思自由に対して必要な干渉または制限を加えている。それは例えば，約款規制そして免責条項の効力発生についての制限的規定などである。これらの干渉または制限は強制規定に属し，当事者は必ずこれを遵守しなければならず，さもなくば契約は無効となってしまうことになる。

第2に，公序良俗に適合することである。合法原則には，当事者が必ず社会公共道徳を遵守し，社会公共利益に反してはならないということが含まれる。法律規定がいかに完璧になったとしても，社会・経済の森羅万象を遺漏なく覆いうるものではない。ゆえに，当事者には契約の締結および履行において公序良俗を遵守することが求められ，誠実信用原則に従って各種の付随義務を果たすことが求められる。このほかに，現代社会において，契約法における人格的尊厳の保護への注目が日増しに高まり，人の尊重および保護が強化されていることに注意しなければならない。例えば，契約の内容および契約の履行において，人格の尊厳を害するならば，それは公序良俗に反するものとみなされる。また，代理出産契約などは代理妊婦の人格的尊厳を害するものであるから無効とされることになる。

4.4 取引奨励原則

取引奨励原則とは，法律ができるだけ契約の成立と効力発生を促し，もって取引の完成を促すことを指す。契約法は取引関係を調整対象とするものであり，各種の頻繁かつ複雑な契約関係は，契約関係としてかつ契約法規則の力を借りて規律されることになる。市場経済という条件下で，あらゆる取引活動はみな契約の締結および履行という形式により行われる。そして，取引活動は市場活

動の基本的内容をなし，無数の取引は一体としての市場を構成するものであるから，市場経済の高度の発展を促すために，契約法は取引を奨励するという機能および目標を持たなければならないのである。すなわち，取引を奨励することは，富の増大に有利であるだけでなく，市場の繁栄を促し，当事者の契約締結目的を実現するために有利なのである。

契約法における取引奨励の原則は主に以下のような面に現れる。

第1に，できるだけ契約の成立を促すことである。伝統的な大陸法の理論によれば，承諾は申込みの内容と一致しなければならず，申込みに対して何かを加えたり，制限したりまたはその条件を変更したりするような回答は，申込みを拒絶するという結果に至ることになるはずである。しかし，取引の発展にしたがって，申込みと承諾の内容に絶対的な一致を求めることは，多くの契約についてその成立を促すことに不利となり，契約の奨励に不利益となるに至った。そのため，契約法31条は，承諾における変更が申込みの実質的な内容に及ぶものではなく，かつ申込者が速やかに反対の意思を表明しないときは，契約は成立したものとみなされると規定している。

第2に，できるだけ契約を有効とすることを促進する。契約法は契約の無効の法定事由を厳しく限定している。中国の契約法および関連の司法解釈によれば，効力性強制規定に違反した場合にのみ，契約は無効と認定されることになる。契約についてこれを有効とも無効とも解釈しうる場合には，原則として有効と解釈しなければならない。

第3に，契約の無効と取消しとを区分することである。契約締結の過程において，当事者の意思表示に瑕疵がある場合，法律はこれについて一律に契約の無効を宣告するのではなく，当事者に取消権を与え，当事者が自由に契約の効力を決定することとしている。取消権を有する側の当事者が自ら当該契約の取消しを求めないとき，契約は依然として有効である。たとえそれが取り消しうる契約であるとしても，さらにそれは取り消しうる契約と変更しうる契約とに区分され，変更により契約の効力を維持し得るときは，取消しによって契約の効力を否定する必要はないことになる。

第4に，契約の無効と効力未確定の契約とを区分することである。効力未確定の契約は，権利者の承認により効力が生ずる（例えば，無権代理人が他人を代理して契約を締結したとき，本人の承認により効力が生ずる）。そのため，効力未

第1章　契約および契約法概説　23

確定の契約については，法律はその効力を簡単に否定することはない。法により真の権利者が追認するか，または法定の効力発生条件に適合する場合などには，同契約が有効であると確認されることになる。

　第5に，契約法は履行治癒の原則を確立している。つまり，当事者が法律または行政法規の規定によらず，または約定により書面の形式で契約を締結することとしている場合に，一方が主要な義務を既に履行し，かつ相手方がそれを受領したときは，当該契約は成立することになる。

　第6に，契約法は契約解釈制度について明確に規定している。契約法は契約の解釈に係る制度について明確に規定しており，解釈によって契約関係の成立を促すこととし，当事者の意思表示の不一致により契約が不成立となることを減少させること目指している。

　第7に，契約法は契約違反による解除の条件を厳格に制限している。契約法94条は，契約違反による解除の条件について厳格な制限を置いており，同条の規定によれば，当事者の一方に根本的な違約がある場合にのみ，相手方当事者は契約を解除することができるものとされている。軽微な違約にすぎないときや，重大な損害を生じないときは，契約を解除することはできない。これは契約の法定解除権の行使を有効に制限し，当事者間の取引の維持に有利に働く。

　総じて，契約紛争の処理においては，契約法は取引奨励の原則により，できるだけ契約の成立および効力発生を促すものであり，契約に瑕疵があるからといって一概にその効力を否定することはないのである。

第2章 契約の成立

案例 甲（化粧品会社）は所在地のテレビ局で広告を出し，その中で，同社生産のパウダーは質が高い上に価格は安く，ストックも豊富であり，入金があればすぐに発送する，としていた。乙（小売商）はそれを見て甲の指定する口座に入金し，10万元分の当該パウダーを購入するとの文書を送付した。これに対し，甲は文書で，当該パウダーはすでに売り切れたと伝えた。乙は，双方間の契約関係はすでに成立しているとして，甲がその承諾に沿った出荷ができない場合には，契約違反の責任を負うべきである，と主張し，双方はこれについて争うこととなった。

簡単な評釈 契約法15条の規定によれば，商業広告は原則として申込みの誘引であり，相手方の返信は商業広告者への承諾を構成するものではない。ただし，商業広告の内容が具体的かつ確定的であり，申込みの要件を満たすときは，これを申込みと認定することができる，とされる。本件において，甲会社は，その商業広告において同社が生産するパウダーの在庫は豊富であり，入金次第すぐに出荷する，と述べており，その内容は具体的かつ確定的であって，申込みと認定すべきである。乙会社の入金と文書送付は，その性質において承諾を構成するものであり，契約関係はこれにより成立する。甲が約定にもとづく義務の履行を行わないとき，乙は後に対して契約違反の責任を求めることができる。

1 契約成立の概念と要件

1.1 契約成立の概念

契約の成立とは，契約の各当事者の意思表示が一致することを指す。契約が

双方当事者のみによって構成されるときは，双方当事者の意思表示の一致によって契約は成立する。契約当事者が多数者によって構成されるときは，多数者全員が契約内容について合意に至っていなければならない。契約の成立における合意は，法人の決議における合意などとは異なる。前者においては，すべての当事者が契約内容について合意していなければならないが，後者においては多数者が同意していれば成立することになる。契約が成立するために，当事者は契約内容について合意に達しなければならないが，当事者が契約の主要な条項について合意に達しさえすれば契約は成立し，その他の条項については爾後の補充合意や，法律の任意規定などによって補充することができる。例えば，目的物の品質について当事者の約定が不明確であるとき，契約法62条1項の規定によりこれを補充することができる。

契約が成立しているかどうかを確定するためには，以下の事項が重要な意義を有する。

第1，契約の成立は契約の効力の論理的起点であり，契約の履行，変更，消滅そして解釈などの制度の前提である。契約がそもそも成立していなければ，契約の有効や無効を論ずる意味はない。

第2，契約の成立は契約違反と契約締結上の過失とを区分する基礎となる。契約法42条および43条の規定によれば，契約締結上の過失は「契約締結過程において」発生するものとされる。これに対し，契約違反は契約成立後に発生するものであるから，契約の成否を確定することは，契約締結上の過失と契約違反とを区分する基礎となる。

第3，契約の効力を正確に認定することに利する。契約がいったん成立すれば，当事者間には一定の拘束力が生じ，いずれの当事者も随意に契約を撤回したり解除したりすることはできなくなる。契約法44条1項は「合法に成立した契約は，成立のときから効力を生ずる」と規定する。すなわち，通常の状況では，契約成立後，その内容が法律の強制規定に反しないときは，成立により効力が生ずるのであり，契約成立時が契約効力発生時となる。それゆえ，契約成立の時期が，契約の効力発生時期を判断するための基準となるのである。もちろん，このルールには例外状況がある。つまり，条件付契約や期限付契約については，当事者が条件または期限を設定することにより，契約の効力発生時期について限定することとなるのである。

1.2 契約成立の要件

契約成立には以下の要件を具備することが必要である。
(1) 双方または多数当事者の存在

契約成立には双方または多数当事者の存在が前提となる。契約法2条の規定によれば、契約は本質において一種の協定であり、その成立には当事者の合意が必要となる。一方の当事者しか存在しないときは、そこに合意が成立しえない。それゆえ、契約の成立には必ず双方または多方の当事者が必要なのである。契約当事者はまた契約主体とも称される。それは実のところ、契約上の権利を享受し、契約上の義務を負担する者のことである[1]。契約当事者は、自らが契約の締結に参与しない場合でも契約主体となりうる（代理人による契約締結の場合など）。また逆に、契約の締結に参与している者であっても、契約の当事者とならない場合もありうる（代理人など）。
(2) 契約締結当事者が申込みと承諾により合意に達していること

契約法13条の規定では、当事者の契約の締結は、申込みと承諾の方法による、とされている。同条の規定により、契約の締結においては申込みと承諾の方法をとらなければならないことになる。申込みだけがあって承諾がない場合には、契約は成立しない。例えば、甲が乙に書面を送付し、2,000元の価格で乙のパソコンを購入したいと申し込んだが、乙はその価格が低すぎると考え、甲にお断りする旨の信書を出したとしよう。この場合、甲が送付した書面はその性質上申込みにあたり、乙が甲の申込みを拒絶して、承諾しなかったことから、契約は成立しない、ということになる。
(3) 契約の主要条項についての当事者の合意

契約の成立には当事者がその内容について合意に達していることが必要である。ただし、取引を奨励し、できるかぎり契約の成立を促すために、法律上当事者が契約のあらゆる内容について合意することまでは求められておらず、当事者が契約の主要条項について合意に達していればよいとされている。現代の契約法の発展の趨勢を見ると、取引を奨励し、社会の富を増大させるという必要のために、契約の成立については不必要な制限を減少させ（例えば現代契約

---

1 蘇恵祥主編『中国当代合同法論』吉林大学出版社、1992年、67頁。

法は古代の契約法のように形式を重視はしない），かつ契約解釈の方法を応用して，できるだけ契約の成立を促そうとしている。

契約の主要条項とは，契約の成立に必ず備わるべき条項を指す。契約の主要条項の範囲について，契約法は明確な規定を置いてはいないが，契約法12条は「契約の内容は当事者の約定により，一般に以下の条項が含まれる。①当事者の名称または姓名および住所。②目的物。③数量。④品質。⑤価格または報酬。⑥履行期限，地点および方法。⑦契約違反の責任。⑧紛争解決の方法」と規定している。同条規定の契約条項は，必ずしもすべてが契約の主要条項というわけではない。「契約法司法解釈(2)」1条1項の規定によると，法律に異なる規定があるか，または当事者に異なる約定がある場合を除き，売買契約においては，当事者の名称または姓名，目的物およびその数量についての条項のみが主要条項とされている。つまり，同条では目的物と数量の条項のみが契約成立の必要条件となるのである。例えば，売買契約の締結においては，まずどのようなものをどのくらいの量購入するかを確定しなければならない。さもなくば，売買契約は有効に成立しえない。もちろん，同条規定の契約の必要条項は，主に売買契約について置かれた規定であり，他の類型の契約に一律に適用できるものではない。例えば，建物賃貸借契約において，賃貸物である建物は一般に特定物であり，そのため契約においてその数量について約定する必要はないが，当事者は賃貸料については必ず約定しなければならない。もしその約定がなければ，賃貸借契約は成立しない。

以上は，契約の成立要件についての一般論である。もちろん，法律または当事者の約定により，契約に特定の成立要件が設定されることがありうる。例えば，要物契約においては，目的物を実際に引き渡すことが成立要件となる。また要式契約では，一定の方法の履行によってのみ契約が成立するということになる。特に，当事者が契約中で特殊な成立条件を約定した場合には（例えば公証を経て初めて契約が成立することなど），当事者の約定によることになる。

2　申込み

2.1　申込みの概念と法的性質

申込み［要約］は，また「発盤」「出盤」「発価」そして「報価」（いずれも

原語で，価格のオファーを意味する—訳者）とも呼ばれるもので，契約における必須のプロセスである。契約法13条の規定により，申込みは契約締結の必須のステップとされており，申込みの段階を経なければ，契約は成立しえない。とは言え，何をもって申込みというのだろうか。契約法14条の規定では，「申込みとは，他者との間で契約を締結することを希望する意思表示である」とされており，申込みを提出する者が申込者で，申込みを受ける者は被申込者，相手方または承諾者と称される。

　申込みは法律行為とは異なる。法律行為は一般に，当事者の予期した法律効果を発生させることができるが，申込みはその本質において一種の意思表示であり，契約法13条の規定により，契約の成立には申込みだけでなくそれに対する承諾が必要とされていることから，被申込者が承諾した場合のみ，申込みは当事者の予期する法律効果を生じることになる。このようなことから，申込みは契約を締結するという当事者の意思を表示するものであるにすぎず，契約が成立するか否かは，被申込者が申込みに対して有効な承諾を行うかどうかによる。それがなければ，申込みは申込者の予期した法律効果を生ずることはできず，そこにいわゆる合意は存在しない，ということになるのである。

　申込みがいったん効力を生じた場合は，当事者に対して一定の拘束力を生ずる。例えば，申込みの効力発生後に，被申込人が合理的な信頼を有するに至った場合，申込人が随意に申込を撤回することはできなくなり，そのような場合には契約締結上の過失責任を負わなければならないことになる。例えば，甲会社が乙会社に書面を送付して，現在ある物品について在庫が豊富にあり，2ヶ月以内に発注の書面をもらえればすぐに発送する，と告げた。この文書を受け取った乙会社は，同物品の貯蔵のために丙会社の倉庫を賃借し，まさに発注の書面を送付しようとしていたところ，甲から申込みを撤回するとの文書が届いた，というケースを考えてみよう。本件では，甲会社の申込みはすでに乙会社に合理的な信頼を生じさせており，その後に甲会社は申込みを撤回し，乙会社に損失を生じさせている（丙会社からの倉庫賃借による賃借料の損失など）。ゆえに，乙会社は甲会社に対して契約締結上の過失責任を追及することができることになる。

2.2 申込みと申込みの誘引の区分

　申込みの誘引とは，申込みの申入れとも称されるもので，自分に申込みをするよう他者に希望を示す意思表示を指す。申込みの誘引は，当事者が契約締結をするための予備行為であって，申込みの誘引を行っているとき，当事者は依然として契約締結の準備段階になる，と言うことができる。申込みの誘引においては，誘引者は自らに対して申込みをするよう相手方に求めるものであって，申込みのように一方が他方に対して契約締結の意思表示を行うものではない。そのため，相手方が申込みの誘引の内容に同意したとしても，当事者間に契約関係が成立するわけではない。申込みと申込みの誘引とは異なるものである。確かに，申込みと申込みの誘引のいずれにおいても，そこでは当事者が契約の締結を望むことを示している。しかし，当事者が申込みを行うとき，そこでは申込みに拘束される意思が表明され，その内容は具体的かつ確定的でなければならない。しかし，当事者が行うものが申込みの誘引であるときは，相手方に契約締結の意思を抱かせるだけであり，その内容は必ずしも具体的または確定的である必要はない。

　申込みと申込みの誘引を正確に区分することは，契約関係の成立の有無を正確に認定するために重要な意義を有する。中国の司法実務から見ると，申込みと申込みの誘引との区分はかなり複雑になっている。本書では，以下の方面から申込みと申込みの誘引との区分がなしうるものと考える。

(1) 法律規定による区分

　ある種の行為が申込みまたは申込みの誘引であると明確に規定してあるときは，法律の規定により区分が行われる。例えば，契約法15条は「送付された価格表，競売広告，入札公告，株式募集説明書，商業広告等は申込みの誘引である」と規定している。この規定により，これらの行為は一般に申込みの誘引と考えられることになる。

(2) 当事者の意思による区分

　これらの区分の基準は，主に当事者がすでに表示した意思であり，それにもとづいて，当事者がその主観において自身の行為を申込みと考えていたのか，それとも申込みの誘引と考えていたのかを確定する。申込みは契約締結の意思表示であるため，そこには当事者の明確な契約締結の意図が示されていなけれ

ばならない。これに対して，申込みの誘引では，相手方が自らに対して契約締結の意思表示をすることを望むだけであるため，申込みの誘引においては契約締結の意図は必ずしも明確ではない。例えば，ある服飾店のショー・ウィンドーに展示されていた衣服に「セール」と記して価格が表示されている場合と，そこに「サンプル」と表示されている場合について考えてみよう。この場合，「セール」と記して価格が表示されているほうは申込みとみなすことができるが，「サンプル」と表示されたほうは単に申込みの誘引であるにすぎない，と考えられる。実際に，「周益民が上海聯合財産権取引所および華融国際信託有限責任会社を訴えた株式譲渡紛争事件」において，最高人民法院は，華融信託会社が被上訴人である財産権取引所に委託して同所のサイト，取引場のスクリーンそして「中国証券報」上で行った本件株式譲渡情報の公告は，そこに譲渡価格，期限および取引方法等の情報内容が記載されているものの，実際には，相手方からの申込みを誘引または招請することを目的として不特定の主体に対して行われた意思表示であり，それゆえ申込みの誘引と認定しなければならない[2]，としている。

(3) 提示内容の具体性・確定性による区分

契約法14条の規定によれば，申込みの内容は具体的かつ確定的でなければならない。つまり，申込みの内容には契約の主要条項が含まれなければならない。例えば，「仲某が上海市金軒大邸不動産プロジェクト開発有限会社を訴えた売買契約紛争事件」[3]において，人民法院は，当事者がすでにその意向書の中で，店舗の面積，価格計算，購入日時等，店舗売買に係る主要な内容について合意しているとして，これら条項はその内容において確定的であり，かつ双方の権利義務を明確にするものであって，合意成立前の初歩的意向書ではなく契約の予約であると認定している。もちろん，提示された内容が具体的かつ確定的であるということは，申込みと申込みの誘引を区別するための参考基準にすぎず，決して区分のための唯一の基準などではない。蓋し，申込者が未来の契約の主要条項を提示していたとしても，その文面の中で明確に，申込みとしての拘束を受けないと宣言していたり，交渉・相談を行う旨を示していたり，または最終的な確認が必要などとしていたときは，そこに明確な契約締結意思

---

2 「最高人民法院公報」2011年6期。
3 上海市第二中級人民法院(2007)滬二中民二(民)終字第1125号民事判決書参照。

を見出すことはできず，これを申込みとみなすことはできない。
(4) 取引慣習すなわち従前の取引方法による区分

　例えば，商品の価格についての問い合わせなどは，取引慣習から見るかぎり一般に申込みの誘引であり，申込みではない。これに対し，タクシー運転手が路端に停車して客引きをしている場合については，当該地域の規定または慣習により，タクシーが乗車拒否をすることが許される場合は，このような客引きは申込みの誘引であると考えられ，それが許されない場合は，これは申込みと考えられることになる。

　このほか，申込みと申込みの誘引とを区別する際には，当事者双方の身分，信用，資力，品行等の状況（例えば家庭教師の募集広告などでは，募集者は家庭教師個人の状況を重視するだろうから，実際に面会して交渉することが必要となる），接触の有無，提示内容が申込みへの信頼を生じさせるかどうか等々，様々な要素・状況を考慮して総合的に判断することが必要である。この点について，契約法15条の規定は，以下のような典型的行為は性質上申込みの誘引に属するとしている。

　第1，価格表の送付。事業者は商品やサービスの販売を促進するため，不特定者に商品またはサービスの価格表を送付することがある。価格表には，商品またはサービスの名称または価格が含まれており，かつ価格表の送付を行う事業者には契約締結の意図があるが，価格表の送付という行為のみでは，相手方の承諾がありさえすればその効果を引き受ける意図があるとは言いがたい。それは相手方にある種の情報を提供するというだけであり，そこでは相手方のほうから自らに対して条件を提示すること（例えば何冊の本を購入するか，またはどのような図書を購入するかなど）が期待されているのであり，つまりこのような行為は申込みの誘引であって，申込みではない。もちろん，行為者が不特定の相手方にある種の注文リストを送付したとき，その注文リストにおいて明確に承諾による拘束を受ける旨が述べられていたり，または注文リストの内容から承諾の効果による拘束を受けるとの意図が確認されるときは，このような注文リストは申込みの誘引ではなく，申込みであると考えられる。

　第2，競売広告。いわゆる競売とは，競売人が入札を行い，多くの応札の中から入札価格が最も高い者と契約を結ぶ，という特殊な売買方式である。この競売には一般に3つの段階がある。すなわち，(1)競売公告。この段階では，競

売人は競売公告の掲載または公布により，競売公告上で競売物の宣伝および紹介を行う。この競売の告知については，各国の契約法では申込みの誘引と考えられている[4]。蓋し，そこに表示された内容には契約成立のための主要な条件（とりわけ価格条項）が含まれていないからである。司法実務から見ると，競売公告と類似する払下公開入札の公告が，一般に申込みの誘引と考えられている。例えば，「時間不動産建設グループ有限会社と玉環県国土資源局の土地使用権払下契約紛争事件」において，最高人民法院は，契約法15条に明確に規定されているように，競売公告および入札公告の法律上の性質は申込みの誘引であって，本件で新聞に掲載された払下公開入札もまた，競売公告そして入札公告と同様，不特定の主体に対し，相手方の申込みを誘引または招請することを目的として行われた意思表示であり，それは実質において入札者に価格条項の提示を求めるものであって，その性質は申込みの誘引と認定すべきであるとしている[5]。(2)競売（または入札）。これは，入札者が競売人に対して価格を提示する意思表示を指す。一般に，競売の表示は申込みに属する。蓋し，入札者はすでに目的物について価格条件を提示して，売出人との間で契約を締結する意図を示しているからである。入札者は入札価格を示したのち，その他の入札者がより高い価格を提示するまでは，自らが行った意思表示による拘束を受ける。(3)落札。これは，競売人が拍子木を鳴らしたり，ハンマーを打ったりまたはその他の慣用的な方法で，競売契約の成立を告げ，または競争の終結を告げる一種の法律行為である。一般に，このような行為は性質上承諾に属するとされている。いったんそれが確定すれば，契約の成立が宣告されたということになる。

　第3，募集公告。募集は契約締結の特殊な方法の1つである。募集の方法で契約を締結するとき，そこには募集，応募，落札といった段階がある。いわゆる募集とは，契約の一方当事者が，募集公告の方法により，不特定者に対して相手方からの申込みを誘引または招請する意思表示を行うことを指す。いわゆる応募とは，応募人（入札者）が募集人の提示した要求に従って，定められた期間内に募集人に対し，契約締結の目的および契約の全条項を含む意思表示を行うことを指す。いわゆる落札とは，応募人が開札しその審査を行った後，各

4　フォン・バール（独）編（高聖平等訳）『欧州司法的原則，定義与示範規則：欧州示範民法典草案』法律出版社，2014年，272頁。
5　最高人民法院（2003）民一終字第82号民事判決書。

応募人のうち最も条件の良いものを選ぶことを指す。募集行為においては広告を出すことが必要である。募集者が行った募集広告は，性質上契約締結の準備行為であり，その目的はより多くの相手方が申込みを行うことを誘引してその中から最も条件の良いものと契約を結ぼうとするところにある。ゆえに，それは性質上申込みの誘引に属するものである。

第4，募集株式説明書。募集株式説明書は，株式を公開発行しようとする会社が株式公開発行の許可を得たのち，法にもとづいて法定の日時に証券管理機関の指定する新聞・雑誌上で，全面的で事実どおりの正確な会社情報を公表し，投資家の参考とするための法律文書である。会社法の規定によれば，会社を設立する際，発起人が募集株式を社会に公開するときは，国務院の証券管理部門に募集株式申請を提出し，かつ募集株式説明書等の関連文書を提出しなければならないとされている。この募集株式説明書は，投資家に対して株式発行者に関する各方面の資料を提供することを通じ，投資家が発行人に対して株式を購入するとの申込みをするよう誘引するものであり，それ自体は発行人が広範な投資家に対して申込みを行っているのではなく，一種の申込みの誘引にすぎない。

第5，商業広告。広義の広告には，商業広告だけでなく公益広告および各類別の広告（例えば人探し，求婚，忘れ物，慶弔，求人，購入希望，公開声明および権利帰属声明など）があるが，狭義の広告は商業広告のみを指す。中国の広告法2条は狭義の広告概念を採用しており，広告とは商品取扱事業者またはサービス提供者が費用を負担して，「一定のメディアまたは形式により，自らが販売しようとする商品またはサービスについて直接または間接的に紹介する広告である」と規定している。契約法15条の規定により，商業広告は申込みの誘引とされている。蓋し，商業広告が出された後，広告の条件を受け入れさえすれば誰でも契約が成立するわけではないからである。そうでなければ，広告人側は予測しがたい大量の違約責任を負わなければならないことになる。このように，契約法15条1項において，商業広告は申込みの誘引とされているのだが，契約法15条2項の規定により，広告中でそれが申込みであると明記されている場合や，広告中に広告人の契約締結の意思が含まれているとき，さらに相手方が広告中に示された一定の行為を行えば契約が成立すると明記されている場合などには，同広告は申込みの誘引ではなく申込みに属するものとみなさ

れる。例えば，広告中で「本社は現在某型番のコンクリート1,000 t を所有しており，1 t 当たり200元で販売します。早い者順ですので，購入希望者はお急ぎください」としていたり，または「現物提供保証します」などとしていた場合など，具体的状況によって，商業広告が申込みとされる場合もある。

2.3 申込みの効力発生

2.3.1 申込みの効力発生要件

申込みは性質上，当事者が他人と契約を締結する意思表示に属するものであるが，契約締結を希望する意思表示なら何でも申込みに属するというわけではない。ある意思表示が申込みを構成するためには，必ず一定の有効要件を具備しなければならない。これについて契約法14条は「申込みは他人と契約の締結を希望する意思表示であり，その意思表示は以下の規定に適合しなければならない。①内容が具体的かつ確定的であること，②申込みを受けた者が承諾したとき，申込者がその意思表示の拘束を受けると表明していること」と規定している。同条の規定によれば，申込みの有効要件は主に以下のものとなる。

(1) 当事者が契約締結の意図を有していること

ある意思表示が申込みを構成するためには，それを行うものが必ず契約締結の意図を持っていなければならない。契約締結の意図は，主に2つの内容を持つ。1つは，当事者がこのような意思表示を行う主な目的が相手方と契約を締結することにあるということであり，もう1つは，意思表示を行う者がこの意思表示に拘束される意思を有している，ということである。契約法14条の規定によれば，申込みは，他と契約を締結する意思表示であり，申込みに対して被申込者の承諾があったときはそれに拘束される旨が示されていなければならないとされている。しかも，いったん相手方が承諾しさえすれば，契約は締結されたということになる。もし，当事者が申込みに拘束されないという意思を表明していれば，そもそも申込みは成立しない。申込者の契約締結の意図の有無を判断するときは，申込みに用いられた言葉や文字，そして関連の状況を考慮して，申込者が契約締結すると決心していたかを判断しなければならない。例えば，当事者が文書の中で「契約締結を決定する」と記述していたときは，当事者は自らの意思表示に拘束される意思を表示したものと言えるが，単に「準備」や「考えている」といった記述をしているにすぎないときは，当事者

には確かに契約締結の意向はあるものの，それにより拘束される意思は認められず，申込みは成立しないことになる。

(2) 申込者が契約締結を希望する相手方に対して行われたこと

申込みは，申込者が契約締結を希望する相手方に対して行われた場合にのみ，被申込者の承諾を喚起しうる。一般的に言って，被申込者は特定の主体である。蓋し，まず相手方を特定することによって，申込人は承諾する相手方の確定について一定の選択を行うのであり，相手方の特定により初めて承諾者を明確にできるからである。申込者によって申込みの相手方が特定された以上，相手方の承諾さえあれば，他に何もしなくても契約は成立することになる。逆に，もし相手方が特定されていなければ，オファーを行った側は未だ相手方を選択していないことになるため，それは他者に申込みを行わせることを喚起するものとなり，申込みとはならないことになる。逆に，申込みの対象が確定できないとき，もしこれを申込みと称することができるとするならば，不特定多数に対して特定物の譲渡を内容とする申込みを行ってもそれは有効ということになり，これに対して多数の人が承諾した場合，結果として一物多売の状況を招くことになり，取引の安全を害することになる。

もちろん，特殊な状況下では，被申込人は不特定主体でありうる。例えば，学校内に自動販売機を設置する行為は申込みを構成するが，このような場合には不特定の相手方に申込みを行っているということになる[6]。また，商業広告は一般に不特定多数に対して出されるものであるが，それが申込みの構成要件に合致するならば，それは申込みに該当するということになる。この点について，契約法15条2項は「商業広告の内容が申込の規定に合致するときは，申込みとみなされる」と規定している。例えば，化粧品会社甲がテレビ局で広告を出し，同社生産の化粧品は上等ながら廉価で，1個50元で在庫も豊富，入金次第発送と称していた場合，同社が出した商業広告の内容は具体的かつ確定的であり，それは性質上申込みに属することとなる。

(3) 申込みの内容が具体的かつ確定的であること

契約法14条の規定によれば，申込みの内容は必ず具体的かつ確定的でなければならず，そうでなければ申込みは成立しない。申込みの内容が具体的かつ

6　王澤鑑『債法原理』北京大学出版社，2013年，175頁。

確定的でなければならないのは，相手方が申込みに対して承諾しさえすれば契約が即成立するためである。申込みの内容が具体的または確定的でなければ，相手方が申込みの内容に同意したとしても，契約関係は成立しない。例えば，甲会社は多くの品種の米を販売していて，乙会社が甲会社に書面で甲会社から10tの米を購入する旨を申し入れ，そこにはどの品種の米であるかが記されていなかったが，甲会社はそれに同意する旨伝えたとしよう。このケースでは，甲乙双方は米の売買について合意に達しているが，その目的物は確定しておらず，契約関係は成立しえない。申込みの内容は，必ず具体的かつ確定的という両面の内容を含まなければならない。

　第1．申込みの内容は必ず具体的でなければならない。いわゆる「具体的」とは，申込みの内容が契約を成立させるに足る主要な条項を含んでいなければならないということである。申込みは，被申込者の承諾により契約を成立させるという意思表示であるから，申込みに契約の主要条項が含まれていなければ，被申込者は承諾のしようがないか，または承諾したとしても，この合意には契約に必要な主要条項が欠けているため，契約を成立させえないのである。

　第2．申込みの内容は確定的でなければならない。ここで「確定的」というのは，一面において，申込みの内容が漠然として不明確なものではなく，被申込者が申込みの内容の含意を正しく理解できる程度に明確である，ということである。蓋し，そうでなければ被申込者は承諾のしようがないからである。またもう一面において，申込みは内容上最終的で保留のないものでなければならない。もし申込者が申込みについて一定の条件を保留するならば，被申込者はこれに対して承諾のしようがない。このような場合，申込者の意思表示は性質上真正の申込みではなく，申込みの誘引となるだろう。申込みの内容が具体的かつ確定的であるほど，迅速な承諾を得るのに利することになるのである。

(4) 申込みが被申込者に到達すること

　申込みは，それが被申込者に到達して初めて，被申込者の知るところとなり，それに対して承諾ができることとなる。「売買契約条約」15条は「申込みは，相手方に到達したときにその効力を生ずる」と規定している。これは大陸法系の立法経験の総括である。

　中国の契約法16条もまた，「申込みは被申込者に到達したときその効力を生ずる」と規定している。そのため，例えば申込みを行う書面が投函された後，

その文書が喪失したり，届けられなかったときは，申込みが到達したとは認められない。申込みが被申込者に到達する前であれば，申込者は随時申込みを取り消すことができる。この場合，申込みは最初から効力を生じなかったことになる。対話の形式またはメールの形式での申込みについて言えば，それは瞬時に被申込者に到達することから，一般的に言ってそこには到達の問題はない。ただし，このようなもの以外の被対話形式の申込みについて言えば，申込みは必ず被申込者の支配可能範囲に到達しなければならない。なお，被申込者が実際に申込みの内容を知っていたかどうかは，申込みの到達には影響しない。

2.3.2　申込みの効力発生時期

　申込みの効力発生時期とは，申込みがいつから拘束力を生じるかということを指す。申込みの効力発生時期については，理論上3つの見方がある。その1は発信主義である。この見解では，申込者が申込みを発するにあたり，申込みが申込者の支配範囲から出されたとき，その効力が生ずる。その2は到達主義である。到達主義はまた受信主義とも称され，この見解によれば，申込みは被申込者に到達したときにはじめて法的効力が生ずる。「売買契約条約」15条は「①申込みは，相手方に到達したときにその効力を生ずる。②前項の申込みは，たとえ取り消しえないものであっても，申込みが被申込人に到達する前または到達と同時に，撤回通知が到達すれば，撤回することができる」と規定しており，そこでは到達主義がとられていることがわかる。その3は了知主義である。この見解によれば，申込者が申込みを出し，相手方に到達したとしてもすぐに効力が生ずるのではなく，相手方が申込みの内容を了知して初めて申込みが効力を生ずる。

　申込みの効力発生時期について，中国の契約法16条では，「申込みは，被申込者に到達したとき効力を生ずる」と規定しており，中国の法律では明らかに到達主義が採用されている。ただし，同条所定の申込み効力発生時期については，以下の諸点に注意しなければならない。

　第1，同条の申込効力発生時期の規定は，対話形式と非対話形式のいずれの形式の申込みについても適用される。中国の契約法の規定によれば，いかなる形式の申込みであれ，また被申込者が申込みの内容を了知しているか否かにかかわらず，申込みが被申込者に到達したときから効力を生ずる。

第2，申込みの到達とは，申込みが被申込者の支配範囲（例えば被申込者の郵便ポストなど）に到達することを言う。そこでは申込みが被申込者の支配範囲に到達しさえすればよく，被申込者が実際に申込内容を了知しているかどうかは，その効力に影響を与えない。例えば，甲が信書により乙に申込みを行い，その信書が乙会社のセキュリティ人員により受領されたが，実際に乙がその文書を手にしたのはその2日後であった場合，乙会社のセキュリティ人員が文書を受領した時間が申込みの到達時であり，乙が文書に目を通した時間を到達時とすることはできない。

　第3，申込者が申込みを送達した後，それが被申込者に到達するまでは，申込者は申込みの撤回または申込内容の変更を行うことができる。電子データにより契約を締結するときは，表意者がネット上で申込みを送信して電子データが相手方に到達すれば効力が生じることになる。電子データの形式で行われる申込みの効力発生時期について，契約法16条は発信主義ではなく，到達主義を採用している。同条の規定によれば，「電子データを用いて契約を締結するとき，受取人が電子データの受領を行うについて特定のシステムを指定したときは，該当する電子データが特定のシステムにアクセスしたときをもって到達時期とみなす。特定のシステムを指定しなかったときは，該当する電子データが受取人の何らかのシステムに最初にアクセスした時間をもって到達時期とみなす」とされている。この規定によれば，電子データがシステムにアクセスした後は，受取人がそれを閲覧または使用したか否かにかかわらず，電子データが到達したとみなされる。このような解釈がなされるのは，「アクセス」という概念が電子データの発信を画定するために用いられるだけでなく，同時に電子データの受信を画定するものとしても用いられるためである[7]。思うに，申込みはそもそも承諾とは異なるものであり，申込みの到達についてゆるやかな解釈をとっても一般的には取引の安全に影響を与えることはない。このようなことから，「アクセス」という概念を用いて到達を画定することも許される。つまり，申込みの内容が受取人のシステムにアクセスすれば，たとえ受取人が実際にそれを検索または閲覧などしていなくても，それは到達したものとみなされることになる。申込者は，もしその申込みを撤回する可能性があるならば，

　7　胡康生主編『中華人民共和国合同法釈義』法律出版社，1999年，41頁。

申込みの中で，被申込者の確認文書をもって申込受領の証拠とすることを求めておけばよい。そうすれば，確認がなされる以前は，申込みは効力を生じていないことになり，申込者は申込みを撤回できることになる。

2.3.3 申込みの効力存続期間

申込みの効力存続期間とは，申込みがどのくらいの期間法的効力を生ずるのか，ということを指す。意思自治の原則により，申込者は申込みの存続期間について自由に決定することができるが，申込者がそれを明確に定めていない場合は，申込みの具体的状況により合理的期間が確定されることになる。それは，具体的に以下の2つのケースに分類される。(1)口頭形式での申込み。申込みにおいて承諾期間が明確に示されていないとき，被申込人が即時承諾した場合にのみ，申込者に対して拘束力を生ずることになり，被申込者が即時承諾しなかったときは，申込みはその効力を失う[8]。(2)書面形式での申込み。申込人が具体的な存続期間について規定したときは（例えば申込みの有効期間を10日とするとか，または申込みに対して某年某日までに回答した場合のみ有効であるなど），当該期間が申込みの有効な存続期間となる。申込みに存続期間の定めがないときは，一定の合理的な期間をもって申込みの存続期間とすることになる。この合理的な期間には，申込みが被申込者に到達するまでの時間，そして被申込者が承諾を行いかつそれが申込者に到達するまでの時間が含まれる。もちろん，実務上合理的な期間について検討する際は，それぞれの申込みの具体的な状況によってこれを定める必要があり，例えば申込みの伝達方式や業界慣習など，多様な要素を考慮して合理的期間を画定することが求められる。

2.4 申込みの法的効力

申込みの法的効力は，申込みの拘束力とも称される。申込みが効力を発生した後，それは申込者と被申込者のいずれについても一定の効力を生ずることになる。申込みの法的効力とは，主に申込者と被申込者に対する拘束力のことであり，具体的には以下のようなものが含まれる。

第1，申込みには申込者に対する拘束力がある。この拘束力はまた申込みの

---

[8] 王家福編『中国民法学・民法債権』法律出版社，1999年，292頁。

形式的拘束力とも称され，申込みがいったん効力を生じれば，申込者はその申込みによる拘束を受け，申込みについて勝手にそれを撤回したり，制限を加えたり，変更または拡張などをすることはできなくなる。このように，申込者が法律または申込みの規定に反して申込みを勝手に撤回することを禁じ，かつ法律または申込みの規定に反してその内容を変更することを禁じることは，被申込者の利益を保護し，正常な取引安全を保護するために必要である。もちろん，申込みが被申込者に到達するまでは，申込者は申込みを撤回することができる。また，申込みの撤回が被申込者の信頼利益を害するものでないときは，申込者の撤回を許すべきであろう。

　第2，被申込人に対する拘束力がある。この拘束力はまた申込みの実質的拘束力と称され，民法においては承諾適格とも言われるもので，被申込者は申込みの効力発生のときから，その承諾により契約を成立することができるという法的地位を獲得することになる。申込みの被申込者に対する拘束力は，具体的に以下のような形で現れる。①申込みが効力を生じた後は，申込者に対して承諾を行うことができるのは被申込者のみである。第三者が被申込者に代わって承諾した場合，これは当該第三者が申込者に対して行った新しい申込みとみなされ，承諾としての効力を持たない。②被申込者は申込みの内容にもとづいて承諾を行わなければならない。被申込者が申込みの提示するところに応じて行った回答だけが有効な承諾を成立させるのであり，被申込者が申込みの内容に実質的な変更を加えたときは，それは有効な承諾とはなりえない。③被申込者は申込みの定める期間内に承諾を行わなければならない。申込みの定める期間外に承諾を行ったときは，有効な承諾は成立せず，新たな申込みとなる。

2.5　申込みの撤回，取消しおよび失効

2.5.1　申込みの撤回

　申込みの撤回とは，申込者が申込みをした後，被申込者に到達する前に，その申込みを取り消すことを宣告する権利を有することを指す。例えば，甲が乙に対してある機械を購入したいとの内容の文書を送付したが，後になって丙との間で同機械の購入について合意に達したので，すぐに乙にファックスで申込みの撤回について連絡したという場合，申込みの文書が乙に到達する前であれば，このような撤回は有効である。申込みの形式的拘束力により，申込みの到

達と同時またはそれ以前に撤回の通知が到達すれば，どのような申込みであっても撤回することができ，それにより撤回の効力が生じる。この点について，契約法17条は「申込みは撤回することができる。申込みの撤回の通知は，申込みが被申込者に到達するより前かまたは申込みと同時に被申込者に到達しなければならない」と規定している。

申込みの撤回は，申込みが被申込者に到達する前かまたはそれと同時に被申込者に到達しなければならないとされることから，申込みの撤回において申込みは未だ法的効力を生じていないということになる。この点に関して，対話形式での申込み，そしてメールやファックスなどによる申込みについては，通常その瞬間に被申込者に到達するため，申込みの撤回の通知がそれより先または同時に被申込者に到達することは想定しがたいことから，これらの申込みには一般的に撤回の問題は存在しない。

2.5.2 申込みの取消し

申込みの取消しとは，申込みが被申込者に到達してそれが効力を生じた後，被申込者が承諾を行う前に，申込者が当該申込みを取り消し，もって申込みの効力を消滅させることを指す。契約法18条の規定によれば，申込みの取消しは以下の条件を満たさなければならない。①その方法が妥当でなければならない。法律上，申込みの取消しについては，申込みと同一の形式をとることは求められておらず，その通知が相手方に到達しさえすれば，それによって取消しの効果が生じることになる。ただし，広く公衆に向けて行われた申込みについては，それを取り消す方法は必ず申込みと同程度に目に付きやすいものでなければならない。例えば，申込みが新聞広告という形で行われたならば，申込みの取消しもまた新聞広告と同程度に目に付きやすいものでなければならない。②時間的に妥当でなければならない。申込みの取消しの通知は，被申込者が承諾の通知を出すよりも前に被申込者に到達しなければならない。そうでなければ，申込みの取消しの効力は生じない。この点について，被申込者が承諾の通知を行う前に申込みの取消通知が被申込者に到達しなければならないとされることは，申込者にとって不便な側面がある。蓋し，申込みを取り消そうとするとき，被申込者がすでに承諾通知を出したかどうかは申込者にはわからず，申込がまだ取り消せるかどうかわからないからである[9]。このことからすると，

申込者による申込みの取消通知が，必ず被申込者が承諾通知を出すより前に到達しなければならないとすることは，被申込者の合理的信頼保護を重視したものと言うことができる。

被申込者が承諾を出すより前には，原則として申込みの取り消しが許される。ただし，契約法19条の規定によれば，以下のケースにおいては申込みを取り消すことができない。1，申込みの中で承諾に期間が設けられている場合である。例えば，申込者が申込みにおいて「1ヶ月内の航空券セール，価格は1,000元以下」と称していた場合，これは実質的に1ヶ月内は価格を1,000元以下に維持することを確定するものであり，申込者は1ヶ月間はこの申込内容を変更することはできない。2，これ以外の何らかの方法で，申込みの取消しができないと定めている場合である。例えば，申込者が申込みにおいて「お客様にご回答頂くまでこの申込みについては変更いたしません」などと称していた場合などである。さらに，申込みが取消しできないと被申込者が信じる十分な理由がある場合である。申込みがすでに被申込者に合理的な信頼を生じさせ，かつこのような信頼にもとづいて被申込者が契約履行のための準備をしていたときは，申込みが取消しできないと考えるに理由があり，申込みは取り消すことができなくなる。例えば，申込みにおいて「在庫は豊富」と記されていれば，相手方はこの申込みは取り消されないだろうと信じる理由があると言える。このような状況において申込者が申込みを取り消したとき，相手方は契約締結上の過失責任を追及することができる。

申込みの取消しと撤回は，いずれも申込みの効力を消滅させることを目的とするものであるが，両者には違いもある。一面において，申込みの取消しは既に効力の発生した申込みの効力を消滅させることを目的とするのに対し，申込みの撤回は，申込みの効力を発生させないものである。すなわち，申込みの撤回においては，申込みは初めから効力を生じなかったことになる。また他面において，被申込者の信頼利益の保護についても違いがある。申込みの取消しにおいては，申込みは既に被申込者に到達しているため，被申込者は契約の締結についてすでに一定の合理的信頼を抱いており，さらには契約締結のために関連の準備を行っている可能性がある。そのため，申込みの取消しにおいては，

9　張玉卿編『国際商事合同通則［2010］』中国商務出版社，2012年，129頁。

申込者は被申込者に対して契約締結上の過失責任を負う可能性がある。これに対して，契約の撤回においては，一般的に言って，申込みはまだ被申込者に到達していないため，被申込者は契約の締結に関する信頼を抱くことはない。そのため，信頼利益の喪失という状況は一般に存在せず，申込みの撤回について契約締結上の過失責任を負う必要はない。

2.5.3　申込みの失効

　申込みの失効とは，申込みが法的拘束力を失うこと，すなわち申込者および被申込者のいずれをも拘束しなくなることを指す。申込みがその効力を失った後，被申込者はそれに対して承諾することはできなくなり，たとえ申込者に対して承諾の意思を表示しても，それは契約を成立させるものではない。契約法20条の規定によれば，申込みが効力を失う原因は主に以下のようなものとされている。

　第1，申込みを拒絶する通知が申込者に到達することである。申込みの拒絶とは，例えば申込者の提案を受け入れないことを明確に表示するなど，申込みに定められた条件を被申込者が受け入れないことを指す。いったん拒絶されれば，申込みは失効することになる。もしそれ以後に被申込者が再度受け入れる旨回答しても，それは新たな申込みとみなされる。もちろん，被申込者は申込みを拒絶した後であっても，その拒絶の通知を撤回することができる。ただし，拒絶通知の撤回については，同通知が申込者に到達するよりも前かまたはそれと同時に申込者に到達した場合にのみ有効である。

　第2，申込者は法にもとづいて申込みの取消しができる。申込者は，被申込者が承諾通知を発するより以前であれば，申込みを取り消すことができ，その場合申込みはその効力を失う。

　第3，承諾の期間が満了し，被申込者が承諾を行っていないときである。申込みに承諾期間が定められているときは，承諾はその期間内に行わなければならず，同期間を経過したとき，申込みは自動的に失効する。

　第4，被申込者が申込みの内容について実質的な変更を加えたときである。被申込者が申込みの実質的内容について，それを制限，変更または拡張することにより，逆の申込みの様相を呈するに至ったとき，それは申込みを拒絶すると同時に，新たな申込みをすることを表明するものである。被申込者が承諾の

通知の中で，申込みの実質的内容を変更するのではなく，単に申込みの非実質的内容について変更するのみであり，かつ申込者がこれに対して速やかに反対の意思表示を行わなかったときは，これは承諾であり，申込みの拒絶とはみなされない。ただし申込者が事前に申込みの内容については変更を認めない旨を明らかにしているときは，被申込者による変更が申込みの実質的内容に係るものでない場合であっても，申込みの拒絶の効果を生ずることになる。

3 承諾

3.1 承諾の意義と効力発生要件

契約法21条の規定によれば，承諾とは，被申込者が申込みに同意する意思表示のことである。言い換えれば，承諾は被申込者が申込みの受け入れに同意し契約を締結するとの意思表示を指す[10]。承諾の法的効力として，いったん承諾が申込者に到達すれば，それにより契約は成立する。このように，承諾が効力を生じればそれは契約の成立を招くことから，承諾は必ず一定の条件に合致するものでなければならない。法律上，承諾は以下のような条件を具備して初めて法的効力を生ずる。

(1) 被申込者が申込者に対して行うこと

承諾は必ず被申込者により行われなければならない。申込者が選定したのは被申込者のみであるから，被申込者のみが承諾を行うことができるのであって，第三者は申込みされてはいないため，承諾をする資格を有さない。第三者が申込者に対して承諾を行った場合，それは申込みとみなされる。もし第三者が承諾を行うことを認めると，それは申込者の意思に反することになってしまう。もちろん，申込みが複数の者に対して出されているときは，その複数の者が特定されているのであり，いずれも承諾者となることができる。また，承諾は被申込者が直接これを行うこともできるし，委任を受けた代理人がこれを行うこともできる。承諾は必ず申込者に対して行わなければならない。承諾は申込者の行った申込みに対する回答であるのだから，申込者に対して行われた承諾だけが，契約の成立を導くことになる。もし申込者以外の者に対して承諾を行っ

---

[10] 王家福編『中国民法学・民法債権』法律出版社，1999年，297頁。

たときは，それは当該の者に対して契約の申込みを行ったとみなされるのみであり，承諾の効力を生ずることはできない。

(2) 被申込者が申込者と契約を締結する意思表示であること

承諾はその性質上意思表示に属し，意思表示の要件に合致しなければならない。すなわち，承諾者は承諾により拘束される意思を有していなければならない。契約法21条は「承諾とは，申込みに同意するという被申込者の意思表示である」と規定している。この規定によれば，承諾は必ず承諾者が申込者と契約を締結する意思を表明するものでなければならず，かつその意思は明確で，あいまいなものであってはならない。そうでなければ，それは有効な承諾を構成しない[11]。例えば，被申込者がその回答の中で，「そちらが提案された条件について考慮したいと存じます」と述べたり，または「ご提案いただいた条件に原則的には賛成いたします」と述べていたような場合，いずれも契約締結の意思を明確に表示したものとは言えず，承諾の効力は生じない。なお，回答に承諾の意思が含まれている場合に，契約締結の意思が十分に明らかではないときは，誠実信用の原則および取引慣習により，承諾が有効と言えるかどうかを判断することになる。

(3) 承諾の内容と申込みの内容との一致

承諾は申込みへの同意であり，その同意の内容が申込みの内容と一致する場合にのみ，意思表示の一致，すなわち合意を構成し，契約が成立することになる。契約法30条は「承諾の内容は申込みの内容と一致しなければならない」と規定している。承諾の内容が申込みの内容と一致するということは，具体的には以下のように現れる。すなわち，承諾は無条件の承諾でなければならず，申込みに対していかなる制限，拡張ないし変更を行うことも認められない。そのような場合には，それは承諾を構成せず，当初の申込みを拒絶したうえで新たな申込みを行ったものとみなされる（これは逆申込みとも称される）。

現代契約法の発展の趨勢から見ると，取引の奨励の見地から，承諾の内容についてゆるやかな立場をとるとともに，承諾と申込みの絶対的一致を求めず，申込みの実質的内容に変化がないかぎり，それは依然として承諾であって新たな申込みではないとしている。中国の契約立法もこのような立法経験を参考に

---

11 徐炳『買売法』経済日報出版社，1991年，100頁。

している。契約法は30条において，「承諾の内容は申込みの内容と一致しなければならない。被申込者が申込みの内容について実質的変更を行ったときは，新たな申込みとなる。契約の目的物，数量，品質，価額または報酬，履行期限，履行地点および方法，違約責任および紛争解決方法等についての変更は，申込みの内容についての実質的変更である」と規定している。このように，同条では，承諾は申込みの実質的内容を変更してはならないというルールを確立しており，それは具体的には以下のようなものである。

　第1，実質的内容の変更は新たな申込みまたは逆申込みを構成する。では，実質的内容とは何か。実質的内容とは，当事者の利益に重大な影響を与える契約内容であり，一般に未来の契約における重要な条項を構成するものである。契約法30条は「契約の目的物，数量，品質，価額または報酬，履行期限，履行地点および方法，違約責任および紛争解決方法等についての変更は，申込みの内容についての実質的変更である」と規定している。ただし，「実質的変更」の判断については，具体的な問題について具体的に分析するという考え方も必要であり，個別案件の具体的状況，とりわけ承諾による申込み内容への変更が当事者の利益に及ぼす影響を考慮して判断することが求められる。このほかに，実質的変更を構成するかどうかを判断する際には，申込者の意思についても考慮が必要である。申込者がいかなる内容についても変更できない旨明確に表示していた場合には，もはや変更の実質性・非実質性の区別なしに，変更がありさえすればそれは新たな申込みということになる。

　第2，非実質的な変更は原則的に契約の成立に影響を与えない。契約法30条の規定によれば，被申込者の承諾が申込みに実質的変更を加えるものでなければ，それは原則的に契約の成立に影響しない。例えば，承諾において履行地点が同一建物の東口から西口に変えられていたとき，申込者が速やかに反対の意思を表示しなければ，その承諾は有効と考えられる。

　第3，申込者が反対したときは，申込みへの非実質的変更であっても，契約の成立に影響することとなる。この点について，契約法31条は，大きく2つの場合に分けて規定を置いている。①申込者が速やかに反対の意思を示した場合，すなわち，申込者は承諾通知を受けたのち，遅滞なく被申込者が非実質的内容について行った変更について同意しないと表示した場合である。もし一定の期間に反対の表示がなされなければ，承諾は効力を生ずることになる。②こ

れとは別に，申込者が申込みの中で，申込み内容については承諾による変更を許さず，内容の変更がなされた場合それは無効であると明確に示していた場合，被申込者が行った変更が実質的内容に係るものでなくとも，承諾は効力を生じないことになる。

(4) 承諾が所定の期間内に申込者に到達すること

　承諾は，その性質上，受領を要する意思表示である。つまり，承諾者が承諾の意思表示を行った後，それが申込者に到達して初めて契約が成立する。承諾の効力発生時期について，中国の契約法は到達主義を採用している。ここで言う到達とは，承諾が申込者の支配範囲内に到達することを意味する。承諾が対話の形式でなされたのであれば，承諾はその瞬間に申込者に到達し，効力を生ずることになる。承諾が対話以外の方法で行われたならば，関連の承諾文書が申込者の支配範囲に到達した時間が承諾の到達時間ということになる。たとえ，同文書が申込者のポストや事務所に放置されたままであったり，または申込者が実際にそれを読んでいなくても，承諾の効力には影響がない。承諾が電子データの形式で行われたときは，契約法26条の規定により，承諾の到達時期について契約法16条2項の規定が適用される。すなわち，受領者が特定のシステムにおいて電子データを受け取る旨指定したときは，当該電子データが同システムにアクセスした時間を到達時間とみなし，また申込者が電子データにアクセスするシステムが多数あり，かつ特定のシステムを指定しなかったときは，当該電子データが受領者のいずれかのシステムに初めてアクセスした時間を到達時間とみなすということになる。

　承諾は一定の期間内に到達しなければならない。そうでなければ，それは期限後の承諾ということになる。契約法23条は「承諾は申込みの規定する期間内に申込者に到達しなければならない」と規定している。つまり，規定する期間内に到達した承諾のみが有効とされることになる。合理的な期間内に承諾が申込者に到達しなければ，それは承諾の一般遅延，あるいは期限後の承諾と称される。承諾が期限を超過した後に行われた場合，民法上それは承諾ではなく，新たな申込みとみなされる。そこでは，申込みは既に効力を失っているため，承諾者はこれに対して承諾することができないのである。効力を失った申込みに対する承諾は，申込者に対する新たな申込みとみなされ，承諾としての効力は生じない。

(5) 承諾の方法が申込の要求と合致すること

　契約法22条は「承諾は通知という方法によって行われる」と規定している。つまり，被申込者は必ず承諾の内容を申込者に通知しなければならない。通知は口頭によっても，また書面によってもこれをなしうる。一般に，法律または申込みにおいて承諾が書面の方式による旨が明確に規定されていないときは，当事者は口頭で承諾をなすことができる。もちろん，承諾について一定の形式を経ることを要する旨を申込みで明確に要求しているときは，承諾者はそこに示された方法により承諾を行わなければならない。例えば，申込みにおいて，承諾は電子メールによることが求められているときは，これに対して紙媒体の郵便などによって承諾を行うことはできない。逆に，申込みにおいて特に承諾の方法が規定されていないとき，承諾の方法を承諾の有効性を判断するための特別な要件とすることはできない。さらに，契約法22条の規定によれば，申込みの内容または取引慣習により，行為をもって承諾となしうるとされるときは，被申込者はその行為によって承諾をすることができる。つまり，この場合申込者は承諾が書面または口頭の方法によるべきことを明確に表示していないにもかかわらず，被申込者は一定の行為により承諾を行うことができるのである。例えば，要物契約において，目的物を受領した側は，同目的物の購入の意思を明確に示してはいないとしても，同目的物を使用することによって，その行為を通じて承諾を行ったものとみなされるのである。

　契約法33条は「当事者が文書または電子データ等の形式で契約を締結する場合は，契約成立前に確認書の締結を求めることができる。確認書の締結がなされたとき契約は成立する」と規定している。同条の規定によれば，確認書も承諾の形式の一つということになる。文書または電子データにより契約を締結する際に，最後になされた確認をもってその内容を定めることとするならば，最終的に確認書が出される前の段階では，双方が達した合意は初歩的な合意にすぎないことになり，それは双方に対して真の意味での拘束力を有するものではない。そうすると，正式に承諾を行う前のいずれの段階においても，契約締結の当事者は確認書の締結を求めることができ，それ以前の初歩的合意による拘束は受けないということになる。もちろん，双方が初歩的合意に達した後，一方がこの初歩的合意に反して確認書の締結を求めたことに過失があり，かつその過失により相手方の信頼利益が損なわれたときは，過失のある側は契約締

結上の過失責任を負わなければならない。なお，承諾者がすでに承諾を行った後，確認書の締結を求めた場合，これは実質的に既に成立した契約の変更または否定であり，それ自体契約違反を構成する。

3.2 承諾の期限

契約法23条は「承諾は申込みにより定められた期限内に申込者に到達しなければならない」と規定している。これは承諾の期限について明確に規定したものである。厳密に言えば，承諾の期限は申込者が申込みの中に示すべきものである。蓋し，承諾の権利は申込者により付与されたものであるが，この権利は無期限の行使を許すものではなく，申込みにおいてその期限が明確に規定されているならば，承諾者が規定の期間中に行った承諾のみが有効な承諾とされるからである。契約法23条の規定によれば，承諾は確定された期限内に申込者に到達しなければならないとされている。例えば，申込者が申込みの中で，10日内に回答することとか，5日内に通知することなどと規定している場合，ここで言う10日や5日といった期限は，その期限内に被申込者が回答または通知を行うことを指すのではなく，その期限内に承諾者による承諾が申込者に到達することを求めるものである。ゆえに，承諾者が文書による申込みに対して承諾を行う際，これに対して文書で承諾を行うときは，文書が送付されるまでの時間を考慮しなければならない。

申込みの中で承諾の到達期限について規定がなされていない場合については，契約法23条の規定により以下の基準でその期限が確定されることとなる。

第1，口頭での申込みについては即座にこれに対して承諾を行わなければならない。口頭の形式での申込みについては，被申込者は原則として即時にこれに対して承諾するかどうかを決定しなければならない。例えば，甲が乙に電話をし，2,000元の価格で自らのパソコンを乙に売りたいと言った場合，乙は原則的にその場ですぐにこれを買うかどうか回答しなければならず，そうでない場合は承諾の効力は生じない。もちろん，口頭の申込みについても，その申込みにおいて承諾の期限を定めたときは，その期限が承諾の期限とみなされる。例えば，上記のような電話での申込の中で，「3日時間をあげるから，その間に考えて回答してよ」と言った場合には，口頭の申込みの中で特に承諾期限を設定したことになる。

第2，非対話形式での申込では，被申込者はこれに対して合理的な期間内に承諾を行わなければならない。一般的に言って，このような期間については3つの方面の内容を考慮しなければならない。①申込みが被申込者に到達するまでの時間である。②被申込者の考慮期限である。③この期限は，取引にかかる数量などによってもまた区別が必要である。例えば申込みにおいて「即時に回答されたし」または「遅滞なく返信のこと」などと記されていた場合には，承諾者が長々と考慮することを望まないという意図が明確に示されており，文書の受領後一両日程度で回答することが求められると言えよう。

　第3，承諾するとの文書が申込者に到達するまでの時間も考慮しなければならない。この場合に，被申込者が合理的期間内に文書を発送したにもかかわらず，送達などの原因によって遅延が生じたときは，承諾の特殊遅延を構成することとなり，契約法29条の規定によりその効力を確定すべきことになる。

　契約法24条は「申込みが信書または電報によりなされるとき，承諾の期間は信書に記載された日または電報の送信された日から計算する。信書に日時の記載がないときは，同信書上に押されたスタンプに記載の日より計算する。申込みが電話，FAXなどの高速通信により行われたときは，承諾の期間は申込みが被申込者に到達した日から計算する」と規定している。同条は承諾期間の起算時点について規定するものであり，同規定によれば，申込みが信書の方法で行われるときは，承諾の期限は信書に記載の日より計算されることになる。申込者の信書上に日時の記載がない場合，それは申込者の過誤を示すものであるから，承諾の起算点については，申込者に不利な認定がなされることになる。このような場合，一般には，信書が被申込者に到達してから期限が計算されることになる。申込みが電子メールによりなされたときは，電子メールの到達時から期間が計算される。申込みが電話やFAXなど高速通信手段によりなされた場合，このような手段による申込みについては到達までの時間を考慮する必要がないことから，申込みが出されたときがすなわち被申込者に到達したときとされ，承諾期間もそれにより開始することとなる。

3.3　承諾の遅延および承諾の撤回

3.3.1　承諾の遅延

　いわゆる承諾の遅延とは，被申込者が承諾期限内に承諾を行えなかったこと

を指す。承諾の期限は通常申込みに定められているが，そこで承諾の期間が定められていなかったときは，被申込者は合理的な期限内に承諾をなすべきことになる。承諾期限超過後に承諾を行ったときは，承諾は法的効力を生じない。承諾の遅延には以下の2種類がある。

　第1，通常の遅延であり，これは期限超過後の承諾とも称される。それは，承諾者が承諾期限内に承諾を行わなかったことを指す。契約法28条は「被申込者が承諾の期限を超過して承諾を行ったときは，申込者が被申込者に承諾が有効であると遅滞なく通知した場合を除き，それは新たな申込みとなる」と規定している。この規定によれば，遅れて到達した承諾については，申込者はそれを有効と認めることができることになる。蓋し，承諾の遅延はそもそも申込者の利益に関わる問題であり，申込者が自ら望んで受領する以上，それは承諾期限の延長を認めることを意味し，それを遅滞なく被申込者に通知するかぎりで，このような承諾は有効と認めてよいからである。なお，被申込者がその承諾が有効であると認めたくないときは，この承諾は新たな申込みとなり，従前の申込者は承諾者の地位に置かれることになる。

　第2，特殊な遅延，または期限超過後の承諾の到達がある。これは，被申込者が承諾通知を出すことには遅延がなかったが，送達過程等の原因により遅延が生じた場合である。契約法29条は「被申込者が承諾期限内に承諾の通知を行い，通常のケースであれば期限内に申込者に到達すべきであったにもかかわらず，何らかの他の原因で申込者への到達が承諾期限を超過してしまった場合，承諾期限超過により承諾は受領されない旨申込者が遅滞なく被申込者に通知した場合を除いて，このような承諾は有効である」と規定している。同条の規定によれば，特殊な遅延を構成するには以下の条件を具備しなければならない。

　1，被申込者が承諾期限内に承諾を発しなければならない。そこには，被申込者が申込みの期限内に承諾を行う場合と，申込みに明確な期限が定められてないときに，被申込者が合理的な期限内に承諾を行った場合とが含まれる。つまり，申込みに承諾期限が定められていないときは，被申込者は合理的な期限内に承諾を行う必要がある。

　2，通常のケースでは期限内に申込者に到達するはずであったのに，何か他の原因で申込者への到達が承諾期限を超過してしまったということである。つまり，一般の取引慣習や生活経験からすれば，承諾は期限内に申込者の手に到

達するはずであったのに，その間の送信者または伝達者など，被申込者以外の原因により遅延が発生したということである。この場合，送信者や伝達者が，被申込者の要求にもとづいて伝達を行った場合には，それは被申込者の過失とみなされる。また，条文に言う「他の原因」には，承諾者自身に過失がある場合は含まれず，第三者の原因により承諾に遅延が生じた場合のみを指す。

3．承諾期限が超過したため承諾を受け入れない旨を申込者が遅滞なく被申込者に通知しなかったときは，承諾は有効となる。申込者がこのような承諾を拒絶するときは，必ず遅滞なく被申込者に通知しなければならない。加えて，紛争の発生を防止するため，申込者による承諾拒絶の通知は承諾者に到達した後はじめて効力を生ずるものとしなければならない。そうでなければ，申込者が承諾を拒絶した後に，拒絶の通知が喪失した場合，申込者は契約は成立していないと思うのに対して，承諾者は契約はすでに成立していると考えるため，容易に紛争が生じてしまうことになる。

法律にこのような規定が置かれているのは，被申込者が承諾期限内に承諾したにもかかわらず，何らかの原因で期限内にそれが到達しなかったとき，遅延の原因が承諾者の過失によるものでない場合には，被申込者は承諾の遅延についての責任を負わされるべきではないと考えられるからであり，これは過失責任の原則に合致するものと言えよう。同時に，取引の奨励という視点から，このような承諾を有効な承諾とすることは取引を成立させることに利すということもある。また，このような承諾の効力を認めても，それは申込者の利益を害するものでもない。蓋し，申込者がこのような承諾を拒絶したければ，遅滞なく被申込者に通知すればよいからである。

3.3.2　承諾の撤回

承諾の撤回とは，申込者が承諾の通知を発した後，承諾が正式に効力を生ずる以前に，その承諾を撤回することを指す。契約法27条は「承諾は撤回することができる。承諾の撤回の通知は，承諾の通知が申込者に到達するよりも前かまたはそれが到達すると同時に申込者に到達しなければならない」と規定している。この規定により，撤回の通知は，承諾の効力発生前または承諾通知の到達と同時に，被申込者に到達した場合にのみ，撤回は効力を生ずることになる。承諾の通知が既に効力を生じた場合は，契約は成立してしまったことにな

り，被申込者は当然，承諾を撤回することはできなくなる。

3.4 黙示の承諾

いわゆる黙示の承諾とは，被申込者が申込者に対して承諾の意思表示は行わないものの，その行為によって承諾の意思が間接的に推知されることを指す。例えば，地下鉄に乗る場合には，磁気カードを読取機に当てる行為により，承諾を表明しているのである。契約法22条の規定によれば，申込みにおいてその旨が明らかな場合には，行為によって承諾を行うことができる（すなわち被申込者はその行為により承諾を行うことができる）とされている。また，契約法26条1項の第2段は「承諾に通知が必要ないときは，取引慣習または申込みの要求にもとづいて承諾に係る行為を行ったときに効力が生じる」と規定している。これら2つの規定は，実質的に黙示の承諾を認めたものである。すなわち，当事者が行為により承諾を行うことを認めているのである。法律上，黙示の承諾を認めることは，契約をできるだけ有効に成立させ，もって取引を促すという役割を果たす。加えて，黙示の承諾を承認して，被申込者が意思表示という方法によらずに承諾を行うことを認めるならば，それは契約締結手続を簡素化することになり，取引の迅速と便宜に利することとなる。

黙示の承諾には，以下のような特徴がある。

第1．承諾者の通知は不要である。契約法13条の規定によれば，当事者の契約の締結は申込みと承諾によるものとされており，また承諾者は原則的に通知という方法により承諾を行うことになる。ただし，黙示の承諾においては，承諾者は自らの行為により承諾を行うのであり，一般の場合のように意思表示によって申込者に対して意思を表明する必要はない。そのため，これは通知による承諾の例外と考えることができる[12]。

第2．承諾者は一定の行為を行う必要がある。黙示の承諾の場合，行為者は自らの積極的な行為によって，契約締結の意思があることを明らかにしなければならない。例えば，物の引渡し，対価の支払などにより承諾を示すのである。もし，被申込者が単に沈黙しまたは何らの行為も行わないのであれば，一般にそのような行為を承諾とみなすことはできない。

---

12 朱広新『合同法総則』中国人民大学出版社，2008年，65頁。

第3，当事者の行為の中に，契約締結の意思を見出すことができることが必要である。例えば，バスに乗車してお金を支払う行為には，乗客が旅客運輸契約を締結する意思を認定することができる。

　第4，取引慣習および申込みの趣旨に合致する事が必要である。取引慣習または申込みが，行為により承諾を行うことを禁じていなければ，被申込者が一定の行為により承諾を行うことも許される。例えば，取引慣習から見て，自動販売機に硬貨を投入する行為は，行為による承諾に属する。

　黙示の承諾は，単なる沈黙または不作為（silence or inactivity）とは異なる。沈黙または不作為においては，被申込者は何らの意思表示もせず，そこに承諾の意思があるかどうかは確認できない。単純な沈黙は黙示の承諾にあたるものではない。蓋し，黙示による承諾は，書面または口頭の方法により承諾を行うものではないものの，被申込者は一定の行為またはその他の方法により承諾を行っているのであり，その行為および表現の上に承諾の意思を確認することができるが[13]，単純な沈黙は消極的な不作為であり，一般にそれは有効な承諾を構成しないからである。とは言え，法律に特に異なる規定があるときは，単純な沈黙であっても承諾の効力を生ずる場合がある。例えば，契約法171条は「試用期間満了後，買主が目的物を購入するかどうかを表明しなかったときは，それを購入したものとみなす」と規定している。これにより，試用売買契約においては，買主の沈黙が承諾とみなされることになる。加えて，当事者間で長期にわたり一連の取引が行われているときには，通常一方の申込みがあった後，一定期間内に相手方に何らの意思表示もなければ，それは承諾とみなされることになる。

3.5　強制的な契約の締結

　強制的な契約の締結（以下締約強制と表記）とは，一方当事者による契約締結の請求に対して，相手方当事者が法定の契約締結義務を負うことを指す。締約強制の制度は意思自治の原則のもとで当事者の契約締結の自由を制限するものである。現代契約法では，自由という価値が保障されると同時に，社会正義と公平にも重点が置かれ，当事者間および当事者と社会の利益との衡平の実現

---

[13] 張玉卿編『国際商事合同通則［2010］』中国商務出版社，2012年，137頁。

が目指される。締約強制は契約自由を制限するものであり，このような制限を通じて弱者の利益を保護し，もって契約の実質的正義を実現しようとするものである。一般の契約締結に比して，締約強制には以下のような特徴がある。

第1，締約強制は法定の義務である。つまり，法律に締約強制が規定されている場合，一方当事者は法律の規定により相手方と契約を締結する義務を負い，その義務に違反したときは相応の民事責任，ひいては行政的責任を追及される。

第2，締約強制は契約の自由に対する制限である。締約強制が契約の自由に対する制限となるのは，契約締結の当事者が，契約締結の意思表示を行わなければならない法定の義務を負うためである。また，それは締結される契約の内容を制限するものでもある。締約強制が適用される際，当事者は契約締結の義務を負うだけでなく，法律の規定に沿った内容の契約を締結しなければならない。

第3，締約強制の機能は公共の利益の保護という点にある。締約強制は往々にして，特定の企業が市場支配的地位または独占的地位にあることと関係がある。法律が締約強制の制度を置くのはまさに，ある種の公共サービス提供者が，その公共サービスを選択的に提供することで消費者の利益に損害を与え，ひいては広く大衆の公共利益を害することを防止しようとするためである。

第4，締約強制では，単に一方当事者が必ず承諾を行わなければならないというだけであり，申込みと承諾という過程は依然として必要である。締約強制は，契約の成立に申込みと承諾という2つの段階を経る必要はないとするものではない。そこでは一方当事者に承諾義務が強制されるというだけである。法律に締約強制義務が規定される場合，当事者が承諾を行わなかったとしても，その契約は不成立となるわけではなく，例外的な状況下において，裁判所は同契約が成立するとの判決を下し，当事者が承諾を行わなくても契約を成立させることができる。

締約強制は法定の義務にあたる。つまり，法律に締約強制が規定される場合，一方当事者は法律の規定により相手方との契約締結義務を負うことになり，同義務に違反したときは相応の民事責任，ひいては行政的責任を負うことになる。締約強制は本質において契約の自由に対する制限である。締約強制が契約の自由に対する制限を構成するというのは，契約締結の一方当事者に，契約締結の意思表示を行わなければならないという法定の義務が課されているからである。

また，それは締結される契約の内容を制限するものでもある。締約強制が適用される際，当事者は契約締結の義務を負うだけでなく，法律の規定に沿った内容の契約を締結しなければならない。

中国の契約法は，締約強制の制度を認めており，例えば契約法289条は「公共運送に従事する運送人は，旅客，荷送人の通常の合理的な運送の要求を拒絶してはならない」と規定している。この規定によれば，旅客または荷送人による通常の合理的な運送の要求（すなわち申込み）に対して，公共運送に従事する運送人は強制的承諾義務を負うことになる。公共運送における運送人は，公共運送の機能を負担するのであって，これに締約強制の義務を負わせることは，社会公衆の運送における一般的必要を満たすためである。今後の発展の趨勢から見れば，法律上の契約の正義という必要の高まりに加え，弱者保護の強化も相まって，締約強制の適用範囲は不断に拡大・発展していくことであろう。

なお，締約強制は依然として申込みと承諾のプロセスを経るものであり，単に一方当事者が必ず承諾を行わなければならないというだけだということは指摘しておかなければならない。締約強制は，契約の成立にあたって申込みと承諾という2つの段階を経る必要がないということを意味するものではなく，単に当事者に承諾の義務が強制される，というだけなのである。法律に締約義務の強制が規定されている場合には，当事者が承諾を行わなかったとしても，その契約は不成立となるわけではなく，例外的な状況において，裁判所は契約が成立するとの判決を行い，当事者が承諾を行わなくても契約を成立させることができる[14]。締約強制において，契約締結義務を負う当事者はそれに拘束され，一般・不特定の相手方による契約締結の請求を拒むことはできない。原則的には，締約強制の場合であっても，契約の成立はやはり申込みと承諾の段階を経る必要がある。相手方からの申込みがあれば，締約強制の義務を負う側は速やかに承諾の意思表示を行わなければならないが，もし承諾がなされなければ，契約は成立しないことになる。単に，特殊なケースにおいて，被申込者が承諾を行わなかった場合に，申込者は訴訟を提起してその法律的責任を追及することができるというだけである。その場合，裁判所は法律が締約強制の規定を置いた目的などの要素を考慮して，被申込者が承諾の意思表示を行うことを強制

14　崔建遠『合同法総論［上巻］』中国人民大学出版社，2008年，127頁。

し，もって契約を成立させることができる[15]。

4 契約成立の時期および地点

4.1 契約成立の時期

　契約成立の時期は，承諾が実際に効力を生ずる時期により決定される。承諾がいつ効力を生ずるか，そして契約がいつ成立するかによって，当事者がいつから契約関係による拘束を受け，また契約上の権利を享受し義務を負担するかが決まることになる。それゆえ，承諾の効力が発生する時期は，契約法において非常に重要な意義を有している。この点について，中国の契約法は到達主義を採用しているため，承諾の効力発生時期は，承諾が申込者に到達した時期により決せられることとなる。つまり，承諾が申込者に到達した時期をもって，承諾の効力発生時期とするのである。ただし，承諾の効力発生時期の確定にあたっては，以下のいくつかの点に注意しなければならない。

　第1，被申込者が承諾の期限内に承諾したにもかかわらず，何らかの原因でその到達が遅延した場合である。この場合，契約法29条の規定によれば，申込者が，承諾の期限超過により爾後の承諾を受け入れられない旨を被申込者に遅滞なく通知しなかったときは，承諾は有効とみなされることになり，その場合の承諾の効力発生時期は，承諾の通知が申込者に実際に到達した時期により確定されることになる。

　第2，契約の締結についてデジタル・データの形式を採用した場合の承諾の到達時期について，契約法26条2項は「デジタル・データの形式を採用して契約を締結するときは，承諾の到達時期については本法16条2項の規定を適用する」と規定している。同条の規定および契約法16条2項の規定によれば，申込者が特定のシステムによりデジタル・データを受領することを指定したときは，被申込者による承諾のデジタル・データがその特定システムにアクセスした時期が承諾の到達時期とされる。これに対して，特定のシステムを指定しなかったときは，承諾に係るデジタル・データが申込者の何らかのシステムにアクセスすれば，それが承諾の到達時期とみなされる。

　15　易軍＝寧紅麗「強制締約制度研究—兼論近代民法的嬗変与革新」法学家2003年3期。

第3，直接の対話により承諾が行われるときは，承諾が通知された時期をもって承諾の効力発生時期とする。承諾に通知を要しない場合，すなわち，取引慣習または申込みの指定により，被申込者の一定の行為が承諾とされるときは，承諾にあたる行為を行ったときが，承諾の効力発生時期ということになる。契約が書面によることが必要なときは，双方が契約書に署名または押印したときが承諾の効力発生時期ということになる。契約が認可または登記を経て初めて効力を生ずるときは，認可または登記の時期が効力発生時期とされる。

4.2　契約成立の地点

　契約の成立の地点については，それが裁判所管轄および法律の選択適用等の問題にとって重大な要素となりうることから，その場所を明確にすることは重要である。契約成立の地点について，契約法34条1項は「承諾の効力発生地点が契約成立の地点である」と規定している。つまり，承諾の発生地が契約成立地である。このように，原則としては，承諾の効力発生地が契約成立地であるが，契約が要式であるか不要式であるかにより違いがある。不要式契約においては，承諾の効力発生地が契約の成立地とされることになるが，要式契約においては法定または約定の形式を完成させた地点が契約成立地となる。契約法35条の規定によれば，当事者が契約書の形式で契約を締結するときは，双方当事者が署名または押印した地点が契約成立地となる。契約法34条2項の規定によれば，デジタル・データの形式で契約を締結するときは，データ受領者の主な営業場所が契約成立地となり，主な営業場所がないときは，その通常所在地が契約成立地となり，当事者に別途約定があるときはそれに従う。中国の契約法では，データ受領者の主たる営業場所が契約成立地とされているが，これは営業場所が依然として重要な意義を持っていることを示している。

5　契約締結上の過失責任

5.1　契約締結上の過失責任の概念および構成要件

　契約締結段階においては，当事者は社会的な接触により相互に影響しうる範囲に入ることになり，誠実信用の原則にもとづいて，取引上必要な注意を払い，他者の財産および人身上の利益を保護しなければならない。このようなことか

ら，契約締結段階もまた，法律による調整を受ける必要がある。契約締結上の過失責任とは，契約締結の過程において，一方当事者が，誠実信用の原則または法律に規定する義務に違背して，他方の信頼利益を害したために，損害賠償の責任を負うことを指す。契約法42条および43条は，契約締結上の過失責任の制度について特に規定を置いている。これは中国の債権法制度の体系をより完全なものとするだけでなく，取引のルールをより整備されたものとするものであると言えよう。例として，「王某が張某および劉某を契約締結上の過失で訴えた事件」を見てみよう。同事件において，裁判所は，原告王某は被告張某の紹介により被告劉某と面識を得て，3者は株式引受による西安豆元食品公司の設立について交渉・協議に至ったものであり，この接触により3者は一般の関係から一種の特殊な信頼関係に転じ，3者はいずれも誠実信用原則にもとづいて相互に一定の付随義務，すなわち相互協力・相互配慮・相互告知・相互誠実の義務を負う者であって，いずれかにその負担する付随義務の違反があって契約締結の関係が破壊されたときは，契約締結上の過失を構成することになる，と判断している[16]。

契約法の規定によれば，契約締結上の過失責任には以下の要件が求められる。

(1) 契約締結過程で生じたこと

契約締結上の過失責任は，契約締結過程において発生したものでなければならず，契約成立後のものではない。これは違約責任との根本的な区別である。中国の立法および実務から見ると，法により書面の形式が求められる契約については，契約の主要条項について口頭での合意に達したとしても，書面の形式で記載されかつ署名がなされなければ，契約は未だ成立しておらず，当事者は契約締結の段階にあるとみなされる。また，法律および行政法規の規定により，国家の認可が必要とされる契約についても，当事者間で契約の内容について合意が成立したとしても，認可を得るに至っていない段階では，当事者は依然として契約締結の段階にあるということになる。

契約がすでに成立した場合であれば，一方当事者の過失により他方に損害が生じたとしても，契約締結上の過失責任を適用する必要はない。たとえそれが条件付の契約であった場合でも，条件が成就する以前に，一方が悪意により条

---

16 陝西省澄城県人民法院民事判決書（2012）澄民初字第00209号。

件の成就を妨害または引き延ばした場合には，契約はすでに成立していることから違約責任が追及されることになり，契約締結上の過失責任で処理されることはない。このように，契約成立時を確定することが，契約締結上の過失責任を負うかどうかを決する鍵となる。

　契約締結上の過失責任は契約締結段階で生ずるものであり，当事者に一定の取引上の接触があることが必要である。とりわけ，損害を受けた側に契約締結の意思があることが必要であり，それがなければ，契約締結上の過失責任は適用できない。例えば，商品を購入する気もなくデパートを歩き回っていて，デパート内で転んで負傷した場合，双方には契約を締結する上でのつながりはないため，被害者は契約締結上の過失責任のルールにもとづいて相手方に損害賠償を請求することはできない。

(2) 相手方に誠実信用原則により負うべき義務の違反があること

　誠実信用原則が求めるところにより，契約の締結時およびその成立後において，当事者は一定の付随義務を負う。給付義務との比較で言えば，誠実信用原則により生ずる忠実，協力，秘密保護といった義務は，単なる付随義務ということになるが，それは法律により生ずるもの，すなわち法定の義務であって，双方当事者の関係が密接になるにつれて徐々に生じることとなる。当事者の一方がこの義務を履行しなければ，相手方に損害が生ずるだけでなく，社会経済秩序を害することともなる。ゆえに，法律は，当事者に契約締結上の過失責任を負わせることとして，上述のような誠実信用により生ずる義務の履行を求めているのである。例として，「陝西咸陽星雲機械有限公司と彩虹集団電子股份有限公司の契約締結上の過失責任紛争事件上訴判決」を見てみよう。同事件で最高人民法院は，契約締結上の過失責任は，当事者の一方が，契約前の義務に反して相手方の信頼利益に損失を生じさせたことについて負うべき民事責任である，とする。それゆえ，契約締結上の過失責任は契約前の義務の存在およびその違反を前提条件とすることとなるが，通常の場合，この契約前の義務は申込みの効力発生後，契約の成立前に存在するものであって，当事者はこの段階において契約前の義務に違反したということが，契約締結上の過失責任を負担することの前提条件となるのである[17]。

17　最高人民法院（2008）民二終字第8号民事判決書。

契約締結段階で，一方当事者が契約締結上の過失責任を負うのは，契約義務に伴った付随義務の違反の場合に限られない。申込者が自らの行った有効な申込みに違反した場合などもある。これらに鑑みると，契約締結上の過失責任は，当事者による契約締結関係の破壊によっても生ずるということができる。契約締結段階では，当事者はいずれもある種の法定義務（付随義務およびその他の義務）を負う。これは，契約締結関係が単なる事実関係ではなく，法律の及ばざる領域でもないということを示している。事実上，当事者が契約の締結のために接触し交渉を始めたときから，当事者は通常の関係から特殊な関係の段階に入り，双方は誠実信用原則にもとづいて相互に協力，配慮，保護といった義務を負うことになる。このようなときに，一方が誠実信用原則により生じた契約前の義務に反して他方に損害を生じさせたときは，契約締結上の過失責任を負わなければならないのである。

(3) 他人の信頼利益に損害を生じさせたこと

契約締結上の過失行為は直接的には契約締結関係を破壊するものであるから，それにより生じる損害とは，契約が有効に成立することを信頼したのに，契約が不成立または無効となった結果生じた不利益を指す。このような不利益とは，すなわち信頼利益または消極的利益の損失である。例として，「中国人民財産保険股份有限公司上海市松江支公司と姜某の契約締結上の過失責任事件」を見てみよう。同事件において，被告（公司）はオフィスビルの改築のために原告（姜某）に見積もりを求め，原告はそれに応じて設計会社に委託して被告の改築工事のために設計を行い，そのために55,000元の費用を支出したが，後になって被告は同工事を原告に発注しなかった。これについて裁判所は，被告と原告の間に長期の業務上の関係があり，かつ見積もりの過程において生ずる費用についての支出について，被告は原告に明確に指示をしていなかったと認定し，原告が訴外設計会社に設計を委託したのは当事者間の交渉の合理的な結果であるとして，損失の一部について被告が賠償をすべきであるとの原告の請求を認めている[18]。

信頼利益は履行利益とは異なる。信頼利益による賠償は，それによって当事者を契約が生じなかった状態に戻そうとするものであり，これに対して履行利

18　上海市第一中級人民法院（2013）沪一中民一（民）終字第3323号民事判決書。

益の賠償は，当事者を契約が完全に履行された状態にしようとするものである。信頼利益の損失とは，主に，相手方の契約締結上の過失により信頼者にもたらされた直接的な財産の減少（例えば各種の費用の支出など）を指す。もちろん，当事者の信頼は合理的なものでなければならない。つまり，一方の行為が，他方をして契約が有効に成立するものと信じさせるに足るものでなければならない。そして，他方の契約締結上の過失により契約締結関係が破壊され，信頼者の利益が失われたという必要があり，かつ，その損失と契約締結上の過失行為との間に因果関係がなければならない。例えば，取引上の慣習から見て，当事者が契約の成立または効力発生に合理的な信頼を置くべきでないような場合には，契約の締結に当たって一定の費用を負担していたとしても，それは信頼利益の損失にあたるものではない。

5.2　契約締結上の過失責任の賠償範囲

　契約締結上の過失責任の賠償範囲は，信頼利益の損失である。信頼利益の損失は直接損失に限られる。この直接損失とは，契約の有効な成立への信頼により行った各種の支出であり，具体的には，まず相手方による申込みの誘引または有効な申込みを信頼し，相手方と連絡を取り，実地調査や目的物の検査などのために支出した合理的な費用があげられる。次に，相手方が契約を締結することを信頼して，契約締結の準備活動のために行われた各種の合理的な費用支出がある。それには例えば相手方の売却する家具の購入のために方々から資金を借り入れるために行った支出などが考えられる。そして第3に，上述の各種費用の支出のために生じた利息である。もちろん，これら各種費用の支出は合理的なものでなければならず，被害者が任意に支出してかまわないというものではない。合理的な費用の支出のみが，契約締結上の過失行為と因果関係が認められ，行為者により賠償責任が負担されることになる。

5.3　契約締結上の過失責任と関連責任の区別

5.3.1　契約締結上の過失責任と違約責任の区別

　契約締結上の過失責任と違約責任は，2つの異なる責任であって，そこには明白な区別がある。それは主に以下の諸点に現れる。

(1) 責任の性質

　違約責任は有効な契約に違反したために生ずる責任であり，それは契約関係の存在を前提とする。これに対して，契約締結上の過失責任は，契約関係にない状況下で，一方の過失により他方に生じた信頼利益の損害について解決することをその趣旨とするものである。それゆえ，違約責任と契約締結上の過失責任とを区別する際には，まず契約関係が成立しているかどうかがその認定の基準となる。契約関係が存在していればそれには違約責任が適用されることになり，存在していなければ契約締結上の過失責任の適用が考慮されるのである。例として，「時間房地産建設集団有限公司と玉環県国土資源局の土地使用権払下契約紛争事件」を見てみよう。同事件において最高人民法院は，契約締結上の過失責任が違約責任と基本的に異なるところは，それが契約締結過程で発生したものであり，契約成立後に発生したものではない，というところにあるのであって，契約が未だ成立していない段階か，または契約は成立したもののそれが法定の効力発生要件を満たさないために無効または取り消されたという場合にのみ，契約締結の一方が契約締結上の過失責任を負う，としている[19]。

(2) 責任の形式

　違約責任については，当事者は約定でその責任の形式について規定することができる。例えば，当事者は約定により，損害賠償額およびその計算方法などについて定めることもできるし，違約金条項を置くこともでき，また免責に関する条件や具体的事由について定めることもできる。これに対して，契約締結上の過失責任は一種の法定責任であり，当事者がこれについて自由に約定することはできない。責任の形式という点から見ても，違約責任を負う形式には違約金，損害賠償，継続履行，修繕・交換，手付責任など多くの責任負担の形式がありうるが，契約締結上の過失責任は，損害賠償のみをその責任形式とする。

(3) 賠償範囲

　違約責任の場合，一般に期待利益についての損失の賠償が求められる。そこには，得べかりし利益と履行それ自体とが含まれる。期待利益の賠償がなされると，それにより被害者に契約が予期したとおりに行われたと同一の状態が実現することになる。つまり，期待利益の賠償は，実際の履行に代替しうる方法

19　最高人民法院民事判決書（2003）民一終字第82号。

がとられる，ということになる。これに対して，契約締結上の過失責任の場合，当事者には信頼利益の損失についての賠償しか認められない。信頼利益の保護は，非違約者が契約が履行されると信頼して行った各種費用の支出の返還または賠償をその趣旨とするものであり，それによって当事者を契約締結以前の良好な状態に戻すことが目指される。そのため，当事者における契約締結以前の状態と現在の状態との差異が，信頼利益の損失の範囲とされることになる。

(4) 責任の制限

違約責任による損害賠償について，法律は一般に一定の制限をおいている。例えば契約法113条は「当事者の一方が契約上の義務を履行せず，または契約上の義務の履行が約定に合致せず，相手方に損害が生じたとき，損害賠償の額は違約により生じた損害に相当するものでなければならない。それには契約の履行により得べかりし利益が含まれる。ただし，契約違反によりその損害が生じうることを，契約違反の側が契約締結時に予見しまたは予見すべきであったものを超えてはならない」と規定している。このような制限を行う主要な目的は，取引上のリスクを軽減し，取引を行うことを奨励すると同時に，契約締結後の損害賠償の中で不要な紛争を引き起こさないためである。この点について，契約締結上の過失責任においては，違約責任のような責任限定に関する規定は置かれていない。

5.3.2 契約締結上の過失責任と不法行為責任の区別

契約締結上の過失責任と不法行為責任は，いずれも損害の賠償をその内容とするものであり，かつ過失をその要件とするものであるが，それらは異なる性質の責任である。両者の主な区別は以下の点にある。

(1) 責任の構成の違い

契約締結上の過失責任が生ずるには，以下の2つの条件が必要である。①契約締結の双方が契約締結のために社会的または取引上の接触を始めている，すなわち，双方は既にいわば実際の接触と交渉というべき関係を形成している。②このような接触によって当事者に一種の特殊な関係が形成され，それによって双方に特殊な信頼関係が形成される。これに対して，不法行為では，責任の発生には当事者間にいかなる関係も要せず，不法行為が発生すれば当事者間に損害賠償の関係が生ずる。例えば，ある人がスーパーで買い物をしている際に

地面が滑りやすかったために転んで負傷したような場合や，ちょうどスーパーの店内で工事をしていて穴に落ちてしまったような場合など，顧客と商店との間に契約締結のための実際の接触や信頼関係は形成されていないため，これを契約締結上の過失責任で処理することはできず，不法行為責任によってのみ処理されることになる。

(2) 義務違反の性質の違い

契約締結上の過失は，その本質において，誠実信用の原則により生じた付随義務の違反であるが，不法行為は他人の財産および人身を侵害してはならないという一般的義務の違反であり，このような義務違反のために行為に不法性を帯びることになる。

(3) 賠償範囲の違い

契約締結上の過失の賠償範囲は信頼利益の損害である。これは，現有財産の毀損や滅失ではなく，また履行利益の喪失でもなく，契約が有効に成立すると信じたことによりもたらされた信頼利益の損失であって，一般的な状況においては，主に一定の費用の支出について補償が得られないとか，または相手方が契約を締結すると信じたために失われた利益がこれにあたる。どのような形態であれ，契約締結上の過失により信頼関係の破壊がもたらされ，一方の信頼利益に損害が生じたときは，被害者は賠償を請求する権利を有する。これに対して，不法行為責任により保護されるのは信頼利益ではなく，物権や人格権といった絶対的な権利である。一般的に言って，絶対的な権利が侵害を受けて損害が生じた場合にのみ，不法行為にもとづく損害賠償請求を行うことができる。

5.4 契約締結上の過失の典型的類型

契約法42条および43条の規定により，契約締結上の過失責任の典型的類型には主に以下のようなものがある。

(1) 契約の締結を装った悪意的交渉

契約自由の原則により，商談の過程では双方に契約締結または不締結の自由があり，いずれも合意到達前に商談を打ち切る権利がある。しかし，一方が契約締結を装って悪意的に交渉をして相手方に損害を生じさせたときは，契約締結上の過失責任を負うことになる。このようなケースが成立するには以下の2つの要件が必要である。

第1．契約締結を「装う」という形式である。ここに言う「装う」とは，相手方と契約を締結するという目的など全くなく，そもそも商談は口実にすぎず，その目的は相手方の利益に損害を与えることにしかないということを指す[20]。例えば，甲が乙と契約の締結について交渉を行っているが，その目的は乙が丙と契約を締結することを阻止することにあるというような場合とか，または乙が他の者と取引を行う機会を失わせるためであるといった場合である。

　第2．行為者が「悪意的に」交渉を行うという目的である。ここに言う「悪意的に」とは，交渉や商談を装って故意に相手方に損害を与えようとすることである。悪意的な交渉については「悪意」がその核心的な要件となるため，被害者は，相手方に交渉や商談を装って損害を与えようという悪意が存在したと証明できた場合にのみ，契約締結上の過失責任を負うよう求めることができる。例えば，「傅某と溧陽市万興特殊建材有限公司の契約締結上の過失責任事件」において，裁判所は，傅濤が万興公司の主管担当者の人材募集に応募した際，万興公司の担当者が傅濤に連絡し，面接を行った後，傅濤に入社のための手続を行うよう求めているのであるから，傅濤が当該採用の件において双方が合意に達したと信じるにつき相当の理由があり，このような信頼にもとづいて傅濤が入社のために準備を行ったにもかかわらず，万興公司が同職務を廃止してしまい，さらにそれについて傅濤に知らせなかったのは，明らかに誠実信用に悖るものであり，傅濤に損害があれば万興公司は損害を賠償しなければならない[21]。

(2) 契約締結に関わる重要事項の故意的隠蔽または虚偽事実の提供

　故意に契約締結に関わる重要事実を隠蔽し，または虚偽事実を提供することは，その性質上詐欺行為にあたる。ここに言う詐欺とは，一方当事者が故意に他方を欺罔する行為を行い，相手方を誤解させ，契約を締結させることを指す。「民法通則意見」68条の規定では，「一方当事者が故意に相手方に虚偽の情報を伝え，または故意に真実の状況を隠蔽し，相手方当事者に誤った意思表示を成させることは，詐欺行為とみなすべきである」とされている。このような詐欺を構成するためには，以下の要件を満たさなければならない。

　第1．欺罔者に詐欺の故意があることである。つまり，欺罔者は自らが相手

20　胡康生編『合同法実用問答』中国商業出版社，1999年，137頁。
21　江蘇省常州市中級人民法院民事判決書（2014）常民終字第2176号。

第2章　契約の成立　　67

方に告知する内容が虚偽であり，それにより相手方が誤解することを明らかに知りながら，そのような結果の発生を希望または放任したことが必要である。欺罔者が虚偽情報を告知したことが，自らまたは第三者の利益を図るためであるか否かは，故意の成立を妨げるものではない。

第2，欺罔者が客観的に虚偽事実を告げまたは真実を隠蔽する行為を行ったことである。いわゆる詐欺行為とは，欺罔者がその欺罔の故意を外部に表す行為を指す。実務においては往々にして，これは故意による虚偽事実の表述または真実の隠蔽により相手方を誤解させる，という形で現れる。例えば，贋作を本物であると説明するとか，低品質の製品を高品質の製品であると説明するなどである。契約締結の過程で，一方当事者が上述のような契約に関する重要事実を故意に隠蔽したり，または虚偽の事実を示したりすることは，実質的に詐欺を構成するものであり，それにより相手方に損害が生じたときは，それを賠償する責任を負う。

第3，相手方が誤解したことが欺罔行為と因果関係があること，すなわち，欺罔者の虚偽の告知または真実の隠蔽により誤解したことが必要であり，そうでない場合は詐欺とはならない。詐欺の場合に，欺罔を受ける側は，欺罔により誤解する，例えば相手方が偽物の薬品について行った宣伝によりそれが正規の薬品であると信じてしまうように，虚偽の状況に基づいて誤った認識を持つに至っているのである。

逆に，当事者が契約締結の過程において，契約の締結に係る重要な事実を隠蔽したり，または虚偽の情報を提供するようなことがなければ，契約締結上の過失を構成することはない。例えば，「呉衛明が上海CITIBANKを訴えた銀行預金契約事件」において，裁判所は，「契約締結の過程において，上海CITIBANKの従業員は呉衛明に少額預金業務に関する情報を提供し，呉衛明は費用などの詳細について確認している。これについて，当事者に故意の隠蔽または虚偽告知といった行為があった証拠はなく，また契約締結過程においてこれによって損害が生じたとの証拠もないのであって，契約の締結過程において契約締結上の過失は生じていない」[22]としている。

---

22 「最高人民法院公報」2005年9期。

(3) 営業秘密の漏洩または不正な使用

　営業秘密とは，一般に知られておらず，権利者に利益をもたらしうるとともに実用性を有するもので，権利者により秘密保持措置がとられている技術情報および経営情報を指す。契約法43条によれば「当事者は契約締結過程において知りえた営業秘密について，契約の成立如何にかかわらず，これを漏洩しまたは不正に使用してはならない。営業秘密の漏洩または不正な使用により相手方に損害を生じさせたときは，損害賠償責任を追わなければならない」と規定されている。本条は営業秘密の漏洩または不正な使用を契約締結上の過失の典型的形態と捉えている。

　一方が商談の中で，そこで提示する情報が営業秘密にあたることを明確に述べるか，またはそれが営業秘密に当たる情報であることを相手方が知りまたは知りうべきときは，相手方は秘密保持義務を負うことになる。商談を行う際には，営業秘密の問題に及ぶことがありうる。一方が他方の情報に接し，それが営業秘密にあたるもの，例えば秘伝の調合であったり，技術上のノウハウであったり，労働生産や技術操作に関わる経験や知識または技巧，そして製品の性能や販売対象，市場での営業状況等の営業秘密であった場合には，誠実信用原則にもとづいて秘密保持の義務を負い，漏洩や不正な使用は許されない。契約の締結過程において営業秘密の漏洩や不正使用があり，相手方に損害が生じたときは，契約締結上の過失責任を負わなければならない。

(4) その他の誠実信用原則違背行為

　契約締結上の過失責任の類型は様々であり，法律ではそれをいちいち列挙することはせず，一方当事者が契約締結過程において誠実信用原則に反して相手方に損害を生じさせたとき，契約締結上の過失責任を負わなければならないものとされる。例えば，契約が無効または取り消された場合や，締約強制義務に違反した場合，さらに無権代理の場合などにも，契約締結上の過失責任が生じうる。さらに，「契約法司法解釈(2)」8条により，法律または行政法規の規定により，認可または登記を経て初めて効力が生ずる契約について，契約の成立後に，認可申請または登記申請義務のある当事者が，法律の規定または約定にもとづく認可または登記申請を行わなかった場合，それは契約法42条3号に規定する「その他の誠実信用原則に違背する行為」に該当し，人民法院は事件の具体的状況および相手方当事者の請求にもとづいて，相手方当事者自らが関

連の手続を行うよう判決することができる。これにより相手方当事者に生じた費用および実際の損害については，申請義務のある当事者が賠償責任を負わなければならない，とされている。

第3章　契約の内容および形式

案例　甲（商店）はホールに広告を出し，その中で，本店で購入した商品の品質を問題として違約責任を求めるときは，商店の側に故意または重過失があることを証明しなければならない，と記した。顧客乙が甲商店でパソコンを購入したが，それは品質が悪く，1週間後に使用ができなくなった。そのため，乙は甲に違約責任を負うよう求めたが，これに対して甲は，乙が故意または重過失の存在を証明できていないことを理由として，乙は違約責任を請求することができない旨主張し，双方に紛争が生じた。

簡単な評釈　本件は約款の法律的効力の問題に関わるものである。契約法40条の規定によれば，約款を提供した側が，自らの責任を免除し，相手方の責任を重くし，または相手方の主要な権利を排除したときは，その条項は無効であるとされる。本件では，甲乙間で契約が締結された際，甲は約款を用いている。甲が引き渡したパソコンの品質が不良であったとき，乙は甲に違約責任を負うよう求めることができる。これは厳格責任にあたるものであって，買主は売主の故意または重過失を証明する必要はない。乙が甲の違約責任を求めたときに，甲が乙に対し，約款にもとづいてその故意または重過失の存在を証明するよう求めたとしても，同条項は相手方の主要な権利を排除するものであるから，契約法40条の規定により無効な条項となる。

1　契約の内容概説

1.1　契約内容は当事者の約定または法律の規定により生ずる

契約の内容は，その内容および形式という2つの側面からこれを理解することができる。内容という点から見ると，契約内容とは，契約の当事者が権利を

享有し義務を負担することを指す。そこでは，契約の内容とは，法律の規定および約定によって当事者に生ずる権利義務関係であり，契約上の権利および契約上の義務と略称される。形式から見ると，契約の内容とは，契約の各項の条項を指す。そこでは，契約の内容は主に契約の条項という形式で体現されることになる。契約法12条は「契約の内容は当事者の約定により，一般に以下の条項が含まれる」と規定しており，これにより，契約の条項は契約の内容の固定化および表現であり，当事者の権利義務を確定する根拠であるから，契約の条項は必ず明確で確言的かつ完全で，相互に矛盾しないものでなければならない。そうでない場合，それは契約の欠缺を構成することとなる[1]。

契約内容は当事者の約定または法律の規定により生ずる。

第1，契約の内容は主に当事者により約定される。契約自由の原則により，契約の内容は当事者が法律の規定の範囲内で自由に約定することができる。契約法12条によれば「契約の内容は当事者の約定による」と規定されており，当事者が契約内容を自由に選択することが強調されている。それにより，契約締結者は，契約の目的物，価額，引渡方法，履行の時期および地点等の内容を自由に定めることができ，当事者が契約の必要的条項について合意に達しさえすれば，契約は成立することになる。そして，合意内容が法律および社会公共道徳に違反するものでないかぎり，法律上それは有効とされる。

第2，契約の内容はまた，法律の規定により生ずるものでもありうる。当事者の約定が不十分であるか，または不鮮明であるような場合，法律は当事者の意思を補充する役割を負うことになり，この場合に法律の規定が契約上の義務の淵源となる。例えば，当事者が契約の主要条項についてのみ規定し，その他の内容について定めなかったときは，契約関係は成立しうるが，契約のその他の内容については契約法の任意規定がそれを補充することとなる。

第3，契約の内容は正義真実原則により生ずることもある。当事者の約定または法律の規定に加えて，誠実信用原則もまた契約内容の重要な淵源となりうる。例えば，当事者は誠実信用原則にもとづいて権利を行使し，義務を履行することが求められるし，また誠実信用原則にもとづいて，相手方の保護・配慮などの付随義務を負うことになる。

1　董安生『英国商法』法律出版社，1991年，47頁。

1.2 契約内容は主に契約条項として体現される

　契約内容は形式上契約の条項として体現される。ただし，契約の内容は必ずしも契約条項としてその内容が体現されるわけではない。当事者が契約の条項で約定するほかに，法律の規定または誠実信用原則によっても一連の権利義務関係が生じうる。このような権利義務関係は，当事者が契約条項により約定するものではないが，依然として契約内容に属するものである。

　契約の権利義務と契約条項とには密接な関係がある。契約を一種の法律関係であると解するならば，契約当事者の権利義務はまさに契約条項を通じて確定されまたそれにより反映される[2]。契約の条項は当事者の合意の産物であり，契約の権利義務は，一部が直接法律により規定されるものの，その多くは当事者の約定による，すなわち，契約の条項によって確定される。契約上の権利義務は，契約の条項をその淵源とする。契約の条項が明確でわかりやすいものであればあるほど，当事者間の関係も確定的となり，当事者が正確に契約を履行することに利するものとなり，かつ紛争発生時には，契約条項にもとづいて速やかに紛争を解決することができる。もちろん，契約上の権利義務と契約条項とは異なる範疇に属し，それは異なる角度から契約内容について表現したものである。

2　契約条項

2.1　契約条項概説

　契約条項とは，契約内容の表現および固定化のことである。それは契約当事者の権利および義務の根拠を確定するものである。法律の規定から直接生ずる少数の例外を除き，契約上の権利義務は概ね契約当事者の約定による，つまり契約の条項により固定化される。契約条項は明確，確定的かつ完全でなければならず，かつその条項の間で相互に矛盾があってはならない。

　契約条項は，当事者が契約自由の原則にもとづいて行った意思表示の一致により確立するものであるが，あらゆる条項が合意により完成される必要がある

　2　郭明瑞＝房紹坤『新合同法原理』中国人民大学出版社，2000年，129頁。

わけではない。現代契約法においては，当事者の意思および利益を十分に尊重しつつ，同時に取引の安全と秩序を維持するため，契約条項の部分的欠缺については，契約法の規定によって，当事者は別途の合意により，または法律解釈の方法によって，その欠缺を補填することができるとされており，無造作に契約の不成立または無効を宣言しないことにより，取引を奨励するとの目的を達することが目指されている。

契約の正確な履行を保証し，紛争の発生を防止し，また紛争を解決するため，当事者は往々にしてその必要に応じて様々な条項を置くことになる。これらの様々な契約条項は，契約においてそれぞれ異なる地位に置かれ，異なる機能を果たすことになる[3]。必要的条項以外の条項については，その欠缺は契約の効力に直接関係するものではなく，もちろん，当事者が契約中に明確に約定しないかぎり，ある特定の条項が欠ければ契約の効力は生じないとするときは，同条項の欠缺は契約の効力に直接影響を及ぼすことになる。

2.2 契約条項の分類

2.2.1 約款条項と非約款条項

約款とは，契約の一方当事者が，反復的使用のために事前に制定したもので，契約締結時での相手方との協議によるものでない条項を指す。このように，約款には2つの条件がある。①反復使用するために事前に制定されたものであり，②契約締結時に相手方と協議を行わないものである。非約款条項とは，当事者が契約締結時に相手方と協議を行うことのできる条項である。

法律は約款について特に規定を置いているが，それは，主に非約款条項に明記された一方当事者の保護を強化するためである。約款条項の規制について，契約法39条乃至41条は，3項目の重要な規定を置いている。①約款制定者が責任の免除または制限に係る条項を置く場合，合理的な方法により，相手方の注意を促すよう明確に定めている。②約款制定者が約款条項を利用して自らの責任を免除し，相手方の責任を加重し，または相手方の主要な権利を排除することを禁止している。③約款条項の解釈を行う際は，約款条項を提供した側に不利な解釈を行わなければならないとしている。これらの規定は，経済上弱者

---

[3] 郭明瑞＝房紹坤『新合同法原理』中国人民大学出版社，2000年，129〜130頁。

の地位にある消費者の権利保護のために有力な保障を提供するとともに，企業組織が経済的な優位性を濫用して消費者の利益を害することを有効に防止・制限することができる。

2.2.2 必要条項と非必要条項

　必要条項とは，契約の性質または当事者が特に定めることによりその具備が必須となる条項であり，その条項を欠くことは契約の成立に影響することになる。契約法12条の規定によれば，契約には一般に当事者の名称，住所，目的物，数量，品質，価額または報酬，履行期限，地点，方法，違約責任および紛争解決方法等が含まれる。ただし，これらの条項は必ずしも契約の必要条項とはならない。契約の必要条項に関しては，「契約法司法解釈(2)」の1条で，「契約の成否について当事者に紛争がある場合に，当事者の名称または姓名と目的物および数量を確定できるときは，一般に契約は成立したものとされる。ただし，法律に異なる規定があるとき，または当事者に異なる約定があるときは除く」と規定されている。このため，目的物およびその数量は一般に必要条項ということになる。もちろん，この司法解釈に規定される契約の必要条項は主に売買に向けられたものであり，その他の類型の契約については，必要条項にも違いが存在し，それぞれの類型における必要条項については，契約の性質および当事者の約定によってこれを確定する必要がある。

　非必要条項とは，契約の性質により契約中でその具備が必須ではない条項のことである。つまり，契約にこれらの条項が含まれていなくても契約の成立には影響が生じない。それは例えば，履行期限や品質等の条項である。これらの条項が欠けている場合には，契約法61条ないし62条の規定によって十分にその欠落を埋めることができる。

　必要条項と非必要条項の区別は主に以下のようなものである。まず，契約の性質により確定できるかどうかである。必要条項は契約の性質上具備しなければならない条項であり，それは例えば，物の所有に係る契約については目的物についての条項が不可欠であり，売買契約には代金についての条項が不可欠である，といったものである。次に，当事者間の特別の約定により確定できるかである。ある種の必要条項は，当事者が特に約定を置き，同契約において不可欠の条項とされている。非必要条項であっても，当事者が特に約定により契約

の成立上不可欠の条項としているときは，これらの非必要条項は必要条項となりうる。例えば，当事者が契約に規定を置き，同契約の効力発生には公証を経なければならないとしているときは，公証が契約の必要条項となる。さらに，契約の成立および効力発生に影響しうるかどうかである。原則的に，必要条項は特定の契約が必ず備えなければならないものであり，必要条項の欠缺は契約の成立または効力発生に影響を及ぼす。これに対して，非必要条項はこのような効力を有さない。

2.2.3 実体条項と手続条項

　実体条項とは，当事者が契約において享受する実体的権利義務の内容について定める条項である。例えば，契約の目的物，数量，品質に関する定め等がこれにあたる。これに対して，手続条項とは，例えば目的物の品質検査手続やマンションの品質確認手続，そして紛争発生後の訴訟管轄や仲裁の選択等，契約義務の履行手続および紛争解決に係る条項を指す。

　法律上，実体条項と手続条項を区別する意義は，一面では，これらの条項が当事者の実体的権利義務に及ぼす影響が違うという点にある。実体条項は当事者の権利義務に直接影響するものであるのに対し，手続条項は間接的に影響を及ぼすものであるにすぎない。また他方で，これらの条項は適用される法律規範にも違いがある。実体条項は主に契約法等実体法の規定が適用されるのに対し，手続条項は主に民事訴訟法や仲裁法といった手続法の規則が適用される。

2.3 契約に通常含まれる条項

　契約法12条は「契約の内容は当事者の約定による。それには一般に以下の条項が含まれる。㈠当事者の名称または姓名および住所，㈡目的物，㈢数量，㈣品質，㈤価額または報酬，㈥履行期，地点および方法，㈦違約責任，㈧紛争解決の方法。当事者は各種契約についてのモデル契約文書に照らして契約を締結することもできる」と規定している。同条は契約に通常含まれる条項について規定しているが，そこでは「一般的包括」という提示の仕方が採用されている。これは，契約法12条に規定される契約条項が必ずしも契約の必要条項というわけではなく，それが一種の提示的条項にすぎないということを示すものである。契約法において，契約に通常含まれる条項について規定を置く主な目

的は，当事者が適正に契約を締結するための指導とするためであり，当事者の約定が法律および社会公共道徳に反しない限り，これらの約定は法律上の拘束力を生ずる。

2.3.1 当事者の名称または姓名および住所

契約においては，当事者の姓名および住所が確定的であり，かつ双方当事者の署名がなければならない。当事者が契約書の形式で契約を締結するときは，契約の中に姓名が明確に記載され，かつ署名・捺印がなければならない。当事者の住所は当事者の主体としての身分を示す重要な標識である。契約の中に住所を明確に記載する意義は，住所の確認を通じて，債務履行地，訴訟管轄，渉外法律適用の準拠法そして法律文書送達地等の事項を判断することに利することにある。もちろん，契約中に住所が記載されていなくても，当事者が確定していれば，契約の成立には影響しない。

2.3.2 目的物

目的物は契約の権利義務が指向する対象である。契約の中に目的物が規定されなければ，それは目的を失ってしまう。ゆえに，目的物はあらゆる契約における主要条項なのである。もちろん，様々な契約において，目的物の類型もまた様々である。例えば，売買や賃貸借等，財産を移転する契約においては，目的物は通常「物」と結び付けられる。言い換えれば，そこでの目的物とは，一定の者の使用権および所有権を移転する，というところにある。これに対して，労務提供に係る契約では，目的物は単に一定の行為を完成することになる。とは言え，いずれの契約においても必ず目的物を確定することが必要であり，契約の中に目的物について定める条項がないと，それは一般に契約の成立に影響を及ぼすことになる。このようなことから，「契約法司法解釈(2)」1条は，目的物に関する規定を契約の主要条項としている。契約においては，必ず契約の目的物たる物またはサービスに係る条項を明確に記述し，目的物を特定しなければならないのである。

2.3.3 数量および品質

目的物の数量および品質は，契約の目的物を確定するための具体的な条件で

あり，特定の目的物を同類の他の目的物と区別するための具体的な特徴である。数量は目的物の計量のための基本条件であり，とりわけ売買等対価交換的な契約においては，数量条項は当事者の基本的な権利義務を直接決するものであるから，数量条項が不確定であるときは，契約はそもそも履行することができない。当事者が数量条項について約定を置くときは，そこでの計量単位および計量方法を明確にしなければならず，併せて重量または端数について生ずる誤差について合理的に定めることができる。国家が明文の規定で計量単位について規定を置く場合を除き，当事者は法により非国家的または国際的計量基準を選択することができるが，その具体的な内容は確定しなければならない。

契約によっては，品質条項こそが当事者の契約締結目的および権利義務関係を直接決定するような場合がある。例えば，ある種の類型の物品購入において，当事者が通常，当該物品について特定の品質に達していることを求める場合などである。そのような場合，品質に関する条項の規定が不明確で，しかも法律の任意規定や取引慣習によってそれを確定することができない場合には，契約は成立しようがない。

2.3.4　価額あるいは報酬

価額とは一般に目的物について言うものであり，例えば売買契約においては，目的物の価格を規定しなければならない。これに対して，報酬とはサービスの提供について言うものであって，例えばサービスの提供に係る契約においては，一方がサービスを提供し，他方はこれに対して相応の報酬を支払う。価額と報酬は有償契約の主要条項である。蓋し，有償契約は一種の取引関係であって，そこでは等価交換の原則が体現されることになるが，価額または報酬は有償契約においてまさに一方の対価となり，一定の価額または報酬こそが一方当事者が契約の締結により到達せんとする目的となるからである。契約において価額または報酬を明確に規定しておけば，紛争の発生を有効に予防することができる。ただし，価額または報酬に係る条項は，契約の成立に直接影響する条項ではなく，これらの条項を欠いたとしても，契約法の規定によりその欠缺を埋めることができ，契約の成立に影響するものではない。

2.3.5 履行期限, 地点および方法

　履行期限とは, 当事者が実際に契約を履行する時期についての規定である。言い換えれば, それは債務者が債権者に対して義務を履行する時期についての規定と言うことができる。契約が成立し効力が発生したからといって, 当事者はすぐにその義務を履行しなければならないわけではなく, 履行期到来後初めて義務を履行しなければならないことになるのであって, 履行期到来前であれば, 当事者のいずれも, 相手方に義務の履行を求めることはできない。この履行期限については, それが明確であれば当事者はその履行期限に従って履行しなければならない。履行期限が不明確である場合, 当事者は事後に補充合意により, または契約の解釈という方法によって, その欠缺を補充することができる。双務契約においては, 法律に異なる規定がある場合を除き, 当事者双方は同時に履行しなければならない。履行期が到来すると, 履行しない場合と履行を受領しない場合のいずれも履行遅滞を構成する。

　履行地点とは, 当事者が契約の規定によりその義務を履行すべき場所を指す。履行地点は, 双方当事者の権利義務関係と一定の関係がある。多くの契約において, 履行地点は, 目的物の検収地点, 運送費用の負担, そして危険負担について確定する根拠となり, また目的物の所有権の移転の有無およびその時期を確定するための根拠となる。履行地点を確定することは, 当事者のいずれが目的物の運送費用を負担するかを確定するときに役立つが, その際はそれが取立債務か持参債務かの区分が重要である。取立債務とは, 債権者が債務者の所在地に赴いて, 債務者に債務の履行を求め, 債務者の給付によりその債権を実現するものを指す[4]。取立債務の場合, 一般に債権者が目的物の輸送費用を負担することになる。これに対して, 持参債務とは, 債務者が目的物を債権者の所在地に運送し, その債務を履行するものを指す。持参債務の特殊性は, 履行地が債権者の所在地である, というところにある[5]。しかも, それは債務者が「持参」するものであるため, 目的物の運送費用は債務者が負担することになる。契約法62条3項は「その他の目的物については, 履行義務者の所在地において履行する」と規定しており, それは取立債務に属するものとなっている。この場合, 目的物の運送について生じた費用は, 当事者に異なる約定がある場合

　4　鄭玉波『民法債編総論』中国政法大学出版社, 2004年, 489頁。
　5　鄭玉波, 同上。

を除き，原則的に債権者が負担する。

履行方法とは，当事者が契約上の義務を履行する方法を指す。例えば，目的物の引渡義務について言えば，一括の履行なのか分割履行なのか，現実の引渡しなのか占有改定なのか，買主が自ら持ち帰るのか売主が送付するのか，運送の場合はどのような方法で運送するのか等々，これらの内容は契約の中にできるだけ約定を置いて，爾後紛争が発生することを回避することが必要である。

なお，契約の履行期限，履行地点および履行方法に係る条項は，契約の成立に不可欠な必要条項ではない。当事者がこれらの条項について約定を置かないかまたはそれが不明確であるときは，契約法の規定する方法を用いることでその欠缺を補うことができる。

2.3.6 違約責任

違約責任とは，有効な契約上の義務に違反したために負うべき責任である。言い換えれば，それは当事者が債務を履行しないときに負うべき損害賠償や違約金の支払い等の責任のことを指す。違約責任は民事責任の重要な内容をなし，それは当事者が適正に義務を履行することを促すとともに，契約に違反しなかった側に救済を提供するものである。当事者は，違約金の額や範囲について事前に約定することができ，また損害賠償の計算方法，ひいては具体的な金額について定めることもできる。契約に違約責任の条項を定めなかったとしても，それは契約の成立に影響しない。この場合，法定の違約責任の制度に照らして，違約側の責任を確定することになる。

2.3.7 紛争解決方法

紛争解決方法とは，契約について将来紛争が生じた場合にどのような方法でそれを解決するかということである。契約自由の原則により，紛争解決方法の選択もまた，当事者が享受すべき契約自由の内容とされる。具体的に言えば，当事者は契約中の約定により，紛争が発生したとき訴訟によるのか仲裁によるのか，どの法律を適用するのか，そして管轄する法院をどこにするのかといったことを選択できる。もちろん，紛争解決の方法は契約の必要条項ではない。紛争解決の方法について当事者に約定がないとき，紛争が生じた場合は訴訟によりこれを解決することができる。

3　約款

3.1　約款の概念

　約款とは，一方当事者が反復使用のためにあらかじめ制定し，かつ不特定第三者に向けられたところの，契約締結時の相手方との協議によらない条項を指す。約款の出現は，伝統的な契約締結方式を変えただけでなく，契約自由の原則に対する挑戦ともなった。これに対し，各国ではそれぞれ法律の改正または単行法規の制定といった方法で，約款に対する規制を行っている。中国の契約法は39条乃至41条に約款についての規制を置いている。約款には以下のような特徴が見られる。

(1) 約款は一方当事者が反復使用の為にあらかじめ制定したものである

　約款は契約締結以前にあらかじめ制定されているものであり，双方当事者の協議の反復の上で制定されたものではない。関連の契約条項が当事者の協議により確定したものであれば，それが事後に書面の形式で確定されたとしても，それは性質上約款に属するものではない。

　多くの場合，約款を制定する側は，ある種の商品またはサービスを固定的に提供する公共事業部門や企業または関連の社会組織などであり，それゆえ，例えば電報用紙上の発信時の留意事項や，飛行機チケット上の説明などのように，これらの約款は関連の政府部門や企業などが制定することになる。約款の多くは一度だけの使用ではなく，反復使用のために制定されるものであるから，経済的に見ると取引費用を低減させることになる。とりわけ，多くの取引活動は不断に反復して行われるものであり，多くの公共サービスには既定の要求があるのであって，約款という方法により契約締結の基礎を明確にし，費用と時間を節約することは，現代市場経済の高度な発展という要求にこたえるものと言えよう。通常，約款の作成者は契約締結において優位な立場にあることから，約款については法律で必要な規制を行い，弱者の地位にある当事者の利益を保護することが必要である。

(2) 約款の内容には定型化という特徴がある

　定型化とは，約款が安定性と不変性を有することを指し，それは起草者と契約を締結することを欲する不特定の相手方に普遍的に適用され，相手方の違いによる区別がなされることはない。一面において，約款書面は，条項作成者と

契約を締結するすべての者に適用され，相手方当事者は一般に約款について変更を加えることができず，当事者が約款に変更を加えたときは，それは性質上，非約款条項に変質することになる。また他面において，約款の定型化とは，約款の適用過程において申込者と承諾者の地位が固定的であることを指す。それは，一般の契約過程のように，申込者と承諾者の地位が随時変わりうるものではないのである。

　ここで注意しなければならないのは，契約法39条によれば，約款は当事者が反復使用するためにあらかじめ制定し，契約締結時に相手方と協議を行わない条項である，という点についてである。ここに見られるように，約款の主要な特徴は相手方との協議によらないところにある。思うに，契約法39条の規定については，約款は契約時に相手方と協議のできない条項であると理解すべきである。蓋し，相手方と協議を行わないと言っても，それは条項について相手方と協議することができないということを意味するものではなく，例えば協議により確定しうる条項について，条項作成者が相手方と協議せずにこれを定め，かつ相手方もこの条項について協議を求めないこともありうるが，このような条項は約款にあたるものとは言えない。当事者が約款について合意に達しなければ，同条項は必ずしも相手方に拘束力を生ずるものではない。

(3) 相手方は契約締結において従的地位にある

　相手方は協議の過程に参加することはできず，一方が制定した約款を概括的に受け入れることができるのみで，契約条項について交渉することはできない。このように，相手方は契約関係において従的地位に置かれている。約款にはこのような特徴があるため，それは同様に固定的な形式を有する契約でありながら双方が共同で協議し制定するものとは異なるものである。後者は，形式上約款に属するような外観を呈するものの，その内容は双方の協議により確定されたものであり，それは依然として一般の契約であって約款ではない。まさに相手方が条項制定者と条項の具体的内容について協議することができないがゆえに，約款の適用は契約自由を制限し，かつ至極容易に消費者に損害をもたらすことになる。消費者は通常弱者であり，約款制定者は通常大型の企業・組織であって，さらにはある事業またはサービスを独占的に経営することもある。その際，消費者が取引を行うにあたって他に選択の余地もなく，提示された不合理な約款を受け入れるしかない。それゆえ，約款の制定は，制定者にとっては

自由であっても，相手方にとっては不自由なのである。もちろん，相手方は依然として約款を受け入れないという権利を有している。その意味で，約款は契約自由の原則を完全に否定するというものではない。

約款はモデル契約条項とは異なる。モデル契約とは，法規または慣例に従って確定された模範的位置付けを与えられた文書である。中国では，不動産売買，賃貸借，建築など多くの業種において各種のモデル契約が推進されている。モデル契約を推進することは，契約条項の改善と，当事者の権利義務の明確化，そして当事者の契約法律知識の不足により生じる各種紛争の減少のために，一定の役割を果たすものである。

約款はこのようなモデル契約と以下の点で異なる。

第1，約款は一方当事者が事前に制定したものであるが，モデル契約の条項は政府部門または各種業界団体が制定したものであり，その機能は主に当事者が契約を適正に締結するための参考を提供することである。

第2，モデル契約は当事者が契約を締結するための参考に過ぎず，当事者はそれを修正したり補充したりすることができるが，約款の内容は固定的であり，一般に当事者による修正は許されない。

第3，約款により契約を締結する当事者は，しばしばその経済的地位において不平等である。そのため，弱者的地位にある一方当事者を保護するため，契約法41条に規定する非約款条項の効力優先規則や疑義についての不利益解釈規則といった例に見られるように，約款について法律は特別の規制を置いている。これに対して，モデル契約については，当事者双方の経済的地位は一般に平等であり，モデル契約条項の内容を確定する際に，一方当事者の保護をより高める必要はない。

3.2 契約内容への約款の利用

契約法39条1項は「約款を用いて契約を締結するときは，約款提供側は公平原則を遵守して当事者間の権利と義務を確定し，併せて責任の免除または制限条項について，相手方に合理的な方法により注意を促さなければならず，相手方の要求により，同条項について説明しなければならない」と規定している。つまり，約款を提供する側は，契約締結の際に，明示的またはその他の合理的かつ適切な方法で，相手側に注意を促さなければならず，かつそれは合理的な

程度に達するものでなければならない。いわゆる合理的な方法とは、相手方の注意を促すとともに、それを強調してその注意をひきつけることができる方法を指す。「契約法司法解釈(2)」9条によれば、注意提起義務は法定の強制規範とされ、同条項の制定者にはこれを行う義務があるとされている。同義務に違反した場合、当該条項は依然として契約として締結されるものの、相手方は同条項の抹消を請求することができる。

　約款を制定した側がその提示および説明義務を尽くしたか否かを判断する際は、以下の要素が考慮される。

　第1、文書の外形。文書の外在的表現形式から見て、それは相手方に当事者の権利義務関係について定めるものであるとの印象を与えるものでなければならない。

　第2、注意喚起の方法。特定取引の具体的環境により、約款提供側は相手方に対して、注意喚起に係る条項を明示するか、または例えば広報や公告のような顕著な方法により相手方の注意を促す必要ができるが、このような方法がいくつかあるときは、できるだけ個別に注意喚起する方法をとらなければならず、そのような方法が不可能である場合にのみ、公告の方法を採用すべきである[6]。

　第3、詳細・明確の程度、すなわち相手方に注意を促す文言または言語がわかりやすく明確でなければならない。もし通常人がその約款条項の存在に注意を向けるのが難しいようなものであれば、それは合理的な方法による注意喚起が尽くされたとは言いがたい。例えば、公告による明示の方法で注意喚起が行うとき、公告の内容および方式は、相手方が容易にそれに気付き、閲覧して理解できるものであることが原則とされる[7]。「契約法司法解釈(2)」6条は、「約款を提供する側が、約款中の責任免除または制限に係る内容について、契約締結の際に相手方の注意を喚起しうるよう文字、符合または字体等について特別な表示を用いるとともに、相手方の要求に応じて、約款の該当条項について説明を行ったとき、人民法院は契約法39条に言う『合理的方法を用いた』ものと認定しなければならない」と規定している。

　第4、注意喚起の程度、すなわち一般的な相手方の注意を促すものでなければならない。合理的な注意と言っても、その状況の違いによりそれを確定する

---

[6] 崔建遠『合同法総論［上冊］』中国人民大学出版社、2008年、148頁。
[7] 余延満『合同法原論』武漢大学出版社、1999年、127頁。

基準は異なるものとなるが，総じて，合理的な方法により注意を喚起し，それによって相手方が条項の内容について十分理解するか，または相手方が約款の内容についてしっかりと考慮をするための十分な時間を与えることが必要である。

第5．相手方当事者の要求により当該約款について説明を行わなければならない。契約法39条1項の規定によれば，合理的な注意の喚起には，相手方の要求に応じて特別に説明する義務が含まれる。約款に係る条項については，約款制定者が相手方にそれを告知していたとしても，相手方はその内容を明確に理解できるとは限らない。このような場合に，相手方が何らかの方法で説明をするよう求めたときは，約款制定者は相手方の要求に応じて説明を行わなければならない。もちろん，このような特殊な要求は，合理的な範囲内に制限される。

3.3　約款の無効

　約款制定者は通常経済的に優位な地位にあるため，それが約款の内容を確定する際に，その経済的な優位を利用して相手方の利益を侵害することが起こりうる。そのため，法律は特定のケースにおける特定の類型の約款についてこれを無効と認定し，もって経済的に不利な地位にある当事者を保護しようとしている。契約法40条は「約款に本法52条乃至53条の事情があるとき，または約款提供側が自らの責任を免除し，相手方の責任を加重し若しくは主要な権利を排除するときは，同条項は無効である」と規定している。契約法52条および53条は契約および免責条項の無効に係る一般規定であるので，ここで詳述はしないが，これらのケースのほかに，約款の無効については以下の4つの場合が含まれる。

　第1．一方が詐欺または脅迫の手段により契約を締結し，国家利益に損害を生じさせた場合，悪意通謀により国家，集団または第三者の利益に損害を生じさせた場合，さらに合法的形式により違法な目的を隠蔽した場合，そして法律または行政法規の強制規範に違反した場合など，約款にこのような事情があるときは，当該約款は無効である。

　第2．免責条項により相手方の人身の傷害についての責任を免除し，または故意または重過失による相手方の財産に対する損害についての責任を免除する

ときは，当該約款は無効である。例えば，約款において「本社の販売する設備により損害が生じたとき，本社は設備本体の損害についてのみ賠償し，その他の損失については賠償しない」と規定するならば，それは明らかに約款制定者が将来その販売した設備により生ずるその他の財産損失および人身の傷害についての責任を免除するものであるから，当該免責条項は無効な約款にあたることになる。

　第3，約款においては制定者の責任を免除し，または相手方の責任を加重する場合がある。法律がこのような規定を置く趣旨は，一方当事者が契約締結上の優位性を利用して，相手方当事者の合法的権益を害することを防止しようとするものである。蓋し，約款は完全に制定者が一方的にこれを定めるものであって，それが不当にその責任を免除し，または相手方の責任を加重しもしくは主要な権利を排除すれば，それは不当に相手方当事者の合法的権利を害することとなるからである。例えば，「上海中原物業顧問有限公司が陶徳華を訴えた不動産仲介契約紛争事件」において，最高人民法院は，仲介会社が約款を用いて，買主との仲介契約において，買主が仲介会社の提供した不動産情報を利用すると同時に当該仲介会社を迂回して売主と直接建物売買契約を締結することを禁ずるとの合意を定めること（仲介排除の禁止）は，法律の保護を受ける，としたうえで，当事者が仲介排除行為が違約を構成するとした目的は，買主が仲介会社から提供された情報およびサービスを利用しながら，他方で仲介会社を迂回して取引を行ってしまい，その報酬を得ることができない，ということを防止するためである。それは性質上，自らの責任を免除し，相手方の責任を加重または相手方の主要な権利を排除するというものではなく，それゆえ同約款は有効である，と判断している[8]。このように，「自らの責任を免除する」という条文上の規定については，条項の制定者が約款において不合理または不適切に自らが負うべき責任を免除することと解釈されている。一般に，約款に規定される免責条項は有効であるが，条項制定者は相手方の注意を喚起しなければならず，また約款の制定者が，自ら負うべき責任を不合理または不適切に免除したときは，当該条項は無効となる。

　第4，約款において相手方の主要な権利を排除する場合がある。例えば，約

---

[8] 最高人民法院2011年指導案例1号：上海中原物業顧問有限公司が陶徳華を訴えた仲介契約紛争事件。

款制定者は約款の方法を用いて消費者の権利を排除または制限してはならない。約款の内容は公平で合理的でなければならないが，この公平と合理性の基準は，民法の平等，自由，公平，誠実信用といった原則により確定されなければならない。もし約款の策定者が約款により相手方の主要な権利を排除するならば，同約款は無効である。例えば，「広東直通電訊有限公司が洪分明を訴えた電話代金紛争事件」で，裁判所は，「被上訴人電訊会社は『広州市デジタルモバイル通信（GSM）設置申請カード』のユーザー留意事項10条に，『使用停止が3ヶ月を超えた場合，本営業所は同ユーザーの番号を他者に譲渡し使用させる権利を有し，ネット加入費用は一切払い戻さない』としているが，これは約款の形式で自己の権利を強調し，ユーザーの利益を軽視して，上訴人洪分明の財産的権益に損害を生じさせたものであり，公平原則に反することから，同約款は無効である。電訊公司は洪分明の番号を譲渡した行為について相応の民事責任を負わなければならない」[9]と判断している。

3.4 約款の解釈

　当事者が約款に合意すると，約款は契約に書き入れられ，それは契約の内容となる。しかしながら，契約を履行する過程において，当事者間に約款の内容について紛争が生じる可能性がある。例えば，中国の温州などでは，質物商が用いる約款の中にかつて「天災人禍，皆不負責」との条項が含まれていたが，「天災」や「人禍」の含意の理解の不一致により，しばしば紛争が生じた。このように，約款の内容については解釈が必要である。約款の解釈とは，一定の事実にもとづき，関連の原則に照らして，約款の意味について説明を行うことである。約款について正確な解釈を行うことは，当事者の権利義務を正確に確定し，各当事者の合法的権益を保護し，かつ約款が合法性と公平性を保つようにするために必要である。

　約款の解釈を行う際には，以下の２点に注意しなければならない。

　第１，約款は性質上契約条項であり，法律規則ではないから，法律規則の解釈方法を用いて約款を解釈することはできず，一般に契約を解釈する際に遵守すべき諸原則により約款を解釈する必要がある。例えば，契約の解釈において

9　「最高人民法院公報」2001年6期。

は，契約の目的を考慮し，個別の文言に拘泥せずに全体の条項に照らして解釈し，公平かつ合理的に双方利益に配慮し，ただし法律の規定に違反してはならないといったものである。

　第2，約款の解釈規則はまた一般の条項とも異なる。約款は，当事者の一方が反復使用のためにあらかじめ制定するものであって，それは特定の相手方に向けられたものではなく，不特定の相手方に向けて制定されたものである。それゆえ，約款の解釈が依るべき原則もまた相応の特殊性を有することになる。契約法41条の規定によれば，約款の解釈は以下の3つの特殊な解釈原則がとられることになる。

(1) 通常の理解による解釈

　通常の理解による解釈とは，約款について，平均的かつ合理的な理解を基準として解釈を行うというものである。約款が不特定者のために制定されたものであるとすれば，約款は個別の消費者ではなく，多数者の意思および利益を考慮する必要がある。そのため，当事者に約款について紛争が生じたときは，契約締結者の平均的かつ合理的な理解を基準として解釈を行うべきである，ということになる。それは具体的に言えば以下のとおりである。

　第1，当事者に特別の約定がないときは，約款の解釈は具体的な状況または特殊な意思表示を超越したものでなければならない。すなわち，契約締結における個々の具体的状況または特別の意思表示を契約解釈における考慮の対象としてはならず，またそれにもとづいて当事者の真の意思を追及してはならないのである。

　第2，ある種の特殊な用語については，平均的，通常的，通俗的，日常的，一般的意義でこれを理解しなければならない。特定の条項において言及される用語または知識については，契約締結の相手方となりうる者のすべてが理解しうるものではない場合がある。そのような場合は，相手方となりうる者の平均的かつ合理的な理解を基礎として解釈を行う。さらに，そもそも特定条項で言及される用語または知識が，相手方の平均的理解能力の範囲では理解しえないものであるときは，約款制定者は同条文の特殊な意味を主張することができない。もちろん，条項が適用される対象が専門的知識を有する者（例えば海上保険条項など）であり，かつその者により理解されているならば，同条項で使用した特殊な用語について解釈することができる。

第3．約款を長期にわたって使用した後，その用語についての理解が消費者と条項制定者とで異なってきたときは，取引時の消費者の一般的理解を基準として解釈を行う。
　第4．それが適用される地域，職業団体などの可能的契約締結者の一般的理解にもとづいて契約を解釈する必要がある。約款が異なる地域または団体に適用されるとき，それぞれの地域または団体の者が約款の内容に対して有する理解が異なることがある。そのような場合には，それぞれの地域または団体内の消費者の平均的かつ合理的な理解を基準として解釈を行う。約款において，ある種の用語または文言に特定の意味があるとき，契約締結者となりうる者の平均的かつ合理的な理解能力ではそれが理解できないとしても，専門的知識を有する契約締結者には理解できる場合がある。そのような場合であっても，個別の契約締結者の意思を考慮するのではなく，大多数の可能的契約締結者の意思を考慮しなければならない。それゆえ，個別の当事者が条項の有する特殊な意味について理解できるとしても，やはり可能的契約締結者の平均的かつ合理的な理解を基準に解釈を行わなければならないのである。
(2) 条項制定者にとって不利な解釈を行う
　約款に2つ以上の合理的な解釈がありうるときは，約款制定者にとって不利な解釈を選択しなければならない。このような解釈ルールは，「疑義についての不利益解釈ルール」と呼ばれている。法諺では，「用語に疑義があるときは，それを使用する側に不利な解釈を行う」とされる。それは，約款は相手方との交渉を経ずに一方が制定するものであるため，制定者が自らの意思により自らに有利な条項を定めることが可能であって，ひいては制定者が不明確な文字を故意に使用または混入させることで消費者の利益を害し，またはその経済的優位性を維持もしくは強化しようとして，不合理な解釈を消費者に押し付けることも生じうる。このようなことから，消費者の利益を保護するために，条項の含意が不明確であるときは，条項制定者に不利な解釈を行わなければならないのである。このような規則は各国で概ね採用されており，中国の契約法41条も「約款に2つ以上の解釈があるときは，約款提供側にとって不利な解釈を行う」と規定している。具体的な事例では，「戴雪飛が華新公司を訴えた不動産予約購入における手付金訴訟事件」において，裁判所は，約款中の「期日到来後の契約不締結」について定める条項について当事者間に解釈の相違があり，

「買主は売主が提示したモデルルームを見ただけで，不動産予約購入契約文書を見ていないのであって，この用語についてそれがどのような原因であっても買主が期日到来後契約を結ばなければ必ず違約となると解するならば，買主は手付金を失うか，または売主が提供した不動産予約販売約款のすべての内容を受け入れるかしかない，という境地に追い込まれ，売主はそれによって利益を得るということになってしまう」として，予約購入契約中の「期日到来後の契約不締結」との文言については，明らかに，双方の責めに帰すことのできない原因により期日到来後に契約が締結できなかった事情は含まれない，と判断している[10]。

　法律がこのような解釈ルールをとるために，条項の意味について理解の相違があるときは約款制定者が不利な結果を被ることになり，それは約款制定者が慎重に約款制定を行うことを促すことになる。もちろん，本ルールを適用するためには，約款に２つまたはそれ以上の合理的な解釈がありうることが必要であり，合理的な解釈は１つしかなく，その他の解釈は一般人の理解を超えているようなときは，この解釈ルールを適用することはできない。

(3) 非約款条項の効力は約款条項に優先する

　契約に約款条項と非約款条項とがあり，かつ約款条項と非約款条項が同一の事項について異なる規定を置いているときは，非約款条項の規定が優先的に適用される。一般の契約解釈においては，個別に協議した条項と一般的な条項とが一致しない場合，個別に協議した条項が一般条項に優先的に適用される。約款条項について言えば，当事者が約款について変更を行い，または関連事項について別途に非約款条項の合意に達したならば，非約款条項のほうが当事者の真の意思を反映していることになるから，その効力は当然約款条項に優先する。

　このほか，約款条項の解釈においては，厳格解釈の原則を遵守しなければならない。厳格解釈とは，制限解釈とも称されるものであり，それには２つの意味が含まれる。すなわち，一方では，約款の解釈においては，公平正義という目的から，契約に規定がないかまたは規定が不完全な事項について，条項の類推や適用範囲の拡大といった方法で解釈を行うことは許されない。蓋し，条項に規定がないかまたは規定が不十分な場合に，安易に契約中の条項の類推や拡

10　「最高人民法院公報」2006年8期。

大解約により補充することを許してしまえば，それは相手方に不利益な効果を生じうるからである。他方，条項の適用範囲が不明確であるときは，それについての解釈は「最狭義の」ものでなければならない。例えば，免責条項にそれが契約責任の免除なのかまたは不法行為責任の免除なのかが明記されていないとき，不法行為責任は一定の強制性を持ち，公共秩序に関わるものであるから，できるかぎり当事者の合意による免責を避けなければならない。さらに，約款においてはしばしば，具体的事項を一つひとつ列挙した上で，最後に「その他」や「等」といった文言を用いて概括的な規定を置くことがある。これらの解釈についても，やはり厳格解釈原則を体現しなければならない。なお，厳格解釈ルールは経済的に弱者の地位にある当事者を保護するためのものであるから，同ルールの適用がこの当事者保護の要求と相容れないときは，その他のルールにより解釈を行う事が必要である。

4 免責条項

4.1 免責条項の概念

　免責条項とは，当事者双方が契約中で事前に約定するもので，その趣旨は将来の責任についてこれを制限または免除することにある。契約自由の原則により，当事者は法律の規定する範囲内で契約の条項を自由に約定することができる。ゆえに，当事者は契約中に契約上の義務および違約責任について定めることも，また契約中で免責条項について定めることもできる。私的自治の原則により，民事主体は国家，社会公共利益または第三者の利益を害さない範囲で，自らの財産・権益を自由に処分することができる。それゆえ当然に，合意により免責条項を定め，将来の責任を免除することも許される。このような免責条項が国家，社会公共利益または第三者の利益を害さないかぎり，国家はそれに干渉してはならないのである。免責条項を設定することは，将来のリスクをコントロールし，取引コストを抑え，各種の取引を奨励し，取引の発展を促進することを助けるだけでなく，紛争の解決にも有利に働く。免責条項について，契約法53条は「契約中の以下の事項についての免責条項は無効である。㈠相手方の人身に障害を生じさせること，㈡故意または重大な過失により相手方の財産に損害を与えること」と規定している。免責条項は法律上以下のような特

徴がある。

　第1，免責条項は当事者が事前に約定するものである。免責条項の主要な機能は将来発生する責任を軽減または免除するものであることから，そのような責任の発生以前に当事者が約定しかつ効力の生じた免責条項がある場合にのみ，当事者の責任の軽減または免除がもたらされる。責任の発生後，当事者が相手方の責任を免除する場合，それは性質上責任を事後的に免除するものにすぎず，免責条項には当たらない。

　第2，免責条項は契約の構成部分である。免責条項は特殊な類型の契約条項であり，契約の内容を構成する。免責条項が効力を生じれば，それは当事者に対して拘束力を持つ。多くの国家において，免責条項により当事者が免責されるには，まず同条項がすでに契約の一部を構成していることを証明しなければならず，それができなければ当該免責条項を援用することはできない，と法律で規定されている[11]。中国においても，当事者が免責条項により責任を負わない旨主張するときは，免責条項がすでに契約として締結されていることを証明しなければならない。例えば，契約法39条1項の規定によれば，約款を提供する側は，合理的な方法で相手方に責任免除または軽減に係る条項についての注意を喚起しなければならない。そのため，一方の当事者が約款の形式で免責条項について規定するとき，相応の注意喚起・説明義務を果たさないときは，免責条項は当然には法的効力を有することはできない。

　第3，免責条項は当事者が将来負うべき責任の免除または制限をその趣旨とするものである。免責条項により免除される責任の性質の違いによって，免責条項は完全免責条項と制限責任条項とに分けられる。完全免責条項とは，一方の責任を完全に免除するものであり，例えば商店のショーケースの上に「購入後の商品交換はお断りします」と書かれている場合，これは完全免責条項にあたる。これに対して，制限責任条項とは，当事者の法律上の責任をある範囲内に制限する条項であり，例えば当事者が契約の中で，売主の賠償責任は代金の総額を超えないものとする，としているような場合である。このような分類の法律上の意義としては，完全免責条項は法律上厳格に審査され，とりわけ消費者の利益に関わる場合には，条項が合理的で公正なものであるかどうかが求め

　11　董安生等『英国商法』法律出版社，1991年，62頁。

られるのに対して，制限責任条項の場合には，部分的な責任が免除されるだけであるから，それに対する審査の基準は相対的に緩やかなものとなる，ということがある。

4.2 免責条項の無効

　免責条項はいったんそれが契約として締結されれば，原則として当事者に対して拘束力を生じる。ただし，特殊な状況においては，免責条項は当然有効となるわけではない。契約自由の原則および経済的効率性の見地から，法律は当事者が免責条項を結ぶことを許しているものの，それは当事者が免責条項について任意に約定することができるということを意味するわけではない。違約責任には一定程度の任意性は認められるものの，それは一定の強制性を有しているのである。当事者は法律および公共道徳に反しない範囲で，免責条項を自由に設定することができるが，当事者が免責条項を設定する際，法律は社会秩序および公共道徳の維持そして利益保護という見地から，これに対して必要な制限を行わなければならない。具体的に見ると，法律は免責条項の効力に対して以下のような制限を加えている。

　第1．免責条項は法律または行政法規の強制規定に反してはならない。契約法52条5号の規定により，「法律または行政法規の強制規定に反する」契約は無効である。この規定はまた免責条項にも適用される。ゆえに，当事者は免責条項を定める際，それは必ず法律または社会公共利益の要求にそうものでなければならず，約定により法律の強制的規範の適用を排除するような条項を置くことはできないのである。中国の司法実務もまたこの視点を採用している。例えば，労働者募集時の記入欄に「およそ労災については責任を負わない」旨記載があっても，それは憲法および関連の労働法規に反し，社会主義公共道徳に著しく反するものであるから，無効の民事行為とされている。免責条項はまた，公共秩序または公序良俗に反してはならない。公共秩序または公序良俗は人民全体の共同利益を体現するものであり，このような利益を保護することは，社会の安定そして秩序の鼎立に直接結び付くものであるから，当事者は公共秩序または公序良俗に反する免責条項を置くことは許されない。

　第2．免責条項においては，相手方の人身の傷害についての責任を免除することはできない。契約法53条の規定によれば，契約中の免責条項が相手方に

生じた人身の傷害についての責任を免除するときは無効であり，免責条項で人身傷害についての責任を免除することは許されない。人類にとって，最も貴重かつ重要な利益は人身の安全であり，公民の生命・健康権は人権の核心的内容であって，人身の安全を保護することは法律の最も重要な任務である。当事者が免責条項を通じて相手方に生じた人身の傷害についての責任を免除することを許すならば，それは不法行為法が他人の財産または人身の権利を侵害してはならないとする強制的義務規定を形骸化させるだけでなく，法律による人身の権利保護の実現を困難にせしめ，ひいては法律秩序そして社会公共道徳を重大な危機に晒しかねない。それゆえ，各国の契約法ではいずれも，当事者が免責条項により故意または重過失により人身の傷害または死亡の結果を生じたことについての責任を免除することを禁ずる規定を置いている。中国の契約法もまた，契約中の免責条項が相手方の人身の傷害についての責任を免除するときは無効であると規定している。これは中国の法律が人こそ終局的な目的であり終局的な配慮の対象であるという価値指向を持つという内在的要求を体現するものであり，また法律が人の保護を最優先の地位に置くことを表明するものである。

第3，免責条項は故意または重過失により相手方に生じた財産的損失についての責任を免除することはできない。契約法53条の規定によれば，契約中の免責条項で故意または重過失により相手方に財産の損害が生じた場合の責任を免除するとき，当該条項は無効である。「故意または重過失による責任は免除できない」というのは，ローマ法に由来するルールであり，大陸法系の国家の民法典において広く受け入れられている。中国の契約法がこのルールを採用するのは，故意または重過失により他人の財産に損害を生じさせるということは，行為者の過誤の程度が重大であるというだけでなく，行為者の行為には不法性が伴うのであって，それは法律の譴責を受けなければならないからである。例えば，双方当事者が契約中で特に「売主の引き渡す物品により生じたいかなる損失についても買主がその責任を負う」との約定を置く場合，この免責条項は明らかに上述の規定に反する。このような免責条項が置かれるならば，一方は今後気の向くままに相手方の財物を毀損し，それを破壊することができることになるが，これは著しく法律秩序を害するものである。同時に，当事者が免責条項により，故意または重過失により相手方に生じた財産的損害ついての責任

を免れることができるとした場合，故意による権利侵害行為は犯罪を構成しうることから，これは権利侵害者の刑事責任を免除することにほかならない。加えて，当事者が免責条項で故意または重過失により生じた相手方の財産的損失についての責任を免れることは不道徳なことでもある。

第4，約款の免責条項においては，約款制定者の責任を不合理に免除したり，相手方の責任を不合理に加重したり，また相手方の主要な権利を不合理に排除したりすることはできない。前述のように，契約法40条の規定により，約款で不合理に約款制定者の責任を排除し，相手方の責任を加重し，または相手方の主要な権利を排除するとき，同条項は無効となる。

5 契約の形式

5.1 契約の形式概説

契約の形式とは，契約の方式とも称されるものであり，当事者が合意により採用した方法を指す。契約の形式は契約内容の表現方法であり，契約の内容と密接不可分である。契約の形式は，合意を形成する意思表示の手段または掲載形式であり，それには例えば口頭形式や書面形式がある。契約の形式には以下のような特徴がある。

第1，契約の形式は契約の内容を確定する重要な根拠である。契約の形式は契約の法律関係の外在的表現形式である。契約は一種の法律関係であり，それは多くの表現形式を持ちうる。それは書面の形式で実現することも，また口頭の形式で実現されることもある。場合によっては，契約において採用された形式自体が，当事者間の契約関係の存在や契約の具体的内容を確定するために重要な意義を有することがある。

第2，契約の形式には法定の形式と約定の形式との区別がある。法定の形式とは，法律に規定された形式を指すものであり，そこには契約の形式に対する法律の干渉が体現されている。約定の形式とは，当事者が契約において特に契約の形式について約定したその形式を指す。例えば，契約の定めにより，契約は公証の日からその効力を生ずるとして，公証を契約の効力発生要件とした場合，それは当事者が有する契約自由の具体的体現であるとともに，契約の形式の重要な構成部分である。中国の法律では一般に契約について特定の形式を求

めてはいないが，特殊な取引類型については要式主義がとられている。これら特殊な要式について求める規定が，契約の法定の形式である。

第3，契約の形式の選択については，非要式を原則とする立法モデルが各国で広く採用されている。これは当事者に契約の形式選択の自由を認めるものであり，当事者の契約自由の尊重と保護を体現するものである。比較法的に見ると，契約の形式の選択は原則的に契約自由の範疇に属するものとされており，同原則は多くの国際モデル法においても広く認められている[12]。法律に特に規定される場合を除き，中国の契約法もまた，当事者の契約形式選択の自由を認めている。

第4，法律の規定または約定により契約の形式要件を規定することには，以下のような機能が認められる。まず，証拠保存機能であって，書面形式の主な作用として証拠の保存という機能が認められる。次に契約内容の明確化機能であり，書面契約により，契約の内容を明確にし，事後の紛争の発生を回避することができる。さらに，警告目的の機能があり，書面形式をとる目的として，契約締結時に慎重になることを求める機能が認められる。第四に弱者的地位にある当事者の保護機能がある。例えば，不動産の売買や賃貸借といった取引領域において，国家は一連のモデル契約を公布しているが，そこでは明確に一連の消費者保護条項を条文に組み入れるとともに，当事者が約定でこれを排除することを禁じている。その主な目的はまさに消費者保護であって，当事者が経済的な優位を利用して消費者の合法的権益を害することの防止にあるのである。

5.2　契約の形式の具体的類型

5.2.1　口頭形式

口頭形式とは，当事者が言語による対話の方式で契約を結ぶことを指す。契約法10条1項は「当事者の契約の締結には，書面形式，口頭形式その他の形式がある」と規定している。当事者は一般に書面形式，口頭形式またはその他の形式の中から契約の形式を選択することができる。契約法は当事者が口頭の形式で契約を締結すること，すなわち言語による対話の方式で契約を締結することを認めている。

12　『売買契約条約』第11条，『欧州契約法原則』第2：101条2項，『商事契約通則』第1.2条。

口頭形式は，実際にかなり広範に用いられており，一般に即時決済の売買やサービスまたは消費契約の多くで口頭形式が採用されている。口頭形式の主な利点は，それが簡易・便利で迅速であることにあるが，それには文字による証憑に欠けるとの憾みがあり，紛争が発生した場合に，当事者は契約関係の存在およびその内容についての挙証ができなくなる危険がある。契約法が当事者に口頭形式での契約締結を許したのは，当事者の契約自由を尊重するためであるとともに，取引を奨励するのに利するためでもある。取引奨励の原則によるならば，契約の形式は不要式が原則となり，とりわけ市場経済という条件下では取引に迅速さが求められ，多くの取引が迅速に遂げられることが必要で，そこでは協議が繰り返されたり，書面形式による契約締結が徹底されたりはしない。このようなことから，当事者が口頭の形式で契約を締結することは，取引の必要に完全に適合するものであると言える。もちろん，口頭の形式は文字による証憑に欠けるとの憾みがあり，一定の重要な取引では録音などにより相手方の対話を記録して，それを有効な証拠として使用することが必要であろう。

5.2.2　書面形式

　書面形式とは，文字などの有形的表現形式により契約を締結することを指す。書面形式は当事者の権利義務および責任を確定するのに有利に働き，それにより紛争を合理的かつ公正に解決することができる。もちろん，契約書などの書面形式はそれを契約と同視することはできない。書面という形式がないとしても，それは当事者間に契約関係が存在しないことを意味するわけではない。書面形式が存在しないという状況において，一方当事者が契約関係の存在を主張するならば，双方がすでに契約関係の成立について合意に達していることを証明しなければならない。

　契約法10条2項は「法律，行政法規が書面の形式を採用しているときは，書面の形式によらなければならない。当事者が約定で書面の形式を採用したときは，書面の形式による」と規定している。この規定によれば，書面形式には2つの種類があることになる。

　第1，当事者の約定による書面形式である。これは，当事者が契約の中で契約においては書面形式をとると明確に規定する場合を指す。この場合，書面の形式がとられなければ，たとえ当事者間に口頭で合意が成立したとしても，契

約が成立したとすることはできない。また，当事者が約定で書面形式を採用したときは，当事者が書面で契約に達した期日が，契約成立の期日とされる。

第2，法定の書面形式である。法律または行政法規の規定により，一定の契約関係の成立には，書面形式を採用することが必要である。契約法は多くの契約について書面形式によることと規定しており，例えば賃借期間が6ヶ月を超える賃貸借契約（215条），ファイナンス・リース契約（238条），建設工事契約（270条），工事建設監督管理契約（276条），技術開発契約（330条），そして技術譲渡契約（342条）など，いずれも書面形式を採用する旨規定されている。これら契約法の規定以外に，その他の法律・法規においても，契約について書面形式をとることが規定されている[13]。もちろん，法律や行政法規の規定である種の類型の契約について必ず書面形式をとることが求められているとは言え，当事者が書面の形式をとらなかったとしても，それにより契約が不成立または無効となる，と一概に言えるわけではない。通常の場合，法定の契約形式に違反したことの効力は，当事者が契約の存在およびその内容を証明する証拠に欠けることになる，というだけである。ただし，法律が社会公共秩序の維持を目的として当事者にある種の特殊な形式をとることを求めている場合には，この規定に違反したことが契約の効力に直接影響を与えることになる。

取引および科学技術の迅速な発展という状況下で，書面形式もまた，多様化の趨勢がますます高まりを見せており，契約書，信書そしてデジタル・データなどの形式で契約内容を表現することができるようになっている。契約法11条は「書面形式とは，契約書，信書またはデジタル・データ（電報，電信，ファックス，電子データ交換および電子メールを含む）等，その記載内容を有形的に表現できる形式を指す」と規定している。この内容からも明らかなように，書面形式には以下の3つの表現形式が含まれている。

(1) 契約書

契約書とは，契約条項が記載され当事者双方による署名または捺印のある文書を指す。契約書は最も典型的かつ最も重要な書面形式である。契約書には以

---

[13] 例えば物権法では多くの契約について書面形式が規定されており，例えば入札や競売，そして合意の払下による建設用地使用権設定契約（138条），建設用地使用権の譲渡，交換，出資，贈与または抵当契約（144条），地役権設定契約（157条），企業，個人工業・商業者，農業生産事業者による現有または将来取得する生産設備，原材料，半製品または製品についての抵当権設定契約（181条），抵当権設定契約（185条）そして質権設定契約（210条）などがある。

下の特徴がある。①文字証憑による方式で内容が記載されていること，すなわちある種の文字証憑でなければならない。②契約の条項が記載されていること。それがなければ契約とはならない。例えば領収書等の文字証憑は，契約関係の存在を証明しうるものであるかもしれないが，証憑上には契約の条項が記載されておらず，契約書とはならない。③当事者双方またはその代理人の署名または捺印があること。契約法32条の規定によれば，双方当事者は契約書に署名または捺印し，もって双方当事者が契約内容を確認したことを表明する必要がある。もし一方の署名または捺印しかない場合，それを契約書と見ることはできない。当事者双方が契約中で契約書の形式で契約を締結する旨明確に規定しているときは，書面上に一方の署名または捺印しかないときは，当然契約は成立しない。ただし，場合によっては，それらの文字証憑が契約書を構成しないとしても，それを証拠として使用することはできる。例えば，一方が他方に対して借用書を差し出していた場合，それは契約が有効に成立したことを証明する根拠となりうる。

　なお，契約法32条は「当事者が契約書の形式で契約を締結するときは，双方当事者が署名または捺印したときに契約が成立する」と規定している。同条は契約書の成立について，双方が署名または捺印すればよいと規定しており，双方が署名しかつ捺印することを求めてはいない。これは，取引を促し，当事者の利益を保護することを目的とするものである。例えば，「天津環球磁卡股份有限公司が甘粛蘭州隴神薬業有限責任公司を訴えた担保契約紛争事件」[14]において，最高人民法院は以下のように判示している。すなわち，当事者の一方について会社の公印のみで法定代表者またはその授権を受けた代理人等の署名がない場合については，契約法32条の規定により，当事者の署名または捺印があれば契約は法律的効力を生ずるとされており，署名および捺印のいずれかの形式について瑕疵があれば無効となるとはされていない。そして，署名とは，個人の署名または会社の法定代表者もしくは代理人の署名を指し，捺印とは主に会社の印章を指すのであって，そこには個人の印章は含まれない。蓋し，中国において，個人の印章の管理は法人の印章の管理のように特殊な管理が行われているわけではなく，個人の印章は偽造される可能性がきわめて大きく，か

14　最高人民法院［2007］民二終字第14号民事判決書。

つそれは容易であるから，個人が他者と契約を結ぶときは，必ず契約書面上に署名することが必要であり，個人の印章を捺印するだけであってはならない。なお，「契約法司法解釈(2)」5条の規定により，当事者が契約書に手判を押しているとき，人民法院は署名または捺印と同等の法律的効力を認めなければならない。

(2) 信書

　信書とは，契約条項が記載された文書を指し，それは当事者双方が書信のやり取りにより蓄積された文書である。契約法にいう信書は一般の書信とは異なり，必ずそこに契約の条項が記載されており，契約関係および契約内容を証明する証憑となるものでなければならない。例えば，「青島市光明総公司与青島啤酒股份有限公司のビール売買契約紛争事件」において，最高人民法院は，双方の締結した合意書および補充合意書等の契約において，書簡に記された内容について具体的な約定がないとき，これらの書簡に光明公司が記載した内容により新たな意思表示または新たな申込みを行ったと認定される。青島啤酒公司は，上述の書簡に署名しまたはそれに変更を加えた上で署名を行って光明公司に持ち帰らせ，それに異議を述べなかったのであるから，光明公司の新たな意思表示を承認または承諾したと認められる。ゆえに，双方は書簡記載の内容について合意に達したと認められるのであり，それは双方に対して法的拘束力を有すると判断している[15]。このように，当事者間で交わされた信書や書簡は，特定のケースにおいては，契約を構成する部分となり，または契約関係を証明する証憑となる。

　ただし，信書は契約書とは異なり，双方の署名または捺印があるわけではなく，通常一方の署名または捺印があるにすぎない。もし信書上に一方が署名した後，他方もまたその上に署名したならば，同信書は契約書へと転化しうることになる。契約法33条は「当事者が信書またはデジタル・データ等の形式で契約を締結したときは，契約成立前に契約締結確認書を求めることができる。確認書が交わされたときに契約は成立する」と規定している。いわゆる契約締結確認書というものは，実は最終的に承諾を行うことである。信書の方式では一方が署名するだけであり，かつその内容もまた契約書のように規範的なもの

15　最高人民法院［2004］民二終字第125号民事判決書。

ではないことから，法律により，当事者が信書による契約締結時に契約締結確認書を求めることを許したのである。当事者が契約書の形式で契約を締結する場合には，署名または捺印により契約はすでに成立することから，その上にさらに契約締結確認書を求めることはできない。

(3) デジタル・データ

　契約法11条の規定によれば，デジタル・データ（電報，電信，ファックス，電子データ交換および電子メールを含む）は契約の書面形式に含まれる。同規定は，契約立法の経験を比較法的に参照した結果である。デジタル・データ形式で締結された契約は，通常，電子契約と称される。デジタル・データを書面の形式に含ませることは，世界各国のビジネスの発展および立法の趨勢に沿うものであり，また国際電子商取引の立法および実務と接合させるものでもある。中国の司法実務においても，デジタル・データが書面の形式として広範に認められている。例えば，「来雲鵬が北京四通利方信息技術有限公司を訴えたサービス契約紛争事件」において，北京市第一中級人民法院は，ネットサービスにおいて，サイトとユーザーはネットを通じて連絡し意思疎通を行うものであり，サイト側が電子テキストの約款による契約を採用し，情報サービスの権利義務関係に係る情報をユーザーに提供しその選択と確定を求めることは，法律の規定に反するものではない，として，当事者双方が締結した約款は，約定内容が法律の禁止規定に違反しない限り，有効とみなされる，と判示している[16]。

　契約法がデジタル・データ形式を書面の形式と認めていることは，電子商取引の発展を促すのに有利である。コンピューター技術が幅広く応用されていくのに伴い，電子商取引はすでに21世紀において取引をやり取りするうえでの重要な方法となっている。例えば，中国のネット上の商品売買はすでに世界最大となっており，それは電子取引の発展に有利な法的環境を創造する必要をより切迫したものとしている。電子契約を書面形式として承認することは，実質的に，このような取引の合法性を認め，それを証拠として使用可能なものとすることとなる。確かに，このような形式は，一般的な書面形式に比して，安全性そして完全性という面で劣る面があるが，それらの問題はいずれもコンピューター技術の一層の向上と法律制度の不断の改善により解決することがで

　16　「最高人民法院公報」2002年6期。

きるだろう。電子契約を書面形式として認めることにより，当事者は電子契約による契約締結もまた契約上の拘束力を生ずるということを意識するようになるのであり，慌ただしく契約を締結したり，軽率な選択をせずに，より慎重に考慮することを促すことにもつながる。

契約法11条の規定によれば，電子契約は「有形的に記載内容を表現できる形式」で行わなければならない。この規定は，以下のような原因により必要である。

第1，書面形式の利点は，それが書証または準書証としての機能を持つことにある。そのため，電子契約の内容についても，瞬間的に消失するようなものではなく相対的に固定的であることが求められる。ただ電子情報は往々にして電子流の方法で伝達されるものであるから，それを書面の形式にするには，それが一定期間内存在するもので，瞬間的に消失するものであってはならない。さらに，契約について紛争が生じた際に，関連の電子データについてはこれを証拠として採集することが必要となる。たとえば，電子掲示板（BBS）上の告知については，「有形的にその記載内容を表現できる形式」ではあるものの，これらの文字が一定期間内保存されず，それを後日使用のために採集することも困難であって，当事者もそれに対して挙証を行うことが難しいことから，それは書面形式に属するものとはいえない。

第2，資料がコンピューターで記録，処理または伝送されるとき，それは必ず電磁的に圧縮する形式で保存され，情報自体は無形であるため，電子文書は一般の書面とは異なり，容易に削除または改ざんされうる上に，そのような痕跡も残らない。それゆえ，電子データについては一定の措置によって有効に保管または保存し，かつ一定の認証機構によって電子データの記録を保存し事実であることの証明を得なければならない。このようにして初めて，電子データはその他の書面形式と同様に証拠として使用することができ，双方の権利義務を記載しそれを確定するものとして使用できるのである。このようなことから，電子的な契約形式に記載される内容は必ず「後日使用するために採集されうる」ものでなければならない。それが伴わないならば，それは法律が書面形式として認めるための目的に達しないと言わざるをえない。

5.2.3　契約のその他の形式

　契約には口頭の形式と書面の形式のほかに，さらにその他の形式がありうる。ここで言うその他の形式とは，書面または口頭の形式以外の行為形式により契約を締結する際の形式を指し，それは主に推定の形式を指す。推定の形式には幅広い範囲が含まれる。例えば，建物賃貸借契約の期間満了後，貸主が継続して借主から賃料を受け取った場合，この特定の行為は，当事者による建物賃貸借契約継続の意思表示と推定される。また，商店が自動販売機を設置した場合，顧客が一定の硬貨を投入しさえすれば，売買契約は成立したことになる。すなわち，顧客の硬貨投入行為により契約の成立が推定されるのである。実務では，推定の形式は概ね行為の方式での合意成立を指す。すなわち，当事者が口頭の形式をとらず，また書面の形式をも採用せず，主要な義務の実際の履行という方法で契約を締結するのである。「契約法司法解釈(2)」の2条の規定により，このような推定の形式が認められている。

5.3　法定または約定の形式要件を欠く場合の契約の法的効果

　契約法10条2項は「法律，行政法規が書面の形式を採用するときは，書面形式をとらなければならない。当事者が約定で書面の形式を採用するときは，書面の形式をとらなければならない」と規定している。同条の規定により，法律または当事者の約定により契約は必ず書面の形式をとらなければならないとされているときに，当事者が書面形式をとらなかったときは，契約は有効に成立しえないことになる。この場合，契約法36条および37条の規定により，当事者は事後に履行行為を行うことで契約の成立を促すことができる。これはいわゆる履行による治癒のルールである。すなわち，法定または約定の形式要件を欠くときに，当事者の履行の事実により契約上の欠缺を補充し，無効の契約を有効なものとするのである。比較法的に見ると，履行による治癒のルールは普遍的に認められている。カール・ラーレンツ教授は，治癒規定について，法律行為により義務を負担する当事者が性急な行為により損害を被ることを免れさせるため，形式的要件の補充を認めるものであるとしている。当事者が爾後にその義務を履行すれば，契約の形式要件の目的は実現されたことになるから，法律は形式上の瑕疵について事後にこれを「補正」することを許すのである[17]。

　契約に形式的には瑕疵が存在する場合でも，当事者は実際の行為によりこれ

を治癒することができ，それによって契約は成立する。この点について，契約法36条は「法律，行政法規の規定または当事者の約定により書面の形式で契約を締結するとされている場合に，当事者が書面の形式をとらなかったとき，一方がすでに主要な義務を履行し，かつ相手方がそれを受領したときは，契約は成立する」と規定しており，同37条は「契約書の形式で契約を締結するとき，署名または捺印より前に，当事者の一方が主要な義務を履行し，相手方がこれを受領したときは，契約は成立する」と規定している。実務においても，当事者が特定の形式を履行していない場合でも，契約を実際に履行しているときは，契約上の義務の履行という行為の中に当事者の合意の形成を見出すことができる場合がある。これは実質的には，書面の形式で締結すべき契約について，その形式を履行していないのであるから，契約締結において瑕疵があることになるが，事後の行為によって瑕疵の治癒を許すものである。このような履行による治癒の原則は，契約法における取引奨励の思想を体現するものである。

具体的に見ると，履行による治癒のルールには以下のような適用の条件がある。

第1，一方が主要な義務を履行することである。契約法36条の規定により，履行による治癒のルールにより契約が成立または効力を発生するためには，一方が主要な義務を履行しなければならない。例えば，建物売買契約は法により書面の形式をとらなければならないとされているが，当事者が書面形式を採用しない場合でも，一方当事者が相手方に代価を支払い，相手方がそれを受領すれば，契約は効力を生ずることになる。ただし，単に付随的な義務を履行したにすぎないときは，相手方の受領の有無にかかわらず，契約は有効に成立しえない。

第2，一方の主要な義務の履行を相手方が受領することである。主要な義務の履行があった場合に，相手方がその履行を受領して初めて，契約は有効に成立することになるのであり，相手方が受領を拒否したときは，そこに履行による治癒のルールを適用することはできない。例えば，中国の規定によれば，建物売買契約は書面の形式で締結しなければならないとされており，当事者が書面で契約を締結しなければ契約は有効に成立しないとされており，その場合に，

---

17 カール・ラーレンツ（王暁曄訳）『德国民法通論［下冊］』法律出版社，2003年，563〜564頁。

買主による代金支払があっても，売主がその受領を拒絶したときは，契約は有効に成立し得ないことになる。

　中国の司法実務においても，このルールが採用されている。例えば，「内蒙古包鋼稀土高新技術産業開発区管理委員会等と包頭潤華永慶建築公司等との建設プロジェクト代金清算紛争事件」において，最高人民法院は，管理委員会は事実上潤華公司を施工者であるとみなしており，双方の関係は建設注文者と施工者との関係であって，潤華公司は工事の進度を直接管理委員会に報告し，管理委員会も工事の進度に応じた支払を直接潤華公司に対して行っており，施工において生じた一連の具体的問題についても双方が協議し確認していたのであって，包頭二建が明らかに当該部分の工事を潤華公司から請け負っていたとは言え，潤華公司は基本的に包頭二建と開発区弁公室との間の施工契約にもとづいて施工を行っており，それについて管理委員会および起業センターの了承を得ていたのだから，双方には既に事実上の契約関係が形成されている，と判断している[18]。

18　最高人民法院［1999］民終字第130号民事判決書。

第4章　契約の効力

案例　甲会社はビルを建設しようと考え、乙会社との協議を経て、建設工事施工契約を締結した。乙会社はその期日内に竣工し、検査確認により品質基準に適合することが確認された。しかるに、甲は資金繰りに窮して期日に支払を行わなかった。甲は後になって、乙会社は建設に係る資格を有していないことを知ったことから、同建設工事契約は無効であるとして、工事代金の支払を拒んだ。甲会社の主張は成立するだろうか。

簡単な評釈　建設工事契約において、請負人は相応の建設資格を有していなければならず、それがなければ建設工事施工契約を締結することはできない。とは言え、相応の建設資格を持たない請負人が契約した建設工事契約の効力については、契約法に明確な規定がない。これについて、最高人民法院の「建設工事契約司法解釈」1条は、請負人が建設工事企業資格をとらず、またはその資格の等級を超えて建設工事契約を締結したときは、その締結された契約は無効であると定めている。とは言え、同司法解釈の2条の規定によれば、建設工事施工契約が無効とされても、建設工事が竣工し検査確認により基準への適合が認められたときは、請負人は注文者に対して契約の約定にもとづいて工事代金の支払を求めることができるとされている。本件において、乙会社は関連の建設資格を持たないので、甲乙間の建設工事契約は無効な契約となるが、工事については検査確認により品質基準に適合することが認められていることから、乙は依然として甲に対して、約定の代金および関連費用の支払を求めることができる。

1 契約の効力概説

1.1 契約の効力の概念

　契約の効力とは，法により成立した契約により当事者間に生ずる法律的拘束力のことを指す。契約の効力発生は契約の成立とは別であり，すでに成立した契約は法定の効力発生要件（有効要件とも称される）を備えたとき，はじめて効力を生ずることになる。契約が効力を生ずれば，当事者には一定の拘束力を生じ，当事者は契約の約定により権利を行使し義務を履行しなければならず，契約上の義務に違反すれば相応の違約責任を負担しなければならない。ここで言う契約の拘束力とは，法律の拘束力と同一ではない。蓋し，契約自体は法律ではなく当事者間の合意にすぎず，それは法律と同一の拘束力を持ちえないからである。いわゆる契約の効力とは，契約当事者に対する拘束性を強調するものである。契約が拘束力を持ちうるのは，それが当事者の意思を淵源とするからではなく，それが法律により付与されているからである。つまり，当事者の意思が国家の意思および社会の利益と一致することから，国家が当事者の意思に拘束力を付与し，契約当事者に契約の厳格な履行を求めるのである。当事者が契約を履行しないときは，国家の強制力に依拠して，当事者に契約の履行または違約責任の負担を求めることができる。このように，契約の効力にはそれ自体に国家の意思が介入しているのであり，国家の意思に適合しないときは，当該契約は無効または取り消される可能性がある。

　契約法8条は「法により成立した契約は，当事者に対して法的拘束力を有する。当事者は約定により自らの義務を履行しなければならず，一方的に変更を加えたり契約を解除したりしてはならない」と規定している。このように，契約の拘束力は主に当事者への拘束力として体現される。それは具体的に以下の点に現れる。

　第1，権利という点から見ると，法律および契約の約定により生じた権利は法律により保護を受ける。契約上の権利には，債務者による債務の履行を請求しかつそれを受領する権利，および相手方の不履行に対して救済を得る権利，さらに強制執行を請求する権利などが含まれる。当事者がこれら権利の正当な行使により得られる利益は法律により保証される。

　第2，義務という点から見ると，契約の当事者に対する拘束力は，契約によ

り生ずる義務の当事者に対する強制として現れる。契約法60条1項は「当事者は約定により自らの義務を全面的に履行しなければならない」と規定している。当事者の履行拒絶や義務の不完全履行，または随意の内容変更や契約解除は，いずれも法律に違反するものであって，本質的に違法行為にあたる。

　第3，責任という点から見ると，当事者が約定に沿った契約義務の履行を行わないとき，相手方は違約責任を負担するよう求める権利を有する。つまり，当事者が約定に沿った義務の履行を行わないときは，国家の強制力の力を借りて，義務の履行を矯正することができるのである。このように，法律責任は契約義務を保障するものであって，法律責任が失われれば，契約が真にその拘束力を発揮することは困難になってしまうのである。

1.2　契約の効力の発生と契約の成立の区別

　契約の効力は，契約の成立と契約の効力発生という2つのレベルにわけられる。このうち，契約の効力の発生とは，すでに成立した契約が当事者間で一定の法的拘束力を生ずること，すなわち，一般に言うところの法的効力を生ずることを言う。契約の成立と効力の発生とは通常密接に結びついている。当事者が契約を締結する目的は，まさにその契約に拘束力を発生させ，もって契約の規定する権利および利益を実現するところにある。契約の効力が生じなければ，契約は紙切れに等しく，当事者は契約締結の目的を達することができない。実務の状況を見ると，当事者が法律により契約を締結する場合，その内容および形式はいずれも法律の規定に沿うことになり，契約は成立により当然法的拘束力を生ずることになる。契約法44条に規定するように，「法により成立した契約は，成立のときから効力を生ずる」のである。このようなことから，中国の法律および司法実務では，長期にわたって契約の成立と効力の発生とが区分されず，またさらに進んで契約の不成立と無効の問題との区分がなされることはなかった。確かに，合法な契約は成立により効力を生ずるのだが，契約の成立と契約の効力発生とはやはり別個の概念であり，法律上は厳格に区別しなければならない。両者の区別は主に以下のように現れる。

　第1，両者は概念および性質において異なる。契約の成立とは，契約締結当事者が契約の主要条項について合意に達することを指す。一般的に言って，契約の成立を決する主要条項は，契約の性質により決定される。契約の性質が異

なれば，それが求める主要条項もまた異なるのである。例えば，代金は売買契約の主要条項であるが，贈与契約においてはこの条項は必要がない。当事者が特定の契約の性質にもとづいて，そこで求められる主要条項について合意に達すれば，契約は成立する。ただし，契約の成立は当事者間に合意があるかどうかという問題を解決するだけであり，すでに成立した契約が法律上の拘束力を発生するとはかぎらない。つまり，契約がすでに成立したとしても，法律の規定する効力発生要件に適合しないときは，やはり法律上の効力を生じないのである。合法的な契約は契約の成立時から法的効力を有するが，違法な契約はそれが成立したとしても法律上の効力を生じない。このように，契約が成立しても当然効力が生ずるわけではなく，契約が効力を生ずるかどうかは，それが国家の意思および社会公共利益に適合するかどうかによる。

第2，契約の成立と契約の効力の発生とは，その時点について異なる。通常，契約が成立すれば効力が生ずる。ただし，契約の類型は様々であり，成立時点と効力発生時点とが異なることもある。例えば，効力発生に条件が付された契約は条件成就の時点で効力が発生することになる。

第3，両者はその要件が異なる。契約の成立要件について言えば，主に契約締結主体は双方または多方の（multipartite —訳者補）当事者からなり，その契約締結当事者が契約の主要条項について合意に達することである。当事者がこれらの主要条項について合意に達すれば契約は成立し，非主要条項が合意に達していなくても，一般的には契約の成立に影響を及ぼすものではない。例えば，売買契約に履行期についての規定がないとしても，当事者は契約法139条および62条の規定により随時履行の提供または履行の請求を行うことができる（もちろん，相手方に必要な準備期間を置かなければならないが）。また一方で，合意に達したということは，当事者が申込みと承諾の段階を経て合意を形成したことを意味する。当事者の意思表示が真実のものであるかどうかは，契約の効力を検討する際の主要要素である。当事者はその意思表示が真実のものでない（たとえば重大な錯誤［誤解］などで）ことを理由として契約を取り消すことができるが，その際契約が初めから成立していないとの認定を求めることはできない。これに対し，契約の効力発生要件は，契約が法律的効力を有するかどうかを判断するための基準である。契約がすでに成立したとしても，法律の規定する効力発生要件に適合しなければ，依然として効力は生じない。特殊な場合には，契

約がすでに成立していても，それは直ちに効力が生ずるわけではなく，一定の要件または条件に適合する場合にのみ効力を生ずる。例えば，停止条件付の契約について言えば，その一定の条件が成就したときに初めて効力を生ずることになる。これらの契約においては，契約の成立と効力発生とは明らかに異なる。

契約の成立と契約の効力発生とを区別することは，各種の紛争を正確に処理することに役立つ。長いこと中国の司法実務において，契約の不成立と契約の無効とが区別されず，そのために大量の契約不成立の問題が契約の無効と同様に扱われ，契約が無効とされた後の当事者の責任と契約不成立時の当事者の責任とが混同されてきた。例えば，契約の条項が不明確または不完全であるときは，契約の成立と契約の効力発生とを厳格に区分しなければならない。この場合，まず契約が成立したかどうかを判断し，当事者が契約の主要な条項について合意に達していた場合は，契約はすでに成立したと認定しなければならない。その他の条項の不完全または不明確の場合については，契約解釈の方法で契約内容を補完することができる。ただし，当事者の意思が根本的に国家意思と適合的でなく，法律の強制規則に反するならば，それは無効の契約にあたると認定しなければならない。

2 契約の効力発生要件

契約はそれが成立したからといって，必ずしも効力を生ずることになるわけではなく，一定の効力発生要件を具備して初めて，法律上の拘束力を生ずることになる。契約法44条1項の規定は「法により成立した契約は，成立のときに効力を生ずる」と規定している。このように，契約が成立後に効力を生ずるためには，法律の規定する効力発生要件に適合しなければならない。契約法は契約の効力発生要件について特に規定を置いてはいないが，契約は法律行為の下位概念に属するので，その効力発生要件については法律行為の効力発生要件を適用することができる。法律行為の効力発生については，民法通則55条が規定を置いており，それによれば，「民事法律行為は以下の条件を具備しなければならない。㈠行為者が相応の民事行為能力を有すること，㈡意思表示が真実であること，㈢法律または社会公共利益に違反しないこと」とされている。契約の効力発生についても，この要件を具備しなければならない。もちろん，

（数多くある）特殊な契約については，特殊な効力発生要件が存在する場合がある。例えば，技術導入契約は，国家の関連部門の認可を経て初めて効力が生ずる。民法通則の規定によれば，契約の一般的効力発生要件としては以下のようなものがある。

2.1 行為者が相応の民事行為能力を具えていること

　行為者が相応の民事行為能力を具えていることは，契約の効力発生要件における主体的要件であり，学説上は行為能力原則または主体合格原則とも称される。行為者に相応の民事行為能力が伴っていなければ，自らの行為の性質または結果を正確に理解できなかったり，自らの意思を独立して表明することができない可能性がある。そのため，各国の民法はいずれも行為者の行為能力の有無を法律行為の有効性を判断するための条件としている。中国の民法通則もまた，行為者が相応の民事行為能力を有するかどうかということを，民事法律行為の成立および効力発生の要件としている。また中国の契約法は，9条において「当事者が契約を締結するには，相応の民事権利能力および民事行為能力を有していなければならない」と規定している。これは，当事者の利益保護と社会経済秩序の保護のために必要不可欠である。行為者の行為能力の認定基準については，自然人，法人，非法人組織を区別して，それぞれについて異なる認定を行う必要がある。

2.1.1 自然人

　完全民事行為能力者は，契約締結能力において原則的に制限を受けず，法律の許す範囲内でいかなる契約も締結することができる。ただし，民事行為無能力者と制限民事行為能力者は，契約締結能力のうえで一定の制限を受ける。

　民法通則の規定によれば，10歳未満の未成年者および自己の行為の弁別ができない精神病者は行為無能力者とされる。行為無能力者は，年齢が低すぎるため，または精神疾病により識別能力を完全に喪失しているため，独立して民事活動を行うことができず，必要な民事活動については法定代理人がこれに代わって行う。「民法通則意見」6条は「民事行為無能力者と制限民事行為能力者が褒賞，贈与，報酬を受けるとき，行為者が民事行為無能力者または制限民事行為能力者であることを理由として，それらの行為の無効を主張することは

できない」と規定している。このように，制限民事行為能力者および民事行為無能力者は，純粋に法律上の利益を受け，何ら法律上の義務を負担しない契約においては，契約の当事者となることができる。蓋し，これらの契約においては，行為無能力者または制限行為能力者は利益を得るのみであり，損失を被ることがないからである。

　民法通則の規定によれば，10歳以上の未成年者および自らの行為を完全には弁別できない精神病者は，制限民事行為能力者とされる。未成年はその知力の発育において未成熟であり，自らの行為の結果を十分に理解できないので，その年齢および知力に相応の民事活動を行えるのみで，その他の活動については法定代理人がこれに代わって行うか，または法定代理人の同意を経て初めてそれを行うことができる。「民法通則意見」3条は「10歳以上の未成年が行った民事活動がその年齢および知力状況に相応のものであるかどうかについては，行為と本人の生活上の関連の程度，本人の知力によりその行為を理解し，かつ相応の結果を予見できるかどうか，そして行為の目的額等といった面からこれを認定する」と規定している。自らの行為を完全には弁別できない精神病者については，すでに成年に達しているとは言え，精神的失調により，正確な認識能力および判断能力を欠き，自らの行為の結果を完全には理解できないので，その精神健康状況に相応の民事活動しか行うことができず，その他の民事活動についてはその法定代理人がこれに代わって行うか，またはその法定代理人の同意を経て初めてこれを行うことができる。

2.1.2　法人

　法人の行為能力は特殊な行為能力である。伝統的観点によれば，法人は認可を経て登記された生産経営および業務範囲内でのみ活動することができ，その経営範囲または業務範囲を踰越した民事行為は無効となる，とされていた。実際に，19世紀には，多くの国家の民商法で法人は定款に規定する範囲内での活動が求められていたのである。しかるに，現代の民商法は取引を促進し，善意の第三者の利益を保護するものであり，伝統的な権限踰越のルールにも調整が行われている。権限踰越のルールによれば，定款に記載した目的以外の行為は無効とされていたが，20世紀以降，このルールは改められ，多くの大陸法系の国家の会社法において，会社が契約を締結した際にそれが定款の範囲を超

えていたとしても，相手方の悪意が証明できなければ契約は有効である，と規定されている。この場合，関連責任者の会社に対する民事責任が生ずるだけである。

　このような見解は中国の立法においても参考とされている。契約法では，法人がその経営範囲を踰越した契約を締結した場合の効力について規定を置いていないが，「契約法司法解釈(1)」10条は「当事者が経営範囲を踰越して契約を締結したとき，人民法院はそれによって契約を無効とはしない。ただし，経営の制限または特別の許可に係る場合，および法律または行政法規により経営が禁止される場合を除く」と規定している。この規定によれば，法人が経営範囲を踰越して締結した契約は原則的に有効であるが，特殊な状況においては，法人が経営範囲を踰越して締結した契約は無効とされる可能性がある。例えば，商業銀行法は商業銀行設立の条件を明確に規定しており，厳格な審査・承認手続を経て初めて成立が認められる。これは，金融の安全および金融秩序の維持のために重要な意義を持つ。法人が経営範囲を踰越して，国家の経営制限もしくは特別許可に違反し，または法律もしくは行政法規により経営が禁止される範囲にかかる契約を締結するような場合については，第三者の利益保護，取引の安全そして国家経済秩序および公共秩序維持の必要から，これらの契約は無効とされなければならない。例えば，「上海民生投資有限公司と吉林省東力綜合投資（集団）有限公司の財産運用信託紛争事件」において，最高人民法院は，企業が財産運用信託業務を行うためには，証券監督管理部門の特別の許可を得なければならず，また相応の財産運用信託の資質を取得し，必要な監督および管理を受けなければならないところ，本件において，東力公司はこのような資産管理経営活動に従事する資格を有していないことから，民生公司との間で締結した「資産委託管理契約」は無効な契約とすべきであると判示している[1]。

2.1.3　非法人組織

　非法人組織とは，主に企業法人に属し，営業ライセンスを有する支部機構，そして経営活動を行う非法人事業組織および科学技術関連の社会団体，事業組織または科学技術関連の社会団体が設立した経営組織，さらに外資企業が設立

---

[1]　最高人民法院［2006］民二終字第145号民事判決書。

した経営活動を行う支部機構などを含む。中国の契約法には，営業ライセンスを取得した非法人組織の契約締結資格について規定がないが，契約法2条の契約の定義において，非法人組織が締結した契約が法律により保護されることが認められている。このように，非法人組織にも契約締結資格が認められているが，一般に，営業ライセンスを持たない非法人組織は，自己の名義で独立して民事活動に従事することはできず，法人の名義でのみ契約の締結ができると考えられている。これに対して，営業ライセンスを有する非法人組織は，中国の現行法の規定により，営業ライセンスを有する非法人組織は対外的に経営活動を行うことができ，実質的に契約を締結することができることから，対外的に契約を締結することができるものとされている。もちろん，非法人組織が独立して民事責任を負うことができないときは，法人がそれを負担しなければならない。

2.2 意思表示が真実であること

　意思表示の真実性とは，表意者の表示行為がその内心の効果意思を真に反映していることである。つまり，意思表示が真実であることとは，表示行為が効果意思と一致していることを求めるものである。表示行為とは，行為者がその内心の意思を一定の方法で外部に表示し，外部からそれが客観的に理解されるような要素を指す。また効果意思とは，意思表示者がその表示内容により法律的効力を引き出そうとする内在的意思要素を指す。契約は本質において当事者間の一種の合意であり，それが法律の規定に適合するものであれば，法律によって拘束力を生ずる。とは言え，当事者の意思表示がこのような法律上の効力を生ずるか否かは，意思表示が行為者の真実の意思と合致するものかどうかによるのであって，すなわち，意思表示が真実であるかどうかによるのである。そのため，意思表示が真実であることは契約の効力発生の重要な構成要件である。

　たいていの場合，行為者が外部に表示した意思は，その内心の真実の意思と一致する。ただし，ときには行為者の行った意思表示と真実の意思とが合致しないこともある。そのような場合，行為者の行った不実の意思表示の効力をどのように認定するかについて，各国の立法および学説には主に以下の3つの異なる主張が見られる。

第1，意思主義。この主張は，行為者の内在的意思を基準とする。内心の意思こそが意思表示の淵源であり，内在的意思がなければ，外在的表示には根拠がないことになるため，それにより外在的表示は無効となり，表示者の意思および利益が保護されることになる。

　第2，表示主義。この主張では，行為者の外部表示が基準となる。蓋し，行為者の内心的意思がどのようなものであるかは，外部からは知るべくもないのであって，行為者の表示した行為を有効とすることにより，行為者との関係を結んだ相手方を保護するべきだからである。

　第3，折衷主義。この主張は，意思表示が真実でない場合には，具体的な状況にもとづいて，行為者の内心的意思とその外部表示のいずれをも考慮して，表意者と相手方の利益のいずれにも配慮する。

　思うに，意思表示の不実という状況においては，行為者の内心的意思と表示行為のいずれをも総合的に考慮すべきである。例えば，行為者が脅迫または欺罔を受けて意思表示を行った場合，それは真実の意思と全く符合しないものとなる。ここで行為者の真実の意思を考慮せず，外部的意思表示を有効とすれば，それは欺罔または脅迫により締結された契約を有効と考えることになり，行為者の意思の保護に悖るばかりか，脅迫や欺罔等の違法行為を放置し，ひいては法律秩序を破壊することになってしまう。また他面において，行為者の内心的意思のみを根拠とし，その外部表示を考慮しないこともまた適切ではない。行為者の内心的意思は往々にして外部者には測り難く，行為者がいつでも意思表示の不実を理由に契約の無効を主張できるならば，それは随時契約の効力に影響を与えることになり，相手方当事者の利益を害することになる。当事者が脅迫もしくは欺罔，または重大な錯誤等の法律の規定する状況下で，その真実の意思と異なる意思表示を行ったときは，法律の規定により，人民法院または仲裁機構が法にもとづいて当該行為を取り消し，かつ具体的な状況に応じて過誤のある側または双方当事者の責任を追及することができる。

　実務において，意思表示が真実でない契約が有効であるかを具体的に確認する際は，法律の規定により，表意者の正当な権益を保護するとともに，相手方または第三者の利益をどのように保護すべきかを考慮し，取引の安全を保護しなければならない。一般的に，当事者が行った意思表示が法律または行政法規の強制規定または社会公共利益に反するときは，このような意思表示は無効と

すべきである。

2.3 法律と社会公共の利益に違反しないこと

契約が効力を発生し，当事者間に拘束力を生ずるには，契約の内容が法律または社会公共利益に反しないものでなければならない。内容が合法的でない契約は，法的拘束力を生じず，また当事者の予期した法律効果を実現することもない。

契約が法律に反しないこととは，契約が法律の強制性規定に反しないことを意味する。いわゆる強制性規定とは，当事者が必ず順守しなければならず，合意によりこれを改めることができない規定を指す。とは言え，契約法には大量の任意規定が含まれており，これらの規定は主に当事者の契約の締結を指導するためのもので，当事者が必ず順守しなければならないものではなく，当事者は合意によりこれらの規定を改めることができる。一般に，法律条文において，任意規定は通常「〜できる」として表示されており，強制性規定は通常「しなければならない」または「してはならない」といった文言で表示され，当事者が必ずこれを厳格に守り，合意によって改めてはならないということが求められる。契約が法律に違反しないとは，主に契約の内容が合法的であること，すなわち契約の各条項がいずれも法律および法規の強制規定に適合することを指す。例えば，行為者が反動的，わいせつまたは下品な内容の録音テープやCDを販売してはならないというようなものである。契約の内容が違法であれば，当然それは契約の無効を導くことになる。ただし，その部分的な条項が違法であるにすぎず，かつ部分的条項の無効がその他の部分の効力に影響を及ぼさないときは，部分的条項のみを無効と確認することができる。

契約の内容はまた，社会公共利益および公共道徳に反するものであってはならない。これは広義における合法原則が求めるものであると理解される。公序良俗に反しないことを契約の効力発生要件とすることは，法律規定の不足を大いに補うとともに，公共利益および社会公共道徳の維持にも利するものと言える。

2.4 契約は法定の形式を具備すること

契約法10条2項は「法律または行政法規が書面の形式をとる旨規定してい

るときは，書面の形式をとらなければならない。当事者が約定により書面の形式を採用したときは，書面の形式をとらなければならない」と規定している。これにより，法律・法規の規定または当事者の約定により契約が書面の形式をとるとされているときは，当事者は書面の形式で契約を締結しなければならない。契約法44条は「法により成立した契約は，成立の時から効力を生ずる。法律または行政法規の規定により認可または登記等の手続により効力を生ずるとされているときは，その規定による」と規定している。この規定は，認可または登記等が契約の効力に及ぼす影響について確認するだけでなく，その他の法律または行政法規の効力発生要件に関する特殊規定と契約法とを結び付けるものでもある。例えば，中外合資経営企業法3条は「合弁の双方により締結された合弁合意，契約，定款は，国家の対外経済貿易主管部門（以下では審査承認機関とする）に報告し，その審査承認を経なければならない」と規定している。さらに，物権法139条は「建設用地使用権を設定するには，登記機関に対して建設用地使用権の登記を申請しなければならない。建設用地使用権は登記の時に設定される」と規定している。

　司法実務において，当事者が認可または登記の手続を経ないとき，契約の効力がどうなるかという問題についてはかねてから争いがある。契約が認可または登記を経ていない場合には，当事者は補正することができる。「契約法司法解釈(1)」9条の規定によれば，1審の法廷弁論終結前に当事者が認可手続を行っていないとき，または登記等の手続を行っていないときは，人民法院は当該契約がいまだ効力を生じていないと認定しなければならない，とされている。とは言え，効力未発生の契約の効力がどのように認定されるべきかについては争いが存した。一般に，契約の効力未発生とは，すでに成立した契約が，認可等の要件を満たしていないために，効力発生要件を具備していないことを意味する。そのため，それは相応の法的拘束力を生じないのである。このように，効力未発生の契約は，すでに成立しているものの，認可等の要件を満たさないために，契約は効力を生ずることができないのだが，この契約は依然として一定の拘束力を生ずる。それは例えば，一方当事者の認可申請義務などである[2]。一方当事者が効力未発生の契約の義務に反し，相手方の信頼利益に損失を生じ

2　「契約法司法解釈(2)」第8条。

させたときは，契約締結上の過失責任を負わなければならない。

3 条件付および期限付契約

3.1 条件付契約の概念と意義

　いわゆる条件付契約とは，当事者が契約の中で特に一定の条件を設け，条件の成否をもって契約の効力の発生または消滅を決するような契約を指す。例えば，甲乙双方の約定により，甲のある製品の実験が成功したのち，乙が甲に1セットの設備を贈与する，としたとしよう。この場合，製品実験の成功が条件であり，同条件が実現したときに，設備を贈与するという契約が効力を生ずることになる。契約法は条件付契約について規定を設け，同法45条は「当事者は契約の効力について約定により条件を付することができる。効力発生に条件の付された契約は，条件が成就したときに効力を生ずる。解除条件付の契約は，条件が成就したときにその効力を失う」と規定している。この規定によれば，当事者は原則的に契約の条件を付することができ，自らの意思にもとづいて契約の効力を制限し，以て当事者のそれぞれ異なる必要を満たすことができる。

　条件付契約の意義は，当事者の意思を十分に尊重することで，契約の履行により当事者の必要を一層満足させることにある。一般に，契約は当事者の意思表示が成立したときに効力を生ずる。ただし，状況によっては，行為者には特殊な必要があり，契約の成立後すぐに効力が発生することを望まない場合がある。例えば，経済状況や生活・経営条件，そして生活または業務状況などが一定の期間経過後に大きく変化する見込みが出てきたため，これまで準備を進めていた法律行為が，当事者にとって当初の意義を失う可能性が生ずることもありうる。このような場合に，当事者は条件付の契約を締結して，行為開始時に直ちに契約が効力を発生するようにはせず，一定の条件が成就したのち，初めて効力が生ずることとして，当事者に生じうるリスクまたは損失を可及的に回避するとともに，できるだけ予期した効果を達することを目指すことができる。契約に条件を付することはまた，当事者の動機を契約の中に反映し，それに法的意義を与えることができる。例えば，上記の例を用いれば，製品実験が成功することは，乙が甲に設備を贈与することの動機であるが，一般の契約では，当事者の契約締結の目的が反映されるだけであり（ここでは設備の贈与），当事

者の動機（つまりなぜ設備を贈与するのか）は反映されない。これに対し，条件付契約では，当事者の動機を契約の中に表現することにより，当事者の意思を十分に尊重することができ，当事者の様々なニーズを満たすことができるのである。

　条件付契約における条件は，契約中の負担とは異なる。負担とは，法律行為の効力発生が一定の義務の履行を前提とすることを指す。例えば，一方が相手方に書籍を贈与することを約すると同時に，相手方に建物の貸借を求めるなどである。中国の民法学において，このような負担が「条件付」とされるときがあるが，負担付と条件付とは実質において異なる。条件付契約における「条件」とは，ある種の事実であって義務ではない。条件の成否は契約の効力の発生または不発生を直接決するものであり，契約の義務違反の問題を生じるものではない。これに対して，負担付契約における「負担」は，当事者の具体的義務に属するもので，一方がその負担による義務を履行しないときは違約を構成する。負担は契約の効力を決するものではなく，それは契約内容の構成部分に属するものである。

　条件付契約の成立後は，たとえ当事者が行為能力を喪失し，または目的物の処分権等を喪失しても，当該条件付契約の効力は影響を受けず，条件の成就により契約は効力を発生し，またはその効力を失う。

3.2　条件付契約中の「条件」

　条件付契約において，条件は契約の効力を制限する機能を有する。条件付契約中の「条件」には，以下のような要件が求められる。

(1) 将来発生する事実であること

　条件付契約の「条件」は，当事者が法律行為を行う際には未発生の事実でなければならず，過去にすでに発生した事実を条件とすることはできない。例えば，甲の新製品の実験がすでに成功したということを乙が知っているならば，この事実を条件とすることには何らの意義もなくなってしまう。当事者がすでに知るところの既成事実を条件としたとき，その条件が契約の効力発生を決するものであるならば，この契約は何らの条件も付されていないものとみなされる。当事者が条件たる事実がすでに発生したことを知らず，この事実を条件としたとき，もし当該事実がすでに発生していたことを知っていたら当事者が契

約を締結しなかったであろう場合には，当該契約は無効となり，もし当事者が，当該事実がすでに発生していたことを知ってもなお契約の締結を望んだであろう場合には，それは条件の付されない契約とみなされる。
(2) 不確定の事実であること
　条件付契約中の「条件」は不確定の事実でなければならない。つまり，将来発生するかどうかが当事者にとって確実でないものでなければならない。当事者の約定した条件が必然的に発生する事実であれば，それは期限付契約に属し，条件付契約ではない。また，契約に付された条件が根本的に発生不可能なものは（例えば甲が乙に「地球がその回転をやめるようなことがもしあれば，あなたにお金を貸してあげよう」と言った場合），当事者がそもそも契約締結を望まないものとみなされる。逆に，発生しえない事実を契約の効力消失条件とした場合には，そもそも条件の付されない契約とみなされることになる。
(3) 当事者の約定によるものであり法定ではない
　条件付契約における条件は当事者が付加した条件であり，「付款」とも称される。それは，当事者の意思表示の一部分であり，条件となる事実は当事者自らの選定によるもので，当事者の意思表示の一致による結果であって，法律の規定する条件ではない（例えば法律の規定により，相続の発生が被相続人の死亡を条件としていることなど）。契約に法定の条件が付されていても，それは条件の付されない契約とみなされる。
(4) 合法であること
　条件付契約中の「条件」は必ず合法なものでなければならない。つまり，条件は必ず法律の規定に適合的で，かつ公共道徳にかなうものでなければならない。違法または道徳に反する事実を契約の条件とすることは，不法条件と称される。例えば，当事者が約定により，第三者に傷を負わせることを契約の効力発生の条件とする場合，このような条件は不法条件となる。当事者が契約に不法条件を付している場合，この不法条件を除去した場合に，契約がその内容において合法かつ独立して存在しうるときは，当該契約は依然として効力を生じうるが，この不法条件を除去しても，契約が内容において依然として不法なものであれば，当該契約は無効な契約に属する。
(5) 契約の主要な内容と矛盾しないこと
　条件付契約中の条件は当事者の約定により契約内容に制限を加える契約の付

款であるから，それは契約の主要な内容と矛盾するものであってはならない。例えば，甲が乙に対して，「この建物を丙に売ってやるなら，それを丁に貸してやる」と述べたとしよう。この場合，建物の販売という条件と，それを貸借するという内容とには矛盾がある。蓋し，建物を丙に売ってしまったら，それを丁に貸すことはできないからである。当事者が付した条件が契約の主要な内容と矛盾するときは，当事者は契約の内容について合意に至っていないものとされ，契約は未成立となる。

3.3 条件付契約の分類

3.3.1 効力発生条件付契約と解除条件付契約

　条件が契約自体にもたらす作用により，条件付契約は，効力発生条件付契約と解除条件付契約とに分けられる。効力発生条件はまた停止条件や延期条件とも称されるものであり，契約の効力発生を制限する条件である。契約法45条は「効力発生条件が付された契約は，条件成就のときから効力を生ずる」と規定している。停止条件付契約においては，契約はすでに成立しているものの，条件成就までは効力が生じない。この場合，権利者は権利を行使することができず，義務者は義務を履行する必要がない。効力発生条件が成就すれば，権利者は義務者に義務の履行を求めることができ，義務者は義務を履行しなければならない。

　解除条件はまた消滅条件と称されるもので，契約の効力消滅を導く条件である。契約法45条は「解除条件付契約は，条件成就により効力を失う」と規定している。解除条件付契約において，契約により確定された権利義務は既に効力を発生しているが，条件の成就により契約により確定された権利義務は消滅し，契約の効力は終了する。ただし，解除条件の成就前については，契約は依然として有効であり，当事者は契約の約定にもとづいて権利を行使し義務を履行しなければならない。

3.3.2 積極条件付契約と消極条件付契約

　条件の成就によりある種の事実が発生するかどうかにより，条件付契約は積極条件付契約と消極条件付契約とに分けられる。積極条件とは，ある種の事実の発生を内容とする条件を指す。積極条件付契約では，条件となる事実が発生

していないときは，条件は成就していないものとみなされる。条件たる事実が発生したとき，条件は成就したものとみなされ，契約は効力を生ずる。消極条件とは，ある種の事実の不発生を内容とする条件である。例えば，甲が乙に「明日雨が降らなければ，君に傘を売ってあげるよ」と言ったとする。この場合，「明日雨が降らない」ことが，つまり消極条件である。消極条件付契約では，条件たる事実の不発生が条件の成就となり，契約の効力が生ずる。条件たる事実が発生してしまった場合は，条件は成就しなかったことになり，契約は効力を生じない。

なお，積極条件・消極条件と，効力発生条件・解除条件とは対応関係にあるわけではなく，積極条件はまた解除条件でもありうる。例えば，誰かが帰ってくることを契約の解除条件とする場合などである。同様に，誰かが帰ってこないことにより契約の効力が発生するというように，消極条件もまた契約の効力発生条件となりうる。

3.4 条件付契約の効力

3.4.1 効力発生条件付契約の効力

効力発生条件付契約の効力について，契約法45条1項は「効力発生条件付契約は，条件の成就のときから効力が生ずる」と規定している。同条の規定によれば，効力発生条件付契約の効力には以下の内容が含まれる。

(1) 条件成就前は，契約はすでに成立しているが，効力は生じていない

効力発生条件付の契約については，すでに契約が成立しているものの，当事者が自らの意思によりその効力の発生を制限しているため，契約はその効力を生じていない。

(2) 当事者の一方または双方が条件成就前に一定の期待権を有している

条件付契約は，成立により既に当事者間に契約上の法律関係が生じており，双方にはすでに当該関係による拘束が生じている。契約の一方または双方当事者は，条件の成就により一定の権利を享受し，または一定の利益を得ることができる。このような可能的またはそれが望まれる権利または利益は，条件付契約の違いにより異なる。これらの権利は条件の成就により，不確定の権利から確定的権利に代わり，当事者に利益をもたらすことになることから，法律は当事者の「期待権」を保護し，他人の侵害を禁止するのである。条件付契約の一

方は，条件成就より前に，相手方またはその他の利害関係者の期待権を侵害したときは，損害賠償責任を負わなければならない。
(3) 条件が成就したとき，契約は効力を生ずる
　効力発生条件付契約は，効力が成就したときに契約が効力を生じ，当事者は契約の約定にもとづいて権利を行使し義務を履行しなければならない。

3.4.2 解除条件付契約の効力

　解除条件付契約の効力について，契約法45条1項は「解除条件付契約は，条件が成就したときに効力を失う」と規定している。この規定によれば，解除条件付契約の効力には以下の内容が含まれる。
(1) 条件成就前に契約はすでに効力を生じている
　解除条件付契約は，条件成就の前に，契約がすでに効力を生じており，当事者は契約の約定により権利を行使し義務を履行しなければならない。
(2) 条件が成就したとき契約は効力を失う
　解除条件付契約について言えば，条件がいったん成就すれば，契約は当然にその効力を失うことになり，当事者は実際にその契約を解除する必要はない。例えば，甲が建物を乙に貸借していたとき，契約中に約定で解除条件を定め，甲の息子が外国から帰国したときに当事者間の賃貸借契約は解除される，としていた場合，甲の息子が国外から帰国すれば，契約の解除条件は成就し，当事者間の賃貸借契約は解除されることになり，甲が解除権を行使して契約を解除する必要はない。

3.4.3 当事者が悪意で条件の成就を促成しまたは条件の成就を阻止した場合の効力

　条件の成就前に，当事者は自らの利益のために，不当な行為により条件の成就を促したりまたは阻止してはならず，条件たる事実の自然な発生に任せなければならない。条件付契約については，条件が成就するより前に，当事者は自らの利益のために，悪意で条件の成就を促し，または条件の成就を阻止することがありうる。契約法45条2項はこれらの状況を区別して，それぞれの場合の効力について規定を置いている。すなわち，①当事者が自らの利益のために不当に条件成就を阻止したときは，条件はすでに成就したものとみなされる。

②当事者が自らの利益のために不当に条件の成就を促成したときは，条件は成就していないものとみなされる。例えば，甲乙が賃貸借契約の中で，甲の子が外地から帰還したときに乙は建物を明け渡してほかに賃貸借家屋を探すとされている場合，この条件は解除条件にあたる。乙は不当な方法を用いて甲の子が外地から帰還するのを阻止してはならない。上記の規定によれば，乙が不当な方法を用いて甲の子が外地から帰還することを阻止したときは，解除条件は既に成就したものとみなされ，契約は解除されることになる。本条の規定は，当事者の不当な行為に対する法律の否定的評価を体現するものであり，法律がこのような規定を置く目的は，不法な行為を行う者を制裁し，善意の当事者の合法的権益を守るためである。

3.5 期限付契約

3.5.1 期限付契約概説

期限は当事者が客観的に到来することが確定している将来の事実をもって，契約の効力を決するとする付款である[3]。いわゆる期限付契約とは，当事者が契約において一定の期限を設定し，期限の到来を契約の効力発生または消滅の根拠とする契約を指す。例えば，当事者双方が契約において，2012年10月1日から甲方は乙方に建物を貸借し，その期限は2年とするとの約定を定めたとき，この契約は期限付契約に属する。中国の契約法は期限付契約について規定しており，46条は「当事者は契約の効力について約定で期限を付すことができる。効力発生期限が付された契約は，期限の到来の時から効力を生ずる。終了期限が付された契約は，期限満了のときに効力を失う」と規定している。

期限付契約における期限には以下のような特徴がある。

第1，期限は契約の一種の付加的条項であり，それは契約のその他の条項と一つになって一体として期限付契約を構成する。それは一種の付加的条項であるので，期限は契約の構成部分であって，原則的に契約当事者が自由に約定することができる。法律に規定される法定期限，例えば取消権行使期限などは，期限付契約に言う期限には属さない。

第2，期限は契約の効力を制限する付加的条項である。契約の約定で効力発

---

3 梁慧星『民法総論』法律出版社，1995年，179頁。

生期限または終了期限を定めたときは，契約の効力は時間的な制限を受ける。この場合，期限は直接契約の効力の発生を決定するか，または契約の効力の消滅を決定することになる。

第3，期限は将来の確定的事実の到来を内容とする付加的条項である。期限は必然的に到来するものであるから，期限が到来したとき，契約は必然的に効力を生じまたは終了する。期限および条件はいずれも契約の付加的条項であるとは言え，期限は将来の確定的事実をその内容とするのである。

3.5.2 期限付契約における期限と関連概念との区別

期限付契約における期限は，条件付契約における条件とは異なる。その主な区別は以下のようなものである。期限は必ず到来するものであって，未到来でありかつ必然的に到来する時間または期間だけを，期限付契約における期限とすることができる。これに対して，条件はその成就が不確定であり，条件は成就するかもしれないし，しないかもしれない。条件とは，不確定な事実なのである。例えば，契約中で当事者双方が，5日以内に雨が降れば，一方が他方に雨傘を売ると約定したとしよう。この場合，5日以内に雨が降るかどうかは不確定的なので，ここで当事者が約定した付款は条件であり期限ではない。もちろん，期限の到来が必然的なものであっても，期限がいつ到来するかについては一定程度の不確定でありうる。そのため，期限は確定期限と不確定期限とに分けられる。前者は到来の時期が確定的な期限であり，例えば当事者が約定で某年某月某日に契約が効力を生ずるとするような場合である。後者は到来の時期が不確定的な期限であり，例えば当事者が，某人の死亡の時点をもって契約の効力発生時期とするような場合，人は必ず死亡するので，同付款は期限であり条件ではないが，当該の者がいつ死亡するかは不確定的であるから，この期限は不確定期限に属するのである。

また，期限付契約における期限は，契約の履行期限とも異なるものである。いわゆる履行期限とは，双方当事者が約定した契約履行義務の時期であり，履行期限の到来前に，当事者双方は契約義務を実際に履行する必要はなく，債権者も債務者に債務の実際履行を求めることはできず，そのようにしても債務者はそれを拒絶する権利を有する。それは例えば，当事者が5月1日を弁済日と約定し，期日到来前に一方当事者が相手方当事者に弁済を求めてもそれを拒絶

する権利があるとした場合などである。期限付契約中の期限と契約履行期限との主な区別であるが、期限付契約における期限は契約の効力の制限条件であり、当事者は期限の到来の如何をもって契約の効力を制限する付加的条項とするのである。例えば、効力発生期限付の契約において、効力発生期限の到来前には契約はそもそも効力を生じておらず、当事者は権利を有することも義務を負うこともない。これに対して、契約の履行期限はその性質上契約の内容に属するものであり、それは契約の効力に何ら影響を及ぼすものではない。

3.5.3 期限付契約の効力

当事者が期限について約定する目的は、契約の効力を時間的に制限するためである。期限付契約の効力を認定する際は、効力発生期限と終了期限とを区別しなければならない。

第1、効力発生期限付契約の効力についてであるが、効力発生期限は期限または始期の延期とも称されるもので、契約の効力発生の期限を決定するものを指す。効力発生期限付契約では、期限の到来前に契約はすでに成立しているが、その効力は依然として停止状態にあり、期限の到来時に初めて効力が発生することになる。つまり契約法46条に言うように、「期限の到来時から効力を生ずる」のである。例えば、契約において「本契約は某年某月某日より効力を生ずる」と規定しているとき、同期限がすなわち始期であり、同期限の到来後に、当事者は初めて実際に権利を享受し義務を負担することになる。

第2、終了期限付契約についてであるが、終了期限はまた解除期限や終期とも称されるもので、契約の効力消滅期限を決定するものである。終了期限付契約は、期限到来前まで契約は有効であり、期限到来時に契約の効力は消滅する。つまり、契約法46条に言うように、「期限の満了時に効力を失う」のである。例えば、契約において「本契約は某年某月某日に終了する」としているとき、この期限が終期ということになる。

なお、期限到来前には、当事者は一定の権利を実際に取得したり回復したりはできないものの、そこには権利の取得または権利の回復の可能性が存在する。それゆえ、条件付契約と同様、当事者には期待権があり、それは法律による保護を受ける[4]。この期待権が侵害を受けたときは、被害者は損害賠償を得る権利を有する。

4　効力未確定の契約

4.1　効力未確定の契約の概念

　いわゆる効力未確定［待定］の契約とは，契約はすでに成立しているものの，その効力の発生はなお確定できず，その他の行為により効力の確定が待たれる契約を指す。効力未確定の契約は，契約自体すでに成立しているものの，それが効力発生要件を完全には満たしていないため，効力の発生如何が未確定であり，権利者の承認を経て初めて効力が生ずることになる。効力未確定の契約は，内容において法律の強制性規定または社会公共利益に反するものではなく，また意思表示の不実のために取り消されるべき契約でもない。それは主に，当事者の契約締結能力または契約を締結する代理資格の欠缺によりもたらされる。

　効力未確定の契約には以下のような特徴がある。

　第1，契約の効力は不確定的な状態にある。効力未確定の契約は，その効力が暫定的に不確定状態にあり，関連主体の追認により有効となる可能性もあれば，関連主体の拒絶または取消しにより無効な契約となる可能性もある。また，効力未確定の契約において，権利者は契約の約定により相手方当事者に義務の履行を求めることができない。

　第2，契約の効力の瑕疵は治癒できないものではなく，例えば無権代理人が他人のために契約を結んだ場合のように，権利者の追認により効力を生ずることができるものである。追認とは，契約締結無能力者や無権代理人，処分権のない者などが他者と締結した契約について，権利者が同意の表示をすることを指す。追認は一種の一方的意思表示であり，相手方の同意なくして法的効力を生ずることができる。権利者による追認があるかどうかということが，効力未確定の契約の効力を決することになる。権利者の追認以前において，効力未確定の契約は，すでに締結されているとは言え，実際に効力を生ずるものではない。

　第3，効力未確定の契約には3つの類型がある。契約法の規定によれば，効力未確定の契約には主に3つの種類がある。それは，①制限民事行為能力者が法により単独では締結できない契約，②狭義の無権代理人が締結した契約，そ

4　梁慧星『民法総論』法律出版社，1995年，179頁。

して③無権処分の契約である。

効力未確定の契約は取り消すことのできる契約とは異なる。まず一面において，効力未確定の契約については，権利者の追認以前に契約は有効でもなく無効でもなく，その効力は不確定である。これに対して，取り消すことのできる契約については，それが取り消される以前は，その契約は有効である。またさらに，効力未確定の契約については，権利者による追認によりそれは有効となる。これに対して，取り消すことのできる契約については，追認という方法によりそれを完全に有効な契約とすることはできない。

効力未確定の契約はまた，無効な契約の補正とも異なる。無効な契約の補正とは，当事者が無効な契約について修正を行い，その違法な内容を除去することにより有効な契約に変えることを指す。この点に関して，効力未確定の契約は一般に法律の強制規定に反したり，または公共利益を害したりするものではなく，そこでの契約の効力の補正は当事者間の交渉に任されており，権利者の承認という方法により実現されることになる。

4.2 効力未確定の契約の類型

4.2.1 制限民事行為能力者が法により単独では締結することができないとされる契約

民法通則12条，13条および契約法47条の規定によれば，満10歳以上の未成年者および完全には自己の行為を弁別できない精神病者は，以下の契約を独立して締結することができる。それはまず，その年齢，知力および健康状態に相応な契約，例えばおやつや文具の購入，そして公共交通手段への乗車などである。次に，単に利益を得るだけの契約であり，例えば贈与を受けることなどがある。制限民事行為能力者が締結したその他の契約は，すなわち効力未確定の契約となる。

契約法47条1項は「制限民事行為能力者が締結した契約は，法定代理人の追認により有効となる。ただし，単に利益を得るだけの契約，またはその年齢，知力，精神健康状態に相応な契約の締結については，法定代理人の追認を要さない」と規定している。この規定によれば，未成年者が，制限民事行為能力者の年齢または知力の状況を超える契約を締結するときは，法定代理人が代理してこれを行うか，または法定代理人の事前の許可を経てこれを行う必要があり，

それがなければ，契約は効力未確定の契約に属することになる。その効力は主に以下の面で体現される。

第1，制限民事行為能力者の法定代理人が事後に追認したときは，同契約は有効であり，法定代理人が拒絶したときは，同契約は無効となる。

第2，相手方は，制限民事行為能力者の法定代理人に対して催告する権利がある。この種の契約においては，相手方は規定された期限内に，その法定代理人に対して当該行為を追認するかどうかの催告を行うことができる。契約法47条2項は「相手方は法定代理人に対して1ヶ月以内に追認を行うよう催告することができる。法定代理人が表示しないときは，追認を拒絶したものとみなす」と規定している。

第3，契約が追認される以前は，善意の相手方は契約を取り消すことができる。契約法47条2項の規定によれば，契約が追認される以前は，善意の相手方は通知の方法により契約を取り消す権利がある。

4.2.2　狭義の無権代理により締結された契約

無権代理は広義の無権代理と狭義の無権代理とに分けられる。広義の無権代理には，表見代理と狭義の無権代理が含まれる。表見代理の場合には，代理人に代理権が欠けることは契約の拘束力に影響を与えない。狭義の無権代理は，表見代理以外に代理権を欠く場合を指す。そこには主に，代理人が代理権を欠く場合，そもそも授権のない無権代理人が行った代理，そして代理権の範囲を踰越して行われた代理，さらに代理権消滅後に行われた代理が含まれる。

狭義の無権代理により締結された契約は，効力未確定の契約の一種であり，当該契約は本人の追認により有効な契約となる。いわゆる本人の追認とは，本人が無権代理行為について事後的にこれを承認する一種の一方的意思表示である。追認がなされた場合，それは性質上代理権の補完的授与とみなされ，無権代理は有権代理と同様の法的効果を有することになる。本人は，無権代理人の代理行為について明確に追認すると表示することにより追認することができるとともに，自らの行為により追認することもできる。この点について，「契約法司法解釈(2)」12条は「無権代理人が被代理人の名義で契約を締結したとき，被代理人がすでに契約義務の履行を開始したときは，契約について追認したものとみなされる」と規定している。

狭義の無権代理により締結された契約には以下のような効力がある。

第1，本人は否認権を有する。それは，本人が無権代理行為の効力の追認を拒絶する権利を指す。契約法48条は「被代理人が表示を行わないときは，追認を拒絶したものとみなす」と規定している。「陝西精典投資有限公司と西安西北実業（集団）有限公司の株式譲渡代金返還債務紛争事件」において，最高人民法院は，代理行為が代理人の代理権限を踰越していることについて第三者が明らかに知りながら，なお契約を締結して被代理人の利益に損害を生じさせ，被代理人が追認を拒絶したときは，契約法の規定により，当該契約は無効であると判断している[5]。

第2，相手方には催告権がある。いわゆる催告とは，相手方が本人に対して，無権代理行為について追認するかどうか1ヶ月内に明確に回答するよう催促することをいう。契約法48条2項は「相手方は被代理人に1ヶ月以内に追認するよう催告することができる。被代理人が表示を行わないときは，追認を拒絶したものとみなす」と規定している。相手方が催告をしないとき，本人は無権代理人が本人の名義で民事行為を行ったこと自体を知らず，そのために追認または拒絶を行うこともできない可能性がある。無権代理の相手方が有する催告権はその性質上形成権に属するものであり，その行使に当たっては以下のような要件がある。

1．無権代理は相手方に対して効力を発生するかどうかが未確定であるからこそ，相手方に催告を行う必要がある。本人がすでに当該行為の効力を承認しているか，または行為が表見代理の構成要件に適合しているならば，催告を行う必要はないことになる。

2．本人が1ヶ月以内に回答を行うよう求める必要がある。1ヶ月という期間は除斥期間，すなわち催告権の行使期限である。催告により提示された期間が1ヶ月を超えるものであれば，催告は効力を生じない。本人が1ヶ月以内に回答をすることを拒んだときは，追認を拒絶したものとみなされる。

3．催告はそれが本人に明確に行われる必要がある。被代理人がそれに対して表示を行わなければ，追認を拒絶したものとみなされる。

第3，善意の相手方は取消権を有する。取消しとは，本人は無権代理につい

5　最高人民法院民事判決書［2006］民二終字第121号。

第4章　契約の効力　　131

て承認を行う前であれば，無権代理人が締結した契約を取り消すことができることを指す。善意の相手方は，無権代理人が民事行為を行った際に，無権代理人が授権されていないことについて知らず，その主観において善意無過失である。そのため相手方は，無権代理人が行った行為が自らにとって不利益であると考えたときは，本人が正式に追認するより以前であれば，自らの行為を撤回する権利を有する。これは善意の相手方の利益保護という点からも必要である。このようなことから，契約法48条2項は「契約が追認される以前は，善意の相手方は取消しの権利を有する。取消しは通知の方法で行わなければならない」と規定している。もちろん，取消権の行使は本人が追認を行う前になされなければならず，かつ，取消しの意思表示は必ず本人に通知しなければならない。

4.2.3　無権処分の契約

契約法51条は「処分権のない者が他人の財産を処分し，権利者が追認するか，または処分権のない者が契約締結後に処分権を取得したときは，当該契約は有効となる」と規定している。同条の規定によれば，無権処分の契約は性質上効力未確定の契約に属することになる。いわゆる無権処分の契約とは，処分権のない者が他人の財産を処分し，かつ相手方に財産を移転することを約した契約を指す。無権処分行為により他人の権利を侵害するという場合，通常は真の権利者の利益を侵害することになる。例えば，甲がある物を乙に貸して使用させているとき，乙がそれを違法に丙に譲渡するならば，乙丙間の売買契約は無権処分でなされた契約である。

無権処分の契約には以下のような特徴がある。

第1，行為者は法律上の処分行為を行っている。ここでの処分は主に財産の処分行為を指し，財産の占有または使用を移転させる行為を含まない。つまり，処分行為は特定の権利の変動をもたらし，直接に権利の取得，変更または喪失を生じさせるものである。

第2，行為者は法律上の処分権なくして他人の財産を処分している。無権処分行為には行為者が他人の財産を処分する行為が含まれる。そのため，無権処分は行為者と権利者との間の関係という問題に及ぶ。とりわけ，当該行為が権利者の意思または利益にかなうかどうか，そして権利者の所有権を侵害するか

どうかが問われることになる。同時に，無権処分行為には行為者と相手方の締結した契約が含まれることから，当該行為は善意の相手方の保護，そして取引安全および秩序の保護という問題にも関わる。

第3，それは行為者が財産を処分する行為について行為者が相手方と締結した契約である。処分行為とは，権利に直接変動を生じさせる行為であるから，当該行為は他者による補助を要せず行うことができる。もちろん，双方の法律行為により生ずる処分であれば，通常は譲受人と譲渡人との間での合意により行われる。

第4，行為者は自らの名義で処分行為を行う。つまり，行為者は他人の代理人としての名義で処分行為を行うのではなく，債務の履行補助者または代理人の身分で処分行為を行うわけでもない。

無権処分契約と無権代理契約は，いずれも効力未確定の契約に属するが，両者には明らかな区別がある。まず一面で，無権処分は無権処分者が自らの名義で民事行為を行うのに対し，無権代理は無権代理人が被代理人の名義で民事行為を行う。例えば，甲が何ら授権を得ずに，乙の物を丙に売り渡したとき，甲が乙の名義で売買を行っていれば，それは狭義の無権代理を構成し，甲が自己の名義で売買を行っていたならば，それは無権処分を構成する。また，狭義の無権代理にあたる場合，相手方には無権代理人が代理権を有すると信じる正当な理由はなく，相手方には過失があることから，表見代理制度を適用することはできない。狭義の無権代理とは，まさに表見代理を除去した後に残った無権代理なのである。これに対して，無権処分においては，相手方が善意の場合がありうる。無権処分者が他人の動産を無権処分したとき，譲受人が当該動産を取得した際に善意であれば，法により当該動産の権利を取得することができる。

無権処分には以下のような効力がある。

(1) **無権処分契約は効力未確定の契約に属する**

契約法51条は「処分権のない者が他人の財産を処分し，権利者が追認するか，または処分権のない者が契約締結後に処分権を取得したときは，当該契約は有効となる」と規定している。この規定によれば，無権処分の契約は効力未確定の契約に属することになり，無権処分契約の後に本人が追認するか，または行為者が事後的に処分権を取得すれば，当該契約は有効な契約に転化することになる。この点をより具体的に見てみよう。

1．無権処分行為は権利者の追認により効力を生ずることができる。法律上権利者の追認を経て初めて無権処分行為の効力が生ずるとされる主な原因は，無権処分行為はその本質において，他人の授権を経ずにその他人の財産を処分するものであり，権利者の権利を侵害するものであるが，法律は権利者の意思または利益の尊重という見地から権利者の追認を許すこととしたことにある。それにより権利者は，無権処分行為が権利者にとって有利であると考えるときは無権処分行為を追認することができ，それが自らにとって不利益であると考えるときは，追認を拒絶することができる。権利者が追認を行う以前は，無権処分により締結された契約は効力未確定の契約にあたることから，相手方はその義務の履行を終了させることができる。権利者による追認がなされたときは，効力未確定の契約に補正がなされたことになり，契約は遡及的にその効力を生じ，契約の双方はいずれも相手方に債務の履行を求めることができる。

　2．無権処分者は事後的に処分権を取得することによっても，無権処分行為を有効とすることができる。例えば，無権処分者が目的物の処分を行った後になって，権利者の授権を得たような場合には，当該無権処分行為は有効となる。法律的に見ると，無権処分において処分者には他人の財産を処分する権利がないため，それは権利者の財産権を侵害するという特徴を有している。この場合に，処分者が事後的に財産権を取得すれば，無権処分の状態そして契約無効を招く原因は除去されることになる。

(2) 無権処分の契約は善意取得の成立に影響しない

　無権処分の契約はその性質上効力未確定の契約にあたるが，無権処分者と相手方との間の取引行為が善意取得の構成要件を満たすならば，善意取得が成立する。すなわち，権利者が追認を拒絶し無権処分の契約が無効となっても，善意取得制度により，善意の譲受人が取得した権利には影響が及ばない。善意取得制度は，取引の安全の保護のため法律が設定した制度である。その基本的内容は，処分権のない者がその占有する動産を他人に譲渡したとき，譲受人が動産取得時に善意であれば，当該動産の権利を合法的に取得できるというものである。例えば，甲がその所有する油彩画を乙に貸し，それを乙が一時的に装飾のために用いていたとき，乙がその油彩画を勝手に丙に売却してしまった場合に，丙はその絵画が乙のところにあるのを見て，それが乙の所有であると誤信してしまったならば，丙は善意であり，丙が乙に対して妥当な対価を支払い，

乙からの引渡しを受けていれば，その絵画の所有権を取得し，甲は乙に対して損害の賠償または不当利得の返還を求めることしかできない。善意取得は主に取引可能な動産について適用されるが，物権法106条1項ないし3項の規定により，不動産の物権変動についても善意取得制度が適用される。

5 無効な契約

5.1 無効な契約の概念と特徴

　無効な契約とは，契約は既に成立しているものの，その内容において法律もしくは行政法規の強制性規定または社会公共利益に反するために法律上の効力を有しない契約のことである。無効な契約は，効力発生要件違反の契約の典型である。無効な契約の制度は，当事者の契約自由に対する国家の干渉を体現するものであり，国家および社会公共の利益の保護，そして正常な取引秩序の維持のために重要な意義を有する。無効な契約は依然として，その本質において当事者間の合意であり，契約の範疇に属する。単に，この種の契約が法律の定める契約の有効要件に反するために，当事者の予期する法的効果を生ずることができないというだけである。

　無効な契約には以下のような特徴がある。

　第1，違法性を有する。無効な契約には違法性があり，それは法律もしくは行政法規の強制性規定または社会公共利益に反する。一方において，無効な契約の違法性とは，当該契約が法律または行政法規の強制性規定に反することを指す。当事者は約定により法律の任意規定について変更することができるので，法律または行政法規の任意規定に違反したとしても，契約はそれにより無効となることはない。なお，契約は法律または行政法規の強制性規定に違反した場合にのみ無効となるのであって，行政規章（中央各行政部門および地方行政部門の制定する法—訳者注）や地方性法規など，その他の規範的法律文書に違反した場合に，それが当然に違法を招くわけではない。他方において，無効の契約の違法性は，契約内容が社会公共利益に反する場合を指すこともある。例えば，当事者が「外来ごみ」を輸入する契約を締結したとき，それが現行の法律規定に違反していないとしても，それは内容において社会公共利益または公共道徳に反するものであり，そのために無効となる。

第2，それは履行を許さないものである。つまり，ある契約がいったん無効な契約であると認定されたら，当事者はその契約を実際に履行してはならず，当該契約の不履行により違約責任を負うこともない。例えば，保証契約の成立後，主たる契約が違法のため無効となったとき，保証人は続けて補償責任を負う必要があるだろうか。思うに，主たる契約が違法により無効とされたということは，主たる契約の義務が履行できないことを意味するので，保証人が主たる債務者に代わって履行を継続することを許すべきではない。仮に保証人は依然として保証人としての義務を履行しなければならないとするならば，保証人が違法な契約を履行しなければならないということになり，それは明らかに主たる契約を無効とした目的に適合しないことになる。もちろん，契約が無効とされた場合，当事者は無効な契約を履行してはならないことになるが，当事者はなお法律の規定により，無効な契約に修正を行うことにより，違法な契約条項を除去し，契約の内容を完全に合法なものとすることができる。修正により契約の内容が法律の規定に沿うものとなれば，その契約は有効な契約に転化することになるのである。

　第3，それは初めから無効な契約となる。契約がいったん無効と確認されれば，それは遡及効を生じ，契約は締結の時から法律的効力を有さないものとされ，その後も有効な契約となることはない。それがすでに履行されているときは，財産の返還または損害の賠償といった方法で当事者の財産を契約締結前の状態に戻さなければならない。例えば，甲乙間で売買契約が締結され，契約がすでに履行を終えていたが，その後になって当該契約は悪意通謀により国家の利益を害する契約にあたるために無効とされたとしよう。この場合，当事者は相互に原状回復の義務を負い，目的物を受領した側は目的物を相手方に返還し，代金を受領した側は，代金を相手方に返還しなければならない。

　第4，裁判所が職権で宣告を行う。無効な契約はそれ自体違法性を有するものであるから，法律は無効の契約について一定の干渉を行う。すなわち，裁判所または仲裁機構は，契約に無効事由があることを知ったときは，当事者が請求を行わなくても，裁判所または仲裁機構自身が直接当該契約の無効を宣告することができ，また関連の行政機関も，無効な契約について調査し，無効な契約の当事者に行政責任を追及することができる。もちろん，契約にいったん無効事由が出現すれば，当事者は当該契約が無効な契約にあたることの確認を求

めることができる。無効な契約は本質的に違法性を有するため，合法的秩序を維持する必要から，当事者にはいかなるときであれ違法な無効な契約について裁判所または仲裁機構に無効の確認を求める権利を認めるべきである。このような請求権は訴訟事項の制限を受けるべきではない。蓋し，そのような制限を受けるならば，違法な契約も一定期間経過後に有効な契約に変化し，ひいては違法な利益が合法な利益に転ずることになってしまうのであり，これは明らかに無効契約制度の立法趣旨ないし目的に反するからである。

5.2　契約の無効と契約の不成立の区別

　契約の無効と契約の不成立とは，契約の効力においてレベルを異にし，両者の区別は主に以下の各点において体現される。

　第1，その意味するところ［内涵］が異なる。契約の不成立とは，当事者が契約の主要条項について合意に達していないことを指すものであるが，それは内容において法律の強制性規定または社会公共利益に反するものではない。そのため，契約の未成立の段階で，契約の当事者がすでに履行を行った場合，当事者は実際の履行によって合意に達したものとみなされる。これに対して，契約の無効とは，契約がその内容において法律もしくは行政法規の強制性規定または社会公共利益に反することを指す。無効の契約は履行が許されないことから，当事者は無効の契約を締結しても，契約にもとづいてこれを実際に履行することは許されず，また契約の不履行について違約責任を負うこともない。たとえ契約締結時に契約内容が違法であることを当事者が知らなかったとしても（例えば契約目的物が法律により譲渡を禁じられるものであった場合など），当事者は無効な契約を履行することはできない。

　第2，法的効果が異なる。契約の不成立の場合，過失のある側が相手方に対して契約締結上の過失責任を負い，その信頼利益の損失について賠償しなければならない場合がある。契約の成立は主に当事者の合意に関わる問題であるため，契約の不成立は民事責任を生じるのみで，その他の法的責任を生ずることはない。これに対して，無効な契約は，その性質において違法性を有することから，無効な契約は民事責任（例えば契約締結上の過失責任や不当利得返還責任）を負うだけでなく，行政責任ひいては刑事責任を負う可能性がある。

　第3，契約解釈の方法で効力の瑕疵を補うことができるかという点について

も異なる。契約の成立は主に当事者の意思を体現するものであるから，契約の主要条項について遺漏があったり，それが不明確であっても，当事者が契約の存在を否認するのではない場合には，裁判所が契約解釈という方法により，当事者の真の意思を探求し，契約の具体的内容を確定することが許される。このような解釈は，裁判所が当事者に代わって契約を締結するのではなく，取引を奨励し，当事者の意思を尊重する必要から，契約の解釈により当事者がその真の意思を表現することを助けようとするものである。これに対して，契約の効力発生の制度は，契約内容に対する国家による評価と干渉を体現するものである。すなわち，契約内容が法律の規定する効力発生要件に適合しないことは，契約当事者の意思が国家の意思に適合しないことを意味し，そのような場合に裁判所は契約解釈という方法で契約の効力を発生させることはできず，契約の効力発生の制度により契約の無効を確認することしかできない。

5.3 無効な契約の種類

契約法の主な機能は，取引を奨励して財産の移転流通を促し，それにより富の創造を実現するというものである。そのため，当事者が契約の主な条項について合意に達しさえすれば，法定の効力瑕疵事由がある場合を除き，一般に契約には効力が認められる。このように，無効の種類は法により定められなければならず，法定の契約無効事由がなければ，裁判所は契約の効力を否定してはならない。契約の無効事由の法定性は，契約の効力を可及的に維持し，もって取引を奨励することができる。契約法52条の規定によれば，無効な契約の種類は主に以下のようなものである。

(1) 一方の詐欺または脅迫により締結された国家利益を害する契約

契約法52条の規定によれば，一方が詐欺または脅迫の手段で締結した国家利益を害する契約は無効な契約にあたる。例えば，「鳳凰県国土資源局と湖南徳夯電力有限責任公司の建設用地使用権払下契約紛争事件」において，裁判所は，「『土地収用委託合意』は双方当事者の真の意思表示であるが，電力公司は関連の土地計画手続を経ることなく，依然として集団所有に属する土地を国土局が収用することについて約定し，かつ合意の方法により低価格で土地使用権を払い下げることは，悪意通謀により国家利益を害する行為にあたり，『中華人民共和国契約法』52条2項の規定により，当該合意は無効と認定される」

と判断している[6]。

契約が無効となる際には，以下の3つの要件が必要となる。

第1，一方が詐欺または脅迫を行ったことである。いわゆる詐欺とは，一方当事者が故意に他者に対してある種の欺罔を行い，かつ他者が誤解して契約を締結することである。欺罔の認定については，「民法通則意見」68条は「一方当事者が故意に相手方に虚偽情報を伝え，または故意に真実の状況を隠蔽し，相手方当事者を誤解に導き意思表示を行わせることは，詐欺行為と認定される」と規定している。同条の規定によれば，詐欺は「故意に相手方に虚偽情報を伝える」かまたは「故意に真実の状況を隠蔽する」ものでなければならない。すなわち，詐欺を構成するためには，行為者に欺罔を行う故意がなければならず，過失では詐欺を構成しない。いわゆる脅迫とは，直接損害を加えることまたは将来損害を発生させることにより相手方を威嚇し，その恐怖のために契約を締結させることである。行為者が詐欺または脅迫の手段により国家の利益に損害を生じさせる契約（例えば詐欺または威嚇の手段により契約を締結し，もって政府から借款をだまし取ること）は無効となる。

第2，国家利益に損害を与えることである。国家利益とは，国家全体の利益を指す。このような利益は人民全体の共同利益として体現されるものであり，国有企業の利益とは異なる。国有企業は市場主体として，市場競争に参加するものであり，その利益を国家利益とみなすならば，市場取引秩序を乱すことになりかねない。契約法52条の規定によれば，詐欺または脅迫により締結された契約の効力は2種類に分けられる。その1は，取り消しうる契約である。詐欺や脅迫は主に意思表示が真実でない場合であるから，詐欺または脅迫により締結された契約は原則的には取り消しうる契約となり，損害を受けた側は人民法院または仲裁機構にその変更または取消しを求める権利を有する。その2は，無効な契約である。一方が詐欺または脅迫を行い締結された契約が，国家利益を害するときは，契約は無効となる。国家利益を害する場合には，国家の関連行政機関は国家利益を守るために，詐欺または脅迫を行った行為者に行政による責任追及または刑事責任を追及することになるのであり，詐欺または脅迫により締結された国家利益を害する契約もまた，必ず無効とされなければならな

6　最高人民法院民事判決書［2014］民一終字第277号。

い。

　第3．一方が行った詐欺または脅迫行為と契約の成立との間に因果関係がなければならない。つまり，契約は一方当事者の詐欺または脅迫により締結されたものでなければならず，詐欺または脅迫行為があったものの，当該行為は契約の成立に影響を与えず，その行為と契約の成立との間に因果関係がなければ，その詐欺または脅迫行為にもとづいて契約を無効とすることはできない。

(2) 悪意により通謀し，国家，集団または第三者の利益に損害を与える契約

　契約法52条の規定によれば，悪意で通謀し，国家，集団または第三者の利益を害する契約は無効である。この種の契約が無効となるのは以下の要件を備える場合である。

　第1．当事者間に悪意による通謀がなされたことが必要である。悪意通謀による契約とは，双方当事者が不法に通謀して共同して締結し，国家，集団または第三者の利益に損害をもたらすような契約である。このように，悪意通謀による契約においては，行為者の行為には明らかな違法性があり，それを違法な契約として扱うことができる。ここで言う「悪意」は善意に対しての相対的な概念であり，行為者は国家，集団または第三者に損害が生じることを明らかに知りまたは知りうべきであるのにそれを行ったということである。双方当事者または一方当事者が，そのような行為による損害の結果について知らず，または知ることができなかったときは，悪意を構成しない。当事者が悪意によりこれを行うということは，主観的に違法の意図があることを示している。ここで言うところの「通謀」とは，当事者が共同の目的を有すること，すなわちいずれもある種の行為を行って国家，集団または第三者の利益を害することを望んでいることを指す。この共同の目的は，当事者が事前に合意として一致したものであってもよいし，また一方の意思表示により相手方またはその他の当事者が当該行為の不法な目的を明らかに知りながらそれを黙示的に受け入れるというものでもよい。悪意による通謀において，被害者が当該契約の無効を主張するためには，行為者に悪意が存在することを証明するほかに，彼ら相互の間に通謀があることも証明しなければならない。

　第2．国家，集団または第三者の利益を害するものでなければならない。悪意通謀においては，通常，実際の損害が生じていなければならない。すなわち，当事者が悪意で通謀して契約を締結し，国家，集団または第三者の利益を害す

るのである。司法実務において，悪意通謀には実際の被害者が必要であり，実際の被害者が存在するという状況下で，一般に実際の被害者が契約の無効を主張し，これに対して悪意の通謀者は契約の無効を主張して，裁判所がこれを認めないということになる。例えば，「浙江省楽清市楽城鎮石馬村村民委員会と浙江順益不動産開発有限公司の不動産共同開発契約紛争事件」において，最高人民法院は，「楽清市国土資源局は係争土地の使用権について公開競売で払下げを行った際，順益公司が落札し，落札後に土地払下代金を支払い，係争土地の『国有土地使用権証』を取得した。これについて，仮に第三者が異議を提出し，落札当事者が入札談合を行ったために利益を侵害されたと主張するのであれば，それは当該第三者が関連部門に対してその主張を行う必要があり，村民委員会はそのような主張を行う権利はない」[7]としている。

(3) 合法の形式で不法の目的を隠蔽する契約

合法の形式で不法の目的を隠蔽する行為はまた隠匿行為とも呼ばれる。この場合，当事者が行った行為は形式上合法であるが，その内容および目的においては不法である。例えば，「甘粛省科技リスク投資有限公司と上海方大投資管理有限公司の財産運用委任契約紛争事件」において，最高人民法院は，中国の金融関係法規および行政法規の規定によれば，企業間で金銭消費貸借を行い固定的利息収益を上げることは禁じられているところ，本件当事者は資産管理の委任という形式で，私的な金銭消費貸借という不法の目的を隠蔽しているのであるから，本件で締結された契約は無効の契約に属する」[8]と判示している。ある種の行為は，表面上は合法のように見えても，そのような表面上の行為は単に不法の目的のための手段にすぎず，それにより隠された目的は不法のもので，かつ国家，集団または第三者に損害を生じさせるものであるため，このような行為は無効となる。例えば，「新疆豊盛投資有限公司と新疆亜鑫国際取引有限公司の契約紛争事件」において，最高人民法院は，双方が締結した「補充合意」および「共同合意」は，払下額の分配という形をとって，貨物輸出入管理に係る強制規定の適用を免れようとするものであり，無効な契約である」[9]と判示している。

---

7 最高人民法院民事判決書［2006］民一終字第59号。
8 最高人民法院民事判決書［2009］民二終字第83号。
9 最高人民法院民事判決書［2007］民二終字第251号。

もちろん，合法の形式により不法の目的を隠蔽するという場合にのみ，契約は無効となるのであって，当事者が合法な形式で合法な目的を隠蔽するという場合には，それが無効な契約と認定すべきではなく，当事者の真実の意思にもとづいて当事者間の権利義務を確定する必要がある。例えば，甲乙間での贈与が売買契約の形で隠された場合には，契約を無効と認定すべきではなく，贈与契約として当事者間の権利義務関係を確定すべきである。

　合法の形式で不法の目的を隠蔽する行為はまた，法律の規制を免れる行為とも異なる。合法の形式で不法の目的を隠蔽する行為は，ある行為を利用して，当事者が実行を望む他の行為を覆い隠すものであるが，法律の規制を免れる行為は，単に規制回避行為を行うことにより違法な目的を達しようとするものであって，隠蔽行為を行うものではない。例えば，当事者が基金を設立するなどの方法で法律による課税をまぬかれようとする行為は，法律の規制回避行為にあたるものであり，合法の形式で不法の目的を免れる行為ではない。

(4) 社会公共利益を害する契約

　契約法52条は，社会公共の利益を害する契約は無効な契約であると規定している。いわゆる社会公共の利益とは，国家経済および人民の生活そして社会全体の構成員に共通する利益を指す。内容において，社会公共利益と公序良俗とは基本的に一致し，そこには社会公共秩序と公共道徳という2つの内容が含まれる。具体的に言えば，社会公共利益を害する契約には以下の2種類のものが含まれる。

　第1，公共秩序を害する契約である。公共秩序には主に社会公共秩序と生活秩序が含まれる。それゆえ，国家公共の安全または秩序を害する契約（例えば武器の密輸，銃器または薬物の売買など）を締結することは当然無効である。

　第2，社会公共道徳を害する契約である。社会公共道徳を害する契約もまた無効の契約であり，職業選択の自由を侵害する契約や，公平な競争に反する契約などがこれにあたる。例えば，当事者が契約において相手方が何ら合法的な職業を選択することを許さず，またはいくつかの企業が相互に約定を結んで価格のつり上げや市場操縦を行うといったような契約は，社会公共道徳を害する契約にあたり，無効とされることになる。

(5) 法律または行政法規の強制性規定に反する契約

　契約法52条5号の規定によれば，「法律または行政法規の強制規定に反す

る」契約は無効な契約である。この規定は典型的な無効契約を列挙するのではなく，1つの包括的条項を置いて，契約の内容が法律または行政法規の強制性規定に反しさえすれば，それは無効の契約に属するとするものである。本規定はまた，ある種の媒介的契約ということができる。蓋し，同条は公法と私法とを結び付けて，公法上の規定を私法に入り込ませたものであり，裁判官はこの規定を引用することにより相応の公法規範を探し，それでもって公法と私法との間の架橋を打ち立てることができるからである。なお，契約自由の原則により，当事者は契約中で自由に各種の無名契約について約定を置くことができ，それが法律もしくは法規の強行性規定に反しないか，または社会公共利益に反していないかぎり，契約法はその効力を認めることになる。例えば「太原東方アルミ有限公司清算委員会と山西好世界ボーリング娯楽有限公司の電解槽請負およびリース代金未払紛争事件」において，最高人民法院は，「3.18合意は三方当事者の真実の意思表示であり，法律または行政法規の禁止規定に反するものでもなく，かつこのような共同方式は企業の生産そして経済発展に利するものであるから，これは合法で有効であると認定すべきであり，契約の双方は契約の約定によりその義務を履行しなければならない」[10]としている。

　契約法52条5号の規定する無効契約の類型については，以下の点に注意しなければならない。

　第1，法律または行政法規の規定に反するものでなければならない。「契約法司法解釈(1)」の4条は「契約法の施行後，人民法院は契約の無効確認において，必ず全国人民代表大会およびその常務委員会が制定した法律および国務院が制定した行政法規を根拠とし，地方性法規や行政規章を根拠としてはならない」と規定している。ここで言う「法律」とは全国人民代表大会およびその常務委員会が制定しかつ公布した法律を指し，「行政法規」とは，国務院が制定しかつ公布した規則，命令そして条例等の行政規範を指す。このように，法律または行政法規に違反した場合にのみ，契約は無効とされるのであって，その他の類型の規範的法律文書に違反した場合には，具体的な状況を勘案して契約の効力を判断しなければならず，裁判所は直接これらの文書を根拠として契約の無効を判断することはできない。地方性法規および行政規章が契約の無効を

10　最高人民法院民事判決書［2006］民二終字第43号。

判断するための根拠になりうるかどうかについては，具体的状況にもとづいて分析しなければならない。例えば「梅州市梅江区農村信用合作連社が羅苑玲を訴えた預金契約紛争事件」において，裁判所は，中国人民銀行本店による通知は部門規章に属し，契約の効力認定の根拠とすることはできないと判断している[11]。

　第2，それは法律または行政法規の強制規定に反するものでなければならない。規範の性質の違いにより，法律規定は強行性規定と任意規定とに分けることができる。いわゆる強行性規定とは，当事者が約定によりその適用を排除することができない規定であり，いわゆる任意規定とは，当事者が約定によりその適用を排除することができる規定である。つまり，任意規定は当事者に一定の意思自治を認め，当事者が法律の規定する範囲内で自由に約定を定めることを許すものであるから，任意規定については当事者が約定により合法的にこれを排除することができる。契約法52条の規定からもわかるように，契約の無効が導かれるのは法律または行政法規の強行性規定に反する場合のみであり，法律または行政法規の任意規定に反しても，契約の無効が導かれるわけではない。

　第3，それは強行性規定中の効力性規定に反するものでなければならない。強行性規定は，効力性強行規定と管理性強行規定とに分けることができる。いわゆる効力性強行規定とは，違法行為を取り締まるだけでなく，違法行為者に制裁を与え，かつその行為の私法上の効力も否定するものを指す。これに対して，管理性強行法規とは，法によりそれは守られなければならないが，その規定に違反することが契約の効力には影響を及ぼさない規定のことである。この2つの規定の区分により，契約の無効の範囲をできるだけ制限し，私的自治の実現を保障し，取引の発展を促進かつ奨励することができる。「契約法司法解釈(2)」14条は「契約法52条5項の規定する『強制規定』とは，効力的強制規定を指す」と規定している。これによれば，効力性強行規定に違反する契約のみが無効の契約とされることになり，管理性強行規定に違反した場合は，関連機関が行政処罰を行うことができるものの，契約を無効とすることはできない。例えば，予約販売に係る不動産の登記は主に当事者の利益に関わるものであり，

11　「最高人民法院公報」2011年1期。

法律がこのような制度をおいたのは買主の利益を保護するためである。それゆえ，予約販売の登記についての規定は，管理性強行規定に属し，効力性強行規定ではないので，登記がなされないからといって，契約が無効となるわけではない。また，「西安市商業銀行と，健橋証券株式有限公司および西部信用担保有限公司との貸金担保契約紛争事件」において，最高人民法院は，「国務院の『金融違法行為処罰弁法』は，金融機関が国家の金融管理関連規定に違反したときにどのように行政処罰を行うかに関する規定であるところ，同弁法17条は金融機関の当座貸付業務について規定し，資金の当座貸付が最長期限を超過し，全国統一の同業当座貸付ネット以外で同業当座貸付業務を行ったときは，同業務を一時停止または停止され，違法所得を没収する等の処罰を受けるものとしている。ここからもわかるように，同条の規定は契約の効力とは関係がない」として，西安商業銀行と健橋証券との間で行われた当座貸付行為は双方当事者の真の意思表示によるもので，法律または行政法規の強制性規定に違反するところはなく，国家利益または社会公共利益に反するものでもないから，双方の間で行われた当座貸付契約は有効とされなければならないと判断している[12]。

このように法律規定の性質を正確に判断することは，契約の効力認定において重要な意義を持っている。その場合，一般的に以下の２つの方法により，効力性強行規定と管理性強行規定の区分を行うことができるだろう。すなわち，①法律テキストにもとづく判断である。法律・法規が，その禁止規定の違反により契約の無効または不成立が導かれると明確に規定しているときは，当該規定は効力性強行規定に属する。例えば，違反建築物の賃貸の問題について，最高人民法院の「建物賃貸借契約紛争司法解釈」３条は「貸主が許可を得ずまたは許可の内容に従わずに行った臨時建築物について，借主との間で締結した賃貸借契約は無効である。ただし，１審の法廷弁論終結より前に，主管部門により建設が許可されたときは，人民法院はこれを有効であると認定しなければならない。賃貸借期限が臨時建築物の使用期限を超過しているときは，その超過部分は無効である。ただし，１審の法廷弁論終結より前に，主管部門により使用期限の延長が承認されたときは，人民法院は使用期限延長後の賃貸借期間を

12　最高人民法院民事判決書［2005］民二終字第150号。

有効と認定しなければならない」と規定している。つまり，当該規定は，関連の強制性規定が効力規定であることを明確に示しているのである。②法律規定への違反がもたらす結果から判断することができる。法律または法規がある強制性規定の違反により契約が無効または不成立となると明確に規定してはいないものの，当該規定に違反した契約がその後も有効とされることにより，国家利益または社会公共利益に損害が生じるのであれば，同規定は効力性強行規定とすべきである。逆に，同規定に違反しても国家利益または社会公共利益に損害が生じることはなく，単に当事者の利益を害するだけであれば，同規範は効力性強行規定ではなく管理性強行規定に属する。

5.4 契約の一部無効

契約の内容が若干の部分に分かれていて，有効の部分と無効の部分とが独立して存在でき，一部が無効であってもそれが残りの部分の効力に影響を与えないならば，一部の無効が確認された後も，残りの部分は依然として有効とされる。契約の部分的無効の制度は，契約の効力をできるだけ維持し，もって取引を奨励せんとするものである。契約の部分的無効について，契約法56条は「契約が部分的に無効であっても，その他の部分の効力に影響がないときは，その他の部分は依然として有効である」と規定している。中国の司法実務においても，このようなやり方がとられている。例えば，「万通実業公司と蘭州商業銀行の貸金契約紛争事件」において，最高人民法院は，貸金契約の締結は双方の真実の意思表示によるものであることに鑑みれば，当該契約は月利11.49%という利率が中国人民銀行による金融機関の法定利率関連規定に反するため無効とされることを除き，その他の内容に国家の法律または行政法規の禁止規定に反するところはなく，有効とすべきであると判断している[13]。

契約の一部無効には，以下の条件が伴っていなければならない。

第1，契約内容が可分性を有することである。いわゆる可分性とは，無効の部分を取り除いたとしても，1つの有効な行為として存続しうるものであり，かつそのような行為が当事者の意思に反するものでないということを指す[14]。契約において，約款の部分とその他の条項とを分離できる場合は，当該約款の

---

13 最高人民法院民事判決書［2004］民二終字第209号。
14 ディーター・メディクス（邵建東訳）『徳国民法総論』法律出版社，2000年，384頁。

内容が消費者の主要な権利を剥奪するために無効とされるとしても，その他の条項（例えば紛争解決条項など）は依然として有効とされる。これに対して，契約中の無効の部分が契約の核心的内容に当たるものであれば，それは契約全体の無効を導くことになる。例えば，「湘財証券有限責任公司と中国光大銀行長沙新華支店および湖南省平安軽化科技実業有限公司との貸金契約代位権紛争事件」において，最高人民法院は，「元金保証条項は財産運用信託における目的条項乃至は核心的条項であって，元金保証条項が無効であれば，それは財産運用信託契約全体の無効を導くことになるから，本件『投資管理信託契約』および『補充合意』は財産運用信託契約としてその全体が無効となる」[15]と判示している。

第2，契約の一部無効がその他の部分の効力に影響を与えないことが必要である。契約が表面上1個の行為に見えても，実質的には若干の部分により構成されているか，または内容上若干部分に分けることができるならば，有効な部分と無効の部分とは独立して存在することができ，一部が無効となってもその他の部分には効力が及ばないから，一部の無効が確認されても，有効な部分は継続して有効である。例えば「青島市国土資源住宅管理局崂山国土資源支局と青島乾坤木業有限公司の土地使用権払下契約紛争事件」において，最高人民法院は，「双方当事者の土地払下契約中での約定によれば，係争契約のうち政府による認可を経た部分は有効であり，それを得ていない部分は無効である。契約の有効部分については，双方当事者のいずれもそれを履行する義務がある」[16]としている。これに対して，一部内容の無効が残り部分の有効性に影響を及ぼすことが確認される場合，または行為の目的，取引慣習または誠実信用若しくは公平原則に鑑みて残余の部分を有効としても当事者にとって意義がないかまたは公平性若しくは合理性を欠くときは，契約はその全体について無効と認定されるべきである。

5.5 無効な契約の補正および転換

無効な契約の補正とは，当事者が無効な契約に修正を施して無効の原因を除去すること，または裁判所が当事者の請求にもとづいて契約を修正させ，もっ

---

15 最高人民法院民事判決書［2006］民二終字第90号。
16 最高人民法院民事判決書［2007］民一終字第84号。

第4章 契約の効力　　147

て有効な契約とすることである。無効な契約の補正の構成要件は以下のものである。①補正される契約は、無効と確認された契約である必要がある。②当事者は必ず一定の行為を行って契約無効の原因を除去しなければならない。当事者は往々にして、契約の修正に合意するかまたは一定の行為を行うことによって無効の原因を除去することになる。例えば、当事者の一方が、特定の契約に求められる一定の資格を有していない場合、これは法律の規定に反するものであるが、「契約法司法解釈(1)」9条の規定により、1審の法廷弁論終結前に同資格を取得すれば、契約は有効とされることになる。さらに、当事者が契約内容を承認している必要がある。当事者の承認は、無効な契約の補正が当事者の意思に合致することを示すものである。もし当事者が新しい合意に達し、かつそれが無効な契約の内容と異なるのであれば、それは新しい契約の締結にあたるものであって、無効の契約の補正ではない。

　無効な契約の転換とは、無効の契約が締結された際に、その無効な契約がその他の法律行為の要件を具備している場合、当事者が当該行為が無効であると知ればその他の法律行為を行うであろう場合には、当該法律行為は有効とされうるということである[17]。例えば、当事者は質権を設定したが、占有の移転がなく質権は成立しなかった場合でも、動産抵当は目的物の引渡しと登記を要件とはしていないため、当事者間に動産抵当関係を成立させる意思が見出されることから、動産抵当設定についてはこれを有効とみなすことができる。無効な契約の転換においては、無効な契約自体が、それにとって代わるべき契約が有すべきすべての要件を具備している必要がある。そうでなければ、このような契約の転換を行うことはできない。無効な契約を転換する場合には、裁判所は必ず法律の規定および当事者の実際の契約締結の意図に依拠しつつ、誠実信用および取引奨励の原則に照らして解釈を行うと同時に、当事者の真の意思、そしてそれにより実現すべき経済的目的や知りうる利益なども考慮して判断しなければならない[18]。ここで言う当事者の真の意思とは、双方が締結した契約の無効事由が含まれていることを知ったならば、それとは異なる有効な契約を締

　17　朱広新『合同法総論』中国人民大学出版社、2008年、212頁。この点について、ドイツ民法典の第140条は「無効の法律行為がその他の法律行為の要件を備えており、かつ、当事者がその無効を知ったならばこれをその他の法律行為として行ったであろうと認定しうるときは、このその他の法律行為は有効である」と規定している。
　18　王澤鑑『民法総則』中国政法大学出版社、2001年、491頁。

結したであろうというものである。そのような場合には，当事者の真の意思にもとづいて，当事者はその異なる有効な契約による拘束を望むものと解釈できる。

6 取消可能の契約

6.1 取消可能の契約の概念と特徴

　取消可能の契約は，また取消し，もしくは変更しうる契約とも称される，契約締結時に当事者が行った意思表示が真実でないために，法律により，取消権者による取消権行使を許し，もってすでに効力を生じた契約を無効に帰することを指す。例えば，重大な錯誤により締結された契約においては，錯誤に陥った側は裁判所に当該契約の取消しを求めることができるのである。「取消し」という用語は，民法上幅広く用いられており，例えば意思表示の取消し，法律行為の取消し，非法律行為の取消しといったように，様々なケースが見られる。取消可能の契約には，以下のような法律上の特徴がある。

　第1，取り消しうる契約は主に意思表示が真実でない契約である。取り消しうる契約は，主に意思表示が真実でないことにより生じる。契約法54条の規定によれば，取り消しうる契約は主に詐欺，脅迫，重大な錯誤等を原因として締結された契約とされており，それは実質的に，取消しの対象を意思表示が真実でない行為に限定するものとなっている。もちろん，意思表示が真実でないということは効力発生要件の規定にも適合しない者である。とはいえ，当事者はこれらの契約を締結する際，それが法律または行政法規の強制性規定に違反するか，または公序良俗に反することについて故意を有してはいなかった可能性がある。つまり，取消可能な契約は無効な契約と同じではない。

　第2，取消可能の契約は，それが取り消されるまでは有効な契約である。取消可能の契約について言えば，それは取り消されるまでは有効であり，双方はいずれも契約に取り消すことのできる要素があることを理由に契約上の義務の履行を拒むことはできない。その点において，取消可能の契約は無効の契約とは異なる。無効の契約は当然に無効であり，無効契約の当事者は相手方に実際の履行を求めることができない。

　第3，取消可能の契約を取り消すには，取消権者が取消権を行使する必要が

第4章　契約の効力　　149

ある。取消可能の契約は主に当事者の意思表示の不実という問題に及ぶものであるが、当事者の意思表示が真実であるかどうかは部外者には判断しがたい。また、一方当事者が不実の意思表示により損害を受けるということを、たとえ部外者が知り得たとしても、当事者は取消しを行わず、そのような損害を進んで享受するならば、法律はこのような行為を有効と認めるほかはない。このように、法律が取消しの主張如何の権利を取消権者にとどめた以上、契約を取り消すか否かは取消権者に任されることになり、当事者が取消しを主張しない以上、裁判所が自ら契約の取消しを宣告することはできない。取消権者が法定の取消権行使期間内に取消権を行使しないとき、または取消権者が契約条項の変更のみを求め、契約の取消しを求めないときは、取消可能の契約は有効であり、当事者は契約に約定する義務を履行しなければならない。

　第4、当事者は契約の取消しまたは変更を求めることができる。取消可能の契約について言えば、取消権者は取消しを求める権利を有すると同時に、取消しを求めずに契約内容の変更を求める権利をも有している。変更とは、当事者が協議を通じて契約の一部の内容を改めることである。それは例えば、適正な価格への調整、一方の負担する義務の適度な減少などである。変更の場合、契約は依然として有効である。権利者が変更と取消しのいずれをも求めた場合には、取引奨励の見地から、裁判所はまず当事者の変更の要求を考慮することになり、契約内容の変更が困難である場合、または変更が当事者間の公平を失する場合にのみ、契約は取り消されることになる。

　契約の取消しは契約の解除とは異なる。契約の取消しと契約の解除は、いずれも契約関係を消滅させるが、取消権は意思表示が真実でない契約に向けられており、意思表示が真実でない場合にのみ、損害を受ける側が取消権を行使することができる。これに対して、解除権は法律の規定により生ずる場合もあれば（例えば不可抗力や相手方の根本違約など）、双方の事前の約定にもとづいて当事者に一定の状況が生じたときに解除権が行使できる場合もある。いずれにしても、解除された契約には、一般に瑕疵の問題は存在しない。

6.2　取消可能の契約の種類

6.2.1　重大な錯誤［誤解］により締結された契約

　重大な錯誤［誤解］とは、契約の一方当事者が、過失により契約の主要な内

容について誤解していることである。錯誤［誤解］は，当事者が享有すべき権利または負担すべき義務に直接影響する。錯誤［誤解］は一方のみに存在する錯誤でもありうるし（例えば売主が目的物を別のものであると思っている場合），また双方に錯誤［誤解］がある場合もある（例えば売買の双方が贋作の油彩画を本物だと思って売買する場合）。

　重大な錯誤［誤解］が取消可能の契約となるには以下の要件が必要である。
(1) 表意者が契約の内容などについて重大な錯誤［誤解］に陥っていること
　取引においては，様々な原因により，一方又は双方当事者が契約の内容等について錯誤［誤解］に陥ることがありうる。とは言え，様々な錯誤［誤解］がいずれも契約の取消しを導きうるわけではない。もしそうだとすると，それは契約の厳守に不利益であるだけでなく，誠実信用に悖る側に契約不履行の口実を与えることになりかねない。契約法54条の規定によれば，重大な錯誤［誤解］が生じた場合にのみ契約は取り消すことができる。すなわち，錯誤［誤解］が重大である場合にのみ，契約は取消可能となる。重大な錯誤［誤解］とは何かについて，「民法通則意見」71条は「行為者が行為の性質，相手方当事者，目的物の種類，品質，規格そして数量について誤った認識を持ち，それにより行為の結果が自らの意思に反し，かつ重大な損失がもたらされるときは，重大な錯誤［誤解］であると認定することができる」と規定している。中国の司法実務を見ると，契約の主要内容について錯誤［誤解］が生じたときにのみ，重大な錯誤［誤解］があるものとされている。例えば，「王春林と銀川アルミ鋳型工場の懸賞付預金通帳紛争再審事件」において，寧夏回族自治区高級人民法院は，「重大な錯誤［誤解］による民事行為とは，行為者が民事行為の重要内容について誤って理解をし，かつその誤った理解にもとづいて行った民事行為を指す」[19]としている。

(2) 表意者が錯誤［誤解］により意思表示を行ったこと
　重大な錯誤［誤解］により締結された契約とされるには，表意者がすでに意思表示を行っており，かつその意思表示が錯誤［誤解］にもとづいて行われたことが必要である。つまり，まず表意者がすでに意思表示を表出していることが必要であり，そうでなければそこに錯誤［誤解］があるかどうかという問題

19　「最高人民法院公報」1995年4期。

を評価することができない。ここでは，錯誤［誤解］と表示の誤り［表示錯誤］とを区別する必要がある。いわゆる表示の誤りとは，表意者が何らかの原因で自らの内心の意思を正確に表示できなかったこと，または表示された意思がその内心の意思と合致しないことを指す。例えば，100元を間違えて1,000元と書いてしまうことなどである。表示の誤りの場合には，当事者の内心の意思自体には欠陥はなく，その表示に誤りが生じたにすぎない。これに対し，錯誤［誤解］の場合には，当事者の外部への表示自体は内心の意思と符合し，ただその内心の意思に欠陥が生じているのである。また他方で，表意者が行った意思表示は必ず錯誤［誤解］によりもたらされたものでなければならない。すなわち，表示者の誤った認識と，その行った意思表示との間に因果関係がなければならない。誤りを生じさせた原因は，当事者に必要な知識または情報が欠けるためでもありうるし，また必要な取引能力または経験が欠けるためでもありうる。

(3) 錯誤［誤解］に陥った者自身の過失により生じたこと

　錯誤［誤解］は，錯誤［誤解］に陥った側の自らの過失により生じたものであり，他者の欺罔または不正な影響によりもたらされたものではない。このため，伝達上の誤りは錯誤［誤解］とは異なる。伝達上の誤りがあった場合には，表意者が行った意思表示は真実であり，伝達者または伝達機関に，伝達の過程において誤りが生じたものであるのに対し，錯誤［誤解］の場合，それは完全に自らの原因により生じたものである。錯誤［誤解］は錯誤者［誤解方］自身の過失により生じたものであり，もし錯誤［誤解］の発生について錯誤者［誤解方］に故意または重過失があるときは，表意者は契約の取消しを主張することができない。蓋し，当事者自らに故意または重過失があるときに，その行為が自らに不利益であるとして随時取消しを主張することは，法律上許されないからである。

　重大な錯誤［誤解］は詐欺とは異なる。一方で，重大な錯誤［誤解］においては，錯誤者［誤解方］は自らの過失により誤った認識に陥ったのであり，欺罔による結果ではない。詐欺においては，被欺罔者の側が錯誤に陥ったのは自らの過失によるものではなく，欺罔行為により生じたものなのである。例えば，ラベル上にポリエステルと表記されているスーツを，誤ってウール・ポリエステルであると思い購入したとき，それは錯誤［誤解］に属する。これに対して，

販売者がポリエステルのスーツを，故意にウール・ポリエステルであると表記して販売したとき，それは詐欺にあたることになる。もちろん，ある種の商品の販売において，一方当事者に，商品の性能，品質および瑕疵等の状況について相手方に告知する義務がある場合に，これらの事情について故意に黙して語らなかった場合，それも詐欺を構成する。また他方で，重大な錯誤［誤解］がある場合，錯誤［誤解］に陥った側には通常大きな損失が生じる。錯誤［誤解］に陥った側に大きな損失が生じることもまた，重大な錯誤［誤解］の構成要件である。これに対して，詐欺の場合には，詐欺により被欺罔者に生じた損失が大きいかどうかにかかわらず，被欺罔者の側は相手方の詐欺にもとづいて契約の取消しを求めることができる。

6.2.2 明らかに公平を失すること

　明らかに公平を失する契約とは，契約締結の際に，一方当事者が急迫により，または経験不足により締結した明らかに自らにとってきわめて不利な契約のことを指す。例えば，資金繰りに行き詰まり，または事業の切迫した必要に駆られて高利貸しから借り入れた場合，このような契約は多くが明らかに公平を失する契約にあたる。明らかに公平を失する契約は往々にして当事者双方の権利義務が不平等で，経済的利益が不均衡であり，それゆえ公平と合理性の原則に反するものである。最高人民法院の「民法通則意見」72条は「一方当事者がその優勢な地位または相手方の経験不足を利用して，相手方の権利または義務を明らかに等価有償原則に反せしめるときは，明らかに公平を失するものと認定することができる」と規定している。同条は，明らかに公平を失する制度の適用について主観要件を掲げている。すなわち，一方当事者が，契約締結における自らの優勢な地位を利用し，または相手方の取引経験の不足等といった状況を利用して初めて，明らかに公平を失することを構成しうるのである。

(1) 客観要件

　客観要件とは，当事者の給付とそれへの反対給付との間のアンバランスまたはそれによる利益が不均衡であることを指す。市場経済という条件の下，各種取引における給付と反対給付との関係を完全に対等にしようとするのは不可能であり，むしろそれは取引が望ましくないと感じた当事者が，明らかに公平を欠くことを口実に契約を取り消すことを引き起こしかねず，明らかに公平を失

することを制度として設置した目的に反するものとなってしまう。明らかに公平を失することに関する制度の目的は，当事者が負うべき取引上のリスクを免除することではなく，一方当事者が法律により許される範囲を超える利益を獲得することを禁止または制限することにある。例えば，「黄中華が劉三明を訴えた債権者取消権紛争事件」において，裁判所は，「労災により生じた損害について双方が達した賠償合意は一般的な契約の属性を有するものの，本件は単純な債権債務関係ではなく，労働者の生存権に係るものである。以上の要素に総合的に鑑みて，裁判所は，双方が締結した賠償合意は双方の権利義務において不対等であり，それは黄仲華の利益に重大な損失をもたらすものであるから，明らかに公平を欠くことを構成すると考える」[20]と判断している。

　もちろん，利益の均衡または不均衡という問題については，取引関係の具体的状況，とりわけ，需給関係，価格の騰落，取引慣習など各種の要素を考慮して認定を行う必要がある。例えば取引締結後に市況が大きく変化して価格の騰落が生じた場合など，事情変更的状況が起こった場合は別である。このような場合には，当事者は明らかに公平を欠くことを理由として契約の取消しを求めることはできない。

(2) 主観要件

　主観要件とは，契約締結時に一方が自らの優勢な地位または相手方の軽率もしくは無経験等を利用して，明らかに公平を欠く契約を締結する故意のことである。法律上主観要件を考慮することが求められるのは，1つには，取引の公平および公正を保障し，商業道徳を維持し，弱者的地位にある消費者の利益を守るためであり，また他方では，明らかに公平を欠くことの制度の適用を制限し，契約の効力を可及的に維持し，もって取引を奨励するためである。

　具体的に見ると，明らかに公平を欠くことの主観的要件には主に以下のいくつかの状況が含まれる。

　第1，契約締結における自らの優勢な地位を利用することである。契約締結上の優勢な地位の利用とは，一方が経済的な地位を利用して，相手方にとって明らかに不利な契約条件の拒絶を困難ならしめることを指す。例えば，大企業がその優勢な地位を利用して不公平な約款による契約を強制し，消費者がこれ

---

20 「最高人民法院公報」2013年1期。

を受け入れざるをえないような場合である。約款による契約だけでなく，実際に一方がその経済力または事業における優勢を利用して過酷な条件を相手方に押し付けるという状況は常に生じている。もちろん，単に一方がその需給関係における優位性を利用して不合理な価格を提示したとしても，それは明らかに公平を失することの主観要件を構成するわけではない。蓋し，競争という条件の下において，需給関係は不断に変化し，このような変化は一種の取引上のリスクであって，ここで言うところの契約締結上の優勢な地位に属すものではない。

　第2．相手方の無経験または軽率さを利用することである。いわゆる無経験とは，一般的生活経験または取引経験を欠くことであり，当事者にある種の特殊な取引についての取引経験が欠けることは，ここでいう無経験にはあたらない。例えば，当事者が自動車を購入する際には，関連の自動車購入情報を熟知しておくべきであるが，これらの特殊な経験を欠きそれを十分知らないから契約は明らかに公平を失すると主張することはできない。軽率とは，契約締結時の粗忽または不注意のことである。例えば，契約の価格について審査・判断を行わず，目的物の性能について調べようとせず，慌ただしく相手方と契約を結んでしまったような場合である。このような軽率という状況においては，被害を受けた側自身にも過失がある。

　中国の関連の司法実務を見ると，その多くが上述の規定の要求にもとづいて，明らかに公平を欠くとするためには主観・客観要件を同時に具備することが求められている。例えば，「アモイ南中投資有限公司とアモイ市農村信用合作聯社等の貸金担保契約紛争上訴事件」において，最高人民法院は，「2審の審理において，南中公司は，鷺島農村信用合作社が同公司の危機に乗じて本件訴訟に係る合意を締結したという事実を証拠により証明することができなかった……本件訴訟に係る合意が相手方の危機に乗じて締結されたものであるとの南中公司の上訴主張については，証拠により証明されておらず，本裁判所はこれを支持しない」[21]としている。また，「家園公司が森徳瑞公司を訴えた契約紛争事件」において，裁判所は，同事件に係る「フランチャイズ経営契約」そして「契約解除合意書」中の競業禁止および秘密保持義務条項が明らかに公平を失

　21　最高人民法院民事判決書［2009］民一終字第42号。

するかどうかについては，「民法通則意見」72条の規定により，契約が一方当事者に対して明らかに不公平であるかどうかに加え，その締結において自らの優勢な地位または相手方の軽率若しくは無経験を故意に利用したかどうかをも考察しなければならないと述べている[22]。このように，中国の司法実務においては，明らかに公平を失することの認定に主観と客観の要件を同時に求めているのである。

6.2.3 詐欺により締結された契約

契約法54条の規定によれば，詐欺により締結された契約は取消可能の契約に属する。詐欺により締結された契約において，被欺罔者が契約締結時に行った意思表示は自由なものではないことから，法律はこれに対し一定の補救措置を講じると同時に，詐欺により締結された契約は単に当事者間の私的利益に属し，公共利益に関係がないことに鑑み，この種の契約は無効とすべきでないとしたのである。このようなことから，契約法54条はこの種の契約を取消し可能の契約として規定し，被欺罔者の側に契約を取り消すかどうかを決定させることとしている。

詐欺により締結された契約が取消可能とされるには，以下の条件を備えなければならない。

第1，欺罔者に詐欺の故意があることである。前述のように，「民法通則意見」68条の規定によれば，詐欺とは，一方当事者が，自らの行った虚偽情報の告知または事実の隠蔽により被欺罔者が誤った認識に陥っていることを明らかに知りながら，それによる結果の発生を希望しまたはそれを放任することである。ここからもわかるように，詐欺の成立には欺罔者に詐欺の故意があることが必要である。ここで注意しなければならないのは，一方が相手方にある事実を述べた際に，その事実の真偽について正確に判断ができかねるのにもかかわらず，依然その事実を述べた場合には，これも詐欺にあたるということである。例えば，商品がある種の機能を有しているかどうか不確かなまま，同品にはこのような機能があると吹聴して販売しているような場合，このように述べる以上，その者は当該事実がもし虚偽であれば，相手方を誤った認識に陥らせ

---

22 「最高人民法院公報」2007年2期。

ることになることを当然知っているはずであり，しかるにそれを真実として相手方に述べているのであるから，その吹聴者には明らかに他人を欺く故意があると認められる。

　第2，欺罔者に欺罔行為があることである。いわゆる欺罔行為とは，欺罔者が欺罔の故意を外部に表示する行為のことである。欺罔行為は一般に，行為者が故意に虚偽事実の陳述または真実の隠蔽を行うことにより相手方を誤らせる行為として現れる。誠実信用の原則により，当事者は相手方に製品の使用法，性能，隠れた瑕疵など重要な事情について事実の通りに伝えなければならない。これは当事者の負うべき付随的義務であり，これらの義務に反するならば，それは欺罔行為となる可能性がある。欺罔行為は，一般に，行為者が故意に虚偽事実を告知しまたは真実を隠蔽することとして現れる。このうち故意に虚偽事実を告知するというのは，虚偽の陳述をすることであり，真実を隠蔽するというのは，相手方に事実のとおりに一定の状況について告知する義務があるのに故意にそれを行わないことを指す。もちろん，当事者が単に商業的目的から誇大な宣伝を行うことについては，これを一概に詐欺と認定することはできない。例えば，「趙某と済南心視界視光科技有限公司および谷某某とのフランチャイズ契約紛争事件」において，裁判所は，被告有限公司は関連の新聞紙面上で広告・宣伝を行っているものの，それは商業的な誇張行為であって契約詐欺と同じものではない。それは単に不特定多数の者に対する申込の誘引にすぎないのであって，本件については，被告が詐欺により契約を締結させたという事実を，原告は証拠により証明できていないのであるから，本件契約の取消しを請求する権利はないと判断している[23]。

　第3，欺罔行為により被欺罔者が錯誤に陥り，それにより意思表示を行ったことが必要である。詐欺により締結された契約においては，被欺罔者の側が必ず欺罔行為により誤解に陥っていなければならない。行為者による欺罔行為と，欺罔を受けた者の側の意思表示との間に何ら因果的つながりがなければ，欺罔を受けた側は契約の取消しを主張することはできない。また欺罔者が欺罔行為を行った後，被欺罔者が誤解に陥らず，または誤解が生じたとしてもそれは欺罔行為によりもたらされたものでなければ，それは詐欺を構成しない。同時に，

23　済南市歴下区人民法院民事判決書［2012］歴知民初字第131号。

被欺罔者はそのような認識上の誤解にもとづいて意思表示を行っていなければならない。被欺罔者が誤解に陥ったものの，それにより意思表示を行うに至らなければ，それは詐欺を構成しない。

第4，国家利益の損害にまで至っていないことが必要である。契約法52条1項の規定によれば，一方が詐欺的手段で契約を締結し，国家の利益を害するときは，無効の契約にあたる。それゆえ，詐欺により締結された契約は，国家の利益を損なうまでに至らない場合にのみ取り消しうる契約となり，そうでないときは無効の契約となる。

詐欺は明らかに公平を失する場合とは異なる。詐欺において，当事者が締結した契約は往々にして明らかに公平を失するという結果になりうるが，詐欺は一方が故意で虚偽を作り出して相手方を誤解に陥れるのに対し，明らかに公平を失する契約では，一方が相手方の軽率または無経験を利用するのみであり，相手方に欺罔を行ってはいない。さらに，詐欺においては，被害者に生じた損害は完全に欺罔を受けたことによる結果であり，被害者はその主観において自らの行為を選択する自由がない。これに対して，明らかに公平を失する契約においては，被害者は主観において，自らの行為について一定の選択の自由を有している。被害者は自らの軽率または経験不足により相手方と契約を締結したのであり，多くの場合その者自身にも過失があるのである。

6.2.4 脅迫の手段を用いて締結された契約

脅迫は直接損害を加えること，または将来損害を生じさせることによる威嚇により，相手方を恐怖に陥れて契約を締結させることを指す。例えば，一方が相手またはその家族に害を加えるとして相手方を脅迫し，契約を締結させることなどである。脅迫行為により契約を取り消すには，以下の要件を具備しなければならない。

第1，脅迫者に脅迫の故意がなければならない。脅迫の故意とは，脅迫者が，自らの行為が被脅迫者に心理的恐怖をもたらすことを意識しつつ故意に脅迫を行い，かつこの行為を通じて被脅迫者にある種の意思表示をさせることを望むことを指す。ここで言う「脅迫者」は契約の当事者でもありうるし，また契約当事者以外の者でもありうる。脅迫行為は当事者の意思に干渉する程度が高いことから，契約当事者以外の者により脅迫行為が行われた場合に，契約当事者

がそれを知らなかったとしても，被脅迫者は契約の取消しを主張することができる。

　第2．脅迫者が脅迫行為を行ったことが必要である。脅迫行為には以下の2つのケースが含まれる。その1つは，脅迫者が直接の損害をもって脅迫する場合である。すなわち，脅迫者がある種の不法な行為を行うことを通じて，相手方当事者またはその近親や友人の身体や財産に損害を加え，もって相手方に契約の締結を強制する場合がある。例えば，相手方に対する暴力（殴打，拷問，拘禁など）や，中傷の流布，名誉毀損，そして家屋の毀損などがこれにあたる。その2は，将来損害を発生させることをもって相手を威嚇する場合である。将来の損害とは，主に生命，身体，財産，名誉，自由，健康，信用等に係る損害のことを指す。例えば，今後相手方に加害することをもって，または相手方の私生活上の逸脱行為を告発することをもって，相手方に契約の締結を強いることがこれにあたる。この損害は被脅迫者本人を脅かすものでも，また被脅迫者の家族や親族そして友人に係るものでもよい。当事者が脅迫を理由として契約の取消しを主張するときは，自らが脅迫を受けた事実について挙証責任を負う。例えば，「ハルピン新一不動産開発有限責任公司とハルピン鉄道局の履行合意および賠償紛争上訴事件」において，最高人民法院は，「当事者は相手方の脅迫により契約を締結した旨主張するが，相手方がその栄誉，名誉，財産等に損害を生じさせるとして脅されたために意思に反する行為を行った，という事実を終始証明できなかった」として，原告の主張を退けている[24]。

　脅迫行為は不法のものでなければならない。脅迫行為は相手方に一定の強制および威嚇を加えるものであるが，それは必ず不法であって法律の根拠のないものでなければならない。法的根拠にもとづいて相手方に何らかの圧力を加えるとしても，それは脅迫とはならない。例えば，契約締結後に，一方が契約の履行を拒んだため，相手方が訴訟の提起など合法的手段を用いて相手方に圧力を加え，もって契約の履行を要求したとしても，このような行為は脅迫を構成しない。

　第3．被脅迫者が脅迫により契約を締結したことが必要である。つまり，一方が脅迫行為を行って相手方に心理的な恐怖を生じさせること，すなわち，損

---

[24] 最高人民法院民事判決書［2008］民一終字第95号。

害を加えまたは損害が生ずることをもって相手方に恐怖または危惧の心理を生じさせ，このような心理状態の支配のもとで，被脅迫者に契約を締結させることが必要である。脅迫者が脅迫行為を行ったとしても，相手方に恐怖を生じさせなかったり，または恐怖が生じたとしてもそれにより意思表示を行うことがなければ，脅迫行為と被脅迫者の意思表示との間に因果関係の存在を認めることはできない。脅迫においては，被脅迫者が脅迫を受けた状況下で契約を締結しているのであり，その意思表示が真実でないからこそ，被脅迫者は契約の取消しを主張することが許されるのである。

　第4，国家の利益の損害にまで至っていないことが必要である。契約法52条1項の規定によれば，一方が脅迫の手段により契約を締結し，国家の利益を害するときは，無効な契約となる。このため，脅迫により締結された契約は，国家利益の損害にまで至らないときにのみ，取消可能の契約を構成することになる。

6.2.5 他人の危機に乗じて締結した契約

　契約法54条は，他人の危機に乗じて締結した契約は取消可能の契約であると規定している。他人の危機に乗じるとは，行為者が他人の危機的状況または緊急の必要に乗じて，相手方にその真の意思に反してある種の明らかに不公平な条件を受け入れる意思表示を強制することを指す。例えば，タクシーの運転手が重篤な病人の救急の必要に乗じて，タクシー料金を10倍に吊り上げることなどは，他人の危機に乗じる行為にあたる。他人の危機に乗じて締結した契約には以下のような構成要件がある。

(1) 一方が相手方の危難または急迫の事態に乗じて相手方に強制すること

　いわゆる危難とは，経済的な困窮に加え，生命，健康，名誉等の危機が含まれる。とは言え，危難自体は相手方の不法行為によりもたらされたものではなく，被害者自身の主観的原因により生じたものである。急迫とは，状況の緊急性のため，相手方からの財物，労務，金銭等の提供に切迫した必要があることを指す。急迫には，主に経済上または生活上の切迫した必要が含まれ，政治や文化といった面での切迫した必要は含まれない。他人の危機に乗じて締結した契約においては，不法な行為を行った者が主観的に相手方の危機に乗じることの故意を有していることが必要である。契約締結時に，相手方が危難または急

迫の状態にあることを知らなければ，厳しい条件を相手方に受け入れさせたとしても，他人の危機に乗じたことにはならない。

(2) 被害者が危難または急迫のために契約を締結したこと

不法な行為を行った者は，被害者の危機に乗じて契約の締結を迫り，被害者は，相手方が自らの危機的または急迫的状況を利用して利益を得ようとしていることを明確に知りながらも，危難または急迫による必要のためにやむなく契約を締結するのである。それは例えば，緊急手術のために高利貸しから借金をするように。まさに被害者は危難または急迫の状態にあるために相手方と契約を締結するのであり，このような契約はその根本において被害者の真の意思に反する。

(3) 不法な行為を行う者が得た利益が法律の許す限度を超えていること

他人の危機に乗じる契約はおおむね双方の利益において極端な不均衡の結果を生じる。つまり，他人の危機に乗じて締結した契約においては，不法な行為を行った者は，一般的に正常な状況下では得ることのできない過大な利益を得るのであり，これは明らかに公平の原則に反し，法律の許す限度を超えるものである。明らかに公平を失する契約に比して，他人の危機に乗じる契約ではその主観的悪性が大きく，法律による否定的評価もまた大きい。

6.3 取消権の行使

6.3.1 取消権者

取消権は通常の場合，重大な錯誤［誤解］に陥った者や，明らかに公平を失することで不利益を被る者など，損害を受けた側の当事者が有する。中国の契約法54条1項および2項の規定によれば，取消権は必ず訴訟または仲裁により行わなければならない。

契約がいったん取り消されるとそれは初めから無効であったことになり，その当事者の利益への影響は甚大である。それゆえ，当事者に訴訟または仲裁により取消権を行使するよう求めることは，裁判所または仲裁機関により取消権の有効な成立を確認できるという利点があり，また関連の紛争を減少させるという利点もある。

取消権者は契約の変更を求めることもできる。契約内容の変更を請求する権利は，取消権者が有する権利の1つである。思うに，変更権と取消権とは非常

第4章 契約の効力

に密接な関係にあるものの，その両者には区別がある。取消権の行使は，初めから契約の効力が生じなかったことにすることをその趣旨とする。これに対し，変更権の行使では，契約は取り消されず，その部分的条項が変更されるにすぎない。取引の奨励という見地から，契約法54条3項は「当事者が変更を求めるときは，人民法院または仲裁機関は取消しを行ってはならない」と規定している。このように，当事者が契約の変更のみを主張し，取消しを求めていないときは，同契約は依然として有効であり，裁判所または仲裁機関は契約を取り消してはならない。これに対し，当事者が変更と取消しのいずれをも主張している場合には，取引の奨励という必要にもとづいて，裁判所はまず当事者の変更の請求について検討すべきであり，契約の変更が困難である場合，または変更が当事者間の公平を失する場合にのみ，契約を取り消すべきである。

6.3.2 取消権の行使期限

　取消権者は必ず規定の期限内に取消権を行使しなければならない。取り消しうる契約は往々にして当事者の一方の意思表示が真実でないことだけが問題であるため，当事者が自らその行為の結果を受容したり，取消権を自ら放棄したり，または長期にわたって取消しの権利を行使せず，取消しを主張しなければ，法律により契約は有効とされなければならない。蓋し，契約の効力発生後も長期にわたって取消権の行使を許すならば，契約の効力が長期にわたって不安定な状況に置かれることになり，社会経済秩序の安定を害するからである。各国の立法に於いても，通常取消権は所定の期限内に行使することとし，同期限を経過すれば取消権は消滅し，取消可能な契約は完全に有効な契約となると規定されている。中国の契約法55条もまたこのような立法経験にならい，取消権を有する当事者は取消事由について知りまたは知りうべき日から1年以内に取消権を行使しないか，または取消権を有する当事者が取消事由について知りながら明確な表示または自らの行為によって取消権を放棄したときは，取消権は消滅すると規定している。

　1年という期限の性質については，一般に除斥期間にあたるとされている。つまり，これは不変の期間であり，中止や中断または延長の問題は生じない。この期限は取消権者が取消事由（例えば詐欺にあったことなど）を知りまたは知りうべき日から計算され，1年を超えてもその権利を行使しないか，または取

消事由があることを知りながら，明確な表示または自らの行為により取消権を放棄したとき（例えば詐欺にあったことを明確に知りながら欺罔行為者に物を引き渡すことなど）には，取消権は消滅し，その契約は有効な契約となる。

7　契約が無効と確認され，または取り消された場合の効果

　契約法56条は「無効の契約または取り消された契約は初めから法的拘束力がない」と規定する。つまり，契約が無効と確認され，または取り消されると，それは遡及的に働き，契約成立の日から無効であったとされるのであり，契約の無効が確認されたとき，または取り消されたときから無効とされるのではない。契約がいったん無効とされまたは取り消されると，それは当事者に何らの拘束力も持たず，当事者は原契約により何らかの権利を主張することも，また利益を享受することもできない。例えば，当事者は実際履行を求めることも，相手方に違約責任を求めることもできない。契約が無効と確認されまたは取り消された場合，当事者の予期した法的効果は生じなくなるものの，何らの法的効果も生じないというわけではない。無効の契約が有する違法性のために，法律は単にこれらの行為を無効とするだけでなく，当事者に財産の返還そして損害賠償という民事責任を負わせ，さらに，このような無効の契約の締結が，法律の保護するところの社会秩序または社会公共利益を侵害するものであれば，当事者にはそれに係る法的責任も追及されることになる。これに対し，取り消しうる契約の場合，当事者は無効の契約がもたらすある種の効果（例えば行政責任など）は追及されないとしても，契約の取消しにおいても財産の返還そして損害賠償等の民事責任を負う必要がある。

7.1　財産の返還

　財産の返還とは，契約が無効と確認されまたは取り消された後に，すでに財産を引き渡した側の当事者が返還請求権を有し，これに対して財産を受領した側の当事者がその財産を相手方に変換する義務を負うことを指す。契約法58条はこれについて，「契約が無効または取り消されたときは，契約により取得された財産はこれを返還しなければならない。返還ができないかまたはその必要がないときは，換価して補償しなければならない」と規定している。

財産の返還については以下のような問題がある。
　第1，財産返還の目的から見れば，財産の返還は財産関係を契約締結前の状態に回復することをその趣旨とするのであって，当事者間で契約が履行された状態を実現しようとするものではない。財産の返還により，当事者はそれ以前に有していた物の占有を回復するとともに，それにより相手方から得た財産的利益を返還することによって，当事者の財産的利益を契約成立前の状態に回復させるのである。それゆえ，契約成立前の状態と当事者の現在の財産状況との違いこそが，当事者の財産返還の範囲ということになる。
　第2，財産返還の対象は原物および原物から生じた果実に限られる。当事者が受領した財産が実物または金銭であれば，原則的にその物または金銭を返還すべきであり，その物に替えて金銭を支払ったり，または金銭に替えて物を引き渡したりしてはならない。また，当事者が受領した財産が利益であれば，その当時の国家が規定する価格または市場価格にもとづいて換価して返還しなければならない。では，原物が滅失，毀損してしまい，その返還が客観的に不可能なときはどうすべきだろうか。ここで言う不可能には，事実上返還が不可能である場合と，法律上返還が不可能である場合という2つの状況が含まれる。事実上返還が不可能である場合とは，主に目的物の変形毀損などその質的変化を指す。例えば，木材が既に家具になってしまったとか，建築材が既にビルになってしまったといった場合である。これに対し，法律上返還が不可能である場合とは，主に財産が善意の第三者に譲渡され，善意の第三者がその財産の所有権を得てしまった場合を指す。返還不可能な状態が生じたときには，その履行を受けていた側は損害賠償の責任を負わなければならない。また，財産の返還が可能であっても，それを強いることが経済的に極端に不合理である場合には（例えば該当の機器が既に組み込まれ，それを取り外すためには全体の解体工事が必要で莫大な費用がかかる場合など），契約法58条の規定により，当事者は換価して補償を求めなければならず，財産の返還を請求することはできない。
　第3，財産返還請求権の行使においては，原則的に相手方に過失があったかどうかは考慮されない。つまり，財産の引渡しを受けた側に，その財産が存在しておりその返還が可能でありさえすれば，その主観的な過失の有無にかかわらず，必ず返還責任を負わなければならない。もちろん，主観的な過失があり相手方に損害を生じている場合には，それについて損害賠償責任を負わなけれ

ばならない。

　第4に，当事者の一方が故意で違法行為を行った場合には，一方的な返還という方法がとられる。つまり一方が故意で違法行為を行った場合には，故意のない側から取得した財産についてはこれを相手方に返還させ，故意のない側が相手方から取得した財産については，これを国庫に納めるのである。故意で行われた違法行為は，相手方の利益を害するだけでなく，社会経済秩序を破壊し，国家利益そして社会公共利益に反するものである。このため，違法行為者には相手方に財産を返還するよう命じ，それとともに，その者自身の履行に係る財産については国庫に収めることは，法律が故意の違法行為者に対して行う制裁なのである。当事者双方または各方面がいずれも故意の違法行為を行っている場合には（例えば双方が故意で合法な形式を用いて違法な目的を隠蔽する場合や，双方が故意で流通制限物資を売買する場合など），双方または各方面の当事者の財産を没収して国庫に収め，もって故意の違法行為者に対する制裁を行わなければならない。これについては，中国の契約法59条が特に規定を置き，「当事者が悪意で通謀し，国家，集団または第三者の利益を害するときは，これにより得られた財産を国家の所有に納めるか，または集団若しくは第三者に返還する」としている。この規定はまた，双方の違法行為についての制裁を体現するものである。

7.2　損失の賠償

　契約が無効と確認されまたは取り消された後には，損害賠償責任が生ずる。契約法58条の規定によれば，「契約が無効または取り消された後……主観的過誤（原語は「過錯」。主観的側面での過誤を意味し，故意と過失を含む。文中で「故意」や「過失」も別に用いられているので，ここでは原義に即して「主観的過誤」（または単に「過誤」）と訳した）のある側はそれにより相手方に生じた損害を賠償しなければならず，双方いずれにも過誤があるときは，それぞれが相応の責任を負わなければならない」とされている。契約が無効とされた後の損害賠償責任の構成については，以下の要件を具備しなければならない。

　第1，損害の事実が存在すること。損害事実の存在とは，確かに契約が無効または取り消されたことにより当事者が損害を受けたということを指す。損害は必ず実際に発生したものであり，かつ確定的なものでなければならず，当事

者の主観的憶測または想像によるものであってはならない。当事者の一方が損害賠償を求めるときは，損害が実際に存在することを証明しなければならない。それは例えば，契約の締結過程において，一方の悪意的な交渉や詐欺，営業秘密の漏えいなどにより損害を被ったという場合などである。

　第2，賠償義務者に主観的過誤がなければならない。契約法58条の第2段は「主観的過誤のある側はそれにより相手方に生じた損害を賠償しなければならず，双方いずれにも過誤があるときは，それぞれが相応の責任を負わなければばならない」と規定している。同条の規定によれば，契約が無効または取消しの宣告を受けた後，当事者の賠償責任を認定する際にはさらに当事者の過失について考慮しなければならないということになる。過失の表現形式は多様であり，法律違反や，詐欺もしくは脅迫，または他人の危機に乗ずること等がある。一方にのみ過誤がある場合には，過誤のある側が，その行為により過誤のない側に生じた損害について負担しなければならない。これに対して，双方に過誤がある場合には，双方過誤の原則が適用され，双方の過誤の程度にもとづいて相応の賠償責任を確定する。例えば，一方が故意で相手方が過失にすぎない場合，故意のある側の責任は過失のある側の責任より大きくなる。過誤が同程度であれば，それぞれが自らの責任を負うべきということになる。

　第3，過誤と損失の間に因果関係が必要である。行為者に賠償義務を負わせるためには，行為者の過誤と被害者の損失との間に因果関係が必要であり，それがなければ，行為者は賠償責任を負う必要はない。例えば，一方が現行の法規に違反して相手方に物品を販売し，相手方はその物品を受領後，保管が適切でなかったために同物品を毀損したという場合には，確かに契約自体は無効と確認されるものの，相手方に生じた損失は自らの不適切な保管により生じたものであり，契約の無効によりもたらされたものではないため，被害者の損失と相手方の過誤との間に因果関係は認められない。

　契約が無効または取り消されると，当事者間の契約関係は存在しなくなる。そのため，被害者が行為者に対して損害賠償を請求する権利の基礎は契約締結上の過失責任ということになる。すなわち，被害を受けた側は相手方の過誤によりその信頼利益が害されたことになる。つまり，契約が有効であると信頼したために，一方当事者は契約締結またはその履行のために各種の費用を負担したのであり，契約が無効となった以上これらの費用について補償を得られなく

なったことから，過誤のある側にこれについての賠償を求める権利を有するということになるのである。過誤のある側の賠償の範囲は，主に契約が有効であると信頼したために支払った契約締結または契約履行に係る各種費用であって，契約が有効であった場合に得られたはずの期待利益の損失（例えば目的物およびそれによる利潤についての損失など）ではない。これらの賠償により，当事者は契約締結前の状態を回復することになる。

このほかに，契約の無効または取消しが確認された後，当事者は民事責任を負うほか，それに含まれる違法行為のゆえに，違法所得の追徴や国庫への没収，そして営業ライセンスの取消しなど，行政または刑事上の責任を負わなければならないことがある。

第 5 章　契約の履行

案例

甲は，乙レストランで誕生日パーティーを行い，一部の友人を招待して食事をとった。しかし，乙レストランの階段は長年修理されなかったため，甲が招待した友人丙が，階段を降りる際に滑り落ちて転倒負傷し，医療費5,000元を支出することとなった。甲は，先に当該費用を立て替えた。甲は，自身と乙との間には飲食サービス契約が存在しており，乙はサービスを提供する過程において保護義務を尽くしておらず，賠償責任を負わなければならないと主張した。これに対し，乙は，丙の損害は乙が提供した飲食サービスと無関係であり，かつ乙と丙との間には契約関係が存在しないため，甲は乙に対して損害賠償を請求することができないと主張した。これにより，甲乙双方で争いが生じた。

簡単な評釈

契約の履行過程においては，契約法60条の規定にもとづき，当事者は，全面的に自己の義務を履行しなければならず，当事者は，その主たる給付義務，従たる給付義務を履行するほか，さらに，誠実信用の原則にもとづいて相応の付随義務を履行しなければならない。本件において，甲乙間には飲食サービス契約が存在しており，当該契約の履行過程において，乙は，全面的にその義務を履行しなければならない。誠実信用の原則にもとづき，乙は，甲および甲が招待した友人が，食事をとる過程において保護義務を負わなければならない。乙が速やかに階段を修繕しなかったことにより，甲の友人丙が損害を被ることとなり，（乙は）その損害を賠償しなければならない。

1 契約の履行概説

1.1 契約の履行の概念

　いわゆる契約の履行とは，債務者が法律および契約の規定にもとづいて給付を行う行為を言う。契約法律制度が，契約の成立から消滅に至るまでのすべての過程を規律するのに対し，契約の履行は，契約の成立と消滅を連結する過程における要となる部分であるため，契約履行制度は，契約法における最も核心的な制度であると言えよう。契約法第4章（60条～76条）は，契約履行制度について関連規定を設けた。契約の履行は，契約成立の目的である。「契約は守らなければならない（pacta sunt survanda）」という原則に従い，当事者は，厳格に契約の約定および法律の規定に従って債務を履行しなければならない。当事者が契約を締結する目的は，契約を履行し，債権債務を実現させることにあり，契約が履行されなければ，契約は一片の空文となり，契約の締結は全く無意味なものとなる。

　また，契約の履行は，契約上の債権を実現させる前提をなす。契約の履行過程において，契約上の債権は，様々な方法によって消滅させることができる。例えば，双方は，代物弁済の方法によって債務［債］を消滅させることを約定するか，または一方による相殺，供託によって債権債務を消滅させることができる。当事者は原則として，約定した目的物によって債務を履行しなければならないが，当事者は私的自治の原則に従い，その他の給付による代替を約定することもできる。例えば，ある開発業者とある建物購入者が，同じ面積の3DK分譲マンションをもって，もともと約定していた2DK分譲マンションの引渡しに替える合意に達した場合，このような合意もまた，合法で有効なものである。中国の司法実践もまた，このような立場を採用した。例えば，「広西臨桂県都市信用合作社が，中国農業銀行神農架林区支店等を訴えた借金担保契約紛争事件」において，最高人民法院（2001）民二終字第179号判決は，本件当事者が締結した代物弁済契約は，合法で有効であると述べている。指摘しなければならないのは，代物弁済はその性質上，実践的契約に属しており，当事者が目的物を引き渡してはじめて，原契約上の債務が消滅することになる。例えば，「成都市国土資源局武侯分局と招商（蛇口）成都不動産開発有限責任会社等間の債権者代位権紛争事件」において，法院は次のように述べている。す

なわち，債務者と第三債務者が，代物弁済の方法によって債務を弁済することを約定した場合において，代物弁済契約は実践的契約であるため，第三債務者が実際に代物弁済契約を履行しなかったならば，第三債務者と債務者間の原金銭債務は決して消滅せず，債権者は依然として，債務者の債権を代位行使することができる[1]。

1.2 契約の履行の特徴

契約の履行には，次のような特徴がある。

第 1，契約の履行は，債務者が給付を行って契約上の債権を実現させる行為である。契約の履行は，債務者が給付を行うことによって債権者の債権の実現を保障することを必要とする。もちろん，ここに言う給付は，積極的な作為だけでなく，消極的な不作為でもかまわない。前者は例えば，譲受人が契約の約定に従って譲渡人に代金を支払うような場合であり，後者は例えば，書物の原稿をさらにその他の出版社に引き渡して出版させることを禁止し，またはある権利をさらに他人に譲渡することを禁止するなどのような場合である。積極的な作為であれ，消極的な不作為であれ，債務者はすべて厳格に契約の約定に従って行わなければならず，そうでなければ，違約を構成することになる。

第 2，債務者は，当事者の約定または法律の規定に従ってその債務を履行しなければならない。契約関係において，当事者の権利義務関係は通常，当事者によって約定されるが，法律もまた，当事者の権利義務について定めることがある。例えば，当事者の約定が不明確であるとき，法律は，当事者の債務履行の方法について定めることがある。例えば，契約法158条 1 項は「当事者が検査期間を約定した場合，譲受人は検査期間内において，目的物の数量または品質が約定に合致しない状況を譲渡人に通知しなければならない。譲受人が通知を怠った場合，目的物の数量または品質は約定に合致したものとみなす」と規定している。同条の規定にもとづき，たとえ，譲渡人が引き渡した目的物の数量または品質が約定に合致しないとしても，譲受人が当該目的物を受け取り，かつ譲渡人に関連状況を通知しなかったならば，譲渡人の履行行為は依然として，履行の効力を生じることになる。同条はまさに，当事者の目的物の検査義

---

1 最高人民法院（2011）民提字第210号民事判決書。

務の履行方法を定めたのである。

　第3，契約の履行は，債務者が自主的に給付義務を実現する行為である。このことはすなわち，次のことを意味する。一方において，履行は，債務者が自主的に法律および契約の約定にもとづいて実施する行為であって，債務者が履行しない状況のもとで，法院によってその履行が強制される行為ではない。履行期到来後において，履行における抗弁権の行使要件を満たした債務者は，法により抗弁権を行使することによって履行拒絶することができる。しかし，法定または約定の根拠がなければ，履行を拒絶してはならない。他方において，履行は，債務者が給付義務を実現する行為であるとは言え，法律および契約の規定にもとづき，債権者もまた，協力等の義務を負っており，このような義務はその性質上，不真正義務に属する。

2　契約の履行の原則

2.1　全面履行の原則

　契約法60条1項は「当事者は，約定に従って全面的に自己の義務を履行しなければならない」と規定している。これにより，全面履行原則を確立することとなった。いわゆる全面履行とは，契約の当事者は，契約および法律の規定にもとづいて全面的にその契約項目における義務を履行しなければならないことを言う。例えば，当事者が，契約の約定に従って目的物を引き渡し，労務を提供し，または約定した業務を完成しかつ業務の成果を引き渡すような場合である。全面履行原則は，契約は厳格に守らなければならないというルールの具体的な要求であり，それもまた契約拘束力の直接的な現れでもある。取引秩序を維持し，市場経済の正常な発展を保障するというニーズから出発すると，人々の誠実で信用を重んじるという道徳観念を強化し，法律において，当事者が厳格に契約を履行することを奨励し促さなければならい。契約の履行は，契約法の中核であるため，全面履行原則もまた，契約法によって強調される最も重要な原則である。全面履行原則の内容は，非常に広範にわたっており，それには主に，次のような幾つかの側面の内容が含まれる。

(1) 約定にもとづいて履行すること

　契約の全面履行原則はまず，当事者が契約の約定にもとづいて全面的に義務

を履行しなければならないことを強調する。すなわち，契約の当事者に対し，契約に定める履行の主体，目的物，時間，場所および方法等に従ってその義務を履行しなければならないことを求めている。契約の全面履行原則に従い，債務者の履行は，その品質，数量，履行方法，場所等においてすべて契約の約定に合致しなければならず，そうでなければ，そのいずれも違約を構成する。

(2) 法にもとづいて履行すること

前述の通り，当事者が約定する契約義務のほかに，法律もまた，当事者の契約義務について定めることがある。例えば，契約の約定が不明確であるかまたは約定がない場合において，当事者は契約法の関連規定にもとづき，契約法上の任意的ルールによって契約を改善し，契約の不備を補充することができる。この場合においても，当事者は，契約法上の任意的ルールに従って義務を履行しなければならない。したがって，全面履行原則には，当事者が約定に従って義務を履行することが含まれるだけでなく，当事者が法律の規定に従って義務を履行することも含まれる。

(3) 正当な理由がなければ契約の変更または解除をしてはならない

全面履行原則は，いかなる一方の契約当事者も，相手方の同意を得なければ勝手に契約を変更してはならず，そうでなければ違約を構成し，違約責任を負わなければならないということを意味する。契約が有効に成立した後，相手方の同意を得ていないかまたは当事者の一方が法定解除権を有していないときは，一方的に契約を解除してはならない。たとえ，解除権を有していたとしても，所定の期間内に行使しなければならず，所定の期間を超えて解除権を行使した場合は，契約解除の効力を生じない。

(4) 双務契約は通常，同時に履行しなければならない

いわゆる双務契約とは，双方の当事者が互いに対価給付義務を負う契約を言う[2]。すなわち，一方の当事者が履行義務を負担しようとする目的は，これによって他方の当事者に対価的履行の義務を負わせることにあるか，または，一方の当事者が有している権利は，他方の当事者が負う義務でもある。例えば，売買契約において，譲渡人の目的物所有権の移転義務と，譲受人の代金支払義務はまさに，対価給付義務を構成する。双務契約において，当事者は通常，双

---

2 楊振山主編『民商法実務研究』山西経済出版社，1993年，249頁。

方の義務履行の順序について定めることになっており，このとき，当事者はその約定に従って義務を履行しなければならない。しかし，当事者が，当事者の義務の履行順序について約定を行っていないときは，当事者は原則として，同時に履行しなければならない。これに関し，契約法66条は「当事者が互いに義務を負っている場合において，前後の履行順序がないときは，同時に履行しなければならない」と規定している。このことは実質的には，全面履行原則の双務契約における特別な現れである。

2.2 適切な履行の原則

いわゆる適切な履行とは，債務者は，法律および債権債務に定める品質基準または適切な方法に従って債務を履行しなければならないことをいう。適切な履行と全面履行の区別は，次の点にある。すなわち，全面履行は主に，債務者が契約に約定した数量および期限に従って全面的に義務を履行しなければならないことを強調するのに対し，適切な履行とは主に，債務者の債務履行行為が法律の規定および契約の約定に合致することを言い，または，債務者が適切な方法によって債務を履行することを言う。適切に履行する原則には，以下のいくつかの側面の内容が含まれる。

(1) 履行の主体が適切であること

履行の主体が適切であることには，債務履行の主体が適切であることだけでなく，債務の履行を受ける主体が適切であることも含まれる。契約履行の主体は通常，債務者に限られており，債務の履行を受ける主体は債権者であって，代理人が債務者を代理して履行をなすかまたは債権者を代理して履行を受ける場合，債権債務の履行主体は依然として，債務者と債権者である。当事者の間で別段の約定があるかまたは法律に別段の定めがある場合を除き，債務者は債権者以外の者に債務を履行してはならず，そうでなければ，債務履行の効力を生じない。また，債権者以外の者も，債務者による履行を受けることができず，そうでなければ，（その者は）不当利得を構成する。

(2) 履行の目的物が適切であること

すなわち，債務者の引き渡した目的物または提供した役務は，法律および契約の規定の要求に合致しなければならない。債務者の引き渡した目的物または提供した役務が，法律の規定または債権債務の規定の要求に合致しなければ，

適切に履行する原則に反することになる。例えば，腐った果物または伝染病にかかっている家畜を給付したり，顔を剃るときに眉毛を剃ってしまったり，酒宴を引き受けたが，客を食中毒させたりすることなどはすべて，適切に履行する原則に反している[3]。

(3) 履行方法が適切であること

履行方法が適切であることとは，主に債務の履行方法は，法律の規定および債権債務の規定の要求に合致しなければならないことを言う。契約の履行過程においては，債権債務の当事者は，適切な注意・保護義務を尽くし，適切な方法によって債務を履行しなければならない。例えば，甲が画家乙を雇い，自宅で1枚の壁画を描かせることにしたとしよう。ところが，壁画を描くために壁面を整理する必要が生じた乙は，壁面を整理する際に，うかつに甲の壁に取り付けた電灯を倒して毀損し，甲に2万元の損失を与えた。この場合において，乙の履行方法が不適切であったことにより甲に損害を与えたため，乙は，甲に対して債務不履行の責任を負わなければならない。

2.3 誠実履行の原則

契約法60条2項は「当事者は，誠実信用の原則に従い，契約の性質，目的および取引の慣行にもとづいて通知，協力，秘密の遵守等の義務を履行しなければならない」と規定している。これによれば，契約の履行は誠実信用の原則を堅持しなければならず，具体的には，次のような内容が含まれる。

第1，誠実履行の原則は，契約履行の全過程を貫いている。誠実信用の原則は直接取引関係を規律する法律原則として，債権債務関係とりわけ契約関係との関連が最も密接であり，契約の締結，履行，変更，解除の各段階において現れている。

第2，約定および法律の規定が欠けている場合においては，誠実信用の原則に従って契約を履行し，契約の性質，目的および取引の慣行にもとづいて義務を履行しなければならない。それには，使用方法の告知義務，重要事項の告知義務，忠実義務の履行等が含まれる。債権者も，債務者の履行について必要な協力（例えば，指示を与えること，履行の条件を提供すること，特定の手続を行う

---

[3] 王澤鑑『民法学説与判例研究［第4冊］』自費出版，1986年，718頁。

ことに協力すること，引渡しを受けること等がそれである）を与えなければならず，そうでなければ，非違約方は，債権者に対し違約責任を負うよう求めることができる。例えば，「仲崇清が上海市金軒大邸不動産プロジェクト開発有限会社を訴えた契約紛争事件」において，法院は，「『商業用店舗購入趣意書』は，予約契約に属しており，契約の当事者は，誠実信用の原則に従って契約上の権利を行使し，契約上の義務を履行しなければならず，契約で約定した義務を回避してはならない。被告は，約定に従って通知義務を履行しておらず，かつ商業用店舗を一つ残らず売りさばいた行為は，原告をして，優先的に係争中の商業用店舗を購入する機会を失わせしめ，契約の根本目的が実現できなくなっており，その行為は誠実信用の原則に違反しており，違約と認定しかつ相応の責任を負わなければならない[4]」と判示した。

第3，契約条項に瑕疵が存在する状況の下においては，誠実信用の原則にもとづいて契約を解釈し，契約の不備を補充しなければならない。

第4，契約関係の終了後においても，当事者は，誠実信用の原則から来る要求に従って契約終了後の義務［後契約義務］を履行しなければならない。例えば，雇用契約の終了後，被用者は誠実信用の原則からくる要求に従って，使用者に対して秘密保持義務を尽くさなければならない。

3　契約履行中の抗弁権

3.1　同時履行の抗弁権

3.1.1　同時履行の抗弁権の概念および特徴

契約法66条は「当事者が互いに債務を負っている場合において，前後の履行順序がないときは，同時に履行しなければならず，一方の当事者は，相手方が履行するまでその履行請求を拒絶することができる。一方の当事者は，相手方の履行が約定に合致しないときは，その相応の履行請求を拒絶することができる」と規定している。同条は，同時履行の抗弁権について定めたものであり，同時履行の抗弁権は，契約履行の抗弁権とも称され，双務契約における当事者の一方は，相手方が対価履行を行うまで自己の履行を拒むことができることを

4　「最高人民法院公報」2008年4期。

いう。同時履行の抗弁権の行使は，契約の解除とも異なる。同時履行の抗弁権の行使は，有効な契約関係の存在をその条件としており，当該権利の行使によって契約が一時履行不能となるとは言え，当事者双方は依然として，契約の効力を維持することを希望している。これに対し，契約の解除は，現存する契約関係を終了させるものであって，契約によって生じた債権債務関係を消滅させ，かつ当事者間の財産関係を契約締結前の状態に回復させるものである。同時履行の抗弁権には，次のような特徴がある。

　第1，同時履行の抗弁権は，双務契約にのみ適用される。片務契約においては，双方当事者の給付義務は決して対等性を有していないため，一方の当事者がその義務を履行しなかったとしても，相手方当事者は，履行の抗弁を主張する［提出］ことができない。例えば，無償保管契約についていうならば，委任者は決して保管費用の支払義務を負っていないため，保管者は，関連の履行の抗弁権を行使することができない。

　同時履行の抗弁権の法的根拠は，双務契約の牽連性にある。すなわち，双務契約において，一方の権利と他方の義務との間には，相互に依存し，互いに原因と結果をなす関係がある。このような牽連性は，成立上の牽連性，履行上の牽連性および存続上の牽連性という3つの側面として現れる。双務契約において，双方当事者は，同時に自身が負っている債務を履行しなければならない以上，一方の当事者は，既に履行したかまたは既に履行を提供［提出履行］してはじめて，相手方当事者に対し義務を履行するよう求めることができる。逆に言うと，相手方が反対給付［対待履行］を行うかまたは履行を提供するまでは，自身の履行を一時中断し，相手方の履行請求を拒絶することができる。

　第2，同時履行の抗弁権は，双務契約において履行の順序を約定しなかった場合に適用される。同時履行の抗弁権を行使する前提は，双方の債務に前後の履行順序が存在しないことである。すなわち，「同時」に履行しなければならない。双務契約において，当事者は，自身の義務の履行について履行の順序を約定する可能性があり，その場合は，当事者は約定した順序に従って自身の義務を履行しなければならず，またその場合は，後履行抗弁権または不安の抗弁権が適用される可能性はあるものの，決して同時履行の抗弁権の問題は存在しない。しかし，当事者が同時履行を約定したかまたは履行の順序を約定しなかった場合は，当事者は同時履行の義務を負うことになる。この場合において，

一方の当事者が履行していない状況のもとで相手方に対し履行を求めたときは，相手方当事者は，同時履行の抗弁権を援用して自身の給付を拒絶することができる。例えば，「湖南全洲薬業有限会社と清華紫光古漢生物製薬株式有限会社間の総取次販売契約紛争事件」において，最高人民法院は，「係争契約において，双方間の義務の履行順序についての約定が不明確である場合は，契約法第66条の規定にもとづき，双方は，同時履行の義務を負う[5]」と述べた。

　第3，同時履行の抗弁権は，主に一種の拒絶権である。契約法66条の規定によれば，同時履行の抗弁権とは，「一方の当事者は，相手方が履行するまでその履行請求を拒絶することができる。一方の当事者は，相手方の債務履行が約定に合致しないときは，その相応の履行請求を拒絶することができる」ことを言う。このことからわかるように，同時履行の抗弁権は，本質的には一種の給付拒絶の権利であり，それは，相手方の請求権に対抗する一種の権利である。

3.1.2　同時履行の抗弁権の適用要件
(1) 同じ双務契約において，互いに債務を負っていなければならないこと

　同時履行の抗弁権を適用する前提は，当事者が同じ双務契約によって互いに債務を負っていることである。いわゆる互いに債務を負うとは，双方が同じ双務契約にもとづいて相互に債務を負うことを言う。いわゆる牽連関係とは，双方が負う債務は，相互に独立しているのではなく，相互に依存していることをいう。一方において，双方の債務は，同じ双務契約にもとづいて生じたものでなければならず，双方の債務が異なる契約関係にもとづいて生じたならば，その債務の価値が相当であるとしても，当事者は，同時履行の抗弁権を援用してはならない。例えば，混合契約において，複数の債務を規定しており，各債務の性質が異なる場合，例えば，ある契約が売買，賃貸借に関する条項を一緒に規定し，各条項がその性質において異なるときは，当事者は同時履行の抗弁権を主張することができない。他方において，双方が負う債務間には，相応性を有しなければならない。ここに言う「相応性」とは主に，双方の債務間に対価関係が存することを言う。学理上の一般的見解によると，当事者が取得する財産権とその履行する財産的義務が，その価値においてほぼ相当であるならば，

5　最高人民法院（2004）民二終字第67号民事判決書。

「等価」ということになり[6]，それは，決して双方の給付がその価値において完全に相等しいことを要求しない。原告が履行しない債務と，被告が負う債務との間に対価関係がなければ，被告は，同時履行の抗弁権を援用してはならない。

(2) 双方の負う債務のいずれもすでに弁済期が到来していなければならないこと

同時履行の抗弁権の適用は，双方の反対給付の交換関係の現れであり，双方の債務が，同時に弁済期が到来してはじめて，同時履行の抗弁権を行使できる[7]。このことは，一方において，双方の当事者が互いに負う債務は有効でなければならないことを求める。もし，原告が被告に対し代金の支払を請求するのに対し，被告が売買契約の不成立，無効またはすでに取り消されていることを主張するか，または，債務がすでに相殺または免除されたならば，債務は事実上存在しないことを意味しており，原告は決して請求権を有しておらず，このような場合において，被告はもはや同時履行の抗弁権を主張するのではなく，自身には履行の義務がないことを主張しているのである。他方において，双方が互いに負う債務は，すでに弁済期が到来していることが求められる。履行期が到来する前において，債務者は，債権者の債務の履行請求を拒絶でき，同時履行の抗弁権を主張することはない。したがって，同時履行の抗弁権を行使するには，双方の債務のいずれも，既に弁済期が到来していることが求められる。

(3) 相手方が債務を履行しないかまたは適切に履行しなかった場合でなければならないこと

双務契約において，一方が既に完全にその債務を履行したならば，同時履行の抗弁権という問題は生じない。そのため，同時履行の抗弁権の行使は，相手方が債務を履行しないかまたは債務の履行が不適切でなければならない。当然，一部履行，瑕疵ある履行等のように，一方の債務履行が不適切である場合は，契約法66条の規定にもとづき，他方は，「その相応の履行請求を拒絶する」ことができる。

(4) 相手方の反対債務が履行可能な状態になければならないこと

前述のとおり，同時履行の抗弁権は本質的には一種の履行を拒絶できる権利である。それは，相手方を促して遅滞なく債務を履行させる機能を具備してい

---

6 張新宝『民事活動的基本原則』法律出版社，1986年，22頁。
7 王家福主編『中国民法学・民法債権』法律出版社，1991年，402頁。

第5章 契約の履行　　179

るため，同時履行の抗弁権の行使は，相手方の反対債務が履行可能な状態になければならないことをその前提とする。もし，一方がすでに履行したのに対し，他方が故意・過失［過錯］によって自身が負っている債務を履行できない（例えば，目的物が既に毀損滅失した場合など）ならば，債務不履行に関する規定を適用してその補完を請求できるのみであり，同時履行の抗弁という問題は生じない。もちろん，もし，不可抗力によって履行不能が生じたならば，双方の当事者はいずれも，契約法94条の規定にもとづいて契約を解除することができ，このときも，同時履行の抗弁という問題は生じない。

　もちろん，上記の要件を満たした場合でも，当事者は，誠実信用の原則にもとづいて同時履行の抗弁権を援用すべきである[8]。誠実信用の原則は，債務履行における1つの重要な原則である。この原則によると，双方は，互いに協力，保護，秘密の保持，忠実等の義務を負うことになる。誠実信用の原則に従い，もし，一方が引き渡した品物の数量が足りないものの，足りない数量がはなはだ少ないか，もしくは引き渡した目的物の瑕疵がきわめて軽微であり，相手方に明確な損害を与えることがないか，または一方の義務違反が，他方の履行に影響を与えないなどのような場合は，その相手方は，このことをもって受領を拒み，かつ自身の義務履行を拒んではならない。

3.1.3　同時履行の抗弁権の効力

　一方が，同時履行の抗弁権を援用したときは，相手方の債務履行請求を拒むことができる。同時履行の抗弁権は，履行を延期できる抗弁権であって，相手方の請求権を消滅させる効力は有しておらず，その効力は単に，当事者の一方は，相手方が給付を行う前に，一時的に自身の義務履行を拒絶できることとして現れるだけであって，決して自身の義務を消滅させるものではない。

　一方が，同時履行の抗弁権を援用したとき，その債務の履行拒絶行為は違約を構成しない。正当に同時履行の抗弁権を行使することは，違約を構成しない。なぜなら，抗弁権の行使は合法的な行為だからであり，それと違約行為はその性質において根本的に異なるものであり，両者を混同してはならない。例えば，一方が引き渡した品物に重大な瑕疵があるときに，他方が代金の支払を拒むこ

8　王澤鑑『民法学説与判例研究［第6冊］』中国政法大学出版社，1998年，164頁。

とは，正当に抗弁権を行使する行為であって，違約として処理すべきでない。もちろん，抗弁権の行使要件を満たしていない場合に義務の履行を拒むかまたは同時履行の抗弁権を濫用することなどは，正当に権利を行使する範疇には属しておらず，これらの行為自体はすでに違約を構成し，これによって相手方に損害を与えたときは，損害賠償責任を負わなければならない。例えば，甲がコメ１万kg を引き渡すことを契約で定め，甲が約定に従い品物を発送し，乙が当該品物を受け取った後に200キロ足りないことを発見するも，そのコメを受け取ると同時に転売した後になって，同時履行の抗弁権に関する規定を援用して全代金の支払を拒んだとき，乙の行為はすでに違約を構成することになる。

3.2 後履行の抗弁権

3.2.1 後履行の抗弁権の概念および適用要件

契約法67条は「当事者が相互に債務を負担し，先後の履行順序があるときは，先に履行すべき当事者が履行するまでは，後に履行する当事者は，その履行の請求を拒絶する権利を持つ。先に履行すべき当事者の債務の履行が約定と合致しないときは，後に履行する当事者は，それに相応する履行請求を拒絶する権利を持つ」と規定している。同条は，後履行の抗弁権について規定したものであり，この種の抗弁権は，中国の契約法が，同時履行の抗弁権と不安の抗弁権のほかに新たに増設した１種の抗弁権であり，また，中国の契約法が独自に創り出した１つの抗弁制度でもある[9]。契約法67条の規定にもとづくと，後履行の抗弁権を適用するには，以下の要件を満たさなければならない。

(1) 同一の双務契約において相互に債務を負担していること

同時履行の抗弁権の適用要件と同様，後履行の抗弁権もまた，双務契約における履行機能上の牽連性により生じるものであり，それを適用する前提は，同じ双務契約において相互に債務を負担していることである。いわゆる同じ双務契約において相互に債務を負担するとは，一方において，同じ双務契約によって債務が生じなければならないこと，すなわち，双方の債務は，２つまたは２

---

9 新たに改正された「国際商事契約原則」7.1.3条は，後履行の抗弁権を認めた。同条２項は，「両当事者が異なるときに履行すべきときには，後に履行すべき当事者は，先に履行すべき当事者が履行するまで，自己の履行を保留することができる」と，定める。同条は，中国の経験を採用した結果であるかどうかは，研究するに値する。

つ以上の契約によって生じたのではなくして，1つの契約によって生じることをいう。また，他方においては，双方の当事者は相互に債務を負担しなければならないことを言うのであって，相互に債務を負担することは，双方には双務契約関係が存在しなければならないことを意味する。なぜなら，片務契約においては，相互に債務を負担することはないからである。

(2) 当事者の債務に先後の履行順序があること

　当事者の債務に先後の履行順序があるか否かは，後履行の抗弁と同時履行の抗弁の根本的区別をなす。契約債務の先後履行は，当事者の約定によることができる。例えば，双方が契約で，先に品物を引渡し後で代金を支払うこと，先に宿泊し後で会計すること，先に食事し後で代金を支払うことを約定する場合がそれである。また，当該先後の履行順序は，法律の規定または取引の慣行にもとづいて確定することもできる。例えば，現地の慣習によると，通常は先に代金を支払い，後で食事するか，または先に会計し，後で宿泊することになっているならば，これをもって履行の順序を確定すべきである。もし，当事者の約定，法律の規定または取引の慣行によって当事者の契約義務の先後の履行順序を確定できないならば，双方当事者は同時履行の義務を負担すると認定すべきである。

(3) 先履行の義務を負う当事者が履行しないかまたは契約債務の履行が適切でないこと

　後履行の抗弁権は，先に履行すべき当事者の履行が契約の規定と合致しないことに対して設けたものである。先に履行すべき当事者が履行しない場合，後に履行する当事者は，その履行請求を拒絶できる権利を持つ。先に履行すべき当事者の債務の履行が約定と合致しないときは，後に履行する当事者は，それに相応する履行請求を拒絶する権利を持つ。同時履行の抗弁権を適用する場合と同様，履行が約定と合致しないことには，不履行以外の各種違約行為，すなわち，履行遅滞，不適切な履行（瑕疵ある履行と加害給付を含む），一部履行が含まれる。もちろん，不適切な履行と一部履行の場合においては，契約法67条の規定にもとづき，後履行の義務を負う当事者は，それに相応する履行請求を拒絶できるだけである。

3.2.2 後履行の抗弁権の効力

後履行の抗弁権を主張する当事者は，一時的に相手方の履行請求を拒絶できる。後履行の抗弁権を主張する当事者は，相手方当事者の履行請求を拒絶できるが，相手方の請求権を消滅させることはできないため，後履行の抗弁権もまた，履行を延期できる抗弁権に属する。後履行の抗弁権は一種の法定の権利であるため，権利者が後履行の抗弁権を援用して自身の給付を拒絶したとき，その行為は決して違約を構成しない。

もちろん，後履行の抗弁権の行使は，法律に定める要件を満たし，かつ誠実信用の原則に従わなければならず，抗弁権を濫用してはならない。後履行の抗弁権の行使は，相手方の請求権行使を阻むに過ぎないため，相手方当事者が契約義務を完全に履行した後は，当該抗弁権の行使要件はもはや存在しなくなり，後履行の当事者は自身の義務を履行しなければならない。

3.3 不安の抗弁権

3.3.1 不安の抗弁権の概念および適用条件

いわゆる不安の抗弁権とは，異時履行の契約において，先に履行すべき当事者に，相手方が履行期到来後に債務を履行できないかまたは履行しないであろうことを証明できる確かな証拠が存するときは，相手方が履行するかまたは担保を提供するまで，一時的に債務の履行を中止できることを言う。不安の抗弁権は，同時履行の抗弁権と相対応する一種の抗弁権であり，両者はそれぞれ，異時履行と同時履行の場合に適用される。契約法68条は，次のように定める。すなわち，「①先に履行すべき当事者は，相手方に以下に掲げる事由が存することを証明する確実な証拠を有する場合，履行を中止できる。㈠経営状況の著しい悪化。㈡財産を移転し，資金を引き出し，もって債務を免れようとしている場合。㈢商業上の信用を失った場合。㈣その他債務を履行する能力を喪失し，又は喪失する恐れのある事由が存在する場合。②当事者が確実な証拠もなく履行を中止したときは，違約責任を負わなければならない」。このように，同条は，不安の抗弁権について規定を置いた。

不安の抗弁権と後履行の抗弁権はいずれも，同じく異時履行の場合に適用されるとはいえ，不安の抗弁権は主に，先に履行すべき当事者を保護するためのものであり，先に履行すべき当事者が持つ権利であるのに対し，後履行の抗弁

権は主に，後に履行すべき当事者を保護するためのものであり，後に履行すべき当事者が持つ権利である。契約法68条の規定によれば，不安の抗弁権を適用するには，以下の要件を満たさなければならない。
(1) 当事者が，双務契約により相互に債務を負担していること
　同時履行の抗弁権および後履行の抗弁権と同様，不安の抗弁権は双務契約にのみ適用され，双務契約において，一方の当事者が契約債務を負担する目的は通常，相手方当事者の反対給付を受けるためであり，このことにより双務契約における当事者間の債務が対等性を有することになる。すなわち，一方の権利は他方の義務であり，その逆もまた同じである。それと同時に，契約法68条は，決して不安の抗弁権の適用を特定の双務契約に限定していないため，当該抗弁は，各種の双務契約に適用されると考えるべきである。
(2) 当事者の債務に先後の履行順序があること
　不安の抗弁権を行使するには，当事者の債務に先後の履行順序がなければならず，もし，当事者の債務に先後の履行順序がなければ，不安の抗弁権は適用できず，同時履行の抗弁権しか援用できない。根本から言うと，不安の抗弁権は，法律が先に履行すべき当事者に対し，法律の規定を満たす条件の下で享受できる権利を与えるものであり，このことは，不安の抗弁権と後履行の抗弁権の相違点でもある。不安の抗弁権を設けることは，先に履行すべき当事者の利益が損害を受けることを効果的に防止できる。例えば，先に履行すべき当事者が，相手方の信用が非常に悪く，先に履行すれば，相手方が反対給付を行わない可能性がきわめて高いことを証明できる確実な証拠を有するような場合において，不安の抗弁権を行使すれば，損害の発生を効果的に予防できるのである。
(3) 先に履行すべき当事者が，相手方が反対給付を行い得ないかまたは行わないであろうことを証明する確実な証拠を有していること
　先履行義務を負う当事者は，相手方が反対給付を行い得ないかまたは行わないであろうことを証明する確実な証拠を有して初めて，不安の抗弁権を援用して自身の給付を拒絶できるのであり，そうでなければ，その行為は違約を構成することになる。契約法68条の規定によると，先に履行すべき当事者は，後履行義務を負う当事者に以下の事情が存することを証明する証拠を有するとき，不安の抗弁権を行使できる。
　第1，経営状況が著しく悪化していること。いわゆる著しい悪化とは，契約

締結時の責任財産と履行能力に比べ，著しい減少と弱体化が生じる現象を言い，企業であれば，債務の増加，資産の減少，収益力の急激な低下等の現象が生じることを言う。

第2，財産を移転し，資金を引き出し，もって債務を免れようとしていること。これらの行為は，債務者の信用が悪く，きわめて大きい違約のリスクが存在しており，履行期到来後に契約を履行しない可能性があることを意味する。

第3，商業上の信用を失っていることすなわち，契約締結前の状況と比べ，業界または同業者の中でその商業上の信用が良くない状態にあること。

第4，その他債務を履行する能力を喪失し，または喪失する恐れのある事由が存在すること。債務能力を失うとは，すでに債務履行の資産またはその他の債務履行能力を具備していないことを言う。例えば，ある特定物が既に毀損滅失し，当該特定物を引き渡せない場合がそれである。喪失する恐れがあるとは，現在，履行能力を失っていないものの，債務の履行期到来時に履行能力を失うであろう場合をいう。例えば，ある出演者が，出演する何日前に重病を患い起きられなくなり，かつ，その病状から判断して，時間どおりに登壇し出演できないならば，その者は，債務の履行能力を喪失する恐れがあると認められる。

3.3.2 不安の抗弁権行使の効力

不安の抗弁権行使は，以下の効力を生ずることになる。

(1) 一時的に契約の履行を中止できること

契約法68条の規定にもとづき，不安の抗弁権を行使した一方当事者は，「履行を中止する」権利を持つ。すなわち一時的に契約の履行を停止する権利を持つことになる。一時的に契約の履行を中止することは，契約の終了と異なるだけでなく，契約解除とも異なる。なぜなら，不安の抗弁権を行使する場合において，抗弁権を援用する一方当事者は依然として履行を回復する可能性があるからである。すなわち，他方当事者が，適切な担保を提供するかまたは履行能力を回復したとき，契約は引き続き履行されなければならない。

(2) 相手方当事者に対し適切な担保を提供するよう請求できること

契約法69条の規定にもとづき，一方当事者は不安の抗弁権を行使した後，同時に相手方に対し適切な担保を提供するよう請求し，もって相手方が契約を履行できないことについての「不安」を除去することができる。担保方式とし

ては，抵当，保証等のように，多種多様でありうる。いかなる形式をとるのであれ，「不安」を除去するに足りるのであれば，いずれも適切な担保となり得る。契約法69条中段の規定にもとづき，「相手方が適切な担保を提供したとき，履行を回復しなければならない」ため，相手方当事者が適切な担保を提供した後，先履行義務を負う一方当事者は，約定に従い債務を履行しなければならず，そうでなければ，違約を構成することになる。

(3) 一定の要件を満たす場合に契約を解除できること

　契約法69条後段は「履行を中止した後，相手方が合理的期間内に履行能力を回復せず，かつ適切な担保も提供しないときは，履行を中止した一方は，契約を解除することができる」と規定している。この規定によれば，後履行義務を負う一方当事者が，合理的期間内に履行能力を回復せず，かつ適切な担保も提供しないとき，当該行為は履行期前の契約違反［予期違約］を構成することになり，先履行義務を負う一方当事者は，契約を解除できる。それと同時に，契約を解除した後，先履行義務を負う一方当事者は，相手方当事者に対し違約責任を負担するよう請求できる。

第 6 章　契約の保全

案例　甲会社は,乙(某金融会社)から1,000万元を借金し,1年後に元本と利息を支払うことを約定した。親友による紹介であったため,乙の総経理は,甲に対し担保の提供を求めなかった。期日到来後,甲は期日どおりに借金を返すことができず,その1ヶ月後に,甲会社は,市場取引価格よりはるかに低い価格で自身の機器設備等の優良資産を丙会社に売却し,かつこれにより甲会社は,乙への債務弁済能力を失った。これに対し,丙も,甲会社が売却した資産は市場価格よりはるかに低いことを明らかに知っていたが,甲が債務を逃れるために資産を売却したことは知らなかった。このことを知った乙は,法院に訴訟を提起し,甲丙間の取引の取消しを請求すると同時に,甲に対し債務を弁済するよう求めた。

簡単な評釈　契約関係において,債務者が故意に自身の財産を減少させるかまたは自身の財産を増やせるのに増やさないことにより,債権者の債権に損害を与えるならば,債権者は,取消権または代位権を行使することにより自身の債権を保護することができる。本件において,甲会社は,明らかに不合理な低価で財産を譲渡したことにより乙に対する債務弁済能力を失っており,契約法74条の規定にもとづき,譲受人丙会社が当該事情を知っていたならば,債権者乙会社は取消権を行使し,甲会社と丙会社間の契約を取り消すことにより自身の債権を保全することができる。譲受人丙会社の悪意を認定するとき,乙会社は,丙会社が,甲会社が明らかに不合理な低価で自身の財産を譲渡することを知っていたことを挙証できさえすれば,取消権を行使できる。また,丙会社が,故意に乙会社に損害を与える意図をもっていたか否かまたは甲会社と悪意に通謀していたか否かは,丙会社の悪意を確定するときに考慮する必要はない。

1 契約の保全概説

1.1 契約の保全の概念と特徴

契約の保全とは，法律が，債務者の財産が不当に減少するかまたは増加しないことにより，債権者の債権に損害を与えることを防止するために，債権者が取消権または代位権を行使することにより自身の財産を保護することを認めることを言う。例えば，債務の履行期到来後，債務者が自身の期日到来債権の行使を怠り，債権者が債権を実現することに影響を与えた場合，債権者は，代位権を行使することにより自身の債権を保全することができる。例えば，「杭州蕭山国貿ビルディング有限会社と天津市港龍国際海運有限会社，広東発展銀行有限会社上海支店間の債権者代位権紛争事件」において，債権者が債権者代位権を行使できるか否かをめぐり，裁判所は，次のように指摘する。第三債務者（港龍会社）が，自身が「委託融資契約」における借金返還義務を履行したことを挙証できなかったのに対し，債務者（亜財同星会社）はすでに上海市の関連工商管理部門によって営業免許を取り消されたため，未だ当該債権について権利を主張することができておらず，債権者（蕭山国貿会社）の合法的な権利利益に損害を与えた。本件において，債務者が第三債務者に対して有する債権は金銭債権であり，専属債権に属しておらず，債権者は，契約法および「契約法司法解釈(1)」の規定にもとづいて債権者代位権を行使できる[1]。契約保全制度は，大陸法系諸国特有の制度であり，中国の契約法は，73～75条において契約保全制度について規定を置いた。契約の保全には，以下の特徴がある。

第1，契約保全の目的は，債務者の責任財産を維持することにある。契約保全の主な目的は，債務者の責任財産が不当に減少することを防止するかまたは債務者の責任財産を回復させることにある。債務者が，不当に自身の財産を処分する行為を行い，かつそれが債権者の債権に有害であるとき，債権者は，保全措置をとることができる。指摘しなければならないのは，債権者の代位権と取消権は，その性質において決して独立した権利ではなく，それは債権の法定権能に属するということである。

第2，契約保全は，契約関係相対性の例外である。契約関係は，相対性を有

---

[1] 最高人民法院（2014）民四終字第31号民事判決書。

しており，一般的に言うと，債権者は特定の債務者に対してのみ債務の履行を請求でき，債務者もまた，特定の債権者に対してのみ債務を履行できるのであり，そうでなければ，債務履行の効力は生じない。しかし，契約保全の場合において，債権者は，直接債務者以外の第三者に対して請求できる。このことは，明らかにある程度，契約関係相対性の原則を乗り越えており，このことは，契約相対性ルールの例外とみなすことができる。

第3，契約保全は，主に契約関係の存続期間中に発生する。すなわち，一方において，契約保全は，契約関係が有効であることをその前提としており，契約が無効と宣告されたかまたは取り消されたならば，有効な債権は存在しなくなり，債権者も，関連の保全措置を採ることができない。他方において，契約保全は，契約の履行期間中に実施しなければならない。すなわち，契約の履行期間中に，債務者が，債権者が債権を実現することに影響を与える行為を実施したならば，債権者は，法により自身の債権を保全することができる。

第4，債権保全の基本的方式には，債権者の代位権と債権者の取消権という2種類が含まれる。この2種類の方式はいずれも，債務者の財産が不当に減少することを防止するかまたは債務者の財産を回復させることにより，債権者の権利実現を保障することをその旨とする。債務者が，不当に自身の財産を処分する行為を行い，それが債権者の債権に有害でありさえすれば，債権者は，保全措置をとることができる。したがって，契約保全の主な機能は，債務者が債権者の債権に危害を及ぼす行為に従事することを防止し，債権者の債権の円滑な実現を保障し，よって取引の安全を維持することにある。

1.2 契約の保全と契約の担保

債権債務関係が生じた後，債務者の全部の財産は，債務者が債務を弁済し責任を負担する財産（以下，責任財産と略称）としなければならない。責任財産は，特定の債権者のための担保になるだけでなく，全債権者のための共同担保にならなければならない。この意義から言うと，契約の保全は，主に債務者の責任財産の安定性を保障することにあり，その機能において契約の担保と類似する。しかし，両者は異なる債権保障制度であり，両者の区別は，主に以下の点に現れる。

一方において，成立時期が異なる。契約の担保は一般的に，契約の締結時に

設定されるか，または契約の履行前に既に確定される。ひとたび担保が成立すると，担保権者は，法律と契約の規定にもとづき，担保権設定者が提供する財物を占有し，担保財産について優先弁済を受ける権利を有し，保証人に対し責任を負担するよう請求できることになり，このことは，債務の履行または債権の実現のために比較的現実的な物的基礎を提供することになる。したがって，契約の担保は，債務者を促して債務を履行させることにきわめて有利である。しかし，契約の保全は，契約の担保と異なっており，契約保全の場合，債権者は，担保権者のように，債権を実現する財産を実際に支配し制御することができず，また，第三者に対して優先的に弁済を受ける権利も有しないため，債権に対する保障機能は，担保方式のように明確ではない。

他方において，契約の担保は，債務者が債務を履行しない場合に初めて行使することができる。例えば，債務者が約定に従い債務を履行しない場合にはじめて，債権者は，保証人に対し保証債務を履行するよう請求するかまたは担保財産について自身の債権を実現させることができる。これに対し，契約保全を適用するには，決して債務者が債務を履行しないことをその前提としない。すなわち，債務者が，自身の債務履行に著しい影響を与える行為を実施し，債権保全の要件を満たしさえすれば，債権者は，債権保全措置をとることができる。

1.3　契約の保全と民事訴訟における財産保全

民事訴訟における財産保全とは，裁判所が，事件の受理前または訴訟の中で，判決の執行を保証するかまたは財産が損害を被ることを避けるために，当事者の財産と係争目的物について封印，差し押さえ，凍結等の措置をとることを言う。契約保全と民事訴訟における財産保全はともに，特定の主体が債務を履行することを保障し，その責任財産の移転または減少を防止するためのものであるが，両者には一定の区別が存する。

第1，民事訴訟における財産保全は手続法すなわち民事訴訟法に定める措置であるのに対し，契約の保全は実体法すなわち契約法に定める制度である。民事訴訟における財産保全は，手続法に定める措置であり，一般的には当事者が申し立てる必要があるのに対し，契約の保全は，実体法における制度であり，それは，債権者が代位権，取消権を行使することにより実現される。

第2，訴訟における財産保全の方法には通常，封印，差し押さえ，預貯金の

凍結等の措置が含まれるのに対し，契約の保全は，単に債権者が代位権，取消権の措置を行使することにより実現される。

第3，訴訟における財産保全は通常，まずもって当事者が申し立てる必要があるが，特殊な状況のもとでは，裁判所は，主導的に訴訟上の保全措置をとることもできるのに対し，契約の保全は完全に債権者の請求にもとづき，裁判所がその採否を決めることになる。

2 債権者代位権

2.1 債権者代位権の概念と特徴

契約法73条1項は「債務者が期日到来の債権を行使することを怠ることにより，債権者に対して損害を与えたとき，債権者は自己の名義をもって債務者の債権を代位行使することを人民法院に請求することができる。ただし，その債権が債務者自身に専属する場合は除く」と規定している。同条の規定によれば，いわゆる債権者の代位権とは，債務者が期限の到来した債権を行使することを怠ることにより，債権者に対して損害を与えたとき，債権者は自己の名義をもって債務者の債権を代位行使することを人民法院に請求できる権利を言う。例えば，甲が乙から100万元を借り，丙が甲から50万元を借りた場合において，甲が，自身の債権の期日到来後，丙に対する債権を一向に行使しないことにより乙に対する債務を弁済できなくなったならば，乙は，甲の権利を代位行使し，丙を督促して甲に対する債務を履行させることができる。債権者の代位権には，以下の特徴がある。

第1，債権者代位権は主に，債務者が消極的に債権を行使しない行為に焦点を当て，もって債権者の債権が実現されることを保障するものである。債権者代位権の行使は，債務者の財産を保持するためである，すなわちその目的は，責任財産に対して法的措置をとることによりそれを保持することにある。債権者が代位権を行使するには，一般的に債権者と債務者間の債務の期日がすでに到来した状況のもとで当該権利を行使するのであり，そのため，債権者が代位権を行使した後，債務者に対し権利を主張するその他の者がいないとき，債権者は直接当該財産を取得できる。

第2，債権者は，自己の名義をもって行使する。契約法73条の規定によれ

ば，債権者は，自己の名義をもって代位権を行使しなければならない。債権者代位権の行使対象は，第三債務者すなわち債務者の債務者である。例えば，甲が乙に対し100万元の債務を負っているのに対し，丙が甲に対し150万元の債務を負っていた場合において，乙が，裁判所に訴えを提起し，丙に対し甲に対する債務を乙に弁済するよう請求したとしよう。このとき，乙が，丙に対し代位権訴訟を提起しようとするならば，自己の名義をもって提起しなければならない。

　第3，人民法院に訴えを提起しなければならない。契約法73条は，債権者が代位権を行使するには，訴訟外の請求方式によって代位権を行使するのではなく，裁判所に訴訟を提起し，裁判所に対しその債権の保全を請求しなければならないことを厳格に求めている。この規定は，当事者が債権保全の名を借りて不当な手段を講じて債務者の財産を強奪し，社会生活の安定に影響を与えることを防止することに有利である。もちろん，契約法73条は，代位権を行使するには人民法院に請求しなければならないと規定しているが，代位権は本質的には，決して一種の訴権でなく，また，手続法上の権利でもない。なぜなら，一方において，代位権は，実体法に規定された，債権者が有する一種の債権的権能であり，債権者の債権に従属し，かつ債権と不可分の権利であるからである。他方において，代位権は，債権を保全するために債務者に代わってその権利を行使するものであって，決して，債務者の財産を差し押さえるかまたは受領した債務者の財産について優先的に弁済を受けるものではないため，それは，訴訟上の権利でもなく，一種の実体的権利である。

2.2　代位権行使の要件

　「契約法司法解釈(1)」11条は「債権者が契約法第73条の規定にもとづいて代位権訴訟を提起するときは，以下の要件を満たさなければならない。(1)債権者の債務者に対する債権が合法的であること。(2)債務者が履行期到来の債権の行使を怠り，債権者に損害を与えること。(3)債務者の債権が既に履行期到来していること。(4)債務者の債権が債務者自身に専属しない債権であること」と規定している。同条の規定によれば，債権者代位権を行使するには，以下の要件を満たさなければならない。

(1) 債権者の債務者に対する債権が合法的であり確定されておりかつ弁済期が到来していること

　債権者の債務者に対する債権が合法的であるとは，債権者と債務者間には合法的な債権債務が存在しなければならないことを言う。債権債務関係が成立しないか，無効または取り消されうる要素があるために無効と宣告されなければならないかまたは取り消される可能性があるか，または債権債務関係がすでに解除されたならば，債権者は，代位権を失うことになる。例えば，「世紀証券有限責任会社，南昌市人民政府と中房集団南昌不動産開発本社間の借金未払代位権紛争事件」において，裁判所は，「中房会社が，南昌市政府に対して期日到来の債権を有しているか否かという事実は確定できないため，世紀証券が南昌市政府に対して提起した代位権訴訟は成立しない」と述べた[2]。また，債権者の債権の履行期が到来していなければ，債務者は債務の履行を拒絶できる。このときに債権者の代位権行使を認めると，債務者に対し債務の履行を強制するに等しくなるため，履行期未到来の債権をもつ債権者は，代位権を行使してはならない。

　債権の確定とは，債務者が債権の存在およびその内容について異議がないか，または当該債権が，既に裁判所または仲裁機関の裁判または仲裁により確定された債権であることを言う。指摘しなければならないのは，債権者が代位権を行使するとき，債権者の債務者に対する債権が確定していることを求めるだけであり，決して債務者の第三債務者に対する債権が確定していることを求めるわけではないということである。債務者の第三債務者に対する債権が確定していないのに，債権者が代位権を行使すると，第三債務者は抗弁を主張できる。

　債権者が債務者に対して有する債権が履行期にあってはじめて，債権者は代位権を行使できる。債権者が代位権を行使することは，債務者に対し債務の履行を求めることに等しく，債権者の債務者に対する債権が履行期にないとき，債務者は，期限の利益を有し，債権者の請求を拒絶できる。したがって，代位権の行使は，債権者の債務者に対する債権が履行期にあることを要件とし，このことは，代位権が取消権と異なる点でもある。取消権が焦点を当てているのは，債務者が財産を処分する行為であり，この種の行為は，直接債務者の責任

---

[2] 最高人民法院（2006）民二終字第188号民事判決書。

第6章　契約の保全　　193

財産の減少をもたらすことになるため，たとえ，債権者の債務者に対する債権が履行期にない場合でも，債務者が自身の財産を減少させる行為により，負債が資産を上回ることになり，ひいてはそれが債務を逃れる一種の方法であると債権者が考える十分な理由がある。したがって，債権者の取消権行使を認めなければならない。これに対し，代位権が焦点を当てているのは，債務者が権利の行使を怠る行為であり，この種の行為によりもたされるのは，債務者の財産が増えないことだけであるが，債権者の債務者に対する債権が履行期にない場合，債権者は，債務者が債務を弁済する十分な責任財産を有しているか否かを判断することは非常に難しい。したがって，代位権の行使は，債権者の債務者に対する債権が履行期にあることを要件としなければならない。

(2) 債務者が履行期到来の債権の行使を怠ること

契約法73条の規定によれば，債権者が代位権を行使する要件の1つは，「債務者が履行期到来の債権の行使を怠る」ことであり，それには，以下の2つの意味が含まれる。

一方において，債務者の第三債務者に対する債権が履行期になければならない。代位権は，債権者が自己の名義をもって第三債務者に対して請求するものであるが，その本質は，債権者が債務者に代位して権利を主張することにあり，債務者の第三債務者に対する債権が履行期にない場合に債権者の代位権行使を認めると，第三債務者の期限の利益を損なうことになる。したがって，代位権の行使は，債務者の第三債務者に対する債権が履行期にあることを要件としなければならない。

他方において，債務者が履行期到来の債権の「行使を怠ら」なければならない。債務者が履行期到来の債権の行使を怠っているか否かをいかに判断するのか。この点，「契約法司法解釈(1)」13条（1項）は，「契約法第73条に定める『債務者が履行期到来の債権の行使を怠り，債権者に対して損害を与える』とは，債務者がその債権者に対する履行期到来の債務を履行せず，また訴訟方式又は仲裁方式をもってその債務者に対して有する金銭給付の内容を有する履行期到来の債権を主張せず，そのことによって債権者の履行期到来の債権が実現できなくなることを言う」と規定する。この規定によれば，債務者がすでに訴訟または仲裁の方式によりその債務者に対し権利を主張してはじめて，債務者は，履行期到来債権の行使を怠らなかったことになる。このような基準を採用

した重要な理由は，このような基準は一種の客観的で明確な基準であることにある。債権者は往々にして，債務者が訴訟または仲裁以外の方式によってその債務者に対し権利を主張したかどうかを立証することは非常に難しい。たとえ，債権者が立証できたとしても，債務者は，自身がその債務者に対し請求したことがあることをたやすく証明できることにより，債権の行使を怠ることにはならず，このことは，明らかに債権者の利益を保障することに不利である。

(3) 債務者が権利の行使を怠る行為が，既に債権者に損害を与えていること

契約法73条の規定によれば，債務者の履行期到来債権の行使を怠る行為が，「債権者に対して損害を与え」なければならず，そうでなければ，債権者は代位権を行使できない。債務者の行為が，債権者に対して損害を与えるか否かは，主に以下の2つの要素と結び付けて判断しなければならない。

一方において，債務者が履行遅滞を構成すること。このことはすなわち，債権者の債務者に対する債権が履行期到来した後，債務者が遅滞なく債務を弁済せず，すでに遅滞を構成し，このような場合において，依然としてその第三者に対する権利の行使を怠ることにより，債権者に対する債務を弁済する財産がないかまたは十分な財産がないという事態をもたらし，客観的に債権者に対して損害を与えたことを意味する。もちろん，例外的な場合においては，たとえ，債務者が履行遅滞を構成しなくても，債権者は，債務者に代位して第三債務者に対し権利を主張できる。例えば，第三債務者が破産したとき，債務者のために債権申告するには，債務者が遅滞を構成するまで待つ必要がない。なぜなら，これらの行為はいずれも，債権の保存行為であり，債権者がこれらの行為に従事する目的は，債務者の権利の変更または消滅を防止することにあって，債務者に代位して第三者に対し債務者への義務履行を請求するものではないからである。したがって，この要件による制約を受けなくてもよい[3]。

他方において，債務者が自身の第三債務者に対する権利の行使を怠ることにより，債権者に対する債務を弁済できなくなること。すなわち，債務者はその権利の行使を怠ることにより，速やかに債務を弁済できなくなるかまたは履行遅滞の場合において，債務を弁済する十分な資産を有しなくなり，すでに客観的に債権者に損害を生じさせたのである。債務者がその期日到来債権の行使を

---

3 最高人民法院経済審判庭編『合同法解釈与適用［上冊］』新華出版社，1999年，314頁。

怠ることが，債権者の債権実現に影響しなければ，債権者は，代位権を行使してはならない。例えば，甲が乙に対して10万元の期日到来債権を有し，乙が丙に対して20万元の期日到来債権を有し，乙には2,000万元相当の10棟の家屋がある場合においては，たとえ，乙が丙に対する債権の行使を怠ったとしても，甲に対する債務履行に影響することはない。こうした場合，甲は，代位権を行使してはならない。

(4) **債務者の債権が債務者自身に専属する債権でないこと**

契約法73条の規定によれば，債権者が代位行使できる権利は，債務者に専属しない権利でなければならない。したがって，債務者に専属する権利に対し，債権者は代位権を行使してはならない。何が債務者に専属する債権であるかをめぐり，「契約法司法解釈(1)」12条はそれを，「扶養関係・養育関係・養老関係・相続関係にもとづいて生ずる給付請求権，労働報酬，退職金，養老金，弔慰金，配置費，生命保険，人身損害賠償請求権等の権利」であると解釈している。これらの権利は通常，債務者本人しか行使できず，他人が代わって行使できない。したがって，たとえ債務者がこれらの権利を行使しないことにより関連債務を履行できなくなるとしても，債権者は，これらの権利を代位行使することはできない。

2.3 代位権訴訟の訴訟主体

契約法73条1項は「債務者が期日到来の債権を行使することを怠ることにより，債権者に対して損害を与えたとき，債権者は自己の名義をもって債務者の債権を代位行使することを人民法院に請求することができる。ただし，その債権が債務者自身に専属する場合は除く」と規定している。同条の規定によれば，債権者は自己の名義を以て代位権を行使しなければならず，代位権訴訟における原告は，債権者でしかありえない。代位権訴訟における被告をめぐり，本書は，次のように考える。代位権訴訟は，第三債務者に対して提起するものであり，それが解決するのは，債権者と債務者間の債務紛争問題ではなく，代位権の行使により形成された債権者と第三者間の関係であるため，代位権訴訟における被告は，第三債務者でなければならない。

代位権訴訟は，直接債務者に対して請求するものではないが，必然的に債務者に関わることになる。代位権行使の前提は，債権者が債務者に対し期日到来

の債権を有していることであり，このことにより，代位権訴訟においては，必然的に債務者に関わることが決定付けられる。代位権訴訟における債務者の地位をめぐり，「契約法司法解釈(2)」16条は，「人民法院は，具体的な事件の状況にもとづいて契約法第64条，第65条に定める第三者を，独立した請求権をもたない第三者とすることができる。ただし，職権によりその者を当該契約訴訟事件における被告または独立した請求権を持つ第三者に入れてはならない」と規定する。このことからわかるように，債務者の訴訟上の地位は第三者でなければならず，かつ，独立した請求権を持たない第三者である。

2.4 代位権の行使範囲と費用負担

2.4.1 代位権の行使範囲

　代位権の行使範囲をめぐり，契約法73条2項は「代位権の行使範囲は，債権者の債権を限度とする」と規定している。同条に定める「債権者の債権を限度とする」ことには，以下の2つの意味が含まれる。

　第1，債権者が代位権を行使するには，自身の債権を基礎としなければならず，全債権者の債権を基礎にしてはならない。債権者は，自己の名義をもって自身の利益のために訴訟を提起するため，自己の債権を基礎に請求しなければならない。債権者が全債権者の債権を基礎に，代位権訴訟を提起することを認めるならば，不当に債務者の事務に干渉する恐れがあるため，各債権者はいずれも，代位権訴訟を提起できるとは言え，各債権者が訴訟を提起するには，自己の債権を基礎にしなければならない。

　第2，債権者が第三債務者に対して代位権訴訟を提起するとき，その代位請求する債権額は，自身の債権額とほぼ同額でなければならない。2つの債権が確定したとしても，債権者が債務者の債権を代位行使するとき，その内容において自身の債権額とちょうど同額にはなれないのに対し，債権者もまた，当該行為の内容を分割することができないため，債権額が完全に一致することを求めるのは非常に困難である。債権者が代位請求する額が，自身の債務者に対する額を上回る場合において，合理的な範囲内にありさえすれば，認めるべきである。なぜなら，債権者が代位権訴訟を提起した後，裁判所は，まず，債権が合法的であるかどうか，確定されているかどうかについて審理すると同時に，代位権の要件を具備しているかどうかを審査しなければならないからである。

いったん，代位権の要件を満たすと，たとえ，債権者の代位請求額が，債権者が債務者に対して有する債権額を上回っていても，裁判官は，債権者の代位請求を支持すると同時に，第三債務者に対し債権者への一部弁済を行い，その残額は直接債務者に弁済するよう求めることができる。したがって，債権者は代位訴訟を提起するとき，できるだけ代位請求する債権額が，債務者に対して有する債権額とほぼ同額になるようにすべきである。債務者が第三債務者に対して複数の債権を有し，債権者がその中の1つの債権を代位行使すると，自身の債権が弁済されるならば，債権者は，1つの債権についてのみ代位権を行使できるだけである。

2.4.2 代位権の費用負担

　債権者が代位権を行使した後，代位権行使費用の負担問題が生ずる。契約法73条2項の規定によれば，「債権者が代位権を行使するうえでの必要費用は債務者が負担する」ことになる。法律がこのような規定を置いた主な理由は，以下の点にある。債権者が代位権を行使することは，債権債務の保全措置の1つであるにすぎず，債権者が代位権を行使する中で生じた費用は，債務者の債務弁済における費用とみなすことができ，このような費用は，もともと債務者が支出すべきであるため，このような費用を債務者の財産から控除することは合理的である。

　注意すべきなのは，「契約法司法解釈(1)」19条が，「代位権訴訟において，債権者が勝訴したときは，訴訟費用は第三債務者が負担し，実現された債権の中から優先的に支払うものとする」と規定していることである。同条は，第三債務者が代位権訴訟の訴訟費用を負担すると規定しており，この規定は事実上，契約法73条2項の規定を乗り越えている。このような規定を置いた主な理由は，以下の点にある。代位権訴訟において，債務者は決して被告ではなく，独立した請求権を持たない第三者であり，とりわけ，訴訟費用を負担させることには，相当の不合理な点が存するため，同司法解釈は，債権者が勝訴すれば，第三債務者が関連の訴訟費用を負担しなければならないと規定したのである。

2.5 代位権行使の効力

2.5.1 2つの債権の訴訟時効が中断することになる
　ひとたび債権者が第三債務者に対して代位権訴訟を提起すると，債権者の債務者に対する債権および債務者の第三債務者に対する債権の訴訟時効はともに，中断することになる。民法通則140条は「訴訟時効は，訴えの提起，当事者の一方が，義務の履行を要求するかまたはそれに同意したことにより中断する。訴訟時効期間は，中断のときから新たに計算する」と規定している。同条の規定によれば，ひとたび債権者が債務者に対し債務の履行請求をすると，当該債権の訴訟時効は中断することになる。債権者が代位権を行使するとき，当該行為は，一方において，債権者が債務者に対し債権を主張することを意味し，他方において当該行為は，債務者に代わって第三債務者に対し債権を主張する機能も果たせるため，同時に両債権の訴訟時効が中断することになる。

2.5.2 各当事者に対する効力
(1) 債権者に対する効力
　契約法73条の規定によれば，債権者は，自己の債権の範囲内で自己の名義をもって代位権訴訟を提起しなければならず，ある債権者がすでにある債権について代位権を行使したのに対し，その他の債権者も，当該債権について代位権を行使するならば，裁判所は，複数の代位権訴訟を併合審理しなければならない。債権者が代位権を行使した後，代位権の行使により取得した財産についてどのように配分するかをめぐり，理論上では非常に大きい論争が存在しており，主として，「入庫原則」説，債権者平等配分説および代位権者優先弁済説がある。「契約法司法解釈(1)」20条は「債権者が第三債務者に対して提起した代位権訴訟が人民法院によって審理され，審理後，代位権の成立が認定されたときは，第三債務者は債権者に弁済義務を履行し，債権者と債務者，債務者と第三債務者間の相応の債権債務は直ちに［即］消滅する」と規定している。このように，司法解釈は事実上，代位権者優先弁済説を採用したことがわかる。このような見解を採用した主な理由は，以下の点にある。もし，代位権者が代位権を行使した後に取得した財産が，完全に債務者の債権者らの間で平等に分配されるならば，代位権者にとっては不公平である。なぜなら，全債権者が

「ただ乗り」し，代位権訴訟の成果を共に享受することは，公平を失するだけでなく，代位権制度の債権者に対するインセンティブ的要素を完全に喪失せしめ，代位権制度の破産手続における債務弁済制度および配当参加制度と異なる特殊な機能を体現できなくなるからである。

　もちろん，一律に代位権訴訟を提起した債権者が優先的に弁済を受けることを認めることにも，一定の問題が存在する。一方において，代位権はその性質上物権ではなく，債権の１つの権能であるにすぎず，それには物権の優越性がないため，代位権を行使した代位権者は，優先的に弁済を受けることはできない。他方において，もし，債権者が代位権を行使するとき，すでにその他の債権者が債務者に対し訴訟を提起したか，ひいてはすでに勝訴判決を得たにもかかわらず，第三債務者が代位権を行使する債権者に弁済義務を履行しなければならないとすると，債務者のその他の債権者にとっても不公平である。

(2) 債務者に対する効力

　代位権行使の直接の効果は，債務者に帰属しなければならない。債権者は，債務者に代わって権利を行使するにすぎないため，債権者が債務者に代わって権利を行使して取得した一切の利益は，すべて債務者に帰属することになる。もし，債務者のある権利が，債権者によって代位行使された場合，債務者は，当該権利を処分できるかどうか。本書は，次のように考える。ひとたび裁判所が，裁判によって債権者の代位権行使を認めると，債務者は，債権者によって代位行使された権利を処分できないだけでなく，債権者の代位権行使を妨害してはならず，そうでなければ，そもそも代位権を行使することはできず，債権を保障することはなおさらできない。また，債務者が第三債務者に対する債権を放棄したとき，債権者は，債権者取消権を行使することにより当該放棄行為の効力を否定することができる。

(3) 第三債務者に対する効力

　債権者が第三債務者に対し代位権訴訟を提起した場合において，第三債務者は，自身と債権者との間に契約関係がないことを理由に訴訟参加を拒絶したり，それを理由に抗弁を提出したりしてはならない。それと同時に，債権者が代位権訴訟を提起したとき，第三債務者が債務者に対して抗弁権を有するならば，第三債務者は，債権者に対しても当該抗弁権を行使することができる。例えば，債務者の第三債務者に対する債権の訴訟時効が既に満了したとき，第三債務者

は，債務者に対し時効の抗弁を提出することができる。また，代位権訴訟において，第三債務者は，債権者に対し当該抗弁を主張することもできる。もちろん，ひとたび代位請求が成立すると，第三債務者は，裁判所の裁判にもとづいて債権者に履行しなければならない。

3 債権者取消権

3.1 債権者取消権の概念

契約法74条の規定によれば，債権者取消権とは，債務者が自身の財産を減少させる行為が，債権者に対して損害を与えたとき，債権者は人民法院に当該行為の取消しを請求できることをいう。契約法74条の規定によれば，債権者の取消権は，訴訟方式によって行使されなければならないため，債権者の取消権は，取消訴権または廃罷訴権とも称される。債権者取消権は，債権者がその債権を保全するために法により有する権利であり，当事者が契約において約定を行う必要はない。例えば，「潘某某と陸某某等との間の債権者取消権紛争事件」において，裁判所は，次のように判示している。被告陸某某がその家屋を譲渡する行為は，債権者潘某某の利益に損害を与え，当該家屋の譲受人は陸某某の家族構成員であり，譲受人は，すでに合理的な代価を支払ったことを挙証によって証明できていないため，債権者は，当該譲渡行為の取消しを請求することができる[4]。このように，債権者取消権は，債権の対外的効力を体現していることがわかる。債権者の代位権同様，債権者の取消権も，債権をして，第三者に対して効力を生ぜしめる。この2種類の権利の行使はともに，債権債務関係以外の第三者に及んでおり，かつ第三者に対して法律上の拘束力を生じさせている。このように，契約の保全は，債権債務の対外的効力の現れであることがわかる。

債権者取消権と債権者代位権はともに，債権債務の保全措置であり，かつともに第三者に対して一定の効力を生ぜしめるが，両者には一定の区別も存在しており，それは主に以下の点に現れる。①両者が焦点を当てている対象が異なる。代位権が焦点を当てているのは，債務者が債権を行使しない消極的行為で

4　江蘇省鎮江市中級人民法院（2014）鎮商初字第28号民事判決書。

あり，代位権行使の目的が債務者の財産を保持することにあるのに対し，取消権が焦点を当てているのは，債務者が不当にその財産を処分する積極的行為であり，取消権を行使する目的は債務者の財産を取り戻すことにある。②両者の構成要件が異なる。代位権と取消権はそれぞれ，異なる行使要件を有している。例えば，代位権を行使するには，債務者が期日到来の債権を行使することを怠り，かつ債権者の債務者に対する債権の期日が到来しなければならないことが求められるのに対し，取消権の行使には，これらの要件を具備することを必要としない[5]。③両者の法的効果が異なる。債権者が代位権を行使したとき，債権者は，第三債務者が行った給付について優先的に弁済を受けることができる。これに対し，債権者が取消権を行使した場合においては，原則として入庫規則が適用されることになる。すなわち，債権者が取消権を行使した後，第三者が債務者に財産を返還したとき，当該財産を直接債権者に引き渡すことはできない[6]。

債権者取消権は，取消可能な契約における一方当事者が有する取消権とその名称において似通っているところがあり，かつ両者を行使する法的効果にも似通っているところがある。すなわち，この2種類の取消権の行使はともに，民事行為が初めから効力を生じない結果をもたらす。しかし，両者は，契約法における異なる制度であり，それぞれ，契約効力制度と契約保全制度に属する。一方において，取消可能制度の設置目的は，意思自治の原則を貫徹し，取消権者が真実でない意思表示行為に対してその取消しを求めることにより，取消権者の意思と利益を実現させることにある。これに対し，取消権制度は，債権者の利益を保全し，債務者の財産が不当に減少されることを防止するために，法律が設置した一種の措置であって，決して当事者がその真実の意思を実現することを保障するためのものではない。他方において，その効力から見ると，取消可能制度において，取消しは当事者の間でのみ生じるため，取消権の行使は，当事者の間でのみ効力を生じることになる。これに対し，契約の保全においては，取消権の行使は契約の相対性原則を乗り越え，第三者に対して効力を生ぜしめることになる。

---

[5] 李永軍＝易軍『合同法』中国法制出版社，2009年，310頁。
[6] 韓世遠「債権人撤銷権研究」比較法研究2004年3期，48頁。

3.2 債権者取消権の行使要件

契約法74条は「債務者が期日到来の債権を放棄し、または財産を無償譲渡し、債権者に損害を与えたときは、債権者は人民法院に債務者の行為の取消しを請求することができる。債務者が明らかに不合理な低価格で財産を譲渡し、債権者に損害を与え、かつ譲受人が当該事情を知っていたときは、債権者はまた人民法院に債務者の行為の取消しを請求することができる」と規定している。同条は、債権者取消権を行使する客観的要件と主観的要件を規定している。

3.2.1 客観的要件

債権者取消権の行使は、客観的に債務者が債権を害する一定の行為を実行したことを要求しており、具体的にいうと、以下のとおりである。

(1) 債務者が財産処分行為を行ったこと

事実上の処分行為には、取消しという問題が存在しないため、ここにおける債務者が実施する行為は、法律上の処分行為に限られる。契約法74条および「契約法司法解釈(2)」18条の規定によれば、債務者が行う、債権者がその債権を実現することに影響を与える行為には、主に以下のものがある。

第1、債務者が期日到来の債権を放棄することである。すなわち、債権の期日到来後、債務者が、その債務者の債務を免除することを明確に表明することを言う。厳格に言うと、債務者が債権の期日到来前に当該債権を放棄することも、当該財産を処分する行為に属しており、債権者も、その取消しを請求することができる。

第2、財産の無償譲渡であり、これは主に、財産を他人に贈与することを言う。もちろん、ここにいう贈与とは、贈与が既に実際に効力を生じていることを言うのであって、もし、債務者が第三者と贈与契約を締結しただけで、未だ贈与物を引き渡していなければ、債権者はその取消しを請求することはできない。

第3、明らかに不合理な低価格で財産を譲渡することである。「明らかに不合理な低価格」について、人民法院は、取引地の一般経営者の判断をもって、併せて取引時の取引地の物価部門の指導価格または市場取引価格を参考とし、その他の関連要素と結び付けて総合的に考慮し確認しなければならない[7]。例

えば,「中国工商銀行蒙陰県支店と山東省蒙陰綿紡績有限会社,山東恒昌集団株式有限会社間の財産譲渡契約取消紛争事件」において,最高人民法院は,「当事者間の商品売買における価格の決定根拠は,商品売買時の市場価格でなければならず,帳簿コストは,商品売買の価格決定メカニズムにおいて決して決定的役割を果たしておらず,これをもって低価格を構成するか否かを判断する根拠にすべきではない」と指摘している[8]。

第4,債務者が債権の担保を放棄することである。債務者がその債権に対する担保を放棄した場合,ひとたび第三債務者が破産に陥ると,債務者の債権が完全に実現されることは難しくなり,このことは,債権者の債権実現に影響を与えかねない。このとき,債権者は当該行為を取り消すことができる。

第5,債務者が悪意をもって期日到来債権の履行期を延長することである。債務者が悪意をもって自身の期日到来債権の履行期を延長すると,その第三債務者が一定の期限の利益を得る可能性があり,たとえ,債務者が債務を履行できないとしても,債権者は,第三債務者に対して代位権訴訟を提起することができず,このことも,債権者の債権実現に影響を与えかねないため,債権者が当該行為を取り消すことができるようにすべきである。また,「契約法司法解釈(2)」19条3項の規定によれば,債務者が明らかに不合理な高価をもって他人の財産を購入するときも,債務者の責任財産の不当な減少をもたらす可能性があり,債権者は,当該行為の取消しを請求することができる。

債務者が上記行為を実行した場合において,債権者がその行為を取り消すにはさらに,当該行為は必ず実際に効力を生じていることが要求される。もし,債務者の行為が成立せず効力を生じていないか,法律上の当然に無効な行為(例えば,債務者と第三者が悪意で通謀し財産を隠匿する場合)に属するか,または当該行為がすでに無効と宣告されたような場合は,債権者が取消権を行使する必要はない。債務者と第三者が実行した無効な行為に対し,債権者は,無効制度にもとづいて裁判所に対しその関与を求め,当該行為の無効を宣告するよう請求することができる。もちろん,債務者の処分行為は,債権の発生後でな

---

[7] 「契約法司法解釈(2)」19条2項の規定によると,譲渡価格が,取引時の取引地の指導価格または市場取引価格の70%に達しなければ,通常,明らかに不合理な低価格であるとみなすことができる。例えば,100万元相当の家屋を故意に1万元の価格で他人に譲渡したとしよう。このような行為は,往々にして財産を隠匿し,債務を逃れる行為である。
[8] 最高人民法院(2005)民二終字第172号民事判決書。

ければならず，債権の成立前に発生したならば，債権損害問題を云々する余地はない。そのため，債務者がある処分行為を行ったものの，当該行為が債権者に対する債務の成立前に生じたのであれば，債権者は，取消権を行使することができない。

(2) 債務者の財産処分行為がすでに著しく債権に損害を与えたかまたは与えようとしていること

　債務者がある財産処分行為を実行したとき，債権者が必ず取消権を有するとは限らない。債権者が取消権を行使できるか否かは，さらにこのような行為が債権者の債権を害するか否かを確定しなければならない。債務者の財産処分行為が，すでに著しく債権者の債権に損害を与えたか，または与えようとしてはじめて，債権者は取消権を行使できる。債権者の債権を害さない場合，債務者が財産を処分することは，正当に権利を行使する現れであり，法律のうえでこれについて干渉してはならず，債権者はその取消しを主張することはできない。

　債務者の行為が債権者の債権実現を害するか否かをどのように判断するかに関し，本書は，債務者が財産処分行為を実行した後，もはや債権者の債権を弁済する十分な資産がなくなりさえすれば，債権者の債権を害すると認定できると考える。厳密に言えば，債権者が，債務者の実行した行為が自身の債権を害すると主張することは，一種の推断であるにすぎず，債務者が反証により論駁することを認めなければならない。債務者が当該行為を行った後，依然として債務を弁済する十分な資産があることを挙証できれば，債務者の行為が著しく（債権者の）債権を害すると考えることはできない。どのように「十分」を判断するかについては，債務者が処分行為を行った後，その現有資産がその債務とほぼ一致するか否かを見極めなければならない。もし，資産が債務より少なければ，債権を害すると認定できる。債務者の資産を確定するときは，債務者が実際に有している財産をもって計算するしかなく，債務者の信用，労働力を債務者の資産の中に入れて計算してはならない。

　さらに指摘しなければならないのは，たとえ，上記の要件を満たしたとしても，いかなる状況下でも債務者の財産処分行為を取り消さなければならないわけではない。以下の場合においては，たとえ，債務者の行為が債権者の債権実現に影響を与えるとしても，債権者はその取消しを請求できない。

第1，債務者が，贈与を受けることを拒絶し，ある行為に従事して利益を得ることを拒絶した場合。このような行為により，債務者の増加すべき財産が増えないとは言え，取消権行使の要件を満たしたとは認定できない。

第2，債務者が，その財産を減少させる可能性がある身分行為を行った場合。取消権が焦点を当てているのは，財産の処分行為のみであり，身分行為は含まれない。債務者が，他人の子供を引き取って育てること，相続権を放棄すること等のような，ある身分行為を行うこともまた，債務者の財産を減少させるかまたは間接的に債務者の責任財産と履行能力に影響を与えるが，債権者は，これらの行為を取り消すことはできない。

第3，不作為の行為の場合。不作為の行為については，債務者がこれによりある種の作為義務に違反し，かつある種の法的責任を負うことになるが，当該行為は未だ発生していないため，債権者は取り消しようがない。

第4，債務者が無償で他人にある労務行為を提供した場合。債務者が無償で他人に労務を提供する行為は通常，債務者の責任財産を減少させることがなく，また，債権者に損害を与えることもなく，債務者が得られるべき財産を得られないだけであるため，保全の範囲に属さない。

なお，債権者取消権は，法定期限内に行使されなければならない。この点について，契約法75条は「取消権は，債権者が取消事由を知った日または知ることができた日から1年以内に行使しなければならない。債務者の行為が生じた日から5年以内に取消権を行使しなければ，当該取消権は消滅する」と規定している。例えば，「深圳市蒲公堂情報コンサルタント有限会社と深圳市南山区投資管理会社，深圳市科滙通投資持ち株有限会社間の取消権紛争事件」において，最高人民法院は，「債権者取消権の5年間の行使期間はその性質上，除斥期間に類似するため，債権者取消権は一種の実体的権利に属しており，債権者が法律に定める権利行使期間内に行使しなければ，その実体的権利は消滅する効果が生じることになる」との判断を示している[9]。このことからわかるように，当該期限は事実上，取消権行使の固定期限であり，当該期限内にいかなる状況が生じたとしても，債権者が当該期限内に権利を行使しなければ，その取消権はすべて消滅する。それと同時に，契約法75条の規定によれば，当該取

9　最高人民法院（2007）民二終字第32号民事裁定書。

消権の行使期限は「債権者が取消事由を知った日または知ることができた日」から起算され，当該期限の起算については，できるだけ債権者に有利な解釈を行わなければならない。例えば，「中国工商銀行蒙陰県支店と山東省蒙陰綿紡績有限会社，山東恒昌集団株式有限会社間の財産譲渡契約取消紛争事件」において，最高人民法院は，「取消権の法定期間の起算問題においては，積極的に権利を主張する債権者に有利な解釈を行わなければならず，債権者が取消事由を知った日または知ることができた日については，人民法院が債権者に対し取消権訴訟を提起できることを告げる裁判が下された日であると解すべきである」との判断を示している[10]。

3.2.2　主観的要件

債権者取消権の主観的要件とは，主に債務者と譲受人間の悪意問題のことで，以下，具体的に検討することにする。

(1) 譲受人の悪意

契約法74条は「債務者が明らかに不合理な低価格で財産を譲渡し，債権者に損害を与え，かつ譲受人が当該事情を知っていたときは，債権者はまた人民法院に債務者の行為の取消しを請求することができる」と規定している。当該規定によれば，債権者取消権の成立は，「譲受人が当該事情を知っていた」こと，すなわち譲受人が主観上悪意を有していることを必要とする。譲受人の悪意とは，譲受人が，債務者が明らかに不合理な低価格で財産を譲渡することを知っていたことを言うのであって，譲受人が，当該行為が債権者に損害を与えうることを知っていたことまで必要としない。また，譲受人の悪意を確定するとき，譲受人が，故意に債権者を害する意図を有しているか否か，または債務者と悪意で通謀していたか否かについては考慮する必要がない。例えば，「福建金石製油有限会社等と Cargill International SA 間の悪意通謀紛争上訴事件」において，最高人民法院は，債権者が，「譲受人が，債務者の譲渡行為は明らかに不合理な低価格であることを知っていた」ことを挙証できさえすれば，譲受人がこれにより債権者に損害を与えうることを知っていたと認定できるとの判断を示している[11]。債権者が取消権を行使するとき，譲受人に悪意の存した

10　最高人民法院（2006）民二終字第218号民事裁定書。
11　最高人民法院（2012）民四終字第1号民事判決書。

ことを求めることには，一定の合理性がある。なぜなら，市場経済のもとでは，たとえ債務者が悪意で債権者の債権を害する行為を行ったとしても，その債務者と有償取引を行った第三者が，取引時にその主観上善意かつ無過失であるならば，(その第三者は)このような有償取引の成立と効力発生について一種の合理的な信頼を抱くことになり，このような信頼利益については，法律のうえでも保護しなければならない。さもなければ，取引の安全と秩序を維持することは非常に難しくなるからである。

(2) 債務者の悪意

契約法74条の規定から見ると，同条は，譲受人の悪意の問題について言及するのみであり，債務者にも悪意があることを求めていない。しかし，債権者が取消権を行使するとき，債務者もその主観上悪意を有することを求めるべきである。なぜなら，市場経済社会において，取引の当事者は取引活動に従事する広範な自由を有しなければならず，たとえ，債務者についても，債務者の負債によりその行動の自由が大幅に制限されてはならないからである。赤字経営の現象は，よく見られることであり，債権者であっても，債務者の行動の自由に濫りに干渉してはならず，そうでなければ，他人の行動の自由を妨げるだけでなく，取引が正常に行われることも妨げることになる。しかし，債務者が悪意で債権者の債権を害する行為を行えば，法律は，債権保護の観点から，当然に，このような行為について干渉することを認め，債権者が取消権を行使することを認めなければならない。もちろん，債務者の悪意を判断するときは，債務者に不合理な低価格で財産を譲渡する行為が存することを債権者が証明できれば，債務者に悪意があると認定できる。

3.3 取消訴訟の主体

取消訴訟の原告は，債権者すなわち，債務者の不当な財産処分行為により債権が損害を被った債権者であり，契約法74条の規定によれば，取消権の行使は，取消権を有する債権者が自己の名義をもって裁判所に訴えを提起し，裁判所に対し債務者の不当な財産処分行為の取消しを請求しなければならず，もし，債権者が複数人いれば，共同で取消権を有し，かつ行使することができる。ある債権者が債務者に対して取消訴訟を提起した後，その他の債権者も，同じ債務者に対して取消訴訟を提起した場合につき，「契約法司法解釈(1)」25条2項

は，「2人または2人以上の債権者が，同じ債務者を被告として，同じ目的物について取消権訴訟を提起したときは，人民法院は併合審理することができる」と規定している。もちろん，ある債権者が取消訴訟を提起した後，その他の債権者が取消訴訟を提起せず，単に債務者に対し債務の弁済または違約責任の負担を請求した場合は，これらの訴訟における被告は同じであるが，訴訟の目的物と訴訟の性質が異なるため，併合審理することはできない。

取消訴訟の被告に関し，「契約法司法解釈(1)」24条は，「債権者が契約法第74条の規定に従い取消権訴訟を提起するときに，債務者だけを被告とし，受益者又は譲受人を第三者に加えないときは，人民法院は当該受益者または譲受人を第三者に加えることができる」と規定している。同条の規定によれば，取消訴訟の被告は債務者であり，譲受人は決して取消訴訟の被告とはならず，訴訟上の第三者であると言うべきである。

3.4　取消権行使の範囲

契約法74条の規定によれば，取消権の行使範囲は，債権者の債権を限度とする。ここに言う「債権者」とは，債務者の全債権者をいうのか，それとも取消権を行使する債権者のみを言うのかをめぐっては，理論上争いが存する。本書は，契約法74条に定める取消権の行使範囲につき「債権者の債権を限度とする」ということの意味には，以下の点が含まれるべきだと考える。

第1，ある債権者が取消権を行使するには，自身の債権を基礎としなければならず，取消権を行使しない全債権者の債権をもってその保全範囲としてはならない。

第2，各債権者はいずれも，取消権にもとづいて訴えを提起することができ，その請求の範囲は，各自の債権の保全範囲のみに限られ，債権者の取消権行使の範囲は，原告としての債権者の債権のみを限度としており，それには，その他取消権を行使しない債権者が有する債権は含まれない。「契約法司法解釈(1)」25条2項は，「2人または2人以上の債権者が，同じ債務者を被告として，同じ目的物について取消権訴訟を提起したときは，人民法院は併合審理することができる」と定める。同条の規定によると，複数の債権者が，同じ債務者の行為による侵害を被るとき，各債権者はいずれも，その取消しを主張することができ，各債権額の総和が，債権者の保全範囲となる。これらの額を超えた部分

については，債権者は取消権を行使してはならない。

第3，債権者が取消権を行使するとき，その取消しを求める額は，債権者の債権額と一致しなければならない。指摘しなければならないのは，取消しの範囲は原則として，債権保全の範囲にのみ及ぶべきであり，債務者の不当な財産処分行為のうち，債権保全に必要な部分を超えた部分については，取消しの効力を生ずべきでなく，そうでなければ，必然的に不当に債務者の正当行為の自由を干渉することになる。

3.5 取消権行使の効力

債権者がひとたび取消権を行使すると，以下の効力を生ずる。

(1) 債権の訴訟時効が中断される

債権者が取消訴訟を提起する行為は同時に，債権者が債権を主張する行為でもあり，このことは，債権者の債務者に対する債権の訴訟時効を中断させることができる。

(2) 債権者に対する効力

中国の契約法は，債権者取消権について入庫規則を採用した。すなわち，債務者の行為を取り消した後，譲受人は財産を債務者に返還しなければならず，債権者は当該財産について優先的に弁済を受けることができず，当該財産は債務者の責任財産として，すべての債権者の債権実現を担保しなければならない。法律のうえから見ると，代位権と同様，取消権はその本質において一種の物権でもないため，物権の優越性を具備しておらず，取消権者に優先的に弁済を受ける権利を持たせてはならない。しかし，実践から見ると，債権者が取消権を行使した後，債権者はそもそも，その他債権者の存在を知りえず，また，その債権額も知らず，取消権を行使する債権者は，法律上その他債権者の事情を調べる義務もなく，かつ債務者が決して破産状態に陥っていないため，裁判所も，公告を出して債務者のその他債権者に対し債権を申告するよう要求する必要がない。したがって，一般的に言うと，債権者が取消権を行使するとき，その他の債権者が，債務者に対して訴訟を提起しかつ勝訴判決を得るようなことがなく，その他債権者が取消権を行使することもなければ，当該債権者は，債務者のその他債権者に通知する必要がなく，譲受人が返還した財産について優先的に弁済を受けることができる。もちろん，その他の債権者が訴訟を提起したな

らば，執行のときに債権の割合に従い平等に分配しなければならない。
(3) **債務者に対する効力**
　債務者の行為がひとたび取り消されると，当該行為は初めから無効となる。取消権行使の債務者に対する効力は主に以下の点に現れる。①取り消されたのが，債務者が一方的に債務を免除する行為であるならば，当該行為はひとたび取り消されると，債務は初めから免除されなかったものとみなされる。②債務者の処分行為が取り消されたならば，他人の債務を負担する行為は負担しなかったものとみなされ，他人のために設定した担保は設定しなかったものとみなされ，財産を譲渡する行為は譲渡しなかったものとみなされることになる。③財産の譲渡行為については，たとえ譲受人が既に登記により当該財産の所有権を取得したとしても，譲渡行為が取り消された後は，登記を取り消さなければならない。
(4) **譲受人に対する効力**
　債務者の不当な財産処分行為が取り消された後，譲受人が受領した債務者による給付は，不当利得を構成することになり，譲受人は，受領した給付を債務者に返還しなければならない。譲受人の返還義務は通常，原物の返還として現れる。もちろん，原物を返還できない場合には，補償原則，すなわち譲受人が目的物を金銭に換算した後，債務者に相当の代金を返還することを採用することができる。例えば，乙が甲に対し100万元の借金があり，乙は，自身の100万元相当の家屋を20万元の価格で丙に譲渡したとしよう。もし，丙がすでに当該家屋を占有し改修を行い，かつ商店として使っていたならば，返還すべきではなく，丙は，当該財産の実際の価値と譲渡価格の差額について補償を行うことができる。

第7章　契約の変更と譲渡

案例

乙会社は，甲会社に対し1,000万元の債務を負っていたが，ずっと返済しなかった。その後，乙会社は甲会社の同意を得ることなく，丙会社と債務譲渡契約を締結し，乙会社の家屋1棟と一緒に，甲に対して負担する債務を丙会社に移転した。このことを知った甲会社が，丙会社の信用が良くないと考え，乙会社に対しできるだけ早く債務を弁済するよう求めたのに対し，乙会社は，すでに債務を丙会社に移転したため，甲会社の請求には応じないと主張した。乙会社の主張は成立するだろうか。

簡単な評釈

本件は，契約義務の移転に関わる。債務者が自身の債務を第三者に移転した場合において，債権者は通常，新債務者が債務の履行能力を有するか否かまたは誠実に約束を守るか否かに等についてあらかじめ知ることができないため，もし，債務者が思うままに債務を譲渡することを認めたのに対し，譲受人に債務を履行する能力がないかまたは履行能力があるも履行しようとしないならば，直接債権者の債権が実現されない結果をもたらすことになる。そのため，契約法84条は，「債務者が契約義務の全部または一部を第三者に移転するときは，債権者の同意を得なければならない」と定める。債権者の同意を得ていなければ，契約義務の移転は無効となり，原債務者は依然として，債権者に履行する義務を負う。本件において，乙会社は，甲会社の同意を得ずして自身の債務を丙会社に移転しており，契約法の上記規定にもとづき，当該債務移転は無効であり，甲会社は依然として，乙会社に対し債務を弁済するよう請求できる。

1 契約の変更

1.1 契約の変更の概念

契約の変更には，広義と狭義の区別があり，広義の変更には，契約主体の変更と契約内容の変更が含まれる。いわゆる主体の変更とは，契約内容が変更しないことを維持する前提のもとで，法律の規定または当事者の約定にもとづき，新しい主体が原契約関係における主体に取って代わること，すなわち，新しい債権者，債務者がもとの債権者，債務者に取って代わることを言う。これに対し，狭義の変更とは，契約が成立した後，未だ履行せずまたは完全に履行しない前に，当事者が契約の内容についてそれを修正し補充する合意に達することをいう。契約法77条の規定にいう「当事者は，協議を経て意見が一致したとき，契約を変更することができる」とは，事実上このような契約の変更を指す。本章で議論する契約の変更が採用したのは，狭義の変更すなわち契約内容の変更であり，契約主体の変更は，契約の譲渡と称される。

契約の変更には，以下の特徴がある。

第1，法律に別段の定めがある場合を除き，契約の変更は，当事者双方の協議を経てその意見が一致しなければならない。ひとたび契約関係が成立すると，当事者双方は厳格に契約の約定に従い債務を履行しなければならず，いずれの当事者も，相手方の同意を得ることなく正当な理由がなければ勝手に契約内容を変更してはならず，そうでなければ，違約を構成する可能性がある。そのため，契約変更は原則として，当事者が協議を経て意見が一致することを必要とする。もちろん，特殊な状況のもとでは，法律の規定にもとづいて一方当事者に契約変更の法定権利を与えることができる。例えば，重大な誤解，明らかに公平を失する場合において，被害者は，裁判所または仲裁機構に対し契約内容の変更を請求する権利を有する。さらに，「契約法司法解釈(2)」26条の規定によれば，事情変更が生じた場合において，一方当事者は，法により裁判所に対し契約の変更または解除を請求する権利を持つことになる。

第2，実質的でない契約の変更でなければならない。いわゆる実質的でない変更とは，原契約関係の内容について一部の修正と補充を行うことを言うのであって，契約内容についての全部の変更ではない。例えば，目的物数量の増減，納品の場所・時間，代金または決済方法の変更，利息・違約金・担保等の従た

る給付の変更，履行期・履行地または分割払への約定等の方式の変更などは，すべて契約内容の変更に属する。もし，契約内容がすでにすべて変更されたならば，事実上すでに原契約関係の消滅をもたらし，新しい契約が生まれることになる。

　一般的に，以下のいくつかの場合は契約の実質的変更であるとされる。①契約目的物の変更である。目的物自体は，権利・義務が向けられる対象であり，契約の実質的内容に属しており，目的物が変更されると，契約の基本的権利義務にも変化が生じるため，目的物を変更することは事実上，すでに原契約関係を終了させることになる。例えば，コメの引渡しを鋼材の引渡しに変更する場合がそれである。また，2階を賃借していた者が3階を賃借することに改めること，甲部屋を賃借していた者が乙部屋を賃借することに改めることは，賃貸借の重要な部分に変更が生じたと考えられる。もちろん，単に目的物の数量，品質，代金に変化が生じたにすぎないときは，通常，契約の実質的内容に影響することなく，一部の内容に影響するのみであるため，契約関係の消滅問題は生じない。②鋼材50ｔの引渡しが500ｔの引渡しに変更されるように，履行の数量が著しく変化することである。③代金の重大な変化である。④請負債務を一定の貨幣を支払う債務に変更するとか，売買を贈与に改めるなどのような，契約性質の変更である。契約に実質的変更が生じた場合，当事者はすでに実質的にもとの契約関係を終了させ，新しい契約がもとの契約に取って代わることになる。

　契約の変更は，契約の更新と異なる。契約の更新は，契約債務の更改とも称され，旧債権債務が一方から他方に移るのではなく，旧債権債務を消滅させ，新しい債権債務を設定するものである。契約の変更と契約の更新はともに，契約内容の変化に関わるが，両者には明確な区別が存在しており，それは主に以下の点に現れる。契約の変更により契約内容に変化が生じるが，このような変化は実質的なものでなく，変更前の内容は，変更後の契約と依然として一定の連続性を維持しているため，もとの契約関係は依然として存在し続けかつ有効である。しかし，契約の更新においては，契約の内容に根本的な変化が生じており，新旧契約の内容の間には直接な内在的関連があるとはかぎらない。例えば，贈与を売買契約に変更すると，契約の内容に実質的な変化が生じることになる。なぜなら，このような変化によりもとの契約関係が消滅し，新しい契約

関係が生まれることになるからである。

1.2　契約の変更の条件

　契約の変更は，以下の要件を満たさなければならない。
(1) もともと契約関係が存在していること
　契約の変更は，原契約の基礎のうえで，当事者双方の協議により，原契約関係の内容を改めるものである。したがって，契約変更の前提は，当事者間には既に有効な契約関係が存在することであり，当事者間の契約が無効と宣告されたり，取り消されると，変更の問題は存在しなくなる。
(2) 原則として当事者の協議を経てその意見が一致しなければならない
　契約の変更自体は，契約の変更に関する契約を締結しなければならない。このような契約もまた，申込みと承諾を経て民事法律行為の効力発生要件を満たさなければならず，いずれの当事者も，詐欺，脅迫の方式を採用して他方当事者を騙したり，強制して契約を変更させてはならない。法律に別段の定めがある場合を除き，契約の変更は，当事者の協議を経てその意見が一致しなければならない。なぜなら，ひとたび契約関係が成立すると，当事者双方は，厳格に契約の約定に従い債務を履行しなければならず，いずれの当事者も，相手方の同意を得ることなしに，正当な理由もなく，勝手に契約内容を変更してはならず，そうでなければ，違約を構成する可能性があるからである。例えば，「鄢某某が重慶蘭波不動産開発有限会社を訴えた分譲住宅予約販売契約紛争事件」において，裁判所は，次のように述べている。契約内容を変更するには，双方当事者が合意に達することを必要とする。本件において，「承諾書」は，契約の内容について変更を行っているが，「原告は，当該『承諾書』を受け取っておらず，当該『承諾書』は，双方が協議により合意に達した契約ではなく，被告の一方的な行為であるにすぎず，かつ原告は，被告が一方的に家屋の引渡時期を変更することにも同意しないと明確に主張したのに対し，被告もまた，当該『承諾書』は双方の協議が整った結果であることを，証拠をあげて証明できていない。上記法律の規定にもとづき，当該『承諾書』は原告に対して拘束力を有しておらず，契約で約定した家屋の引渡時期を変更する効力は生じない[1]」。

　1　重慶市渝中区人民法院（2013）中区民初字第08051号民事判決書。

当該事件において，一方当事者による契約変更の意思は，相手方当事者の同意を得ておらず，債権債務を変更する効力は生じない。

　契約の効力が生じた後，様々な状況の変化により，当事者は契約の内容について調整を行う必要が生じる可能性があり，契約自由の原則に従い，双方の当事者が同意すれば，契約の内容について変更を行うことができる。すなわち，原契約のうえで新しい合意に達することにより，契約の内容について変更を行うことができる。契約の変更は，双方当事者の協議を経なければならないため，合意に達するまで，原契約関係は依然として有効である。契約の変更は，原則として，双方当事者の協議を経て意見が一致しなければならないことを強調するが，そのことは，変更には法定変更事由がなく，約定のみによって生じることを決して意味しない。事実上，特殊な状況のもとでは，法律の規定にもとづき，一方当事者に法定の契約変更の権利を与えることができる。例えば，重大な誤解，明らかに公平を失する場合においては，被害者は，裁判所または仲裁機構に対し契約の内容を変更するよう請求する権利を有する。さらに，「契約法司法解釈(2)」26条にもとづき，事情変更が生じた場合，一方当事者は，法により裁判所に対し契約の変更または解除を請求する権利を有する。

　このほかに，契約法78条は「契約変更の内容についての当事者の約定が不明確であるときは，変更しなかったものと推定する」と規定している。当事者の協議が一致するといえるためには，双方当事者に明確な債権債務を変更する合意が存しなければならない。一方当事者が，債権債務の変更を求めたのに対し，相手方は反対しないものの，明確に同意することを表明しないか，または自身の行為をもって同意を表明しなかったならば，相手方当事者が当該変更に同意したと認定できない。例えば，「天津市元通不動産開発会社と天津市新華衣服製造総工場間の財産返還紛争再審申請事件」において，最高人民法院は次のように述べている。法律に明確な規定があって初めて，黙示は相応の法的効力を生ずることになる。一方当事者が間接証拠により，相手方がすでに契約変更の状況を知っていたことを証明できるものの，相手方当事者が，言語または文字により明確に同意することを表明しておらず，あるいは，行為により同意することを表明していなければ，相手方が既に契約変更の内容に同意したと直接認定することはできない。法律がこのような規定を設けているのは，当事者間で契約の変更をめぐり生じ得る紛争を減らし，契約関係の安定性を維持する

ためである。
(3) 法定の手続と方式に従わなければならない

　契約法77条2項は「法律，行政法規が，契約を変更するには認可，登記等の手続を行わなければならないと規定したときは，その規定に従う」と規定している。このように，契約の変更は，法定の手続と方式に従わなければならない。ある状況のもとでは，法律は，国家利益，社会公共利益と当事者の利益を維持し，社会経済秩序を維持し，不必要な紛争を予防し減少させるために，抵当契約，保証契約は書面形式を採用しなければならないというように，一部の契約について一定の成立方式を規定している。また，例えば中外合作経営企業法7条は，中外合作者が協議を経て，合作期間内に合作企業契約について重大な変更を行うことに同意するときは，審査認可機関に報告してその認可を得なければならないと規定している。また，変更の内容が，法定の工商登記項目に関わるときは，さらに工商行政管理機関において変更登記手続を行わなければならない。上記の場合においては，当事者が契約変更の合意に達するだけでは足りず，さらに法律，行政法規の規定に従い書面形式を採用するかまたは認可，登記等の手続を行わなければならず，そうでなければ，契約は変更されない。

(4) 契約内容に変化が生じなければならない

　契約の変更とは，当事者が契約履行の条件を改めるとか，契約履行の方式，場所，期限等を改めるように，契約の内容に変化が生じることを言う。しかし，契約の変更には，契約主体の変化は含まれておらず，契約の主体に変化が生じたならば，契約の譲渡を構成することになる。契約変更は，通常，契約条項についての修正および補充として現れる。修正とは，原契約条項についての変化を言い，補充とは，原契約において新しい条項を増設することをいう。補充の場合，原契約の内容に変化が生じていなくても，新しい契約条項が増設され，契約はすでに変更されたことになる。契約の変更は，その程度がどれほどであろうと，契約の非実質的内容に変化が生じたならば，すべて契約の変更とみなすことができる。しかし，契約の約定が不明であるか，または契約に欠缺が存することにより，一方当事者が，欠缺補充に関する法律の方法および誠実信用原則等にもとづいて履行するような場合は，原契約の内容を変更していないため，いずれも契約の変更とみなすことはできない。

1.3 契約の変更の効力

契約変更は，以下の効力を有する。

(1) 契約の変更は将来に向けて効力を生ずる

契約の変更後，当事者が契約の変更前に既に履行したならば，契約の変更は原則として，遡及効を有しない。すなわち，当事者が行った履行は依然として有効である。契約の変更は，将来に対してのみ効力が生じ，原契約に従って行った履行には遡及効がなく，いずれの当事者も契約の変更を理由に，一方的に相手方に対しすでに行った履行の返還を求めることはできない。

(2) 当事者は変更後の契約内容に従って履行しなければならない

契約自由の原則に従い，契約内容の変化は当事者に対しても法的拘束力を有しており，契約の変更は，当事者がその利益について行った新たな配置であり，いずれの当事者も，変更後の契約内容に違反したときはすべて違約を構成する。契約の変更されなかった部分は，当事者に対して依然として拘束力を有する。

(3) 当事者が取消し・変更可能な事由にもとづいて契約の変更を選択したときは，さらに契約の取消しを請求してはならない

一方当事者が，法律の変更・取消可能規定に従い，裁判所または仲裁機関に対し契約の変更を請求し，裁判所または仲裁機関が法により契約の変更を認めた後は，変更請求権を有する者は，さらに契約の取消しを請求することはできない。なぜなら，法律は一方当事者に対し，変更取消可能な契約についての選択権を与えたからである。すなわち，ひとたびその者が変更を求め，かつ最終的にそれが認められたならば，当該変更取消可能な契約は引き続き有効となり，当事者はさらに取消しを請求してはならない。もちろん当事者が変更を請求するも，裁判所または仲裁機構によって棄却されたならば，当事者は，引き続き契約の取消しを請求できる。他方，当事者が初めから契約の取消しを請求したならば，当事者は初めから契約効力の否定を望んでいたことを意味するため，取消しを請求した後にさらに契約の変更を求めることはできない。

このほかに，当事者が，法律に定める事由にもとづいて裁判所または仲裁機関に契約の変更を請求した場合，このような規定は原則として，当事者の損害賠償を求める権利に影響を与えない。しかし，当事者が協議により契約を変更する場合は，当事者は通常，契約において違約責任の負担について特別の約定

を行うことになっており，当事者が特別の約定を行わなかったならば，当事者は既に賠償を求める権利を放棄したとみなすべきである。

2 契約上の権利の譲渡

2.1 契約上の権利の譲渡概念と特徴

契約法79条は「債権者は，契約の権利の全部または一部を第三者に譲渡することができる」と規定している。同条は，契約権利の譲渡について規定したものであり，契約権利の譲渡とは，契約の債権者が，協議により自身の契約債権の全部または一部を第三者に譲渡する行為のことである。契約権利の譲渡には，以下の特徴がある。

(1) 契約主体に変化が生じるのに対しその内容は変わらない

契約債権の譲渡は，契約の内容が変わらない状況のもとで契約主体に変化が生じることである。契約上の権利が譲渡された場合，通常，契約内容の変化に関わらないが，債権者に変化が生じており，契約の譲渡は，原契約の権利の全部または一部を契約の一方当事者から第三者に移転することをその目的とする。したがって，契約の譲渡は一般的に契約内容の変化に関わることがない。契約上の権利が譲渡された場合，権利譲渡の当事者は，債権者と第三者であり，債務者は決して契約権利譲渡関係における当事者となることはない。

契約債権の譲渡により，譲受人が，原契約における債権者に取って代わって契約における新しい債権者になるため，原契約関係が消滅し，新しい契約関係が生じることになる。このように，契約の譲渡は，決して原契約関係が引き続き有効であることを維持することにあるのではなく，譲渡により原契約を終了させ，新しい契約関係を生じさせることにある。

(2) 譲渡の対象は，契約債権である

契約上の権利の譲渡は，契約義務の譲渡と異なるだけでなく，契約上の権利義務の一括移転とも異なり，それは契約債権を譲渡するだけである。債権は一種の財産権であるため，譲渡の目的物にすることができる。契約債権の譲渡は，物権の譲渡と異なるが，実践においては往々にして，契約上の権利の譲渡と，土地使用権の払下げと譲渡，共有者がその共有持ち分を譲渡することが混同されている。両者はいずれも，契約方式により権利を譲渡するが，その譲渡の対

象は異なる。すなわち，契約上の権利の譲渡はその性質上，債権の譲渡であるため，完全に契約法により規律されるのに対し，物権の譲渡は主に，物権法により規律される。
(3) 契約上の権利の譲渡は主に債権譲渡契約を通じて実現される

契約権利の譲渡は，主に債権譲渡契約を通じて実現される。すなわち，債権者と譲受人は，債権譲渡の合意に達することにより，債権の譲渡を実現する。契約上の権利の譲渡は，債権者と債務者間の原契約関係，譲渡契約関係という2種類の関係に関わる。譲渡人と譲受人間の契約関係としての譲渡契約関係については，完全に当事者が，法律と社会公共利益に違反しない前提のもとで自由に約定することができる。この2種類の関係は，密接に関連するものの，異なる法律関係に属する。

2.2 契約上の権利の譲渡の要件

契約上の権利の譲渡は，以下の要件を満たさなければならない。
(1) 有効な契約上の権利が存在しなければならない

契約上の権利の譲渡の前提は，有効な契約上の権利が存在することであり，そもそも契約上の権利が存在しないか，または債権を生ぜしめる契約が既に無効と宣告されたり，取り消されたり解除されたりしたならば，このような場合において，たとえ，当事者間で債権譲渡の合意に達したとしても，債権譲渡の効果を生ぜしめることはできない。もちろん，訴訟時効が満了した債権に対し，債務者は時効による抗弁を有するが，当該債権はなお有効な債権であり，依然として債権譲渡の対象になりうる。
(2) 譲渡の双方当事者間では，合法的な合意に達しなければならない

契約上の権利の譲渡には，譲渡人と譲受人間で権利譲渡契約が締結されなければならず，当該契約は，合法的で有効な契約でなければならない。その内容からみると，契約の譲渡は，法律の取締規定と強制性規定に違反してはならない。例えば，法律がその譲渡を禁止する権利または当事者が譲渡してはならないことを特別に約定した権利について，権利者は，それを譲渡してはならない。債権を譲渡した後，債権譲渡契約が無効と宣告されるかまたは取り消されたならば，債権譲渡もその効力を生じない。

債権譲渡は，譲渡人と譲受人間で合意に達しなければならず，かつ，当事者

の債権譲渡の意思表示は明確で真実でなければならず，そうでなければ，債権譲渡の効力は生じない。例えば，「中国第一重機グループ会社と昆明鉄鋼グループ有限責任会社間のその他契約紛争事件」において，最高人民法院は，次のように述べる。「債権譲渡の意思表示が明確で真実である場合にはじめて，譲渡後の新しい債権者と原債務者間で形成された新しい法律関係の具体的内容を確定することができ，原債務者にとって言うならば，その義務の履行にはじめて合法的な根拠が与えられることになる。そうでなければ，債権は譲渡されなかったと推定すべきである[2]。」

(3) 譲渡する契約上の権利は，譲渡可能性を有しなければならない

譲渡する契約上の権利が譲渡可能性を有することは，契約上の権利の譲渡要件の1つである。財産権としての契約債権は，一般的にすべて譲渡可能性を有しており，債権者は，その契約上の権利の全部または一部を第三者に譲渡することができるが，例外的な場合においては，契約債権は譲渡可能性を有しないことがある。契約法79条の規定によれば，以下の場合には，契約上の権利は譲渡可能性を有しない。

第1，契約の性質により譲渡してはならない。契約の性質にもとづき，ある契約上の権利は当事者間でしか効力を生ぜず，第三者に譲渡すると，当事者が契約を締結した目的に反するかまたは契約内容に実質的変更が生じることになるならば，当該契約上の権利は譲渡してはならない。一般的に，契約の性質により譲渡してはならない契約上の権利には主に，以下のものがあるとされる。その1は，使用者の被用者に対する債権，委託者の受託者に対する債権等のように，当事者間に人身信頼関係が存する契約債権である。その2は，従属性を有する契約上の権利で，この権利は，譲渡できない。例えば，保証契約にもとづいて生じた債権について言うと，保証契約は従属性を有するため，保証契約にもとづいて生じた債権もまた，譲渡してはならない。

第2，当事者が譲渡してはならないことを特別に約定した契約上の権利。ある債権は，当の債権者しか享有できず，債権者はその債権を他人に譲渡してはならないと，当事者が特別に約定すれば，当該契約債権もまた，譲渡してはならない。例えば，甲乙間で1月1日に契約を締結し，甲が40万元で1台のア

---

[2] 最高人民法院（2006）民二終字第20号民事判決書。

ウディを乙に売却し，3月1日に引き渡すことを約定したのに対し，乙丙間では2月1日に，乙が45万元で甲から購入したアウディを丙に売る契約を締結し，乙は，2月2日に甲に対する債権（車の引渡しを請求する権利）を丙に譲渡したとしよう。当該事案において，もし，甲乙間で事前に，乙は車を転売して利益を得てはならないと約定していたならば，乙の甲に対する債権は，譲渡可能性を有しなくなる。問題は，当事者が契約において，ある契約上の権利を譲渡してはならないと約定したが，当事者が当該約定に反して当該契約債権を譲渡した場合，当該譲渡行為の効力はどうなるか，ということにある。一般的に言うと，当事者は，特別の約定により契約上の権利の譲渡を制限することができるが，契約上の権利の譲受人が当事者の特別約定を知らなかったならば，その譲受人は，依然として当該契約権利を取得することができる。それと同時に，契約上の権利を譲渡した一方当事者は，当事者間の約定に違反したため，相手方当事者は，その者に対し違約責任の負担を請求できる。例えば，上記の事案において，丙が，甲乙間に債権を譲渡してはならないとの約定が存することを知らなければ，丙は依然として当該契約権利を取得できるが，乙は甲との間の約定に違反したため，甲は乙に対し違約責任の負担を請求できる。

第3，法律がその譲渡を禁止した契約上の権利。特殊類型の契約上の権利に対し，法律も，その譲渡を制限するかまたは禁止することがある。例えば，担保法61条は「根抵当の主契約債権は，譲渡してはならない」と規定している。さらに，例えば文物保護法の規定によると，文物の買い付けと経営は，専門的機関が行わなければならず，勝手に文物を転売することは禁止されている。そのため文物譲渡に関する債権もまた，一般的に譲渡してはならない。一部の法律は，債権譲渡について一定の制限を行うことがあるが，決して当然に関連債権譲渡契約の無効をもたらすわけではない。例えば，「北京地鑫不動産開発有限会社と中国華融資産管理会社北京事務所等間の借款担保契約紛争事件」において，最高人民法院は，債権譲渡が法律の強制性規定に違反しなければ，たとえ「金融資産管理会社条例」が関連債権の譲渡について一定の制限を行ったとしても，当該制限は，決して当然に当該債権譲渡契約の無効をもたらすわけではないとの判断を示している。

(4) 法により関連手続を行わなければならない

民法通則91条の規定によれば，法律の規定に従い国家が認可しなければな

らない契約については，当事者は権利義務を譲渡するとき，もとの認可機関の認可を得なければならず，もとの認可機関が権利の譲渡を認可しないと，権利の譲渡は無効となる。法律，行政法規が，契約上の権利の譲渡は認可，登記等の手続を行わなければならないと規定していれば，債権者は，債権の譲渡時にこれらの手続を行わなければならず，そうでなければ，契約上の権利譲渡の効力も，影響を受けることになる。

(5) 債務者に通知した後，債権譲渡は債務者に対して効力を生じることになる

契約上の権利の譲渡は，債務者の同意を必要とするかどうかにつき，各国の立法には主に3種類の立法例が存する。その1は，自由主義である。すなわち，債権者が自身の債権を譲渡するには，債務者の同意を得ることなく，債務者に通知することもない。その2は，通知主義である。すなわち，債権者が自身の債権を譲渡するには，債務者の同意を得ることは必ずしも必要ではないが，債権譲渡のことを債務者に通知してはじめて，債務者に対して効力を生じることになる。その3は，同意主義である。すなわち，債権者が自身の債権を譲渡するには，債務者の同意を得て初めて効力を生じることになる。中国の場合，その立法は，「同意主義」から「通知主義」への発展過程を経験してきた。民法通則91条前段は「契約の一方当事者が，契約の権利義務の全部または一部を第三者に譲渡する場合，契約の相手方当事者の同意を得なければならず，かつ利益を謀ってはならない」と規定していた。同条の規定から見ると，契約上の権利の譲渡は，債務者の同意を得なければならなかった。しかし，契約法は，民法通則が確立した「同意主義」規則を改め，「通知主義」規則を採用した。契約法80条1項は「債権者が権利を譲渡するときは，債務者に通知しなければならない。通知しなければ，当該譲渡は債務者に対して効力を生じない」と規定している。当該規定から見ると，債権譲渡の場合，譲渡人は債権譲渡の事実を債務者に通知しなければならないのに対し，債務者の同意を得る必要はない。契約権利の譲渡の過程において，債務者に対する通知は，以下の法的意義を有する。

第1，当該通知は，債権譲渡の必要条件ではない。契約法80条1項の規定から見ると，債権者と譲受人が，債権譲渡に関する合意に達しさえすれば，債権譲渡の効力が生じ，譲渡人が債務者に通知するか否かは，決して債権譲渡の

効力に影響しない。まさにこのため，多重譲渡に関わる場合，「通知が先であれば，権利も先である」という規則ではなく，「先に発生した権利が優先される」という規則を適用すべきである。例えば，甲は，乙に対する債権を相前後して丙と丁に譲渡したが，そのいずれも乙に通知しておらず，その後，さらに当該債権を戊に譲渡すると同時に，当該譲渡行為を乙に通知したとしよう。債権譲渡は，債権者と譲受人が合意に達しさえすれば効力が生じ，決して債務者に対して通知を行うことをその要件としないため，当該事例において，当該債権は，最初に債権を譲り受けた丙が取得すべきである。

　第2，債務者に通知しなかったときは，債権譲渡は債務者に対して効力を生じない。譲渡人が債務者に対し譲渡通知を行わなかったとき，契約法80条1項の規定によれば，「当該譲渡は債務者に対して効力を生じない」ことになる。すなわち，当該譲渡契約は，債権者と譲受人との間でのみ拘束力が生じ，債務者に対しては効力を生じず，新債権者が債務者に債務の履行を請求したとき，債務者は拒絶でき，債務者は依然として原債権者に履行を行うことができる。

　第3，債務者に通知すると，債務者は直ちに譲受人に債務を履行しなければならない。このとき，債務者がなお原債権者に債務を履行しても，債権債務の履行の効力が生ぜず，譲受人は依然として債務者に対して債権を主張できる。

　指摘しなければならないのは，譲渡人が債務者に対し債権譲渡を通知したら，債権譲渡はすでに効力を生じ，債権者は，当該通知を取り消すことはできないということである。さもなければ，既に譲渡した権利が不安定な状態に置かれるからである。この点について，契約法80条2項は「債権者が権利を譲渡する通知は，取り消してはならない。ただし，譲受人が同意したときは除く」と規定している。この規定によれば，譲受人の同意を得てはじめて，債権者はその債権譲渡の通知を取り消すことができ，そうでなければ，債権者は取り消すことはできない。

2.3　契約上の権利の譲渡の法的効力

2.3.1　契約上の権利の譲渡の内部的効力

　内部的効力とは，契約上の権利の譲渡が，譲渡の双方当事者すなわち譲渡人（原債権者）と譲受人（第三者）の間で発生する法的効力を言う。契約上の権利譲渡の内部的効力は主に，以下の点に現れる。

(1) 契約上の権利の全部または一部が譲受人に譲渡される

契約法79条の規定によれば、「債権者は、契約上の権利の全部または一部を第三者に譲渡することができる」。債権者が自身の債権の全部を譲受人に譲渡すれば、譲受人は直ちに原債権者に取って代わって新債権者となり、一部の譲渡であれば、譲受人は契約関係に加わり、債権者の1人となる。

(2) 主たる債権に従属する従たる権利は一緒に移転する

債権譲渡の場合、抵当権、利息債権、手付債権、違約金債権および損害賠償請求権等のような当該権利に従属する従たる権利も、主たる権利の移転に伴い移転することになる。この点について、契約法81条は、「債権者が権利を譲渡する場合、譲受人は債権と関連する従たる権利も取得する。ただし、当該従たる権利が、債権者自身に専属するときは除く」と規定している。例えば、「福州商業貿易ビルディング設立事務所と福建佳盛投資発展有限会社間の借款契約紛争事件」において、最高人民法院は、銀行利息はその性質上、法定果実に属し、主たる債権の収益に属しており、法律に特別の規定があるかまたは当事者に特別の約定がある場合を除き、果実を取得する権利もまた、一緒に移転されなければならないとの判断を示している。

(3) 譲渡人は譲受人に債権証書等の証明用の文書を引き渡さなければならない

債権者は自身の債権を譲渡した後、譲受人に債権証書等の債権の存在および内容を証明する文書を引き渡さなければならない。債権に担保が存する場合は、譲渡人は、関連の担保を証明する文書をも譲受人に引き渡すことにより、譲受人の債権の順調な実現を保障しなければならない。

(4) 譲渡人は権利瑕疵担保義務を負う

債権譲渡の場合、譲渡人は自身が譲渡した権利に瑕疵が存しないことを保証しなければならず、このような保証は通常、権利瑕疵担保と称される。権利が譲渡された後、権利に瑕疵が存することにより譲受人に損害を与えた場合、譲渡人は、譲受人に対し違約責任を負わなければならない。もちろん、譲受人が、債権に権利瑕疵が存することを明らかに知りつつ譲り受けたならば、譲受人は、さらに譲渡人に対し違約責任の負担を請求することができない。

2.3.2 契約上の権利譲渡の対外的効力

いわゆる契約上の権利譲渡の対外的効力とは，債権譲渡契約の当事者以外の者に対する譲渡の効力を言い，それは主に，債権譲渡の債務者に対する効力を指す。契約上の権利の譲渡は，債務者に対して主に以下の効力を生ずる。

(1) 債務者は，譲受人に債務を履行しなければならない

債権譲渡が効力を生じると，譲受人は原債権者に代わって新債権者となり，債務者はもはや原債権者に債務を履行してはならない。そうでなければ，債権債務履行の効力は生ぜず，譲受人は債務者に対し債務の履行を請求できる。

(2) 債務者による抗弁

契約法82条は「債務者は，債権譲渡の通知を受け取った後，債務者の譲渡人に対する抗弁を譲受人に主張できる」と規定している。同条の規定によれば，債権譲渡の場合，債務者は譲受人に対し，同時履行の抗弁，時効完成の抗弁，債権が既に消滅したとの抗弁，初めから債権は発生していないとの抗弁，債権が無効であるとの抗弁等のような，自身の原債権者に対する抗弁を主張できる。法律がこのような規定を設けたのは，主に債務者の利益を保護し，債務者が契約上の権利の譲渡により損害を受けないようにするためである。例えば，「新疆ウイグル自治区投資会社と新疆宏景投資有限責任会社間の債権譲渡契約紛争事件」において，最高人民法院は，次のように述べている。債権譲渡後，債務者は，譲受人に対し自身の原債権者に対する抗弁を主張できるため，「宏景会社は債権の譲受人として，原債権者である徳隆会社の債権の権利を行使することができ，投資会社もまた，原債権者である徳隆会社に対する抗弁理由を宏景会社に及ぼすことができるため，徳隆会社が本件に参加するか否かは，決して事実認定に影響を与えない[3]」。指摘しなければならないのは，契約法82条の規定によれば，債務者に通知する前は，債務者は原債権者に対してだけ上記の抗弁権を主張できるのであって，たとえ，債務者が既に債権譲渡の事実を知ったとしても，債権譲渡の通知を受け取るまでは，債務者は譲受人に対して主張できないのである。

(3) 債務者の相殺権

契約法83条は「債務者が債権譲渡の通知を受け取ったとき，債務者が譲渡

---

3 最高人民法院（2005）民二終字第54号民事判決書。

人に対して債権を有し，かつ債務者の債権の期日が譲渡した債権よりも先にまたは同時に到来していれば，債務者は譲受人に対し相殺を主張することができる」と規定している。同条の規定によれば，債務者は譲受人に対して相殺を主張できるが，当該相殺権の行使は，以下の要件を満たさなければならない。①当該相殺権の行使は，契約法99条に定める相殺の一般的要件を満たさなければならない。②債務者は譲渡人に対して債権を有しなければならず，当該債権が既に無効と宣告されたり，当該債権の訴訟時効が満了すれば，債務者は相殺を主張できない。③債務者の債権の期日が，譲渡した債権よりも先にまたは同時に到来しなければならない。なぜなら，債務者の債権の期日が，譲渡債権より後で到来すれば，債務者は相殺を主張できず，そうでなければ，債務者の債務者（すなわち，債権譲渡人）の期限の利益を損なうことになる。

3 契約上の義務の移転

3.1 契約上の義務の移転の概念

契約上の義務の移転は，債務の引受とも称され，それは，債権者，債務者と第三者間で達した合意にもとづき，債務を第三者に移転して負担させることを言う。契約義務の移転は，法律の直接規定により生じることもあるが，一般的には法律行為によって生じる。すなわち，当事者が，契約により債務者の債務を第三者に移転しその者に負担させることである。

契約義務の移転には主に，以下の3つの場合が含まれる。その1は，免責的債務引受である。すなわち，債務者が契約義務の全部を第三者に移転し，当該第三者が債務者の地位に取って代わって新しい債務者となり，原債務者はもはや債務を負担しない。その2は，併存的債務引受である。すなわち，債務者が契約義務の一部を第三者に移転し，債務者と第三者が共同で債務を負担する。その3は，担保的併存的債務引受である。すなわち，原債務者の債務を債務引受人に移転する一方，原債務者は債務引受人が債務を履行する担保人として，依然として担保義務を負うことになる。つまり，新しい債務者が債務を履行しないとき，原債務者は依然として債務を履行しなければならない。中国の契約法84条は，「債務者が契約義務の全部または一部を第三者に移転するときは，債権者の同意を得なければならない」と規定している。同条の規定からみると，

それが主に定めたのは，免責的債務引受である。もっとも，契約自由の原則に従い，当事者は自由に債務の引受方式を約定することができる。すなわち，当事者は，第三者を債権債務関係に加え，債務者と共同で債務を負担させることを約定することができる。

　契約上の義務の移転には，以下の特徴がある。

　第1，契約内容に変化が生じない一方，債務者に変化が生じる。債権債務の変更とは異なり，契約義務の移転はその性質上，契約の譲渡に属しており，それは決して，契約上の債務の内容に変化を生ぜしめない。しかし，契約義務の移転の場合，債務者には変化が生じる。

　第2，移転の対象は債務である。契約義務移転の対象は債務であり，債務は債権者が処分できる財産ではなく，負担の譲渡である。したがって，債務の移転は，債権者の同意を得なければならない。一般的に言うと，債務を譲渡するには，譲渡時に既に有効に成立していなければならず，すでに存在する債務またはすでに履行した債務については，たとえ，当事者間で既に譲渡契約を締結したとしても，移転の効果は生じない[4]。契約上の義務の移転は，全部移転でも一部移転でもよい。例えば，「帕特龍会社と周某某等間の第三者代物弁済契約紛争事件」において，裁判所は次のような判断を示している。「周某某は完全行為能力者かつ車両の所有権者として，契約にサインしたことは，周某某が自身の車両をもって振環会社のためにその債務を弁済することに同意したことを明らかにしており，周某某は，契約違反の法的結果を負担しなければならない。すなわち，車両の価値の範囲内で，振環会社の債務について弁済責任を負わなければならず」，周某某は6万元の範囲内で，振環会社が帕特龍会社に対して負う債務について弁済責任を負わなければならない[5]。当該事件は，債務引受人が一定の範囲内で債務を負担したものである。もちろん，どのような移転であれ，契約債務の移転は当該債務が確定され，かつ移転可能性を有することが求められる。債務者自らが履行しなければならない債務は移転できず，移転の効力を生じない。

　第3，法定の形式的要件を具備しなければならない。法律・法規が，契約義務の移転には認可，登記等の手続を行わなければならないことを規定していれ

4　史尚寛『債法総論』中国政法大学出版社，2000年，742頁。
5　江蘇省無錫市中級人民法院（2012）錫商終字第0391号民事判決書。

ば，当事者は，契約義務を移転する際に関連手続を行わなければならず，そうでなければ，契約義務移転の効力に影響を与えることになる。

3.2 契約上の義務の移転と第三者代位履行の区別

契約上の義務の移転は，第三者が自由意思で代位履行することと異なる。両者の主な区別は，以下のとおりである。

第1，契約上の義務の移転の場合，債務者と債権者は，第三者と債務譲渡に合意し，かつ債権者であれ，債務者であれ，第三者と債務移転の契約を締結するには，いずれも相手方の同意を得なければならず，そうでなければ，債務の移転は効力を生じない。当事者に明確な債務引受の意思が存在すれば，第三者代位弁済は成立しない。例えば，「李某某と付某某間の債務移転契約紛争上訴事件」において，裁判所は，以下のような判断を示している。第三者は，債務者の借金を自身が返済することを承諾しており，当時，借用書を書いて1ヶ月後に借金を返済することを約定すると同時に，借用書には，「李某某が2012年4月7日に付良国から現金20万元を借りる借用書は無効であり，当該借金は，李某某の弟李某某が返済する」と明記されていた。この行為は，第三者代位弁済ではなく，債務の引受を構成すると言うべきである[6]。第三者が代わって債務を履行する場合において，第三者は，債務者に代わって債務を弁済することを一方的に表示するか，または債務者と債務者に代わって債務を弁済する契約を締結するものの，決して債権者または債務者と債務譲渡の契約を締結しているわけではない。

第2，債務引受において，債務者は既に契約関係の当事者になっており，債務の全部譲渡であれば，第三者は完全に債務者の地位に取って代わることになり，債務者は当該契約から離脱し，もとの契約関係もまた，消滅することになる。これに対し，たとえ一部の譲渡であっても，第三者は，契約関係に加わり債務者となる。しかし，第三者が債務者に代わって債務を履行する場合には，第三者は，単なる履行主体であって債権債務の当事者ではない。債権者について言えば，債権者は，第三者を債務の履行補助者とするしかなく，債務者を契約当事者とすることはできない。例えば，「寧夏金泰実業有限会社と寧夏基栄

---

6 甘粛省慶陽地区中級人民法院（2013）慶中民終字第360号民事判決書。

実業有限会社間の連合経営契約紛争上訴事件」において，最高人民法院は，以下のような判断を示している。当事者は，契約の中で債務譲渡という文言を使用しているが，当該条項は，その本質において依然として，第三者が代わって債務を履行するものに属しており，決して契約関係の当事者に変化を生ぜしめていない。したがって，本件は依然として第三者代位弁済に属しており，第三者が債務を履行しないかまたは完全には履行しなかったとき，債権者は，もとの債務者にしか主張できず，第三者に主張することはできない[7]。

3.3 契約上の義務の移転の条件

契約法84条は「債務者が，契約義務の全部または一部を第三者に移転する場合は，債権者の同意を得なければならない」と規定している。また，契約法87条は「法律，行政法規が，権利の譲渡または義務の移転には認可，登記等の手続を行わなければならないと規定しているときは，その規定に従う」と規定している。上記の規定にもとづき，契約義務の移転は，以下の条件を具備しなければならない。

(1) 有効な契約義務が存在し，かつ当該義務が移転可能性を有していること

契約義務移転の前提は，当事者間に有効な契約義務が存在することであり，契約義務を生ずる契約関係が成立しなかったり，または効力を生じた後に無効と宣告されたり取り消されたりしたならば，契約義務移転の効果は生じないことになる。将来生じ得る債務については理論上，第三者が負担することもできるが，当該債務が有効に成立してはじめて，債務引受契約は効力を生じることになる。例えば，停止条件付の契約義務は，契約義務が有効に生じたときにはじめて，その移転契約が効力を生じることになる。また，当事者間で移転される契約義務は，移転可能性を有しなければならず，法律の規定または契約の約定に従い契約義務を移転してはならないときは，当該債務を契約義務移転の対象にすることはできない。例えば，扶養請求権によって生じる債務は，一定の一身専属性を有しており，契約義務移転の対象にすることはできない。

(2) 当事者間に有効な契約義務移転の合意が存在すること

契約義務を移転するには，当事者が契約義務の移転について合意に達するこ

---

[7] 最高人民法院（2005）民二終字第35号民事判決書。

とを必要としており，このような合意は，債務者と第三者間または債権者と第三者間，さらには債権者，債務者と第三者間で達することもできる。もちろん，債務者と第三者間で契約義務移転の合意に達するときは，債権者の同意を得なければならず，そうしてはじめて債務移転の効力を生じることになる。たとえ，当事者が，上記のいずれの方法により契約義務移転の合意に達するのであれ，当該合意自体が有効であってはじめて，契約義務移転の効力を生じ得ることになる。

(3) **債権者の同意を得なければならないこと**

契約法84条の規定によれば，契約義務の移転は，債権者の同意を得てはじめて，その効力を生じることになる。法律が，契約義務の移転に債権者の同意を得なければならないことを求めているのは，債務者がその債務を譲渡した後，新債務者が債務の履行能力を有しているか否かまたは誠実で信用を守る商人であるか否かなどの状況について，債権者はあらかじめ知ることができないからである。もし，債務者の思いどおりに債務を譲渡することを認めたのに対し，譲受人に債務を履行する能力がないかまたは履行する能力があるのに履行しようとしないならば，直接債権者の債権が実現されないという結果をもたらすことになる。もし，契約義務の移転が債権者の同意を得なければ，契約義務を移転することはできず，もとの債務者は依然として，債権者に対し履行する義務を負うことになる。もちろん，債権者の同意は，明示または黙示の方法をとることができる。例えば，債権者が債務者の債務移転に同意することを明確に表示しなかったものの，債権者が債務引受人による給付を受領したときは，債権者が当該債務の移転行為に同意したと認定することができる。

(4) **法により関連手続を行わなければならないこと**

もし，法律，行政法規が，契約義務の移転には認可，登記等の手続を行わなければならないと規定していれば，契約義務を移転するときは，これらの手続を行わなければならない。

3.4　契約上の義務の移転の効力

契約上の義務の移転は，以下の法律上の効力を生じる。

(1) **新債務者は債務を履行する義務を負う**

契約上の義務を移転した後，新債務者は，債務を履行する義務を負う。原債

務者がなお債務を履行する義務を負うか否かについては，免責的債務引受と併存的債務引受に分けてそれぞれ，認定しなければならない。すなわち，免責的債務引受についていえば，新債務者が原債務者に代わって債務を負担し，原債務者は，もはや債務を負担しなくなる。このとき，たとえ，新債務者が債務を履行しないか，または不適切に債務を履行したとしても，債権者は，原債務者に対して債務の履行または違約責任の負担を求めることができない。他方，併存的債務引受について言えば，原債務者と新しく加わった債務者は，共同で債権者に対して連帯責任を負う。このとき，原債務者はなお債務を履行する義務を負う。

　もちろんどのような債務引受であれ，債務引受人は債権者に債務を履行しなければならず，そうでなければ，債務不履行責任を負う可能性がある。例えば，「楊某某と李某某，馬某某間の債務移転契約紛争事件」において，法院は，以下のような判断をしている。「被告馬某某は完全民事行為能力を有する者として，自己の名義をもって原告楊某某の夫賈某某に対し，自由意思で賠償義務を負担することを承諾しており，その事実は明白であり，それは（馬某某の）真実の意思表示である。原告と被告馬某某との間には，合法的で有効な債権債務関係が存在すると認定すべきであり，被告馬某某は，約定に従い賠償義務を履行しなければならない。被告馬某某に対し賠償義務を負担するよう求める原告楊某某の請求を支持する[8]」。

(2) 新債務者は，債権者に対する原債務者の抗弁を主張できる

　契約法85条は，「債務者がその義務を移転した場合，新債務者は，債権者に対する原債務者の抗弁を主張することができる」と規定している。同条の規定によれば，契約義務の移転後，新債務者は，同時履行の抗弁権，契約の取消しおよび無効の抗弁権，契約不成立の抗弁権，訴訟時効満了の抗弁権等のような債権者に対する原債務者の抗弁を主張することができる。もちろん，契約当事者に専属する契約の解除権および取消権は，もとの契約当事者の同意を得なければ，新債務者に移転し，後者が享有することはない。

(3) 従たる債務の移転

　契約法86条は「債務者がその義務を移転した場合，新債務者は，主たる債

8　河南省欒川県人民法院（2013）欒民初字第806号民事判決書。

務と関係する従たる債務を負担しなければならない。ただし，当該従たる債務が，原債務者自身に専属しているときは除く」と規定している。同条の規定にもとづき，契約義務が移転された後，従たる義務もまた，それに応じて移転されることになり，新債務者は，主たる債務と関係する従たる債務を負担しなければならない。例えば，売買契約の主たる義務が移転された後，それに関係する領収書の引渡し，関連手続を行うこと等の従たる義務もまた，それに応じて移転されることになる。もちろん，契約義務が移転された場合において，原債務者自身に専属している従たる債務（特許経営資格の延長など）を移転してはならない。

指摘しなければならないのは，債務移転の場合において，第三者が当該債務の履行について保証を提供したかまたは物的担保を提供したならば，当該契約義務の移転は，保証人または担保物権設定者の同意を得なければならず，そうでなければ，保証人または担保物権設定者は，もはや担保義務を負担しないことを主張することができる。なぜなら，債務引受の場合において，新債務者が債務を履行できるかどうかは決して確定しておらず，かつ，保証人または担保物権設定者が担保を提供するのは，債務者との間に一定の人的信頼関係が存在することによるものである可能性があるからである。したがって，契約義務の移転は，担保権設定者の同意を得なければならず，そうでなければ，担保権設定者は，もはや担保義務を負担しないことを主張することができる。

4　契約上の権利・義務の包括移転

4.1　契約上の権利・義務の包括移転の概念と特徴

契約法88条は「当事者の一方は，相手方の同意を得て，自己の契約における権利および義務を一括して第三者に譲渡することができる」と規定している。同条は，契約上の権利・義務の包括移転について規定したもので，契約上の権利・義務の包括移転とは，もとの契約当事者の一方が，その債権債務を一括して第三者に移転し，第三者が包括的にこれらの債権債務を承継することを言う。契約上の権利・義務の包括移転は，債権譲渡または債務引受とは異なり，包括的に債権債務を移転するものである。移転したのは全部の債権債務であるため，もとの債務者の利益と不可分の解除権および取消権もまた，包括的な権利・義

務の移転により第三者に移転することになる。

契約上の権利・義務の包括移転は，以下の法的特徴を有している。

第1，契約上の権利・義務の包括移転には，契約上の権利の譲渡と契約上の義務の引受けが含まれる。契約当事者の一方が，第三者と権利義務の包括移転の合意に達した後，他方の当事者の同意を得てはじめて効力を生じることになる。なぜなら，権利・義務の包括移転には，義務の移転が含まれており，契約の他方当事者の同意を得なければならないからである。引受人は，他方の同意を得ると，完全にもとの契約当事者の一方の地位に取って代わり，もとの契約当事者は，完全に契約関係から離脱することになる。譲渡後に契約義務を履行しないか，または不適切に履行した場合，包括引受人は，義務と責任を負わなければならない。

第2，契約上の権利・義務の包括移転は，主に双務契約に適用される。契約上の権利・義務の包括移転は，全体の権利義務を譲渡することになるため，双務契約における当事者の一方のみが，このような権利と義務を譲渡することができる。これに対し，片務契約においては，一方の当事者は権利のみを享有するか，または義務のみを負担するため，全部の権利義務を譲渡することはできない。そのため，片務契約においては通常，契約上の権利義務の包括移転問題は生じない

第3，契約上の権利・義務の包括移転は，当事者の合意にもとづいて生じることもあれば，法律の規定により生じること（例えば，企業の合併，分割により生じる契約上の権利義務の包括移転など）もある。

4.2 契約上の権利・義務の包括移転の類型

契約法88条は「当事者の一方は，相手方の同意を得て，自己の契約における権利および義務を一括して第三者に譲渡することができる」と規定している。同規定から見ると，契約上の権利・義務の包括移転は，当事者の合意により生じることもあれば，それ以外に，法律の規定にもとづいて生ずることもある。これには主に，以下のケースが含まれる。

(1) 企業の合併と分割

企業の合併と分割の場合においては，法により契約上の権利・義務の包括移転が発生することがある。具体的に言うと，次のとおりである。

第1，企業の合併である。企業合併とは，2つ以上の企業が合併して1つの新しい企業を設立し，新しい企業がもとの2つの債権債務を負担するか，または1つの企業が解散された後，その債権債務を一括して別の企業に移転することを言う。契約法90条は「当事者が契約締結後に合併する場合，合併後の法人またはその他の組織が，契約上の権利を行使し，義務を履行する」と規定している。本条の規定によれば，企業合併の場合においては，合併後の企業が，包括的に合併前の企業の債権と債務を継承することにより，法により契約上の権利・義務の包括移転が生じることになる。

　第2，企業の分割である。企業分割とは，法定の手続に従いもとの企業を2つまたは2つ以上の新企業に分割することを言う。企業分割により惹起される債権債務の移転とは，1つの企業を取り消したうえで，1つまたは複数の新しい企業を設立し，取り消された企業の債権債務を新しい企業に移転して負担させることをいう。民法通則44条2項は「企業法人が分割し合併するとき，その権利義務は，変更後の法人が享有し負担する」と規定している。本条の規定によれば，企業分割の場合においては，分割後の企業が，包括的に分割前の企業の債権と債務を承継することになる。

(2) 企業の組織再編 ［改制］

　企業の組織再編とは，企業が会社法の関連規定に従い，法人，その他の経済組織または自然人が，投資して株主になるかまたは株式の譲渡を通じて，企業を有限責任会社または株式有限会社に改造することをいう。企業の組織再編後，もとの企業の債権債務は，組織再編後に設立された会社に包括的に移転し，その負担となる。企業は組織再編の中で，一部の債権者と債務弁済の合意をなすことはあるが，当該合意は，その他の債権者の利益を損なってはならない。例えば，「甘粛皇台醸造（集団）有限責任会社と史文培，北京皇台商業貿易会社間の交換契約紛争事件」において，最高人民法院は「企業の工商登記が持つ権利設定性からであれ，公示性からであれ，建昊投資と建昊実業との間には，法律上の承継関係が存在すると認定できる。したがって，建昊投資は，甘粛皇台に対して『バーター契約』における義務を履行するよう主張することができる[9]」との判断を示している。つまり，契約主体上の承継関係により，変更前の

　9　最高人民法院（2007）民二終字第139号民事判決書。

企業の契約上の権利義務は，変更後の企業に一括して移転されることになる。
(3) 企業全体の譲渡

いわゆる企業全体の譲渡とは，企業の出資者が，1つの全体的財産としての企業を他人に譲渡し，企業財産を譲渡すると同時に，企業の債権債務も包括的に一括譲渡することを言う。企業全体の譲渡と株式の譲渡は異なる。株式譲渡が単なる株主の交代で，企業の主体的資格は変わらない。現代会社法は，法人の独立した人格を通じて会社資産と株主が持つ株式を厳格に区別している。株式の譲渡であるならば，会社の債権債務の負担問題と関わることはない。なぜなら，当該債権債務の主体は会社であって，株主の持つ株式はそれぞれ異なる主体に属しており，かつ株主は，法によりその出資の範囲内でのみ会社の債務について有限責任を負うからである。したがって，株式譲渡は，債権債務の包括移転を生じさせない。しかし，企業が1つの全体的財産として，他人に譲渡されるときは，債権および債務の包括移転が生じる。

(4) 「売買は賃貸借を破らない」

「売買は賃貸借を破らない」とは，賃貸借の存続期間中における賃貸目的物についての所有権変動は，決して賃貸借関係の解消をもたらさないことを言う。契約法229条は「賃借物に賃貸借の存続期間中，所有権変動が生じた場合は，賃貸借契約の効力に影響を与えない」と規定している。本条は，売買は賃貸借を破らないというルールを確立したものである。同条の規定から見ると，売買は賃貸借を破らないことの効果は，「賃貸借契約の効力に影響を与えない」ことである。「賃貸借契約の効力に影響を与えない」とは，原賃貸借契約は依然として有効であり，賃借人についていえば，原賃貸借関係を終了させる必要がないだけでなく，新しい賃貸借契約を締結して新しい賃貸借契約における賃借人になる必要もないことをいう。このことからわかるように，「売買は賃貸借を破らない」ということは，また契約上の権利・義務の包括移転という効力も生じさせる。すなわち，賃貸目的物の新所有者は，原所有者の賃貸借契約における権利と義務を包括的に承継しなければならず，賃借人と賃貸目的物の新所有者との間では，賃貸借契約関係が形成されることになる。

(5) 相続

相続もまた，当事者間で契約上の権利・義務の包括承継という効力を生じさせることができる。具体的に言うと，被相続人が死亡した後，相続人はその遺

産を相続するとき，被相続人の生前の権利と義務を包括的に承継しなければならない。例えば，甲と乙が契約を締結しており，その契約の約定によると，甲は，乙に一纏めの品物を引き渡すと同時に，乙に対しても代金支払請求の権利を有していたが，その後，甲が契約の履行過程において死亡したとしよう。この場合において，その相続人は，甲の契約における権利と義務を包括的に承継しなければならず，したがって，法により契約上の権利・義務の包括移転という効力が生じる。

4.3 契約上の権利・義務の包括移転の効力

契約上の権利・義務の包括移転は，契約当事者に変化を生ぜしめることになる。すなわち，第三者が，契約の一方当事者の地位に取って代わり，契約上の権利を享有し，契約上の義務を負担することになる。例えば，「甘粛宝徽実業集団有限会社が，中信国安黄金有限責任会社を訴えた株式［股権］譲渡紛争事件」において，裁判所は，以下のような判断を示している。「建新会社と国安会社が相次いで締結した株式譲渡に関する契約書，補充契約，補償契約はいずれも，契約締結双方の真実の意思表示であり，その内容は，法律，行政法規の禁止性規定に違反しておらず，かつ2007年4月21日の鴻遠会社の株主総会決議により，株式譲渡契約が，同契約第3条に約定された効力発生要件を満たすようになったため，上記契約は，有効な契約であると言わなければならない」，「建新会社，国安会社，宝徽会社の3者がその備忘録において，建新会社が自己の株式譲渡に関するすべての関連契約における権利義務を宝徽会社に承継させることに一致して同意したことは，法律の規定に合致しており，本件係争中の株式譲渡に関する関連契約の主体は，宝徽会社と国安会社であると言わなければならない[10]。」

このほかに，契約法89条の規定によれば，契約上の権利義務の包括移転のときは，契約法79条，81条〜83条，85条〜87条の規定を適用しなければならない。これら法律規定の内容には，具体的に以下のものが含まれる。①契約の性質にもとづき，譲渡してはならない権利，当事者の約定に従い譲渡してはならない権利，法律の規定に従い譲渡してはならない権利などのような権利に

---

10 甘粛省高級人民法院（2013）甘民二初字第15号民事判決書。

ついては，債権債務の包括移転により譲渡してはならない。②ある従たる権利が，債権者に専属するならば，譲受人は，契約上の権利義務の包括移転により当該従たる権利を享有することはできない。③債務者が原債権者に対して有する抗弁権は，依然として譲受人に対抗することができる。④債務者が，譲渡人に対して債権を有し，かつ相殺の条件を満たしていれば，債務者は，譲受人に対し相殺を主張できる。(5)新債務者は，原債務者の債権者に対する抗弁を主張することができる。(6)新債務者は，主たる債務と関連のある従たる債務を負担しなければならない。ただし，当該従たる債務が，原債務者自身に専属するものは除く。(7)法律，行政法規が，権利または義務の譲渡には認可・登記手続を行わなければならないと定めているときは，その規定に従う。

第 8 章　契約上の権利義務の終了

案例　甲会社は乙会社に2件の債務を負っており，その額は総計で80万元にのぼる。この債務中の40万元の債務には担保物権が設定され，別の40万元には担保が設定されていない。そして，担保を設定した40万元の債務の履行期日はすでに到来し，他方，担保を設定していない40万元の債務の履行期はまだ到来していない。現在甲会社は乙会社に50万元を送金し，債務を履行したが，どの債務の弁済に充てるかは指示していなかった。乙会社は，すでに担保をとっている債務は弁済不用で，まず担保を設定していない債務の弁済に用いるべきであると考えた。他方，甲会社は，すでに担保を設定している債務はすでに履行期日が到来し，したがってこの債務の弁済に用いるべきであり，担保を設定していない債務はまだ期日が到来していないので，この債務の弁済に用いることはできないと考えた。そのため，双方で争いになった。

簡単な評釈　本件にかいつまんで評釈を加えると，以下のようになる。弁済への充当は一種の債務履行方式である。「契約法司法解釈(2)」20条は，もし債務者が同一の債権者に複数の債務を負っていて，履行期の到来している債務と，履行期の到来していない債務があるときは，まず履行期の到来している債務に充てなければならないと規定している。本件では，甲が支払った50万元は弁済期の到来し，かつ担保付の40万元の債務に充て，残りの10万元は期日の到来していない債務の弁済に用いるべきである。

1 契約終了概説

1.1 契約終了の概念と原因

　契約の終了はまた契約の消滅とも称され，それは当事者の権利義務関係の消滅を意味する。契約終了には契約関係が将来に向かって消滅するものもあれば，契約上の権利義務が初めから消滅しているものもある。契約が履行によって終了するケースは前者の例であり，当事者が契約を解除すると，初めから契約の効力が消滅するケースは後者の例である。契約の権利義務を消滅させる一切の事由が契約終了の原因をなす。契約法は単に契約の成立を規定するだけでなく，その消滅も規定しておかなければならない。なぜなら，契約の消滅は，契約が引き続き当事者に対して拘束力を生じ続けるかどうか，当事者はなお履行の継続を必要とするのかどうかといった問題や，違約責任の負担の問題に関わってくるからである。したがって，契約終了の制度は契約法の中で非常に重要な意義を有している。契約法第6章（91条～106条）は契約終了に関する規定である。本章の規定によれば，契約終了の原因としては，以下の種類がある。

　第1，法律の規定する事実の発生にもとづいて終了する。例えば混同にもとづいて終了する。なぜなら，法律が規定する事実状態の発生によって契約関係は終了させられるからである。

　第2，当事者の意思にもとづいて終了する。契約は当事者の意思によって成立する以上，当事者の意思によって消滅する。この場合の当事者の意思は一方当事者の意思表示で消滅することもあれば，双方の意思表示で消滅することもある。当事者の意思にもとづいて消滅する契約には，相殺，免除，契約更新の合意の達成，合意による解除［協議解除］などがある。指摘しておかなければならないのは，法定の終了条件に合致する場合でも，契約関係は当然には終了せず，法定あるいは約定の終了手続を必要とすることがあるということである。例えば解除権を有する一方当事者は解除権を行使し，すでに契約を解除したことを通知しなければならない。相殺権を有する一方当事者は相手方が債務を相殺するかどうかにつき通知しなければならない。そうでなければ，契約関係は当然には消滅しない。

　第3，契約目的の実現によって終了する。契約は当事者が一定の契約締結目的を追求するために成立し，また当事者の契約目的の達成によって終了する。

契約目的の実現とは，債務者が約定どおりその全部の債務を履行し，債権者の債権が実現され，契約関係がこれによって終了することである。この点で，契約は物権とは異なる。物権は物権の存在と支配の効力を維持することを目的とし，債権は消滅を目的とする財産権である。もし契約がすでに実現されれば，契約は終了することとなる。

契約の終了は契約履行の一時的中止とは異なる。例えば，一方当事者が契約履行中の抗弁権を行使するときは，一時的に契約の履行を中止することができる。しかし，契約関係は依然として契約当事者に対して拘束力を有し，契約の履行の中止によって終了するわけではない。契約が終了すると，もはや当事者は契約関係によって拘束されることはない。

1.2 契約終了の効果

契約が終了すると，以下のような法的効力が生ずる。

(1) 契約の権利義務関係は消滅に帰す

契約関係がいったん終了すると，当事者間の権利義務関係は即消滅し，当事者間の主たる給付義務，従たる給付義務はともに消滅する。それと同時に，契約終了後，権利義務関係に従属する［依附］従たる権利と従たる義務も一緒に消滅する。例えば担保物権，保証債権，違約金債権，利息債権等は契約関係の終了のときに消滅する[1]。

(2) 契約の終了は非違約方の損害賠償請求権に影響を与えない

契約がいったん終了すると，当事者間の権利義務は即消滅する。しかし，契約関係が一方の違約によって終了するときは，非違約方は契約関係終了後も違約方に損害賠償責任を負うように請求する権利を有する。このことについて，契約法97条は「契約解除後，未だ履行していなければ，履行を終了し，すでに履行していれば，履行状況と契約の性質にもとづいて，当事者は原状回復，その他の補救措置を要求し，併せて損失賠償を要求する権利を有する」と規定する。例えば，一方当事者に契約履行の過程で重大な違約が生ずると，相手方はこれにより契約を解除するが，このとき非違約方は契約を解除した後も，なお違約方に対して違約責任を負うように請求する権利を当然有する。

---

1 鄭玉波『民法債編総論』中国政法大学出版社，2004年，467頁。

(3) 契約中の決算および清算条項は引き続き有効である

　契約法98条は「契約の権利義務の終了は，契約中の決算および清算条項の効力に影響を与えない」と規定している。本条の規定によれば，契約終了後，契約中の決算条項および清算条項はなお有効である。契約中で約定した決算条項とは，代金給付義務を履行した後の，当事者間の貨幣による決算のことである。清算条項とは，契約終了後，契約の残された問題をどのように処理するかについての約定のことである。契約が終了しても，契約中の決算と清算条項の効力に影響がないのは，これらの条項自身が契約終了後の事務処理に関わり，かつ法律上相対的独立性を具えているからである。したがって，契約終了後も，これらの条項は当然には終了しない。

(4) 契約終了後の［後契約］義務の発生

　契約終了後，契約当事者の間で契約終了後の義務が生ずることがありうる。契約終了後の義務とは，契約関係が消滅した後も，当事者は誠実信用原則と取引慣行によってある種の作為または不作為義務を負わなければならないということである。契約終了後の義務という制度は，取引において誠実信用の観念を強化し，取引の正常な秩序を維持するうえで重要な役割を有している。契約法92条は「契約の権利義務が終了した後，当事者は誠実信用原則を遵守し，取引の慣習にもとづいて通知，協力，秘密保持等の義務を履行しなければならない」と規定している。例えば，債権者は負債の証文を返還し，あるいは当該証文を抹消する義務を負う。負債の証文は，契約上の権利義務の証明であり，契約上の権利義務関係が終了した後，債権者は，負債の証文を債務者に返還しなければならない[2]。すなわち，もしも負債の証文がなおも債権者の手中に留め置かれていると，債権者は将来これをもとにさらに債務者に義務の履行を請求する可能性がある。これでは債務者にとってきわめて不利となる。したがって，当該証文は返還するか，または抹消されなければならない[3]。もし負債の証文が滅失し，返還できないときは，債権者は債務者に債務消滅の証文を発行しなければならない。もし債権の一部が消滅したときは，債務者は消滅事由を証文に記入するか，またはその他の証明書を発行するよう請求する権利を有する。

　2　董霊『合同的履行，変更，転譲与終止』中国法制出版社，1999年，172頁。
　3　鄭玉波『民法債法総論』中国政法大学出版社，2004年，466頁。

2　弁済

2.1　弁済の概念と特徴

　弁済とは，債務者が債の要求どおりに正確，適切にその契約債務を履行し，債権者の債権を実現させることである。契約法91条によれば，「債務はすでに約定どおりに履行され」契約関係を終了させると規定しており，本条では「弁済」という概念を明確に使用していないが，本条で言う約定どおりに義務を履行するということが弁済のことである。弁済には以下のような特徴がある。

　第1，弁済は受領者が完全な民事行為能力を有することを条件とはしない。つまり，債務者が給付を提供し，債権者が受領すれば，債の弁済の効力が生ずる。当事者が債の弁済について単独で意思表示をする必要はなく，民事行為無能力者，あるいは制限的民事行為能力者であっても弁済受領者となることができる[4]。

　第2，弁済は債の関係の消滅原因をなす。弁済は当事者間の契約の権利義務関係の消滅をもたらす。弁済は履行とは異なる。履行は一個の動態的概念で，その中には債務者の債務履行の行為も含まれるし，また債権者が債務者の履行を受け入れる行為も含まれる。他方，弁済は主に債務者の債務履行の結果を強調する。したがって，債務者に債務履行の行為があっても，それが必然的に債務の弁済の効果をもたらすわけではない。

　第3，弁済は必ず債の規定にもとづいて行われなければならない。弁済とは，債務者が法律の規定，あるいは約定どおりに，そして誠実信用原則にもとづいて正確に，かつ適切にその義務を履行することである。債務者が債務の要求どおりに債務を履行しなければならず，そうやってはじめて弁済の効果を達成できる。通常，債務者は法律の規定と契約の約定にもとづいて債務を履行しなければならないが，ときとして契約の約定の内容が必ずしも明確でないとか，契約の空隙が存するといったことにより，単に契約の約定にもとづいて履行するだけでは不十分な場合がある。そうした場合には，当事者はさらに法律の規定と誠実信用原則の要求にもとづいて，適切に契約上の義務を履行しなければならない。例えば，契約に履行期間，履行地点等が規定されていなければ，法律

4　黄立『民法債編総論』中国政法大学出版社，2002年，660頁。

の規定あるいは誠実信用原則にもとづいて履行しなければならない。

2.2 弁済の主体と目的［標的］

2.2.1 弁済の主体
(1) 弁済者

弁済者とは債務の弁済人である。それは一般的には債務者であるが，債務者以外に，債務者の債務の履行補助者とか，第三者も含まれる。履行補助者とは，例えば債務者の代理人とか使用人等のことであり，第三者とは，第三者が債務者に代わって弁済をなすところの第三者のことである。第三者が債務者に代わって弁済するほうが債権者の債権の実現に有利である場合があるため，一般的に法律は第三者が代わって弁済することを禁止していない。ただし，債務に一身専属性があるとか，第三者が代わって弁済をなすことを禁止する旨の約定がある場合には，第三者は債務者に代わって弁済することはできない。例えば，甲企業と乙［明星］が上演［演出］契約を締結し，乙は甲の開業日に現場に赴き出演することを約定したような場合，乙が負う債務は一身専属性を具えており，第三者が代わって弁済をなすことはできない。

(2) 弁済受領者

弁済受領者とは弁済を受ける者である。弁済者が弁済をなしたら，受領者は受領しなければならず，それによってはじめて弁済の効果が生ずる。債務者が受領権のない第三者に弁済しても，弁済の効果は生じない。弁済受領者は一般的には債権者であるが，債権者以外にも，以下の主体が弁済受領者になり得る。その1は，債権の準占有者である。債権の準占有者とは，債権者の署名入りの受取証［収据］あるいは有効な債権証書を持参した者のことである。債権者以外の者が債権証書を占有している場合，もし債務者にその者に受領権があると信ずる合理的理由があれば，表見受領を構成し，当該受領は有効である。その2は，債権者によって受領権を授与された代理人，管理人である。私的自治原則により，債権者は自らに代わって他人に受領を授権することができる。例えば，夫妻の一方がその配偶者に給付の受領を授権するとか，契約当事者の双方が給付受領の第三者を約定するようなケースである。その3は，法によって弁済を受領する者である。例えば破産管財人がそれにあたる。もし債権者が破産手続に入ると，債権者は自らその債権を受領できず，必ず破産管財人が受領し

なければならない。さらに，債の保全訴訟では，債権者は代位権者として，法により受領の権限を有する。

2.2.2 弁済の目的［標的］

弁済の目的とは，履行の目的物，給付の内容のことである。弁済者は全面履行と誠実信用の原則により全面的に，正確に，適切に債務を履行しなければならず，それに反すると違約行為を構成し，違約責任を負わなければならない。もし双方当事者が契約の中で特定物を引き渡さなければならないと約定したら，契約の約定どおりに引き渡さなければならず，他の目的物で代替することはできない[5]。もし目的物が意外事故により毀損滅失すると，履行目的物の不存在により実際履行が不可能となるが，債務者はなお違約責任を負わなければならない。約定により，債務者が一定の労務を提供しなければならない場合，債務者は債の性質と取引慣行にもとづき債権者に対して自ら履行しなければならない。もし金銭の支払を約定すると，債務者は履行不能を理由として実際履行の責任を免除されることはないし，免責事由として不可抗力を援引することはできない。原則として，債務者は契約で約定した数量のすべてを履行しなければならない。ただし，一部履行でも債権者の利益に損害を与えていないときは，このかぎりでない。

2.3 弁済の充当

2.3.1 弁済の充当の概念と条件

弁済の充当とは，1人が数個の債務を負い，給付の種類が同一で，もし弁済者が提供した給付が全部の債務額の弁済に足りないときに，債務者がその充当する債務を指定することである[6]。例えば，乙が甲から1万元を借り，利息が5,000元，費用が1,000元であるとして，乙が8,000元弁済した場合，この弁済は元本に対する弁済であるのか。それとも費用，あるいは利息に対する弁済であるのか。当事者は弁済する債務について約定することができるのに，当事者に約定がない場合，弁済者は指定することができる。もし当事者がいかなる債務を弁済するかを約定せず，弁済者も指定していないときは，法定の順序にも

---

5 黄立『民法債編総論』中国政法大学出版社，2002年，666頁。
6 史尚寛『債法総論』台湾，1978年，752頁。

とづいて充当する。

弁済の充当の適用は以下の条件を備えていなければならない。

(1) 1人の債務者が同一の債権者に対して複数の債務を負っていること

弁済の充当が適用される条件の1つは，1人の債務者が同一の債権者に対して複数の債務を負っていることであり，当該の債務は初めから生ずる場合もあれば，債務の引き受け等の原因によって生ずる場合もある。数人の債務者が同一の債権者に対して複数の債務を負っている場合には，その複数の債務者がそれぞれ履行しなければならず，弁済の充当の問題は生じない[7]。同一の債務者が複数の債権者に複数の債務を負っている場合にも，弁済の充当の問題は生じない。また，弁済の充当の適用には複数の債務が存在することが求められる。もし1個の債務があるだけで，債務者の弁済が当該債務に向けられて，完全に弁済されない場合には，一部履行の問題が生ずるだけで，充当の問題は生じない[8]。

(2) 債務者が負う債務の給付の種類が同じであること

もし複数の債務の給付の種類が同じでなければ，給付の種類でもってどの債務への弁済の給付であるかを確定しなければならない。したがって，弁済の充当の問題は生じない。例えば，同一の契約関係において，債務者がある目的物を引き渡そうとし，またある労務を提供しようとした場合，この2つの債務の種類が異なるので，目的物の引渡しをもって労務提供の債務に充当することはできない[9]。

(3) 弁済者が提供する給付が全部の債務額を弁済するには不足していること

もし債務者の給付がすべての債務を弁済できるのであれば，弁済の順序を確立する必要はない。なぜなら，すべての債務を弁済できるからである。給付がすべての債権を弁済するには不足している場合にはじめて当該給付がどの債務への弁済なのかという問題が生ずる。

2.3.2 弁済の充当の形式

弁済の充当には以下の3種類の形式がある。

---

[7] 孫森焱『民法債編総論』法律出版社，2006年，868頁。
[8] 史尚寛『債法総論』中国政法大学出版社，2000年，793頁。
[9] 史尚寛，同上。

(1) 約定による充当

　約定による充当とは，当事者が充当の方法について合意に達していることである。約定があれば約定に従う，これは契約自由の表れである。「契約法司法解釈(2)」20条は弁済の充当について規定しているが，この規定によれば，もし「債権者と債務者が弁済の債務または弁済の充当の順序に対して約定があれば」当事者の約定にもとづいて充当の順序を確定しなければならない。このことから，約定充当は指定充当や法定充当に優先することが分かる。例えば，乙が甲から一方で1万元の金銭消費貸借上の債務を負い，他方で1万元の品物の代金債務を負っていて，いずれの債務も期日が到来していて，乙は甲に8000元を弁済したとき，双方で当該給付は金銭消費貸借上の債務の充当に用いられることを約定していれば，その約定に従う。

(2) 指定による充当

　指定による充当とは，当事者の一方がその単独の意思で債務者の弁済の充当すべき債務を確定することである。指定による充当は私法の私的自治原則に符合し，かつ法律関係の簡素化に有利である[10]。指定による充当は，以下の条件に符合しなければならない。①主体について言えば，債務者以外のその他の弁済者も指定権を持つことができる。ただ，弁済者だけが指定権を有するのであって，弁済を受ける者あるいはいかなる第三者も指定権を有しない。②指定の時期について言えば，弁済の前又は弁済のときに指定しなければならず，かついったん指定したら撤回できない。③弁済者が充当を指定する方法は意思表示の方式で債権者に指定しなければならない。④指定による充当は債権者の利益を損なってはならない。債務者が充当を指定するときは，その権利を濫用してはならない。例えば，先に元本に充当し，その後で利息に充当するときには，必然的に債権者に損害を与えることになる。

(3) 法定充当

　法定充当とは，当事者が約定による充当も，指定による充当もしていないときに，法律の規定する順序と方法にもとづいて，債務に対して充当を行うことである。多くの国の法律で法定充当について明確な規定を設けている。「契約法司法解釈(2)」20条も法定充当を規定している。指摘しておかなければなら

10　鄭玉波『民法債編総論』中国政法大学出版社，2004年，495頁参照。

ないのは，もし当事者が弁済の充当の順序につき約定していたり，あるいは弁済者が弁済の充当の順序を指定しているときは，当事者の約定または指定にもとづいて充当の順序を確定しなければならない。当事者に約定や指定がないときにだけ法定充当の順序を適用することができる。

2.3.3 法定充当の順序

法定充当を行う場合，法律の規定する順序によって充当を行わなければならない。「契約法司法解釈(2)」20条，21条の規定によれば，以下の順序で弁済の充当を定めている。

第1，期日到来の債務と未到来の債務が並存しているときは，期日到来の債務の弁済に充当する。「契約法司法解釈(2)」20条は，「債務者の給付がその同一債権者に負っている数個の同種類の全債務を弁済するには不足しているときは，期日到来の債務に優先的に充当しなければならない」と規定している。司法解釈がこのような規定を設けた原因は，以下の点にある。すなわち一方で，債務者の期限の利益を保護する。債務履行期日が未到来のときは，債務者は弁済の義務を負わない。他方で，債務者の債務が期日未到来の場合，弁済者の指定がないかぎり，期日到来の債務に優先的に充当される。これはまた当事者の本意にも合致する。

第2，いずれの債務も期日が到来しているか，あるいはいずれも未到来のときは，担保の付いていない，あるいは担保額が少ない債務に優先的に充当する。「契約法司法解釈(2)」20条は，「複数の債務が期日到来している場合，債権者が担保を設定していない債務，あるいは担保額が最少の債務に優先的に充当する」と規定している。蓋し，担保付の債務は優先弁済を受けることができ，担保を設定していない債務あるいは担保額が最少の債務に優先的に充当するほうが，債権者の保護に有利だからである。

第3，担保額が等しい場合には，債務者が弁済によって最多の利益を得る債務にまず充当する。獲得する利益が等しいときは，最も早く期日到来している債務にまず充当する。この点について，「契約法司法解釈(2)」20条は2つの充当規則を定めている。その1は，担保額が等しいときは，債務の負担が重い方の債務に優先的に充当するということである。例えば，連帯債務と単独の債務を比べると，個人債務に充当するほうが明らかに有利である。なぜなら，連帯

債務の場合，各債務者の内部関係についていえば，債務者は一部の債務を負担すればよく，したがって個人債務と連帯債務が併存するときは，個人債務に優先的に充当すべきである[11]。その2は，負担が同じであるときは，債務の期日到来の先後の順序にもとづいて充当するということである。蓋し，債務がともに期日到来し，かつ担保も同額であるときは，債務者が債務を弁済することによって得られる利益に差異がないので，債務の期日到来の順序によって先に期日到来する債務に優先的に充当すべきである。

第4，債務の期日が到来し，担保も同じで，履行期到来の時期も同じであるときは，比例によって充当する。担保が同じであるとは，一方で，担保の類型，額，効力等が同じであるということ，他方，複数の債務がみな担保を設定していないということである。債務の期日が到来し，かつ担保が同じ場合には，各債務の期日が到来した時期が同じなので，公平原則の考慮にもとづき，比例によって充当しなければならない。

第5，債務の種類が異なる場合の充当の順序については，もし利息と元本が併存するときは，利息への充当を先にし，元本への充当を後にする。もし費用と利息，元本が併存するときは，費用への充当を先にする。「契約法司法解釈(2)」21条の規定によれば，利息と費用の支払いに関わるときの充当の順序は，債権の実現に関する費用が第1である。ここで言う費用とは，保管費用，訴訟費用，執行費用等が含まれる。第2が利息である。利息には法定利息と約定利息が含まれる。利息は債権者が予測している収益である。したがって元本より先に充当されなければならない[12]第3が主たる債務である。以上が，債権の保障にもとづいて確立された規則である。蓋し，元本は保障が最も十分なされるものであり，債権実現の費用は保障が最も困難なものである。債権者の利益を保障するためには，債権実現の費用にまず充当する必要がある。

3 契約の解除

3.1 契約の解除概説

契約の解除とは，契約が有効に成立した後で，契約解除の条件を具備した場

---

11 孫森焱『民法債編総論』法律出版社，2006年，871頁。
12 鄭玉波『民法債編総論』中国政法大学出版社，2004年，498頁。

合に，当事者の一方又は双方の意思表示によって契約関係を初めから消滅させ，あるいは将来に向かって消滅させる行為のことである。解除は契約の権利義務関係終了の原因の一つをなす。契約法第6章（契約上の権利義務の終了）の章において，契約解除制度に対して規定を設けた（契約法93～97条）。経済生活においては，様々な原因によってしばしば契約が正常な履行ができなくなり，そうした場合，当事者は契約解除の方式であらかじめ契約関係を消滅させなければならない。契約解除は契約の終了とは異なる。契約解除は契約法の第6章の契約上の権利義務の終了の章に規定されているが，厳密に言えば，両者の間には一定の違いが存する。伝統的な大陸法の規定によれば，契約の解除とは，契約関係が成立した後，解除行為によって契約関係を遡って消滅させることである。契約解除では原状回復の効果が生じる。契約解除は過去に向かって効力が生じ，契約関係を遡及的に消滅させる。それと同時に，契約関係が消滅することにより当事者はもはや履行義務を負わない。したがってまた契約解除は将来に向かっても効力が生ずる。他方，契約の終了は契約関係を消滅させるだけで，単に将来に向けて効力が生ずるだけである。当事者には原状回復義務は生じない。

　契約解除には以下のような特徴がある。

　第1，契約解除は有効に成立した契約に適用される。契約解除の目的は当事者間の契約関係を消滅させることにあり，したがって契約解除は契約の債にだけ適用される。それと同時に，契約解除は有効に成立した契約にだけ適用される。契約解除の目的は契約関係の当事者に対する拘束力をなくすことにある。もし契約が成立した後に無効と宣告されたり，取り消されたりすると，契約は当事者に対して拘束力を有さず，また解除の問題も存在しない。

　第2，契約解除は一定の条件を具備しなければならない。契約関係がいったん成立すると，当事者に対して一定の拘束力が生じ，いずれの側も勝手に契約内容を変更できないし，まして契約を解除することはできない。したがって，契約解除は法定の，あるいは約定の条件を具備しなければならない。法定の条件とは，いかなる場合に契約当事者が契約を解除する権利を有するかを法律で規定することである。約定解除とは，もし一定の事由が生じたら，当事者の一方又は双方は解除権を有することを契約の中で約定することである。法律が契約解除制度を設けた重要な目的は，契約解除の合法性を保障し，いかなる法定

の，あるいは約定の事由もない状況のもとで勝手に契約を解除することを禁止することにある。

　第3，解約解除には解除行為が必要である。法定または約定の解除事由が生じた場合，契約関係は当然に解除されるわけではなく，当事者が解除権を行使しなければならない。当事者が解除権を行使するときは，相手方に契約解除の意思を通知しなければならない。契約は通知が相手方に到達したときから解除される。もし定められた期限以内に権利を行使しないと，当該解除権は消滅する。解除権を有する一方当事者はもはやもはや解除を主張できない。

　第4，契約解除の効果は契約関係を初めから消滅させ，あるいは将来に向かって消滅させることである。契約法91条は，契約解除は契約上の権利義務の終了原因の一つであることを規定していて，このことから契約解除によって契約上の権利義務が消滅することがわかる。契約を解除する場合，もし当事者が契約解除の効果について約定しているときは，当事者の約定に従わなければならない。もし当事者が契約解除の法的効果について約定していなければ，契約法97条の規定にもとづいて具体的に確定しなければならない。すなわち契約関係の性質が継続的契約かそれとも非継続的契約かにもとづいて，具体的に各種の状況を斟酌して，解除が遡及効を生ずるかどうかを確定しなければならない。

　第5，契約解除も一種の違約補救方式となすことができる。契約解除と違約責任は緊密な関係があり，契約法94条は根本違約の場合のもとでの法定解除権について規定しており，契約法97条は「契約解除後，未だ履行されていなければ，履行を終了させる。すでに履行されたときは，履行の状況と契約の性質にもとづいて，当事者は原状を回復し，その他の補救措置をとることを要求することができ，併せて損失賠償を要求する権利を有する」と規定している。このことからわかることは，契約解除と違約責任は密接に関連しているということであり，契約解除は一種の違約補救の方式となりうるということである。もちろん，契約解除は本質的には違約責任の負担方式ではなく，違約補救の一種の方式にすぎない。

　指摘しておかなければならないのは，ここでの契約解除は解除条件付の契約とは異なるということである。解除条件付の契約とは，当事者が契約の中で，一定の条件の成就または不成就をもって契約解除の条件とすることを約定する

ことである。契約解除と解除条件付の契約の主な違いは，解除条件付の契約について言えば，解除条件がいったん成就すると，契約関係は当然に解除され，当事者が解除権を行使する必要がないということである。しかし，契約の解除についていえば，解除条件が具わった場合に，契約は当然に解除されるわけではない。解除権者が解除権を行使したときにのみ，契約が解除できる。例えば，甲は家屋を乙に賃貸し，いったん甲の子供が帰国したら当事者間の賃貸借契約は直ちに解除するということを約定した場合，この契約は解除条件付の契約に属する。しかし，当事者が，いったん甲の子供が帰国したら，甲は契約を解除する権利があるということを約定した場合，この契約は当事者が契約解除の条件を約定した，約定解除に属する。

3.2 契約解除の類型

契約解除の原因は当事者が約定することもできるし，法律で規定することもできる。前者は約定解除であり，後者は法定解除である。

3.2.1 約定解除

契約自由の原則にもとづいて，当事者は契約解除の事由を約定できる。当事者の約定が法律や社会の公共道徳に違背しないかぎり，その約定は有効であり，かつ当事者が予期した効果をもたらすことができる。約定解除には協議解除と約定解除権行使の解除の2種類のケースが存在する。

(1) 協議解除

契約法93条1項は「当事者の協議が一致したときは，契約を解除することができる」と規定している。本条は契約の協議解除について規定したものである。協議解除は事後協議解除とも称される。それは，契約成立以後，履行する前または完全に履行する前に，当事者双方が協議を通じて契約を解除し，契約の効力を消滅させる行為である。協議解除は契約自由の原則を体現したものである。蓋し当事者双方が協議で契約を締結することを認めている以上，当事者双方が一定の状況のもとで契約解除を協議することも認められるべきであるからである。中国の司法実践から見ると，大部分の契約は当事者双方の協議を通じて解除される。協議解除は契約自由の原則に符合するだけでなく，当事者双方の協調と協力の役割を十分に発揮させ，当事者間の様々な対立を適切に解決

させ，不必要な損失を減少させることを可能にする。したがって，協議解除の方式は奨励されるべきである。

注意を要するのは，協議解除は双方当事者の契約解除の意思表示が一致しなければならないということである。もしそれがなされなければ，契約解除の効果は生じない。例えば，孟元が中佳旅行社を訴えた旅行契約紛糾案件の中で，北京市第一中級人民法院は「本案で，上訴人は契約解除を提起し，代金返還を要求することは理解できるが，中佳旅行社にも異議を提起する権利がある。双方で一致をみないときは，契約で定めた権利と義務の履行を継続しなければならず，契約の約定に違反した側は，契約の違約責任を負わなければならない。上訴人は，双方で契約を解除するかどうかで意見の一致をみないときに，相手方の損失減額の建議を拒否し，相手方に対して契約を解除して全部の損失を負担するように引き続き要求し，契約の履行を放棄して，損害結果を発生させたので，全部の責任を負わなければならない」と判示した[13]。

(2) 約定解除権を行使しての解除

契約法93条2項は「当事者は，一方が契約を解除する条件を約定することができる。契約を解除する条件が成就したときは，解除権者は契約を解除することができる」と規定している。本条は，約定解除権を行使して契約を解除することについて規定したものである。約定解除権とは，契約成立後，履行する前，または完全に履行する前に，一方の側に，ある種の契約解除の条件が成就したとき，解除権があり，契約解除権の行使を通じて契約関係を消滅させることができることを約定することである。契約自由の原則により，当事者は協議が一致することにより契約を成立させ，また協議が一致することにより契約を解除させる権利があり，あるいは解除権を約定する権利がある。当事者が契約解除権を約定しているときは，当該解除条件が成就すると，たとえ違約方が未だ根本違約を構成しなくとも，解除権を有する側は解除権を行使する権利がある。例えば，「北海越亜房地産開発有限公司と合浦県華興房地産開発公司との土地使用権譲渡契約紛糾再審案」では，最高人民法院は，「当事者は契約の中で一方当事者に一方的に契約を解除する権利を明確に付与しており，解除の条件が成就すると，当事者は解除権を行使し，裁判所の審査を経て当該解除条件

---

13 「最高人民法院公報」2005年2期。

が法律の強制性規定に違反せず，国家，第三者の利益を損なうことがなければ，契約は約定により解除される。たとえ相手方当事者がすでに大部分の契約義務を履行していても，契約解除の事由に対抗できない[14]」と判示した。

3.2.2 法定解除

　法定解除とは，契約成立後，履行される前，または全部の履行が完了する前に，法律が規定する事由が生じたとき，当事者の一方が法定解除権の行使を通じて契約の効力を消滅させる行為である。法定解除は当事者の一方が法定解除権を行使した結果であり，法定解除条件が成就したとき，解除権者は直接解除権を行使でき，契約を解除しようとするとき，相手方の同意を必要としない。法定解除の条件のもとでは，契約解除の事由は法律によって直接規定されており，法律が規定する契約解除の事由が生ずると，法定解除権を有する一方当事者は法定解除権を行使して契約を解除する権利を有する。契約法94条は法定解除の一般的事由を規定しており，本条の規定によれば，契約の法定解除事由として以下のものがある。

(1) 不可抗力によって契約目的を実現できない

　不可抗力とは，予見できず，避けることができず，克服できない客観的状況のことである。しかし，不可抗力が発生した後の契約に対する影響の程度は一様でない。一時的に契約の履行を阻害するものもあれば，契約の一部の内容の履行に影響を与えるにすぎないものもある。したがって，不可抗力をもって一律に契約解除の事由とするわけにはいかない。不可抗力が契約目的を実現不能とするときに初めて契約を解除できる。契約法は「契約目的を実現不能とする」ことに法定解除条件としての不可抗力を限定し，したがって，法定解除権を制限している。これは理論および実践において重要な意義を有している。いわゆる「契約目的を実現不能とする」とは，当事者が契約を締結して求めた目標および基本的利益が実現不能となることである。

(2) 履行期前の違約［予期違約］

　契約法94条2号は「履行期が到来する前に，当事者の一方が主要な債務を履行しない旨を明確に表示し，または自己の行為をもって明らかにした場合」

14　最高人民法院民事裁定書（2013）民申字第764号。

相手方当事者は契約を解除する権利を有することを規定している。履行期前の違約には明示と黙示の履行期前の違約がある。前者は，当事者が履行期が到来する前に明確に主要な債務を履行しないことを表示することであり，後者は履行期が到来する前に当事者が自己の行為をもって主要な債務を履行しないことを表明することである。例えば，甲と乙が契約を締結し，甲はコンピューターを乙に売却することになり，3日後に品物を引き渡すことを約定し，契約締結の2日後に，甲は乙に対して契約を履行しないことを表示すれば，これは明示の履行期前の契約違反に属する。契約締結の2日後に，甲は契約を履行しないことを明確には表示していないが，甲がそのコンピューターを丙に売却すると，こうしたケースは黙示の履行期前の契約違反に属する。履行期前の契約違反の場合，違約者側は契約の拘束を受けることを根本的に望んでいないことを表明しており，当該当事者には契約の拘束を受けたくないという故意を具えており，契約は当該当事者に対して名目だけのものとなっている。こうした場合，相手方当事者は履行を継続するのか，契約を解除するかの選択を求める権利を有する。

(3) 当事者の一方が主要な債務を履行せず催告を経た後も合理的期間内に履行しない

　この種の法定解除事由が成立するには以下の3条件を具えていなければならない。その1は，一方当事者が履行遅滞を構成することである。当事者が契約履行期限を約定している場合に，債務者が期日到来するも，債務を履行しなければ，履行遅滞を構成する。もし当事者が契約の履行期限を約定していなければ，債権者はいつでも債務者に債務の履行を請求できる。もちろん，債権者が債務者に債務の履行を請求するときは，合理的な準備期間を相手方に与えなければならず，当該合理的期間が満了後，債務者が債務を履行しないときは，履行遅滞を構成する。その2は，債務者が主要な債務の履行を遅滞することである。債務者が履行期到来債務を履行しなければ，債権者はすべて自動的に契約を解除する権利を有するわけではない。一方が主要な債務の履行を遅滞した場合にはじめて契約を解除することができる。その3は，債権者は催告をしなければならないことである。すなわち，一方当事者が主要な債務の履行を遅滞する場合で，相手方が催告をしなければ，契約を解除することはできない。催告後，債権者は債務者に合理的期限を与えて，履行を準備させなければならない。

合理的期限が到来しても，債務者がなお履行しなければ，債権者は契約を解除する権利を有する。合理的期限の長さは契約内容にもとづいて定めなければならない。以上3つの条件を同時に具備して初めて債権者は契約を解除する権利を有する。

(4) 当事者の一方が債務の履行を遅滞しあるいはその他の違約行為があって，そのために契約目的を実現できない

本号が規定する当事者が契約を解除する法定事由には主に以下の2種類がある。

第1，履行遅滞が契約目的の実現に影響を与えることである。契約の履行遅延が契約目的を実現不能にするかどうかは，遅延時間の契約に対する重要性を考慮しなければならない。もし時間の要素が当事者の契約目的実現にとって重要で，履行遅滞が契約目的を実現不能にした場合には，非違約方の契約解除を認めなければならない。もし時間の要素が契約に対して重要でなく，遅滞がもたらした結果も重大でなければ，遅滞以後において，契約目的が達成できず，契約を解除するというように考えるわけにはいかない。例えば，双方が家具購入契約を締結し，売主の家具引渡しが2日遅れたが，買主は当該家具の使用を急いでいなかったとしよう。こうした場合，2日遅れは買主の契約締結目的の喪失をもたらしていないので，買主は契約を解除すべきでない。

第2，その他の違約行為が契約目的の実現不能をもたらすことである。この規定は，実際には，違約方の違約が根本違約（fundamental breach）を構成する状況のもとで，非違約方に契約を解除する権利を付与したものである。根本違約とは，一方が契約に違反して相手方に損害を与え，非違約方の契約締結目的が実現できなくなることである。根本違約の場合，違約方の行為は非違約方の利益に重大な影響を与え，契約目的を実現不能とする。このときは，非違約方が法によって契約解除するのを認めるべきであり，中国の司法実践もこの立場を採用している。例えば，「重慶中建工程公司と中国信達資産管理公司重慶弁事処等との金銭消費貸借契約紛糾上訴案」の中で，最高人民法院は，債務者は契約締結後，4年もの間，しばしば催告したにもかかわらず債務に充てる家屋の名義移転手続をしておらず，これは契約の約定の主要な義務に違反し，債権者の契約目的を実現不能にしており，根本違約を構成し，債権者には契約を解除する権利を有する，と判断した[15]。

指摘しておかなければならないのは，契約法94条4号の規定から見ると，当事者の一方が債務の履行を遅滞し，あるいはその他の違約行為によって当事者の契約目的を実現不能にするという状況のもとで，非違約方は催告なしに直ちに直接契約を解除できるということである。

(5) その他の事由のもとでの法定解除

契約法94条5号の規定によれば，もし「法律が規定するその他の事由」が存在するなら，当事者はまた契約を解除する権利を有する。つまり，上記の法定解除事由のほかに，契約法各則部分およびその他の民事特別法でも契約の法定解除事由を規定することができ[16]，この種の規定の条件に符合するときは，当事者は法により契約を解除することができる。例えば，消費者権益保護法は消費者の撤回権について明確な規定を設けている。すなわちその25条1項は「経営者がインターネット，テレビ，電話，通信販売等の方式で商品を販売するときは，消費者は商品を受け取った日から7日以内であれば返品する権利を有し，かつその理由を説明する必要はない」と規定している。筆者は，本条で規定する消費者の撤回を法定解除権として解釈すべきであると考える。なぜなら，消費者が撤回権を行使する場合，当該売買契約はすでに効力を生じており，「撤回」を申込みまたは承諾の撤回として理解すべきでないからである。また，この種の撤回は性質上取消権の行使にも属さない。なぜなら買主は契約を締結したとき，意思表示の錯誤，重大な誤解等の事由が存在せず，当事者の意思表示に不一致とか不自由の状況が生じていないからである。したがって，この種の撤回権は消費者の法定解除権として解釈されなければならない。

3.3 契約解除権の行使

法定または約定解除の要件に符合する場合，そこで意味しているのは，一方または双方が解除権を有するということに過ぎず，契約が当然に解除されるわけではない。一方または双方が解除権を行使したときに，はじめて契約は解除される。

---

15 最高人民法院民事判決書（2004）民二終字第168号。
16 契約法164条。

3.3.1　解除権の行使の方式

　契約法96条は「当事者の一方は，本法93条2項，94条の規定に従って契約の解除を主張する場合，相手方に通知しなければならない。契約は，通知が相手方に到達したときより解除される」と規定している。本条の規定によれば，当事者が解除権を行使するとき，解除の意思を明確に相手方に通知しなければならない。一方的に解除権を有する場合，当事者の解除権は性質上形成権に属する。形成権とは，当事者の一方が単独の意思表示でもって法律関係を変動させることができる権利のことである。解除権者が解除権を行使するときは，相手方に意思表示をすればよく，相手方の同意を得なくても法的効力が生ずる。もちろん，当事者の契約解除の意思が相手方に実際に到達しなければならない。そうでなければ解除権行使の効果は生じない。例えば，「仏山市順徳区徳勝電廠有限公司と広東南華石油有限公司，広東省石油企業集団燃料油有限公司との売買契約紛糾案」で，最高人民法院は，契約解除の「通知」は書面形式であればよいというものではなく，その鍵は，解除権者が相手方当事者に契約解除の意思表示を伝えているかどうかということにあり，解除権者が一定の形式で相手方当事者に契約解除の意思を伝え，かつ当該意思表示が相手方によって知るところとなれば，契約解除の効力が生ずると述べている[17]。

　契約法は解除権の行使方式を制限しておらず，相手方当事者への通知を要求するだけである。この種の意思表示をなし，かつ相手方当事者に到達した後で，相手方当事者に異議がなければ，解除の効力が生ずる。相手方当事者が異議を提出すれば，裁判所に訴訟を提起することができる。

3.3.2　解除権行使の期限

　契約法95条は，「解除権の行使期限を法律が規定し，または当事者が約定している場合において，期限が到来しても当事者が行使しなかったときは，当該権利は消滅する。解除権の行使期限を法律が規定しておらず，または当事者が約定していない場合において，相手方が催告した後も，合理的期間内に解除権を行使しなかったときは，当該権利は消滅する」と規定している。この規定によれば，解除権は法律の規定または当事者の約定の期限内に行使しなければな

17　最高人民法院（2006）民二終字第200号民事判決書。

らず,もし法律に解除権行使の期限を規定しておらず,当事者も解除権の行使期限を約定していなければ,契約解除権は合理的期限内に行使されなければならず,ここでの「合理的期限」とは不確定な概念で,解除の条件に符合する状況のもとで,解除権者は比較的短期間内にすみやかに行使しなければならないということを意味している。もちろん,期限を考慮する過程で,裁判官は当事者に合理的な考慮期限を与えて,適切な判断ができるようにしなければならない[18]。前述の如く,解除権は性質上形成権に属し,したがって,本条が規定する期限は性質上除斥期間に属する。当該期間に中断,中止,延長あるいは完成しないいかなる事由もないのに,解除権者が合理的期限内に解除権を行使しなかったときは,当該解除権は消滅する。

3.3.3 相手方が異議を提出する権利

契約法96条の規定によれば,一方が契約解除を主張し,相手方に通知した後,もし相手方に異議があるときは,人民法院または仲裁機関に契約解除の効力確認を請求することができる。これはすなわち相手方に異議を提出する権利を与えているということである。ある学者はこれを異議権として概括している[19]。法律で相手方に異議権を付与することによって,契約当事者が勝手に契約を解除するのを防ぐことができる。それと同時に,相手方に自己の利益を最大限度保護させ,解除条件に符合しない状況のもとで自己の利益が損なわれるのを避けることが可能となる。「契約法司法解釈(2)」は契約当事者の異議提出の期限を規定している。当該司法解釈24条は,「当事者が契約法96条,97条の規定する契約解除あるいは債務の相殺について異議があっても,約定の異議期間満了後に異議を提出し,人民法院に訴えを提起したときは,人民法院は支持しない。当事者が異議期間を約定していない場合は,契約の解除または債務の相殺の通知が到達してから3ヶ月以後に人民法院に訴えを提起したときは,人民法院は支持しない」と規定している。具体的に言えば,当該規定は以下のような内容を含んでいる。

第1,もし異議の期限を約定していれば,当事者は約定の異議期限内に異議

---

18 張玉卿編著『国際貨物売買統一法』中国商務出版社,2009年,329～330頁。
19 沈徳咏＝奚暁明主編『最高人民法院関於合同法司法解釈（二）理解与適用』人民法院出版社,2009年,176頁。

を提出しなければならない。この期限を過ぎて訴えを提起したときは，裁判所は支持しない。

　第2に，もし当事者が異議期限を約定していなければ，法定の異議期限を適用すべきである。上記司法解釈は法定の期限を明確化した。すなわち解除の通知が到達した日から3ヶ月を法定の期限とした。この3ヶ月の期限は，裁判実践の経験の総括であり，期限をこのように定めたことは，当事者が速やかに異議を提出するのを督促するうえで有利である。この3ヶ月の期限は，中止，中断，延長といった変更のない期間であり，中止，中断，延長のないものである。

　いったん，一方当事者が異議を提出すると，たとえ解除の通知が到達しても，契約解除の効力は生じない。契約を解除するか否かは裁判所または仲裁機関が確定する。

3.3.4　解除権の放棄

　解除権は形成権であり，財産権は原則的に放棄できるので，解除権も放棄できる。契約法36条，37条は，当事者が黙示の方式を通じて契約を締結するのを認めている。このことは，当事者が黙示の方式を通じて契約解除権を行使できることを意味している。問題は，もし一方が違約した後，相手方が違約の履行を受け入れたとき，これは非違約方が解除権を放棄したことを意味しているかどうかということである。筆者は，解除権は明示または黙示の方式で放棄できると考える。蓋し，非違約方について言えば，様々な救済の方途があるからである。もし非違約方が履行の継続を受け入れれば，それはもはや契約解除を選択せず，契約の効力を保持し続けることを望んでいることを表明している。もちろん，当事者がその解除権を放棄することは，違約方に違約責任を負うように請求する権利の放棄を意味するわけではない。

3.4　契約解除の法的効果

　契約解除は以下のような効果をもたらす。

(1) 契約関係の消滅

　契約はいったん解除されると，当事者間の契約関係を消滅させ，未だ履行していない場合には履行を終了させる。問題は，契約解除は遡及の効力を有するかどうかである。つまり，当事者がすでに履行した部分については，当事者は

相互に返還義務を負うかどうかである。これについて，契約法97条は「契約を解除した後，未履行の場合は履行を中止し，すでに履行している場合は，当事者は，履行の状況および契約の性質に従って，原状を回復し，その他の補救措置をとることを要求でき，併せて損失賠償を要求する権利を有する」と規定している。この規定から，中国の契約法は実際に契約解除に遡及効があることを肯定していることがわかる。蓋し，すでに履行した部分について，本条は当事者に原状を回復し，その他の補救措置をとる義務を負うこと，すなわち契約解除はすでに履行した部分に効力を有することを規定しているからである。法律がこのような規定を設けるのは必要なことである。なぜならもし契約が将来に向かってだけ効力を生ずるのであれば，それは未履行部分はもはや履行されないことを意味し，すでに履行した部分については原状回復の効果は生じず，したがって非違約方の合法的権益を保護し，併せて違約方を制裁することができないからである。

　契約法97条によれば，履行の状況と契約の性質にもとづき，契約解除後，当事者は原状回復を要求する権利を有する。つまり，すでに履行した場合，財産を返還するほかに，返還によって支払った費用も補償しなければならない。もし返還するものが果実を生む物であるときは，原物返還以外に，果実も返還しなければならない。目的物を占有していたときに目的物を維持するために支払った必要な費用も返還しなければならない。原状回復ができないときは，当事者はその他の補救措置をとらなければならない。例えば，労務を提供する契約について言えば，契約が解除されても，当事者はすでに提供した労務を原状回復することはできない。こうした場合，当事者はその他の補救措置，例えば相応の労務の費用を支払うといった措置をとらなければならない。

(2) 原則として当事者の損害賠償請求の権利に影響を与えない

　契約法97条の規定によれば，契約解除後，当事者は損害賠償を要求する権利を有する。つまり，契約解除と損害賠償は原則として併存可能である。法律がこのような規定を設けた主たる原因は以下の点にある。一方で，違約によって契約を解除する場合，契約は解除によってもはや存在しないといっても，契約解除が違約によってもたらされたときは，違約方が相応の違約責任を負うのは当然で，契約解除によって完全に違約責任が免責されるべきではない。非違約方が違約方に責任の負担を要求することは，法によって与えられた権利であ

る。他方で，契約解除は一種の補救手段として，被害者を契約関係の束縛から解放させ，新たな契約締結の相手方を選ぶことを可能にするだけで，しかしそれでは，相手方の違約によってもたらされた損失は補救されない。たとえ解除後，原状回復の方法をとったとしても，被害者が被った損失は完全には補償されえない。例えば，「甘粛蘭州紅麗園商貿有限責任公司と甘粛誠信電線ケーブル有限責任公司の家屋賃貸借契約紛糾上訴案」において，最高人民法院は，誠信公司が提供した賃貸家屋の品質に重大な問題が存在し，国家の法律の強制性規定に違反し，また家屋賃貸借の使用条件にも符合せず，したがって誠信公司に違約の事由が存在したと認定しなければならない。紅麗公司が賃借した建物の中に設けた千禧龍酒店は正式に開業して久しからずして契約により賃貸人である誠信公司に信書を送った。しかし，誠信公司は速やかに補修を行わず，契約履行義務懈怠を構成した。このため，紅麗園公司にもたらした損失を誠信公司は補償しなければならない。契約解除後，賃借人は賃貸人に違約責任を負うように請求する権利を有する，と判示した[20]。

　もちろん，ある場合には，契約が解除された後で，当事者が損害賠償請求権を有しないこともある。例えば，不可抗力で契約を解除するときは，当事者双方は解除の発生に対して過失がなく，いずれの側も契約解除後賠償責任を負わない。また，当事者が契約解除を協議する場合で，もし当事者が契約解除に際して相手方の違約責任を免除する意思があるときは，契約が解除された後，非違約方はもはや違約方に違約責任を負うように請求することはできない。

4　相殺

4.1　相殺の概念と制度の効能

　相殺とは，2人が同種の債務をお互いに負っていて，双方の債務を等額の範囲内でお互いに消滅させる制度のことである。相殺は契約を消滅させる1つの原因として，ローマ法以来各国の立法で遍く認められてきた。相殺では，相殺を提起した側が有する債権を自働［主導］債権と称し，相殺される債権を受働［被動］債権と称する。相殺はそれをもたらす根拠の違いによって，法定相殺

---

[20]　最高人民法院（2002）民一終字第4号民事判決書。

と合意相殺に分けられ，前者は法律が明確に規定する構成要件に符合する場合に，当事者の一方の意思表示によって生ずる相殺で，後者は契約当事者双方の約定にもとづいて生ずる相殺である。合意相殺は当事者の意思の自由の表れであり，当事者の債務を相殺する意思が法律の禁止性規定に違反しなければ，原則としてその効力を肯定しなければならない。

相殺には以下のような法的効能がある。

第1，債権債務を消滅させる効能。相殺の方法を通じて，双方が履行する労力，時間，費用を省くことができ，したがって取引費用のコストダウンに有利である。経済効率からすれば，相殺は効率を増進するきわめて有効な方法である。それと同時に，相殺はまた法律関係の簡素化にも有利である。蓋し，相殺の場合，当事者は別々に履行する必要がなく，直接債権債務関係を終了させることができ，これは法律関係を簡素化し，当事者がそれぞれ債務を計算する煩わしさを避けることができる。

第2，担保の効能。双方当事者がお互いに債務を負っていて，もし当事者の一方が自己の債権を行使するだけで，その義務を履行しなければ，相手方当事者は自己の債権の実現を確保できず，特に一方当事者の財産状況が悪化して債務を履行できないとき，相手方当事者は相殺権を行使して自己の債務を免れ，その債権を実現することができる。

第3，弁済の代替的効能。相殺は双方当事者の債権の実現を可能にし，したがって弁済と同等の法的効果をもたらす。この意味で，相殺にも弁済の効能がある。

4.2 法定相殺

4.2.1 法定相殺の概念と条件

法定相殺とは，法律の規定にする符合するという条件のもとで，一方が相殺の意思表示をして双方の債権債務を消滅させる相殺の方式のことである。契約法99条1項は「当事者が相互に期日到来の債務を負い，当該債務の目的の種類，品質が同じである場合，いずれか一方が自己の債務を相手方の債務と相殺することができる。ただし，法律の規定又は契約の性質により相殺できないものはこのかぎりでない」と規定している。本条の規定によれば，法定相殺の適用には以下の条件を具えていなければならない。

（1）双方がお互いに有効に存在する債務を負っていること

　第1．相殺するためには，双方が互いに債務を負っていることを要する。もし一方が相手方に債務を負っていなければ，相殺は発生しない。いかなる者は他人の債権に対して処分権がないので，相殺を行うことはできない。例えば，保証人は主たる債務者の債権者に対する債権でもって，主たる債務者が債権者に対して負っている債務と相殺を主張することはできない。

　第2．双方の債権が合法有効でなければならない。つまり，当事者の間の債務が合法でなければならない。もし契約は成立したが，無効または取消しを宣告された場合，当事者は相殺することができない。違法な債権債務は本来法律の保護を受けることができない。したがって，相殺もできない[21]。例えば，賭博によって生じた債権は，相殺できない。また，強制執行の効力を有しない債権（例えば時効の完成した債権）は，自働債権としては相殺できない。ただし，受働債権としては相殺できる。

（2）双方の債務の給付の種類，品質が同じであること

　相殺は，目的の種類，品質が同じであることを要求されるので，相殺の対象となる債務の目的物は動産でなければならない。なぜなら，不動産は独自性［独特性］を有するので，種類，品質が同じであるという問題は生じない。具体的に言えば，以下のとおりである。①種類が同じである。動産の類型が同じであること。例えば，某［型号］の鋼材，あるいは某産地の米等である。②品質が同じである。目的の品質等級が同じであること。品質等級は通常取引慣習によって確定される。例えば1級の米と2級の米の間ではどんなに種類が同じでも，品質が異なり，したがって原則として相殺できない。蓋し，当事者が相殺を主張しても，契約目的を実現できず，品質の優れた側が損害を受けるからである。ただし，もし自働債権の品質が受働債権のそれより優れているときは，相殺が許される。法律上，相殺できるためには種類が同じであることを要求するのは，種類の異なる給付の間では，その価値を確定するのが困難で，相殺が難しいからである。また，給付の種類が異なるということは，当事者の契約目的が異なることを意味し，もし当事者に相殺を認めると，契約目的を実現できなくする[22]。

　21　林誠二『民法債編総論　体系化解説』瑞興図書股份有限公司，2001年，414頁。
　22　邱聡智『新訂民法債編通則［下］』華泰文化事業公司，2001年，362頁。

(3) 双方の債務が相殺に適していること

　法定相殺の場合，双方の債務が相殺に適する債務でなければならない。一般的には，以下の状況のもとでの債務は相殺に適さない。

　第1，債務の性質により相殺できないもの。債務の性質により，もし弁済しなければ債権の目的を実現できないものは，相互に弁済しなければならず，相殺することはできない。例えば，一身専属的債権（例えば他人に労務を提供する債権）は相殺できない。

　第2，効力発生条件付の債務は，条件が成就するまでは相殺に適さない。効力発生条件の債について言えば，条件が成就するまでは，当該債務は効力が生じておらず，相殺の対象とはならない。

　第3，不確定の債務。もし某債務に一定の抗弁権が存在していれば，相殺の対象とはならない。

　第4，故意の不法行為によって生じた損害賠償の債については，当該債権は受働債権として相殺できない。故意の不法行為によって生じた損害賠償の債について言えば，被害者が有する債権は自働債権として相殺できるが，受働債権としては相殺できない。蓋し，もしこの種の債務の相殺を認めると，債権者が借金を返済していない債務者に対して故意の不法行為を実行し，その後に，債務者に対して有する債権をもってこの種の損害賠償債務と相殺することが起こり，こうしたことは道徳倫理に悖り，かつ容易に不法行為を誘発することになる[23]。

(4) 自働債権の弁済期が到来していること

　法定相殺の場合，自働債権は弁済期が到来していなければならないが，受働債権の弁済期が到来しているかどうかは，相殺の成立に影響を与えない。もし自働債権の弁済期がすでに到来するも，受働債権の側の期限が到来していなくても，自働債権の側は相殺を主張できる。これは実際には，自働債権の側がその期限の利益の放棄を代価としてその相殺権を行使するのである。もし自働債権が弁済期に到来していなければ，債権者は相殺を主張できない。そうでなければ，相手方の期限の利益を損なうことになる。

23　韓世遠『合同法総論［第2版］』法律出版社，2008年，490頁。

4.2.2 法定相殺権の行使

　相殺権の行使とは，相殺権の行使の要件に符合した後，相殺権者がその意思にもとづいて相殺権を実現することである。契約法99条2項は「当事者が相殺を主張する場合，相手方に通知しなければならない。通知が相手方に到達したときに効力が生ずる」と規定している。本条の規定によれば，法定相殺の条件に符合する場合，当事者の一方に法定相殺権が与えられるだけで，双方の債権債務関係が当然に消滅するわけではない。消滅させるためには当事者が相手方に通知して初めて相殺の効力が生ずるのである。

　以上の他に，契約法99条2項の規定によれば，相殺の意思表示に条件や期限を付してはならない。法律がこのような規定を設けた理由は主に，相殺権は性質上形成権であり，相殺権者の一方的意思にもとづいて効力が発生するという点にある。形成権の行使自身は法律関係を簡略化し，法律関係が不確定な状態に陥るのを避けるためであり，もし相殺権の行使に条件や期限を付するとなると，当事者間の法律関係が不確定な状態に置かれることになり，こうしたことは法律秩序の安定に影響を及ぼすことになる。

4.3　約定相殺

　約定相殺は合意相殺とも称し，当事者双方が相殺契約の締結を通じて双方の債務をお互いに相殺させることである。契約法100条は「当事者が相互に債務を負い，目的物の種類，品質が異なる場合，双方の協議が一致すれば，相殺することができる」と規定する。本条は約定相殺についての規定であり，法律が当事者の合意による相殺を認める理由は，主に，契約債権は当事者双方が約定した権利であり，私的自治の原則にもとづき，法律が当事者による債権放棄を認めている以上，当然，当事者が合意を通じて双方の債務を相殺できることを認めるべきである。約定相殺には以下の2つのケースがある。その1は，双方が契約の中で相殺権行使の一定の条件を約定し，条件が成就したときに一方の側が相殺権を行使できるケースであり，その2は，当事者双方が，協議を通じて双方の債務を相殺することができるケースである。こうした場合，相殺契約は独立した契約であり，原契約の構成部分ではない。原契約が成立した後，相殺契約の締結を通じて双方の債務を消滅させるのである。

　約定相殺は以下の要件に符合しなければならない。

第1，当事者双方がお互いに債権債務を負っていること。ここで言う債権債務は合法有効でなければならず，かつ前述の法定相殺における債権の合法有効の要求と同じである。契約法100条の規定から見ると，約定相殺の条件は法定相殺に比べて緩やかであり，それは主に以下の面に見てとれる。①たとえ双方の当事者の債務の期日が到来していなくても，当事者が約定を通じて債務の相殺を希望する面，特に自働債権の期日が到来していない場合に，自働債権者と受働債権者が協議の達成を通じて債務を相殺する面に見てとれる。約定相殺の場合，私的自治の原則にもとづき，当事者が相殺につき合意に達すれば，債務の期日が到来しているかどうかに関係なく，相殺の効力が生ずる。②双方の債務の内容が異なる面に見てとれる。私的自治の原則により，たとえ双方の債務の内容が異なっていても，当事者が同意すれば，相殺の効力が生ずる。例えば，甲は乙に対して1万元の債務を負っていて，乙は甲に2,000斤の林檎の引渡し義務を負っているとき，もし双方が債務の相殺について合意に達していれば，当該相殺の効力を肯定すべきである。
　第2，双方当事者が約定相殺につき合意に達していること。約定相殺は実際には相殺につき合意に達することであり，当該合意の内容は，双方の協議で確定されることである。通常，当事者が相殺の合意に達するのは債権債務の成立後である。もちろん，当事者は契約成立時にも，一方が相殺権を有する条件と行使方式等を約定することができる。

4.4　相殺権行使の効力

　相殺権行使の効力とは，法定又は約定の相殺権の構成要件が具わったとき，当事者が相殺権の行使を通じて生じさせる効果のことである。相殺権行使の効力は主に以下のいくつかの面に現れる。
(1)　当事者間の債権債務関係が相互に相殺できる同等同数の範囲で消滅する
　すなわち相殺以後，もし当事者で原債務について弁済がなされると，弁済した側は相手方に対して不当利得の返還を請求する権利を有する。相殺権は形成権に属し，いったん当事者が相殺の意思を表示すると，直ちに相殺の法的効果が生じ，当事者はその相殺を取り消す意思表示をすることはできない。
(2)　双方が同等同額の枠内でお互いに負っている債務を消滅させる
　未だ相殺していない部分については，債権者は依然として債務者に弁済を請

求する権利を有する。

(3) 相殺権が生じたときから遡及の効力が生ずる

相殺は債権債務を消滅させる方法であり，その主要な目的は，当事者が簡潔に，効率的に相互の複雑に錯綜した債権債務関係を解決することにある。したがって，相殺権行使の後，その効力は，当事者の間の債権債務関係が最初相殺に適合したときに遡及する。

5 供託

5.1 供託概説

供託とは，債権者の原因で，債務者が期日到来の債務を弁済することができないときに，債務者が契約目的物を特定の供託部門に引き渡して，債務の弁済を完成させ，契約上の債務を消滅させることである。債権者の原因で債務者の債務が履行不能となったとき，債務者は供託を通じて債務を消滅させることができる。もちろん，もし債権者に受領を拒むことができる正当な理由が存在するときは，債務者は供託の方式で債務を履行することはできない。例えば，「黄永成（以下甲―訳者）と湛江市麻章区北楽坑村民小組（以下乙―訳者）土地賃貸借契約紛糾案」で，当事者が債務の履行につき争いが生じたとき，裁判所は，「乙は正当な理由なく甲が納めようとした賃料の受領を拒絶し，甲は供託を通じて納めるべき賃料支払の義務を履行できる。しかし，甲は当該通知書中の内容にもとづいて2011年の賃料を乙に供託しておらず，この後も乙にずっと賃料を納めていない。原審判決がこれにより甲は2年以上乙に賃料を支払っておらず，違約を構成すると認定したのは不当でない」と判示した[24]。

債務履行の期限が到来すると，債務者は債権者に債務を履行すべき履行準備状態に置かれ，債務に付随する担保または違約金条項も消滅せず，極端な場合，債務者はいつでも履行する義務がある。これは債務者にとってきわめて不利であり，そのために法律上債務者が原契約関係から解放させる方法を探し求め，その結果，供託制度が生み出された。

---

24 広東省湛江市中級人民法院民事判決書（2014）湛中法民一終字第76号。

5.2 供託の条件

5.2.1 供託の主体が要件を満たすこと［合格］

供託の主体は供託人と供託機関からなる。供託人とは主たる債務者であり，第三者は原則として供託の主体とはなりえない。もし供託人が民事行為無能力者または制限的行為能力者であるときは，その供託行為は法定代理人の同意を得なければならない[25]。

供託の機関とは，法により供託物を受け取り，併せて供託物の寄託，保管等の活動を行う責任を負う機関のことである。供託は弁済地の供託機関において行わなければならない。供託公証規則2条の規定によれば，供託機関は公証処であり，もし当地に公証処がなければ，債務者は弁済地の基層人民法院に供託の申請をすることができる。供託機関について言えば，供託人の供託を受け取るのは，法律・法規によって供託人に対して負っている公法上の義務である。供託機関は国家機関として法により供託を受け取らなければならない義務を負っており，債務者の供託行為を拒否することはできない。もし拒否すると，公法上の責任を負わなければならない。もちろん，供託によって生ずる私法関係は私法の性質に属し，債務者が従事する供託行為は契約関係を終了させることであって，行政上の関係を発生，変更，終了させるものではない。たとえ供託中に公法上の要素が含まれていても，供託が債権債務関係を消滅させる効果は私法上の効果である[26]。しかも，供託は債務者が国家に対して負っている義務ではなく，あくまでも民事上の権利にすぎない。

5.2.2 法定供託の原因を具えていること

契約法101条の規定によれば，法定供託の原因には以下の種類がある。

(1) 債権者が正当な理由なく受領を拒絶する

債権者が受領すべきで，かつ受領可能であるのに，正当な理由なく受領しないことである。受領拒絶の正当な理由とは，通常，債務者の履行が不適切で，例えば債務者の履行目的，履行地点，履行時期［時間］，履行方式等が契約の約定に符合しないといった場合，債権者は受領を拒絶し，併せて抗弁権を行使

---

[25] 董霊『合同的履行，変更，転譲与終止』中国法制出版社，1999年，236頁。
[26] 孫森焱『民法債法総論』法律出版社，2006年，888頁。

してその対応する給付請求を拒否することができる。こうした場合，債務者は供託の方式を通じて債務を履行することはできない。受領拒絶とは，債務者の履行を拒絶することである。拒絶は明確な意思表示であることが求められ，かつこの意思が債務者に到達しなければならない。いったん受領拒絶の意思表示がなされると，この意思表示は法的効力を生じ，かつ撤回できない。

(2) 債権者が所在不明である

所在不明とは，当事者が自己の住所から離れ，行き先がわからず，あるいは債権者の住所がわからない等，探し出すことができないことである。債務者が債務を履行する場合，債権者が契約履行地においてその履行を受ける必要がある。もし債権者の所在が不明であれば，債務者は目的物を供託してその債務を消滅させることになる。債権者の所在不明の中には債権者の代理人の所在不明も含まれる。蓋し，債権者の代理人がはっきりしていれば，目的物を供託する必要はない。指摘しておかなければならないのは，ここでの「債権者が所在不明である」とは，債権者が失踪宣告されることを条件とするということではない。また債権に財産の代理管理人［代管人］がいるときは，債務者は代理管理人に債務を履行すればよく，このときは，供託の方式を通じて債務を履行することはできない。

(3) 債権者が死亡のとき相続人を定めていない，あるいは債権者が民事行為能力を喪失したとき監護人を定めていない

債権者が死亡したり，民事行為能力を喪失すると，債務者の債務が必然的に消滅するわけではない。債権者が死亡すると，債権者の相続人がその債権を相続することにより，債務者は，相続後，債権者の相続人に債務を履行しなければならず，相続開始後，遺産分配前に，債務者はその遺産管理人に対して債務を履行しなければならない。もし債権者が死亡後その相続人が確定しなければ，債務者は履行ができなくなる。したがって，債務者は目的物を供託することができる。もし債権者が民事行為能力を喪失すると，法律上，受領不能を構成する。このときは，その監護人が代わって受領することができる。このとき，債務者は供託の方式を通じて債務を履行することはできない[27]。もし債権者の監護人が定まらなければ，一時的に債権を行使する人がいなくなるという状況が

---

27 韓世遠『合同法総論』法律出版社，2008年，501頁。

生ずる。このとき，債務者は供託の方式を通じて債務を消滅させる。
(4) 法律が規定するその他のケース

上記以外の原因として，もし法律にその他の供託の事由が規定されていて，その事由が生じたとき，債務者はまた供託の方式を通じて債務を履行することができる。例えば，契約法70条は「債権者が分立，合併し，あるいは住所を変更するも債務者に通知せず，債務の履行が困難になったときは，債務者は履行を中止し，あるいは目的物を供託することができる」と規定し，また，担保法49条は「抵当権設定者が抵当物の譲渡で得た代金は，抵当権者の担保設定の債権に事前に弁済するか，抵当権設定者と約定した第三者に供託しなければならない」と規定する。これらは法律が規定するその他の供託原因である。

5.2.3 目的物が供託に適合すること

供託の目的物とは，債務者が契約の規定によって引き渡すべきであって，かつ供託機関の保管に適する目的物のことである。債務者が供託の方式を通じて債務を履行するとき，供託の目的物は供託に適合していなければならない。もちろん，目的物が供託に適合しないときは，法律も債務者が目的物を売却して代金を供託することを認めている。これについては，契約法101条2項が「目的物が供託に適さず，あるいは供託費用が高すぎる場合，債務者は法により目的物を競売または換価売却［変売］し，そこで得た代金を供託することができる」と規定している。ここでは主に以下の2種類のケースが想定されている。①目的物が供託に適合しないもの。例えばかさばって重い物品は引渡して保管することが難しい。②目的物の供託費用が高くつくもの。例えば牛馬等の家畜の飼育は，飼育費用の支出しなければならない。目的物が供託に適さないとか，高くつくときは，債務者は目的物を金銭に変えて供託する。

5.2.4 契約債権が有効でかつ履行期が到来していること

供託は債の消滅原因の1つである。契約債の中で，契約の債が有効でかつ履行期が到来していれば，債務者は供託の方式を通じてその債務を消滅させることができる。

5.3 供託の効力

5.3.1 債務者に対する効力
(1) 債務者は債務を免れる

　契約法91条の規定によれば，債務者が目的物を供託したら，契約上の権利義務関係は終了する。供託は弁済の代替方法である。したがって，債務者は目的物を供託することによって，債務者と債権者の間の債権債務関係は消滅する。したがって，供託後，債権者は供託機関から供託物を受け取ることができるだけである。もはや債務者に債務の履行を請求することはできない。

(2) 利息の支払を免れ果実収取の権利がなくなる

　債務者がいったん目的物を供託すると，債権者との間の契約上の権利義務関係は終了し，債務者はもはや利息支払義務を負わない。また，供託後，目的物の所有権は債権者に帰属し，債務者はもはや果実収取の権利を享有しない。このことについて，契約法103条は「供託期間，目的物の果実は債権者の所有となる」と規定している。

(3) 通知義務の履行

　債務者は目的物の供託後，すみやかに債権者に通知し，目的物が供託されている事実を債権者に知らしめ，遅滞なく供託物を受け取ることができるようにしなければならない。もちろん，債務者が目的物を供託するのは，債権者が所在不明等の原因によるので，債務者が通知を出すのが困難な場合がある。このため，契約法102条の規定により，目的物を供託した後，債務者は債権者にすみやかに通知し，債権者に通知できないときには（例えば債権者が所在不明である），債務者はすみやかに債権者の相続人，監護人に通知しなければならない。もし債務者が通知義務を果たさず，債権者に損失を与えたときは（例えば債権者がすみやかに供託物を受け取ることができず，供託費用が増加した），債権者は債務者に賠償を請求する権利を有する。

5.3.2 債権者に対する効力
　債務者が目的物を供託した後，債権者には以下のような効力が生ずる。

(1) 目的物の所有権が債権者に移転する

　債務者はいったん目的物を供託すると，目的物はすでに引き渡されたとみな

され，目的物の所有権は債権者に移転する[28]。
(2) 供託物受け取り請求権
　供託後，目的物の所有権が債権者に移転するので，債権者はいつでも供託機関から目的物を受け取ることができる。債権者は目的物を受け取る権利を有するだけでなく，供託機関に供託物がもたらした果実を引き渡すように請求する権利を有する。もちろん，債権者が目的物および果実を受け取るとき，債権証明文書を提供し，その債権者としての身分を証明しなければならない。
(3) 供託費等の費用の負担
　供託の費用とは，供託機関の保管費用のことである。契約法103条の規定によれば「供託費用は債権者が負担する」。法律がこのような規定を設けた主たる原因は以下の点にある。すなわち，供託は主に債権者の原因でもたらされたものであり，かつ供託機関が供託物を保管するのは債権者の利益のためである。したがって，供託によって支払われた費用は当然のことながら債権者が負担しなければならない。供託費用以外に，目的物が供託に適さず，競売または売却を必要とする場合，競売または売却の費用も債権者が負担しなければならない。債権者が供託物を受け取るとき，供託機関は債権者にこの費用の支払を要求する権利を有する。そうでない場合，供託機関は供託物を留置する権利を有する。
(4) 目的物の毀損，滅失の危険の負担
　契約法103条は「目的物が供託された後，毀損，滅失の危険は債権者が負担する」と規定している。本条の規定によれば，目的物がいったん供託されると，その毀損，滅失の危険は債権者が負担しなければならない。もちろん，もし目的物が供託機関の故意・過失によって毀損，滅失したときは，危険負担の問題は起きない。債権者は供託機関に損害賠償責任を負担するよう請求する権利を有する。

5.3.3　供託機関に対する効力
(1) 供託物の善良なる管理者の保管義務を負う
　債務者が目的物を供託した後，供託には善良なる管理者の保管義務が尽くされなければならない。これについて，供託公証規則19条は，公証処は「適切

28　史尚寛『債法総論』中国政法大学出版社，2000年，843頁。

な方法をとって供託物を善良な注意義務をもって保管し，毀損，変質，滅失を防がなければならない。適切に保存されず，供託受領者が期日が到来しても受け取らず，あるいは保管期限を超えた供託物品に対しては，公証処は競売して，その代金を保存する」と規定している。もし供託機関が善良なる保管義務を尽くさず，供託物を毀損，滅失させたときは，債権者は供託機関に損害賠償責任を負担するように請求する権利を有する。

(2) 債権者に供託物を引き渡す義務を負う

前述の如く，債務者がいったん目的物を供託すると，目的物の所有権は債権者に移転し，債権者は供託機関に目的物の返還を請求する権利を有する。いったん債権者が請求を提起すると，供託機関は債権者に供託物を引き渡さなければならない。

(3) 供託機関は債権者に供託費等の費用を請求する権利を有する

債権者が供託機関に供託物の返還を請求するとき，供託機関は供託物の保管費用等の合理的費用，例えば供託公証費，公告費，郵便通信費，保管費，評価鑑定費，代理管理費，競売・換価売却費，保険費等を請求する権利を有する。もし債権者が費用の支払を拒否すれば，供託機関は費用価値相当の供託物を留置する権利を有する。

6 免除と混同

6.1 免除

6.1.1 債務免除の概念と特徴

契約法105条は「債権者が債務者の一部または全部の債務を免除したときは，契約の権利義務の一部または全部は終了する」と規定している。本条は免除に対して規定したものである。免除とは，債権者がその単独行為にもとづいて，債務者の全部または一部の債務を免除し，したがって契約上の権利義務関係を全部または部分的に消滅させることである。例えば，「廖某某と劉某某の民間貸借紛糾案」で，当事者間で債務免除行為の効力について争いが生じ，裁判所は次のような判断を示した。債権者劉某某（以下甲）は2度にわたって《承諾》をなし，廖某某（以下乙）の一部の債務を免除することに同意した。それは法律の規定する免除に符合する。甲は完全な民事行為能力者であり，自己の

有する債権を処分する権利を有する。甲は《承諾》の方式で2度にわたって乙に対して一部の債務を免除する意思表示をなした。その内容は具体的で明確で，真実の意思であり，法律または社会公共の利益に違反しておらず，かつ実際履行されており，その単独の法律行為はすでに一部の債務の消滅の効果を生じていて，法によって取り消すことはできない[29]。

債務免除には以下のような特徴がある。

(1) それは単独行為である

契約法105条の規定から見ると，債務免除は債務者の同意を経なければならないと規定していない。債権者は単独で債務を免除できる。したがって，債務免除は単独行為に属する。いったん債権者が債務免除の意思を表明すれば，債務免除の効果が発生する。債権者は原則として免除の意思表示を取り消すことはできない。もちろん，もし債権者がその免除行為が詐欺，脅迫等の原因で行われたことを証明できれば，当該免除行為を取り消す権利を有する。

(2) それは無因行為である

無因とは，債務免除の効力は原因の影響を受けないということである。債務者が債務を免除する行為が贈与の動機にもとづくものであれ，債務者との和解にもとづくものであれ，原因が何であろうと，免除行為が国家の利益，社会公共の利益を損なわず，社会公共道徳に違反しなければ，当該免除の表示は有効である[30]。

(3) それは無償行為，不要式行為である

免除行為は債権者が債務者の債務負担を消滅させる行為であり，債権者が対価を取得することを条件とするものではなく，免除自身，無償行為である。一般的に言って，免除に条件を付けたり，債務者がある種の義務を負担することを前提としてはならない。そうでなければ真の意味での免除にはならない[31]。それと同時に，免除は不要式行為であり，免除の意思表示には特定の方式がなく，書面でも口頭でも，またその他の形式でもかまわない。

---

29 湖南省高級人民法院民事判決書，(2013) 湘高法民再終字第267号。
30 孫森焱『民法債法総論』法律出版社，2006年，923頁。
31 孫森焱，同上。

6.1.2 債務免除の要件
(1) 債務免除者は合法的債権を有する,あるいは債権に対して処分権を有するものでなければならない

債権者は免除された債務に対して合法的債権を有するか処分権を有していなければならず,債務免除は自己の債権を免除するものでなければならない。他人の債権を処分することはできない。もし他人を代理して債務免除の意思表示をなす場合には,債権者の明確な授権を得ていなければならず,併せて債権に対して処分する権利を有していなければならない。そうでなければ,免除行為は効力を生じない。同時にまた,債権者が免除する債務は債務者の債務でなければならない。そうでなければ,債務者はなお債務履行の義務を負う。例えば,按分債務で,債権者がある債務者の債務を免除する場合,当該債務者の債務だけが免除され,他の債務者の債務は当然に免除されるということはなく,その債務は依然として存在する。

(2) 債務免除者は債務免除の能力を具えていなければならない

免除行為は債務負担を免除することであるので,債権者に一定の不利益を与えることになる。したがって,債務免除者は免除行為を実行するとき,債務免除の能力を具えていなければならない。中国の現行立法から見ると,完全な民事行為能力者は独立して債務免除行為を実行できる。民事行為無能力者は債務免除行為を実行できない。制限的民事行為能力者はその年齢,知力の状況と対応した債務を免除できる。その他の債務免除行為は,法定代理人の同意あるいは法定代理人の追認を得なければならない。そうでなければ,当該免除行為は無効となる。

(3) 免除の意思表示は債務者に向けて明確になされなければならない

もし債権者が債の担保を放棄した場合,当然に債務者の債務を免除したことにはならない。免除は単独行為である以上,この意思は債務者または代理人に明確になされなければならず,かつこの意思表示は直接債務者または代理人に通知されなければならない。第三者に対してなされたいかなる免除の意思表示も,免除の効果を生じない。もし債権者が債務者に自発的に原債権のオリジナルの証書を返還した場合,債権者は債務者の債務をすべて免除したことになるのかどうか。筆者は,免除は明示の表示でなければならないと考える。証書の返還は免除の意思を具えていると当然に推定することはできない。単に保管し

ているだけかもしれないし，その他の意図があるかもしれない[32]。
(4) 免除は第三者の利益を損なってはならない

債権者は債務者の債務を免除する権利を有するが，この権利の行使は第三者の利益を損なわないかぎりで認められる。例えば，債権者が債権の上に質権を設定しているときに，債権者が債務者の債務を免除すると，質権者の利益を損なうことになる。こうした場合，債権者は債務者の債務を免除することはできない[33]。

6.1.3　債務免除の効力

債務免除の直接の効果は契約関係を消滅させることである。もちろん，契約法105条の規定から見て，債務免除が債務者の債務を全部免除するのかどうかは，債務免除者の意思によって決まる。もし免除するものがすべての債務であれば，債務者の債務は完全に免除される。もし一部の債務の免除であれば，債務者の債務は免除の範囲内で消滅する。さらに，債務免除されると，主たる債務が免除されることにより，主たる債権に付属する保証債権，利息債権等の従たる権利も消滅する。全部の債務が免除されると，債権者は債務者に債権に関連する証書を返還しなければならない。

6.2　混同

6.2.1　混同概説

混同とは，債権と債務が同一人に帰し，契約関係を消滅させる事実のことである。契約法106条は「債権と債務が同一人に帰したときは，契約上の権利義務は終了する。ただし，第三者の利益に関わるものは除く」と規定している。本条は混同に関する規定である。混同は以下のような法律上の特徴を有している。①債権と債務の混同に限られる。契約法上の混同は債権と債務の混同に限られ，権利と権利の混同および義務と義務の混同は含まれない。②債権と債務が合併して，一人によって享有され，負担される。いかなる者も，自己に対して債権を享有するということは意味がない。したがって，原債権の消滅を確認

32　董霊『合同的履行，変更，転譲与終止』中国法制出版社，1999年，249頁。
33　我妻栄『新訂債権総論』中国法制出版社，2008年，326頁。

する必要がある[34]。③混同の成立の基本的条件は債権と債務が一人に帰属することである。いかなる意思表示も必要でなく，混同の事実が存在しさえすれば，原債権債務関係は消滅する。

6.2.2　混同の原因

　混同は債権または債務の受け入れ［承収］によって生ずる。債権または債務の受け入れの中には概括的受け入れと特定受け入れの2種類のケースがある。①概括的受け入れ。それは，契約関係の一方当事者が他人の権利義務を概括的に受け入れることである。例えば売買契約関係の売主と買主が合併して，1個の新しい法人となった場合，当該法人は売買契約関係中の債権者と債務者の権利と義務を全部受け入れ，債権者と債務者が1人となり，原売買契約関係は消滅する[35]。また，被相続人が債権者に対して負っている債務を債権者が相続したり，債務者が被相続人の債務者に対して有する債権を相続すると，混同が生ずる。②特定受け入れ。それは，債権譲渡や債務負担によって権利と義務を引き受けることである。例えば債務者が債権者から債権を譲り受けたり，債権者が債務者の債務を引き受けると，混同が生ずる。

6.2.3　混同の効力

(1) 契約上の権利義務の終了

　いったん債権債務が1人に帰すると，契約関係は終了する。例えば，裁判所は以下のような判断を示している。「両原告は，誠誉公司（以下甲）と資産処置協議を締結する前に甲の債権者であった。両原告が甲の資産を買い取った後，また甲の債務の引受人となった。このとき，両原告が甲に対して有する債権と，両原告が甲会社の持ち株の割合に応じて負担すべき債務とで混同が生じた」。本案で，裁判所は，債権者と債務者の身分に混同が生じ，債権債務関係がその相応する範囲内で消滅すると判断した[36]。

(2) 主たる債が混同すると，主たる債に従属する従たる債，例えば利息の債，

34　孫森焱『民法債法総論』法律出版社，2006年，929頁。
35　鄭玉波『民法債法総論』中国政法大学出版社，2004年，524頁。
36　山東省済南市槐蔭区人民法院民事判決書（2013）槐民初字第2785号。

違約金の債，担保物権等も消滅する

　もちろん，第三者の利益に関わるときは，たとえ混同が生じても，契約関係は消滅しない。例えば，甲は乙に対して債権を有し，甲は当該債権を丙に質に出し，その後，乙が甲から当該債権を相続したといった場合，債権債務の混同が生ずるが，丙の質権に影響を与えてはならず，関連する債権債務関係は混同によって消滅しない。

第9章 違約責任

案例

甲会社は乙会社（造船会社）と6万tの散（ばら）積み船の購入契約を締結し、甲は5,000万元の前金［預付款］を支払い、船舶引渡時に1億5,000万元を支払うことにした。契約の11条は「買主が期日到来しても代金を支払わないときは、売主は建造した船舶を売却する権利を有し、それで得た代金を賠償額に充て、前金は没収する」と規定した。その後、経済危機のより、甲会社は代金を支払うことができず、契約の解除を申し立てた。しかし、乙は、契約の11条の約定により船舶を売却し、代金に充当し、併せて5,000万元の前金を没収する権利があると主張した。他方、甲は、乙会社は契約法113条の規定により実際の損失を証明すべきであり、証明できなければ5,000万元の前金を返還すべきであると主張し、双方で争いが生じた。

簡単な評釈

本案は違約責任の具体的確定に関わる。契約法113条は「当事者の一方が契約義務を履行せず、あるいは契約義務の履行が約定に符合せず、相手方に損失を与えたときは、その損失賠償額は違約によってもたらされた損失に相当しなければならず、その中には契約履行後に得べかりし利益も含まれる」と規定している。しかし、この規定は法定の賠償基準にすぎない。もし当事者が契約の中で特別に違約金または損害賠償の計算方法を約定し、それが合法有効であれば、当事者の約定によって違約責任を確定しなければならない。本案では、当事者は契約の11条で違約損害賠償の計算方法について約定を設けており、かつ当該約定は合法有効であり、したがって裁判官は当該約定によって甲会社が負うべき違約責任を確定しなければならない。

1 違約責任概説

1.1 違約責任の概念と特徴

違約責任は契約違反の民事責任とも称される。それは，契約当事者が契約義務に違反して負うべき責任のことである。契約がいったん効力を生ずると，当事者間で法的拘束力が生じ，当事者は契約の約定にもとづいて全面的に，厳格に契約義務を履行し，いずれの当事者も契約の規定する義務に違反したときは，違約責任を負わなければならない。契約法は特に章を設けて（第7章），違約責任について規定している。違約責任は以下のような特徴を有している。

第1，違約責任は当事者が契約義務を履行しないことによって負わされる責任のことである。違約責任が成立するには，一方で，当事者の間で有効な契約関係が存在することを要する。もし当事者間の契約関係が不成立，無効，取り消されたときは，違約責任は生じない。契約がいったん効力を生ずると，当事者は契約義務の拘束を受け，いずれの当事者も勝手に契約を破棄したり，履行義務を拒絶することはできない。破棄や拒絶があると，相手方は違約責任を負うように請求する権利を有する。違約責任の実現は当事者の意思から独立している。すなわち違約者の意思がどうであろうとも，違約責任の実現に影響を与えない。

第2，違約責任は主に補償性を具えている。一部の違約責任には，手付責任とか違約金責任等のように一定の懲罰的性質が具わっているが，しかし違約責任の主要な効能は非違約方の損害の塡補である。例えば，当事者が違約責任につき約定を定めていないとき，法定の違約損害賠償の範囲は主に違約方の行為によって非違約方が被った実際の損害の範囲である。また，もし当事者の約定した違約金が高すぎるときは，違約方は当該違約金額を低くするように請求する権利を有する。違約責任には補償性が具わっていて，それは根本的には民法の平等，等価の原則を体現しており，また商品交換関係の法律上の内在的要求である。

もちろん，違約責任の補償性を強調することは，違約責任が具有する制裁性を完全に否認するということではない。蓋し，違約責任はその他の法律責任と同様，一定の強制性を具えているからである。この種の強制性はまた一定程度の制裁性を体現している。債務者が契約を履行しないときに，債務者は不利と

なる責任を負うことを迫られ，それ自身，違約行為に対する制裁を体現している。したがって，債務の成立と履行はある程度債務者の意思を体現するが，違約責任は強制性と制裁性を体現している。まさにこの違約責任における制裁性を通じて，有効に債務者の債務履行を促し，債権の実現を保証することが可能となる。

第3，違約責任は当事者によって約定することができる。違約責任は一定の強制性を具えている。しかし，契約自由の原則により，法律も当事者が契約の中であらかじめ違約責任について約定することを認めている。例えば，契約法114条は「当事者は一方が違約したとき違約の状況にもとづいて相手方に一定額の違約金を支払うことを約定できるし，また違約がもたらした損失賠償の計算方法を約定することができる」と規定している。当事者が違約責任について約定するのを認めることは，契約紛争の速やかな解決に有利であり，また当事者が将来負担する可能性のある危険を制限し，法律規定の不足を補うのに有利である。

第4，違約責任は財産責任に属する。違約責任の発展から見ると，古代法は債務者の人身に制限を加えることを認めていた。現代民法は徹底的にこうした措置を廃除し，強制履行と損害賠償を違約責任の主要な方式とし，かつ約定賠償金は補償性の性質を具えるべきであることを特に強調する。違約責任は主に非違約方が相手方の違約行為によって受けた財産損害を救済するものであり，それは財産責任である。したがって，たとえ非違約方が違約行為によって一定の精神的損害を受けても，この精神的苦痛は違約責任を通じて救済することができない。

1.2 違約責任の帰責原則

1.2.1 一般的には厳格責任原則を採用

　帰責原則とは，当事者の民事責任を確定する法律原則のことである。それは，行為者が民事責任を負うことを定めた根拠と基準である。違約責任の帰責原則に関して，契約法107条は「当事者の一方が契約義務を履行せず，あるいは契約義務の履行が約定に符合しないときは，履行の継続，補救措置をとること，あるいは損失賠償等の違約責任を負わなければならない」と規定する。本条の規定によれば，違約責任の成立には違約方が違約行為の発生に対して過失のあ

ることを必要としない。すなわち当事者に違約行為がありさえすれば、原則として違約責任を負わなければならない。このことから、中国の契約法は違約責任について主に厳格責任を採用していることがわかる。違約責任に厳格責任を採用した主要な原因は、以下の点にある。すなわち、一方で、契約遵守原則を貫徹し、当事者が厳格に契約を履行することを促し、取引の安全と秩序を維持するうえで有利である。他方で、非違約方の救済に有利である。厳格責任原則のもとでは、非違約方は違約方による違約の発生に過失が存したことを証明する必要がない。これは非違約方を救済するうえで有利である。

　厳格責任原則のもとでは、原告は裁判所に被告が契約義務を履行しなかったという事実を証明しさえすれば、すなわち被告が履行しておらず、あるいは履行が契約の約定や法律規定に符合していないことを証明すれば、違約方は責任を負わなければならない。厳格責任は原告に被告の不履行に過失があったことを証明するよう要求せず、また被告に対して、不履行に過失がなかったことを証明することを要求しない。例えば、「中建集団有限公司と湖北省和済投資有限公司等との株式譲渡紛糾案」で、最高人民法院は以下のような判断を示した。すなわち、契約法107条は、当事者の一方が契約義務を履行せず、あるいは契約義務の履行が約定に符合しないときは、違約責任を負わなければならないと規定している。このことから、中国の契約法は厳格責任を採用し、債務者に過失があったかどうかに関係なく、債務者が相応の義務を履行しなければ、違約を構成することが分かる。本案で、中建公司は自らの債務によってゴルフ（Golf）会社の株式を差し押さえられ、その差し押さえが解かれる前に株式譲渡義務を完成することができなくなり、違約責任を負わなければならない。すなわち和済公司は代金支払を継続するのを拒む先履行の抗弁権を有する[1]。

　もちろん、契約法が違約責任について厳格責任原則を採用しているということは、主に違約責任の成立は違約方に過失があることを必要としないということであるが、しかし具体的に責任を分担するときは、なお当事者の過失を考慮しなければならない。これについて、契約法120条は「当事者双方が契約に違反したときは、各自が相応の責任を負わなければならない」と規定している。ここでの「各自が相応の責任を負わなければならない」とは、実際には、双方

---

[1] 最高人民法院民事判決書（2012）民四終字第3号。

の過失の程度によって双方の負うべき責任を確定しなければならないということであり，このことから，違約責任の具体的負担は当事者の過失を考慮しなければならないということがわかる。

1.2.2　例外的ケースでの過失原則の採用

　契約法は違約責任について厳格責任の帰責原則を採用しているが，特殊な状況下では，過失責任原則を規定している。例えば，契約法374条は「寄託期間に，受寄者の保管が不十分で，受寄物を毀損，滅失させたときは，受寄者は損害賠償責任を負わなければならない。ただし，寄託が無償のときは，受寄者は自己に重大な過失がないことを証明すれば，損害賠償責任を負わない」と規定している。本条の規定から見ると，受寄者の違約責任の成立は過失を要件とする。また，契約法265条は「請負人は発注者が提供した材料および完成した工作成果物を適切に保管しなければならず，保管が適切でなく，毀損，滅失させたときは，損害賠償責任を負わなければならない」と規定している。本条で規定する「保管が適切でない」とは，実際には，請負人の過失を考慮しなければならないということである。契約法は特殊なケースでは過失責任原則を規定していて，それは厳格責任の厳格性を緩和し，当事者間の利益関係の適切なバランスをとるうえで有利となる。

　注意しなければならないのは，契約法は違約責任につき厳格責任原則を採用し，過失責任原則の適用は法律の明確な規定がなければならないということである。つまり，いったん違約が生ずると，法律が過失責任原則の適用を規定していないかぎり，厳格責任原則に属すると認定しなければならない。

1.3　違約責任の一般的構成要件

　違約責任の一般的構成要件とは，通常のケースにおいて，違約当事者がいかなる条件を具えれば違約責任を負うことになるのかということである。契約法の違約責任に関する規定を見ると，違約責任の一般的構成要件には，以下の2つの要件がある。その1は，違約行為の存在であり，その2は，法定または約定の免責事由がないことである。

1.3.1 違約行為

　違約行為とは，契約当事者が契約義務に違反する行為のことである。契約法107条は「当事者の一方が契約義務を履行せず，あるいは契約義務の履行が約定に符合しないときは，履行の継続，補救措置をとること，あるいは損失賠償等の違約責任を負わなければならない」と規定する。この規定から見て，違約行為とは「当事者の一方が契約義務を履行せず，あるいは契約義務の履行が約定に符合しない」行為のことである。違約行為が生ずる前提として，当事者間に契約関係が存在していなければならない。もし契約関係が存在しなければ（例えば，未成立，すでに解除されている，無効と宣告されている等），違約行為は生じない。そして，違約行為の主体は契約関係の当事者だけである。契約の相対性の原則により，契約当事者だけが違約を構成し，第三者は違約行為を構成しない。

　違約行為は本質的に当事者が契約義務に違反することである。契約義務違反の形態は多様である。その1は，約定義務に違反することである。当事者が契約内容について明確に約定している場合，債務者は厳格に約定を履行しなければならない。もし履行しなければ違約を構成する。その2は，法定義務に違反することである。当事者の約定が不明な場合，法律の規定により契約の欠缺を埋めなければならない。このとき，当事者が関連法律規則に違反していれば，違約を構成する。その3は，誠実信用原則にもとづいて生ずる付随義務に違反することである。契約の履行過程において，誠実信用原則により，当事者双方が配慮，保護，機密保持等の付随義務を負う。この種の義務は主たる給付義務に付随するが，しかしこの種の義務に違反しても違約責任が生ずる。例えば，使用方法の告知義務に違反して他人に損害を与えたときは，損害賠償責任を負わなければならない。こうしたことから，違約行為は様々な程度で契約義務違反をもたらすことになる。

1.3.2　法定および約定の免責事由が存在しない

　契約法107条は違約責任の一般原則は厳格責任原則であることを明確にしているが，しかし，違約行為が生じた後，違約当事者はいかなる状況のもとでも違約責任を負わなければならないということではない。もし法定又は約定の免責事由があれば，違約方は違約責任を負う必要はない。例えば，契約法117条

は「不可抗力によって契約を履行できないときは，不可抗力の影響にもとづき，一部または全部の責任を免除される。ただし法律に別段の規定があればこのかぎりでない」と規定している。本条の規定から見て，もし当事者が不可抗力によって契約履行不能となったときは，違約方は一部または全部の責任の免除を主張する権利を有する。

以上の2つの要件が違約責任の一般的構成要件である。しかし，特定の類型の契約について言えば，その違約責任の構成も特殊な構成要件が存在する可能性がある。例えば，有償寄託契約では，寄託者は受寄者に違約責任を請求するとき，受寄者に過失があったことを証明しなければならない。注意を要するのは，非違約方が違約方に違約責任を請求するとき，損害を受けたことを証明する必要があるか。筆者は，非違約方が違約方に対して損害賠償責任を負うように請求するなら，疑いなく損害事実の存在を証明しなければならないと考える。しかし，損害事実は違約責任の一般的構成要件ではない。その主たる理由は，一方で，一方当事者が契約の約定義務に違反しても，それが必然的に損害を相手方に与えるとはかぎらないということにある。例えば，賃借人が規定の期限内で家屋を使用したが，当該家屋は他人によってより高い賃料で賃貸された。この場合，賃貸人は実際には損害を受けていない。他面で，また，一方当事者が違約によって相手方に損害を与えたものの，損害が確定し難い可能性がある。特に，相手方当事者が受けた損害額，損害と違約行為の因果関係の挙証がきわめて困難であることにより，非違約方が損害賠償の請求を放棄して，他の請求，例えば実際履行，違約金責任，手付責任等を選択する可能性がある。したがって，損害賠償以外の責任形式は実際に損害が発生することを前提としない。以上からして，損害事実は違約責任の一般的構成要件ではない。

2 違約行為の形態

違約行為の形態とは，違約行為の義務違反の性質，特色にもとづいて，違約行為に対してなす分類のことである。違約行為は契約義務違反であり，当事者の契約義務違反の方式が異なると，その違約行為形態にも一定の違いが存する。法律上違約行為形態を区別することには以下のような意義がある。すなわち，一方で，当事者が，相手方の違約の状況のもとで，適切な補救方式を探し求め，

それでもって自己の利益を維持するのに有利である。違約行為の形態は常に特定の補救方式および違約責任形式と結び付いている。換言すれば，法律が違約形態を設ける根拠は，様々な違約形態に対して提供する補救にある。他面，違約形態の確定はまた裁判人員が様々な違約形態にもとづいて違約当事者の負うべき責任を確定し，併せて契約が解除されるべきかどうかを正確に認定するうえで有利である。当事者の違約行為が生じた時期の違いによって，違約行為を履行期前の契約違反［預期違約］と実際違約の2つの類型に分けることができる。

2.1 履行期前の契約違反

2.1.1 履行期前の契約違反の概念と特色

　履行期前の契約違反は，［先期違約］とも称され，履行期が到来する前に一方が正当な理由なく履行期が到来後契約を履行しないことを明確に表示するか，または行為でもって履行期到来後契約を履行しないことを表明することである。履行期前の契約違反は英米法上の制度であるが，国際的な条約でも採り入れられている[2]。中国の契約法もこの制度を規定している。契約法108条は「当事者の一方が契約義務を履行しないことを明確に表示するか，または自己の行為をもって表明したときは，相手方は履行期が到来する前にその違約責任を負うように要求することができる」と規定している。本条によれば，履行期前の契約違反には2つの形態がある。その1は，当事者の一方が契約義務を履行しないことを明確に表示することで，その2は，当事者の一方が自己の行為をもって契約義務を履行しないことを表明することで，前者は明示の毀約，後者は黙示の毀約と称される。例えば，「新万基公司（以下甲）と索特公司（以下乙）との土地使用権譲渡契約紛糾案」で，最高人民法院は，乙は協議の約定にもとづいて速やかに譲渡地に設定された抵当を抹消し，権利瑕疵のない土地を提供することができておらず，こうした消極的な契約不履行の行為は違約を構成する。

2　「国際統一売買法」72条は，「⑴当事者の一方が重大な契約違反を犯すであろうことが契約の履行期前において明白な場合には，相手方は契約を解除することができる。⑵時間が許す場合には，契約を解除しようとする当事者は，相手方がその履行について適切な担保を供与することができるように，合理的な通知をしなければならない。⑶前項は，相手方がその義務を履行しない旨を表明している場合には適用しない」と規定する。なお，邦訳は甲斐道太郎他『国際統一売買法［Ⅱ］』法律文化社，2003年，331頁による。

乙の沈黙行為は甲の契約継続履行の正当な信頼を引き起こし，甲と中冶賽廸工程技術股份有限公司等の第三者との，開発プロジェクト実施行為に関する契約の締結をもたらした。こうした状況の中で，乙が連合開発契約および補充契約の解除を請求した。これは契約法108条の規定にもとづき，履行期前の契約違反を構成すると認定すべきである」と判示した[3]。

履行期前の契約違反の場合，非違約方は契約法108条の規定にもとづき，履行期到来前にその違約責任を求めることができ，また相手方がなした毀約の表示を考慮せず，一方的に契約の履行期到来を待ち，毀約方の履行の継続または違約責任を負うことを要求することもできる。もし非違約方が，履行期到来を待ってあらためて請求すると，その被る損失が大きくなると判断し，あるいは毀約方はその毀約の表示を撤回できないと判断したら，契約法108条の規定により，直ちに請求を提起し，相手方の履行期到来前にその違約責任を負うよう要求することができる。

履行期到来前の契約違反には以下のような特色がある。

(1) 履行期前の契約違反は履行期到来前の契約違反である

履行期が到来する前は，債務者は債務履行の義務を負わない。しかし，もし債務者が一方的に毀約すれば，たとえこの種の毀約が履行期前に生じても，債務者は契約の規定する義務に違反したことになり，同時に，それは債務者の負うべき契約債務を根本的に無視したことを表明しており，したがって違約を構成する。履行期限は債務者が実際に履行行為に従事する期限であり，この期限前に債務者はすでに履行義務を負っている。もちろん，この種の毀約は履行期前に生じているので，債権者が被る損害も実際違約とは異なる。

(2) 履行期前の契約違反が侵害するものは期待的債権であり，現実の債権ではない

もし契約が履行期限を定めていれば，履行期到来前は債権者は債務者にあらかじめ債務を履行するよう請求することはできない。したがって，履行期到来前に債権者が有する債権は期待的債権にすぎず，現実の債権ではない。債務者について言えば，この種の期限は一種の利益，すなわち期限の利益を体現しており，当該利益を当然債務者は享有する。したがって，債権者は履行期到来前

---

3 「最高人民法院公報」2009年4期。

に債務の弁済を要求することはできない。法諺に「未だ期限の到来しない債務は債務なきに等しい」とある。しかし，どんなに債権者は債務者にあらかじめ履行するよう要求することはできないとしても，なお依然として一種の期待的権利を有し，この権利も侵害されるべきでない。もし債務者が毀約すると，その期待的権利は実現不可能となり，債務者は毀約の責任を負わなければならない。

(3) 履行期前の契約違反は法定の契約解除事由となる

契約法94条は「履行期到来前に，当事者の一方が主要な債務を履行しないことを明確に表示するか，あるいは自己の行為をもって表明したときは」，相手方当事者は契約を解除する権利を有すると規定している。したがって，履行期前の契約違反の場合，もし当事者が主要な債務について履行期前に違約すると，相手方は契約を解除する権利を有する。

(4) 非違約方は履行期到来前に違約責任を主張できる

契約法108条の規定によれば，履行期前の契約違反の場合，非違約方は「履行期到来前にその違約責任を負うよう要求することができる」と規定している。つまり，履行期前の契約違反の場合，非違約方は履行期の到来前でも違約方に対して違約責任を負うよう直接請求することができる。ところで，契約法は履行期到来前でも，履行期到来後の履行，損失賠償，違約金の支払，契約の解除等の補救方式を採ることを認めているが，しかし，履行期前の契約違反の責任と到来後の責任とは違いがある。例えば，履行期前の契約違反の損害賠償を確定するとき，履行期前の市場価格にもとづいて損失を計算するだけであり，履行期到来時の市場価格によって計算し，毀約方が賠償すべき額を確立することはできない。また，損害賠償額を計算するとき，履行期前の契約違反から履行期到来までの間に，相手方が損害を減少させる措置を採る時間があった可能性を考慮しなければならない。もし相手方が軽減すべき損害を軽減する措置をとらなかったならば，当該額は賠償額から控除しなければならない。つまり，履行期前の契約違反の責任を確定するとき，履行期到来後の基準でもって確定することはできない。そうでなければ，毀約方の負担する責任が加重となる。

2.1.2　履行期前の契約違反の類型

(1) 明示の毀約

　明示の毀約とは，一方当事者が正当の理由なく明確に相手方当事者に対して履行期限到来時に契約を履行しないことを表示することである。明示の毀約が成立するためには，以下の条件を具備しなければならない。

　第1，一方が明確に相手方に対して毀約の表示をしなければならない。換言すれば，例えば代金を支払わないとか品物を引き渡さないことを明確に表示するといったように，一方が表示した毀約の意図が十分に明確で，いかなる条件も付けられていないことである。契約法108条の規定から見て，一方当事者が契約義務を履行しないことを明確に表示さえすれば，明示の毀約を構成し，非毀約方は相手方に催告をする必要はない。すなわち履行期限到来前にその違約責任を負うように要求することができる。

　第2，契約の主要な義務を履行しないこと。一般的には，履行期前の契約違反の当事者の履行拒絶は相手方が契約履行において得られるはずの利益に重大な影響を与え，契約目的の達成を不可能にすると考えられる。もし履行拒絶が契約の一部の内容に止まり，かつ債権者が求めている根本目的の実現を妨げないのであれば，こうした履行拒絶は債権者の期待を不能にするものではなく，履行期前の契約違反を構成しない[4]。したがって，履行期前の契約違反における一般的違反とは契約の主要義務の違反である。例えば，売買契約で履行期前の契約違反とは，代金支払義務とか品物引渡義務を履行しないといったことである。もし行為者が契約の副次的義務を履行しないことを表示するだけであれば，明示の毀約を構成しない。

　第3，契約義務を履行しないことに正当な理由がないこと。実践においては，通常，一方が契約義務を履行しないことにつき様々な理由，口実を設けることが多く，もしこれらの理由，口実が法律上の正当な理由を構成するのであれば，明示の毀約を構成しない。各種の正当な理由の中には以下のようなものが含まれる。すなわち，債権者の違約によって債務者に契約解除の権利がある，契約に無効の要素があり無効と宣告されるべきである，契約は取り消されるべきである，契約は根本的に成立しない，債務者に抗弁権がある，不可抗力によって

4　韓世遠＝崔建遠「先期違約与中国合同法」法学研究1993年第3期。

契約が履行不能となった，といった類いである。正当な理由がある場合には，一方の側の義務履行の拒絶は合法であり，明示の毀約を構成しない。

(2) 黙示の毀約

　黙示の毀約とは，履行期到来前に，一方が自己の行為でもって，履行期到来後に契約を履行しないことを表明し，かつ相手方が，一方が契約を履行しないことを証明する十分な証拠を有し，一方も必要な履行の担保を提供しようとしないことである。契約法108条が規定する「当事者の一方が……自己の行為でもって契約義務を履行しないことを表明したときは，相手方は履行期到来前にその一方に違約責任を負うように要求することができる」というのが，黙示の毀約である。黙示の毀約の成立には以下の条件が具備することが必要である。

　第1，一方当事者が契約法68条の規定する事由を具えていること。その中には，経営状況の重大な悪化，財産の移転，資金の隠匿，債務の忌避，商業信用の失墜，債務履行能力の喪失あるいは喪失の可能性のあるその他の事由が含まれる。いかなる事由であれ，黙示の毀約方は毀約あるいは契約義務の履行拒絶を明確に表示しないことが条件で，もし明確に表示するのであれば，明示の毀約を構成する。

　第2，相手方が上記の事由を具えていることを証明する確かな証拠を非違約方が有していること。契約法68条は，相手方の毀約を予見する側が，相手方が期日が到来しても契約を履行できない，あるいは契約を履行するはずがないことを証明しなければならないことを要求している。もし一方当事者が履行期が到来しても契約を履行しないであろうと，予見もしくは推測するも，非違約方が確実な証拠により証明できなければ，黙示の毀約を構成しない。もちろん，非違約方が提供した証拠が確実であるかどうかは，裁判人員によって確定されなければならない。例えば，甲が乙から家屋を購入しようとし，10月に家屋を引き渡すことを約定したが，乙は9月になっても土台を据えつけず，10月に家屋を竣工することは不可能となった。こうした行為は黙示の毀約を構成する。

　第3，一方が契約履行の適切な担保を提供することを望んでいない。相手方が，一方が契約を履行しないことを証明する確実な証拠があっても，それにより直ちに違約を構成すると確定することはできない。契約法69条の規定によれば，相手方の違約を確定しようと思えば，相手方に対して先ず契約履行の適

切な担保の提供を要求しなければならない。相手方が契約履行の適切な担保を提供しない場合にはじめてその違約の構成を確定し，併せて履行期前の契約違反の責任を要求することができる。一般的に言えば，「契約履行の適切な担保」とは，期日どおりに履行することを保証する表示とか，もし契約を履行できなければ債権者にどのように損失を賠償するかといったことが含まれる。債権者をして，債務者が違約する可能性があるとの懸念を払拭させることができれば，いかなる保証であれそれで十分である。もし債務者が提供した保証が，一般人の目からすると，十分であると映るも，債権者がなお債務者に対してその指定した会社あるいは個人を債務者の担保として探すように要求した場合，それは不合理な要求に属し，債務者は拒絶する権利を有する。契約履行の保証は合理的期限内になされなければならず，その合理的期限を超過すると，債権者は拒絶する権利を有する。

法律は黙示の毀約の成立条件を厳格に限定している。なぜなら，たとえ債権者に，債務者が期日到来しても契約を履行しない，あるいは履行できないということを証明する確実な証拠があっても，債務者が毀約の表示をしておらず，むしろ様々な方法で資金を調達し，債務を弁済することがありうるからである。まして，債権者が相手方の毀約を口実に履行を中止するのをみだりに認めると，取引秩序の維持にとって不利となる。したがって，債務者が合理的期限内に契約履行の保証を提供すれば，それは毀約を構成しないことの証明となる。

2.2 実際違約

履行期限到来後，当事者が契約義務を履行せず，あるいは履行が不完全なとき，実際違約を構成する。実際違約には以下のいくつかの類型が含まれる。

(1) 履行の拒絶

履行拒絶とは，契約期限到来後，一方当事者が正当な理由なく契約が定めた全部の義務の履行を拒絶することである。契約法107条が規定する「一方が契約義務を履行しない」とは，履行拒絶の行為のことである。契約関係がいったん効力を生じると，当事者は約定どおり契約義務を履行しなければならず，正当な理由なく履行を拒絶してはならない。一方が履行を拒絶した場合，相手方はその契約を継続して履行するよう要求する権利を有するし，また違約金および損害賠償の責任を負うように要求する権利を有する。

一方が履行を拒絶したときそれが契約解除事由を構成するかどうかを判断する場合，約定解除と法定解除とを区別してそれぞれ認定しなければならない。第1に，もし当事者が契約の中で，いったん一方当事者が契約履行を拒絶したときは，相手方は契約を解除する権利を有すると約定している場合は，この履行拒絶は当事者が約定した契約解除事由となる。第2に，もし当事者が履行拒絶を契約解除事由とすることを約定していないときは，具体的状況にもとづいてそれが契約法94条の規定する法定解除事由に属するかどうかを確定しなければならない。一般的に言えば，もし履行拒絶によって非違約方の契約目的が実現できなくなるときは，非違約方は契約を解除する権利を有する。

(2) 履行遅滞

　履行遅滞とは，契約当事者の履行が履行期限についての規定に違反することである。当事者が履行遅滞を構成するかどうかを確定するときは，まず履行期限を確定しなければならない。もし当事者が履行期限を明確に約定していれば，当事者は契約の規定にもとづいて履行しなければならない。もし履行期限を約定していなければ，民法通則88条の規定によって，「債務者はいつでも債権者に義務を履行しなければならない。ただし，相手方に必要な準備期間を与えなければならない」。この「必要な準備期間」を経過するも，なお債務者が債務を履行しない場合，履行遅滞を構成する。履行期限の規定に違反した履行は，その違反が債務者であれ債権者であれ，履行遅滞を構成する。

　履行遅滞は不完全履行［不適当履行］とは異なる。すなわち，不完全履行とは，履行期限到来後，債務者が履行するも，その履行が規定された品質［質量］の要求に符合しないことである。それに対して，履行遅滞は履行期限到来後，履行しないことである。不適切な履行は主に修理，取り換え，作り直し等の補救措置をとる。これらの方式は履行遅滞の責任では適用が難しい。

　履行遅滞には次の2つの類型がある。

　第1，債務者の遅滞。債務者の遅滞とは，債務者が履行期到来後，履行できるのに期日どおりに債務を履行しないことである。債務者の遅滞の成立には以下の条件が具備されなければならない。

　その1は，履行期が到来しても契約を履行しないことである。債務者が履行を遅滞したかどうかを判断する際には，通常，債務が履行期限に達しているかどうか，そして債務を履行しているかどうかを基準とする。履行期到来後，債

務者が債務を履行しなければ，遅滞を構成する。多くの場合，債務者は履行遅滞の後履行する。しかし，もし遅滞の後，債務の履行を継続することを拒絶すると，拒絶の時点で，履行遅滞は履行拒絶に転化する。

その2は，債務者の債務不履行に正当な理由がないことである。もし債務者の債務不履行が正当な理由にもとづくものであれば，違約を構成しない。例えば，債務者が同時履行の抗弁権を行使するときは，履行期到来の債務を拒絶しても，違約を構成しない。

第2，債権者遅滞。債権者遅滞は受領遅滞とも称される。債権者遅滞には主に2つのケースがある。その1は，債務者が履行をなしたときに債権者がすみやかに債務者の履行を受け入れないケースである[5]。その2は，債権者がすみやかに債務者の履行を受け入れないということのほかに，債務者の債務の履行に協力しないケースである。当然，誠実信用原則にもとづいて，契約当事者は履行に際して相互協力の義務があり，双方とも協力義務に違反する可能性がある。受領の固有の意味の中には協力をなす行為は含まれない。したがって，債権者遅滞とは，債務者が給付をなしたときに，債権者が受領すべきなのに，受領しないということである。

債権者の受領遅滞は違約行為に属する。受領遅滞のとき，債権者は違約責任を負わなければならない。なぜなら，債権者の受領遅滞も債務者に損失を与えるからである。例えば，債務者が引渡しをなしたとき，債権者が正当な理由なく受領を遅滞すると，債務者の債務履行のコストを増大させる。給付を受領することを債権者の義務とすることは，双方当事者がその債務を全面的に履行することを促し，契約目的の円満な実現を保障するうえで有利である。特に中国の司法実践から見て，債権者遅滞の特色により債権者の負うべき責任を排除するということはない。債権者遅滞は，通常，司法実践で大量に存在する"双方違約"現象が生ずる原因をなしており，それは一般的に違約行為によって処理される。こうした司法上の経験もその（すなわち受領遅滞を違約責任として捉えることの—訳者）合理性を有している。

(3) 不完全履行

不完全履行［不適当履行］とは，当事者の引き渡した目的物が，契約が定め

5　王家福主編『中国民法学・民法債権』法律出版社，1991年，169頁。

た品質の要求に符合しない,すなわち履行に瑕疵があることである。不完全履行は主に以下の2種類の類型からなる。

第1,瑕疵ある給付である。すなわち当該履行が法律の規定する,あるいは当事者の約定した品質の基準に符合しないことである。瑕疵ある履行によって相手方当事者の契約目的が実現できなくなると,相手方当事者は契約を解除し,併せて違約方に違約責任を負うよう要求する権利を有する。瑕疵ある履行であっても,相手方当事者の契約目的が実現できるのであれば,契約を解除する権利はなく,違約方に違約責任を請求できるだけである。

第2,加害給付である。すなわち,債務者の不完全履行行為が債権者の履行利益以外のその他の財産損失および人身損害をもたらすことである。例えば,不合格のガスストーブを引き渡して火災を起こし,債権者(原文は債務者と記す―訳者)を負傷させたような場合である。それは,以下のような特色を有する。①債務者の履行行為が契約の規定に符合しない。つまり,債務者は契約を履行したが,その履行が不完全である。②債務者の不完全履行行為が債権者の履行利益以外の損害をもたらす。履行利益以外のその他の利益とは,学理上,固有利益とか維持利益と称される。例えば,引き渡した財産に欠陥があり,それによって他人に人身傷害をもたらしたようなケースである。引渡しの財産は履行利益に属し,人身傷害は履行利益以外の損失に属する。③加害給付は債権者の相対権と絶対権を同時に侵害する不法行為である。この2種類の権利はそれぞれ契約法と不法行為法[権利侵害責任法]の保護を受ける。加害給付の行為は違約行為と不法行為を同時に構成することによって,当該行為は債権者の相対権と絶対権を同時に侵害することになる。ただし,このことは,加害給付が生じた後,被害者は加害者に違約責任と不法行為責任を同時に負うよう請求できることを意味せず,責任競合の規定にもとづき,いずれかの請求権を選択して請求できるだけである。

不完全履行の責任については,契約法111条は「品質が約定に符合しないときは,当事者の約定にもとづいて違約責任を負わなければならない。違約責任について約定がないか,約定が不明確で,本法61条の規定によってもなお確定できないときは,損害を受けた側が目的の性質および損失の大小にもとづいて,相手方に対して修理,交換,作り直し,返品,価額又は報酬の減額等の違約責任を合理的に選択して要求することができる」と規定している。本条の規

定から見て，不完全履行の場合，もし当事者が契約の中で違約責任の形式および補救方式を約定していれば（例えば，製品に瑕疵があれば，先ず修理，交換するといった規定），当事者の約定にもとづいて違約責任を確定しなければならない。もし当事者が契約の中で約定していないか，約定が不明確な場合，被害者は具体的状況にもとづいて，各種の補救方式と責任形式を選択する。

(4) 一部履行

一部履行とは，契約は履行されているが，その履行が数量の規定に符合しないとか，数量に不足があることである。一部履行の場合，非違約方は先ず違約方に契約が規定する数量条項にもとづいて履行の継続を求め，なおまだ引き渡していない品物，金銭の引渡しを要求する権利を有し，また非違約方は違約方に対して違約金の支払を要求する権利も有する。もし一部履行によって損失が生ずれば，違約方に損失の賠償を要求する権利を有する。一般的には，部分的不履行については，債務者は補足が可能で，したがって契約を解除する必要はない。もし一部履行によって契約を解除するとなると，既履行部分は返還することになり，したがって多くの余分の出費を強いることになる。したがって，債権者が一部履行が根本違約を構成し，契約締結の目的が実現できないことを証明しないかぎり，一般的には契約を解除できない。

(5) その他の不完全履行行為

契約法の規定によれば，債務者は法律の規定および契約の約定にもとづいて，全面的かつ適切に契約を履行しなければならない。したがって，当事者が契約を履行するとき，目的，品質，数量，期限が法律および契約の約定に符合するほか，履行地点，方式等も法律の規定および契約の約定に符合しなければならない。したがって，履行地点や方式等が不適切であれば，これも違約行為に属する。

3 双方違約と第三者の行為による違約

3.1 双方違約

双方違約とは，契約の双方当事者が契約で尽くすべき義務に違反することである。双方違約は主に双務契約に適用される。片務契約について言えば，一般的にはただ一方当事者だけが義務を負担する。したがって，双方違約の問題は

存在しない。契約法120条は「当事者双方が契約に違反したときは，各自相応の責任を負わなければならない」と規定している。本条は双方違約に対して規定を設けたものである。すなわち双方違約の場合，双方が履行しているが，履行がともに契約の約定に符合しない。指摘しておかなければならないのは，双方がともに契約義務を履行しない状況のもとで，もし当事者が契約義務の不履行に正当な理由があれば，双方違約を構成しないということである。例えば，一方が引き渡した品物に重大な瑕疵があり，相手方が代金の支払を拒否した場合，それは正当な抗弁権の行使の行為であり，違約として取り扱うべきでない。もし当事者が，相手方の違約後に適切な補救措置をとり，例えば相手方が品物の引取りを拒否したとき，目的物を合理的価格で転売すれば，違約を構成しない。

双方違約の場合，契約法120条の規定により，双方当事者の故意・過失の程度およびその故意・過失によって相手方に与えた損害の程度にもとづいて各自の責任を確定しなければならない。もし双方の故意・過失の程度が同等で，かつその故意・過失によって与えた損害の程度が同等であれば，双方は各自の損失を負担しなければならない。もし一方の故意・過失の程度が他方より明らかに大であり，かつ与えた損失もより重いときは，より重い責任を負わなければならない。例えば，一方が引き渡した品物に重大な瑕疵があり，相手方が受領遅滞であったとした場合，前者の方の責任が当然重い。また，一方の違約が故意にもとづき，相手方は損害軽減義務を尽くしていないといった場合，両者の故意・過失の程度は異なる。したがって，双方違約のときは，双方の負うべき責任を正確に認定しなければならず，一律に双方均等に責任を負わせるべきでない。

3.2 第三者の行為によって生じた違約

契約締結後，当事者の一方が第三者の原因で違約をもたらすことがありうる。こうした場合，違約責任をどのように定めるべきか。中国の契約法121条は「当事者の一方が，第三者の原因で違約をもたらしたときは，相手方に対して違約責任を負わなければならない。当事者の一方と第三者との紛糾は，法律の規定または約定によって解決しなければならない」と規定している。また，「本条の規則により，第三者の行為によって債務不履行をもたらした場合，債

務者はなお債権者に対して違約責任を負わなければならない。債権者も債務者に対して違約責任を負うように要求することができる。債務者は違約責任を負った後で，第三者に求償する権利を有する」。つまり債務者が第三者の行為によって債権者に対して責任を負うという規則は，契約法の相対性の具体的体現である。

債務者は第三者の行為によって債権者に責任を負った後で，法律の規定によって第三者に求償することができる。もし第三者が目的物を毀損，滅失し，契約を履行不能にした場合は，債務者は第三者に対して法により不法行為責任〔権利侵害責任〕を要求することができる。債務者も第三者との契約にもとづいて第三者に対して求償することができる。もし第三者が契約にもとづいて債権者に品物を引き渡さなければ，債務者の債権者に対する品物引渡義務は履行不能となる。債務者は債権者に対して責任を負った後で，第三者との契約にもとづいて第三者に責任を負うよう要求することができる。ただし，2つの契約関係は切り離さなければならない。

3.3 履行補助者によってなされた行為に対する債務者の責任

債務の履行過程において，債務者は通常履行補助者の補助行為を借りて債務を履行し，履行補助者の故意・過失に対して責任を負う。この原則を「債務履行補助者が原因で責任を負う」と称する。解釈上，契約法121条が規定する「当事者の一方が第三者の原因で違約をもたらした」ということの中には履行補助者が原因でもたらされた違約も含まれる。もちろん履行補助者以外の原因でもたらされた違約も含まれる。

履行補助者とは，債務者の債務の履行を補助する人のことである。一般的には，履行補助者には2種類の類型が存する。その1は代理人で，その2は使用人である。使用人とは，債務者の意思にもとづいて事実上債務の履行に従事する人のことである。履行補助者には以下のような特徴がある。

第1，履行補助者は債務者の意思にもとづいて事実上債務の履行に従事する人である。履行補助者は債務者の希望にもとづいてなされる債務履行の行為で，こうした場合にはじめて第三者の故意または過失の行為が債務者の責任となる。例えば，「連雲港美爾図船業有限公司（以下甲）が塩城蘇悦海船務有限公司（以下乙）を訴えた船舶衝突案」で，甲は乙と船舶試験航海契約を締結し，その中

で，甲は新たに建造した"凱吉賽"号の試験航海のために乙と用船契約を結び，その中で，乙は安全な技術サービスと試験航海のための船員を提供し，甲はその人員の傷害の保険をかける責任を負うことを約定した。裁判所は，本件に関して，試験航海の過程で，乙が提供した船長の過失が船舶事故発生の重要な原因をなした。したがって乙は損害賠償責任を負わなければならないとの判断を示した[6]。しかし，筆者は，以下のように考える。本件では，船長は乙が提供したが，この船長は甲によって臨時に雇われた人員で，試験航海の過程中の行為は甲のコントロールと指揮を受け，乙の債務履行補助者ではない。したがって，本船長の行為が船舶衝突事故を引き起こしたとき，乙は債務不履行の責任を負わない。

　第2，履行補助者は法律の規定又は契約の約定によって生ずる。大多数の履行補助者は債務者と履行補助者の間の委任契約による。例えば，某人に信書の代送を委託するとか，荷物の運送を委託するといった類いである。また，履行補助者によっては，雇用契約や労務契約によって生ずるものもある。例えば，商店の店員が商店の要求にもとづいて某人に品物を送るといった類いである。さらに直接法律の規定にもとづいて生ずる履行補助者もいる。例えば，法定代理人が被代理人の利益のために取引活動に参与するような類いである。

　第3，履行補助者は事実上債務の履行の補助行為に従事するものでなければならない。つまり，履行補助者が従事する行為は債務者の債務の履行の補助であって，自らのために債務を履行する行為とか，その他の性質に従事する行為は債務履行の補助者とはならない。

　契約当事者は履行補助者の行為に対して責任を負い，契約当事者自身に故意・過失がある（例えば，選任監督上の過失等）ことを要件としない。履行補助者の行為は契約当事者自身の行為とみなされる。

　6　上海市高級人民法院民事判決書（2015）滬高民四（海）終字第93号。

4 違約責任の主要な形式

4.1 実際履行

4.1.1 実際履行の概念と特徴

　実際履行は，強制実際履行とか，依約履行，継続履行等とも称され，一方が契約に違反したとき，相手方が契約の規定によって履行の継続を要求する権利を有することである。契約法107条は「当事者の一方が契約義務を履行せず，あるいは契約義務の履行が約定に符合しないとき，履行を継続し，補救措置を採り，あるいは損失賠償等の違約責任を負わなければならない」と規定している。本条は実際履行の責任形式に規定を設けたものである。実際履行は以下のような法的特徴を具えている。

　第1，違約方は契約の規定にもとづいて履行を継続する。一方が債務を履行しない場合，債権者は債務者に対して契約の約定にもとづいて債務を履行するよう要求できる。実際履行はまた契約法60条の「当事者は約定にもとづいて全面的に自己の義務を履行しなければならない」との規定を具体的に体現したものである。実際履行の責任方式の具体的適用について言えば，契約法は金銭債務の実際履行と非金銭債務の実際履行に区別している。金銭債務について言えば，非違約方が実際履行の請求を提起すると，違約方は必ず実際履行しなければならない。しかし，非金銭債務の実際履行について言えば，契約法110条はある制限的条件を定めている。

　第2，もし債務者が約定どおり債務を履行しなければ，裁判所は法によりその実際履行を強制できる。この意味において，実際履行は強制実際履行とも称することができる。

　第3，一種独立した違約責任負担方式である。実際履行は違約金，違約損害賠償等の責任方式と並立し，独立した違約責任負担方式である。契約の一方当事者が違約したら，非違約方はその継続履行の違約責任を請求する権利を有する。違約方は違約金責任等の方式の負担でもって非違約方の継続履行の請求を拒絶することはできない。契約法111条の規定から見て，修理，作り直し，交換は独立した違約責任負担方式であり，実際履行の具体的形式には属さない。

　第4，単独適用もできれば，違約金，損害賠償等のその他の違約責任方式と併用することもできる。ただし，契約解除の方式と併用することはできない。

契約の一方当事者が違約した場合，非違約方は実際履行を請求する権利を有する。当該違約行為によって非違約方に損害を与えた場合，非違約方は違約方に損失賠償を請求する権利を有する。実際履行はその他の違約責任負担方式と併用できる。もちろん，実際履行の責任方式の適用は，契約関係が有効であることを前提とする。もし契約を解除すると，非違約方は違約方に対して実際履行をもはや請求できない。

4.1.2 実際履行の適用

契約法109条，110条はそれぞれ金銭債務の実際履行と非金銭債務の実際履行を規定している。金銭債務も非金銭債務も実際履行の責任方式を適用できるが，非金銭債務の実際履行に対して法律は一定の制限的条件を規定している。

(1) 金銭債務の実際履行

金銭の債は貨幣の債とも称される。それは，債務者が一定の貨幣の給付でもって債務を履行する債のことである。金銭債務の実際履行について，契約法109条は「当事者の一方が代金または報酬を支払わないときは，相手方はその代金又は報酬の支払を要求することができる」と規定している。本条の規定から見て，金銭債務は原則として実際履行しなければならない。すなわち不可抗力が生じても，違約方は非違約方の履行請求にいかなる理由をつけても抗弁することはできない。法律がこの規定を設けた主要な原因は以下の点にある。すなわち，貨幣は純粋な代替可能物であり，高度の流通性を有し，たとえ目的物たる貨幣が毀損，滅失しても，債務者は同等同額の貨幣で債務を履行できるし，また履行が経済上不合理な状況は存在しない。もし債務者が一時的な経済困難に遭って金銭債務を履行できなければ，履行遅滞を構成し，履行不能を構成することはない。例えば，甲会社は銀行から1,000万元を借り，甲はその現金を倉庫に放置し，その後，その倉庫が意外原因で失火し，1,000万元の現金がすべて焼失した。この場合，甲会社は不可抗力によって免責を主張することはできない。契約法109条は，金銭債務は必ず実際履行しなければならないことを要求している。これは，誠実信用観念を強化し，取引当事者が様々な理由を設けてその債務の履行を拒絶するのを防止するうえで有利である。

(2) 非金銭債務の実際履行

非金銭債務の実際履行について，契約法110条は「当事者の一方が非金銭債

務を履行せず，あるいは非金銭債務の履行が約定に符合しないときは，相手方は履行を要求することができる。ただし，以下の事由が存するときは，このかぎりでない。(一)法律上あるいは事実上履行不能である。(二)債務の目的が強制履行に適しないか，費用が高くつく。(三)債権者が合理的期限内に履行を要求しない」と規定している。本条の規定から見て，本条が規定する例外的事由を除けば，非金銭債務も原則的に実際履行の責任形式を適用できる。すなわち，債務者が非金銭債務を履行しないとき，債権者は原則として債務者に実際履行を請求することができる。ただし，契約法110条により，以下のいくつかの事由のもとでは，債権者は債務者に実際履行を請求できず，損害賠償，違約金等の違約責任を負うように請求できるだけである。

　第1，法律上または事実上履行不能である。法律上継続履行できないとは，実際履行が法律の規定に反することである。法律上の履行不能には主に以下の2種類のケースが含まれる。①あるケースでは，法律は違約方に実際履行の責任を負うことを要求せず，違約方に違約金および損害賠償責任を負うように要求するだけである。例えば，個人的サービスを提供する契約については，法律上，実際履行の補救措置をとることはできない。もし実際履行の措置を採るとなると，それはある種の人身的強制を実行することと異ならなくなる。これは中国の憲法および法律の市民の人身の自由は侵害されてはならないとの規定に違背する。②あるケースでは，法律が他の債権者の利益と取引の安全を保護するため，債権者が実際履行の方式を通じて債権を実現することを許さない。例えば，債務者が破産したとき，もし某債権者と締結した契約の履行を強制すると，これは当該債権者にある種の優先権を付与し，違約方の他の債権者に優先して弁済を受けることになり，これは破産法の関連規定と違背する。

　事実上の履行不能とは，履行の目的が客観的に不能であるとか永久に不能であることである。目的物の毀損，滅失等がそれにあたる。例えば「東莞市利成電子実業公司（以下甲），河源市源城区宝源房地産発展有限公司（以下乙）と東莞市品隆実業有限公司，東莞大嶺鎮顔屋村村民委員会及麦賛新，蔡月紅項目転譲合同紛糾再審案」で，最高人民法院は，契約目的物をなす土地に重大な変化が生じたことによって，李炳の先占はすでに譲渡契約書を事実上履行不能の状態にしている。これにより，最高人民法院は甲，乙による長新公司の履行の継続の要求の主張は支持しないとの判断を示した[7]。もし債務者が一定の行為あ

るいは一定の努力をすれば，なお契約を履行できるとか，あるいは契約が一部履行不能あるいは暫時履行不能である場合は，契約は実際履行が可能であることを表明している。

　第2，債務の目的が強制履行に適さない，あるいは費用が高くつく。その1は，強制履行に適さないことである。一般的に言って，サービスや労務の提供は，その目的自身一般的に実際履行を強制することはできない。例えば，ある俳優に強制して舞台に立って演技させようとするとか，あるいはある教師を強制して他人のために授業を行わせようとすると，必然的に債務者の人身の自由とかその他の人格権を侵害することになる。しかも，一身専属的な信頼関係［人身依頼関係］によって生ずる契約，例えば委任契約，信託契約，組合契約等は，しばしば相手方の特殊な技能，業務水準，忠誠等の信任によって生ずるものであり，したがって厳格な一身専属的な性質を具えている。もしこれらの契約義務の履行を債務者に強制すると，契約の根本的性質と違背する。その2は，履行費用が高くつくことである。それは，実際履行が経済上不合理であることである。例えば，甲がダイヤモンドの指輪を乙に売却しようとしたが，不注意でその指輪を河に落としてしまった。当該指輪を探し出すことは可能であるが，経済的コストが高くつく。こうした場合，乙は甲に実際履行を請求できない。

　第3，債権者が合理的期限内に履行を要求しない。契約法は債権者の利益保護から出発して，実際履行の選択権を請求するかどうかを非違約方に与え，非違約方に実際履行の方式を主張するかどうかを決定させる。もし非違約方が，実際履行の方がその利益保護に有利であれば，この措置をとることができる。多くの場合，当事者が契約を締結するのは，違約後に金銭賠償を請求するためではなく，契約締結の目的を実現するためである。実際の契約履行に現実的必要があれば，債権者は実際履行の請求を提起することができる。契約法110条の規定により，もし債権者が債務者に対して実際履行の違約責任を負うように請求すれば，合理的期限内に違約方に請求しなければならず，期限を超過すると，もはやこの種の要求をすることはできない。

　7　最高人民法院民事判決書（2013）民提字第122号。

4.2 損害賠償

4.2.1 損害賠償の概念と特徴

損害賠償は違約損害賠償とも称される。損害賠償とは，違約方が契約義務の不履行，または不完全履行によって相手方に損失をもたらした場合は，法律と契約の約定にもとづいて負うべき損失賠償の責任である。損害とは，行為者の行為が被害者に与えた不利益の状態のことである[8]。一方の違約によって相手方に損害を与えたときは，相手方は違約賠償を請求する権利を有する。契約法107条は「当事者の一方が契約義務を履行せず，あるいは契約義務の履行が約定に符合しないときは，履行を継続し，補救措置をとり，あるいは損失を賠償する等の違約責任を負わなければならない」と規定している。本条の規定する「損失を賠償」で意味するものは，違約損害賠償のことである。違約損害賠償には以下のような特徴がある。

第1，違約損害賠償は，債務者の契約上の債務の不履行によって生じた責任である。つまり，債務者の違約によって債権者に損害を与えたときは，当事者間の原契約債務は損害賠償の債務関係に転化する。違約責任形式としての損害賠償が契約締結上の過失責任，契約無効後の損害賠償，契約取消後の損害賠償と異なる点は，それが有効な契約にもとづいて請求を提起できるということである。つまり，契約関係が有効に存在することが，違約損害賠償の前提である。もし無効や取消しが宣告されて，契約が存在しなくなると，当事者間でも損害賠償関係が生ずる可能性があるが，それは契約締結上の過失責任の範疇に属し，違約損害賠償には属さない。

第2，違約損害賠償は主に補償性の賠償である。等価交換原則にもとづき，いかなる民事主体も，いったん他人に損害を与えると，等量の財産でもって補償しなければならない。一方が違約すると，違約者は相手方に違約によって与えた全部の損害を賠償しなければならない。損害賠償は完全にこの取引原則に符合する。つまり，違約損害賠償は補償的性質を具えており，その主要な目的は，債権者が違約行為によって受けた損害結果を弥縫，塡補することにある。契約法は原則として懲罰的損害賠償を適用しない。すなわち，一方で，懲罰的

---

8 王澤鑑『不当得利』中国政法大学出版社，2002年，34頁。

損害賠償は等価交換の賠償原則に符合しない。そして，他方，この方式を採用すると，当事者に大いなる不確定の危険を与え，取引の要求に符合しなくなる。

第3，違約損害賠償には一定程度の任意性がある。当事者は契約を締結したとき，一方当事者が違約すると相手方に一定の金銭を支払うことをあらかじめ約定できる。こうした約定方式は，具体的な金額で表示することもできるし，またあらかじめ違約免責条項を約定して損害賠償責任を免除することも可能である。

第4，違約損害賠償は完全賠償原則を貫徹する。つまり，違約損害賠償は当事者が実際に被った全部の損失を賠償することを原則とする。一方が契約に違反したら，相手方は現有財産の損失を被るだけでなく，逸失利益の損失をも受ける。これらの損失は，当然賠償されなければならない。契約法113条1項は「当事者の一方が契約義務を履行せず，あるいは契約義務の履行が約定に符合せず，相手方に損失を与えたときは，損失賠償額は違約によって生じた損失に相当しなければならない。その中には契約履行後の得べかりし利益も含まれる」と規定している。損失の全部を賠償してはじめて非違約方は契約が正常に履行された状況下での収益に経済上相当する収益を得ることができるし，このことによってはじめて当事者が有効に契約を履行することを督促できる。

4.2.2　損害賠償の方法

違約損害賠償の方法には以下のようないくつかの種類がある。

(1) 約定による損害賠償

約定による損害賠償とは，当事者が契約締結時に，一方が違約したとき，相手方に一定の金銭を支払わなければならないことをあらかじめ約定する，あるいは損害賠償額の計算方法を約定することである。民法通則112条および契約法114条は当事者の約定による損害賠償を認めている。中国の司法実践も，この立場を採用してきた。例えば，「上海鴻達飲料有限公司（以下甲）と謝某某との連合契約紛糾案」で，最高人民法院は以下のような判断を示した。原世恩公司（以下乙）は非違約方としてあらかじめ約定していた2,000万元をもって違約損失の根拠とすることを選択する権利を有する。本案で，甲の違約行為は単に乙に有形資産の損失を与えただけでなく（工場設備，土木工事，生産ライン設備，設備操縦，取り付けおよび機械作動の費用等を含む），無形の資産の損失を

ももたらし，同時に乙はさらに契約履行後に得られるはずの利益も喪失したが，その部分の額は具体的に数量化が困難である。このことも，双方が契約の中で損害額を包括的に約定した所以である。したがって，2審が2,000万元を違約損失賠償額の計算基準とする判決を下したことは，不当でない[9]。

　当事者が違約損害賠償額を約定しているか，あるいは違約損害賠償の計算方式を約定している場合，いったん違約が生じ，被害者に損害を与えたときは，被害者は具体的な損害の範囲を証明する必要はなく，約定の損害賠償条項にもとづいて賠償を得ることができる。例えば，一方が違約したら，違約者は相手方に10万元の賠償金を支給しなければならないとあらかじめ約定していたら，一方の違約後，相手方は一方の行為が違約を構成し，損害を受けたことを証明すれば，10万元の損失を被ったことを証明しなくても，違約者に約定にもとづいて10万元の賠償金の支払を要求できる。もちろん，当事者が損失賠償額の計算方法だけを約定しているのであれば，被害者は実際の損害の存在を証明しなければならない。

　約定による損害賠償は違約金とは異なる。すなわち，一方で，違約金の支払は実際の損害の発生を前提としない。違約行為がありさえすれば，損害の発生の有無に関わりなく，違約当事者は違約金を支払わなければならない。しかし，約定による損害賠償の適用は，実際に損害が発生することを前提とする。他方，違約金は通常法定損害賠償と併存し，もし違約金が実際の損失を補塡するに足りなければ，さらに損失を賠償しなければならない。しかし，もし当事者が賠償金を約定していれば，当該約定の損害賠償条項を適用した後，法定損害賠償を適用し，違約方に別途損失賠償を要求することはできない。

(2) 法定損害賠償

　契約法113条1項は「当事者の一方が契約義務を履行せず，あるいは契約義務の履行が約定に符合せず，相手方に損失を与えたときは，損失賠償の額は違約によって生じた損失に相当しなければならず，その中には契約履行後に得ることのできる利益も含まれる」と規定している。本条は違約責任の一般的法定賠償について規定を設けたもので，違約の場合，非違約方は原則的に違約方に対してその全部の損害の賠償を請求する権利を有する。その中には実際損失と

9　最高人民法院民事裁定書（2013）民申字第1765号。

得べかりし利益が含まれる。

　違約損害賠償額を確定するとき，もし当事者が違約損害賠償の計算方法について約定していれば，私的自治の原則により，当事者の約定を尊重しなければならない。したがって，上記の各種の計算方法において，約定損害賠償は優先的に適用されなければならない。当事者に約定がない場合にのみ法定の賠償基準が適用される。

　ところで，契約法以外に，特別法でも違約損害賠償額について規定を設けている。そのときは，当該規定によって違約方の違約損害賠償額を確定する。例えば，消費者権益保護法55条1項は「経営者が商品またはサービスを提供し，詐欺行為があったときは，消費者の要求にもとづいてその受けた損失の賠償を増額しなければならない。賠償額の増額は消費者が商品を購入した代金またはその受けたサービス費用の3倍とする。賠償の金額を増額しても500元未満のときは，500元とする。法律に別段の規定があれば，このかぎりでない」と規定し，同条2項は「経営者が商品またはサービスに欠陥があることを明らかに知りながら消費者に提供し，消費者その他の被害者を死亡させ，あるいは重大な健康被害を与えたときは，被害者は経営者に対して本法49条，51条等の法律規定によって損失を賠償し，併せて受けた損失の2倍以下の懲罰的賠償を経営者に要求する権利を有する」と規定している。これらの規定は特別の法定賠償について規定したものである。

4.2.3　法定の損害賠償規則
(1) 完全賠償の原則

　完全賠償原則とは，違約方の違約によって被った全部の損失につき違約方は賠償責任を負うことである。完全賠償は被害者の実際の損失および逸失利益の損失の賠償を通じて，被害者が受けた全部の損失を補い，被害者を契約締結前の状態に戻す，あるいは契約が厳格に履行された状況下での状態に戻すことである。損害賠償の基本原則は，非違約方を賠償を通じてあるべき正常な履行の状態に置くことであり，このあるべき状態と現在の状態の差が違約方が賠償すべき額となる。

(2) 法定損害賠償の範囲

　契約法113条1項は「当事者の一方が契約義務を履行せず，あるいは契約義

務の履行が約定に符合せず，相手方に損失を与えたときは，その損失賠償額は，違約によってもたらされた損失に相当しなければならず，その中には契約履行後に得ることのできた利益も含まれる」と規定する。本条は完全賠償原則を採用したものであり，違約方は被害者の実際の損失と逸失利益を賠償しなければならない。具体的には以下のとおりである。

第1，実際損失の賠償。実際損失とは，非違約方が違約行為によって被った現実の損害のことである。例えば，一方が品物を引き渡さない状況のもとで，非違約方が品物が来ないことによって受けた損害・操業の停止によって受けた損失および第三者が非違約方に負担を請求した賠償責任等の類いである。しかし，損害賠償の目的は，被害者が被った全部の実際の損失を補うことであり，不首尾に終わった取引によって被った損失を賠償することでない。もし不首尾に終わった取引によってもたらされた損失を違約方が負うとなると，実際には，全部の危険を違約方に移すことであり，違約方を非違約方の保険人とするようなものである。正常な取引のとき，すでに市場価格が下落していれば，経営利益を賠償すべきでない。例えば，当事者が某1型号鋼材の売買契約を締結し，契約ではt当たりの価格を4,000元と定めた。ところが履行期が到来したとき，市場価格はt当たり3,000元となり，売主は品物の引渡しを10日遅滞し，引渡時はt当たり2,500元であった。こうした場合，損害賠償額はt当たり3,000元が2,500元に減じられた部分を基点として計算する。何故なら，契約が期日どおりに履行されたときの市場価格はt当たり3,000元であって，品物がt当たり4,000元から3,000元となったことは，買主が負うべき経営リスクであるからである。

第2，逸失利益の賠償。逸失利益とは，契約履行以後，実現・取得できる利益のことである。例えば，生産，販売あるいはサービス提供の契約において，生産者，販売者，サービス提供者が取得できることをあらかじめ期待した純利潤のことである。逸失利益は未来の利益であり，契約の実際履行を通じてはじめて実現できるものであるが，それは一定の確定性を具えているため，一種救済可能な損害となる。

逸失利益には主に以下の2種類がある。その1は，生産利潤である。例えば，綿花を購入するも，引渡しがなされず，工場が操業停止，ガーゼ製造不能となって被った利潤の損失の類いである。その2は，経営利潤（転売利益を含む）

である。例えば，賃貸人が賃貸物を引き渡さなかったため，賃借人が全営業損失を被ったような場合，逸失利益の範囲に入る。もちろん，逸失利益の賠償を得るためには，一定の確定性を具えていなければならない。確定性がなければ救済を得ることはできない。例えば，「香港錦程投資有限公司（以下甲）と山西省心血管疾病医院，第三者山西寰能科貿有限公司中外合資経営企業契約紛糾案」で，最高人民法院は，以下のような判断を示した。契約法113条は，当事者の一方が違約によって相手方に損失を与えた賠償額には契約履行後の逸失利益も含まれる。しかし，本件の合弁プロジェクトおよび合弁会社が求める資金は［没有全部到位］，合弁プロジェクト・合弁会社も実際には動いておらず，根本的に論ずべき利潤は存在しない。まして，合弁会社が利潤をあげているかどうかは様々な要素によって決定される。故に，甲が政府の文書だけによって人民元1,000万元の逸失利益の賠償を得ることができたはずであると認定したことは，根拠が不十分であり，支持しない[10]。

　目的物の価格が絶えず変動する状況のもとでは，逸失利益の賠償の最高限度額は，契約が完全に履行される状況のもとで被害者が得るはずの各種の利益のことである。つまり，契約が完全に履行された状況のもとで被害者が得るはずの各種の利益を賠償の基準として被害者の全部の損失を補償すべきである。しかし，もし目的物の価格が絶えず下落していれば，あるいは非違約方が履行の準備のために，あるいは履行をなすために支払った必要な代価がすでに契約が期日どおりに履行された状況下で得られたはずの利益を越えていれば，相手方が違約の後，被害者は信頼利益の損失にもとづいて賠償を要求する権利を有し，必ずしも上記の基準によって賠償を請求する必要はない。

(3) 完全賠償原則の制限

　第1，精神的損害賠償の排除。権利侵害責任法22条は「他人の人身権益を侵害し，他人に重大な精神的損害を与えたときは，権利侵害を受けた者は精神的損害賠償を請求することができる」と規定する。中国の現行立法は精神的損害賠償の適用を権利侵害に限り，違約責任は精神的損害に対する救済をしない。通常の場合，精神的損害は違約方が契約締結時に予見不可能で，もし違約方にこれらの損害を賠償させようとすると，契約締結当事者が締結時に未来の責任

10　最高人民法院民事判決書（2010）民四終字第3号。

を予測することは不可能で，したがって取引を正常に行ううえでの重大な障害となる。もし被害者が加害者にこれらの損害を賠償させようとするなら，権利侵害責任にもとづいて訴訟を提起すべきである。

　第2，予見可能性の規則による制限。契約法113条は，損害賠償は契約に違反した一方当事者が契約締結時に予見し，あるいは当然予見すべきであった，契約違反によって生ずる可能性のある損失を超えてはならないと規定している。この規定によれば，違約によってもたらされる損害とは，違約方が契約締結時に予見できた状況のもとで，損害結果と違約の間に因果関係があることが認識できた範囲での損害であり，この範囲で違約方はこれらの損害に対して賠償責任を負うことになる。もし損害が予見できないものであれば，違約方は賠償義務を負わない。例えば，「山西数源華石化工能源有限公司（以下甲）と山西三維集団股份有限公司（以下乙）との賃貸借契約紛糾上訴案」で，最高人民法院は以下のような判断を示した。契約法113条の規定によれば，違約損失賠償は当事者が実際に受けた全部の損失の賠償を原則とする。その中には契約が正常に履行されたときの逸失利益が含まれ，この逸失利益の損失は確定性を具えていなければならず，仮定あるいは発生の可能性ある損失は違約損失賠償の対象とはならない。本案では，甲は乙に対してその全部の経営利潤の欠損の賠償を求めており，甲が経営コストを継続して投入する必要がなかった状況のもとで，直接経営利潤を獲得するとなると，契約の履行利益と乙が契約を締結したときに予見できた損失の範囲を超えてしまう[11]。

　予見可能性規則の内容は具体的には以下の点に表れる。①予見の主体は違約方である。非違約方の予見の内容は因果関係を確定する基準となり得ない。②予見の時期は契約締結のときである。すなわち契約締結時の違約方の予見できた損害である。契約履行過程において，違約方が予見できた損害は，賠償範囲を確定する根拠となりえない。③予見の内容は損害の類型であり，違約方がその予見した損害の程度を証明する必要はない。違約責任において確立された予見性の規則は，損害賠償の範囲を制限し，取引当事者のリスクを低め，したがって取引を奨励するうえで有利である。例えば，一方の違約がもたらした精神的損害は，予見性の規則によって賠償を得ることはできない。なぜなら，精

11　最高人民法院民事判決書（2012）民一終字第67号。

神的損害は違約方が契約締結時に予見できないからである。

　第3．損失軽減規則。損失軽減規則は損害賠償の軽減とも称される。すなわち一方の違約が損失をもたらした後，相手方はすみやかに合理的措置を講じて損失の拡大を防止しなければならない。そうでなければ，拡大部分の損失について責任を負わなければならない。契約法119条は「当事者の一方が違約した後，相手方は損失の拡大を防止する適切な措置を採らなければならない。適切な措置をとらずに損失を拡大させたときは，拡大した損失の賠償を要求することはできない」と規定している。本条は損失軽減について規定したものである。損失軽減の規則は誠実信用の原則に由来し，損失軽減義務を尽くさなかったときは，誠実信用規則違反を構成する。それと同時に，過失責任原則の要求にもとづいて，一方が，相手方の違約の後，損失拡大防止の合理的措置をとらなければ，それ自体，故意・過失が存したことになり，自己の過失行為によって生じた結果に対して責任を負わなければならない。もちろん，損失軽減規則は，財産の浪費を減少させ，資源を有効に利用するうえでも重要な意義を有する。被害者は損失軽減の措置をとる過程でも一定の費用を支払わなければならない。中国の契約法119条によれば，被害者が支払った費用が合理的でありさえすれば，違約当事者がこれらの費用を負担しなければならない。

　損失軽減規則の適用は以下の条件を具備しなければならない。

　1．一方の違約が損害を発生させること。つまり，被害者は損失の発生に過失がなく，したがって双方違約を構成しないことである。広義では，被害者が損失軽減義務を尽くさないことも被害者に過失が存したことになる。しかし，もし狭義に，混合過失とは双方当事者が損害の発生にともに過失があることだけを意味し，一方または双方が損害の拡大に過失がある場合を含まないと解するならば，損失軽減と混合過失は異なる。もし混合過失の中に損害拡大の過失を含めるのであれば，被害者が損害軽減の義務を尽くさないことも，混合過失に属することになる。

　2．被害者が合理的措置をとらず，そのために損失を拡大させること。被害者が採る措置が合理的であることをどのように確定するかについては，主に，被害者が主観的に誠実信用原則にもとづいて，一切の措置をとって損失の拡大を回避する努力をなしたかどうかで判断する。被害者の措置は単に合理的であるだけでなく，迅速であることを要し，損害発生後，遅々として損害軽減の措

置をとらなければ，損失軽減規則が適用される。例えば，違約が生じた後，被害者は違約当事者のために目的物を適切に保管しなければならないのに，目的物を放置して毀損，滅失させたような場合に，この規則が適用される。もしも一方が履行期到来前に，契約を履行しないことを明確に表示した場合，相手方は履行期到来の期間，それを座視し，各種の支出を継続し費用の増加を来すようなことがあってはならない。

　3．損失の拡大をもたらすこと。つまり，違約がすでに生じ，かつ損害が発生し，しかも被害者が損害のさらなる拡大を防止できないことである。しかし，損失軽減義務違反の場合，被害者は違約の中から利益を得ていない。もし違約方の違約行為によって被害者がある種の利益を得ている場合，例えば，違約方の違約によって被害者が履行義務を免除してもらい，かつ履行費用を節約できたような場合，損害賠償額を確定するとき，損益相殺の規則を採用し，得た利益を控除すべきで，損失軽減規則を適用してはならない。

　第4，損益相殺規則。損益相殺は損益同銷とも称され，それは被害者が損失発生と同一の原因によって利益を得たときは，その得るはずの損害賠償額の中からその得た利益を控除することである。法定の違約損害賠償責任を適用するときは，非違約方が違約行為によって一定の利益を得ると，違約方の法定の違約損害賠償額を確定するとき，当該部分の得た利益を控除しなければならない。例えば，甲が乙から海鮮物を購入するとき，乙が商品を家まで届けることを約定し，その後，乙が約定どおり品物を甲の家に運んだとき，甲が正当な理由なく受け取りを拒絶し，乙は損失を減らし，その海鮮物が運送過程で変質するのを防止するために，低価で処分した。本件において，乙は甲に対して違約損害賠償責任を負うことを請求する権利を有するが，甲の違約損害賠償額を確定する際には，損益相殺の規則にもとづき，乙が海鮮物を売却して得た収益を控除しなければならない。

4.3　違約金

4.3.1　違約金の概念と特徴

　違約金とは，当事者が協議を通じてあらかじめ確定した，違約発生後になされる履行行為から独立した給付のことである。契約法114条は「当事者は一方が違約したとき違約の状況にもとづいて相手方に一定額の違約金を支払うこと

を約定することができる」と規定する。本条は違約金について規定したものである。違約金には以下のような特徴がある。
(1) 違約金は当事者の協議によって定められる
　当事者が違約金を約定する権利は中国の法律の契約自由原則の表れである。法律で当事者が自由に違約金を約定できるのを認めていることは，当事者が契約締結および契約履行の中での自主性を発揮するうえで有利であり，取引を奨励するうえでも有利である。他方で，現実の経済生活においては，当事者が契約を締結し，履行する条件にはそれぞれ違いがあり，当事者がもたらす損失も当事者が最もよく知っている。したがって，当事者があらかじめ違約金を約定するのを積極的に認め，争いが生じた後，損害証明の負担を免じ，迅速に違約の紛糾を解決すべきである。その性質から見て，違約金の約定は従たる契約の性質を具えている。それは主たる契約の存在を必要条件とし，主たる契約が成立しないとか，無効となりまたは取り消されると，約定の違約金条項も効力を生じない。主たる契約が消滅すると，約定の違約金責任も消滅する。もちろん，違約金の約定は相対的独立性を有する。例えば，一方の違約によって契約の解除が生じても，非違約方は違約方に違約金の支払を請求できる。
(2) 違約金の額はあらかじめ定められている
　違約金を通じて非違約方の損害を填補することは，非違約方が一方で相手方の違約によって生じた実際の損失の挙証責任を免れ，同時にまた，裁判所や仲裁機関が実際の損失を計算する面での困難さから解放され，したがって簡便である。違約金額があらかじめ定められていることにより，債務者に違約後に負うべき責任の具体的範囲が事前に明確に示され，これにより債務者の契約履行を督励できる。この意味で，違約金は担保的働きを有しており，それは他の担保形式では代替できないものである。以上のほかに，違約金には当事者のリスクや責任を制限するという効能がある。蓋し，違約金額があらかじめ定められているので，危険や責任をあらかじめ定めた範囲内に制限でき，当事者が契約締結時にリスクやコストを計算するうえで有利であり，取引の奨励のうえでも有利である。
(3) 違約金は違約後に生ずる責任方式である
　違約金は契約締結時に直ちに効力を生ずるものではない。一方が違約してはじめて効力が生ずる。違約金設定の趣旨は当事者の債務履行を督促することに

あるので，担保的効能も具えている。しかし，違約金の適用は違約行為に対する制裁措置であり，このことは違約金が主に違約後の責任形式として存在することを物語っている。

(4) 違約金は履行行為から独立した給付である

違約金は違約方が非違約方に一定の給付をなすことを求めるものであるが，違約金は契約義務自身とは異なり，その性質上，履行行為から独立した給付である。違約金は条件付の契約とは異なる。条件付の契約では，当事者はしばしばある条件（例えば死亡，出生，債務者の破産等）が成就したら，一定の金銭の支払をなす。この種の金銭支払の義務は主たる債務である。これに対して，違約金条項が規定しているものは，一方の不履行によって生じた金銭支払の義務であって，それは主たる債務ではなく，従たる債務で，履行行為から独立した給付である。

4.3.2 違約金とその他の責任形式の関係

(1) 違約金と実際履行

大陸法系および英米法系の国家では，当事者に特別の約定がなければ，違約金を支払う行為は契約の履行に代替できない。当事者は違約金の支払によって主たる債務履行の義務を免れることはできない。すなわち違約金は債務者に違約の権利を与えるものではない。契約がどんなに違約金条項を規定していても，主たる債務の履行を妨げるものではない。中国の法律および司法実践も違約金をもって実際履行に替えることを認めていない。

違約金の支払は履行から独立したものである。もし当事者が違約金を支払ったら主たる債務履行の義務は免除されるとの特別の約定がないかぎり，違約金の支払は債務者に違約の権利を与えるものでない。債務者は違約金の支払をもって実際履行に完全に代替できるものではない。契約法114条3項は「当事者が履行遅滞について違約金を約定した場合，違約方は違約金を支払った後でさらに債務を履行しなければならない」と規定している。このことは，違約金の支払と実際履行が併存可能であることを示している。例えば，双方が契約の中で履行期到来後に一方が貨物を引き渡さなければ，遅滞1日につき貨物代金の1万分の1の割合で違約金を支払うことを約定すれば，貨物引渡しを遅滞した側は違約金を支払った後になお引き続き貨物引渡しの義務を負う。

(2) 違約金と損害賠償

　違約金は違約損害賠償と比べて以下のよう利点がある。すなわち，違約金額は当事者が契約締結時に約定することができるので，当事者が違約後に責任を負担する範囲をあらかじめ確定できる。いったん違約が発生しても損害賠償の範囲を具体的に計算することなしに，被害者は違約金の支払を要求できる。これは，非違約方の損害証明の負担を軽減することになる。しかし，損害賠償と比べて，違約金には一定の欠陥がある。なぜなら違約金は先に約定されるからである。当事者が違約金条項を定めたとき，違約後の実際の損失をあらかじめ予測することは困難である。もし当事者が違約金条項を定めた目的が違約後に受けた実際の損失を補うことにあるとするなら，違約金の額が実際の損失より低い場合に，被害者の損害を完全には補うことができない。筆者は，取引の必要にもとづき当事者が自由に補償方式を選択するのを認めるべきで，違約金の形式をもって損害賠償の方式に完全に替えることはできないと考える。

　違約金は損害賠償と併存できる。蓋し，中国の契約法が規定する違約金は主に補償性のもので，違約金が違約によってもたらされた損失を補うのに不足するときには，被害者はさらに損失賠償を請求することができる。「契約法司法解釈(2)」28条は「当事者が契約法114条2項の規定により，人民法院に違約金の増額を請求するときは，増額後の違約金額は実際損失を超えてはならない。違約金を増額した後，当事者がさらに相手方に損失賠償を請求したときは，人民法院は支持しない」と規定している。これによれば，違約金額が非違約方の実際の損失を補うに足りない状況のもとでは，非違約方は実際には以下の2種類の選択がある。その1は，違約金の増額の請求である。すなわち非違約方は裁判所または仲裁機関に違約金額を増やすように請求する権利を有する。その2は，違約方に損害賠償責任を負うように請求することである。すなわち違約金が非違約方の損失を填補するには不足している状況のもとで，非違約方は違約金責任を請求する基礎の上に，さらに違約方に損害賠償責任を負うように請求する。もちろん，本条の規定から見て，もし非違約方が違約金額を増やす請求を選択すると，違約金額の調整後，もし非違約方の全部の損失を填補するには不足したとしても，非違約方はもはや違約方に違約損害賠償責任を請求することはできない。

(3) 違約金と契約解除

契約解除後に非違約方が違約金責任を主張できるかどうかについては，中国の契約法は明確な規定を置いていない。筆者は以下のように考える。一方の違約によって契約を解除する場合，故意・過失ある側は違約金支払の責任を免れることはできない。違約金の主要な働きは違法行為の制裁を通じて債務の履行を担保することにある。どんなに契約が一方当事者の違約によって解除を宣告されたとしても，契約解除の原因が一方の側の故意・過失によって生じた場合，この故意・過失の行為に対して，違約金支払の方法を通じて制裁を加えるべきである。したがって，違約金と契約解除は併用可能である。一方の違約によって契約が解除される場合，故意・過失ある側の，違約金支払の責任を免除することはできない。

4.3.3 違約金額の調整

契約自由の原則により，当事者は契約の中で自由に違約金の額を定めることができる。しかし，この自由は絶対的ではなく，法律によって一定の制限がなされるべきである。なぜなら，違約金はあらかじめ約定され，それは違約が生じた後でもたらされる実際の損失と完全には一致しないからである。もし実際の損失と比べて，当事者が約定した金額が低すぎれば，違約行為の制裁と被害者の損失の補償の役割を果たすことが難しい。他方，約定した違約金が高すぎれば，被害者に不当な利益を得させることになり，違約方の財産状況を悪化させ，かつ当事者が高額の違約金を締結することによって違約金が一種の賭博と化すことになる。これは当事者が不当な方式で一定の利益と収入を取得するのを奨励するようなものである。したがって，裁判所や仲裁機関が違約金の額を調整することは大変必要なことである。

違約金の額の調整について，契約法114条2項は「約定した違約金が生じた損失より低いときは，当事者は人民法院又は仲裁機関に増額を請求できる。他方，約定した違約金が生じた損失より高すぎるときは，適切な額に減額するように人民法院または仲裁機関に請求できる」と規定している。本条の規定によれば，違約金額の調整には以下のような条件が具わらなければならない。

(1) 必ず当事者の請求にもとづいて調整しなければならない

裁判所および仲裁機関は違約金額の調整について一方当事者の要求にもとづ

くものでなければならない。裁判所や仲裁機関が職権でもって主導的に調整してはならない。契約関係は当事者の間の利益関係であり，違約金の額が高くても，当事者が自発的に受け入れたのであれば，それは社会公共の利益，国家の利益，および他人の利器には関わらないので，私的自治の原則にもとづき，裁判所がこれについて主導的に関与する必要はない。当事者は裁判所または仲裁機関に直接請求することもできるし，反訴や抗弁の方式で請求することも可能である。このことについて，「契約法司法解釈(2)」27条は「当事者が反訴または抗弁の方式を通じて，人民法院に，契約法114条2項の規定にもとづいて違約金の調整を請求したときは，人民法院は支持しなければならない」と規定している。

(2) 違約金の額が実際の損失より高すぎたり低いこと

契約法114条2項の規定から見ると，違約金が実際の損失より高すぎたり，低いときにのみ違約金を調整できる。その中には以下の2つの内容が含まれる。

第1，もし違約金が非違約方の実際の損失より低ければ，当事者は違約金の増額を請求できる。この場合は，違約金が「実際の損失より低すぎる」ことを要求しない。なぜなら，違約金には損害補填の効能があるので，非違約方の実際の損失を補填するのに不足していれば，非違約方は違約金額の増額を請求する権利を有する。

第2，もし違約金が非違約方の実際の損失より高ければ，当該違約金の額が非違約方の実際の損失より高すぎる場合にのみ，違約方は違約金額を低くするように請求できる。違約金額が非違約方の実際の損失より「高すぎる」かどうか，どのようにして判断するのかについては，「契約法司法解釈(2)」29条の規定によれば，もし違約金額が非違約方の実際の損失より30％を超えるときは，「生じた損失より高すぎる」となる。例えば，「韶関市滙豊華南創展企業有限公司と広東省環境工程装備広東省環境保護工程研究設計院との契約紛糾案」で，最高人民法院は以下のような判断を示した。違約金の約定が高すぎるかどうかは，案件の具体的状況にもとづき，実際の損失を基礎とし，併せて契約の履行状況，当事者の故意・過失の程度および予期利益等の総合的要素を顧慮して，公平原則と誠実信用原則にもとづいて総合的に判断し，「30％」を一定不変の固定的基準としてはならない。さらに，裁判官は案件の審理において，法により「違約金を適切に減額する」とき，機械的に違約金を実際の損失の130％ま

で減額すると理解してはならない[12]。

(3) 損失にもとづいて調整しなければならない

「契約法司法解釈(2)」29条1項は「当事者が，約定の違約金が高すぎると主張して適切な減額を請求するとき，人民法院は実際の損失を基礎として，併せて契約の履行状況，当事者の故意・過失の程度および予期利益等の総合的要素を顧慮し，公平原則と誠実信用原則にもとづいて衡量して裁決しなければならない」と規定している。本条の趣旨は，各種の事由を総合的に考慮して調整額を確定することを裁判官に授権することである。これはまた契約法114条2項の「適切な調整」の具体化である。所謂「適切な」とは，具体的な事由によって違約金額を調整し，違約金額を公平合理的に確定することを立法者が裁判官に授権したということである。本解釈によれば，当事者が約定の違約金の減額を主張するとき，裁判所が減額すべきかどうかを決定する基準は主に実際の損失である。「実際の損失」はどのように理解すべきか。筆者は以下のように考える。実際の損失とは違約によって被害者に与えた実際の損失でなければならず，この確定性は，一方では，損害が実際に発生しなければならず，併せて金銭計算の方式を通じて確定できるものであることである。他方では，損失は違約方が違約のとき予見可能で，しかも違約行為と実際の損失の間に因果関係がなければならない。

4.4 手付責任

手付とは，契約の双方当事者が約定するもので，契約の履行を担保するために，一方があらかじめ相手方に給付する一定の貨幣またはその他の代替物のことである。理論上，手付には各種の類型がある。その主なものとして，［立約］手付[13]，［証約］手付（evidence deposit），解約手付，違約手付がある。契約法115条は「当事者は担保法によって一方が相手方に債権の担保として手付を給付することを約定することができる。債務者が債務を履行後，手付は代金に充てるか，返還［収回］しなければならない。手付を給付した側が約定の債務を履行しないときは，手付の返還を要求する権利はない。手付を受領した側が約

---

12 最高人民法院民事判決書（2011）民再申字第84号。
13 〔訳者補〕convenant deposit，手付金の交付をもって主契約締結の担保とすることを約定することを言う。小口彦太編『中国契約法の研究―日中民事法学の対話』成文堂，2016年，484頁。

定の債務を履行しないときは，手付の2倍を返還［返還］しなければならない」と規定している。これによれば，契約法が規定する手付は違約手付であることが分かる。違約手付は主に以下のような特徴を有する。

　第1．違約手付は違約行為に対して設定される。違約手付は違約行為に対して設定され，契約法115条の規定から見て，それは「一方が約定した債務を履行しないケースに適用される。一方が約定した債務を履行しない行為の中には，契約債務を完全に履行しないケースもあれば，契約債務の不完全履行の行為もある。指摘しておかなければならないのは，不完全履行が根本違約を構成するときにはじめて手付罰を適用すべきである。蓋し，軽微な違約でもすべて手付罰が適用されるとなると，手付罰の適用が一種の賭博と化してしまうし，また違約方に非常に重い経済負担を強いることになってしまう。それはまた契約の継続履行に不利となり，しかも法律上の誠実信用原則に悖ることになってしまう。同時に，手付罰は違約方の当事者に対する制裁を体現したものである。この種の制裁を違約方に適用することは経済上きわめて不利な結果を来すことになる。特にこの種の制裁は違約金や実際履行等の補救方式と併用されるので，手付罰の適用は特定の範囲に限定されなければならない。

　第2．手付契約は従たる契約，要式契約，要物［実践］契約に属する。手付契約は性質上従たる契約に属する。その主な効能は主たる契約債務の履行を担保することにある。手付契約の形式については，担保法90条は「手付は書面形式で約定されなければならない。当事者は手付契約の中で手付交付の期限を約定しなければならない。手付契約は実際に手付を交付したときから効力を生ずる」と規定している。本条の規定によれば，手付契約は要式契約に属し，書面形式を採用しなければなない。これは口頭形式で生ずる各種の紛糾を解決するのに有利である。同時に，手付契約は要物契約に属し，実際に手付を交付してはじめて手付契約は有効に成立する。

　第3．違約金は手付罰に適用される。つまり，当事者が違約手付を設定した後，債務者が債務を履行したら，手付は代金に充てられるか，返還されなければならない。もし手付を給付した側が約定した債務を履行しなかったときは，手付の返還を要求できない。手付を受領した側が約定の債務を履行しないときは，手付の2倍を返還しなければならない。違約手付を立約手付，証約手付，成約手付（contract-establishing deposit—訳者補）と比べると，違約手付には明

らかな担保的機能がある。蓋し，手付の喪失または2倍返しの罰則によって違約手付の設定は当事者が契約を履行することを督促するうえで助けとなる。この意味で，違約手付罰はその性質上一種独立した違約責任負担方式に属する。

当事者が違約手付を設定した後で，もし当事者の一方が手付を喪失するとか2倍返しをすると，もはや違約後の損害賠償責任を負わないのかどうか。「売買契約法司法解釈」28条の規定によれば，売買契約で約定した手付では一方の違約がもたらした損失を補填するのに不足し，相手方が手付部分を超えた損失の賠償を請求するときは，人民法院は併用できる。ただし，手付と損失賠償の総額が違約によって生じた損失を上回ってはならない。したがって，違約方が手付責任を負担した後，当事者になお損失があれば，違約方はさらにその他の損失を賠償しなければならない。他方，違約手付の設定によって，いずれの側であれ，履行を保留するとか，契約を履行しないといった権利が生ずるわけではない。違約方は手付の放棄を理由として違約することはできない。

4.5　減額

減額とは当事者の一方が契約義務を履行せず，あるいは契約義務の履行が約定に符合しないとき，非違約方が契約代金を減額すべきことを主張する違約責任のことである。契約法111条は「品質が約定に符合しないとき，当事者の約定にもとづいて違約責任を負わなければならない。違約責任について約定がないか，約定が不明確で，本法61条の規定によってもなお不確定のときは，被害者は目的の性質および損失の大小にもとづいて相手方に修理，交換，作り直し，返還，代金または報酬の減額等の違約責任を合理的に選択して要求することができる」と規定している。本条中の「代金の減額」が実質上規定しているものが減額というこの違約責任負担方式である。

減額権の性質については，筆者は以下のように考える。減額権は性質上違約請求権に属するが，非違約方は減額の主張を提起したら必然的に減額の法的効果が生ずるわけではなく，相手方当事者の同意または裁判を経なければならない。減額の適用条件には主に以下のものがある。

第1，売買契約の目的物の品質が約定に符合しない。減額責任の発生は売買目的物の品質が約定に符合せず，買主の契約締結目的の実現に影響を与えたことにある。したがって，減額は売買契約の目的物の品質が約定に符合しないこ

とを条件とする。

　第2，買主は速やかに目的物に対して検査をなし，速やかに売主に通知しなければならない。買主が目的物を受領した後，合理的期限内に目的物に対して検査しなければならない。もし目的物の瑕疵を発見したときは，売主に通知しなければならない。通知しなければ，減額を主張するのは困難である。

　第3，買主が目的物の受領に同意する。買主が減額を主張するのは，実際には，目的物の引取りには同意しているということである。もし買主が目的物の交換，あるいは契約の解除を主張するとなると，もはや減額を主張することはできない。したがって，減額と再履行の請求とは異なり，減額は実際には買主が目的物の受け入れに同意したことを意味している。

　ここで論ずべきことは，非違約方は減額を主張すると同時に，違約方にその逸失利益の損失の賠償を請求できるかということである。なぜなら，非違約方は減額を要求した後で，逸失利益について賠償を請求する権利を有すべきであるからである。筆者は，減額というのは質をもって価額を論ずる問題を解決するだけで，もし非違約方が目的物の品質が不合格のために一定の損失を被るならば，なお相手方に賠償を請求する権利がある。

5　免責事由

5.1　免責事由の概念

　免責とは，契約履行の過程で，法定または約定の免責条件が生じ，契約の不履行を来した場合に，債務者は履行義務を免除されることである。これらの法定又は約定の免責条件は免責事由と称される。違約責任の免責事由は以下のような特徴を有する。

　第1，違約に適用される事由である。違約責任の免責事由の効力は，債務者が約定にもとづいて契約債務を履行しないことの責任を免除されることにある。それは主に債務者の違約のケースに適用される。もちろん，もし債務者の違約が完全に債権者の原因によるものであるときも，債務者の違約責任は免除される。この場合，債権者の違約も，違約責任の免責事由となる。

　第2，債務者の違約責任を免除する効力を具えている。つまり，いったん法定又は約定の免責事由が生じると，たとえ債務者の行為が違約を構成しても，

違約責任を負わないことを主張できる。

　第3，法定の免責事由と約定の免責事由がある。前者の例としては，不可抗力，債権者の故意・過失等がある。約定の免責事由としては免責条項等がそれにあたる。免責事由が生じた場合，債務者の行為は違約を構成するが，違約責任を負う必要はない。違約責任の免責事由がいったん生ずると，債務者は違約責任を免除される。ただし，免責事由の存在は違約方が挙証しなければならない。

　契約法の規定によれば，違約責任の免責事由は主に不可抗力，債権者の故意・過失，および免責条項の3種類からなる。

5.2　不可抗力

5.2.1　不可抗力の概念

　不可抗力とは，人力の抗うことのできない力のことで，その中には自然現象（地震，台風，洪水，津波等）と社会現象（戦争等）がある。不可抗力は違約責任の法定免責事由である。契約法117条は「不可抗力によって契約を履行できないときは，不可抗力の影響にもとづいて，一部または全部の責任を免除する。ただし，法律に別段の定めがあるときはこのかぎりでない。当事者の履行遅滞後に不可抗力が生じたときは，責任は免除されない」と規定している。本条は不可抗力の規定を違約責任の免責事由としたものである。不可抗力には以下のような特徴がある。

　その1，予見不可能であること。予見可能かどうかは，一般人の予見能力および現在の科学技術水準を予見可能性の判断基準とする。

　その2，避けることができず，克服できないこと。このことは，不可抗力事件については，たとえ当事者がどんなに努力を尽くしてもなおその発生を避けることができず，あるいは事件発生後，どんなに努力を尽くしても，事件がもたらした損害結果を克服して契約の履行を可能にすることができないことを意味する。

　その3，不可抗力は客観的状況に属すること。つまり，それは人の行為から独立した事件であり，個人的行為を排除する。例えば，第三者の侵害行為は被告について言えば予見不能で，避けることも不可能であるが，第三者の行為は人の行為から独立した客観性という特徴を具えていない。したがって，不可抗

力として扱うことはできない。上記の3つの特徴を同時に具えた場合にのみ不可抗力を構成する。

5.2.2 不可抗力の類型

不可抗力には主に以下のような種類がある。

第1，地震，台風，洪水，津波等の自然災害。どんなに科学技術が進歩し，人類が不断に自然災害に対する予見能力を高めてきたと言っても，自然災害は依然として頻繁に人々の生産あるいは生活に影響を与え，契約の履行を妨げている。したがって，自然災害は典型的な不可抗力に属する。

第2，政府の行為。これは主に当事者が契約を締結後，政府当局が新しい政策，法規および行政措置を公布し，その結果，契約を履行不能とするものである。例えば，契約締結後，政府が輸送を禁止する法規を公布し，契約の履行を不能とする類いである。

第3，社会の異常現象。これは主にある偶発的事件により契約が履行できなくなるもので，例えばストライキ，騒乱の類いである。これらの行為は自然的事件でも政府の行為でもなく，社会の中での人為的行為であるが，契約当事者にとっては，契約締結時に予見できなかったもので，したがって不可抗力事件として扱うべきである。

5.2.3 不可抗力の免責の効力

不可抗力の免責事由は主に以下の効力を有する。
（1）当事者の継続履行の責任を免除する

不可抗力によって目的物が毀損，滅失した場合，債務者は履行を継続する責任を負う必要がない。もちろん，金銭債務について言えば，前述したように，金銭債務には履行不能の問題は存在しない。したがって，不可抗力で目的物たる貨幣が毀損，滅失しても，債務者は継続履行の責任を免れることはできない。ある場合には，不可抗力の事由が契約の一部を履行不能にするとか，暫時履行不能にするということが存する。こうしたときは，当事者は部分的に責任を免除され，あるいは履行を停止するだけであり，不可抗力事由の消滅後に，もし履行が可能となれば，履行を継続しなければならない。したがって，不可抗力によって当事者の責任が免除されるかどうかは，具体的状況によって定まる。

(2) 債務者の違約責任の免除

契約法117条の規定によれば，不可抗力が生じた場合，債務者が債務を履行しなくても，違約責任を負う必要はない。もちろん，例外的に，不可抗力が生じても債務者の違約責任が免除されない場合がある。例えば，郵政法48条1号の規定によれば，不可抗力によって価格表記郵便が損失しても，なお賠償しなければならない。

(3) 遅滞後に不可抗力が生じたときは，債務者はなお責任を負わなければならない

契約法117条1項後段は「当事者の履行遅滞後に不可抗力が生じたときは，責任を免除しない」と規定している。本条によれば，債務者がすでに履行遅滞の状態にある場合，たとえ事後不可抗力が生じて債務者が債務を履行できなくなっても，債務者の違約責任を免除することはできず，法律がこの種の規定を設けたのは債務者の違約行為に対する制裁を体現したものである。

(4) 不可抗力発生後の通知義務

契約法118条は「当事者の一方が不可抗力によって契約を履行できないときは，遅滞なく相手方に通知し，相手方に与える可能性のある損失を軽減し，併せて合理的期限内に証明を提供しなければならない」と規定する。本条によれば，不可抗力が発生した場合，債務者は遅滞なく債権者に通知し，それによって債権者の損失を減らさなければならない。もし債務者が遅滞なく債権者に通知せず，債権者の損失を拡大させたときは，債権者は債務者に対して賠償を請求する権利を有する。例えば，甲が乙からリンゴを1t購入し，10日後に品物を引き渡すことを約定し，リンゴを貯蔵するため甲は丙から倉庫を借りた。契約締結3日後，雹が降り，乙のすべてのリンゴが毀損，滅失してしまった。この場合，乙は遅滞なく甲に通知しなければならない。もし乙が甲に通知を怠り，甲の損失を拡大させたときは（倉庫の賃貸費用を多く支払う），甲は乙に当該損失の賠償を請求する権利を有する。

5.3　債権者の故意・過失

債権者の故意・過失とは，債務者の契約不履行，あるいは契約の不完全履行が債権者の原因でもたらされることである。契約法120条は「当事者双方が契約に違反したときは，各自が相応の責任を負う」と規定している。本条は債権

者の故意・過失に対して規定したものである。違約損害に対して債権者に故意・過失がある場合，違約方の損害賠償責任を軽減しなければならない。中国の司法実践もこの規則を採用している。例えば「邢台県順鑫貿易有限公司（以下甲）が中国建設銀行股份有限公司衡陽平湖支行（以下乙）を訴えた預金契約紛糾案」で，最高人民法院は以下のように判示した。甲はその口座の預金が他人によって不法に引き出されたのを知った後で，預金契約の相手方として，遅滞なく公安機関に届け出るか，乙に通知すべきであるのに，甲はその預金が他人によって転送されたのを放任し，公安機関に届けることも，乙に通知することもせず，乙の資金の損失を拡大させた。契約法119条の規定によれば，甲は銀行の損失の拡大に対して相応の責任を負わなければならず，拡大した損失部分について乙に現金引換え責任を要求することはできない[14]。また，「周培棟（以下甲）と江東農行（以下乙）儲蓄契約紛糾案」で，裁判所は以下のように判示した。乙の一連の違約行為は甲の巨額の預金が窃取された主要な原因をなし，乙はこれについて主要な賠償責任を負わなければならない。取引活動中に，銀行カードと暗証番号を不注意で紛失した甲は，巨額の預金の窃盗被害に相応の責任を負わなければならない[15]。

債権者の故意・過失が違約責任の免責事由となるためには以下の条件を具備しなければならない。

(1) 債権者の行為自身が違約を構成すること

債権者に故意・過失がある場合，債務者の行為が違約を構成しても，債権者の行為自身も違約を構成する。

(2) 債権者の行為と債務者の不履行または不完全履行の間に因果関係があること

つまり，債務者の債務不履行または不完全履行が債権者の行為によってもたらされたものであること。例えば，甲が乙から鮮魚を購入し，その後，乙が甲へ鮮魚を運送中，甲が品物引渡場所を一時的に変更し，乙が送り届けたとき，一部の鮮魚が変質していた。こうした場合，乙の違約は債権者甲の行為によって引き起こされたものである。

---

14 最高人民法院民事判決書（2013）民抗字第43号。
15 「最高人民法院公報」2006年2期。

(3) 債務者の不履行または不完全履行の行為が完全に債権者の行為によって引き起こされたこと

契約法120条の規定によれば，債権者の故意・過失の場合，もし債権者，債務者が違約の発生に対してともに一定の影響を与えた場合，各自が相応の責任を負わなければならず，この場合，債権者の故意・過失は（債務者の）免責事由とはならない。ただし，もし債務者の違約が完全に債権者の故意・過失によってもたらされたものであれば，債務の違約責任を免除すべきである。例えば，「燕子堂（以下甲）等と陳某某（以下乙）等との株式譲渡契約紛糾上訴案」で，最高人民法院は以下のように判示した。当事者双方が提供した証拠の示すところでは，原審被告甲は法定代表人変更手続の事で3度甘粛省工商局に行った。乙を華隆公司の法定代表人に変更できなかたことは，甲の側の違約行為によってもたらされたものではない。したがって，株式譲渡補充契約により，甲は2,880万元を収めた後15日以内に甘粛省商工局に行き，法定代表人を変更する手続を開始し，乙を華隆公司の法定代表人に変更すると約定したが，乙の側の原因で変更手続を済ませることができなかった。このことに鑑み，甲の側が変更手続をなすことができなかったことは違約を構成せず，違約責任を負わない[16]。

6 違約責任と不法行為責任の競合

6.1 責任競合の概念

責任競合とは，ある法律事実の出現により2種類以上の責任が生じ，これらの責任が相互に衝突することである。民法の責任競合は主に違約責任と不法行為責任の競合のことを指す。両者の競合に関して，契約法122条は「当事者の一方の違約行為によって，相手方の人身，財産権益を侵害した場合，被害者は本法にもとづいてその違約責任を負うよう要求するか，またはその他の法律にもとづいてその不法行為責任を負うよう要求するか，選択する権利を有する」と規定している。民法上，責任競合には以下のような特徴がある。

第1，責任競合はある義務違反の行為によって引き起こされる。周知のよう

---

16 最高人民法院民事判決書（2012）民二終字第64号。

に，義務があってこそ責任も生ずる。責任は義務違反の結果であり，責任競合の発生は義務違反行為によって招来される。1個の不法な行為［不法行為］（ここでの不法行為は日本法で言う不法行為や中国法で言う権利侵害行為のことではない―訳者補）が数個の法律責任を生じさせるのが責任競合構成の前提条件をなす。もし行為者が数個の不法な行為を実行し，それぞれが異なる法律規定に触れ，かつ異なる責任の構成要件に符合するなら，行為者は異なる責任を負わなければならず，責任競合によって処理することはできない。

　第2，ある義務違反行為が2つ以上の責任の構成要件に符合する。つまり，行為者は1個の行為を実行しただけであるが，この行為が同時に数個の法律規定に触れ，かつ数個の責任の構成要件に関する法律の規定に符合する。これにより行為者に1個の責任を負わせるか，数個の責任を負わせるかを法律上確定する必要がある。

　第3，数個の責任が相互に衝突する。ここで言う衝突とは，一方で，行為者が異なる法律責任を負い，結果において異なるものであり，他方で，数個の責任が相互に吸収できず，また相互に併存することもできないことを意味する。いわゆる相互の吸収とは，1個の責任が別の責任を含むことである。例えば，ある状況下では，損害賠償責任の適用をもって実際履行に代替することができる。いわゆる同時に併存とは，行為者が法により数個の責任を負わなければならず，例えば違約金と損害賠償責任が併用できることである。もし数個の責任が包摂関係にあり，あるいは同時に併存できる場合，行為者の負うべき責任はすでに確定しており，責任競合の問題は生じない。

6.2　違約責任と不法行為責任の区別

　違約責任と不法行為責任には多くの違いが存在する。権利者の請求権の違いにもとづいて，法的効果も異なってくる。具体的に言えば，以下のような違いが存する。

　第1，帰責原則の違い。契約法は違約責任に対して主に厳格責任原則を採用し，例外的ケースにおいて過失責任原則を採用している。しかし，不法行為責任について言えば，中国の権利侵害責任法は多元的な帰責原則を規定している。それは主に過失責任原則，過失推定原則，厳格責任および公平責任原則からなる。

第2，挙証責任の違い。違約責任について言えば，非違約方は違約方の違約行為の存在を証明しさえすればよく，もし違約方が関連する免責事由の存在を証明できなければ，非違約方に対して違約責任を負わなければならない。非違約方は違約行為の発生に対して違約方に故意・過失が存したことを証明する必要がない。しかし，一般的不法行為責任について言えば，被害者は加害者の故意・過失を挙証する義務を負う。

第3，責任の構成要件の違い。違約責任では，行為者は違約行為を実行し，かつ有効な抗弁事由を具えていなければ，違約責任を負わなければならない。他方，不法行為責任では，損害事実の存在が不法行為による損害賠償責任が成立する前提条件をなし，損害事実がなければ，不法行為責任は生じない。

第4，免責事由の違い。違約責任の免責事由は法定免責事由と約定免責事由からなる。前者は不可抗力と被害者の故意・過失からなり，後者は免責条項からなる。他方，不法行為責任では，当事者は免責条項や不可抗力の具体的範囲をあらかじめ約定することはできないが，法定の免責条件は不可抗力に限られず，意外事故，第三者の行為，正当防衛，緊急避難等がある。

第5，責任形式の違い。違約責任には損害賠償，違約金，実際履行等の責任形式があり，損害賠償も当事者があらかじめ約定することができる。他方，不法行為責任の負担方式は多様で，権利侵害責任法15条は様々な不法行為責任負担方式を規定している。さらに，権利侵害責任法22条および47条はそれぞれ精神的損害賠償と懲罰的損害賠償を規定している。精神的損害賠償と懲罰的損害賠償も不法行為責任の負担方式に属する。このように，不法行為責任の責任形式は種類の点で違約責任の責任形式より多様である。

第6，損害賠償の範囲の違い。違約損害賠償は主に財産損失の賠償で，人身傷害および精神的損害の賠償責任を含まず，かつ法律は予見可能性の基準を採用して賠償範囲を限定する。他方，不法行為責任について言えば，損害賠償は財産損失の賠償だけでなく，人身傷害や精神的損害の賠償も含まれる。

第7，第三者に対する責任の違い。契約責任では，もし第三者の故意・過失によって契約債務が履行不能となったときは，債務者がまず債権者に対して責任を負い，その後に第三者に求償する。他方，不法行為責任では，自己の行為の責任原則が貫かれている。行為者は原則として自己の故意・過失によって他人に損害を与えた結果について責任を負う。

さらに，時効期間，訴訟管轄等の面でも，不法行為責任と違約責任には，違いが存する。まさに以上のように，被害者が選択する責任の違いが，その利益保護および不法な行為者の責任の負担に影響する。

6.3　違約責任と不法行為責任の競合の処理

違約責任と不法行為責任が競合する場合，契約法122条は「当事者の一方の違約行為によって，相手方の人身，財産権益を侵害したときは，被害を受けた側は本法にもとづいて違約責任を負うように要求するか，それともその他の法律にもとづいて不法行為責任を負うように要求するか，選択する権利を有する」と規定している。本条によれば，被害者は違約責任と不法行為責任の中から選択することが認められている。ただし，被害者は行為者に対して違約責任と不法行為責任を負うように同時に主張することはできない。

第10章　契約の解釈

案例　甲と乙は，家屋売買契約を締結し，甲がその家屋を乙に売ることになった。双方はその契約において，甲が家屋を売り渡すとき，「その家屋の後ろにある樹木，庭および門の前にある1対の狛犬等の物と合わせて」一緒に売り出すと，約定していた。甲の庭には，20鉢の蘭があり，契約では蘭を一緒に売り渡すかどうかについて明確に約定しなかったため，双方の当事者間で紛争が生じた。当該契約の目的物には，当該20鉢の蘭が含まれるだろうか。

簡単な評釈　本件は，契約の全体的解釈問題に関わる。契約の全体的解釈とは，体系的解釈とも称され，すべての契約の各条項および各構成部分を1つの完全な全体として捉えることにより，争われている契約条項の意味を確定することを言う。本件は，契約における「等の物」についての解釈に関わっており，体系的解釈の原則に従い，ここの「等の物」については，「樹木」，「庭」および「狛犬」と同等の性質を有する物と解釈しなければならず，そのため，その外延には20鉢の貴重な蘭は含まれないと解すべきである。

1 契約の解釈概説

1.1 契約の解釈の概念

契約の解釈とは，一定の事実にもとづき，関連の原則に従って契約の内容および意味について説明を行うことを言う。契約の解釈は主として，契約条項の中身を明確にすることにより，当事者間の権利義務関係を明確にするためのものである。契約が解釈を必要とするのは，主に以下の原因による。一方におい

て，契約にはその条項の中身が不明確であるという現象が生じることは避けられず，ひいては契約に不備が生じることもある。契約は，当事者の合意による将来の事務についての配置である。しかし，当事者が契約を締結するとき，たとえ，豊富な取引経験と深くて広い法律知識を持ち合わせていたとしても，将来発生する様々な状況について事前に十分な予見を行い，かつ契約において将来の様々な事務について周到に配置することもできない。したがって，契約の一部の条項の意味が明確でなかったり具体的でなかったり，さらには一部の不備が生じたりすることは，避けられないことである。他方において，たとえ，当事者が契約締結時に契約条項について明確な約定を行ったとしても，様々な原因により，契約を締結した当事者間では，契約のある条項および用語について異なる理解と認識が生じることもあり，それによって紛争が生じることも避け難く，このこともまた，契約解釈という方法を通じて当該契約条項の中身を確定することを必要とする。契約の解釈は，契約成立の有無を確定し，または契約の内容を補充し改善させることをその目的とする。

1.2 契約の解釈の目的

一般的に言うと，契約の解釈は，契約形式の確定問題に関わることはない。何故なら，契約の約定としての契約締結方式であれ，あるいは法律の当事者に対する特殊な形式的要件としての要求であれ，はっきりしており，また，当事者がこれらの形式的要件の要求を完成させたか否かも，非常に明白であって，解釈を行う必要がないからである。契約解釈の直接の目的は，当事者の権利義務を正しく確定することによって，契約紛争を合理的に解決することにある。具体的にいうと，契約解釈の目的には主に，以下の２つの側面が含まれる。

第１，契約成立の有無および効力発生の有無を正確に判断することである。契約の解釈は往々にして，契約の成立をその前提とするが，契約の内容が不明確であるかまたは不備が存在する多くの場合において，その契約は，既に成立し効力を生じたものと解釈されることも，成立せず効力を生じないものと解釈されることもあり，このとき，契約の解釈を通じて契約の成立および効力の発生を成就させる必要がある[1]。例えば，甲が，乙に対しある型番の鋼材を購入し

---

[1] 崔建遠主編『合同法［第５版］』法律出版社，2010年，352頁。

たい旨のファックスを送信したのに対し，乙は，当該ファックスを受信した後，直ちに甲に当該型番の鋼材を発送したが，甲がその受け取りを拒んだため，双方間で紛争が生じたとしよう。このような紛争を解決しようとするとき，裁判官は，まずもってファックスの内容と性質について解釈を行い，当該ファックスは申込みなのか申込みの誘因なのかを確定する必要がある。

第2，契約の内容を確定することである。解釈を明確にすることの目的は，当事者の真実の意思を正確に解釈しそれを明確にすることによって，契約が正しく履行され，合理的に紛争を解決することにある。いわゆる契約の内容を明確にするとは，主に以下の問題を解決することを言う。(1)契約における用語が不明確で曖昧模糊であること。(2)一部の契約用語について様々な異なる理解が生じること。(3)契約内容に不備がある場合の補充問題。契約の解釈は，決して契約で使用した文言に限られるものではなく，とりわけ，契約の不備を補充する必要がある。現代契約法は，補充的解釈方法を発展させており，契約内容に不備がある場合において，当事者の真実の意思を発見することによって契約の不備を補充するよう求める。

契約法は，契約解釈のルールを確定することを通じて，ある程度契約解釈における裁判官の権限を限定する。すなわち，裁判官は，契約を解釈するとき，法律に定める手続に依らなければならない。それと同時に，契約解釈のルールは，裁判官に規範的な解釈方法を提供しており，裁判官が正しく契約を解釈するよう助力することによって契約紛争を効果的に処理することができる。

2 契約の解釈の具体的規則

2.1 用語の通常の理解によって解釈を行う

通常の理解に従い行う解釈は，誤謬解釈を回避するルールとも称され，それは，一般人の理解に従い契約の文言について解釈を行うことを言う。関連契約の条項をめぐり，当事者間に紛争が生じ，当事者双方の理解もまた異なっており，かつ事後的に補充契約に達することもできないため，客観的な解釈方法を採用して契約用語を解釈すべきである。契約法125条1項は「当事者が，契約条項の理解について争いがある場合は，契約で使用した字句，契約の関連条項，契約の目的，取引慣行および誠実信用の原則に従い，当該条項の真の意味を確

定しなければならない」と規定している。同条に定める「契約で使用した字句に従い」解釈することは事実上，用語についての通常の理解に従い行う解釈をいう。中国の司法実践もまた，このような解釈方法を採用している。例えば，「有限会社熊野建具家具製作所と青島岩徳富源製造有限会社間の国際貨物売買契約紛争」において，当事者間では，契約文言の意味をめぐり紛争が生じ，1審裁判所はこれについて以下のような判断を示している。係争中の書面資料の内容の構造，前後のつながり，字句の意味および論理的法則にもとづき，また，当該資料とその他の資料の間の関係に結び付けると，有限会社の解釈が，より通常の理解に合致しており，かつこの解釈は，国際貿易において度々現れるところの売買主体と支払決済主体が完全には一致しない客観的現象とも抵触しない[2]。

用語については，通常の理解に従い解釈しなければならない。完全に当事者一方の理解にもとづいて契約を解釈してはならないだけでなく，（契約を―訳者補）起草した側の契約についての理解に全面的にもとづいて契約を解釈してもならず，一般人の契約用語についての通常の理解にもとづいて契約文言を解釈しなければならない。具体的に言うと，①もし，字句が一般的な用語であるならば，一般的で通常の意味に従い理解しなければならない。例えば，双方の当事者が，契約において「2ヶ月」の契約解除期限を約定したが，その後，当事者が，当該「2ヶ月」は一体何日であるかをめぐって紛争が生じたとしよう。筆者は，その記述については，その通常の意味に従い解釈すべきであると考える。②もし，字句が専門用語であるならば，専門的な特殊の意味に従い理解しなければならない。例えば，双方が契約において，もし自然災害と人為的な災禍が発生したならば，請負人は目的物の毀損，滅失について責任を負わないと規定したが，その後，請負人が保管していた目的物が盗まれたため，請負人が免責を主張したとしよう。この場合，「自然災害と人為的な災禍」の意味について解釈する必要がある。これについては，1人の合理的な人間の当該意味についての一般的理解に従い解釈しなければならない。③もし当事者双方ともに，契約条項がある意味を言い表すことについてすでに明確に同意していたならば，当事者双方がともに受け入れた意味に従い解釈しなければならない。例えば，

---

[2] 山東省高級人民法院（2014）魯民四終字第61号民事判決書。

家屋賃貸借契約において，当事者が「賃借手付金［租押金］」という表現を用いており，それについての詳細な解釈はなかったものの，双方はいずれも，それは，賃借人の原因によって家屋が損害を受けた場合の賠償問題を解決するためのものであると考えていたならば，法院は解釈するとき，このような理解を基準としなければならない。④１人の合理的な人間が置かれていた契約締結環境におけるその者の契約用語についての理解に従い契約を解釈するとき，交渉の過程，取引の慣行，契約履行のための準備および契約履行の過程等の様々な要素を十分に考慮しなければならない。

契約条項の用語についての通常の理解に従い行う解釈は，契約解釈の最も重要な方法であり，契約条項をめぐり紛争が生じると，当の契約に即して契約を論じなければならない。なぜなら，契約の条項は畢竟，当事者の合意によるものであり，契約条項は，当事者の真の意思に最も近く，まったく契約条項を置き去りにして勝手に解釈を行ってはならないからである。つまり，契約条項の用語の通常の理解にもとづいて解釈をすると，２種類以上の合理的解釈の仕方があるときにはじめて，その他の解釈方法にもとづいて当該契約条項の意味を確定しなければならない。中国の司法実践もまた，この立場を採用している。例えば，「淄博万傑病院と中国銀行株式有限会社淄博支店，淄博博易繊維有限会社，万傑集団有限責任会社間の借款担保契約紛争管轄権異議事件」において，最高人民法院は，以下のような判断を示している。当事者の真実の意思表示を判断する最も重要な方法は，字句の表面上の意味における当事者の意思表示を判断することである。文理解釈によっては，当該条項の正確な意味を確定できないときに初めて，その他の解釈方法を用いて，契約条項の意味を確定し，契約の不備を補うことになる[3]。

2.2 全体的解釈の規則

全体的解釈とは，体系的解釈とも称され，すべての契約の各条項および各構成部分を１つの完全な全体として捉え，各条項および各部分の相互的関連性，争われている条項と全体の契約の関係および契約におけるその地位等の各側面の要素を総合的に考慮することにより，争われている契約条項の意味を確定す

3　最高人民法院（2007）民二終字第99号民事裁定書。

ることを言う。法諺曰く,「最も優れた解釈は,その前後を対照することである」,と。ローマ法においてもすでに,「誤った記載は真意を害わず(falsa demonstrio nocet)」,「矛盾行為は尊重されず(protestatiodeclarationi)」という契約解釈のルールが存在しており,これらが事実上強調しているのは,全体的解釈の原則である。中国の契約法125条の規定からみると,契約条項の意味を確定するときは,「契約の関連条項」を考慮しなければならないことが分かる。すなわち,契約のある条項の意味を確定するときは,体系的解釈の視角から出発し,契約のその他の条項と結び付けてその意味を確定しなければならず,このことは事実上,全体的解釈のルールを定めたものである。

全体的解釈とは事実上,契約全体のすべての内容から当事者間で争われている関連契約の内容および意味を理解し分析し説明しなければならないことを言う。全体的解釈は,契約解釈が契約の表面上の意味に限局されてはならないだけでなく,単に契約の条項のみを考慮してはならないこと,さらには,契約の一言半句を当事者の真の意図として捉え,その一部分だけを取り上げて論じてはならないことを求めている。もし,契約における幾つかの条項が抵触するならば,これらの条項を総合して,契約の性質,契約締結の目的等から当事者の意図を考慮しなければならず,とりわけ,当事者が契約において使用した言語文言については,これらを結び付けて考察しなければならない。中国の司法実践もまた,全体的解釈のルールを採用している。例えば,「金旺角実業発展集団有限会社が,南寧翼虎不動産コンサルタント有限会社を訴えた契約紛争事件」において,双方の当事者は,如何に奨励金条項における「本プロジェクト」という用語を理解すべきかをめぐり,意見が分かれた。これに対し,最高人民法院は,以下のような判断を示している。表面上の意味および前後の文章によれば,委託販売契約は,「本プロジェクト」の中身にはA,B2つのビルが含まれると明確に記載しており,奨励条項も,AビルとBビルに分けてそれぞれ奨励金を計算するという内容には触れていないため,「本プロジェクト」については,Bビルのみを指すと理解すべきである[4]。

全体的解釈のルールには,以下の内容が含まれる。

第1,全体の助けを借りて個々を理解するというルールである。法諺に曰く,

---

4 最高人民法院(2013)民抗字第75号民事判決書。

全体を理解してはじめて，部分を理解することができる，と。もし，契約に同じ内容を表す複数の条項があり，そのうち，ある条項の意味が別の条項の意味より明確であるならば，意味がさほど明確でない条項は削除することができる。例えば，契約において，しばしば「現地の市場価格にもとづいて定めなければならない」もしくは「市場価格にもとづいて定める」との文言がある場合においては，明らかに前者の意味がより明確であり，それにもとづいて当事者の意思を確定することができる。

第2，特別の約定は一般的約定に優先するというルールである。もし，当事者が契約において，特別の条項を追加したならば，特別の条項の効力は，一般的条項の効力に優先する。また，もし，補充的契約［分合同］が，一般的契約［総合同］の例外と特殊な条件を定めていて，補充的契約の意味と一般的契約の意味が異なるときは，補充的契約の条項が優先する[5]。

第3，同じ契約文書において，印刷した条項と手書きの条項が併存しており，かつこれらの条項が相矛盾するときは，手書きの条項が優先すると考えるべきである。

第4，その1つを明示するとその他を排斥するというルールである。このルールは，当事者が契約において，特定の一種または複数の事項について明確に言及した場合，黙示の方法により当該種類以外のその他の事項を排斥したとみなしうることを言う。当該ルールに従うと，契約においてある類型のものの一部について明確に言及したならば，そのものには，同じ類型の中で言及していない事項は含まれないと解すべきである。例えば，契約において，「一方はその家屋と一緒に，家屋の前後にある樹木，家屋の後ろにある庭，門の前にある1対の狛犬，1つの築山等の物を売り出す」と定めていた場合，その中には，庭に置かれていた20鉢の貴重な盆栽は含まれるだろうか。言うまでもなく，概括的単語「等の物」の外延には，20鉢の貴重な盆栽を含めるべきでない。なぜなら，盆栽は，特別に列挙したものと類似するものではないからである。

第5，数量および価格に関する条項において，大字で書いた数字と小字で書いた数字が併存し，両者が相抵触する場合は，原則として，大字で書いた数字の効力が，小字で書いた数字の効力に優先すると考えるべきである。このこと

---

[5] 張玉卿主編『国際商事合同通則2004』中国商務出版社，2005年，311頁。

は主に，大字で書いた数字のほうがより正規なものであり，小字で書いた数字に比べ書き直しにくく，より十分に当事者の真実の意思を表したことによるものである。

　第6，契約法125条2項は「契約の文面が，2種類以上の言語を採用して締結され，かつ，それらが同等の効力を有すると約定されたときは，各文面で使用した字句については，同じ意味を有すると推定する」と規定している。例えば，甲乙双方が契約を締結するとき，中国語と英語からなる2種類の言語を使用し，英語の翻訳文と中国語の用語が異なる場合において，契約において2つの文面が同等の効力を有すると明確に規定したならば，双方は2つの契約を締結したと考えるべきではなく，どの文面が別の文面の翻訳であるかを考慮しなければならず，このときは，翻訳文面ではなくその基礎となる文面にもとづいて当該条項の意味を確定しなければならない。

2.3　当事者の契約締結の目的と結び付けて解釈を行う

　契約法125条の規定によれば，契約の解釈は「契約の目的」を考慮しなければならず，このことは事実上，当事者の契約締結目的に結び付けて行う解釈というルールを確立したものである。私的自治の原則に従い，民事上の主体は，法律に定める範囲内において，その目的を追求するためにその意思を表示し，かつ双方の契約を通じて民事法律関係を生じさせ，またそれを変更することができる。当事者が契約を締結する目的はいずれも，一定の目的を追求するためであり，目的的解釈は，契約解釈において重要な地位を占めている。契約締結の目的は，当事者が取引行為に従事して達成しようとする目的であり，契約自体もまた，当事者がその目的を実現する手段であるにすぎない。したがって，契約を解釈するときは，当事者の契約締結の目的を考慮しなければならない。例えば，「高能投資有限会社と峰聯国際投資有限会社等間の仲立契約紛争上訴事件」において，最高人民法院は，本件は仲立契約であり，当事者が契約を締結した目的を考慮すると，「仲立契約」で約定した仲立事項は，コンベンションセンターの全部または一部の株式についての譲渡であると理解しなければならないとの判断を示している[6]。

　6　最高人民法院（2011）民四終字第38号民事判決書。

もちろん，当事者双方は異なる契約目的を有している場合があり，このとき，どちらの当事者の契約締結目的に従い解釈を行うべきだろうか。例えば，「棗庄鉱業（集団）有限会社柴里炭鉱と華夏銀行株式有限会社青島支店，青島保税地域華東国際貿易有限会社間の連合経営契約紛争事件」において，最高人民法院は，目的的解釈の方法を通じて契約条項の内容を明確にするときは，「決して一方の当事者が，その実現を期待する契約の目的のみに従い解釈を行うのではなく，契約とは利害関係のない理性的な第三者が，通常理解する当事者の共通の契約目的に従い解釈を行わなければならない」と述べている[7]。

　具体的に言えば，契約の目的にもとづいて行う解釈には，以下の内容が含まれる。

　第1，およそ事物は，これを無効ならしめるよりも有効ならしめるをもって可とする（utres magis valeat guam preat）というルールである。このルールは，契約の尊重原則（favor contractus）とも称され，契約についての解釈は，最大限に契約の成立を促進させることをその解釈の方向とし，契約の現実履行を成就させ，できるだけ契約が不成立または無効と宣告されることを避けなければならないことを意味する。例えば，契約が未だ成立しなかったものの，当事者がすでに実際に契約を履行したような場合においては，解釈の方法を通じて契約を成就させることに努めなければならない。

　第2，契約締結の目的を考慮するとは，一方の当事者ではなく当事者双方の契約締結時の目的を考慮しなければならずならないことを言う。双方当事者の契約締結の目的を確定し難いときは，一方の当事者が外部に表示しかつ相手方当事者によって合理的に理解されうる目的から，契約条項を解釈しなければならない。

　第3，当事者が関連の契約文面で使用した用語の意味が，それぞれ異なるときは，契約の目的にもとづいて解釈しなければならない。例えば，当事者双方が，共同投資してある合資企業を興すことにし，その合資契約と定款において，双方は共同出資することを明確に規定したが，当事者間のある内部契約においては，双方は貸借関係であると規定したため，2つの契約に定める内容が異なることになったとしよう。しかし，当事者双方が契約を締結した真の目的は，

---

[7]　最高人民法院（2009）民提字第137号民事判決書。

共同出資して合資企業を興すことにあるということを考えると,この貸借契約は無効であると宣告しなければならない。

第4,契約の目的にもとづいて矛盾条項の効力を確定することである。契約におけるある条項が,契約の目的および全体の内容と相抵触し,法律の解釈を通じてもなお,このような抵触を除去できないような場合には,当該条項は無効であると認定しなければならない[8]。例えば,連合経営契約においては,「最高人民法院の連合経営契約紛争事件を審理する若干の問題に関する解答」4条の規定によれば,「元金利潤保証条項は,連合経営活動において遵うべきともに損益に責任を負い,ともにリスクを負担するという原則に違反し,その他の連合経営者および連合経営体の債権者の合法的な権利利益に損害を与えたため,無効であると確認しなければならない」。中国の司法実践もまた,当事者の契約締結の目的と結び付けて契約条項を解釈すべきことを強調している。例えば,「山東万鑫建設有限公司と園城実業集団有限公司,海陽市天創投資開発有限公司,山東置城集団有限公司間の建設工事施工契約紛争上訴事件」において,最高人民法院は,以下のような判断を示している。契約文言上の記述のみから見ると,園城会社は約定の期限内に工事代金を完済しなければ,直ちに違約金責任を負担することになる。しかし,本件における契約の総借金は,2回にわたる会計審査を経てはじめて確定できるため,会計審査が終わるまで,園城会社が支払うべき代金はなお不確定の状態に置かれている。このような状況のもとで,園城会社の期日徒過の支払の違約責任を追及することは,当事者の契約締結時の目的と合致しない。正しい方法は,上記2つの約定を結び付け,目的的解釈,体系的解釈を通じて当事者の真意を探究することである[9]。

2.4 慣習にもとづく解釈の規則

いわゆる慣習とは,当事者が知りまたは実践する生活および取引上の慣習をいう。慣習には,生活上の慣習と取引上の慣習が含まれており,契約は本質的には一種の取引である。このため,契約法は,当事者間で契約条項をめぐり紛争が生じたときは通常,慣習に従い契約条項を解釈しなければならないと規定

---

8 劉貴祥『合同効力研究』人民法院出版社,2012年,51頁。
9 最高人民法院民事審判第一庭編『民事審判指導与参考[2012年第1輯]』人民法院出版社,2012年,所収。

している。例えば，双方がある賃貸借契約を締結し，乙が甲の1,000㎡の家屋を賃借することになったが，当該家屋ははたして建築面積かそれとも使用面積によって家屋の面積を計算するかをめぐり，当事者間で紛争が生じ，乙が，現地の慣習はすべて使用面積に従い賃借家屋の面積を計算することになっていると主張したとしよう。この場合，面積条項を解釈するときは，取引の慣習をもって解釈の根拠にすることができる。契約法125条の規定にもとづき契約を解釈する際には，取引の慣習にもとづいて解釈しなければならず，このことにより，慣習にもとづく解釈の原則が確立されることになった。中国の司法実践もまた，取引の慣習を大量に採用して契約を解釈している。例えば，「国泰君安証券株式有限公司鄭州花園路証券営業部と中国信達資産管理会社鄭州市事務所間の借款担保契約紛争上訴事件」において，最高人民法院は，以下のように述べている。取引の慣習を考慮して，承諾鑑定書の法的性質について判断を行わなければならない。取引の慣習について考察すると，通常の場合において，証券営業部がハイリターンを獲得するために，違法に顧客に融資し有価証券を貸付しようとするにも，事前に顧客と細部にわたる協議が必要であることがわかる。しかし，本件には，当事者双方間で融資と有価証券貸付に関する意思表示があったことを証明できる証拠が欠けている。したがって，本件における承諾鑑定書の性質は，監督管理の性質のものとして確定しなければならず，花園路証券営業部は，担保責任を負わない[10]。

　慣習にもとづく解釈ルールを用いると言った場合，地域の慣習と一般の慣習との間で抵触が生じたならば，一般の慣習を基準としなければならない。地域の慣習と業界の慣習との間で抵触が生じたならば，業界の慣習が優先する。また，ある条項をめぐり争いが生じた後，一方が一般の慣習または特殊な慣習，業界の慣習に従い理解するのに対し，他方は，当事者が過去に従事してきた一連の取引時に形成された慣習に従い理解するといった場合，取引の慣習に従い解釈しなければならない。このことは主に，一連の取引の中で形成された慣習がより当事者の意思に近いことによる。

　様々な慣習の存在およびその内容については，当事者双方が挙証して証明しなければならず，当事者が取引慣習の存在を挙証できなかった場合には，裁判

10　最高人民法院（2008）民二終字第44号民事判決書。

官は，自己の取引慣習についての理解にもとづいてある種の慣習を選択して契約条項を解釈することもできる。

2.5　起草者に対して不利な解釈を行う規則

　契約の解釈ルールにおいては，「疑義があるときは，条項制定者に不利な解釈を行わなければならない」という，ローマ法に由来する解釈の原則があり，同原則は今日まで伝わっており，各国の法律実務は，これを非常に重視している。法諺におけるいわゆる「用語に異議があるときは，その使用者に不利な解釈を行わなければならない」とか，「署名した法的文書については，当該法的文書について異議があるときは，その起草者に不利な解釈をしなければならない」などは，共通の意味を言い表している。中国の契約法も，約款条項の解釈においてこのルールを採用した。契約法41条は「約款条項の理解をめぐり争いが生じた場合は，通常の理解に従い解釈しなければならない。約款条項について2つ以上の解釈が存するときは，約款条項を提供した一方に不利な解釈を行わなければならない」と規定している。このことはつまり，約款条項を解釈するときに争いがあれば，当該約款条項の起草者に不利な解釈を行わなければならないことを意味する。このことからわかるように，中国の契約法においては，起草者に不利な解釈を行うという原則は主に，約款条項に適用される。

　非約款条項においても，契約解釈制度はこの原則を採用しなければならない。何故なら，利益の均衡から考えると，契約条項の起草者は一般的に契約を起草するとき，自身の利益を十分に考慮しているからである。契約が成立した後，契約条項をめぐり争いが生じたならば，利益の均衡から考えて起草者に不利で，他方に有利な解釈を行わなければならない。起草者に不利な解釈を行うことは，契約条項の起草者に関連の配慮義務を尽くすよう促し，それによって，関連の争いを減少させることを可能とする。

　また，取引の双方当事者が，ある種の取引に専従する商人である場合は，彼らは状況を把握する十分な知識を有するため，契約の理解をめぐり争いが生じたとしても，一方に対して特別の保護を行う必要はない。しかし，商人でない者同士，または商人でない者と商人との間にあっては，このルールを適用することができる。そして，この原則が，約款条項に適用されるときと非約款条項に適用されるときとでは，やはり異なることも看過すべきでない。もちろん，

約款条項についていえば，同原則は，まずもって適用される原則としなければならず，かつ当事者ともに商人であるか否かを考慮することはない。これに対し，非約款条項について言えば，まずもってその他の原則を適用して契約を解釈しなければならず，その他の原則を適用できない場合にはじめて，この原則を適用して契約を解釈することになる。それと同時に，この原則を適用するときは，当事者が商人であるか否かなどの事情も考慮しなければならない。

2.6 誠実信用原則と結びつけて解釈を行う規則

契約を解釈するには，誠実信用の原則にもとづかなければならない。現代民法の発展趨勢から見ると，契約解釈における誠実信用原則の役割は，日増しに重要となってきており，これにより，誠実信用原則は「解釈法」とも称されている。契約法もまた，誠実信用原則にもとづいて契約を解釈することを強調しており，同法125条は「当事者間で，契約条項の理解をめぐり争いが生じた場合は，……誠実信用原則に従い当該条項の真の意思を確定しなければならない」と規定している。同条は，裁判官に対し，自己を誠実で信用を守る1人の当事者として見据え，契約の内容および条項の意味を判断し理解することを求めている。すなわち，契約における関連事項についての当事者の約定が不明であるならば，1人の誠実で信用を守る者が，行うべき理性的な選択に従い解釈を行わなければならない。

契約の解釈における誠実信用原則の役割は主に，以下の点に現れている。①誠実信用原則にもとづき，契約の解釈においては，できるだけ契約前後の内容の一致を保たなければならず，前後の内容が矛盾してはならない（venire contra factum proprium）。②誠実信用原則にもとづき，契約を解釈するときは，当事者間の相互協力等の義務を強調すると同時に，できるだけ誠実信用原則に従い契約条項を理解しなければならない。③契約において規定が欠けるかまたは条項自体が不明確である場合，当事者は，1人の誠実で信用を守る者が行うべき理性的な選択に従い解釈を行わなければならない。例えば，契約で5月1日に目的物を引き渡すことを約定していたが，昼間に目的物を引き渡すのかそれとも夜間に引き渡すのかが不明確であるとき，裁判官は，直接，誠実信用原則にもとづいて，目的物の引渡時間は夜間ではなく昼間であると確定することができる。④誠実信用原則は，さらに契約の不備を補うことに用いることがで

きる。つまり，当事者が関連事項について約定しなかったかまたは約定が不明であるとき，すなわち契約の不備が存在するとき，裁判官は，1人の合理的で誠実で信用を守る商人が，このような状況のもとでいかに履行すべきか，またはいかに意思表示を行うべきかということを考慮し，これによって契約の不備を補わなければならない。⑤裁判官は，誠実信用原則にもとづいて契約を解釈するとき，当事者双方の利益の均衡を図り，公平で合理的に契約の内容を確定しなければならない。例えば，無償契約については，債務者にとってその義務が比較的軽いという意味で解釈し，有償契約については，双方にとってともに比較的に公平であるという意味で解釈しなければならない。中国の司法実践もまた，この解釈のルールを採用している。例えば，「厦門東方設計装飾工事有限会社と福建省実華不動産開発有限会社間の分譲住宅一手販売契約紛争事件」において，最高人民法院は，以下のように述べている。「当事者が締結した契約の中で，ある具体的事項について異なる語句を使用して記述しており，紛争が生じた後，当事者がこれらの語句の理解をめぐり意見が分かれた場合，人民法院は事件を裁判するとき，契約の全文，双方当事者間の経済取引の全過程と結び付けて，当事者の契約締結時の真実の意思表示について判断を行い，そのうえで誠実信用の原則にもとづき，これらの語句について解釈しなければならない。文章の意味上存在する語句の区別をいい加減に一面的に強調してはならない[11]」。

　上記の諸々の契約解釈原則は，1つの完全なるルール体系を構成する。一般的に言えば，当事者間で契約条項の意味をめぐり紛争が生じたときは，まずもって文理解釈の方法に従い，当該条項の正確な意味について解釈を行わなければならない。当該条項が，契約のその他の条項または規定に関わるときは，全体的解釈の方法を適用しなければならない。契約自体の文面資料によっては解釈を行い得ないときは，目的的解釈，慣習にもとづく解釈および誠実信用原則にもとづく解釈等の方法を採用して解釈しなければならない。とりわけ，契約に不備が存在するときは，誠実信用原則にもとづく解釈，慣習にもとづく解釈等の方法を適用して解釈しなければならない。文理解釈等による結論と目的的解釈による結論が異なるときは，契約の目的にもとづいて解釈しなければな

11　最高人民法院（2005）民一終字第51号民事判決書。

らない。

3 契約の不備の補充

3.1 契約不備の概念

　いわゆる契約の不備とは，当事者が契約において，契約条項について約定しなかったかまたはその約定が不明確である現象を言う[12]。具体的に言うと，①契約の内容に漏れが存在する場合，すなわち，一部の契約条項について，例えば契約の中に品質に関する条項がないといったような，契約の中に規定がない場合である。②契約における約定が不明確であるかまたは約定の前後の内容が相矛盾する場合である。例えば，当事者が締結した2つの契約において，購入する黄砂の品質基準が異なる場合は，2つの契約の関係が，契約の変更かそれとも記述の錯誤かを解釈する必要があり，そのためには，2つの契約について解釈する必要があり，このような場合がすなわち，契約の不備である。

　一般的に言えば，契約の不備とは，当事者が契約締結時に知らず，かつ契約の中でもその不備の補充方法を定めていないケースである。契約締結時にすでに知っていたのに故意に規定しなかった場合，とりわけ，すでに契約の中で不備の補充方法を規定したならば，契約の不備とみなすことはできない。例えば，当事者が売買契約の締結時に，市場価格が目的物の引渡時に急激に変動するであろうことを考慮したため，契約において明確な価格を規定せず，価格はそのときの相場によることのみを規定したとしよう。これが通常言われる「変動価格条項」である。「変動価格条項」は，具体的な価格を設定しなかったものの，事実上，当事者は契約締結時にすでにこのような状況を認識しており，かつ価格の確定方法を約定したのであり，このような場合は，契約の不備に属さない。厳格にいうと，契約不備の存在は，一般的に契約の成立に影響を与えない。当事者が，契約の非必要条項について規定しなかったかまたはその約定が不明確である場合は，契約が既に成立したと認定することができ，法院は，契約の性質，取引慣習および法律の任意規範にもとづいて契約の不備を補充することができる。例えば，「中国華融資産管理会社貴陽事務所が，貴州ワイヤロープ

12　契約法61条，139条，141条，154条，156条，159条，160条，161条など参照。

（集団）有限責任会社，貴州省冶金国有資産経営有限責任会社を訴えた株主権交換紛争事件」において，最高人民法院は，以下のように述べている。「株主権交換契約」には，株主権交換取引の目的物，取引時期，価格，取引手続，違約責任，紛争の解決方法についていずれも，明確な約定が存在しており，契約の主な内容を具備し，契約は有効に成立している。代価条項，交換時期条項および手続条項が明確でないため，契約は無効であるという，貴州ワイヤロープ集団と冶金会社の主張は成立せず，上記の条項が不明確であることは，契約解釈の方法を通じて明確化することができ，契約の効力には影響を与えない[13]。

3.2 契約の不備を補充する具体的方法

契約法61条および62条の規定によれば，以下のルールにもとづいて契約の不備を補充しなければならない。

(1) 当事者間で補充契約を締結すること

不備を補う第一歩は，当事者間で補充契約を締結することである。契約自由の原則に従い，契約の内容については当事者が自由に約定すべきであり，当事者の契約条項についての規定が不明確である場合は，当事者が引き続きその締結した補充契約により契約の不備を補うべきであって，このことは，契約自由の原則を十分に体現したものである。それと同時に，当事者が契約を締結することにより，当事者間の紛争を解決することは，最も効果的な不備補充方法でもある。当事者が締結する補充契約は，書面でも口頭でもよいが，補充契約は，契約の不備について締結しなければならず，そうでなければ，依然として契約条項に関する紛争を解決することはできない。

(2) 取引慣習にもとづいて補うこと

当事者間で補充契約を締結できない場合は，裁判官が，契約の関連条項および取引慣習に従い契約の不備を補うことができる。いわゆる契約の関連条項に従い確定するとは，契約の性質および既存の契約条項にもとづいて，契約にはどのような条項が必要かを確定し，かつそのうえで契約の不備を補うことを言う。いわゆる取引慣習とは，当時，現地またはある業界，ある類型の取引関係において，人々によって普遍的に受け入れられ，かつ公序良俗に違反しない慣

---

13 最高人民法院（2007）民二終字第190号民事判決書。

習的なやり方を言う。契約法125条の規定にもとづき，契約の解釈は，取引慣習にもとづいて解釈しなければならず，このことにより，慣習にもとづく解釈の原則が確立された。契約法はその総則において，取引慣習を契約の不備を補う基準として確定しただけでなく，各則においても，大量の条文が取引慣習にもとづいて契約の不備を補う問題と関わっており，このことは，契約法が取引慣習により契約の不備を補うことをきわめて強調していることを意味しており，中国契約法の一大特色であるといえよう。中国の司法実践もまた，取引慣習を契約の不備を補う重要な根拠としている。例えば，「周益民が，上海連合証券取引所，華融国際信託有限責任公社を訴えた株式譲渡紛争事件」において，最高人民法院は，証券取引所を通じて不特定多数の主体に向けて公開に発する特殊な申込みの誘因につき，その情報の変更または取消しは，関連証券取引市場における取引管理弁法および処理細則による制約を受けなければならないとの判断を示している[14]。

(3) 契約法62条の規定にもとづいて行う解釈

契約法62条は「契約の内容に関する当事者の約定が不明確である場合において，本法第61条の規定によっても確定できないときは，以下に掲げる規定を適用する。㈠品質についての要求が不明確であるときは，国家基準，業界基準に従い履行し，国家基準，業界基準がないときは，通常の基準または契約目的に合致する特定の基準に従い履行する。㈡代金または報酬が不明確であるときは，契約締結時の履行地の市場価格に従い履行する。法により政府が定める価格または政府の指導価格を執行しなければならないときは，その規定に従い履行する。㈢履行の場所が不明確である場合において，貨幣を給付するときは，貨幣を受領する一方の所在地で履行し，不動産を引き渡すときは，その不動産の所在地で履行し，その他の目的物については，義務を履行する一方の所在地で履行する。㈣履行の期限が不明確であるとき，債務者はいつでも履行することができ，債権者もいつでも履行を求めることができる。ただし，相手方に必要な準備時間を与えなければならない。㈤履行方式が不明確であるときは，契約目的を実現させるのに有利な方式に従い履行する。㈥履行費用の負担が不明確であるときは，義務を履行する一方が負担する」と規定している。このこと

---

14 「最高人民法院公報」2011年6期。

は事実上，履行義務についての契約の約定が不明確である場合において，いかに履行すべきかという問題を解決し，様々な契約不備の補充ルールを明確にしたのである。

　指摘しなければならないのは，契約法62条が確定したのは契約不備の補充ルールではあるが，それらはいずれも，任意的なルールであり，これらのルールは，契約の不備を補う任意的ルールとも称されているということである。つまり，当事者は，その約定によりこれらのルールの適用を排斥することができる。当事者が，特別な約定を有している場合は，原則として，当事者の約定によらなければならず，当事者間に特別な約定がなく，また，取引慣習にもとづいて当事者の意図を確定できない場合は，これらの任意的規定を適用しなければならない。このことからわかるように，中国の法律が，任意的規定を取引慣習の後に置いたことは，取引慣習の重要性を明らかにしている。取引慣習と任意的規定との間に抵触が生じたならば，取引慣習を適用しなければならない。

第11章 売買契約

案例

甲は工作機械を製造する企業であり，乙は，ガラスを生産する企業である。乙は甲からガラスの生産設備を1台購入した。当事者双方は，買主乙が設備を受領してから4ヶ月以内に生産設備の品質の合否について，甲会社に報告しなければならないとの約定を交わした。乙が，設備を受領した後，5ヶ月目に当該設備の品質に問題があることを，甲に告げたうえ，甲に対して違約責任を負うよう求めた。甲は，乙の通知がすでに約定の通知期限を過ぎており，違約責任を請求することができないと主張した。甲の主張は，成立するだろうか。

簡単な評釈

契約法157条によれば，売買契約における目的物の受領後，買主は，約定した検査・確認期間内において，検査・確認をしなければならない。買主は目的物の品質や数量について，基準に合わないことを発見した場合，契約法158条の規定にもとづき，約定した期間内に売主に通知しなければならず，通知を怠った場合，目的物の品質および数量が約定した基準に符合することとみなす。当該ケースにおいて，当事者双方は，買主乙が設備を受領して4ヶ月以内に生産設備の品質合否について，甲会社に報告しなければならない。当該期限は，検査・確認の期限である。買主乙が当該期限内に工作機械の合格・不合格について甲に通知しなければ，契約法158条により，当該工作機械は約定した品質の基準に符合するとみなし，乙が甲に対して違約責任を求めることができない。

1 売買契約概説

1.1 売買契約の概念と特徴

契約法130条は「売買契約とは，売主が目的物の所有権を買主に移転し，買主が対価を支払う契約である」と規定している。つまり，売主は，約定に従い目的物を引き渡すと同時に，目的物の所有権を移転する義務を負うのに対して，買主は対価を支払い，目的物を受領する。

売買契約は，主に以下のような特徴がある。

第1，財産所有権の移転。売買は典型的な取引形態として，当事者の一方が目的物所有権を移転し，相手方当事者が対価を支払うことを内容とし，使用権しか移転しない契約（例えば，リース契約，賃貸借契約）とは異なる。売買契約の場合は，売主が目的物を引き渡しただけでは，義務を完全に履行したとはいえず，目的物の所有権を移転しなければならない。

第2，目的物の多様性。売買契約の対象とする物の範囲は広く，その取引実務の発展に伴い，目的物の範囲を絶えず拡大してきた。先物取引，オプション取引など様々な財産権が売買の対象となっている。例えば，契約法137条は「知的財産権を含むコンピューター・ソフトウェアなどの目的物を売却する際，法律に別段の規定，または当事者間に別段の約定がある場合を除き，当該目的物の知的財産権は買主に帰属しない」と規定しており，コンピューター・ソフトウェアも売買契約の目的物となりうる。

第3，最も基本的な契約形態である。売買契約は，商品取引の最も典型的な法形態であり，等価・有償の原則を最も反映しているため，典型的および基本的な特徴があると言える。したがって，契約法174条は「法律がその他の有償契約について定めている場合，その規定に従う。定めがない場合，売買契約の関連規定を参照する」と規定している。本条の規定によれば，各種の有償契約について，一般的に売買契約のルールを準用することができる。「売買契約司法解釈」45条は，さらに「法律または行政法規は，債権譲渡，株式の譲渡などの譲渡契約について規定している場合，その規定に従う。規定していない場合，人民法院は，契約法124条および174条の規定にもとづき，売買契約の関連規定を参照・適用することができる」と規定している。このように，売買契約の関連規定は，契約の各論において補完的な役割を果たしており，その他の

有償契約に広く準用される。

1.2 売買契約の分類

1.2.1 一般的な売買契約と特殊な売買契約

目的物または取引の形態によって，売買契約を一般的な売買契約と特殊な売買契約に分けることができる。一般的な売買契約とは特別な要件を要しない売買契約をいい，特殊な売買契約は，契約法に規定する所有権留保，競売，試用販売などの類型を指す。一般的売買契約と特殊な売買契約の違いは，以下の通りである。

第1，一般的な売買は，通常の売買形態として，売買の一般的なルールに符合する。法律は，一般的な売買の手続について特別な規定を設けておらず，契約法総則における契約締結の一般条項を適用しなければならない。これに対して，特殊な売買契約は，一般的な売買の特殊な形態であり，その契約の締結・履行方法，担保条項などについて，通常，法律は特別な規定を設けることにしている。

第2，一般的な売買は，取引の伝統的な形態であり，特殊な売買は取引の特殊な形態に属し，法律に特別な規定がある場合は，その規定に従う必要があるが，法律に特別な規定がない場合には，一般的な売買に関する規定を適用しなければならない。

第3，適用する法律が異なる。一般的な売買は，契約法の規定を適用するが，特殊な売買の場合は特別法の規定を適用しなければならない。例えば，競売の場合は，競売法を適用するが，入札については，入札法の規定を適用する。

1.2.2 動産売買契約および不動産売買契約

売買契約の目的物は動産か不動産かによって，売買契約を動産売買契約と不動産売買契約に分けることができ，両者の主な区別は目的物の所有権移転方法の違いにある。動産売買は，通常，引渡しと同時に所有権を買主に移転することになるが，不動産の場合は，登記を所有権移転の要件としている。もちろん，特別な動産（例えば，自動車，船舶）の物権変動については，登記がなければ，善意の第三者に対抗することができない。この点について，物権法24条は，「船舶，航空機および自動車などの物権の設立，変更，譲渡および消滅は，登

記を経ていなければ，善意の第三者に対抗できない」と定めている。

1.2.3 消費者契約と事業者間契約

売買契約の主体によって，売買契約を消費者売買契約と事業者間契約に分けることができる。消費者売買契約とは，消費者と事業者との売買契約のことを言う。事業者契約とは，事業者間の売買契約のことを言う。消費者売買契約と事業者間契約の違いは，主に消費者に対する保護が強調され，社会的公平が維持されることにある。両者の違いは，およそ以下のとおりである。

(1) 主体が異なる

消費者売買において，通常買主は消費者であり，売主は事業者であり，いわゆる商人である。両者の情報の非対称性があるため，消費者は事業者に対して，弱者にあたる。法律上，往々にして消費者保護の視点から，消費者売買について特別な規定を設けることにしている。

(2) 品質に対する担保責任が異なる

消費者売買において，売主である事業者として，瑕疵担保責任を負う。例えば，消費者権益保護法では，3倍賠償責任（懲罰的損害賠償）に関する規定を設けている。事業者間契約の契約主体は，事業者であり，契約法の一般規定を適用して売主の品質担保責任を確定する。

(3) 情報提供義務が異なる

消費者売買契約における主体の立場が平等でなく，取引の公平を守るため，法律において，消費者売買契約における事業者が商品に関連する情報をすべて提供することが求められ，情報提供を怠ったことによって消費者に損害をもたらした場合，事業者は相応の責任を負わなければならない。事業者間売買において，当事者双方が事業者であるため，売主が負うべき情報提供義務は比較的小さく，買主も一定の確認義務を負うことになっている。

1.3 売買契約の主要条項

売買契約の主要な条項について，契約法12条は「契約の内容は，当事者がこれを約定する。通常は次に掲げる条項を含む。㈠当事者の名称または氏名および住所，㈡目的，㈢数量，㈣品質，㈤価格または報酬，㈥履行期限，場所および方法，㈦違約責任，㈧紛争解決方法。当事者は各種の契約のモデルを参照

して契約を締結することができる」と規定している。また，契約法131条は「売買契約の内容については，この法律12条の規定に従うほか，梱包方法，検査・確認基準および方法，決算方法，契約に使用する文字およびその効力などの条項を含むことができる」と規定している。

これらの規定によると，売買契約の主な条項は以下のいくつかを含む。

(1) 当事者

売買契約の当事者は，売主と買主を含む。契約法132条第1項は「売買の目的物は，売主の所有に属し，売主が処分する権利を有するものでなければならない」と規定している。つまり，売主が目的物を売却する際に，処分権を有しなければならない。処分権を有しない場合の処分は，無権利者が他人の権利を処分することになる。原則として，売主は物の所有者である。しかし，例外として，売主が所有者以外の処分権者である可能性がある。例えば，企業が破産した場合に，所有者でない破産管財人は一定の条件のもとで破産企業の財産を処分する権利を有する。

(2) 目的物

売買契約において，目的物の範囲は非常に広く，既存の物も将来の物も対象となりうる。将来の物は，契約を締結する際にはまだ物が存在しておらず，したがって売主がそれに対して所有権または処分権を有するか否かが確認できないものである。しかし，売主が契約の履行期限到来時に，当該目的物の所有権または処分権を依然として取得できず，目的物の所有権を移転ができない場合に，違約責任を負わなければならない。

(3) 目的物の数量と品質

目的物の数量とは，当事者が購入する目的物の数である。通常，数量は特定の計量単位で明確に表示する必要がある。例えば，kg，t，m等である。もちろん，当事者がある取引習慣に従い，業界で認められている単位で計算することもできる（例えばワゴン）。目的物の数量はあらかじめ決めることも，後に決めることもできる。しかし，数量について，将来，これを決めることにした場合には，事前に契約書で明確に約定しておかなければならない。

目的物の品質も売買契約における重要な条項である。目的物の品質を正しく表示するために，当事者は目的物の品種・規格・品質等級・型番・グレードなどを明確に約定しておかなければならない。目的物の品質について，法律上，

強行規定である旨が明記されている場合には，当事者が約定した品質の基準は法定基準より低くすることはできない。例えば食品や薬品等について，法律上，厳しい品質基準を定めており，当事者はこれらの基準に従わなければならない。

(4) 代金と支払方法

売買は，商品取引の典型的な形として，必然的に有償性を特徴とする。したがって，売買において代金の約定は必要不可欠である。通常，代金は特定の通貨をもって確定する。中国において締結された契約は，人民元を通貨とするのが普通である。代金は，一括払も分割払もできる。当事者が分割払を約定していない場合，一括払とする。

(5) 梱包方法

梱包方式は売買契約において，重要な条項であり，通常，目的物の品質に影響を与える。例えば，売主が引き渡す予定になっている貨物は，湿気の影響を受けやすい場合，適切な方法で梱包をしなければ，湿気でカビが生え，変質してしまう可能性がある。また，売主が貨物を運送人に運送をしてもらうとき，貨物の性質（例えば，可燃物，爆発物等）によって適切な梱包方法を採用すれば，運送中における貨物の毀損や滅失等を避けることができる。

(6) 検査基準と方法

検査基準と方法とは，目的物を引き渡すときにいかなる基準と方法で受入検査を行うのかということである。検査基準は，国の基準，業界の基準および当事者間で合意した基準等を含む。検査方法とは，検査基準によっていかなる方法で目的物の受入検査を行うのかということである。例えば，石炭の売買契約を締結する際に，石炭を台秤にかけるか，ひとまとめにして見積もるか，あるいは荷物を積む前の貨車を単位として計算するかなどの方法である。また，品質の確認については，第三者の検査報告を基準とするか，あるいは国および業界の基準に従って決めるのか，いずれも契約で明確にする必要がある。

(7) 決済方法

いわゆる決済方法は，契約における代金支払についての約定である。即時売買に関して言えば，当事者は即時に決済するのが一般的である。即時売買ではない場合，当事者は決済方法について事前に合意する必要がある。例えば，当事者は，売主が目的物を引き渡した後，買主が直ちに代金を支払うか，分割払か後日まとめて支払って決済するかについて約定することができる。

(8) 契約書に用いる言語およびその効力等の条項

　契約書は複数の言語で作成することができる。例えば，当事者が中国語と英語でそれぞれ契約書を作成する場合，2つの言語の間で解釈の相違が生じる可能性がある。そのため，紛争が発生した場合，どちらを優先するかについては，あらかじめ約定する必要がある。また，異なる民族同士の取引の場合に，漢語で契約書を作成するか，少数民族の言語で契約書を作成するか問題になる。

　契約法は上記のような売買契約条項についての規定を設けているものの，強行規定ではないため，当事者は具体的な状況によって売買契約の各条項の内容を約定することができる。契約法司法解釈(2)1条は「契約が成立したか否かについて当事者間に争いが生じたとき，裁判所は当事者の名称または氏名，目的物および数量を確定できる場合，通常，契約が成立したと認定しなければならない。ただし，法律に別段の規定があり，または当事者に約定があるときは，このかぎりではない」と規定している。この規定によれば，当事者の名称又は氏名，目的物および数量は，売買契約の必須条項であり，当事者は売買契約の必須条項について合意に達しなければ，契約の効力に影響を与える可能性がある。

2　売買契約の効力

2.1　売主の義務

2.1.1　目的物の引渡しおよび目的物の所有権移転の義務

　契約法130条は「売買契約とは，売主が目的物の所有権を買主に移転し，買主が代金を支払う契約を言う」と規定している。本条によれば，売買契約における売主の主な給付義務は，目的物の引渡しと目的物の所有権移転である。具体的に言うと，売主における主要な給付義務としては以下の2点を含む。

(1) 目的物の引渡し

　第1，売主は約定の期限または期間に従い，目的物を引き渡さなければならない。契約法138条は「売主は，約定の期限に従い目的物を引き渡さなければならない。引渡しの期限を約定した場合は，売主は，当該引渡しの期間内にいつでも目的物を引き渡すことができる」と規定している。例えば，5月末までに目的物を引き渡すことを約定した場合，その期限が到来するまでに，売主は

目的物を引き渡さなければならない。つまり，目的物の引渡期間を約定した場合，売主はその期間内に目的物を引き渡さなければならない。また，ある月の内に引き渡すことを約定した場合，その月内であればいつでも引き渡すことができる。したがって，ここでいう目的物の引渡しの時期は，引渡しの期限ではなく，引渡しの期間である。

　当事者間が目的物の引渡期限を定めていないとき，契約法139条により，まず当事者同士が事後に契約の履行時期について補充協議を行うことができる。補充協議に達しない場合は，契約の関連条項または取引慣習に従って確定する。例えば，当事者間が月餅の売買契約を締結した場合，契約に引渡しの時期について明確な約定がないが，しかし，取引慣習に従い，売主は中秋節の前に目的物を引き渡さなければならない。上記の規定に照らしてもまだ確定できない場合は，売主はいつでも引渡義務を履行でき，買主もいつでも履行を請求できるが，相手方に必要な準備期間を与えなければならない。

　第2，売主は約定の場所で目的物を引き渡さなければならない。契約法141条1項は「売主は，約定の場所で目的物を引き渡さなければならない」と規定している。この条項は，売主は約定にもとづいた地点で目的物を引き渡すべき義務を定めたものである。当事者が引渡しの場所を約定したのであれば，売主は約定した場所で目的物を引き渡さなければならない。当事者が引渡しの場所を約定していない場合，または約定が明確でない場合は，契約法61条の規定より引渡しの場所を確定しなければならない。61条によれば，当事者は目的物の引渡しの場所について補充協議を行うことができ，売主は補充協議で約定した引渡しの場所で目的物を引き渡さなければならない。補充協議によって合意に達しない場合は，契約の関連条項または取引慣習により確定しなければならない。例えば，契約の中で買主本人が目的物を引き取らなければならないことを約定した場合は，目的物の引渡場所は売主の所在地となる。

　上記の規定に照らしてもなお確定できない場合は，契約法141条により，目的物が運送を要するか否かによって引渡しの場所を確定しなければならない。すなわち，①運送を要する目的物の場合，売主が目的物を最初の運送人に引き渡したことによって引渡しが完了したと見なされる。②運送を要しない目的物の場合，当事者双方が契約締結時に，目的物の存在した場所を知っていた場合，売主は当該場所にて目的物を引き渡さなければならない。当事者双方が目的物

の存在した場所を知らなかった場合，契約法62条により，履行義務を有する当事者の一方の所在地を引き渡す場所とする。つまり，売主が契約を締結した時点の営業地である。③金銭を給付する場合，金銭の給付を受ける当事者の一方の所在地において履行を行う。不動産を引き渡す場合，不動産の所在地を履行地とする。注意する必要があるのは，不動産の所在地と登記の所在地は通常一致するが，一致しない場合もあるということである。その他の目的義務を履行する場合は，履行義務者の所在地で履行する。

　第3，売主による目的物の引渡しの方法は，法律規定または約定によらなければならない。引渡しの方法については，当事者は，通常，現実の引渡しという方法を用いる。すなわち，動産物権の譲渡人が動産の占有を実際に買主に移転し，買主が直接当該動産を占有する。引渡しの方法について，法律に別段の定めがあり，あるいは契約書に別段の合意がある場合，観念的な引渡しの方法を採用することもできる。その1は簡易の引渡しである。契約法140条は「契約を締結する前に買主がすでに目的物を占有した場合は，契約の効力発生時期を引渡しのときとする」と規定している。その2は，指図による占有移転である。すなわち，売主が動産の物権を譲渡する時，第三者が当該動産を占有している場合，目的物を引き渡す代わりに，売主が第三者に対する返還請求権を買主に譲渡することができる[1]。その3は占有改定である。動産の物権を譲渡するとき，売主が当該動産を占有し続けることを希望する場合，当事者双方は売主が当該動産を占有し続けることを約定し，目的物を引き渡す代わりに，買主が目的物の間接占有権を取得する。例えば，甲が家屋を乙に売却した後，乙はその部屋を占有せず，甲と賃貸契約を締結し，甲がその部屋を借りて使用し続けることを約定することができ，こうしたケースは占有改定に属する。

　その他，「売買契約司法解釈」5条は「目的物が有形媒体により交付する必要のない電子情報製品である場合は，引渡しの方法に関する当事者の約定が不明確であり，かつ契約法61条の規定によってもなお確定することができないとき，買主が約定の電子情報製品または権利証憑の受領をもって引渡しとする」と規定している。本条の規定によれば，電子情報製品の引渡しの方法は当事者の約定によって行われるが，約定が明確ではない場合，売主が目的物たる

---

[1] 王澤鑑『民法物権』北京大学出版社，2009年，97頁。

電子情報製品あるいは権利証憑を買主に引き渡さなければならない。
(2) 目的物の所有権移転

契約法130条によれば,売主の主要な給付義務は目的物の所有権を移転することである。例えば,不動産の売買契約においては,売主が不動産を買主に売却するだけでなく,所有権移転登記手続をしなければならない。契約法135条は「売主は買主に対して目的物または目的物を受領するための証明書類を引き渡し,かつ目的物の所有権の移転義務を履行しなければならない」と規定している。つまり,売主が目的物を引き渡すと同時に,目的物の所有権の移転義務を明確にしたのである。

2.1.2 瑕疵担保責任

売主は買主に対して瑕疵担保責任を負わなければならない。売主は第三者が買主にいかなる権利も主張しないことを保証する義務を負い,また売主は引き渡した目的物が約定や法条の品質基準に適合することを保証しなければならない。契約法の規定によれば,売主の瑕疵担保責任には権利の瑕疵担保責任と物の瑕疵担保責任が含まれる。

(1) 権利の瑕疵担保責任

権利の瑕疵担保責任とは,売主は買主の目的物に対する合法的な権利の享有,および第三者が当該目的物につき買主に対していかなる権利も主張しないことを保証しなければならない。契約法150条は「売主は,引き渡した目的物につき,第三者が買主にいかなる権利も主張しないことを保証する義務を負う。ただし,法律に別段の定めがある場合を除く」と規定している。売主の権利の瑕疵担保責任としては以下のようなケースがある。①売主は当該目的物の権利につき,抵当権・質権・用益物権のような権利が存在しないことを保証しなければならない[2]。②売主は当該目的物につき,所有権に関する紛争が生じないことを保証しなければならない。紛争が生じた場合,第三者との間に所有権の再確認をする必要があり,買主の権利に影響を与える可能性がある。

契約法150条によれば,法律に別段の定めがある場合,売主は瑕疵担保責任を負わない。例えば,契約法151条は「買主が契約を締結する時に,売買の目

---

  2 胡康生主編『中華人民共和国合同法釈義』法律出版社,1999年,231頁。

的物に対する第三者の所有権の存在を知りまたは知りうるべきとき，売主は本法第150条に規定する義務を負わない」と規定している。このような規定を設ける主な理由は，買主は目的物には権利の瑕疵があることを知り，または知りうるべき立場にあるにもかかわらず，依然として契約を締結したのであれば，買主は第三者が目的物につき権利を主張できるというリスクを受け入れたことを意味する。このような場合，権利に関する紛争が発生したとしても，買主は売主が権利瑕疵担保責任違反を理由に，違約責任を求めることができない。

(2) 物の瑕疵担保責任

物の瑕疵担保責任とは，売主は売買の目的物につき法律または契約に定める品質の基準に合致することを担保する義務を負うことである。契約法153条は「売主は，約定された品質の基準に従い目的物を引き渡さなければならない。売主が目的物に関する品質の説明を提供した場合，引き渡された目的物は，当該説明の品質基準に合致しなければならない」と規定している。売買契約において，売主は目的物を引き渡すだけでなく，引き渡された目的物が約定または法定の品質基準に合致することを保証しなければならず，そうでなければ，物の瑕疵担保責任に違反することになる。具体的に言うと，売主の物の瑕疵担保義務には以下の内容が含まれる。

第1，売主は契約で約定した品質基準に従い目的物を引き渡さなければならない。契約法153条は「売主は，約定した品質基準に従い目的物を引き渡さなければならない。売主が目的物に関する品質の説明を提供した場合，引き渡された目的物は，当該説明の品質基準に合致しなければならない」と規定している。ここで言う「約定した品質基準」とは，当事者が契約で目的物の品質につき具体的に定めたものである。売主が目的物に関する品質の説明を提供した場合，引き渡された目的物は当該説明の品質基準に合致しなければならない。そうでなければ，売主が引き渡した目的物には品質の瑕疵が存在するとみなされ，違約責任を負わなければならない。当事者が目的物の品質につき特別な約定がある場合，売主が引き渡した目的物は当該約定の基準に合致しなければ，法定基準に合致したとしても，物の瑕疵担保責任に違反することになる。

第2，契約では，品質基準につき明確な約定がない場合，契約法の関連規定に従い品質の基準を定めなければならない。契約法154条によれば，当事者双方は，まず補充協議を達成しなければならない。補充協議を達成しない場合は，

契約の関連条項または取引慣習に従って確定する。以上の規定にもとづいてもなお品質の基準を確定できない場合は，契約法62条1項の規定を適用し，国家基準，業界基準，通常基準又は特定の基準などに符合するか否かを，それぞれ検討をしなければならない。例えば，「楊珺が東盛公司に対して建売住宅販売契約をめぐって訴えを提起した事件」において，原告の楊珺は被告の東盛公司と建売住宅の売買契約を締結し，住宅を購入した。後に住宅の品質をめぐって紛争が発生した。本件につき，裁判所は以下のような判断を示した。被告が住宅を引き渡したときに行政管理部門の品質審査・確認を経ており，また，断熱材を設けていないことも当時の建築基準および規範に符合していたが，しかし，原告が購入した住宅には明らかな品質上の欠陥があり，被上訴人の通常の居住使用に重大な影響を与えており，当該住宅に品質上の欠陥が存在することを理由として，被告に対して修繕などの民事責任を主張する場合には，人民法院は，これを支持しなければならない[3]。

　瑕疵担保責任は，売主が負担する法定義務であるが，しかし，当事者間で約定を通じて売主の瑕疵担保責任を免除することができる。「売買契約司法解釈」32条は「契約において，目的物に対する売主の瑕疵担保責任の軽減または免除を約定したが，しかし，売主の故意又は重大な過失によって目的物の瑕疵を買主に告知せず，その売主が約定にもとづく瑕疵担保責任の軽減または免除を主張する場合に，人民法院は，これを支持しない」と規定している。当該条項によると，当事者は契約書で目的物に対する売主の瑕疵担保責任の軽減又は免除を約定することができるが，しかし，売主は故意または重大な過失によって目的物の瑕疵を買主に告知しなかったのであれば，約定により瑕疵担保責任の軽減または免除を主張することができない。

2.1.3　従たる給付義務と付随義務
（1）引渡しの証明書およびその他の資料の交付義務

　契約法135条は「売主は買主に目的物または目的物の受領証明書を引き渡し，かつ目的物の所有権を移転する義務を履行しなければならない」と規定している。本条の規定によれば，売主は2つの方法を通じて目的物の所有権移転を行

　3　「最高人民法院公報」2010年11期。

うことができる。その1は，実際に目的物を引き渡すことであり，いわゆる現実の引渡しである。その2は，証明書類を引き渡すことである。ここで言う「書類」とは，「物の所有権の証明書」である。引渡しの証明書が倉荷証券，船荷証券などの有価証券の場合，これらの証明書類は貨物の所有権証明書とすることができる。

また，契約法136条は「売主は，約定又は取引慣習に従い，買主に目的物を受け取るための書類以外の関連書類および資料を交付しなければならない」と規定している。ここで言う交付書類とは，目的物を受け取るための書類以外の関連書類のことであり，点検修理証明，改装・修理証明，船積証明，製品の品質証明書，原産地証明書，製品の検査証明書，取扱説明書などである。例えば，あるペットの取引において，当事者双方は，ペットの引渡しと同時に，血統証明書も交付しなければならないことを約定した。しかし，売主は，血統証明書は所有権証明書ではないと考え，血統証明書の交付を拒否した。ペットの血統証明書はペットが純血種であるか否かに関わるものであり，買主にとって大事な書類である。したがって，買主は売主に対して血統証明書の引渡しを請求することができ，売主が当該証明書を提供しなければ，従たる給付義務違反になる。

(2) 梱包義務

売買契約において，売主は品質基準に合致した貨物を引き渡す必要があるだけでなく，貨物の梱包も契約の約定に従わなければならない。梱包方法は品質と密接な関係があり，品質が合格したとしても，不適切な梱包方法を採用したのであれば，目的物を毀損し，品質に影響を及ぼす可能性がある。この点に関して，契約法156条は「売主は約定した梱包方法に従い目的物を引き渡さなければならない。梱包方法について約定せず，または約定が明確でなく，本法第61条の規定によっても，なお確定できない場合は，通用の方法により梱包を行わなければならない。通常の方法がない場合は，目的物の保護に足りる梱包方法をとらなければならない」と規定している。

(3) 付随義務

売主は，信義則にもとづく秘密保持，忠実，保護などの義務を負う。これらの義務の履行は契約関係を維持するうえでも，また契約締結の目的を達成するうえでも有利である。例えば，売主は貨物を引き渡すとき，引渡しの期限の最

終日の深夜に買主の住所に出向いて引き渡してはならない。また売主は，買主が契約締結時に提供したデータ資料などにつき秘密保持義務を負わなければならない。売買関係において，売主の付随義務は，具体的な契約類型によって確定する。

2.2 買主の主要な義務

2.2.1 代金の支払義務

契約法130条は，「売買契約とは，売主が目的物の所有権を買主に移転し，買主が代金を支払う契約を言う」と規定している。つまり，代金の支払は買主の主要な給付義務である。当事者双方は，特別の約定をせず，または法律に規定がない場合に，買主は，売主が目的物を引き渡すと同時に代金を支払わなければならない。買主の代金支払義務は以下の内容を含む。

(1) 約定した金額にしたがい代金を支払わなければならない

当事者は，通常，契約において目的物の具体的な金額について約定し，買主は，約定に従い代金を支払わなければならない。もちろん，当事者は目的物の具体的な金額につき約定せず，代金の確定方式しか約定していない場合がある。売主が約定した代金より多い額を受け取った場合，不当利得を構成し，買主はそれを返還するよう請求することができる。例えば，「喩山瀾が工商銀行宣武支店および工商銀行北京支店に対して不当利得をめぐって訴えた事件」において，北京市第一中級人民法院は，「工商銀行北京支店が提示した証拠によると，牡丹交通のICカードの制作コストは，30.80元であるが，当該銀行のカード再発行費用は1枚で100元であると規定している。カードの制作コストより69.20元を多めに受け取ることに対して，工商銀行北京支店は合法的な根拠を示すことができなかった。民法通則92条により，当該69.20元は不当利得に属し，受取人はこれを支払人に返還しなければならない」[4]と判示した。

(2) 約定の支払方法により代金を支払わなければならない

当事者は，通常，契約において代金の支払方法について約定を行い，買主は約定した方式により代金を支払わなければならない。例えば，当事者は，代金につき一括払を約定した場合，買主は分割払をしてはならない。当事者は代金

---

4 「最高人民法院公報」2005年6期。

の支払方法につき約定していなかった場合，代金の支払方法は一括払であると推定しなければならない。

(3) 約定の支払期日にしたがって代金を支払わなければならない

買主は，契約で定める期日に従い，代金を支払わなければならない。当事者は，代金の支払期日につき約定がない場合，契約法161条の規定によれば，以下の2つの規則によって代金支払時期を確定する。すなわち，①契約法61条の規定により履行期日を確定する。当該条文は「契約の効力が発生後，当事者は，品質，代金または報酬，履行地等の内容につき約定がなく，または約定が明確でない場合，協議して補充することができる。補充協議に達しない場合は，契約の関連条項又は取引慣習に従って確定する」と規定している。②買主は，目的物または目的物の受領証明書を受領すると同時に代金を支払わなければならない。これは，公平原則の表れである。

(4) 約定した場所で代金を支払う

契約法160条は「買主は，約定した場所で代金を支払わなければならない」と規定している。代金は，通常，銀行の口座振替の形で支払われることになっているが，代金の支払場所について約定がある場合は，約定の場所で代金を支払わなければならない。代金の支払場所について約定がなく，または約定が不明確な場合，契約法61条の規定によれば，当事者は協議をもって決済方法について確定することができる。補充協議を達成できないときは，契約の関連条項または取引慣習に従って支払場所を確定する。契約法61条の規定によって代金の支払場所を確定できない場合は，原則として売主の営業所所在地において支払わなければならない。

2.2.2 目的物の受領義務

受領とは，目的物の受領および占有を取得することを言う。目的物の受領義務は，買主の義務の1つである。現代契約法は，当事者双方の協力関係を強調しており，この種の義務を明確にすることによって，買主に協力義務を持たせ，取引の安全を守ることができる。買主の目的物受領義務は，性質上従たる給付義務に属し，この種の義務を履行しなければ，売主が目的物の引渡しの義務を履行できなくなる。もちろん，買主が受領義務に違反したことによって，直ちに売主の契約目的が実現できなくなるわけではい。根本違約を構成しなければ，

通常,売主は契約を解除する権利を有しない。

2.2.3　遅滞なく検査し通知する義務
(1) 遅滞なく検査する義務

　契約法157条は「買主は,目的物を受領した後,約定の期限内に検査を行わなければならない。検査期限の約定がない場合は,遅滞なく検査をしなければならない」と規定している。遅滞なく検査を行うことは,目的物は契約で約定した品質に合致するか否かを確定するうえでも,また紛争を回避するうえでもメリットがある。買主がこの種の義務を履行しなければ,目的物の品質が合格したものとみなされ,当該目的物によって生じた損害は買主が引き受けることになる。しかし,仮に買主が遅滞なく検査義務を履行しなくても,売主に対して違約責任を負う必要がない。したがって,遅滞なく検査を行う義務は,性質上不真正義務に属する。

　契約法157条は,検査義務の履行期間すなわち検査期間を定めたものである。当該規定によれば,検査期間は,次の2つの方法によって確定する。①約定した検査期間内で検査を行うこと。当事者が検査期間について約定した場合は,約定の期間に従って検査を行う必要がある。②検査期間について約定していない場合,遅滞なく検査をしなければならない。遅滞なく検査することとは,買主は合理的な期限内において検査を行わなければならないことを言う。合理的な検査期間の確定については,目的物の性質,引渡しの場所,買主の検査能力などの要素にもとづいて総合的に判断しなければならない。

(2) 通知義務

　通知義務とは,買主が検査した後に目的物の数量または品質に問題があることを発見した場合,遅滞なく売主に通知しなければならないことを言う。買主の検査を経て,目的物の数量あるいは品質が不合格であることが判明した場合,買主は,当該状況を売主に遅滞なく通知しなければならない。買主の通知義務の履行時期について,契約法158条は明確な規定を設けており,その主な内容は以下のとおりである。

　第1,当事者が目的物の検査期間を約定したのであれば,買主は,当該検査期間内において通知しなければならない。当事者が検査期間を定めていなければ,買主は,合理的な期間内において通知をしなければならない。合理的な期

間は，目的物の瑕疵の性質，買主が負うべき合理的な注意義務，当事者間の取引方法，取引の性質・目的・慣習，目的物の数量，検査の難易度，組立使用状況，買主または検査担当者の置かれた具体的な環境，技能およびその他の合理的な要素を総合して，誠実信用の原則によって判断しなければならない。

第2，買主が合理的な期間内においても通知せず，あるいは目的物を受領した日から2年以内に売主に通知しなければ，目的物は売買契約に約定した基準に合致したとみなされる。この点について，「売買契約司法解釈」20条1項は「契約法158条に規定する検査期間，合理的な期間，2年という期間を経過した後，買主は，目的物の数量または品質が約定に合致しないことを主張する場合，人民法院はこれを支持しない」と規定している。

第3，目的物の品質保証期間内がある場合，当該期間は，2年を超過するか否かにかかわらず，当該品質の保証期間を適用しなければならない。契約法158条2項は「目的物の品質保証期間がある場合は，品質保証期間を適用し，当該2年の規定を適用しない」と規定している。例えば，売主は，ある設備を売却するときに3年間の［三包］（修理・交換・返品の3点保証—訳者注）を行う約定をした場合，当該通知期間は3年でなければならない。

第4，売主に悪意がある場合，上記の期限の制限を受けない。契約法158条2項は「引き渡した目的物が約定に合致しないことを売主が知り，または知りうる立場にある場合には，買主は前2項に規定する通知時期の制限を受けない」と規定している。当該条文は，背信的な売主を保護しないルールを定めたものである。つまり，売主が引き渡した目的物が明らかに約定に合致しない，あるいは合致しないことを知るべき立場にあるのであれば，通知時期の制限を受けない。

2.2.4 付随義務

買主は，誠実信用の原則により，協力，秘密保持，保管などの付随義務を負わなければならない。例えば，売主が引き渡した目的物が不合格の状況のもとで，買主は，目的物を受領した後，なお当該目的物を適切に保管し，損害の拡大を防止しなければならない。また，不動産売買において，売主が買主に対して所有権移転登記手続を共同で行うことを通知した場合には，買主は，正当な理由がなければこの種の手続への協力要請を拒絶することができない。指摘し

ておかなければならないのは，付随義務は法律の明文規定ではなく，契約関係の発展にもとづき，具体的なケースにもとづいて確定されるものであるということである。

3　売買契約における目的物の危険負担

3.1　売買契約における目的物の危険負担概念と特徴

　売買契約における目的物の危険負担とは，売買契約を締結した後，目的物に意外な毀損，滅失が生じた場合，当事者のどちらが当該損害および関連する不利益な結果を負担すべきかということである。例えば，王某（甲）は，代金5万元で趙某（乙）の建物を購入する約定を交わし，乙に対して4万元の代金を支払うと同時に，3日後共同で家屋管理部門にて所有権移転手続を行い，手続後，残りの1万元代金を支払うことを約定した。しかし，契約締結日の夜，当該家屋は雷によって火事が発生し，家屋および家具は毀損してしまった。事故後，甲は乙に対して，すでに支払った4万元（原文は5万元と表記するが4万元の誤記か—訳者）の代金の返還を求めたが，乙はすでに受け取った4万元を返還しないだけでなく，甲に対して残りの1万元の支払を求めた。当該事件は，売買契約における目的物の危険負担の問題に属する。中国の司法実務から見ると，売買契約における危険負担のケースとしては，主に以下のようなものがある。①目的物が引き渡される前に意外な原因によって毀損，滅失した。例えば，家屋を購入したとき，家屋を引き渡す前に，火災によって重大な毀損が生じたといったケースである。②契約履行過程において，当事者一方の違約によって引渡しの遅延が生じ，この遅延期間中における目的物の毀損，滅失は，どちらが負担するかといったケースである。

3.2　中国契約法における目的物の危険負担規則

3.2.1　引渡しによって危険が移転するのが一般的な危険負担の規則である

　売買契約の目的物の危険負担について，契約法142条は「目的物の毀損および滅失に関する危険負担は，当該目的物が引き渡される前は売主が負担し，引き渡した後の危険負担は，買主が負う。ただし，法律に特段の定め，または当事者に特段の約定がある場合を除く」と規定している。当該規定によれば，引

渡しにより危険が移転するのが売買契約の目的物の危険負担の一般的規則である。つまり，目的物を引き渡す前の危険は，売主が負担し，引き渡した後の危険は，買主が負担する。契約法が，引渡しにより危険が移転するとの規則を設けている主な理由が2つある。すなわち，一方で，目的物の占有者が事実上目的物に対する管理およびコントロールをなし，目的物の毀損，滅失危険を防ぐことにとって最も有効な方法である。他方で，目的物の占有者は，事実上目的物を占有することによって生じた利益を享有すると同時に，目的物の毀損，滅失の危険を負担し，危険と収益は一致するという原則にも符合する。

引渡しにより危険が移転するとの規則は以下の条件を具備しなければならない。

(1) 目的物の引渡しがすでに完了していること

引渡しの完了は，すなわち占有の移転であり，言い換えれば，譲渡人が譲受人に財産の占有を移転し，譲受人が占有を受け入れることである。例えば，譲渡人は，目的物を譲受人のコントロール下においているが，しかし，通知をしていなければ，引渡しを構成しない。引渡しの完了は，目的物および引渡しの関連証明書の引渡しを含む。例外的なケースとして，当事者が所有権の証明書を引き渡したのであれば，目的物を引き渡したことと同様な効力を有することが認定される。「売買契約司法解釈」12条は，「売主は，契約の約定により，目的物を買主が指定した場所まで運送し，かつ運送人に引き渡した後は，目的物の毀損，滅失の危険は，買主が負担する。ただし，当事者に別段の約定がある場合を除く」と規定している。この規定によれば，売主が目的物を契約の約定に従い，買主が指定した場所まで運送し，運送人に引き渡した後は，当事者に別段の約定がある場合を除き，当該目的物の毀損，滅失の危険は，買主が負担する。

(2) 現実の引渡しおよび簡易の引渡しの方式を採用しなければならない

引渡しは，原則として，現実の引渡しの方式を採用しなければならない。つまり，売主が目的物の占有を買主に移転し，買主が直接に目的物を占有することである。現実の引渡しは，通常，物を，ある者のコントロールからほかの者のコントロール下に置くことによって，動産占有の実際移転が発生することである。これが引渡しの一般的ケースである。簡易の引渡しとは，売買契約締結時に，目的物はすでに買主によって占有されていて，当事者が合意に達したと

き，目的物は引渡しを完成させたとみなされることである。簡易の引渡しの場合には，目的物は，通常，買主の占有およびコントロール下にあるため，危険の移転も発生する。引渡しによって危険が移転するとの規則は，現実の引渡しおよび簡易の引渡しの方式の場合しか適用することができず，指図による引渡しおよび占有改定の場合には適用してはならない。なぜかと言うと，指図による引渡しおよび占有改定の場合には，買主は，目的物を占有していないだけではなく，目的物に関連する危険をコントロールできず，目的物によって生じた収益も享有せず，危険負担を負うことは明らかに公平を失するからである。したがって，引渡しによって危険が移転するとの規則は，現実の引渡しおよび簡易の引渡しの場合しか適用されない。

(3) 引渡しによって危険が移転するとの規則は，主に売買契約に適用される

売買契約は，主に所有権の移転を内容とする。所有権の移転は，ほとんど引渡しの方式で実現するため，中国契約法は，売買契約の部分において引渡しによって危険が移転することの基準を詳細に規定している。そのほかの契約，例えば賃貸借契約，寄託契約等では，目的物の所有権の変動に関わらないため，一般に所有権者が危険を負担し，契約法142条に規定する引渡しによって危険が移転するとの規則は適用されない。例えば，契約法231条の規定によれば，賃借人の責めに帰すべき事由によらない賃貸目的物の毀損，滅失が生じた場合，賃借人は，賃借料の減額か，不払いを要求できる。これは，賃貸人が危険を負担すべきことを明確にしたものである。

契約法142条の規定によれば，引渡しによって危険が移転するとの規定には2つの例外がある。①法律に別段の規定がある場合を除く。これは，主に法律が目的物の危険負担について特別の規定を有する場合に適用される。法律は，一部の有名契約についてその性質により，引渡し主義と異なる危険負担規則を設けている。②当事者に別段の約定がある場合を除く。法律における危険負担の規定は，任意規定であるため，当事者が約定を通して変更することを認めなければならない。例えば，目的物を引き渡したものの，代金が全額支払われるまで，売主が危険を負担することを約定できる。当該約定は法的効力を有する。

3.2.2 引渡しによって危険が移転するとの規則の売買契約における具体的な適用

(1) 運送途中の目的物売買の危険負担

　運送途中の貨物とは，売買契約締結時はなお運送途中にある貨物のことである。契約法144条は「売主が運送途中にある目的物を売却し，当事者に別段の約定がある場合を除き，毀損，滅失の危険は，契約成立時から買主が負担する」と規定している。この規定によれば，運送途中にある貨物の売買は，契約成立時から，危険は買主に移転することになる。もちろん，この規定に例外も存在する。「売買契約司法解釈」13条の規定によれば，売主が契約成立時にすでに目的物の毀損，滅失について知り，または，知りうる立場にありながら，買主に告知しなかった場合は，買主に目的物の毀損，滅失の危険を負わせてはならない。

(2) 引渡しの場所が不明確な場合の危険負担

　売買契約において，売主は，約定の時間，場所に従い目的物を引き渡さなければならない。引渡しの場所が不明確な場合，買主が貨物をどこで引き渡せばよいのかわからないため，履行しなければならない義務を確定することができず，目的物の危険負担の問題を確定できない問題が生じてしまう。このとき，引渡しによって危険が移転するとの規則を適用する鍵は，目的物の引渡しの時間を正確に認定することにある。具体的に言うと，売主が貨物の引渡しを行う場合，まず売主がどのような方法をもって引渡しを行うのかを確定し，併せて引渡主義にもとづき危険を分配しなければならない。もし契約において，売主が責任をもって運送を行うことを約定したが，しかし，引渡しの場所を約定しておらず，あるいは約定が明確でない場合には，売主は，目的物を最初の運送人に引き渡さなければならない。売主による運送を約定しておらず，売主および買主は，契約を締結するときに，目的物の所在地を知っている場合，売主は当該場所で目的物を引き渡さなければならない。目的物の所在地を知らない場合は，売主の営業所所在地において目的物を引き渡さなければならない。買主が自ら目的物を受領することになっている場合，売主の営業所所在地に出向いて貨物を受け取らなければならず，いったん買主が貨物を受領すれば，売主は引渡しを完了し，目的物の危険も買主に移転することになる。

　複数の運送人に関わる場合において，危険負担規則はどのように確定するの

か。この点について，契約法145条は「当事者は，引渡しの場所を約定しておらず，または約定が明確でなく，本法141条2項1号の規定により目的物の運送を必要とする場合，売主が目的物を最初の運送人に引き渡した後，目的物の毀損，滅失の危険は買主が負担する」と規定している。本条の規定によれば，当事者が引渡しの場所を約定しておらず，あるいは明確でなく，しかも目的物を運送する必要があれば，売主が目的物を最初の運送人に引き渡したときに，引渡しによって危険が移転するとの規則が適用される。すなわち目的物の危険負担は，売主が目的物を最初の運送人に引き渡すと同時に買主に移転することになる[5]。最初の運送人が目的物を第2運送人に引き渡したかどうか，あるいは引渡しの遅延が生じているか否かは，目的物の危険負担に影響を与えない。法律は，このような危険負担の規定を設けたのは，主に目的物が運送を必要とするケースを考慮したためであり，最初の運送人は，実際には，買主の受領補助者の立場にあり，最初の運送人が目的物を受領することは，買主が目的物を受け取ることと等しく，したがって買主が危険を負担しなければならない。

(3) 遠隔地売買

買主は，インターネットを通じて商品を購入した場合，目的物の危険負担をどのように確定するか，検討に値する。消費者権益保護法25条の規定によれば，インターネット，テレビ，電話，郵便などの方法で商品を購入する場合，法律が規定する例外ケースを除き，消費者は，商品を受け取った日から7日以内に返品でき，かつ理由を述べる必要がない[6]。したがって，遠隔地売買の場合には，消費者が一定の期間内において一方的に契約を解除することができる。遠隔地売買において，いったん売主が目的物を引き渡すと，目的物の毀損，消滅の危険は，直ちに買主が負担することになり，買主が消費者権益保護法25条の解釈に従い契約を解除したとしても，その目的物を売主に返還するまでは，依然として目的物を占有し，この場合は，依然として買主が目的物の毀損，滅失の危険を負担する。

---

5 翟雲嶺他『新合同法』大連海事出版社，2000年，256頁。
6 これらの例外的なケースとしては，消費者が注文したもの，新鮮かつ腐敗しやすいもの，オンラインからダウンロードまたは消費者が自ら開封した音声映像製品，コンピューター・ソフト等のデータ化した商品，引き渡した新聞，雑誌等がある。

3.2.3　違約の場合における目的物の危険負担

　契約法の規定から見ると，売買契約において，当事者の一方が契約に違反した場合には，一律に引渡しによって危険が移転するとの規定は適用できない。その主なものとして以下のようなケースがある。

(1) 買主の原因によって目的物を引き渡せないときの危険負担

　契約法143条は，買主の原因で目的物を約定の期間中に引き渡せない場合は，買主が約定に違反した日から目的物の毀損，滅失の危険を負わなければならない，と規定している。例えば，契約において，買主がみずから貨物を受領することを約定していながら，買主が約定の期間内において貨物を受領せず，そのために売主が買主に貨物を引き渡せなくなった場合には，当事者双方の責めに帰すべき事由によらない貨物の毀損，滅失につき，買主が危険を負担する。

(2) 買主が遅滞なく目的物を受け取らない場合の危険負担

　契約法146条は「売主は，約定または本法141条2項2号の規定に従い，目的物を引渡しの場所に置き，買主が約定に違反して受領しない場合には，目的物の毀損，滅失の危険につき，約定に違反した日から買主がこれを負担する」と規定している。本条の規定によれば，売主が契約の規定にもとづいて遅滞なく目的物を引き渡し，かつ買主に受領するよう通知したのに，買主が正当な理由がないにもかかわらず，遅滞なく受領せず，その後に目的物が当事者の責めに帰すことのできない事由によって毀損，滅失した場合には，買主が当該危険を負わなければならない。契約法がこの規則を定めたことは，買主に対して遅滞なく目的物を受領するよう督促するうえで有利である。

(3) 売主が引き渡した目的物の品質が不合格の場合の危険負担

　売主が引き渡した目的物の品質が要求に符合しなければ，不完全履行の範疇に属する。不完全履行とは，債務者が債務を履行したものの，その履行が品質につき契約の約定に符合しないことである。契約法148条は「目的物の品質がその要求に符合せず，契約の目的を実現できないときは，買主は目的物の受領を拒否し，あるいは契約を解除することができる。買主が目的物の受領を拒否し，あるいは契約を解除した場合は，目的物の毀損，滅失の危険は，売主がこれを負担する」と規定している。当該規定によれば，売主が引き渡した目的物の品質が約定あるいは法定の基準に符合せず，買主が受領を拒絶し，あるいは契約を解除した場合には，売主が目的物の毀損，滅失の危険を負わなければな

らない。この規定の適用要件は，以下の条件を具備しなければならない。すなわち，①売主が引き渡した目的物の品質は，約定あるいは法定の基準に符合せず，買主の契約目的が実現できなくなったこと。売主が引き渡した目的物の品質が法定または約定の品質の基準に符合しないが，買主の契約目的の実現に影響を与えなければ，この規則を適用することができない。②買主が目的物の受領を拒否し，あるいは契約を解除したこと。つまり，買主が受領を拒絶し，あるいは契約を解除した場合にはじめて売主による危険負担の規則を適用できる。買主がすでに目的物を受領し，かつ契約を解除していない場合に，目的物が当事者の責めに帰すことのできない事由によって毀損，滅失が生じたときは，なお引渡しによって危険が移転するとの規則によって，買主が目的物の毀損，滅失の危険を負担しなければならない。

4 売買契約違反行為とその責任

4.1 履行拒絶

売買契約において，履行拒絶とは，売買契約の当事者の一方がその契約義務の履行を拒否することをいう。その中には以下の4つのケースが含まれる。①売主が正当な理由なく目的物を引き渡さない。②買主が正当な理由なく目的物を受領しない。③買主が目的物を受領するも，正当な理由なく代金を支払わない。④履行期前の契約違反。履行期が到来する前に，売買契約のいずれかの当事者が，履行期が到来したとしても契約を履行しないことを明確に表示し，あるいは履行期が到来したとしても履行しないことを行為で示したうえで，契約の履行につき担保を提供しなかった場合，これらすべて履行期前の契約違反に属する。

履行拒絶の場合は，違約でない当事者の一方が違約当事者に対して履行の継続を請求することができる。法により，強制履行を行うことができず，または強制履行を客観的に行えない債務については，継続履行という違約形式を適用することができない。履行の拒否が根本違約を構成する場合には，違約をしていない当事者の一方が契約を解除することができると同時に，損害賠償を求めることができる。

4.2 不完全履行

不完全［不適当］履行とは，債務者が引き渡した目的物が当事者のが約定した数量に合致しないことを指す。不完全履行は，以下の2つの類型に分けることができる。

第1，引き渡した数量が不足している。一般的に言えば，売主が引渡しの義務を一部しか履行しなかったのであれば，買主は，売主に対して不足部分の履行を求めることができる。履行を分割して行うことができれば，部分履行は，必ずしも当事者の契約目的の喪失あるいは実現不能をもたらすわけではない。そのため，債権者は，部分履行が根本違約を構成し，契約目的を実現することができなくなることを証明できなければ，契約を解除することができず，売主に対して違約責任の負担しか請求できない。もちろん，引き渡した目的物の数量の不足が買主の契約目的の実現可能性に影響を与える場合には，買主は，契約解除を行うことができる。例えば，売主は，500kgのリンゴを引き渡さなければならないにもかかわらず，25kgしか引き渡さない場合に，未履行部分の数量が占める割合が大きいため，根本違約を構成することになる。

第2，約定の数量より多く目的物を引き渡した場合。売買契約において，売主は，約定の数量にもとづいて目的物を引き渡さなければならず，そうでなければ，違約を構成することになる。契約法162条は「売主が約定した目的物の数量を超過して引き渡した場合に，買主は超過分を受領または拒否することができる。買主は，超過分を受領した場合に，契約に定めた価格に従って代金を支払うが，超過分の目的物の受領を拒否した場合には，速やかに売主に通知をしなければならない」と規定している。本条の規定によれば，売主が目的物の数量を超過して引き渡した場合に，買主が当該目的物を受領したのであれば，超過分について代金を支払わなければならない。買主は，受領したくなければ，超過分の目的物の受領を拒否することができるが，しかし，遅滞なく売主に通知しなければならず，売主が超過分の目的物を受け取りに来るまでの間，買主は，売主に代わって保管しなければならず，売主が保管費用を支払わなければならない。また，買主は，超過分の目的物について売主に通知した後，当該目的物に関する毀損，滅失の危険については，売主が負担しなければならない。

4.3 瑕疵ある履行

　瑕疵とは，目的物が法律の規定又は当事者が約定した品質基準に違反することを言う。いわゆる「瑕疵ある履行」とは，売主が引き渡した目的物が契約に定めている品質基準に合致していないことである。瑕疵ある履行は，目的物の損害をもたらす可能性があるだけでなく，目的物以外の財産あるいは人身の損害をもたらす可能性もある。売主が瑕疵ある履行を行った場合に，契約法111条の規定によれば，買主は，売主に対して以下のような違約責任を負うように請求する権利を有する。

　第1，実際履行。瑕疵ある履行を行った場合には，買主は，売主に対して瑕疵ある目的物の修理，更換，作り直しなどを求めることができる。瑕疵ある目的物が修理可能であれば，売主が修理するか，あるいは修理を行った買主に売主が修理費用を支払わなければならない。

　第2，代金の減額。売主が瑕疵ある履行を行った場合には，買主は代金の減額を求めることができ，「売買契約司法解釈」23条の規定にもとづき，代金の減額を行う際に，約定に符合する目的物の市場価格と実際に引き渡された目的物の引渡し時の市場価格との差額を計算しなければならない。

　第3，違約金の支払。瑕疵ある履行を行った場合に，当事者が違約金に関する条項を約定していれば，買主が売主に対して違約金の支払を求めることができる。しかし，この種の違約金は，損害賠償額の予定として，補塡的な役割を果たすことになる。

　第4，損害賠償。瑕疵ある履行において，目的物の瑕疵によって買主に損害をもたらした場合には，被害者は，損害賠償を請求できる。当該損害賠償の額は，買主が売主の違約によって被った損害プラス契約が履行されれば得られたであろう利益に相当するものでなければならない。また，買主が修理，更換，作り直しなどを求め，さらに他の損害があった場合には，売主に対して損害賠償を求めることもできる。例えば，買主は瑕疵ある目的物の修理を依頼したため，当該目的物を使用することができなくなってしまい，買主がそれによって生じた損害も売主に賠償を求めることができる。

　第5，契約の解除。契約法148条の規定によれば，目的物の品質が品質の要求に符合していないため，契約目的が実現できなくなってしまった場合，買主

は，契約を解除できる。もちろん，目的物の品質問題は，軽微なものであれば，買主がこれにより契約を解除することはできない。例えば，当事者双方が500kgのリンゴの譲渡を約定したが，2.5kgのリンゴに瑕疵があったとしても，この種の瑕疵はそれほど重大な問題でないため，買主は，契約解除を求めることができない。

契約法111条の規定によれば，目的物の品質が約定に合致しない場合，損害を被った者は，当該目的物の性質および損害程度の大小により，相手方当事者に対して合理的に選択のうえ違約責任を負うよう要求することができる。言うまでもないが，損害を被った者は，誠実信用の原則により，違約責任の負担方法を決めなければならない。例えば，買主が修理を選択した場合，通常，目的物に存在する瑕疵が修理可能な場合に限って請求できる。修理不能あるいは修理費用が高額であれば，この種の請求権を行使してはならない。

4.4　履行遅滞

履行遅滞とは，債務の履行期限が到来したにもかかわらず，債務者が給付義務を果たしていないことを言う。履行遅滞を判断するポイントは履行期であり，債務者が履行期到来にもかかわらず，契約義務を履行しなければ，履行遅滞を構成する。履行遅滞が生じた場合，契約に違反している当事者の一方に対して下記のような違約責任を求めることができる。

第1，履行の継続。履行遅滞に陥った場合，債務者が継続して履行することができれば，債権者は，履行の継続を求めることができる。これは，契約の目的を実現するためである。「売買契約司法解釈」22条によれば，売主が契約にもとづき修理を行わず，あるいは状況が緊急で，買主自身が修理を行うか，あるいは第三者に修理してもらった場合には，売主に対して合理的な修理費用の負担を請求することができる。

第2，損害賠償。当事者の一方の履行遅滞によって相手方当事者に損害をもたらしたとき，相手方当事者は，損害賠償責任を求めることができる。例えば，「売買契約司法解釈」24条によれば，売主は，買主が契約に違反していることを理由に支払遅延損害賠償を求める場合，人民法院は，中国人民銀行の同時期の人民元の貸付基準利率にもとづき，支払遅延金の基準を参考にして計算する。

第3，違約金の支払。契約法114条3項は，当事者が履行遅滞に関する違約

金を約定した場合に，違約当事者は，違約金を支払った後，引き続き債務を履行しなければならないと規定している。また，「売買契約司法解釈」24条は，売買契約における代金支払期限の変更があったとしても，当事者における支払遅延違約金の約定に影響を及ぼさないとしている。

4.5　付随義務違反

通常の場合は，当事者の一方が付随義務に違反しても，相手方当事者の契約目的の実現に影響を与えない。しかし，例外として付随義務違反が根本違約を構成することがありうる。契約法94条4項は「その他の違約行為により契約目的の実現が不可能になった場合」と規定している。この場合の被害者は，契約を解除することができるだけでなく，損害賠償を求めることもできる。例えば，フランチャイズ契約において，事前に特許の使用方法を伝えなかったことによって，フランチャイジーが営業活動を展開できなくなってしまった場合，契約の解除を求めることができる。

4.6　継続的供給契約違反の違約責任

継続的供給契約とは，当事者の一方が確定あるいは不確定の期限内に，相手方当事者に一定量の目的物を継続して供給し，相手方当事者が代金を分割して支払うことを約定することである。継続的供給契約の特殊性により，契約法は，その違約形態および責任について専条を設けており，以下の3つのケースを規定している。

第1，目的物を分割して引き渡す場合，もし一部の目的物が約定に合致しなければ，契約目的が実現できないときは，契約法166条1項の規定により，買主は，約定に合致しない部分の目的物につき契約を解除することができる。

第2，一部の目的物を引き渡さず，あるいは約定に合致しない目的物を引き渡したことによって，今後その他の目的物の引渡しが不可能となり，契約目的の実現ができない場合には，契約法166条2項により，買主は当該目的物およびその後の分割給付予定の目的物の契約を解除することができる。

第3，買主が目的物の一部につき契約の解除を行うにあたり，当該目的物とその他の分割給付目的物との間に相互依存性がある場合には，契約法166条3項により，買主は，すでに引き渡した目的物および引き渡していない各目的物

につき，契約を解除することができる。

第12章 特殊な売買

案例 甲は,「アウディ4S店」でアウディA4の車1台を購入,代金は25万元である。当事者双方は,甲が代金を5回に分割して,毎回5万元を支払うことを約定した。甲は,3回分の代金を支払った後,資金を工面することができなくなり,期限どおり4回目の代金を支払えなかった。4S店は,甲がすでに根本違約を構成するとして,契約の解除を主張すると同時に,車の返却を求めた。甲は,大部分の代金をすでに支払っており,4S店が主張する契約解除に応じなかった。

簡単な評釈 本件は,代金の分割払に関する紛争である。売買代金の分割払について,契約法167条1項は「代金の分割払を行う買主は,支払期限の到来した未払代金が代金全額の5分の1に達した場合,売主は,買主に対してすべての代金の支払いを求めることができ,または契約を解除することができる」と規定している。当該規定によれば,買主の未払代金の金額は,代金の全額の5分の1に達したのであれば,売主は,契約を解除することができる。当該解除権は法定解除権である。本件において,甲の未払代金額は,すでに代金全額の5分の1に達しているため,4S店は,法により契約を解除することができる。

1 所有権留保

1.1 所有権留保の概念と特徴

所有権留保(Retentionoftitle)とは,売買契約において,買主が目的物を先に占有・使用しているものの,すべての代金を支払うまでは目的物の所有権は買主に移転せず,依然として売主が留保することを言う[1]。例えば,上記の

381

ケースの場合は，車の売買代金完済前に，甲は車を受け取り使用することができるものの，4S店は依然として当該車の所有権を有する。民法通則意見84条は「財産をすでに引き渡したが，当事者は，条件付所有権移転の特約をなし，当該条件が成就した場合にはじめて財産の所有権が移転することになる」と規定している。解釈上，当該条文は，中国法では最も早く所有権留保付売買を認めた規定であると解することができる。契約法134条は「当事者は，売買契約において買主が代金の支払またはその他の義務を履行していない場合，目的物の所有権は売主に属する」と規定しており，法律上，はじめて所有権留保制度を認めたことになる。

所有権留保制度は，担保の機能を有する。売主は，目的物を引き渡した後，依然として目的物の所有権を留保することができる。所有権留保は，ある種の担保機能を発揮し，買主による期限どおりの代金完済を担保する。また，所有権留保制度は，資金を融通する機能を有し，所有権留保制度を通して，買主が代金を一括払せずに目的物を占有・使用することができるため，取引の促進にとってメリットがある。

所有権留保の主な特徴として，次のいくつかをあげることができる。

第1，動産売買にしか適用できない。所有権留保制度は，主に売買契約において適用され，契約法134条はその適用範囲を明確には規定していないが，「売買契約司法解釈」34条によれば，売買契約当事者が，契約法134条に規定する目的物の所有権留保に関する規定を不動産に適用したいと主張しても，人民法院は，これを支持しないと規定している。したがって，所有権の留保は，動産にしか適用できず，不動産に関する物権変動は，登記の移転を要件とし，いったん登記を変更すれば，目的物の所有権も移転することになり，当事者が約定をもってこれを排除することができない[2]。

第2，引渡しによる所有権移転の例外に属する。動産に関する物権変動について，物権法23条は「動産に関する物権の設立および譲渡は，引渡時に効力が発生する。ただし，法律に別段の定めがある場合を除く」と規定している。当該規定は，当事者が約定で引渡しというルールを変更することを認めている

---

1 崔建遠主編『合同法［5版］』法律出版社，2010年，405〜406頁参照。
2 奚曉明主編『最高人民法院関于売買合同司法解釈理解与適用』人民法院出版社，2012年，526頁。

わけではない。しかし，契約法134条は「当事者は，売買契約において買主が代金の支払またはその他の義務を履行しない場合，目的物の所有権は売主に属することを約定することができる」と規定している。本条は，物権法23条に規定する「法律に別段の定めがある場合」に属する。所有権留保は，引渡しによる所有権移転の例外のケースに属する。所有権留保の形式は，法律によって定められているが，引渡しによる所有権移転の例外として，それは当事者の特別の約定によって実現するものである。

第3，非典型担保の一種である。非典型担保とは，法律によって確定した担保以外のもの（例えば譲渡担保）を言う。中国民法上，所有権留保は，担保制度の一つとして設けられているわけではないが，実際上，債権の担保としての機能を発揮する制度で，非典型担保の一形態をなす。

1.2 所有権留保と条件付売買の区別

所有権留保と条件付売買は，ともに当事者が取引に対して一定の条件を加えるものであり，両者が交叉する可能性があり，条件付売買において，所有権の移転に一定の条件を付けることもできる。例えば，当事者双方は，契約において，会社から給与が支給されれば，目的物の代金を支払い，所有権を取得することを約定したとする。しかし，両者の間に一定の違いも存在し，その違いは主に以下のとおりである。

第1，条件付売買においては，当事者は，通常，一定の条件を約定し，当該条件が成就するか否かをもって，契約が成立するか否かの判断要素とする。しかし，所有権留保の場合は，契約はすでに成立し，それが影響するのは，引渡しと同時に目的物の所有権が移転するか否かである。例えば，上記の案例では，甲は，4S店から車1台を購入し，双方が所有権留保契約を締結しているので，契約が成立すれば，直ちに効力を生ずる。

第2，担保機能を有するか否かである。条件付売買においては，付けている条件は担保を目的としていない。しかし，所有権留保は，信用取引における担保機能を実現するためにある。

第3，適用範囲の違いである。条件付売買は，不動産の売買に限らず，各種の売買に適用できる。しかし，所有権留保は，動産売買にしか適用されない。

1.3　所有権留保の効力

1.3.1　売主の主要な権利

　所有権留保売買において，売主は通常の売買における売主の権利（例えば，買主に対する代金支払請求権）を有するほか，以下のいくつかの権利を有する。

　第1，所有権を留保する。所有権留保は，所有権移転の例外であり，所有権留保における目的物が買主に占有・使用されても，その所有権は依然として売主にある。もちろん，買主の期待権を守るため，売主は，目的物に抵当権を設定するなど任意に処分してはならない。

　第2，法により解除権を有する。契約法総則における解除に関連する規定（69条，93条，94条）は，一般に所有権留保契約にも適用できる。すなわち買主が根本違約を構成するときに，売主は契約を解除することができる。

　第3，法により取戻権を有する。いわゆる取戻権とは，買主が契約に違反した場合，売主が目的物を取り戻す権利を有することを言う。上記の案例において，甲が代金を支払わず，根本違約を構成するとき，4S店は，契約を解除し，車を取り戻すことができる。「売買契約司法解釈」35条によれば，所有権留保売買において，目的物を実際に引き渡した後，目的物の所有権が買主に移転する前に，買主が約定にもとづいて代金を支払わず，特定の条件を完成せず，目的物を売却し，あるいは質に出す等の不当な処分を行った場合，売主は，当該目的物を取り戻す権利を有する。売主がいったん取戻権を行使すれば，再び当該目的物に対する完全な支配権を取得することになり，当該目的物を再処分することができる[3]。しかし，「売買契約司法解釈」36条の規定によれば，以下のケースにおいては，売主は取り戻すことはできない。その1は，買主がすでに目的物代金の全額の75％以上支払った場合である。その2は，第三者が物権法の関連規定により，すでに目的物の所有権およびその他の権利を善意で取得した場合に，売主は，目的物を取り戻すことができない。

　売主が取戻権を行使した後，買主は，約定により依然として買戻権を有する。つまり，所有権留保契約において，買戻しの期間を明確に約定している場合，売主が目的物を取り戻した後，買主は，双方の約定あるいは売主が指定した買

---

[3] 奚暁明主編『最高人民法院関于売買契約司法解釈理解与適用』人民法院出版社，2012年，540頁。

戻しの期間内において，売主による目的物の取り戻す事由を除去すれば，目的物の買戻しを主張することができる[4]。例えば，ある設備製造会社は，買主が分割支払期間を守らない場合に，設備を取り戻したとする。当事者双方は，約定した2ヶ月の買戻し期間内において，買主が資金を集めて代金を支払えば，当該設備を買い戻すことができる。「売買契約司法解釈」37条によれば，人民法院は，これを支持しなければならない。買戻しの期間内における買主による代金支払義務の履行を認め，また，特定条件を完成させ，目的物に対する不当な処分を停止すれば，再び目的物を占有することができる。ただし，買主は，約定または指定の買戻しの期間内に目的物を買い戻さなかった場合，売主は，目的物を再度売却するか，契約を解除することができる。

1.3.2 買主の主要な権利

所有権留保において，買主も売買契約における各種の権利を有し，例えば，売主に対して目的物の占有移転を請求することができる。この他，買主は，以下のような権利を有する。

第1，目的物に対する占有・使用・収益の権利を有する。所有権留保において，代金完済の前に，目的物の所有権は依然として売主が有するが，しかし，買主は目的物に対する占有，使用および収益の権利を有する。もちろん，代金の全部を払うまでは，買主は，目的物に対する処分権を有せず，また動産を無断で譲渡あるいは担保を設定することはできない。

第2，期待権を有する。期待権とは，権利者が法律または契約の規定により，将来のある種の権利の享有に対する期待および利益に対する期待を言う。所有権留保売買において，買主は，当事者の約定した特定の条件を満たすことができなければ目的物の所有権を取得できないものの，依然として所有権譲渡の期待権を有し，この種の権利は，法律上，期待権と称される。買主の期待を保護するため，売主は，任意に契約を解除してはならない。

1.3.3 所有権留保における危険負担の移転

契約法は，所有権留保における危険負担の移転について規定していないが，

---

[4] 奚暁明主編『最高人民法院関于売買契約司法解釈理解与適用』人民法院出版社，2012年，556頁。

しかし，一般的に，所有権留保における危険負担の移転について，引渡しの原則を適用する。つまり，いったん売主が目的物を買主に引き渡した場合，買主は，目的物の毀損および滅失の危険を負担しなければならない。なぜならば，所有権留保の場合には，目的物の所有権は移転していないが，しかし，目的物は買主の支配下にあり，売主はすでに目的物に対する支配権を失い，買主が危険を負担することによって少ないコストで目的物の毀損，滅失を回避することができる。また，買主は，目的物を占有，使用および収益することができ，買主が危険負担を負うことは，権利義務の対等の原則に合致する。

2 割賦販売

2.1 割賦販売の概念と特徴

割賦販売とは，当事者双方が契約において約定し，売主が先に目的物を引き渡し，買主が契約代金の全額を分割して支払う特殊な売買のことである[5]。「売買契約司法解釈」38条1項の規定によれば，分割払は，買主が支払うべき代金の全額を一定期間内に3回以上に分けて売主に支払うことを指す。割賦販売において，買主が代金を分割して支払うことは，買主の資金難問題の解決にとっても，また商品の販売促進にとっても有利である。また，割賦販売は，資金融通の役割をも有する。蓋し，買主は取引の際に資金の全額を用意する必要がなくなるからである。

割賦販売の主な特徴は，以下のとおりである。

第1，特殊な売買である。すなわち通常の売買にはない特殊性を有する。この種の売買は，通常の販売基準に合致し，契約法における売買契約の規定は，割賦販売契約にも適用できる。しかし，割賦販売は，特殊な販売形態であるため，その代金は一括払ではなく，分割して支払うことができ，買主が期限の利益を有し，契約に約定した期限に従い，代金を支払うことができる。

第2，動産および不動産の売買に適用できる。動産売買でも，不動産売買でも，割賦販売の方式を採用することができる。しかも，割賦販売において，買主は，実際に目的物を利用する必要がないため，権利売買にも適用することも

---

5 鄭玉波『民法債編各論［上］』三民書局，1986年，101頁。

できる。

第3，割賦販売の場合，往々にして所有権留保の特約を付している。割賦売買は，信用取引であり，代金債権の実現を担保する方法として，所有権留保が用いられている。

2.2 割賦販売と所有権留保の区別

割賦販売は，所有権留保付売買の方式を採用することができる。例えば，当事者は，契約において，買主が代金を完済するまで売主が所有権を留保することを約定することができる。一般的に言うと，所有権留保における代金の支払は，一括払でなく，分割して支払うことも考えられる。しかし，割賦販売は，所有権留保と異なる。両者の違いは，主に以下のとおりである。

第1，適用範囲。割賦販売は，必ずしも所有権留保を採用する必要がない。例えば，当事者は，目的物の引渡しと同時に所有権の移転を約定したとしても，買主が代金を分割して支払うことができる。また，所有権留保は，売買において適用することができるだけではなく，当事者の一方がすでに目的物を先に占有した場合でも用いることができる。例えば，ファイナンス・リース取引において，貸手もリース物件の所有権を留保する方式を通じて，リース料金債権の実現の担保に供する。

第2，適用する法律。割賦販売は，代金支払の一種特殊な形態であり，主に売買に関連する法律を適用し，金銭債務の履行の問題に属する。これに対して，所有権留保は，売買と密接に関連しているものの，主に所有権移転の問題および物権法における物権変動の関連規定にかかわる。

第3，契約解除の要件。割賦販売において，期限が到来している代金の未払額が全額の5分の1に達した場合，売主は，契約を解除することができる。しかし，所有権留保の場合は，この種の契約解除権の制限基準は適用されない。

第4，現実の引渡しを必須とするか否か。割賦販売の場合は，現実の引渡しを採用しなければならず，買主が代金完済の前に，売主は，目的物を買主に引き渡して占有・使用をさせなければならないが，所有権留保の場合には，必ずしも現実の引渡しを必要としない。

第5，売主に対する利益保護。所有権留保は，実質上，取引に担保を提供している。割賦販売は，売買の支払方法の1つであるが，担保方式ではない。

2.3 割賦販売の効力

2.3.1 売主にとっての効力

割賦販売における売主の権利は,およそ以下の通りである。

第1,代金の分割払を求める権利。売主は,割賦販売契約を締結した後,代金を分割して請求する権利を有する。つまり,売主は,買主に対して代金の一括払を請求する権利を有しておらず,分割払のそれぞれの期限が到来する前に,はじめて当該分割支払金の支払を請求することができる。

第2,法定条件が成就するときに契約を解除する権利。割賦販売契約は一般の売買と同じく,法定解除条件に合致するとき,売主は,契約を解除する権利を有する。しかし,この種の特殊な売買に対して,法律は,解除権行使に対して一定の制限規定を設けている。契約法167条は「代金の分割払を行う買主は,支払期限の到来した未払代金が代金の全額の5分の1に達した場合,売主は,買主に対して代金全額の支払または契約を解除することができる」と規定している。つまり,割賦販売において,一定の条件に合致すれば,売主は,法により契約を解除する権利を有する。

第3,法定条件に合致した場合における代金全額の支払を請求する権利。割賦販売において,売主は,代金全額の支払を求める権利を有していないが,しかし,契約法167条によれば,買主が支払期限の到来した未払代金が代金全額の5分の1に達した場合,売主は,買主に対して未払代金の全額を一括して支払うよう求めることができ,買主は割賦販売における期限の利益を失うことになる[6]。

第4,契約解除後,買主に対して目的物の使用料を請求する権利。契約法167条によれば,売主は,契約を解除すると,買主に対して目的物の使用料の支払を請求することができる。目的物の使用料は,目的物の価値,利用状況,買主が得た利益等の要素を考慮して,市場における同種物のレンタル料を参考にして金額を確定することができる。一般的に言えば,目的物の価値が高ければ高いほど,使用時間が長ければ長いほど,高い使用料金を支払わなければならない。

---

6 房紹坤「論分期付款売買」法学論壇,1997年1期。

2.3.2 買主にとっての効力

割賦販売における買主は，次のような権利を有する。

第1，売主に対して目的物の引渡しと同時に所有権の移転を求める権利。割賦販売契約において，買主は，売主に対して目的物の引渡しを求めることができる。買主が代金を完済する前に，売主は，目的物を買主に引き渡さなければならない。通常，売主は，買主が最初の代金を支払ったら，目的物の引渡し義務を負う[7]。もちろん，当事者は，仮に買主が代金を支払わなくても，目的物の占有を取得できることについて約定することができる。

第2，目的物の占有，使用の権利。当事者は，別段の約定がなければ，買主は，最初の代金支払を行った後，売主に対して目的物の引渡しを求めることができる。しかも，この種の引渡しは，現実の引渡しでなければならず，買主が目的物を占有している期間，売主からの干渉を受けない。しかし，買主は，目的物に対する占有，使用の権利を有するのみで，処分権は有しない。したがって，目的物を譲渡し，抵当権や質権を設定することはできない。処分を行った場合は，違約を構成するだけでなく，売主の目的物に対する所有権を侵害することになる。

第3，代金を分割して支払う権利。割賦販売においては，買主は一括払ではなく，分割払の権利を享有する。割賦販売において，買主は，期限の利益を享有し，約定の期限に従い代金を支払うことができ，法律の規定あるいは当事者が約定した特別の事由の発生によらないかぎり，当事者は，買主に対して期限の利益の放棄を主張することができず，買主も期限が到来する前に代金を支払う必要はない。しかし，買主が約定の期限を守らず，未払代金が代金全額の5分の1に達した場合，この種の期限の利益を喪失することになり，売主は，買主に対して未払代金の全額払を求めることができる。

第4，契約解除後に代金の返還を請求する権利。買主が期日到来の代金の5分の1を支払わなかった場合，契約解除をもたらし，原状回復の原則に従い，買主は，売主に対してすでに支払った代金の返還を求めることができる。代金を返還するとき，買主は，売主に対して合理的な利息を求めることができる。ただし，買主は，代金の返還を求めるとき，目的物の使用料を支払い，併せて

---

7 呉志忠『売買合同法研究』武漢大学出版社，2007年，198頁。

目的物を返還しなければならない。このとき，買主は目的物について留置権を有し，それでもってその代金の返還請求権の実現を保障する。

2.3.3 目的物の毀損，滅失の危険負担

中国契約法は，割賦販売における目的物の毀損，滅失等の危険負担について規定しておらず，同法142条は「目的物の毀損，滅失の危険は，目的物が引き渡される前は売主が負担し，引き渡された後は買主が負担する。ただし，法律に別段の規定または当事者に別段の約定がある場合を除く」と規定している。思うに，この規定は割賦販売にも適用できるはずであり，割賦販売における危険負担も，引渡主義の一般規定を適用しなければならない。買主が代金を完済してはじめて目的物の所有権を移転することができるが，しかし，目的物の毀損，滅失の危険は，引渡しのときから移転し，所有権が移転したときから買主が負担すべきではない[8]。割賦販売は，売買の一類型であり，特別な事由がないかぎり，契約法における売買契約の規定を適用しなければならない。しかも目的物を引き渡した後，買主は，自ら所有する意思でもって，目的物を占有，使用，収益し，実質上の所有者であり，かつ目的物の実質上の支配権も，目的物の引渡しにより，売主から買主に移転したことになる[9]。したがって，買主による危険負担は，権利義務一致の原則にも合致する。もし，売主が危険を負担するとなると，売主にとってきわめて不公平である。

3　見本販売

3.1　見本販売の概念

見本売買とは，当事者双方が目的物につき見本に符合することを約定した売買である。見本は，当事者が選定し，目的物の品質，型番，特徴，構成ないし機能を決めるために用いられる物品である。契約法168条は「見本売買の当事者は，見本を保存し，見本の品質を説明できるようにしなければならない。売主が引き渡した目的物は，見本および説明した品質と同じでなければならない」と規定している。

 8　劉貴祥「合同履行与風険負担制度」『法律適用』2000年9号。
 9　劉得寛『民法諸問題与新展望』三民書局，1979年，13頁。

見本売買の性質は，諾成契約に属し，通常の売買契約と比較して特別なところがあるわけでなく，当事者の意思表示が一致すれば成立する。このほか，見本売買契約の成立は，次の2つの要件を要する。その1は，契約を締結する前に見本が既に存在していることである。見本売買において，目的物の品質，特徴などは，見本によって確定する必要があるからである。その2は，当事者の一方が相手方当事者に見本を提供し，かつ当事者双方は，見本により契約を締結する明確な合意を有することである。見本は，買主が提供することができるだけでなく，売主も提供することができる。もし双方が互いの見本について納得しなければ，双方がともに信頼している第三者が提出するか，第三者が見本を作って提供することもできる。同時に，見本売買において，見本の引渡しは，契約の成立あるいは効力の発生要件でなく，見本売買契約は，当事者の意思の合致によって成立し，諾成契約に属する。

3.2　見本売買の効力

　見本売買は，特殊な売買に属するものの，通常の売買と本質的な違いがあるわけではない。しかし，特殊な売買類型として，効力上，以下のいくつかの点では，一定の特殊性を有する。

　第1，見本の保存と説明義務。契約法168条は「見本売買の当事者は，見本を保存し，かつ見本の品質を説明できるようにしなければならない」と規定している。本条は，見本売買における売主の2つの義務を定めたものである。その1は，見本を保存する義務である。当事者は，見本売買契約を締結する前に，見本を保存する必要がある。その2は，説明義務である。売主が負担する説明義務は，品質に対する説明だけでなく，見本の物理的な構造，機能などについても説明する義務を負う。

　第2，見本に符合することの担保義務。見本売買において，売主が引き渡した目的物の品質，型番および機能は見本と同一であることを保証しなければならず，理論上，「売主の見本符合担保義務」と称されている。見本売買において，見本の存在は，目的物の品質などのために明確な基準を示したことになる。しかし，見本の品質が契約の定めと一致しない場合に，「見本に符合する」ことをどのように確定するか。この点について，「売買契約司法解釈」40条は，2つの基準を定めている。①契約に約定した見本の品質と文字の説明が一致せ

ず，かつ紛争が発生したとき，当事者が合意に達せず，保存している見本の概観および品質に変化がなければ，見本を基準にしなければならない。②概観および品質に変化が生じ，あるいは当事者が見本に変化が生じているか否かについて争い，調べても明らかにできない場合には，文字の説明に従わなければならない。例えば，設備の購入における見本売買において，密封保存してあった見本がすでに開封され，外観上変化が生じているが，しかし，いかなる原因によって開封されたかについて明らかにできなければ，契約に規定する技術関連データに従うしかない。

第3，隠れた品質上の瑕疵に対する担保義務。見本売買において，売主は，目的物の品質と提供した見本との一致を担保する義務を負うだけではなく，隠れた品質上の瑕疵についても担保義務を負う。見本売買において，見本は，売主が引渡しの目的物の品質を確定する基準であるが，しかし，見本は隠れた瑕疵について担保義務を除く機能を有するわけではない。また，もし見本に隠れた瑕疵がある場合，買主は，通常，事前に発見して売主に対して修理を求めることはできない。この種の隠れた瑕疵は，目的物の使用，買主の人身・財産の安全に影響を与える可能性があるため，売主は，目的物の品質が見本に符合することを保証しなければならず，隠れた瑕疵を有しないことも担保しなければならない。契約法169条は「見本売買の買主が，見本に隠れた瑕疵があることを知らない場合，引き渡した目的物が見本と同じであるとしても，売主が引き渡した目的物の品質は依然として同種の物の通常基準に符合しなければならない」と規定している。本条は，隠れた品質の瑕疵に対する売主の担保義務を定めたものである。つまり，引き渡した目的物と見本の品質が同じあったとしても，見本そのものに隠れた瑕疵があった場合，売主は，依然として責任を負う必要がある。

4 試味売買

4.1 試味売買の概念と特徴

試味［試用］売買は，試験売買とも称され，契約成立時に売主が目的物を買主に引き渡して試用させ，買主は，一定期間内に試用したものにつき購入に同意し代金を支払うことを言う[10]。契約法170条および171条は，この種の契約

について規定を設けている。試味売買において，当事者双方は，買主が目的物を試味または検査し，目的物を試味した後に目的物を認可することを契約の成立要件とすることを約定する。買主が認可すれば，売買契約の効力が発生する[11]。例えば，会社Aは，ある製品の購入をBに勧め，当事者双方は，次のような合意をみた。すなわち会社Aが1週間以内にBに試味のため製品を提供し，試味期間は1ヶ月であり，試味期間満了後，Bが購入する意思を示せば，当該製品を購入することができるが，購入する意向がなければ拒否することもできる。つまり，契約の効力が発生するか否かは，試味期間満了後，試用した者が決定し，試用した者が正式に購入を表したとき，はじめて契約の効力が発生する。

試味売買は，売買の特殊な形態であり，以下のようないくつかの特徴を有する。

第1，買主が目的物を試用することができる。通常の売買において，当事者双方は，合意に達せば，契約が成立し効力が発生する。しかし，試味売買契約の締結後，買主が購入を正式に決める前に，目的物に関する約定の効力が発生しているわけではない。

第2，買主が試味した後，購入に同意することを契約の効力の発生要件とする。通常の売買においては，当事者の意思表示が一致すれば，契約が成立し効力が発生する。しかし，試味売買においては，当事者が試味した後，目的物の品質，性能等について満足し，かつ購入する意思を明確に表示した場合に，はじめて売買契約の効力が発生する。つまり，試味売買契約は，買主が試味を経て，購入の意思表示を示してはじめて効力が発生する。

第3，買主は，購入するか否かを決定する権利を有する。試味売買において，買主が試味した後，目的物の品質や性能などについて満足しているとしても，購入しないことを選択することもできる。試味段階において，買主は，目的物を随時に返還することができる。契約法171条は「試味売買の買主は，試味期間内に目的物を購入することも，購入を拒否することもできる。試味期間満了後，買主は，目的物を購入するか否かについて意思表示をしていない場合に，購入したものとみなす」と規定している。したがって，買主は，試味期間内に

10　崔建遠『合同法』法律出版社，2010年，392頁。
11　黄茂栄『売買法［修訂版］』中国政法大学，2002年，525頁。

購入するか否かを決定する権利を有する。試味売買の買主は，試味期間内に目的物を購入することができ，購入を拒否することもできる。買主は，購入を拒否したとしても，違約を構成しない。

　第4，目的物の所有権は，試味に供している間には移転しない。通常の売買においては，引渡しによって所有権を移転するルールを適用するが，試味売買では，目的物の引渡しは，買主に占有および使用の権利を与えるだけであって，所有権を享有させるわけではない。試味期間において，目的物所有権は，依然として売主に属する。試味期間満了後，買主が購入に同意すれば，簡易の引渡しがなされる。つまり，同意のときから所有権の移転が発生する。そのため，当事者間に特別な約定がなければ，買主が試味期間の費用を支出する必要はない。「売買契約司法解釈」43条は，試味売買の当事者が使用料金を約定せず，あるいは約定が不明確な場合，売主が買主に対して使用料金の支払を求めても，人民法院はこれを支持しないことを規定している。

4.2　試味売買の効力

4.2.1　売主に対しての効力

　試味売買において，売主の主な義務は，いったん契約を締結すれば，商品を買主に引き渡さなければならない。試味期間中，売主は，任意に目的物を取り戻してはならず，また，買主が正当かつ合理的な方法で目的物を試味することに干渉してはならない。試味期間満了時，買主が購入意思を明確に表示した場合，売主は，契約の効力を否定してはならないだけでなく，買主に対して目的物の売却を拒絶してはならない。

4.2.2　買主に対しての効力

　試味売買契約は，買主に対して以下のような効力を有する。

　第1，買主は，試味期間内に目的物を試味する権利を有する。試味売買において，買主は，試味売買契約にもとづき，試味期間内において目的物を試味する権利を有する。契約法170条は「試味売買の当事者は，目的物の試味期間を約定することができる。試味期間を約定しておらず，または約定が不明確な場合，法律61条の規定によっても確定できない場合に，売主は，これを確定する」と規定している。この規定によれば，試味契約における試味期間について，

まず当事者が約定することができる。当事者は，試味期間について約定しておらず，又は約定が不明確な場合，契約法61条の規定にもとづき，当事者が事後に補充合意に達することができる。当事者は，補充合意に達することができなければ，契約の関連条項あるいは取引慣習にもとづき試味期間を確定することができるが，契約法61条の規定によっても依然として試味期間を確定できなければ，売主が試味期間を確定する。

　第2，買主は，目的物を購入するか否かにつき，決定する権利を有する。契約法171条によれば，試味売買の買主は，試味期間内に目的物を購入でき，購入を拒絶することもできる。「売買契約司法解釈」41条によれば，もし試味売買の買主が，試味期間内にすでに一部の代金を支払い，契約に特段の約定がなければ，こうした場合，買主が購入に同意したと認定しなければならない。試味期間内において，買主が，目的物の売却，貸出，担保権設定など，非試味行為を行った場合でも，買主が購入に同意したと認定しなければならない。

　「売買契約司法解釈」42条の規定によれば，下記のような場合に，買主は，選択の権利を有せず，購入しなければならない。①目的物が，試味または検査・実験によって一定の基準に符合したとき，買主は，目的物を購入しなければならない。②第三者による検査・試験を経て目的物の品質などの基準が認められれば，買主は目的物を購入しなければならない。③買主が一定の期間内に目的物を交換することを約定した場合である。例えば，契約において，引き渡した試味品は不合格であっても，交換できることを明確に約定したのであれば，買主は交換するしかなく，購入を拒否することができない。④買主は，一定期間内に目的物を返品することができることを約定できる。当事者がこの種の約定を行ったときは，目的物の購入に同意したことを示しているが，しかし，約定期間内において，買主は契約の任意解除権を有する。

　第3，買主が購入に同意しなければ，返還義務を負う。試味期間満了後，買主が購入に同意しなければ，売主に目的物を返還しなければならず，引き続き当該目的物を占有してはならない。買主が目的物を返還するとき，売主は，買主に対して試味期間における目的物の占有・使用によって生じた減価償却費の支払を請求することができない。例えば，買主が携帯電話を試味するとき，ある程度の摩損あるいは古くなることは考えられるが，この種の減価償却につき，売主は，買主に補償を求めてはならない。

第12章　特殊な売買　　395

5 入札売買

5.1 入札売買の概念と特徴

　契約法172条は「入札売買の当事者の権利・義務および入札手続等は，法律，行政法規の関連規定に従う」と規定している。いわゆる入札募集は，入札募集を行う予定の法人またはその他の組織が，公告ないし入札参加依頼の形で，不特定多数または特定多数の人に対して入札予定プロジェクトを提示し，もって相手方が申込みを行うよう依頼することを目的とする意思表示である。入札参加［投標］とは，入札参加者（［出標人］）が入札を募集する側の要求に従い，規定の期間内に各自で入札参加書類を作成し，入札募集する側に対して契約の締結を目的とし，契約のすべての条項を含む意思を表示することを言う[12]。入札は，公開，公平，公正の原則を採用しているため，この種の方式で締結する契約は，特殊な取引をスムーズに行い，取引に関連する腐敗を防止することができる。

　入札法の規定によると，入札を行う必要のあるプロジェクトは，この手続に従って厳格に行わなければならず，関連手続に違反した行為について，法的責任を負わなければならない。中国では，通常，社会の公共利益に関連するプロジェクト，および国の資金による建設や物品の調達等に関連する取引について，法律上，入札の方式で契約を締結するよう明確に求めている。例えば，建設プロジェクト契約，政府の調達契約等は，法律の規定に従い，入札の方式を採用しなければならない[13]。また，入札過程において，書面の方式をもって当事者間の権利・義務を確定し，入札手続の公開，公平，公正を保障するため，入札売買は書面の形式を採用しなければならない。

5.2 入札売買契約の成立および効力の発生

　入札売買は，通常以下の3段階によって構成されている。

12　王澤鑑『債法原理［第1冊］』自費出版，1999年，244頁。
13　入札法3条は，「中国国内において，次に掲げる建設プロジェクトの調査，設計，施工，監理およびプロジェクトの建設に関連する重要な設備，材料等の調達を含めて，入札を行わなければならない。㈠大型インフラ施設，公共事業等の社会公共の利益，公衆の安全に関するプロジェクト，㈡全部または一部は国の資金を用いて若しくは国の融資を受けているプロジェクト，㈢国際組織または外国政府からの貸付，資金援助によるプロジェクト，である」と規定している。

(1) 入札募集

　契約法15条の規定によれば，入札募集公告は，性質上申込みの誘因に属する。入札を行う側が行った入札の募集は，契約締結前の準備行為であり，その目的は，多くの人に対して入札参加申込みを行うよう誘引することであり，発注者がより多くの入札参加者の中からもっと条件に合致する者と契約を締結できるようにすることができる。もちろん，もし入札を募集する者が，入札募集公告において，入札予定価格と最も近い参加者と契約を締結することを明確に表示していれば，発注者は，当該意思表示に拘束されることを表明しているため，入札募集は，申込みの性質を有すると言える[14]。

(2) 入札の参加

　入札者が，入札を行った後，入札募集者の承諾（すなわち，入札募集側が落札通知書を発したことを基準とする）があってはじめて，契約が成立する。したがって入札の参加は，性質上申込みである。

(3) 落札

　落札は，最終的に落札者を確定することである。入札参加者が入札参加申込み後，資格審査手続に入らなければならない。審査委員会は，入札の募集書類にもとづき，審査基準と方法を確定し，参加申込書類の審査・比較を行わなければならず，最低入札価格を設定している場合，それを参考しなければならない。入札資格審査委員会の審査を終え，入札参加申込者に書面の審査報告書を送付し，落札候補者を推薦しなければならない。落札者を確定すると同時に契約が成立する。入札の方法で契約を締結するとき，入札募集側が落札通知書を発し，当事者双方は，すでに契約の主な条項につき合意に達したのであれば，契約がすでに成立していると認めなければならない。落札後，当事者双方は，入札募集内容および参加申込書類の内容により，正式な契約書を交わさなければならない。

14　劉俊臣『合同成立基本問題研究』中国工商出版社，2003年，73頁。

6　競売

6.1　競売概説

　競売は，公開の場所で，特定の物品または財産の競り売りを行い，一番高い価格で入札した者に譲渡する売買である[15]。契約法173条は「競売の当事者の権利・義務および競売手続等は，法律，行政法規の規定に従う」と規定している。本条は，競売について規定したもので，競売は競争売買の一種であり，その機能は，主に競争メカニズムを導入することによって比較的公正な市場価格を確保し，情報の非対称性，あるいは不透明な取引を回避することができ，また，売主が代理人の職務怠慢によってもたらした不合理な価格などの心配を避けることができる。競売は，多くの場合は委託の方法を採用し，すなわち競売開始前に，委託者が競売人に対して競売の依頼を行い，競売過程において，委託人，競売人および競落人など複数の主体に関係することになる。

　競売は入札と同様に，公開の方式で行う売買の特殊形態であり，両者は，ともに価格を競うメカニズムが存在し，競売人が条件を提示し，売主が最も有利な条件を選び，売買に達する方法である[16]。しかし，競売と入札とは異なり，その違いは主に以下のとおりである。

　第1，適用範囲の違い。入札の適用範囲は，比較的広く，売買に限らず，建設工事などの領域はすべて入札によって契約を締結することができる。しかし，競売の場合は，売買に限られる。売買に限って言えば，入札の場合は，買う方も売る方も適用されるが，競売の場合は，売る場合にしか適用できない[17]。

　第2，当事者の違い。競売の当事者は，委託者，競売人および買主を含むが，入札の当事者は，通常，入札募集者と入札参加者だけである。

　第3，価格の提示方法が異なる。競売では，すべての競売参加者は，落札希望価格を示し，競りを繰り返し行うことができる。しかし，入札の場合は，入札参加者は1回しか落札価格を提示することができない。

　第4，競売は，通常最高額の落札希望価格を提示した者と契約を締結する。これに対して，入札の場合は，最低価格を提示した者と売買契約を締結する。

15　競売法3条。
16　黄茂栄『買売法［増訂版］』中国政法大学出版社，2002年，549頁。
17　徐炳『買売法』経済日報出版社，1991年，491頁。

この点では，両者は全く異なっている。

6.2 競売契約の成立

競売は，売買の一種として，その成立も申込みと承諾を経る必要がある。しかし，競売契約の成立方式は，特殊性を有し，つまり競売の入札参加者は価格の競りを行い，最高落札価格を提示した者が購入することができ，契約が成立することになる。具体的に言うと，競売契約の成立は，以下のいくつかの段階を経る必要がある。

(1) 出品者の価格提示

出品者の価格提示は，申込みの誘因であり，入札参加者が申し込むよう誘引することである。出品者は，価格を設定した後，当該価格を変更することができない。しかし，入札参加者が申込みを発した後，出品者は自らの申込みの誘因を取消すことができるかが，問題である。思うに，出品者の価格提示は申込みの誘因に属し，出品者が申込みの誘因を発したからといって，必ず売らなければならないわけではない。さもなくば契約の自由を制限することになる。競売法29条は「委託者は，競売開始前に競売の目的物を撤回することができる」と規定しているため，出品者は自らの申込みの誘因を取消すことができると言える。しかし，競売開始後，出品者はすでに最高価格を提示した者が当該目的物を購入することができると明確に表示したのであれば，撤回することができない。

(2) 入札参加者の価格提示

入札参加者による価格提示は，一般に申込みの一種であると思われる。入札参加者は，価格を提示した後，更に高い価格が提示された場合に，拘束力を失う。競売は，複数の人が参加する特殊な売買として，参加の公平性を最大限に守るため，出品者は，入札参加者として落札希望価格を提示していてはならない。

(3) 競落

競落とは，競売の目的物をめぐる取引の成立のことをいい，競売人が槌を打つまたはその他の方法を用いて競売の目的物に関する売買契約が成立することを確定し，あるいは競売の終結を宣告する行為である。この種の行為は，性質上承諾に属すると解されている。いったん競売の結果が確定されれば，競売の

目的物をめぐる取引が成立することになる[18]。しかし，指摘しておく必要があるのは，競売の目的物をめぐる取引の成立は，決して競売人と競落人との間の売買契約の成立ではなく，出品者（委託者）と競落人との間の売買契約関係の成立である。

6.3　競売の効力

競売は，いったん競落されれば，落札者と出品者との間の売買契約関係が成立し，落札者は，出品者に対して落札目的物の引渡しを求めることができ，出品者は，相手方当事者に対して代金の支払を請求することができる。当事者双方の権利・義務は，通常の契約と同じである。出品者は，目的物の引渡しおよび所有権の移転義務を負うと同時に，目的物に対する瑕疵担保責任を有する。落札者は，落札したことによって契約が成立し，売買契約の効力により，代金を支払う義務を負う。競売法39条は「買主は，約定に従って競売目的物の代金を支払わなければならず，約定に従い代金を支払わない場合，違約責任を負わなければならず，また，競売人は，委託者の同意を得て，競売目的物の再競売を行うことができる」と規定している。競売の目的物を再び競売するとき，もとの落札者は，最初の競売における委託者が支払った競売事務手数料を支払わなければならない。再競売の価格が，1回目の競売価格より低い場合，もとの落札者は，差額を補わなければならない。

18　競売法51条は「競落人の最高入札金額は，競売人が槌を打つまたはその他の方法をもって落札を確認した後，競売の目的物をめぐる売買が成立する」と規定している。

第13章 電気，水，ガス，熱エネルギー供給契約

案例 甲は，電気供給会社であり，電気供給バランスの調整のため，電気の需要集中時間帯に一部の地域に対して電気の供給を停止する措置を採用したが，しかし，事前に市民に通知しなかった。急に電気が供給停止されたため，市民乙のテレビが壊れてしまった。乙は，甲会社に対して損害賠償を求めた。甲は，電気供給バランスを調整するために停止する必要があり，責任を負う必要がないと主張した。

簡単な評釈 当該事件は，電気供給契約に関連するする紛争に属し，契約法180条は「電気を供給する者は，電気供給施設の定期点検・修理，臨時検査・修理，法による電気の使用制限または電気使用者の違法使用電気等の原因により，電気の供給を停止する必要があるとき，国の関連規定により事前に電気使用者に通知しなければならない。電気の供給を停止することを，事前に電気使用者に通知せず，電気使用者に損害をもたらした場合は，損害賠償責任を負わなければならない」と規定している。当該規定によれば，電気の供給者は，電気の供給を停止するとき，法により事前に電気使用者に通知しなければならない。通知しなかったことによって電気使用者に損害をもたらした場合に，電気供給者は，賠償責任を負わなければならない。本件乙は甲会社に対して損害賠償を請求することができる。

1 電気，水，ガス，熱エネルギーの供給契約の概念と特徴

電気，水，ガス，熱エネルギー供給契約とは，当事者の一方が，相手方当事者に一定期間あるいは期間を定めずに，電気，水，ガス，熱エネルギー等の生活・生産の必需財を提供し，相手方当事者は一定の基準にもとづいて料金の支

払いを約定する契約である。そのうち，電気，水，ガス，熱エネルギーを提供する側は，供給者であり，利用する側は，利用者と称される。社会の発展に伴い，日常の生産および生活において，電気，水，ガス，熱エネルギー等は必需財であり，電気，水，熱エネルギーの供給契約は，市民生活にとって重要な意義を有する。中国契約法は，当事者の権利・義務を明確にし，市民生活を保障し，平穏な生産・生活秩序を守るため，第10章において，この種の契約について規定している。電気，水，ガス，熱エネルギーの供給契約は，主に以下のような特徴を有する。

第1，客体の特殊性。電気，水，ガス，熱エネルギーの供給契約の目的物は，特殊なものであり，これらは客観的に存在するが，しかし通常の方法で固定または保存（水，ガス等）することができず，または，形として見ることができない（例えば，電気）。もちろん，これらの物は，感知可能なものであり，取引の対象とすることができる。

第2，主体の特殊性。現代社会において，電気，水，ガス，熱エネルギー等は市民生活の保障および生活秩序の安定にかかわるものであるだけではなく，一定の社会サービスの性質を有する。そのため，専門の機関又は組織を通じて提供する必要がある。中国では，通常，専門の社会公共機関が電気や水などの供給を行い，これらの機関は，また一定の社会サービスおよび福祉を担う機能を有する[1]。契約の当事者の一方は，企業，事業単位である可能性があり，普通の社会公衆である可能性もある。広汎性，分散性および普遍性の特徴を有する。

第3，目的物の公益性。電気，水，ガス，熱エネルギーの供給は，すべての家庭に関係し，基本的な市民生活にかかわるため，その供給契約は，当事者の利益に関連するだけでなく，社会公共利益にも係る[2]。したがって，法律上，この種の契約について特別な規定を設けており，電気，水，ガス，熱エネルギーを提供する社会機関は，契約締結の自由が制限される（締約強制，契約強制）。

第4，約款の形式。電気，水，ガス，熱エネルギーの供給契約は，通常，約款による。契約の目的物は，社会公益の性質を有する公共事業であり，特殊な商品であるため，供給側は，往々にして独占的な立場を有する。そのため，供給側は，通常，不特定多数の公衆と契約を締結する必要があり，契約の数は非

---

1 姚徳年＝李長城編著『供用電，水，気，熱力合同』法律出版社，1999年，24頁。
2 崔建遠『合同法［第5版］』法律出版社，2010年，395頁。

常に多く，それぞれの個別の当事者と交渉することはなかなか難しい。効率性の観点から，これらの契約は往々にして約款を用いて，効率を高め，取引コストを下げることにしている。

　第5，履行の継続性。この種の契約は，長期継続契約と称される。長期継続契約は，当事者の一方が一定の期間内において，または期間を定めずに，相手方当事者に継続して一定のまたは不確定の量，一定の種類または品質の物を提供し，相手方当事者は，一定の基準に従って代金を支払う契約である。電気，水，ガス，熱エネルギーの供給契約は，一括で完成できず，時間上の継続性を有する。

　第6，双務，有償，諾成性を有する。電気，水，ガス，熱エネルギーの供給契約は，双務性を有し，当事者双方は，一定の権利を有し，一定の義務を負い，双方の権利・義務は対等性を有する。電気，水，ガス，熱エネルギー供給契約における供給側は，これらの役務提供を業とし，しかも一定程度において営利目的を有し，買主はこれらの役務提供を受ける場合，対価の支払を要するため，有償性を有すると言える。いわゆる諾成性は，当事者双方の意思表示が一致すれば契約が成立し，しかも特殊な形式をもって契約の有効要件としない。これらの点では，電気，水，ガス，熱エネルギーの供給契約は，売買契約と基本的に同じである。

2　電気，水，ガス，熱エネルギーの供給契約の締結

　電気，水，ガス，熱エネルギーの供給契約は，契約の一類型として，締結に際して申込みと承諾の2つの段階を経る必要がある。ここ数十年，この種の契約について法規制が強化されてきており，全体の趨勢として，国家による介入が強化され，とりわけ契約締結の面では，消費者の権利・利益に対する保護を強化してきた。主に以下のいくつかの点があげられる。

　第1，供給者に契約締結を義務付け，強制すること。いわゆる契約締結強制とは，当事者の一方が契約締結を求めた場合，締結義務を負う側は，これを拒絶してはならず，契約を締結しなければならない。契約法は，電気，水，ガス，熱エネルギーの供給契約の締結について，締結強制規定を設けていないものの，特別法では，この問題について規定している。例えば，電力法26条1項は

「電気供給区域内の電気供給営業期間は，本営業区域内の利用者に対して国の規定に従って電気を供給する義務を負う。国の規定に違反して，営業区域内の電気の利用を申請した単位および個人に対して電気の供給を拒絶してはならない」と規定している。これは契約の締結義務を定めたものである。

第2，価格規制を行っていること。電気，水，ガス，熱エネルギーの供給契約は，社会の基盤に関係し，しかもこれらを提供している企業は一定の独占性を有するため，価格に対する規制がなければ，利益を追求する目的から製品の価格を不当に高め，社会公衆の利益を害することになる。したがって，国は往々にしてこれらのサービスや商品の価格に対する制限を行っている。

第3，契約締結に適用される約款に対する規制。電気，水，ガス，熱エネルギーの供給契約は，通常，約款にもとづいて締結される。法律は，この種の約款の条項に対して規制を行っており，供給者が独占的な立場を利用して，消費者に不利な約款を設けないよう防止する。

第4，契約を締結するとき，法定の手続に従わなければならない。例えば，新規の電気の使用，臨時の電気使用，使用電気容量の追加，電気使用の変更および停止は，規定に従い手続を行わなければならない。電気供給企業は，その営業場所において，電気使用の手続，制度および料金基準に関する公告をしなければならず，電気使用者が理解すべき事項に関連する資料を提供しなければならない。

3　電気，水，ガス，熱エネルギーの供給契約の履行

電気，水，ガス，熱エネルギーの供給契約を締結した後，当事者双方は，法律および契約の規定に従って契約を履行しなければならない。電気供給などの契約履行における特殊性は，主に以下の通りである。

第1，当事者は，法律規定および契約の約定を遵守しなければならない。例えば，電気を供給する企業の供給電気の質は，国の基準に符合することを保証しなければならない。公共の電気供給施設がもたらした電気の質問題について，速やかに処理しなければならない。電気使用者は，電気の質について特別な要求がある場合，電気供給企業は，その必要性および送電線網の可能性に応じて，相応の電力を提供しなければならない。

第2,当事者は,誠実信用の原則に従って契約を履行しなければならない。電気,水,ガス,熱エネルギーの供給契約は,国民の生活や当事者の切実な利益に係わるため,契約履行の過程において,当事者双方とりわけ電気を供給する単位は,誠実信用の原則にもとづいて着実に契約を履行し,相手方当事者のニーズに立脚し,相手方当事者の合理的な要求に配慮しなければならない。仮に法律に規定がなくても,あるいは当事者間に約定の義務がない場合であっても,誠実信用の原則によって義務を履行する必要がある。

第3,当事者間の交渉義務。電気,水,ガス,熱エネルギーの供給契約は,長期継続契約であるだけでなく,社会公衆の基本的な生産・生活に係わるため,紛争が生じた場合,すぐに契約を解除し,公共商品の供給を停止してはならない。安易に契約の解除や供給停止をしてしまうと,社会公共の利益に損害を与えてしまう可能性があるだけでなく,社会秩序に影響を与えてしまう可能性がある。したがって,電気,水,ガス,熱エネルギーの供給契約において,供給者は,契約を任意に解除してはならず,必ず繰り返し交渉を行う必要があり,契約の解除によっても生じうる様々な損害を防止する必要がある。

第14章　贈与契約

案例
　　甲は，ヨーグルトの販売を行っており，乙は甲の隣人であり，両者はよい関係を保っている。甲は，品質保証期間を過ぎてしまった，売れ残りのヨーグルト2箱を有していた。甲は，捨てるのがもったいないと思い，うちの1箱を乙にあげた。甲は，ヨーグルトの品質保証期間が過ぎたばかりであり，問題ないと考え，ヨーグルトの品質保証期間がすでに過ぎてしまったという事実を乙に告げなかった。不運にも，乙はヨーグルトを1日放置してから食べたが，食中毒になってしまい，2,000元の医療費がかかった。乙は，甲に対して医療費の賠償を請求したが，甲は，ヨーグルトを乙に与えたが，代金を取っておらず，乙は損害賠償請求権を有しないと主張した。甲の主張は成立するであろうか。

簡単な評釈
　　本件は，贈与契約における違約責任の負担の問題に関わるものである。契約法191条によると，贈与者は，受贈者に対して目的物に瑕疵があることを故意に告げなかったり，目的物に瑕疵がないことを保証したのでないかぎり，受贈者が，目的物の瑕疵により損害を受けても，贈与者はこれを賠償する責任を負わない。本件において，甲は，ヨーグルトの品質保証期間を過ぎたことを知っているものの，故意にこれを乙に伝えなかったわけではないため，甲に対して契約法191条にもとづいて損害賠償を求めることができない。しかし，依然として甲の不法行為責任を請求することはできる。

1 贈与契約概説

1.1 贈与契約の概念と特徴

契約法185条によれば,贈与契約は,贈与者が自己の財産を無償で受贈者に与え,受贈者が贈与を受け入れる意思を表示する契約である。そのうち,財産を移転する当事者の一方は贈与者であり,財産を受け入れる側は,受贈者である。現代社会において,贈与は貧困などによって生活困難な者を助け,年配者および幼い子供に対する配慮と愛情を注ぐ行為の重要な媒介である。契約法は,贈与について明確な規定を定め,贈与関係を規範化しているが,これは,人々に対して寄付および慈善活動などの行為を積極的に行うよう促進することにとって重要な意義を有する。

贈与契約は,主に以下のような特徴を有する。

第1,目的物は財産である。契約法185条の規定によると,贈与契約の目的物は「財産」である。ここで言う財産は,広義に解釈する必要があり,通常の財産である有体物だけでなく,債権,株式の権利などの無体物の財産も含む。贈与財産は,現実に取得した財産に限らず,将来に取得可能の財産(例えば,利息,給与など)も贈与の対象とすることができる。もちろん,贈与者は,その贈与の財産の所有権あるいは処分の権利を有しなければならず,有しなければ,他人の財産権を侵害するだけでなく,受贈者に対して違約責任を負う可能性がある。

第2,無償性,片務性を有する。契約法185条は「贈与契約とは,贈与者が自己の財産を受贈者に無償で与えることを言う」と規定している。「無償で与える」とは,主に客観的に判断し,主観的な動機を考慮しない。贈与者が財産の所有権を受贈者に移転し,および受贈者から対価的な給付あるいは経済的利益を得なければ,当該契約は贈与契約であることを認めなければならない[1]。主観上,利益を得たいということがあるかもしれず,あるいは,精神的な慰めを得たいという考えもあるかもしれないが,それらは考慮する必要がない。贈与契約は,片務契約であり,仮に負担付贈与であっても,受贈者が負担する義務には,贈与者の贈与と対価的な性質をもつ出捐が存在しない。したがって,当

---

1 我妻栄(周江洪訳)『債法各論』中国法制出版社,2008年,5頁。

事者は，双務契約における同時履行の抗弁権を有しない。

　第3，諾成性および不要式性を有する。契約法の関連規定によると，贈与契約は，諾成契約であり，当事者の贈与に関する意思が一致すれば，契約が成立する。贈与契約は，また不要式契約である。法律に別段な規定（例えば，寄付）がある場合を除き，贈与契約の締結は，必ずしも書面の形で行う必要はなく，当事者双方は，具体的な贈与事項についての意思が一致すれば足りる。

1.2　贈与契約の成立および効力の発生

　贈与契約の成立は，申込みと承諾の2段階を経る必要があるが，当事者双方が合意に達した後，贈与の目的物を引き渡す必要があるだろうか。これに対して，各国の法律は，異なる規定を定めている。契約法185条は「贈与契約は，贈与者が自己の財産を無償で受贈者に与え，受贈者が受け入れることを表示する契約を言う」と規定している。当該条文によると，贈与契約は一種の諾成契約であり，当事者双方の意思表示が一致すれば，贈与契約が成立する。また，契約法186条1項は，贈与者の財産権利移転前の任意取消権について規定しており，贈与者が財産の権利を移転するまでは，契約は決して成立せず，取消しの対象とはならない。したがって，体系的解釈から見ると，贈与契約は，諾成契約に属し，その成立および効力の発生は，目的物の引渡しを必要としない。

2　贈与契約の効力

2.1　贈与者の主要な義務

　贈与契約において，贈与者は，主に以下の義務を負担する。

(1) 法により財産の引渡しと財産権の移転義務

　贈与者の主な義務は，契約の約定に従い，財産権を無償で受贈者に移転することである。贈与者は，契約に定めた目的物，期限，場所，方式，基準等に従い，権利移転の義務を履行しなければならない。権利を移転するとき，有体物と無体財産を区別したうえで，異なる移転方式を定めなければならない。有体物のうちの動産については，引渡しまたは登記を変更する方式を採用し，無体財産については，具体的な状況により権利移転の方式を判断しなければならない。例えば，建設用地使用権の贈与の場合は，変更登記をもって権利の移転を

完成させる必要がある。証券上の権利については，中国では，ペーパーレス化を採用しているため，登記の方式をもって移転を行なわなければならない。

贈与は，片務，無償契約であるため，贈与者が財産を引き渡したくない場合，法律は，贈与者による任意取消権を認めている。しかし，法律に定める特殊な贈与については，贈与者に任意取消権が認められていない。契約法188条は「災害救援，貧困救済等の社会公益，道徳義務の性質を有する贈与契約，または公証を経た贈与契約について，贈与者が贈与財産を引き渡さない場合に，受贈者は，引渡しを請求することができる」と規定している。つまり，右3種類の贈与については，贈与者は，任意に契約を取り消してはならない。

(2) 特殊な場合の瑕疵担保義務

契約法191条は「贈与者は，贈与財産の瑕疵について，その責任を負わない」と規定している。一般贈与において，贈与者は，瑕疵担保責任を負わない。贈与契約は，片務・無償契約であり，恩恵を与える行為であると言える。また受贈者は，贈与財産を受け入れるときに対価を支払っているわけではないため，法律上，贈与者の瑕疵担保責任を要求しない。

しかし，特殊な場合には，贈与者は瑕疵担保責任を負わなければならず，その中には，次の2つの状況が含まれる。

1，負担付贈与の場合である。いわゆる負担付贈与とは，受贈者が贈与を受け入れるとき，契約において約定した義務を履行する必要があることを言う。例えば，Aは学校Bに，図書館の建設費用として，1,000万元を贈与すると同時に，Bも1,000万元を出すよう求めた。契約法191条は「負担付贈与において，贈与財産に瑕疵がある場合，贈与者は，負担の限度内において売主と同等の責任を負う」と規定している。これによって，負担付贈与において，贈与者は，瑕疵担保義務を負わなければならない。なぜならば，負担付贈与においては，受贈者も相応の義務を履行しなければならないことを双方で約定したため，贈与者の行為も単なる恩恵を与える行為ではなくなり，受贈者も一定の義務履行の行為をなし，これによってある種の不利益を被る可能性があるため，贈与者は，負担の限度内において瑕疵担保責任を負わなければならないからである。例えば，甲は乙に複数のパソコンを贈与すると同時に，乙に対して相応の設備や施設の提供を求めたとして，この場合は，パソコンに瑕疵があれば，乙が提供した関連設備・施設の価値を考慮する必要があり，乙が提供した設備の価値

は10万元で，実際の損害が100万元の場合，甲は，10万元の価値の範囲内で賠償責任を負わなければならない。

2．贈与者が故意に瑕疵を告知せず，あるいは瑕疵のないことを保証している場合である。契約法191条によれば，贈与者は，故意に瑕疵があることを告知せず，または瑕疵がないことを保証した場合，瑕疵担保責任を負う必要がある。例えば，他人に贈与した牛乳はすでに変質しているが，故意に告知せず，または受贈者に牛乳の質を保証した場合である。このような場合において，詐欺を構成する可能性があり，あるいは贈与者が受贈者に害を与える可能性があるため，贈与者は，受贈者に対して違約責任を負わなければならない。

(3) 故意または重過失によって贈与財産の毀損，滅失をもたらした場合の責任

契約法189条によれば，贈与財産を引き渡す前に，贈与者の故意または重大な過失によって贈与財産の毀損，滅失をもたらした場合，贈与者は，受贈者が贈与契約の履行を信頼することによって被った損害を賠償しなければならない。例えば，ある人が他人にオーディオ設備1台の贈与を約束したが，引き渡す前に重大な過失によって当該設備が壊れてしまい，しかるに，受贈者は，すでに当該設備の設置のために関連設備を購入した。受贈者が当該関連設備を購入するために被った損害について，贈与者は，これを賠償しなければならない。贈与者にこの種の責任を課すことによって，贈与者が適切に贈与の目的物を管理する必要が生じ，贈与契約の履行にとってメリットがある[2]。

2.2 受贈者の義務

贈与契約において，受贈者は，主に以下のような義務を負う。

(1) 目的物の受領および所有権の移転を受け入れること

契約法185条は「贈与契約は，贈与者が自己の財産を無償で受贈者に与え，受贈者が贈与を受け入れる契約である」と規定している。つまり，贈与契約において，受贈者は，いったん贈与を受け入れることに同意すれば，当該意思表示に拘束される。贈与契約の成立後，贈与者は，受贈者に財産の引渡しを行うとき，受贈者は，目的物の受領義務を負うと同時に，目的物の所有権移転を受

2　魏耀栄他『中華人民共和国合同法釈論［分則］』中国法制出版社，2000年，141頁。

(2) 負担付贈与における負担を履行しなければならない

　契約法190条2項は「負担付贈与の場合，受贈者は，約定に従い義務を履行しなければならない」と規定しており，受贈者に対して義務の履行を求めている。そもそも負担付贈与は，すでに恩恵を与える行為ではないため，受贈者は，約定に従って一定の義務を負わなければならない。

　負担付贈与において，この種の義務には，作為の義務もあれば，不作為の義務もある。当事者双方が，約定をもって受贈者に一定の義務を課した場合，当該義務の履行は，約定に従わなければならない。負担付贈与において受贈者が一定の義務を履行するものの，当該義務と贈与者の贈与義務とは反対給付を構成するわけではない。もしも反対給付を構成しているのであれば，当該契約は，贈与契約ではなくなる。また，受贈者が負担する義務は反対給付を構成しないため，贈与者は，受贈者が義務を履行していないことを理由に同時履行の抗弁権を行使することはできない。

3　贈与者の取消権および困窮の抗弁権

3.1　一般的贈与における任意の取消権

　贈与者の任意の取消権とは，一般的な贈与において，贈与者が贈与財産の権利を移転するまでは，法により無条件で贈与契約を取り消すことができる権利をいう。契約法186条は「贈与者は，贈与財産の権利を移転するまでは，贈与を取り消すことができる」と規定しており，贈与者の任意取消権を認めている。贈与は，等価交換でなく，贈与者が対価を受領したわけではないため，法律は，贈与の目的物の引渡しを強制できず，しかも，贈与者に任意の取消権を認めても，受贈者の利益に損害を与えることもない。したがって，贈与者に契約の任意の取消権を与える必要がある。

　契約法186条の規定によると，贈与者が任意の取消権を行使するにあたって以下の条件を満たす必要がある。

　第1，贈与契約が既に成立していること。当事者双方はすでに贈与について合意に達しているものの，贈与者が贈与財産を引き渡していなければ，取消権を行使することができる。贈与者は，任意の取消権を行使するにあたって理由

を要せず，取消しの意思表示が受贈者に到達すれば足りる。
　第2，贈与者が，贈与財産の権利を実際に移転していないこと。贈与者は，贈与財産の権利を移転する前に任意取消権を行使しなければならず，贈与者がすでに財産を引渡し，かつ財産の権利を移転したにもかかわらず，取消しを求めるのであれば，誠実信用の原則に反するだけでなく，受贈者の生産・生活活動に不利益を与えてしまう可能性がある。目的物が動産である場合，引き渡す前に行使しなければならず，不動産である場合には，変更登記を行う前に行使しなければならない。また，贈与目的物の一部の権利がすでに移転していれば，すでに行われた場合，移転していない部分の贈与しか取り消すことができない。
　第3，公益性のある贈与および公証を経た贈与でないこと。契約法186条2項は「災害救助，貧困救済など社会公益および道徳的な性質を有する贈与契約，又は公証を経た贈与契約は，前項の規定を適用しない」と規定している。この条項によれば，贈与者が任意取消権を行使してはならない契約には，以下の3種類がある。
　1，社会的公益性のある贈与契約。公益性のある贈与の目的は，主に公益事業に用いることにある。公益事業は，公共利益に関連する事業を言う。公益事業は，非営利なものでなければならず，受贈者は，財産の出捐を利用して営利を目的とする活動を行ってはならない。
　2，道徳義務の性質を有する贈与契約。つまり，当事者双方が約定した贈与事項の本旨は，ある種の道徳上の義務の実現，あるいは道徳上の責任を履行するためにあることを言う。例えば，ある会社が震災救援のために締結した贈与契約とか，被害者が損害賠償請求権を放棄した後の被害者に対する加害者の道義上の補償としての贈与などの場合，すべて一定の道義上の義務を履行する必要があり，当事者が任意の取消しをもって義務を回避することを認めるわけにはいかない。
　3，公証を経た贈与契約。それは一定の公信力を有するからである。贈与契約締結後，当事者双方が公証部門で公証を行い，すでに慎重な判断にもとづく贈与の意思を表明したことになるから，公証を経た贈与契約について，贈与者はこれを任意に取り消してはならない。

3.2 法定取消権

　法定取消権は，法定の事由に該当するとき，贈与者又はその他の取消権者が有する贈与の取消しの権利である。法定取消権者は，通常贈与者であるが，しかし，贈与者に限らない。契約法193条1項は「受贈者の違法行為によって贈与者が死亡し，または民事行為能力の喪失をもたらした場合には，贈与者の相続人または法定代理人は，贈与を取り消すことができる」と規定している。本条は，贈与者以外のその他の主体の法定取消権を定めたもので，例えば，贈与者の相続人，贈与者の法定代理人等がそれにあたる。しかし，贈与者以外のその他の主体の法定取消権の行使条件はかなり厳格である。すなわち受贈者の違法行為によって贈与者が死亡するとか，贈与者が民事行為能力を喪失し，しかも贈与者の相続人あるいは法定代理人は，規定期限内に取消権を行使しなければならない。契約法193条2項は「贈与者の相続人または法定代理人の取消権は，取消原因を知った日または当然知りえた日から6ヶ月以内に行使しなければならない」と規定している。

　契約法192条によれば，法定取消権行使の具体的な事由は以下のとおりである。

　第1，受贈者が贈与者または贈与者の近い親族の権利を著しく侵害した場合。例えば，贈与者を殴り，人身障害をもたらした場合や，インターネットを用いて贈与者に対して侮辱・誹謗中傷を行い，贈与者の名誉を著しく毀損した場合である。ここで言う受贈者の権利侵害行為とは，贈与者あるいは贈与者の近い親族の法律上の利益を直接侵害する行為を言い，しかも受贈者の行為は，「重大な侵害」の程度に達する必要がある。もし贈与者およびその近い親族に対する侵害が軽微なものにすぎない場合，贈与者は，法定取消権を行使してはならない。

　第2，贈与者を扶養する義務を有するにもかかわらず，履行しない場合。ここで言う扶養義務は，約定にもとづくものを含む。例えば，当事者双方は，受贈者が贈与者に対して扶養義務を果たしたとき，贈与者が死後に全財産受贈者に与えることを双方が約定したが，受贈者が扶養義務を果たさなかった場合，贈与者は，贈与契約を取り消すことができる。

　第3，贈与契約に約定した義務を履行しない場合。つまり，負担付贈与契約

に定めた義務に違反した場合である。通常の贈与における受贈者は，特定の義務を負うことがない。しかし，負担付贈与に関して言えば，受贈者は，贈与を受け入れた後，なお契約に約定した義務を履行する必要があり，履行しない場合に，贈与者は，当該贈与を取り消すことができる。

法定取消権は，いったん行使されれば，遡及効を生ずる。法定取消権の行使は，通常，贈与財産がすでに引き渡され，かつ権利が移転している状況で生ずるため，いったん贈与者が法定取消権を行使すると，贈与者は，受贈者に対して財産の返還，現状の回復を求めることができる。もし贈与財産はすでに毀損，滅失したとしても，贈与者は，依然として贈与物の価値に相当する損害の賠償を求めることができる。

3.3 困窮の抗弁権

困窮の抗弁権とは，贈与契約が成立後，贈与者の経済状況の著しい悪化により，贈与契約の継続履行を行うと，贈与者の生産経営あるいは家庭生活に重大な影響を与えてしまうため，贈与者は，贈与義務を履行すべきでないことを言う[3]。例えば，企業Aは，学校Bに500万元を寄付して奨学金を設けることを約定したが，しかし，企業Aは経営不振で倒産の危機に瀕しているとして，贈与契約をしばらく履行しないことを申し出た。この種の抗弁権は，贈与契約における事情変更の原則の適用例である。契約法195条は「贈与者の経済状況が著しく悪化し，その生産経営または家庭生活に重大な影響を及ぼす場合，贈与者は，贈与義務を履行しないことができる」と規定しており，贈与者の困窮の抗弁権を認めている。

困窮の抗弁権の行使要件は，およそ以下のとおりである。

1，贈与契約が既に成立していること。贈与契約が成立していないときは，贈与者は，目的物の引渡義務を負わず，困窮の抗弁権を行使する必要がない。

2，贈与者の経済状況が著しく悪化していること。ここでいう著しく悪化していることとは，経済的な状況に限定しなければならず，社会の状況，健康の状況などの問題ではない。贈与者の経済的な状況が著しく悪化している場合，贈与者に対して贈与義務の継続履行を求めると，贈与者の生活および生産活動

3　鄭玉波『民法債編各論』三民書局，1981年，162頁。

に重大な影響を与えてしまう。したがって，贈与者に一定の機会を与える必要がある。

　3，贈与者の経済状況の悪化が，すでにその生産経営あるいは生活に重大な影響を与えている場合。

　もちろん，贈与者に上記のような状況が発生したとしても，贈与者は，自ら進んで履行するのであれば，法律はこれを禁止しない。困窮の抗弁権の適用は，必ずしも贈与契約解除の意味ではない。贈与者は，困窮の抗弁権を行使することによって，一部の贈与義務を履行せず，後に経済状況の改善などの原因により経済能力を回復したのであれば，引き続き贈与義務を履行しなければならない。

第15章 金銭消費貸借契約

案例 甲と乙は，親戚同士である。甲は，ある建設プロジェクトを請け負ったため，資金が必要になり，乙に50万元を借りることにしたが，利息について約定していない。後に乙は，複数回にわたって甲に対して返済を催促したが，甲は，返済を拒否した。そこで，乙は，裁判所に訴えを提起し，甲に対して貸金の返済を求めると同時に，同時期の銀行における貸出金利にもとづく利息の支払を求めた。乙の請求は成立するだろうか。

簡単な評釈 本件は，自然人同士の金銭消費貸借契約の利息支払の問題である。契約法211条の規定によると，自然人同士の金銭消費貸借契約について，当事者双方が，契約において利息の支払について約定しておらず，または約定が不明確な場合，利息を支払わないものとする。当該ケースは，自然人同士の金銭消費貸借契約をめぐる紛争に属し，甲・乙は，契約を締結するときに，甲は乙に利息を支払う必要があることを約定していなかったため，契約法211条の規定により，当該契約は，利息なしの契約であり，乙は，甲に対して利息の支払を求めることができない。

1 金銭消費貸借契約概説

1.1 金銭消費貸借契約の概念と特徴

金銭消費貸借契約とは，貸主が一定額の金銭を借主に移転させ，借主は，約定の期限内に同額の金銭を返還する契約である。契約法196条は「金銭消費貸借契約は，借主が貸主に金銭を借り，期限が到来すると貸付金を返還し，併せて利息を支払う契約を言う」と規定している。当該条項は，金銭消費貸借契約に関する規定である。金銭消費貸借契約において，金銭を借りる方は借主であ

り，金銭を貸す方は貸主と称する。

　金銭消費貸借契約の主な特徴は，以下のとおりである。

　第1，目的物の特殊性である。金銭消費貸借契約の目的物は金銭である。金銭消費貸借契約は，ほかの貸借型の契約とは異なる。ほかの貸借型契約の場合は，借主が取得するのは物の使用・収益などの権利にすぎず，所有権を取得するわけでない。所有権は依然として貸主に属する。しかし，金銭消費貸借契約においては，借主は，金銭の引渡しを受けると同時に所有権を取得するという特徴を有する。つまり，当事者の一方が金銭を相手方当事者に引き渡せば，引渡しの理由の如何にかかわらず，金銭の所有権は，直ちに移転することになる。これは金銭の「占有者はすなわち所有者である」というルールである。したがって，金銭消費貸借契約において，貸主は，金銭を借主に引き渡せば，金銭の所有権も借主に移転することになる。

　第2，主体の特殊性である。金銭消費貸借契約においては，通常，借主に対して特別な要求はないが，しかし，貸主は一定の特殊性を有する。貸主は，自然人および特定の金融機関を含む。実務では，大量の金銭消費貸借業務は，特定の金融機関が従事しており，金融機関は，通常，法定の手続にもとづいて設立したものであり，その運営および監督管理等の事項は，国の定める特別な規定を適用する必要がある。もちろん，自然人同士も互いに金銭を貸借することができるが，しかし，自然人が金銭を借りるときに適用するルールは金融機関のそれとは異なるだけでなく，金銭消費貸借契約の典型的形式でもない。この点から見ると，金銭消費貸借契約の主体に一定の特殊性を有する。

　第3，原則として書面形式を採用する必要がある。契約法197条は「金銭消費貸借契約は，書面形式を採用する。ただし，自然人の間の金銭消費貸借に別段の約定がある場合を除く」と規定している。これによれば，金銭消費貸借契約は，原則的に書面の形式を採用し，法律がこのような規定を設けているのは，主に金融取引の安全および秩序を守るためである。自然人同士の金銭消費貸借について言えば，法律は，書面形式の採用を提唱しているが，しかし，強制しているわけではない。

　第4，原則的に諾成性を有する。契約法196条は「金銭消費貸借契約は，借主が貸主から金銭を借り，期限が到来すると貸付金を返済し，かつ利息を支払う契約である」と規定している。つまり，金銭消費貸借契約は，原則的に諾成

性を有し，当事者双方は金銭消費貸借の主な内容について，意思の一致があれば足り，金銭の実際の引渡しを契約の成立要件としているわけではない。しかし，自然人同士の金銭消費貸借について言えば，その金額は往々にして限定されており，内容もシンプルであると同時に，一般的に借主と貸主は特別な関係（例えば，親戚，同僚，友人等の関係）を有するため，自然人同士の金銭消費貸借契約は，貸主による貸付金の提供を効力の発生要件とすることができる。これについて，契約法210条は「自然人同士の金銭消費貸借契約は，貸主が金銭を提供したときから効力を生ずる」と規定している。

第5，原則的に双務性・有償性を有する。契約法196条は「金銭消費貸借契約は，借主が貸主から金銭を借り，期限が到来すると貸付金を返済し，かつ，利息を支払う契約である」と規定している。本条によれば，金融機関の金銭消費貸借契約について言えば，貸主は貸付金を提供する義務を負うと同時に，利息を請求する権利を有する。借主は貸付金を得ると同時に，期限が到来すると貸主に貸付金の元本を返済し，かつ利息を支払う義務を有する。当事者双方が負担する義務は，反対給付関係を形成する。したがって，金銭消費貸借契約は，原則的に双務性と有償性を有する。しかし，自然人同士の金銭消費貸借契約について言えば，契約法211条は「自然人同士の金銭消費貸借契約に利息を約定しておらず，または約定が不明確な場合は，利息は支払わないものとみなす。自然人同士の金銭消費貸借契約に利息の支払を約定した場合，貸付金の利率は，貸付金の利率を制限する国の関連規定に違反してはならない」と規定している。この条項によれば，自然人同士は，貸付金の利息について約定していない場合，利息は支払わないものとみなされる。したがって，自然人同士の金銭消費貸借契約は，原則的に，片務性・無償性を有する。

貸主の違いによって，金銭消費貸借契約は，銀行の金銭消費貸借契約と民間の金銭消費貸借契約に分けられる。銀行の金銭消費貸借契約とは，貸主が金融機関である金銭消費貸借契約を言い，借主については自然人・企業であるか否か，金融機関であるか否かを問わない。したがって，自然人が金融機関から金銭を借りるときも，銀行の金銭消費貸借契約に属する。銀行の金銭消費貸借契約に言う「銀行」は，広義に解釈しなければならず，各種金融監督管理部門の認可を経て設立された，金銭の貸付業務に従事する金融機関およびその支店・出張所が含まれる。民間の金銭消費貸借契約［借款合同］は，民間の［借貸

契約とも称され，それは，非金融機関が貸主として，借主に一定額の金銭を貸し出し，借主が期限到来時に同額の金銭を返済する契約を言う[1]。「民間金銭消費貸借司法解釈」1条は「本規定に言う民間金銭消費貸借とは，自然人，法人およびその他の組織のそれぞれの間および相互間で行われた資金調達行為を言う。金融監督管理部門の認可を経て設立された金銭貸付業務に従事する金融機関およびその支店・子会社が，貸付の実行等の関連金融業務によってもたらした紛争については，この規定を適用しない」と規定している。したがって，民間の金銭消費貸借契約と銀行の金銭消費貸借契約とは，以下のような違いを有する。

　1，貸主が異なる。銀行の金銭消費貸借契約では，貸主は銀行等の金融機関であり，民間の金銭消費貸借契約の貸主は，非金融機関である。

　2，性質が異なる。銀行の金銭消費貸借契約は諾成契約であり，自然人同士の民間金銭消費貸借契約は要物契約である。銀行の金銭消費貸借契約は要式契約であるが，民間の金銭消費貸借契約は不要式契約である。銀行の金銭消費貸借契約は，すべて双務・有償契約であるが，民間の金銭消費貸借契約では，自然人同士の金銭消費貸借契約は，一般に片務性を有する。

　3，適用する法律のルールが異なる。銀行の金銭消費貸借契約では，国は通常，銀行等の金融機関による貸付行為について厳しいルールを設け，制限を行っている。例えば，借主は，一般に関連規定に従って担保を提供する必要があり，貸主は，約定に従って貸付金の使用状況について検査および監督等を行わなければならない。民間の金銭消費貸借契約では，貸付手続や担保等の事項について法律の規定はない。しかし，「民間金銭消費貸借司法解釈」は，民間の金銭消費貸借契約の成立・効力の発生，無効，利息および複利等について特別な規定を設けている。

1.2　金銭消費貸借契約締結の原則

　金銭消費貸借契約の締結は，以下の原則に従わなければならない。

　第1，借入金の使い道などの状況をありのままに示す原則。契約法199条は「金銭消費貸借契約の締結においては，借主は，貸主の要求にもとづいて融資

---

[1]　「民間金銭消費貸借司法解釈」1条。

関連の業務活動および財務の事実の状況を報告しなければならない」と規定している。この種の義務は，法定義務であり，法律が，借主に対して融資関連業務活動および財務状況をありのままに告知する義務を課す目的は，主に貸主の利益を保護するためにある。なぜなら，借主は，貸主に対して自らの業務活動および財務状況をありのままに示すことによって，貸主は借主の返済能力について判断することができ，融資するか否かを決定することができるだけではなく，貸主が借主を監督し，借主は約定の期限に従い元本および利息を確実に返済することを確保するのに有利だからである。

　第2，必要な担保を提供する原則。期日が到来すると借主が貸付金を返済でき，貸主の債権を実現させるため，契約法198条は「金銭消費貸借契約の締結について，貸主は，借主に対して担保の提供を要求することができる。担保は，中華人民共和国担保法の規定に従う」と規定している。ここで言う「できる」とは，担保の提供を要求してもよいし，しなくてもよいということである。ただ，思うに，立法目的からすると，ここでの「できる」は，商業貸付に対して法律は担保の提供を一般原則としていると解すべきである。すなわち，特別な状況を除き，商業銀行の審査・査定を経て，借主の資産や信用力に問題なく，確実に貸付金を確実に返済できると判断された場合には，担保を提供しなくてよいが，しかし，一般的には担保を提供する必要がある。これに対して，商業銀行法7条は「商業銀行は，貸付業務の展開にあたり，借主の資産・信用を厳格に審査し，担保権を設定し，期限内に貸付金の回収を保障しなければならない」と規定し，同法36条1項は「商業銀行が貸付を行うにあたり，借主は，担保を提供しなければならない。商業銀行は，保証人の返済能力，抵当目的物，質物の権利の帰属・価値，および抵当権，質権の実行可能性について，厳格な審査を行わなければならない」と規定している。体系的解釈によれば，通常，金銭消費貸借契約における貸付業務の場合は，借主に対して担保の提供を求めなければならないが，しかし，民間の金銭消費貸借契約の場合は，借主は担保を提供しなくてもよい。

　第3，法定利率を遵守する原則。民法通則90条は「合法的な金銭消費貸借関係は，法律の保護を受ける」と規定し，当事者双方が約定した利率は，法律の規定に符合しなければならないことを要求している。当該条項は，銀行の金銭消費貸借契約に適用されるだけではなく，民間の金銭消費貸借契約にも適用

され，貸主としての金融機関および自然人は，国の貸付利率に関する規定を遵守し，高利貸し等の行為をしてはならない。

1.3 金銭消費貸借契約の内容

契約法197条は「金銭消費貸借契約は，書面形式を採用するが，しかし，自然人同士の金銭消費貸借に別段の約定がある場合を除く。金銭消費貸借契約には，金銭消費貸借の種類，通貨の種類，用途，金額，利率，期限および返済方式等の条項が含まれる」と規定している。つまり，当該条項に規定する金銭消費貸借契約には，主に以下の内容が含まれる。

第1，金銭消費貸借の種類。金銭消費貸借の種類とは，金融機関が貸主として貸付業務を行う場合，異なる貸付の対象およびニーズに対して提供する金銭消費貸借の類型である。例えば，貸付の期間により，短期貸付と長期貸付に分けることができる。貸付の役割により，短期貸付は，さらに生産の運転資金および設備・商品の仕入れ資金，臨時に資金を必要とする場合の貸付，決算資金，購入予定の場合の頭金資金，特別専用備蓄資金等を含む。

第2，通貨の種類。通貨とは，貸主が提供する貸付は，人民元であるか，あるいは他の通貨であるか，そのいずれかである。金銭消費貸借契約において，借主は，その借りた通貨と同じ種類の通貨を返済しなければならない。中国の現行外貨管理規定によれば，中国国内では，外貨流通が禁止されており，外貨をもって決済してはならない。もちろん，法律は，外貨による貸付を禁止しているわけではなく，もし借主の借入通貨が外貨である場合，当事者に特段の約定がなければ，借り入れた外貨と同じ通貨で返済しなければならない。

第3，金銭消費貸借の用途。貸付の用途とは，貸付金の使用目的を言う。貸付の用途は，通常，貸付の種類および条件によって決まる。各金融機関は，貸付業務管理において，貸付金の用途について厳しい制限を行っており，資金を期限内に回収できるように保証し，資金の安全を確保する。一般的に言えば，当事者双方は，契約において貸付金の用途を明確に約定しなければならず，そうしないと，借主が貸付金の用途を変更したとしてもなかなか確認することが難しく，また違約しているか否かの認定も難しくなる。

第4，金額。金額とは，貸付金の数量の多少を言い，貸付金の総額および分割払の際，毎回支払う必要のある貸付金の金額を含む。金銭消費貸借契約にお

いて，金額は必須条項であり，金額を確定できなければ，契約は成立しない。実務では，金額は金銭消費貸借契約のうちのきわめて重要な条項であり，ほかの関連条項に影響を与える。例えば，利率，借主による担保提供の必要性，および金額などを決めなければならない。

　第5．貸付金の利率。貸付金の利率とは，貸付期限内における利息と元本の割合を言う。契約法204条は「貸付業務を取り扱う金融機関の貸付利率は，中国人民銀行に規定する貸付利率の上下限にもとづいて確定しなければならない」と規定している。貸付利率は，金銭消費貸借契約の主要条項である。貸付利率は，固定利率および変動利率に分けることができる。固定利率は，約定を通じて利率を確定し変動しないが，変動利率は，銀行の平均利率の水準に従い，変化に応じて，相応の調整を行うことができる。固定利率にせよ，変動利率にせよ，いずれも中国人民銀行の関連規定に従わなければならない。また，契約法211条は「自然人同士の金銭消費貸借契約において利息の支払を約定している場合は，貸付利率は国の貸付利率の関連制限規定に違反してはならない」と規定している。つまり，民間の金銭消費貸借契約について言えば，当事者は，利息を自由に約定することができるものの，しかし，当事者双方が約定した利息は，国の貸付利率の関連規定に反してはならない。

　第6．貸付の期限。貸付期限は，金銭消費貸借契約締結のときから元本および利息をすべて返済しなければならない期間を言う。実務では，貸付の期限は，通常短期，中期および長期貸付に分けることができる。短期貸付は，貸付期限が1年以内（1年を含む）の貸付のことをいう。中期貸付は，貸付期限が1年以上（1年を含まない）5年以下（5年を含む）の貸付である。長期貸付は，貸付期限が5年（5年を含まない）以上の貸付を言い，しかし，一般に10年を超えてはならない。貸付期限の期間の長さは，貸付利率の高低に直接影響を与える。

　第7．貸付金の返済方式。貸付金の返済方式とは，貸主と借主が約定して，いかなる方式をもって貸付金を貸主に返済するかである。例えば，借主は，返済期限が到来すると元本および利息を一括して返済するか，分割して返済するか，あるいは先に一定期間ごとに利息を支払い，返済期日到来時に一括して元本を返済することもできる[2]。

第15章　金銭消費貸借契約　　423

2 金銭消費貸借契約の効力

2.1 貸主の主要な義務

　金銭消費貸借契約において，貸主は，主に以下に義務を負担する。
　第1，約定に従って貸付金を引き渡す義務。契約法201条1項は「貸主は，約定の期日，金額に従わず，貸付金を引き渡さず，借主に損害をもたらした場合，損害を賠償しなければならない」と規定している。この規定によれば，貸主は，約定に従って借主に貸付金を引き渡す義務を負う。つまり，貸主は，約定の期日，金額および引き渡す方法に従って貸付金を引き渡さなければならず，これは，貸主が負う主な契約義務でもある。契約法201条の規定によれば，もし貸主が，約定の期日，金額に従って貸付金を引き渡さず，借主に損害をもたらした場合，借主は貸主に対して損賠賠償を請求することができる。例えば，当事者双方は，貸主が銀行内振り込み方式で貸付金を借主の口座に振り込むことを約定したが，貸主はこの種の約定に違反して借主に損害をもたらした場合に，損害賠償をしなければならない。
　第2，法律の規定に従って利息をとる義務。貸主は，利息をとるときに法律の規定に従う必要があり，具体的に言うと，この種の義務は次の2つの内容を含む。
　1，国の利率関連規定を遵守すること。契約法204条は「貸付業務を取り扱う金融機関の利率は，中国人民銀行の貸付利率の上下限の規定に従わなければならない」と規定している。つまり，金融機関は，貸付契約における貸付利率の確定につき国の関連規定に従う必要がある。中国は現行貸付利率の管理体制において，貸付の基準利率および法定利率を実行しており，それは中国人民銀行によって提案され，国務院の許可を経た後に実施されることになっている。自然人同士の金銭消費貸借契約では，利息の支払の有無，および利息の具体的な額について当事者が自由に約定することができるが，しかし，貸付の利率は，国の貸付利率の制限に関連する規定に違反してはならない。
　2，あらかじめ元本から利息を差し引いてはならない。契約法200条は「借入金の利息は，あらかじめ元本から差し引いてはならない。利息をあらかじめ

　2　魏耀栄他『中華人民共和国合同法釈論［分則］』中国法制出版社，2000年，167頁。

元本から差し引く場合は，実際の借入金額にもとづいて返済を行い，利息を計算する」と規定している。本条によれば，貸付の利息は，あらかじめ元本から差し引いてはならない。実務では，一部の貸主は，借主が急いで金銭をほしいという窮迫した立場を利用して，あらかじめ元本から利息を差し引き，残りの額を元本として借主に貸し付けることが行われている。この場合，貸主が得た貸付金額は，契約で約定した金額より低くなるため，明らかに公平を失することになる。貸主があらかじめ利息を差し引く場合は，実際の貸付金額にもとづいて返済を行い，かつ利息を計算しなければならない。例えば，借主は100万元を借り入れ，利息は4万元であるが，貸主は，貸付時に4万元を差し引いて，借主に96万元しか引き渡さない場合，借主が貸付金を返済するときに96万元の貸付金に従って元金および利息を計算しなければならない。法律がこの種の規定を設ける目的は，取引の公平性を保障し，貸主が自らの優越的な地位を利用して借主の利益を損なうことを防止するためである。

第3，秘密保持義務。秘密保持義務とは，貸主が借主の借入関連情報について，秘密保持義務を負い，許可なしに他人に漏洩してはならないということである。貸付情報は，借主の資産状況，財務状況および信用情報が含まれ，プライバシーの範囲に属する可能性があり，借主は企業である場合，企業の営業秘密に属する可能性もある。したがって，貸主は，借主の秘密を保持しなければならない。もちろん，法律の規定に従い，借主の借入関連情報を開示しなければならない場合には，貸主は，開示の義務を負う。例えば，刑事訴訟法の規定に従い，公安機関は，捜査過程において法律に規定する手続にもとづき借主の借入状況を確認することができ，このような場合，貸主は開示義務を負う。

2.2 借主の主要な義務

金銭消費貸借契約において，借主は主に以下のような義務を負う。

第1，利息の支払義務。契約法205条の規定によると，借主は，約定の期限にもとづいて利息を支払わなければならない。利息の支払義務は，借主の主要な契約義務である。銀行の金銭消費貸借契約に関して言えば，当事者双方は，一般に契約において利息の額および支払方法を約定する。例えば，利息は年ごとにあるいは月ごとに支払われる。銀行の金銭消費貸借契約の場合，もし当事者双方が，利息の支払条項を約定していなければ，借主は，中国人民銀行の貸

付利率の規定にもとづいて利息を支払わなければならない。金融機関の金銭消費貸借契約は自然人同士の金銭消費貸借契約とは違って，明らかに商事契約の性質を有し，借主の支払う利息は，貸主の貸付関連の主な収益源であるため，当事者に利息関連約定がなくても，契約に利息を付していると認定しなければならない。

　自然人同士の金銭消費貸借契約について言えば，当事者双方は，利息条項を約定したのであれば，借主が約定に従って利息を支払わなければならない。もし当事者双方に利息関連条項を約定していなければ，無利息貸付とみなす。契約法211条1項は「自然人間での金銭消費貸借契約で，利息の支払について約定しておらず，あるいは約定が不明確な場合は，利息の支払をしないものとみなす」と規定している。

　他の類型の民間の金銭消費貸借契約について言えば，「民間金銭消費貸借司法解釈」25条2項は「自然人間での金銭消費貸借を除き，貸借双方の貸借利息に関する約定は明確でないが，貸主が利息を主張する場合，人民法院は，民間の貸借契約の内容にもとづき，かつ当地または当事者双方の取引方法，取引慣習，市場の利率等の要素によって利息を確定しなければならない」と規定している。本条の規定によれば，自然人間での貸借以外の民間の金銭消費貸借契約については，一般に有償契約と推定し，借主は，利息の支払義務を有するとしている。

　第2，約定の時間および金額により，貸付金を受け取る。契約法201条2項は「借主が約定の期日，金額にもとづいて，貸付金を受領しない場合，約定の期日，金額にもとづいて利息を支払わなければならない」と規定している。本条は，借主が遅滞なく貸付金を受け取らない場合に負うべき責任について規定したものであるが，実際には借主は遅滞なく貸付金を受領する義務を有することを定めたものである。一方で，借主は約定に従って貸付金を受領しなければならない。金銭消費貸借契約には，通常，借主による貸付金の受領時期について約定を行い，借主は約定に従って貸付金を受領する必要がある。他方で，借主は，約定の金額にもとづいて貸付金を受領しなければならない。金銭消費貸借契約で貸付額について約定を行った場合，借主は，約定によって支払われた貸付金より少なく受領したり，受領を拒否することはできない。借主は，この種の義務に違反したとしても，依然として約定に従って利息を支払わなければ

ならない。

　第3，約定した用途に従い貸付金を使用する義務。契約法203条は「借主は，約定した貸付金の用途に従わず，貸付金を使用した場合，貸主は，貸付金の供与を停止し，期限前の回収または契約の解除をすることができる」と規定している。本条は，借主が約定に従って貸付金を使用しなかったことの責任についての規定であるが，しかし，同時に借主が約定した用途にもとづいて貸付金を使用する義務があることを定めたものである。約定した用途にもとづいて貸付金を使用する借主の義務は，主に借主が契約に規定する貸付金の用途に従って使用する必要があり，他の用途に用いてはならないことを言う。法律は，貸主の利益を守るため，借主のこの種の義務を定めているのである。貸付金の用途は，貸主の貸付金の安全に関わり，借主が期限どおり貸付金を返済できるか否かにも直接関係しているからである[3]。例えば，借主は，約定に従って貸付金を工場の生産設備の購入に使用せず，不動産開発に用いたのであれば，借主の貸付金返済リスクが増すだけでなく，貸主が期限通り貸付金を回収できるか，その不確実性も増すことになる。

　第4，期限どおり貸付金を返済する義務。契約法206条は「借主は，約定の期限に従って貸付金を返済しなければならない」と規定している。本条によれば，借主は，期限どおり貸付金を返還する義務を負う。すなわち，借主は，契約に約定した返済期限に従って貸付金を返済する必要があり，これは借主の主要な契約義務でもある。通常，契約を締結するとき，当事者双方は，貸付金の返済期限について明確に約定する。当事者双方に約定が存在した場合，借主は，約定の期限を厳格に守り，貸付金を返済しなければならない。当事者の間に貸付金の返済期限について約定しておらず，あるいは約定が不明確な場合は，契約法206条の規定に従い，当事者が事後に補充合意を結ぶことができるが，補充合意を結ぶことができなければ，借主は随時に返済することができ，貸主も借主に対して合理的な期限内に返済するよう催告することができる。しかし，借主に必要な準備時間を与えなければならない。

　契約法209条は「借主は，貸付金の返済期限到来前に貸主に対して期限の延長を求めることができる。貸主が同意した場合は，延期することができる」と

　3　魏耀栄他『中華人民共和国合同法釈論［分則］』中国法制出版社，2000年，180頁。

規定している。貸付金の期限延長とは，借主が契約に約定した期限内に貸付金を返済できず，貸主の同意にもとづき，貸付金の返済期限を延長し，借主が継続して貸付金を使用することができることを言う[4]。実務では，借主は，市場の需要等の変化により約定の期限内に返済することができない可能性がある。このような場合，契約法209条の規定に従い，借主が期限通り貸付金を返還できなければ，返還期日到来前に，貸主に対して期間の延長を求めなければならない。もちろん，貸主が延期について同意せず，借主は，返済期限の到来時に返済できなければ，貸主は相応の違約責任を求めることができる。

第5，貸主の検査・監督を受ける義務。契約法202条は「貸主は，約定に従って貸付金の使用状況を検査・監督することができる。借主は，約定に従って定期的に貸主に財務会計諸表等の資料を提供しなければならない」と規定している。本条によれば，借主は，貸付金を使用する過程において，約定に従って貸主の検査および監督を受けなければならない。金銭消費貸借契約においては，通常，貸主が借主の貸付金の使用状況について検査・監督を行い，借主の計画の執行，経営管理，財務活動，物品の在庫状況等を把握することができると規定している。借主の貸付金使用によって損失・浪費が生じ，あるいは貸付金を利用して違法活動を行っていることを発見した場合には，貸主は，貸付金の元本および利息の回収を行うことができる。もちろん，貸主は，借主の貸付金の使用状況について検査・監督を行うときに，契約の約定に従って行わなければならず，借主の通常の経営活動に干渉してはならない。

3 民間の金銭消費貸借契約

3.1 民間の金銭消費貸借契約の概念と特徴

民間の金銭消費貸借契約［民間借款合同］は，民間の貸借契約［民間借貸合同］とも称され，非金融機関が貸主として，借主に一定額の通貨を貸し付け，借主は，期限到来時に同様の通貨を返済する契約を言う[5]。指摘しておかなければならないのは，契約法210条，211条は，民間の金銭消費貸借契約の主体を自然人同士に限定しているが，しかし，「民間金銭消費貸借司法解釈」は，民

4　魏耀栄他『中華人民共和国合同法釈論［分則］』中国法制出版社，2000年，192頁。
5　「民間金銭消費貸借司法解釈」1条。

間貸借契約の範囲を拡大し，貸主の一方は金融監督管理部門の認可によって設立した，貸付業務に従事する金融機関およびその支店などであれば，当事者間の金銭消費貸借契約は民間の金銭消費貸借契約に属する，と規定している。「民間金銭消費貸借司法解釈」は，民間金銭消費貸借契約を自然人間の契約と非自然人間の契約に分けており，金融機関を貸主とする金銭消費貸借契約に比べると，民間の金銭消費貸借契約の特徴はおよそ以下のとおりである。

　第1，貸主は非金融機関である。民間の金銭消費貸借契約の貸主は，特殊性を有する。すなわち，貸主は，金融機関以外の自然人・法人あるいはその他の組織であり，これは，民間の金銭消費貸借契約と通常の金銭消費貸借契約との主要な違いである。民間の金銭消費貸借契約は，主に親戚，友人関係等の信頼関係を有する主体の間に発生し，一般に担保事項について約定していない。この種の法律関係においては，当事者の誠実・信用が，契約履行の保証となる。

　第2，自然人同士の民間の金銭消費貸借契約は，要物［実践］契約である。契約法210条は「自然人間の金銭消費貸借契約は，貸主が貸付金を提供するときに効力が発生する」と規定している。つまり，自然人間の民間の金銭消費貸借契約は，性質上，要物契約に属し，当事者双方が貸付について合意に達したとしても，金銭消費貸借契約が成立するわけではなく，貸主が実際に貸付金を提供してはじめて契約が成立することになる。法律が，自然人間の金銭消費貸借契約を要物契約とする理由は，主に以下の点にある。すなわち，一方で，自然人同士の金銭消費貸借契約は，一般に親族，友人同士の間で発生し，当事者の間に強い信頼関係があるため，貸主による貸付金を提供する前に，貸主に貸付金を提供するか否かを再考する権利を与えなければならない。したがって，自然人間の金銭消費貸借契約について言えば，当事者双方は，すでに貸付金関連事項について合意に達したとしても，直ちに当事者間の契約は成立していると認定してはならない。他方で，自然人間の金銭消費貸借契約の金額は，一般に大きくなく，当事者間で同意に達した後，貸主が貸付金を提供しなかったとしても，借主の生産・生活に重大な影響を与えることはなく，しかも自然人間の金銭消費貸借契約の大半は無償である。したがって，自然人間の金銭消費貸借契約は要物契約とする必要がある。

　第3，不要式性である。契約法197条1項は「金銭消費貸借契約は，書面形式を採用する。ただし，自然人間の金銭消費貸借で別段の約定がある場合を除

く」と規定している。文理解釈から見ると，法律は，自然人間の金銭消費貸借契約について，必ずしも書面形式を採用するよう要求しているわけではない。しかし，体系的な解釈から見ると，契約法197条は，金銭消費貸借契約について書面形式を採用しなければならないと規定していると同時に，「自然人間の金銭消費貸借で別段の約定がある場合を除く」と規定している。つまり，自然人間で約定でもって書面形式の要求を排除することができるとしている。要式関連規定は，強制性法規に属することに鑑みると，約定でもって排除してはならないはずである。しかし，契約法は自然人間の金銭消費貸借契約について書面形式を排除できるとしているため，自然人間の金銭消費貸借契約は，不要式契約であると言える。

　第4，片務性を有する。前述したように，銀行の金銭消費貸借契約は双務・有償契約であり，この種の金銭消費貸借契約において利息を約定していないとしても，利息があることを推定できる。しかし，民間の金銭消費貸借契約は，この点では異なっている。契約法211条は「自然人間の金銭消費貸借契約において，利息の支払を約定せず，または約定が不明確な場合，利息の支払をしないものとみなす。自然人間の金銭消費貸借契約において利息の支払を約定した場合，貸入利息は，借入利息に関する国家の規定に違反してはならない」と規定している。「民間金銭消費貸借司法解釈」25条1項は，貸借双方が，利息について約定しておらず，貸主が貸付期間内における利息の支払を主張する場合，人民法院は，これを支持しない」と規定している。ここから見てもわかるように，自然人間の金銭消費貸借契約は，無利息を原則とし，当事者間に利息条項を約定した場合のみ，当該金銭消費貸借契約を有償の民間貸借契約とすることができる。当事者双方が，借主の利息支払義務を約定していなければ，借主は貸主の利息支払請求を拒否することができる。このように，民間の貸借契約は，主に片務契約であると言える。

3.2　民間の金銭消費貸借契約の効力発生

3.2.1　自然人同士の民間金銭消費貸借契約

　前述したように，中国の契約法は，自然人間の金銭消費貸借契約は要物契約であると規定しているが，しかし，自然人間の金銭消費貸借契約における貸主の貸付方式は多種多様であり，実務でも紛争が多いため，金銭消費貸借契約の

成立時期を明確にする必要がある。「民間金銭消費貸借司法解釈」9条は，以下のいくつかの状況における契約の効力発生時期について具体的な規定を設けている。

　第1，貸主が，現金をもって貸付金を提供する場合，金銭消費貸借契約の効力発生期日は，借主が貸付金を受領した期日をもって確定する。自然人同士の金銭消費貸借契約の場合，貸主はほとんど現金の方式でもって貸付をしているため，民間金銭消費貸借司法解釈9条の規定によると，貸主は，現金の方式で貸付金を提供する場合，借主が貸付金を受領したときに金銭消費貸借契約の効力は生ずる。

　第2，銀行内の口座振替，インターネット上での送金，あるいはインターネットを通じて貸付を行うなどの方法で支払った場合，資金が借主の口座に入ったとき。インターネット技術の発展に伴い，銀行振込，インターネット上での送金，インターネットを通じて貸付を行う方法を通じて行う民間の金銭消費貸借契約はますます普及し，この種の金銭消費貸借契約について，その効力発生期日の正確な認定は，当事者間の権利義務関係を明らかにするうえで重要な意義を有する。銀行，インターネット等のプラットフォームは，性質上，貸付金の交付方式であり，自然人間の金銭消費貸借契約の実践契約としての性質を変更しているわけではないないため，銀行振込，インターネット上での送金あるいはインターネットを通じて貸付を行うなどの形で供与した場合，貸付金が借主の口座に入金したところで初めて契約の効力が発生する。

　第3，手形・小切手［票据］をもって供与する場合，借主が法により手形・小切手の権利を取得したとき。ここでいう「票据」とは，為替手形，約束手形および小切手を指すものである。借主は，手形・小切手の方法で貸付金を受け取る場合，手形・小切手の権利を取得するときにはじめて貸付金を受領することになる。手形・小切手の権利取得行為は，合法でなければならない。手形・小切手行為は，法律行為の構成要件に符合しなければならず，詐欺・強迫などがあってはならない。中国の手形・小切手法は，手形・小切手の形式要件について厳しく規定しており，形式要件に合致しなければ，無効になる可能性があり，借主も貸付金を取得できなくなる[6]。したがって，手形・小切手をもって貸付金を供与する場合，法により実際に手形・小切手の権利の権利を取得する期日を契約の効力発生期日としなければならない。

第4，貸主が特定の資金口座の支配権を借主に授権した場合，借主が当該口座に対する実際の支配権を取得したとき。取引実務から見ると，貸主は自らの銀行口座を借主に支配させることがある。このような場合，貸主は，貸付金を直接に借主に供与していないが，借主は実際に貸付金を支配できるため，貸付金の供与と同様な効果が得られる。したがって，貸主は，特定の資金口座の支配権を貸主の支配下に置く場合，借主が実際に当該口座内の資金を支配することができるため，借主が実際に貸付金を取得し，契約の効力も発生したと認定することができる。

　第5，貸主は，借主と約定したそのほかの方法で貸付金を提供し，実際の履行が完了したとき。私的自治の原則に従い，自然人間の金銭消費貸借契約における当事者双方は，貸付金の供与方法を自由に選択することができる。したがって，当該条項は，当事者がその他の方式をもって貸付金を供与する場合における契約の効力発生時期について，最低限の基準を設けたものである。当該規定の「実際の履行が完了した」とは，貸主はすでに貸付金を借主に供与したことを言う。

　法律は，自然人間の金銭消費貸借契約を実践契約として規定しているものの，当該規定は性質上任意規定に属する。つまり，いったん貸付金事項について合意に達したのであれば，契約は，直ちに成立すると当事者間で約定することができる。この場合，貸主にはもはや契約を破棄する権利はなく，約定に従って貸付金を提供しなければならず，そうしないと，借主は，貸主に対して違約責任を請求することができる。

3.2.2　非自然人間の民間金銭消費貸借契約の効力

　「民間金銭消費貸借司法解釈」は，民間貸借契約を自然人間の金銭消費貸借契約と非自然人間の金銭消費貸借契約に分けている。非自然人間の金銭消費貸借契約は，自然人と法人あるいはその他の組織との間の契約，および当事者双

6　手形・小切手法22条は「為替手形には，次の事項を記入しなければならない。㈠『為替手形』であることを表示する文字，㈡無条件支払いの委託，㈢確定の金額，㈣支払人の名称，㈤支払いを受ける者の名称，㈥振出日，㈦振出人の署名又は記名捺印。為替手形には前項規定の事項の一つを記載しない証券は，為替手形の効力を有しない」と規定している。つまり，振出人は為替手形を振り出すとき，上記規定に掲げる事項を記載しなければならず，そうしなければ，無効となる。

方はともに法人あるいはその他の組織同士の貸借契約を含む。非自然人間の金銭消費貸借契約は，広義の民間貸借契約に属するが，しかし，自然人間の民間貸借契約とは異なり，互助的な性質を有せず，有償である。借主は，自らの生産，経営の必要にもとづいて貸主と金銭消費貸借契約を締結するが，貸主の契約締結の目的は貸付金の利息を得ることにある。したがって，当事者双方は，いったん契約を締結した以上，契約にもとづく履行を厳格に行う必要があり，契約の破棄をしてはならない。まさにこれらの理由により，「民間金銭消費貸借司法解釈」10条は「自然人間の金銭消費貸借契約を除き，当事者が民間貸借契約は契約の成立時に効力が生ずることを主張する場合，人民法院は，これを支持しなければならない。ただし，当事者間に別段の約定があるか，または法律，行政法規に別段の規定がある場合は，このかぎりでない」と規定している。この規定によれば，非自然人間の民間貸借契約は，一般に成立時に直ちに効力が発生する。したがって，非自然人間の金銭消費貸借契約は，性質上諾成契約に属し，いったん当事者間で，貸付金事項についての合意に達したのであれば，契約の効力が直ちに発生することになる。

3.3 民間の金銭消費貸借契約の無効

3.3.1 民間金銭消費貸借契約が無効である具体的なケース

民間金銭消費貸借契約の無効とは，民間貸借契約が法律の強行法規および公序良俗の規定に違反して無効になることを言う。中国の契約法52条は，契約無効の事由について規定しているものの，具体性を欠いているため，司法実務における民間の金銭消費貸借契約の効力の認定に一定の困難をもたらしている。民間の金銭消費貸借契約の有効・無効に関する認定は，裁判所によって異なっている。したがって，「民間金銭消費貸借司法解釈」14条は，契約54条の規定を踏まえ，民間の無効事由について具体的な規定を設けている。当該規定によると，以下のようなケースに該当すれば，民間の金銭消費貸借契約を無効と認定しなければならない。

第1，金融機関の信用貸付を詐取したり，借主に高い金利で転貸し，かつ借主が事前に知りあるいは知りうべき立場にある場合。金融機関の信用貸付を詐取するとは，実質上金融機関から信用貸付を獲得し，営利を目的として他人に転貸することを言う。行為者は，銀行から貸付金を詐取し，再び転貸した場合，

銀行との間の金銭消費貸借契約に違反するだけではなく，約定の用途に従って貸付金を使用せず，さらに信用貸付金を国の監督機関の監視・管理から離脱させたのである。行為者のこの種の行為は，自らを「金融機関」として，転貸行為から高額の利息を獲得し，金融秩序を乱してしまうことになる。したがって，この種の行為は無効と認定しなければならない。

　第2，その他の企業から資金を借り，あるいは同じ企業の従業員や同じ機関の職員から集めた資金を，借主に転貸して不当な利益を図り，かつ借主が事前に知り，あるいは知りうべき立場にある場合。前述のように，企業は，生産，経営等の目的で自社の従業員から資金を借りることができるが，しかし，企業は自社の従業員から金員を借りた後，会社経営のために用いずに，他人に転貸したのであれば，事実上違法な資金集めを構成することになる。このような行為は，金融秩序を乱すだけでなく，違法に公衆の資金を吸い上げ，転貸して不当な利益を図ることになるため，犯罪を構成する可能性もある[7]。ここでいう契約の無効とは，企業が自社の従業員から借りた金員を他人に転貸する金銭消費貸借契約が無効であることを言い，企業と従業員間の金銭消費貸借契約が無効になることを指すわけではない。また，当該規定によれば，このような契約が無効になるための要件の1つとして，借主は，企業が従業員から借りた資金を転貸して不当な利益を図ることを知り，あるいは知りうべき立場にあることである。

　第3，貸主は，借主が貸付金を用いて犯罪活動を行う目的を知り，あるいは知りうる立場にあるにもかかわらず，依然として貸付金を供与した場合。借主が貸付金を用いて賭博，密輸等の違法犯罪活動を行うことを知りながら貸した場合は，違法な貸借になる。この種の金銭消費貸借契約は，法的な保護を与えることができない。違法な貸借に対しては，その内容の違法性を考慮して，契約の無効を認定しなければならない。

　第4，公序良俗に違反した場合。公序良俗とは，公共の秩序および善良な風俗を含み，経済や社会の発展にとって必要不可欠なものである。例えば，貸主は借主が女性と遊ぶためにお金を借りることを知りながら，貸付金を提供した場合，当該金銭消費貸借契約は，無効であるといわなければならない。

---

　[7]　刑法176条。

第5，その他の法律，行政法規の効力性の強行法規に反する場合。当該規定は，金銭消費貸借契約の無効に関する最低限の規定であり，法律は，民間の金銭消費貸借契約の無効事由についてすべて列挙するわけにはいかない。しかも，市場経済社会の発展に伴い，民間の金銭消費貸借契約の無効状況もますます多様化・複雑化してきている。当該条項は最低限の規定を設けることによって，具体的な列挙の不十分さを補うことができる。もちろん，取引を促進するため，裁判所は，当該条項を適用するときに厳格でなければならず，できるだけ金銭消費貸借契約の効力を認めなければならない。

3.3.2　企業間の金銭消費貸借契約は原則的に有効である

　「民間貸借契約司法解釈」は，企業間の金銭消費貸借契約を民間貸借契約の範囲内に含めている。いわゆる企業間の金銭消費貸借契約とは，企業間で生産，経営の必要に応じて締結したものであり，一方は約定に従い相手方当事者に貸付金を供与し，相手方当事者は約定に従って貸付金の返還および利息の支払を定める契約を言う。中国では，長い間，企業間の金銭消費貸借契約を無効な契約として処理してきた[8]。しかし，近年，市場経済の発展に伴い，とりわけ企業活動の活性化およびイノベーションの促進等の必要性に応じて，企業間の資金調整を中心とする企業融資は広く行われ，中小企業の融資難問題の解決に重要な役割を果たしている。したがって，企業の発展に必要な資金問題を解決するためであれば，この種の金銭消費貸借契約を禁止すると，企業の生産，経営活動に支障が生じ，経済の発展を妨げることになりかねない。

　そのため，「民間金銭消費貸借司法解釈」11条は「法人間，その他の組織間およびそれらの相互間において，生産，経営のために締結した民間金銭消費貸借契約は，契約法52条，本規定14条に規定する場合を除き，当事者が民間金銭消費貸借契約の有効性を主張した場合，人民法院は，これを支持しなければならない」と規定している。当該条項によれば，企業間の金銭消費貸借契約の

　8　例えば，中国人民銀行の貸付通則61条は「各級の行政部門および企業・事業単位，供銷合作社等の合作経済組織，農村の合作基金会およびその他の基金会は，預金業務，貸付業務などの金融業務に従事してはならない。企業間は，国の規定に違反し，金銭貸借または形を変えた貸付や融資業務を行ってはならない」と規定している。中国人民銀行は，1998年の「企業間の金銭消費貸借問題に関する回答」において，企業間の金銭貸借契約が国の法律および政策に反する場合，無効と認定しなければならないと明確に規定している。

締結目的は，生産・経営のためであって，その必要に応じたものである。この種の契約は，経済の発展を促進させることができる。他面で，企業間の金銭消費貸借契約には無効事由が存在しない。つまり，企業間の金銭消費貸借契約は，契約法52条および「民間金銭消費貸借司法解釈」14条に規定するケースは存在しない。例えば，「民間金銭消費貸借司法解釈」は，生産・経営のために企業間で金銭消費貸借契約の締結を認めているが，しかし，企業が恒常的に金銭の貸付業務を行うことは認めない。そうでなければ，法律に規定する金融活動に従事するための資格要件等を回避してしまうだけでなく，金融秩序の安定にとっても一定の影響を与えてしまう。したがって，このような行為は「民間金銭消費貸借司法解釈」14条に規定する「金融機関の信用貸付資金を詐取し，高利で借主に転貸し，かつ借主が事前に知り，または知りうべき立場にある」ケースを構成し，当該契約は無効となる。

3.3.3　企業と企業の従業員との間の金銭消費貸借契約

中国では，一貫して企業が融資の形で従業員から資金を集めることを禁止している。例えば，最高人民法院は，1999年の「公民と企業との間の金銭消費貸借行為の効力をいかに認定する問題についての回答」において，企業は融資の名目で従業員から不法な資金集めをする契約は無効であると認定し，企業は，金銭貸借契約の形で従業員から融資を行うことを厳しく制限している。しかし，企業が金銭消費貸借契約でもって従業員から資金集めをすることは，当該企業の生産・経営の必要のためであれば，一概にこの種の契約の効力を否定することは，企業の発展にとって不利であり，従業員の利益を保護する観点からも不利となる。

そこで，「民間金銭消費貸借司法解釈」12条は「法人またはその他の組織は，自らの単位内において金銭貸借の形で従業員から資金集めを行い，本単位の生産，経営のために用いて，かつ契約法52条，本規定14条のケースに該当せず，当事者が民間金銭消費貸借契約の有効性を主張した場合，人民法院はこれを支持しなければならない」と規定している。当該規定によれば，企業が金銭消費貸借契約の方法で本企業の従業員から資金を集めることは，一定の条件下では合法となる。つまりこの種の貸借は「単位から調達し，単位に用いる」[9]ものでなければならず，具体的に言うと，一方で，企業は，本単位内部の従業員か

らしか資金調達できず，ほかの単位の従業員から資金を調達してはならず，他面で，企業が職員から資金調達する目的は，本単位の生産，経営活動に用いるためでなければならず，しかもその方式は金融機関型の金銭消費貸借［借款］の方式でなければならない。

3.4 民間の金銭消費貸借契約の貸付金の利息

3.4.1 金銭消費貸借の利息に関する約定

利息，利率は，民間の金銭消費貸借の最も重要な問題であり，民間の貸借に対する法律によるルール化の重点をなす。契約法211条は「自然人間での金銭消費貸借契約において，利息の支払を約定せず，または約定が不明確な場合，利息の支払をしないものとみなす。自然人間の金銭消費貸借契約において，利息の支払を約定した場合，借入利息は借入利息の制限に関する国家の規定に違反してはならない」と規定している。民間の金銭消費貸借契約の利息について，民間金銭消費貸借司法解釈25条は，次の2つのルールを確立している。

第1，自然人間の金銭消費貸借契約は，原則上無償であるが，当事者に別段の約定があけれぱ，利息を支払うことができる。「民間金銭消費貸借司法解釈」は，契約法211条の規定に従い，25条において「貸借の双方は，利息に関する約定がなければ，貸主は利息の支払を求めても，人民法院は，これを支持しない」と規定している。つまり，自然人間の金銭消費貸借契約について，もし利息の約定がなければ，無利息貸付であるとみなす。もちろん，無償の金銭消費貸借契約であっても，借主は期限通り返済しなければ，返済期限満了後，貸主は借主に対して期間満了後における貸付金の占有費用を請求することができる。

「民間貸借司法解釈」31条は，当事者に利息の約定がないが，借主は自らの意思で利息あるいは違約金を支払う場合，一般に当該行為の効力を認めなければならず，貸主が当該利息あるいは違約金を受け取ったとしても，不当利得を構成しないと規定している。金銭消費貸借契約においても同様である。しかも，当事者双方は，利息について約定していないとき，借主が利息を支払うか否かは，自らの意思の範疇に属する事柄であり，私的自治の原則に従い，借主が自らの意思で利息を支払いたい場合，法律は，その効力を認めなければならない。

---

9 杜万華主編『最高人民法院民間貸借司法解釈理解与適用』人民法院出版社，2015年，225頁。

また，当該条項によれば，もし借主が自らの意思で支払う利息は，年間の利率の36％を超えた場合，超えた部分について借主は貸主に対して返還を請求することができる。

第2，非自然人間の金銭消費貸借契約は，原則として有償である。非自然人間の金銭消費貸借契約に関して言えば，一般的に有償であり，そのため，「民間金銭消費貸借司法解釈」25条は「自然人間の金銭消費貸借契約を除き，貸借双方は，金銭消費貸借の利息に関する約定が不明であり，貸主は利息を主張した場合，人民法院は民間金銭消費貸借契約の内容，および当地や当事者の取引方式，取引慣習，市場の利率等の要素にもとづき，利息を確定しなければならない」と規定している。本条によれば，非自然人間の金銭消費貸借契約の場合は，当事者双方の金銭消費貸借の利息について不明であったとしても，当事者双方の金銭消費貸借契約は有償であると推定し，借主が貸主に利息を支払わなければならない。しかし，この種の金銭消費貸借契約では，利息を約定していなければ，裁判所は，利息を計算するとき，直接中国人民銀行の金銭消費貸借利率にもとづいて利息の金額を計算してはならず，金銭消費貸借契約の内容，取引慣習および市場利率等の要素によって利息の額を確定しなければならず，これは，この種の契約が銀行の金銭消費貸借契約と異なる重要な特色をなす。

3.4.2 民間の金銭消費貸借の利率

中国の立法および司法実務は，一貫して高利貸しを禁止している。民法通則90条は「合法的な金銭消費貸借関係は，法律の保護を受ける」と規定している。当該条項の立法趣旨は，高利貸を禁止することにある[10]。最高人民法院の「金銭消費貸借事件の審理に関する若干問題」(1991年) 6条は，「民間金銭消費貸借の利率は，銀行の利率より若干高く設定することができ，各地の人民法院は，当該地域の実際の状況にもとづいて具体的に掌握することができる。ただし，高くても銀行の同類の金銭消費貸借の利率の4倍を超過してはならない（利率の本数を含む）。この限度を超過した場合は，超過した部分について保護を与えない」と規定している。しかしながら，中国の市場化の進展，金融改革の深化に伴い，利率そのものも絶えず市場化しており，4倍利率の規定は，計

---

10 魏耀栄他『中華人民共和国合同法釈論［分則］』中国法制出版社，2000年，197頁。

画経済の色彩を帯びていると言える。

「民間金銭消費貸借司法解釈」は，分類のルールを採用しており，高利率を完全に禁止しているわけではなく，また高利率を放任しているわけでもない。当該司法解釈26条1項は「貸借双方が約定した利率が年利率の24%を超えておらず，貸主が借主に対して約定に従って利息の支払を求めた場合，人民法院は，これを支持しなければならない」と規定している。本条は，金融市場の平均利率を踏まえたうえで，24%という判断基準を設けている。司法解釈起草者の考えによると，民間金銭消費貸借の固定利率は，金融市場の平均利率より高く設定すべきであるが，しかし，実体経済の利潤率より高くなりすぎてはならない[11]。そうしないと，民間金銭消費貸借の資金は実体経済のほうへ流れなくなり，金融リスクを高めることになる[12]。そのため，民間金銭消費貸借に対する規制の上限を24%にしており，これは全体的にこの発展水準に合っていると言える[13]。したがって，当事者が約定した利率は，年利率の24%を超過しなければ，貸主は直接強制執行を請求することができる。

「民間金銭消費貸借司法解釈」26条2項は「貸借双方が約定した利率は，年利率の36%を超過した場合，超過した部分の利息は無効である。借主は，貸主に対してすでに支払った年利率の36%を超過した部分の利息の返還を請求した場合，人民法院は，これを支持しなければならない」と規定している。本条は，以下のような規則を定めたものである。

第1，年利率の36%を当事者が約定する利率の上限とし，36%を超過した利息は，法律の保護を受けない。

第2，年利率の24%から36%の間の約定利息については，当事者がすでに任意に履行し，争いが生じていなければ，人民法院は当該履行行為の効力を認めなければならない。

第3，36%を超過した部分について，当事者がすでに履行したとしても，法律は，その効力を認めず，このような場合，貸主が36%を超過する部分の利

---

11 杜万華主編『最高人民法院民間消費貸借司法解釈理解与適用』人民法院出版社，2015年，460頁。

12 袁春湘『民間借貸法律規制研究』法律出版社，2015年，113頁。

13 関連報告によると，全国における民間消費貸借利率は23.5%，農村地域の民間消費貸借利率は25.7%である（杜万華主編『最高人民法院民間借貸司法解釈理解与適用』人民法院出版社，2015年，461頁）。

息を受け取ると，不当利得を構成し，借主は，返還を求めることができる。

3.4.3 複利の問題

　高利貸しの問題を抑制するため，中国における立法および司法実務は，一貫して複利の計算を禁止してきた。いわゆる複利とは，利息を元本に組み込み，その金額で利息を計算することを言う。しかし，民間金銭消費貸借の複利の問題について，「民間金銭消費貸借司法解釈」28条は，「貸借の双方は，前期の貸付金の元金の利息を計算した後，後期の元金に組み込み，改めて債権証明書（債権凭証）を発行し，前期の利率は年利率の24％を超過しない場合，新たに発行した債券証明に記載されている金額を後期金銭貸借の元金と認定することができる。超過部分の利息を後期金銭貸借の元金に組み込むことができない。約定の利率は，年利率24％を超過し，当事者が超過部分の利息を後期金銭消費貸借の元金に組み込むことができないと主張する場合，人民法院は，これを支持しなければならない」と規定している。この規定から見ると，「民間金銭消費貸借司法解釈」は，複利を完全に禁止しているわけではないことがわかる。そもそも，法律が禁止しようとするのは複利ではなく，高利の複利である。複利そのものは，法律に規定する最高の利率基準を超過しなければ，有効と認定しなければならない。

　しかし，複利も一定の制限をルール化すべきである。つまり，当事者に複利の約定がある場合，最終計算の利率は法律に規定する最高利率の基準を超過しなければ，当該複利の約定は有効であり，最終計算の利率が法律に規定する最高利率の基準を超過した場合，当該超過部分は，無効となる。例えば，甲は，乙に100万元の金銭を貸し付け，約定の月利率は2％で，年利率は24％という計算になるが，当該約定は，法律に規定する上限に符合し，有効であると認定しなければならない。半年後，当事者は，前の半年分の利息を元金に組み込むことを約定し，6ヶ月後，当事者間の金銭消費貸借契約の元金は112万元となる。しかし，当事者が約定した月利率は5％であり，当事者の約定による年利率は60％であり，36％を超過した部分は法律の保護を受けず，6ヶ月後，当事者が前の6ヶ月の利率を元金に組み込むことを約定したのであれば，司法解釈の規定により，24％以内の部分しか元金に組み込めない。つまり，6ヶ月後，新たに締結した金銭消費貸借契約の元金の額は，依然として112万元であり，

超過部分を元金に組み込むことができない。

3.4.4 期限超過の利息問題

期限超過利息とは，当事者の約定により，金銭消費貸借契約の期限満了後，借主が約定に従って貸付金を返済しないときに貸主に支払う利息のことを言う。期限超過利息は，以下のような特徴を有する。

第1，期限超過利息は，当事者間の約定による。期限超過利息については，当事者双方が前もって約定を行わなければならない。当事者双方は，前もって期限超過利息に関する事項を約定していなければ，貸主は，借主に対して期限超過利息の支払請求を行うことができず，不当利得返還請求権により借主に対して資金を占有する期間の費用を請求するしかない。もちろん，当事者双方は，金銭消費貸借契約において期限超過利息事項を設けることができ，期限超過利息について個別に約定を行うこともできる。また，当事者双方は，金銭消費貸借契約を締結する前に期限超過利息に関する約定を行うことも，契約締結後に約定を行うこともできる。

第2，期限超過利息は，本質上，当事者双方が借主の違約責任について行った約定である。期限超過利息は，借主が約定の期限内に貸付金を返済しなかったために貸主に支払わなければならない利息であり，当事者双方が借主の違約責任ついて行った約定である。したがって，期限超過利息の支払等の問題について，当事者間の約定がなかった場合は，契約法総則の違約責任に関する一般規定を適用することができる。

第3，期限超過利息は，本質上，貸主が享有すべき収益である。期限超過利息は，貸主が約定に従い享有する収益であり，本来借主が期限内に貸付金を返済しなかったために，貸主に支払わなければならない利息である[14]。したがって，貸主は，期限超過利息を受け取っても不当利得を構成しない。

民間の金銭消費貸借契約の返済期限超過利息の計算について，「民間金銭消費貸借司法解釈」29条，30条は，以下のような規定を設けている。

第1，当事者双方は，期限超過利息の利率について約定することができる。私的自治の原則に従い，当事者双方は，民間の金銭消費貸借契約において，返

---

14 袁春湘『民間借貸法律規制研究』法律出版社，2015年，257頁。

済期限超過の場合の利率について約定を行うことができる。したがって，民間金銭消費貸借司法解釈29条1項は，「貸借双方は，期限超過利率について約定を行った場合，その約定に従う。ただし，年利率の24％を超過してはならない」と規定している。この規定によれば，当事者が，期限超過利息について約定を行った場合，約定の利率基準にもとづいて期限超過利息の金額を計算しなければならない。もちろん，当該条項は，当事者が期日超過の利率を自由に約定することに対して一定の制限を設けている。すなわち当事者の約定した期日超過の利率は年利率24％を超えてはならない。

第2，当事者双方が，返済期限を超過した場合の利率について約定していない場合の利息計算。「民間金銭消費貸借司法解釈」29条2項の規定によれば，当事者双方は，期限超過利息を約定したが，その利率を約定しておらず，または約定が不明確な場合，以下のようなケースに分けて処理しなければならない。①当事者双方が，返済期限内の利率について約定していない場合，貸主は，年6％の利率基準に従って借主に対して期限超過利息の支払を請求することができる。司法解釈起草者の説明によると，近年，中国人民銀行が発布の年度基準貸付金の利率はおよそ6％であり，同期同類の貸付利率の種類が比較的多いことから，計算が複雑になってしまい，そこで，裁判規範を統一するため，本条は年6％の利率によることにした[15]。②当事者双方が，返済期限内の利率について約定した場合，貸主は，借主に対して約定の利率に従って返済期限を超過した場合の利息の支払を請求することができる。

第3，期限超過利息と違約金，あるいはその他の費用の適用関係について。当事者は，返済期限超過時の利息について約定を行うと同時に，違約金責任についても約定した場合，それぞれの責任についてどのように適用するか，という問題がある。「民間金銭消費貸借司法解釈」30条の規定によれば，当事者双方は，同時に期限超過利息や違約金について約定を行い，借主が返済期限満了後に返済した場合，貸主は，期限超過利息，違約金あるいはその他の費用を選択して請求することができるだけでなく，各種の責任を一括して主張することもできるが，請求の総額は，年利率の24％を超過してはならない。

15　杜万華主編『最高人民法院民間借貸司法解釈理解与適用』人民法院出版社，2015年，507頁。

第16章 賃貸借契約

案例 甲，乙は，隣人である。甲は，調査研究のために約1年間留守することになり，家屋を乙に貸した。半年後，乙は，甲の同意を得ずに甲の家屋を丙に転貸し，高い賃料を得ていた。甲は，このことを知り，乙は家屋を転貸する権利がなく，乙と丙の転貸契約の無効を主張した。乙は，甲が転貸を禁止していないため，転貸することができると主張する。

簡単な評釈 本件は，転貸の法的効力に関する問題である。契約法224条の規定によれば，賃貸借契約において，賃借人は，賃貸人の同意を得ずに転貸する場合は，違約を構成し，賃貸人は，当該契約を解除することができる。しかし，転貸契約は，当然に無効ではなく，転貸の場合は，賃貸人の財産権に対する無権処分を構成し，契約51条の規定によれば，無権処分行為は効力未確定に属し，賃貸人の追認を得なければならず，賃貸人が当該行為を追認すれば，当該契約は有効である。賃貸人が追認を拒否した場合，転貸行為は無効となる。本件において，乙は，甲の同意を得ずに，勝手に丙に家屋を転貸し，甲は当該契約の効力の追認を拒否しているため，当該賃貸借は無効となる。

1 賃貸借契約概説

1.1 賃貸借契約の概念と特徴

契約法212条は「賃貸借契約は，賃貸人が賃借物を賃借人に引き渡して使用，収益をさせ，賃借人が賃料を支払う契約である」と規定している。その中で，賃借物を引き渡す当事者の一方を賃貸人と言い，賃借物を使用して賃料を支払う相手方当事者を賃借人と称する。したがって，賃貸借契約は，賃貸人が財産

の使用,収益の権能を移転して,賃料を獲得する契約である。
　賃貸借契約は,以下のような法的特徴を有する。
(1) 占有および使用権しか移転しないこと
　賃貸借契約の目的は,目的物の所有権の移転にはなく,目的物の占有および使用権を移転させるだけであり,これは売買契約や贈与契約との最大の違いである。賃貸借契約における賃借は,賃借物に対する占有および使用権を有するため,賃貸借は寄託等の契約とも異なる。寄託契約において,受寄者は,目的物の占有権を取得するものの,当事者間に特別な約定がなければ,目的物を使用することはできない。
(2) 有償性を有すること
　賃貸借契約において,賃借人は無償で賃貸物を使用することができず,その使用は,賃料を支払うことを前提としているため,賃貸借契約は有償性を有する。賃借人は,賃料を支払う必要がなければ,当該契約の性質は使用貸借［借用］契約に変わってしまう。賃貸借契約において,賃貸人は賃借物を賃借人に引き渡さなければならず,賃借人は定期的に賃料を支払わなければならない。
(3) 期限性を有すること
　賃貸借契約において,賃貸人が財産を賃借人に引き渡して,賃借人は,一定期間においてその賃借物を占有,使用および収益する権利を有するが,一定の期間内においてしかこれらの権利を行使することができない。契約法214条1項は「賃貸借の期間は,20年を超えてはならない。20年を超過した部分は,無効である」と規定している。
(4) 継続性を有すること
　賃貸借契約は,継続性を有する契約であり,賃借人は,継続して賃借物を占有,使用および収益することができる。したがって,賃貸借契約を解除するとき,将来に向けてその効力を生ずるが,遡及的効力を有しない。契約解除後においても,解除前の占有・使用は依然として有効である。
(5) 諾成性・不要式性を有すること
　賃貸借契約は,諾成契約であり,当事者双方の意思表示が合致すれば,契約が成立することになり,目的物の実際の引渡しを要しない。賃貸借契約は,一般に不要式であり,法律は賃貸借契約の形式要件について要求していない。しかし,契約法215条は「賃貸借の期間が,6ヶ月以上である場合,書面形式を

採用しなければならない」と規定している。つまり，6ヶ月未満の場合は，書面形式を採用する必要がないが，6ヶ月を超えると，書面形式を採用しなければならない。書面形式の採用は，当事者の権利・義務を確定することができ，紛争の発生を防ぐことができるだけでなく，紛争が生じた場合，事実の認定や当事者の証明にとっても有利である。

1.2 賃貸借契約の内容

　契約法213条は「賃貸借契約の内容は，賃借物の名称，数量，用途，賃貸借期間，賃料およびその支払期限，方法，賃借物の修繕等の条項を含む」と規定している。本条によれば，賃貸借契約の内容は主に以下の通りである。
　1，賃借物。賃貸借契約の目的物は，動産でも不動産でも可能であるが，しかし，必ず法律上賃貸借可能な物でなければならず，銃などの武器や薬物等は，法律によって禁止されており，賃貸借の目的物とすることができない。当事者双方は，賃貸借契約を締結するとき，賃借物の名称，数量，用途等について約定をしなければならない。例えば，他人の家屋を借りるとき，住居として使うのか，事務所として使うのか明らかにする必要がある。
　2，賃料。賃料は，賃借人が賃貸人の賃借物を使用，収益するときに支払う対価である。賃料の方式は，統一する必要がなく，現金のほか，その他の対価的な形も法律によって認められている。賃貸借契約において，当事者は，紛争の発生を防ぐために，賃料の額，支払方法，支払期限等について明確に約定しなければならない。
　3，賃貸借の期限。当事者双方は，賃貸借契約の存続期間を約定しなければならず，契約法232条は「当事者は，賃貸借の期間について約定せず，または約定が不明確な場合，この法律61条の規定によっても確定できない場合，期間の定めのない賃貸借とみなす。当事者双方は，いつでも契約を解除することができる。ただし，賃貸人は契約を解除するときに合理的な期間の前に賃借人に通知しなければならない」と規定している。賃貸借の期間満了後，当事者は，新たに契約を締結しなければならないが，新たに契約を締結せず，賃借人が継続して賃借物を使用しており，賃貸人からの反対がなければ，原賃貸借契約は継続して有効であると推定する。これは，不定期の賃貸借に属する。この点について，契約法236条は「賃貸借の期間満了後，賃借人は継続して賃借物を使

用し，賃貸人からの異議がない場合，原賃貸借契約は継続して有効である。ただし，賃貸借の期限は不定期である」と規定している。

4．賃借物の修繕条項。当事者は，契約において賃借物の修繕義務，費用等の負担についての条項を設けなければならない。契約法220条は「賃貸人は，賃借物の修繕を行う義務を履行しなければならない。ただし，当事者双方に別段の約定がある場合は，このかぎりでない」と規定している。本条によれば，賃借物の修繕義務は，通常，賃貸人が負担するが，私的自治の原則に従い，当事者双方は，契約において賃借物の修繕について約定することができる。

これらの条項は，契約において約定しなければならない重要な事項である。そのうち，賃借物および賃料は，契約の必要不可欠なものであり，これらがなければ，契約は成立しない。このほか，当事者双方は，違約責任，紛争解決方法等についても約定を行うことができる。

2 賃貸借契約の効力

2.1 賃貸人の義務

2.1.1 約定に従い賃借物を引き渡す義務

契約法216条は「賃貸人は，約定に従い賃借物を賃借人に引き渡し，かつ賃貸借期間中に賃借物が約定の用途に符合することを保持しなければならない」と規定している。本条は，賃貸人の賃借物の引渡義務について規定したものである。賃借物の引渡しは，賃貸人が果たさなければならない最初の義務であり，賃貸人が賃借物を賃借人に引き渡してはじめて賃貸人による賃借物の占有，使用および収益ができ，契約の目的が実現できる。賃貸人は，この義務を違反し，賃借人が期限通り賃借物を使用することができず，あるいは正常に使用することができなければ，賃借人は，賃貸人に対して修理，交換を求めることができ，必要なときに契約を解除し賃貸人に対して損害賠償を請求することができる。賃貸人が修繕義務を履行せずに賃借人の使用に影響を与えた場合，賃借人は，代わりに修理を行うか契約の解除を請求することができる。賃貸人に代わって修理を行った場合の費用について，賃貸人がこれを負担しなければならず，賃借人は，賃料の中から差し引くことができる。

2.1.2　修繕義務

　契約法220条の規定によれば，契約に修繕義務について約定していない場合，賃貸人が修繕の義務を負わなければならず，修繕を通じて，賃借人の正常な使用を保証する。賃貸借契約において，賃貸人は，賃貸物が約定した用途の状態に符合するよう保っていく義務を有する。賃貸物に質の問題が生じ，賃借人の正常な使用に影響をもたらしうるとき，賃貸人は遅滞なく修繕を行わなければならない。もちろん，賃借人の原因によって生じた賃貸物の毀損（例えば，賃借人が無断で内装を行い，壁に穴をあけたりすることによって生じた破損）は，賃貸人に対して修繕の義務の負担を求めることができない。

　賃借物の修繕によって賃借人の使用に影響を与えてしまった場合は，賃貸人がこれを補償しなければならない。これに対して，契約法221条2項は「賃貸人が修繕義務を履行しない場合，賃借人は自ら修繕を行うことができ，修繕の費用は，賃貸人が負担する。賃借物の維持修繕によって賃借人の使用に影響を与えた場合，賃料の相応の減額，または賃貸借の期間の相応の延長をしなければならない」と規定している。例えば，「張某（以下X）と南充市工人文化宮房（以下Y）の家屋賃貸借契約紛争」において，賃借の家屋の修繕を怠り，たびたび雨漏りが発生し，Xの通常の経営に重大な影響を与えてしまい，XはYに対して修繕するよう繰り返して求めたが，Yがこれを放置してきた。損害を減少させるため，Xは，自ら複数回にわたって修繕を行い，8万元を費やした。それだけでなく，家屋を修繕するたびに，営業停止を余儀なくされた。Xは，Yに対して損害賠償を請求し裁判所に訴訟を提起した。裁判所は，契約法221条の規定により，賃貸人は賃借物の修繕義務を履行しなければ，賃借人は，自ら修繕を行うことができると同時に，賃貸人に対して関連の修繕費用の支払を求めることができ，当該事件において，原告Xは，A施工業者が発行した「家屋修繕契約」「家屋修繕領収書」および「修繕材料の購入証明書類」等を提出し，賃貸借期間における本件家屋の雨漏りの修繕状況を証明できたとして，Yに対してXが行った修繕の費用の請求を認容することができると判示した[1]。

---

[1]　南充市順慶区人民法院民事判決書（2015）順慶民初字第460号。

2.1.3 瑕疵担保義務

瑕疵担保義務とは，賃借人が賃借物を使用する権利を保証し，賃借物の質が賃貸借契約の目的を十分満たすことを保証する義務である。賃貸人の瑕疵担保義務に，以下の2種類が含まれる。

1．物の瑕疵担保義務。契約法216条は「賃貸人は，約定に従い，賃借物を賃借人に引き渡さなければならず，かつ賃貸借期間中に賃借物が約定した用途に符合することを保持しなければならない」と規定している。本条は，賃貸人に対して賃貸借期間中に約定した賃借物の用途を保持しなければならないことを規定し，賃貸人の物の瑕疵担保義務を定めたものである。例えば，当事者は，契約において賃貸人が長距離運輸のためのトラックを提供するよう約定した場合，賃貸人が提供する運送トラックは，この用途に適合しなければならない。

賃借人は，契約締結時にすでに賃借物の質に瑕疵があることを知りながら賃借した場合，賃貸人に対してこの種の義務を求めることができない。しかし，契約法233条は「賃借物は，賃借人の安全または健康に害を及ぼす場合，すなわち賃借人が契約を締結するときに賃借物の質が不合格であることを明らかに知っている場合には，賃借人は，契約をいつでも解除できる」と規定している。例えば，賃貸家屋が長期にわたって修繕されておらず，内装も剥げ落ちる危険性があり，賃借人が入居するときに，賃貸人はそのことをすでに明確に告知した場合である。後に，内装が剥げ落ちて賃借人に怪我を負わせた事故が発生し，この場合，賃貸人がすでに告知したことを理由に賃借人の解除権を否定してはならない。契約法がこの種の規定を設けたのは，賃借人の姓名，健康を守るためにあり，ヒューマニズムの理念にもとづく。

2．権利瑕疵担保義務。契約法228条1項は「第三者が主張する権利により，賃借人が賃借物を使用，収益できなくなってしまったときは，賃借人は，賃料の減額を求めることができ，又は賃料を支払わないことができる」と規定している。本条は，賃貸人の権利瑕疵担保義務について規定したものであり，賃貸人は，第三者の権利主張によって賃借人が賃借物に対する使用，収益に影響を与えないことを保証しなければならない。第三者の権利主張によって賃借人が賃借物を使用・収益することができなくなった場合，賃借人は，賃金の減額を求めることができるだけでなく，賃金を支払わないこともできる。もちろん，第三者が権利を主張するとき，賃貸人は，遅滞なく賃借人に通知しなければな

らない。

2.1.4　費用の返還義務

　費用の返還とは，賃貸借関係の存続期間において，賃借人がすでに支払った必要な費用および修繕積立金を賃貸人は賃借人に返還しなければならないことを言う。賃貸人の費用返還義務は，以下の2つを含む。

　1，必要費用の返還である。必要費用とは，賃貸物が正常な使用状態にあることを維持するために賃借人が支払う必要のある費用を言う。例えば，機械の部品の交換，維持管理および修繕費用である。これらは，本来賃貸人が負担し，支出しなければならない費用で，この費用はすべて必要費用を構成する。契約法221条2項は「賃貸人が修繕義務を履行しない場合，賃借人は，自ら修繕を行うことができ，修繕費用は，賃貸人がこれを負担しなければならない」と規定している。

　2，有益費用の返還。有益費用とは，賃借物が客観的価値において増加した費用のことである。契約法223条1項は「賃借人は，賃貸人の同意を経て，賃借物に対する改善または増設を行うことができる」と規定している。つまり，賃借人は，賃貸借期間において，賃借物を改修し，あるいは増設する必要があると考え，賃貸人の同意を経て，賃借人自身の費用で行うことができる。この場合の費用について，賃借人が賃貸人に対して請求することができる。

2.2　賃借人の義務

2.2.1　賃料支払義務

　賃料とは，賃貸人が規定により賃借物を使用するときに支払う対価である。賃料の支払は，賃借人の主要な給付義務である。契約法226条は「賃借人は，約定の期限に従い賃料を支払わなければならない」と規定している。賃借人の賃料支払義務には，以下の2つが含まれる。

　1，賃借人は，約定した金額にもとづいて賃料を支払わなければならない。当事者双方は，契約において賃料の支払期限を約定せず，あるいは約定が明確でない場合，事後に補充協議を行うことができ，あるいは市場の相場から賃料額を確定することができる。

　2，賃借人は，約定した期限に従って賃料を支払わなければならない。当事

者双方が,契約において賃料の支払期限を約定せず,あるいは約定が明確でない場合,契約法226条の規定に従い,当事者が事後に合意を結ぶことができるが,合意をみなければ,契約の関連条項および取引の慣習を参考にして確定することができる。以上の方法によっても賃料の支払期限を確定できない場合は,1年ごとに支払うことにする。例えば,賃貸借契約を2010年9月に締結し,賃貸借の期間は3年であるが,賃料の支払時期について約定しておらず,しかも契約法61条の規定によって確定することもできなかった場合に,賃料は,2011年9月,2012年9月および2013年9月に支払わなければならない。

2.2.2 賃借物を合理的に使用する義務

契約法218条は「賃借人が約定の方法または賃借物の性質に従って賃借物を使用し,賃借物に損耗を与えた場合,損害賠償責任を負わない」と規定している。つまり,約定した方法または賃借物の性質に従って賃借物を使用しているのであれば,仮に賃借物に損耗が生じたとしても,それは自然損耗であり,賃貸人は,賃借人に対して損害賠償の請求を求めることができない。例えば,他人の設備を賃借して使用する場合は,設備の価値の減少,自然損耗について,賃借人が合理的な使用にもとづくものであれば,賠償する必要はない。

賃借人は,賃借物の使用方法にもとづかない使用をした場合,契約法219条の規定によれば,「賃借人は,約定した方法または賃借物の性質にもとづいて使用せず,賃借物に損害をもたらした場合,賃貸人は契約を解除することができ,かつ損害賠償を求めることができる」。つまり,賃借人による賃借物の使用が不合理である場合,賃貸人は契約を解除することができるだけでなく,賃借人に対して損害賠償を求めることもできる。

2.2.3 賃借物の適切な保管義務

契約法222条は「賃借人は,賃借物を適切に管理しなければならず,不適切な管理によって賃借物に毀損,滅失が生じた場合,損害賠償責任を負わなければならない」と規定している。本条は,賃借人の賃借物に対する適切な管理義務について定めたものであり,賃借人が負わなければならない基本的な義務である。例えば,他人の車を賃借した場合,駐車場にとめなければならず,路肩に放置してはならない。賃借人は,適切な方法で賃借物に対する管理を行い,

賃借物の毀損，滅失を防止しなければならない。契約法222条の規定によれば，賃借人が善良なる管理者の注意義務を果たせなかったことによって賃借物の毀損，滅失をもたらした場合，賃借人は損害賠償責任を負わなければならない。

2.2.4　無断転貸禁止

契約法224条は「賃借人は，賃貸人の同意を経て，賃借物を第三者に転貸することができる。賃借人が転貸を行うとき，賃借人と賃貸人との間の賃貸借契約は継続して有効であり，第三者が賃貸物に損害をもたらした場合，賃借人は損害賠償をしなければならない。賃借人が賃貸人の同意を得ずに転貸した場合，賃貸人は契約を解除することができる」と規定している。本条は，賃借人は無断で賃貸を行ってはならないことを定めたものである。転貸には，以下の2つのケースが含まれる。

1，賃貸人の同意による転貸である。同意を経た転貸とは，賃貸借契約において賃借人による転貸を認めているか，契約において転貸事項について約定していないものの，転貸後に賃貸人の同意を得た場合である。賃貸人の同意を得た転貸は，原賃貸借関係に実際の変動をもたらすことがない。つまり，賃借人と賃貸人との法律関係に変化がなく，賃貸人と賃借人との間に契約関係が存するが，転借人との間には契約関係はない。

2，賃貸人の同意を得ていない転貸である。賃借人は，賃貸人に無断で賃借物を他人に転貸した場合，無権処分を構成する。賃借人が無断で譲渡したものは占有権，使用権にすぎず，他人の財産所有権を譲渡したわけではないが，しかし，賃借人は無断で占有権，使用権を他人に譲渡することも，他人の財産所有権を不法に処分した行為に属する。無断で転貸する行為は，一種の効力未確定行為である。蓋し，転貸は賃貸人の財産権に対する無権処分を構成し，契約法51条によれば，無権処分は，効力未確定行為に属し，賃貸人の追認を得なければならない。もし賃貸人が追認すれば，契約は有効であるが，追認が拒絶されれば，当該転貸行為は無効となる。しかし，原賃貸借契約の効力には影響を与えない。また，無断で転貸する行為は，契約義務に反することになり，賃貸人は，転貸契約の効力の有無について確認することなく，賃借人の違約責任を追及することができる。賃貸人は，賃貸借契約を解除しない場合，賃借人は賃貸借契約にもとづき，引き続き賃借物を占有する権利を有する。したがって，

賃貸人は，賃借に対して賃借物の返還を求めることはできない。

2.2.5 賃貸物の返還義務

　賃貸借契約が終了すると，賃借人は，遅滞なく賃貸物を賃貸人に返還しなければならない。これは，賃貸人の所有権の効力の現れであり，賃借人の賃貸借契約にもとづく義務でもある。契約法235条は「賃貸借の期間が付了したときは，賃借人は，賃貸物を返還しなければならない」と規定している。返還期限を過ぎても返還せず，賃貸人に損害をもたらした場合，賃借人は，損害賠償責任を負わなければならない。賃貸借期間が満了すると，賃貸借関係は消滅し，賃借人は賃貸人に賃貸物を返還しなければならず，引き続き賃貸物を占有，使用することはできない。そうでなければ，無権占有を構成する。無権占有の場合，賃貸人は，物権的請求権または権利侵害請求権にもとづいて賃貸人に対して賃貸物の返還を請求することができる。無権占有の期間において，賃借人が賃貸物によって得た収益は不当利得を構成し，賃貸人に返還しなければならない。

2.3　家屋賃借人の優先購買権

　契約法230条は「賃貸人が賃貸家屋を売り出す場合，売り出す前の合理的な期間内に賃借人に通知しなければならず，賃借人は，同等の条件をもって優先購買の権利を享有する」と規定しており，賃貸借契約における賃借人の優先購買権を定めたものである。賃借人の優先購買権は，一種の法定権利であり，売主に課した義務でもある。契約法に規定する強制的な義務であり，自動的に売買関係の構成部分となる。賃借人の優先購買権は，賃貸借契約にもとづくものであり，賃貸借契約が無効あるいは取り消された場合，賃借人の優先購買権も存在しなくなる。したがって，この種の優先購買権は，債権の特殊な効力とみなすことができる。

　優先購買権の行使は，賃借人とその他の買受人とが同等の条件にあることを前提としており，同等の条件が優先購買権者のその権利の行使に対する制限をなす。ここで言う「同等の条件」は，主に価格条件を言う。つまり，優先購買権者が支払う価格は，他の買受人の支払う価格と同じでなければならない。また，家屋の賃借人の優先購買権は，合理的な期間内に行使しなければならず，

契約法230条の規定によれば，売主が売り出す前の合理的な期間内に賃借人に通知しなければならない。「家屋賃貸借契約司法解釈」24条は，賃貸人は，通知義務を果たした後，賃借人は15日以内に買い受けることを明確に表示しなければ，賃借人は，優先買受権利を主張できない。

　優先購買権を侵害した場合は，いかなる効力が生じるのか。この点について，「家屋賃貸借契約司法解釈」21条は「賃貸人が賃貸家屋を売却する際に，合理的な期間内に賃借人に通知せず，またはその他の賃借人の優先購買権を侵害する状況があり，賃借人が賃貸人に対して損害賠償の責任を請求するとき，人民法院はこれを支持しなければならない。ただし，賃貸人と第三者が締結した家屋売買契約の無効確認を請求する場合には，人民法院は，これを支持しない」と規定している。本条によれば，賃借人の優先購買権が侵害されたとしても，賃借人と第三者との売買契約の無効を主張することはできない。なぜなら，家屋所有者はすでに第三者との間に家屋の売買合意に達しており，取引コストを支出しているからである。契約の無効が認められると，それにかけたコストが無駄になってしまう。また，家屋売買の市場から見ると，賃借人が損害の存在を証明できれば，損害賠償を通じて，その権益を保障できるのであり，特定の家屋を取得させる必要はない。

2.4 売買は賃貸借を破らない

2.4.1 売買は賃貸借を破らないとの概念

　売買は賃貸借を破らないとは，賃貸借期間において，賃貸物の所有権の変動が発生したとしても，賃貸借関係の解除をもたらさないことを言う。契約法229条は「賃借物は，賃貸借期間中に所有権の変動が生じた場合，賃貸借契約の効力に影響を与えない」と規定している。本条は，「売買は賃貸借を破らない」原則を確立し，賃借権にある程度において物権的な効力をもたらしたのである。法律が「売買は賃貸借を破らない」という原則を設けている主な理由として，不動産は，当事者の利益に大きく関わり，希少性を有し，仮に賃貸人が賃貸物件を売却し，賃借人に買主への対抗力を与えなければ，賃借人の賃借権は侵害され，賃貸人に対して違約責任しか追及できず，賃借人にとって明らかに不公平だからである。

2.4.2 売買は賃貸借を破らないの要件

契約法229条の規定によれば,当該原則は以下の要件を具備する必要がある。

第1,賃貸借契約は,すでに成立し効力が発生していること。売買は賃貸借を破らないという原則は,主に賃借人の利益を保護するためであり,賃借人が賃借物を占有するときに有効な賃貸借契約にもとづかなければならず,賃貸借契約が成立せず,あるいは無効となった場合には,賃借人に賃借物件を占有する権利がなくなる。

第2,賃借人は賃借物の占有を取得していること。売買は賃貸借を破らないの効力の発生は,賃借人の賃借物に対する一定の支配利益を前提としている。仮に賃借人が賃借物に対する占有を取得していなければ,当該原則を主張することはできない。

第3,賃貸借期間内に所有権の変動が発生していること。ここで言う「所有権の変動」の原因は,必ずしも売買に限るわけではなく,賃借期間中に所有権の移転状況が発生すれば,当該原則を適用することができる。例えば,交換,贈与,遺贈などが発生する場合である。契約法229条の規定から見てもわかるように,「賃借物が賃貸借期間中に所有権の変動が発生している」としており,決して売買による所有権の変動に限定しているわけではない。

第4,当該原則の適用を排除する法定事項がないこと。「家屋賃貸借契約司法解釈」20条2項は,以下のいくつかの事項には「売買は賃貸借を破らない」原則は適用されないことを規定している。①当事者双方に特段の約定がある場合。契約法は「売買は賃貸借を破らない」原則を規定しているが,しかし,この原則は強行法規でなく,任意法規に過ぎない。したがって,賃借人と賃貸人との間に事前に約定をもって「売買は賃貸借を破らない」という原則の適用を排除しているのであれば,私的自治の原則により,賃借人は,もはや「売買は賃貸借を破らない」との原則を主張できない。②賃貸借契約を締結する前にすでに抵当権が設定されており,抵当権者による抵当権の行使によって生じた所有権の変動の場合。賃貸借契約を締結する前に抵当権がすでに登記によって公示されており,後に成立した賃貸借契約は,抵当権者の利益を害することはできない[2]。③家屋が賃貸借契約を締結する前にすでに人民法院によって差し押さえ

---

2 奚曉明主編『最高人民法院関于審理城鎮家屋租賃合同糾紛案件司法解釈的理解与適用』人民法院出版社,2009年,268頁。

られている場合である。

2.4.3 売買は賃貸借を破らないの効力

売買は賃貸借を破らないことの効果は，「賃貸借契約の効力に影響を与えない」ということである。賃貸借契約の効力に影響を与えないとは，賃貸借契約は依然として有効であり，賃借人にとってみれば，賃貸借関係を終了させる必要がなく，また新たな賃貸借契約を締結して新たな賃貸借契約の賃借人とする必要もない[3]。契約法229条は「賃貸借契約の効力に影響を与えない」と規定しているが，その実際の法律効果は，賃借人と賃借物の新しい所有者との間で賃貸借契約関係を形成することでなければならない。賃借物を取得した新しい所有者が，賃借人に対して解約を要求すると，賃貸借契約違反を構成し，賃借人は契約の継続履行を主張でき，損害賠償等の違約責任を求めることもできる。したがって，「売買は賃貸借を破らない」という原則は，賃借人に新しい所有者に対抗する権利を付与しているのである。言い換えれば，新しい所有者が賃借人に対して賃貸物件の明け渡しを求めた場合，賃借人はこれを拒絶することができる。

3 賃貸借関係の終了

3.1 賃貸借関係終了の原因

3.1.1 期間満了

賃貸借関係は，一般に期間満了時に終了することになる。期間の定めのある賃貸借契約において，期間満了後に，継続のための契約締結がなければ，当該契約は終了することになる。期間の定めのない賃貸借契約の場合は，当事者の一方がいつでも契約の終止を求めることができる。しかし，相手方当事者に合理的な準備期間を与えなければならない。

3.1.2 違約による契約の解除

違約による契約の解除は，重大な契約違反の場合に限られる。賃貸借契約の

---

3 胡康生主編『中華人民共和国合同法釈義』法律出版社，1999年，339頁。

当事者双方は，共に重大な契約違反になる可能性があり，その場合，契約を守った側は契約解除を求めることができる。具体的には2つのケースがある。①当事者の一方が根本違約を構成した場合である。契約を守った当事者の一方が法により契約を解除することができる。例えば，賃借人が催告を受けたにもかかわらず賃料を支払わず，あるいは無断で転貸する場合に，賃貸人は，契約を解除することができる。②当事者の一方が履行期前に契約に違反した場合である。賃借人が賃料を支払わないことを明確に表示した場合，履行期前の契約違反に属する。履行期前の契約違反の場合，契約法94条2項の規定によれば，契約を守った側は，契約を解除することができる。このほか，当事者双方で，契約解除権について特段の約定がある場合には，この種の権利の行使も賃貸借関係の終了をもたらしうる。

3.1.3 不可抗力による契約解除

契約法94条は「不可抗力により，契約目的の実現が不可能になった」場合，当事者は，契約を解除することができると規定している。不可抗力とは，当事者の予見不能，回避不能かつ克服不能といった客観的な状況が生ずることである。不可抗力による契約解除の規定は，賃貸借契約を含め，すべての類型の契約に適用することができる。例えば，家屋が地震によって倒壊した場合，賃貸人と賃借人のいずれからも契約を解除することができる。

3.1.4 事情変更の原則による契約解除

事情変更の原則とは，契約締結後に客観的な状況に重大な変化が生じる，つまり契約締結，履行の条件および基礎に重大な変化が生じ，引き続き契約を履行すると，当事者一方にとって明らかに不利となるため，裁判所に対して契約の変更または解除を求めることができる。例えば，賃借家屋が都市計画による収用対象物件に含まれ，居住環境に重大な変化が生じ，賃借人の居住および生活に適さなくなった場合，賃借人は，事情変更の原則にもとづき契約の解除を主張する権利を有する。

3.2 賃貸借関係終了後の効力

賃貸借関係終了後に生ずる効力は，およそ以下のとおりである。

(1) 賃借人の賃借物の返還義務

　契約法235条の規定によれば，賃貸借期間満了後，賃借人の賃借物に対する継続占有は，法的根拠を失ってしまうため，遅滞無く賃貸人に返還しなければならない。賃貸借期間満了後，賃借人が継続して使用し，または転貸によって利益を獲得した場合，いずれも無権占有を構成する。無権占有の問題が生じた場合，賃借人は物権的請求権あるいは不法行為にもとづき賃借人に対して賃借物の返還を求めることができる。仮に使用しただけであって転貸により利益を得ていなくても，この種の違法な使用によって賃借人が必要な出費を抑える（例えば，他人の財産を賃借する場合の賃料）ことになるため，不当利得を構成することも考えられる[4]。問題は，賃貸人がいかなる請求権にもとづいて主張するかである。賃貸人は不法行為，物権的請求権および不当利得のいずれか有利な方を選択して，請求権を行使することができる。

(2) 原状回復の義務

　契約法235条によれば，返還の賃借物は約定または賃借物の性質に従った使用後の状態に符合していなければならない。「約定に符合する」とは，もし契約終了後の賃借物の状態について契約に特別の約定があれば，この約定に符合しなければならないということである。例えば，車を賃借するとき，以下のような約定を結んだとしよう。その約定とは，借主は車の使用と損耗の状態について，70％以下にしてはならず，それ以下であると契約の約定に違反するというものである。「賃借物の性質に従った使用後の状態に符合する」とは，賃借物を正常な状態で使用すれば達成されるはずの状態のことである。つまり，賃借人が約定した用途にもとづいて賃借物を利用したとしても，賃借物の正常な損耗をもたらすことになるが，しかし，通常の損耗範囲であれば，契約の約定に符合することになる。しかし，損耗が明らかに正常使用による損耗範囲を超えた場合は，賃借物の正常な使用にもとづく状態ではないため，賃借人は違約を構成する。

　賃貸借期間中に，賃借人が賃貸人の同意を得ずに賃借物について改変または増設を行った場合には，原状回復しなければならない。家屋の賃貸借契約を例にとると，「家屋賃貸借契約司法解釈」12条は，「賃貸人は，賃借人の同意を

4　王澤鑑『民法債編総論・不当利得』自費出版，230頁。

経てリフォームを行い，賃貸借期間満了時に，賃借人が賃貸人に対してリフォームに附合する費用の償還を求めた場合には，これを支持しない。ただし，当事者に別段の約定がある場合を除く」と規定している。同条13条は「賃借人は，賃貸人の同意を得ずにリフォームまたは増築を行ったことによって生じた費用については，賃借人がこれを負担する。賃貸人が賃借人に対して原状回復または損害賠償を請求する場合には，人民法院は，これを支持しなければならない」と規定している。この規定によれば，賃借人は，賃貸人の同意を得ずに賃借物を改変したり，増設したりする場合に，賃借人は原状回復しなければならない。

(3) 生前の共同居住者は賃貸借の権利を有する

契約法234条は「賃借人が家屋の賃貸借期間中に死亡した場合，生前の共同居住者は賃貸借契約にもとづいて引き続き当該家屋を賃借することができる」と規定している。つまり，賃借人が生前に一緒に居住していた人は契約の当事者ではないものの，賃借人の死亡後，当該家屋を引き続き賃借することができる。この制度の目的は，明らかに共同居住者の居住権を保護することにある。契約法234条によれば，共同居住者が賃借権を享有するときには以下の2つの条件を満たさなければならない。

第1，賃借人が賃貸借期間中に死亡したこと。つまり，賃借人が賃貸借期間満了前に死亡し，賃貸借契約の期間が満了していないことである。賃貸借期間が満了した後に死亡した場合は，賃貸借契約の継続履行の問題は生じない。

第2，賃借人の生前に共に居住した者でなければならない。契約法の条文から見ると，共同居住者と賃借人との間に血縁関係があるか否かは問題となっておらず，共同居住者の共同生活上の利益関係の保護に重点を置いている。したがって，血縁関係だけでその保護範囲を判断してはならず，例えば賃借人の配偶者・子女に限定するのではなく，共同居住していたその他の親族，および親族関係を有しない共同居住者（長期にわたって共に居住した者）を含めなければならない。

契約法234条によれば，賃借人の生前に共に居住していた人は，賃貸借契約により家屋を賃借することができる。つまり，原賃貸借契約は依然として有効であり，賃借人と生前にともに居住していた者は，賃貸人と改めて賃貸借契約を締結する必要がなく，引き続き賃料を支払い，賃貸人の義務を履行すれば賃

貸借契約に約定した各種の権利を享有することができる。賃貸借契約の期間は，原契約の有効期間であり，原契約の期間が満了すると，当事者双方で契約の延期につき合意に達しなければ，賃貸借契約は，期間満了に伴い終了することになる。

(4) 契約終了後の義務の負担

賃貸借契約の終了後，当事者双方は，誠実信用の原則によって生じた付随義務（契約終了後の義務）を負う。例えば，当該契約が終了した後に送られてきた元賃借人の郵便物について，賃貸人はこれを破棄してはならず，当該郵便物を保管すると同時に賃借人に通知しなければならない。賃貸人のこの保管および通知義務は契約終了後の義務に属する。この義務は，取引の慣習にもとづいて生じることもありうる。誠実信用の原則および取引の慣習は，契約終了後の義務の生成の土台であり，契約終了後の義務の成否を判断するための重要な基準でもある。

第17章　ファイナンス・リース契約

案例　鉄鋼生産企業甲は，ある型番の鋼材を生産するために，鉄鋼生産設備のディーラーである丙から特定の鉄鋼生産設備を購入する必要があるが，資金が足りないため，ファイナンス・リース会社である乙との間にファイナンス・リース契約を締結し，乙が丙から当該設備を購入し，甲は乙に分割払でリース料を支払い，運送費用を節約するため，丙は甲に対して直接丙会社の所在地で貨物を引き取るよう通知した。甲は，生産過程において，当該設備に品質問題が存在することを発見し，生産された鉄鋼が不合格となってしまい，10万元の経済的損失を被った。甲は丙に対して契約責任を追及することができるだろうか。

簡単な評釈　当該事件は，ファイナンス・リース契約における契約違反の責任問題である。契約法240条は「リース貸主，売主，リース借主が，売主が売買契約の義務を履行しない場合には，リース借主が損害賠償請求権を行使することを約定することができる。リース借主が損害賠償請求権を行使するとき，リース貸主は協力しなければならない」と規定している。本条によれば，ファイナンス・リース契約において，リース貸主，売主，リース借主が事前に約定した場合のみ，リース借主は，売主に対して損害賠償を請求することができる。当事者の間に損害賠償を求めることについて特段の約定がなければ，そもそも売買契約は，乙・丙が締結したものであるため，売主に対して違約責任を追及できるのは，リース貸主でなければならない。当該事件において，売主丙が提供した目的物に品質問題が存在するときは，リース借主甲が直接丙に違約責任を請求することはできない。

1　ファイナンス・リース契約概説

1.1　ファイナンス・リース契約の概念と特徴

　ファイナンス・リース契約は，また「金融リース」[1]と称され，リース貸主はリース借主の要求および選択にもとづき，リース借主が選定した設備を自らの資金で購入し，リース借主に賃貸して使用に供し，リース借主は分割払でリース料を支払い，リース期間終了後，リース借主はファイナンス・リース契約によって設備を返却し，継続してリース契約を締結するか，リース設備を購入するかの協議を行うことができる。契約法237条は「ファイナンス・リース契約とは，リース貸主がリース借主の売主およびリース物件に対する選択に従い，売主からリース物件を購入してリース借主の使用に供し，リース借主はリース料を支払う契約を言う」と規定している。

　ファイナンス・リース契約は，以下のような特徴を有する。

(1) 融資と物のリースのという二重の目的性を有していること

　ファイナンス・リース契約は，融資と物のリースという2つの機能を有しており，これは賃貸借契約および金銭消費貸借契約と異なるファイナンス・リース契約の特徴である。一方で，ファイナンス・リース契約には，融資の機能がある。ファイナンス・リース契約を締結する際に，リース貸主（通常，専門なファイナンス・リース会社あるいは金融会社）が目的物の代金の全額を支払い，リース借主のために目的物を購入する。これは，リース貸主がリース借主にお金を貸し付け，リース借主に必要なリース物件を購入してもらうことと同じである。したがって，一般に信用貸借の形式の1つであると認識されている。また，ファイナンス・リース契約は，物のリースという機能を有している。リース借主はリース貸主から現金の代わりに実物を獲得すると同時に，リース貸主にリース料として現金を支払わなければならない。リース借主は，リース料を支払った後，リース物件に対する使用，収益等の権利を取得することになる。したがって，リース貸主とリース借主との関係について，融資の特徴を有するだけでなく，物のリースの特徴も有すると言える。

　1　中国銀行業監督管理委員会令2007年第1号「金融租賃公司管理弁法」。

(2) リース貸主は特殊性を有すること

　一般に賃貸借契約において，リース貸主の身分について特段の制限はないが，ファイナンス・リース契約の場合は，リース貸主はファイナンス・リース業務に従事する資質を有しなければならない[2]。中国では，ファイナンス・リース取引は，融資の特徴を考慮して，関連部門の許認可を経た会社のみが，ファイナンス・リース取引を行い，ファイナンス・リース契約を締結する資格を有する。

(3) 所有権と使用権との長期にわたる分離

　ファイナンス・リース契約において，契約の効力が発生した後，リース物件がリース借主に引き渡されるが，しかし，所有権は依然としてリース貸主に属し，所有権と使用権は長期にわたって分離している状態が形成される。この点では，普通の賃貸借契約と異なる。通常の賃貸借契約は，目的物に対する一時使用の需要に応えるための契約であり，契約期間に一定の制限がある。しかし，ファイナンス・リース契約の場合は，法律にリース期間に関する制限がないため，分離の期間が往々にして長い。

(4) 双務性，諾成性，要式性を有する

　ファイナンス・リース契約は，当事者双方が互に対価的な給付義務を負担する契約であり，リース貸主はリース借主の要求に従い目的物を購入し，リース借主に使用させる義務を有する。リース借主はリース料の支払等の義務を履行しなければならない。また，ファイナンス・リース契約の成立および効力発生は，目的物の実際の引渡しを要件とせず，諾成契約に属する。言い換えれば，当事者双方の意思さえ合致すれば，契約は成立する。また，契約法238条は「ファイナンス・リース契約は，書面方式を採用しなければならない」と規定している。その理由として，この種の契約内容が非常に複雑であり，関係する当事者も多く，また目的物の価値が高いことがあげられる。したがって，ファイナンス・リース契約は要式性を有する。

　ファイナンス・リース契約には，セール・アンド・リースバック（以下，「リースバック」という）が含まれる。いわゆるリースバックとは，リース借主が所有する物件をリース貸主に譲渡した後，再びリースの形で当該物の使用権および占有権を取得することである。ファイナンス・リース契約司法解釈2条

2　王軼編著『租賃合同融資租賃合同』法律出版社，1999年，134頁。

は，「リース借主は，自らの所有物をリース貸主に売却し，ファイナンス・リース契約を通じてリース貸主から借り入れる場合，人民法院はリース借主と売主が同一人であるという理由だけで，ファイナンス・リース法律関係を構成しないと認定してはならない」と定めている。つまり，リースバックもファイナンス・リースの一部として認められている。

1.2 ファイナンス・リース契約と賃貸借契約

ファイナンス・リース契約と賃貸借契約は，いくつかの類似点がある。この2種類の契約において，リース借主は他人の財産をリースし，リース貸主に賃料やリース料を支払わなければならず，しかも両者は互に転換することができる。例えば，通常の賃貸借において，当事者が契約に融資の条項を追加すれば，ファイナンス・リース契約に転換させることができる。しかし，ファイナンス・リース契約と賃貸借契約は，明らかな違いもあり，主に以下のとおりである。

第1，所有権と使用権の分離程度が異なる。賃貸借契約において，リース貸主が賃借物の所有権を有し，リース借主に使用させる期間も比較的短く，使用権能だけ分離する。したがって，リース貸主は賃借物に対して依然として一定の支配力を有する。しかし，ファイナンス・リース契約の場合は，所有権と使用権が長期にわたって分離し，リース貸主が財産をリースし，その主な目的は，リース料を得ることにあり，目的物に対する使用および占有を回復するためではない。したがって，ファイナンス・リース契約と賃貸借契約における料金の計算方法は異なる。通常の賃貸借契約における賃料は，リース借主の賃借物使用権の対価であるが，ファイナンス・リース契約の場合は，契約法243条の規定によると，リース借主が支払うリース料はリース物件の所有権の対価であり，リース貸主がリース物件の購入コストを考慮しただけでなく，リース貸主の正常な経営利潤も考慮したものである。

第2，賃借物とリース物件の選択権が異なる。賃貸借契約において，賃貸人が賃貸する前にすでに目的物の所有権を取得している場合，賃借人が賃貸人に対して，賃借のために賃借物の購入を求めることができない。したがって，賃貸借契約では，賃借人は賃貸借契約を締結するか否かを決めることができるが，いったん契約を締結すると，賃貸人が提供した目的物しか賃借することができ

ない。しかし，ファイナンス・リース契約では，リース借主が自分のニーズによって売主とリース物件を選択することができる。リース物件は，リース借主のニーズを満足させるためであり，リース借主の選択によって売主から購入することになる。

　第3，賃貸借期間とリースの期間が異なる。契約法214条の規定によれば，賃貸借期間は20年を超えることができない。しかし，ファイナンス・リース契約に対してはこのような制限を設けていない。実務では，ファイナンス・リース契約の期間は，往々にして財産の耐用年数と同じで，一般的にはリース物件の予想される寿命の期間とするのが大半である（約70％）[3]。その理由は，ファイナンス・リースは融資の機能を有し，リース借主が契約を締結する目的は，改めて目的物に対する占有と使用を獲得することにあるのでない。したがって，リース借主がリース物件の使用寿命内で十分利用するのが一般的である。

　第4，賃貸借期間満了後における目的物の帰属が異なる。賃貸借契約においては，賃貸借期間終了後，目的物は依然として賃貸人に帰属し，賃借人は賃借物を返還しなければならない。しかし，ファイナンス・リース契約では，リース期間終了後，リース物件の所有権はリース貸主に帰属するが，リース物件の経済的効用を十分に発揮させるために，リース貸主は往々にしてリース借主と協議し，リース物件を無償で譲渡するか値下げしてリース借主に譲渡する。しかもリース借主に購入してもらうため，期間満了後の売却価格は市場価格よりはるかに安くしている。

　第5，危険負担が異なる。ファイナンス・リース契約では，リース物件がリース借主に引き渡された後，毀損，滅失の危険は，リース借主が負担することになる。リース物件の購入はリース借主のニーズにもとづくものであり，リース借主がこれを使用し，リース物件のリスクについてコントロールできる能力を有するため，目的物の毀損，滅失のリスクについて責任を負わなければならない。賃貸借契約では，賃貸人が目的物の毀損，滅失に関するリスクを負担しなければならない[4]。

　第6，賃借物の修繕義務が異なる。ファイナンス・リース契約においては，

---

[3] 李魯陽主編『融資租賃若干問題研究和借鑑』当代該中国出版社，2007年，22頁。
[4] 同上。

第17章　ファイナンス・リース契約　　465

リース物件の修繕義務はリース借主が負担する。なぜならば，リース物件はリース借主のニーズに応じて購入されるものであり，リース借主がリース物件を使用する過程においては，専門技術者が点検・修繕を行う。しかし，賃貸借契約では，契約法220条は「賃貸人は賃借物の修繕義務を履行しなければならない。ただし，当事者に別段の約定がある場合は，このかぎりでない」と規定している。つまり，賃貸人は賃借物の修繕義務を負わなければならない。

2　ファイナンス・リース契約の内容

契約法238条は「ファイナンス・リースの内容は，リース物件の名称，数量，仕様，技術性能，検査方法，リース期間，リース料の構成およびその支払期限並びに方法，通貨の種類，リース期間満了後のリース物件の帰属等の条項が含まれる」と規定している。本条によれば，ファイナンス・リース契約には，主に以下の内容が含まれる。

1，リース物件。当事者双方は，契約においてリース物件の名称，数量，仕様，技術性能および検査方法等について約定しなければならない。一般的に言うと，ファイナンス・リース契約におけるリース物件は，価格が高く，使用寿命の長い動産であり，とりわけ大型機器設備の場合はこれに該当する。契約法は，不動産をファイナンス・リース契約の対象物とすることができるか否かについて規定していないが，「ファイナンス・リース契約司法解釈」1条は，不動産をファイナンス・リース契約の客体とすることを否定しておらず，実務においても，不動産をファイナンス・リース契約の対象物とすることを肯定している。

2，リース期間。一般に，ファイナンス・リース契約の期間は比較的長く，リース物件の推定耐用年数とほぼ同じである。リース貸主によるコストおよび利益の回収を考慮する必要があるため，ファイナンス・リース契約の期間は普通の賃貸借契約より長い。また，リース料の額もリース期間の長さによって決められ，期間が長ければ長いほど，リース料額も低くなる。

3，リース料。ファイナンス・リース契約において，リース料の支払はリース借主の主要な契約義務であり，当事者は，リース料の計算方法について約定しなければならず，計算方法について約定がなければ，または約定が不明確な

場合，契約法243条の規定により，リース物件を購入する際のコストの大部分または全額およびリース貸主の合理的利益にもとづいて，リース料の額を決めなければならない。

　4．リース期間終了後のリース物件の帰属。ファイナンス・リース取引では，リース貸主のリース物件の所有権に対する留保は，実際にはリース借主のリース料の担保にすぎない。リース物件は，リース借主のために特別に注文し購入したものであり，リース借主以外の人にとって直接的利用価値がない。さらに，リース期間が非常に長いため，リース期間満了後，リース物件の返還はリース貸主にとってあまり意味がない。したがって，ファイナンス・リース契約において，リース期間満了後，リース物件は自動的にいずれか一方の当事者に帰属するのではなく，改めて約定する必要がある。もちろん，契約法250条の規定によれば，当事者間にリース期間満了後のリース物件の帰属について約定がなければ，リース物件の所有権はリース貸主に属するものとする。

3　ファイナンス・リース契約の効力

3.1　リース貸主の主要な義務

（1）約定に従ってリース物件を引渡し，かつリース借主によるリース物件および売主の選択に干渉しないこと

　契約法239条は「リース貸主は，リース借主が選択した売主，リース物件にもとづいて売買契約を締結し，売主は，約定に従ってリース借主にリース物件を引き渡さなければならない」と規定している。本条によれば，リース貸主の主要な義務は，契約に従って売主からリース物件を購入することである。つまり，リース貸主は約定した期間内に，約定した品質，数量および引渡しの場所に従ってリース借主にリース物件を引き渡さなければならず，また，リース物件を直接リース借主に引き渡すよう，売主に対して求めることができる。売主が引き渡したリース物件が，不合格であるとか，売主が約定の日時や場所等に従って引き渡さなかった場合，リース借主は受領を拒否することができる。

（2）リース借主のリース物件に対する占有および使用の保証義務

　契約法245条は「リース貸主はリース借主のリース物件に対する占有および使用を保証しなければならない」と規定している。つまり，リース貸主はリー

ス借主のリース物件に対する占有および使用を保証する義務を有し，この義務はリース借主の平穏占有を保障する義務とも称される。具体的な義務は以下のとおりである。1，リース借主のリース物件に対する継続的かつ平穏占有および使用を保証することをもって，リース借主のリース物件に対する継続的かつ効果的な利用を保証する。2，第三者がリース物件について権利を主張し，リース借主の利用への影響を免れるために，リース貸主は瑕疵担保責任を負う。3，リース貸主がリース物件にいかなる物権を設定しても，あるいはリース物件の所有権を移転する場合，リース借主の通常の利用を妨害してはならない。

(3) リース借主の損害賠償請求権行使の協力義務

契約法240条は「リース貸主，売主，リース借主は，売主が売買契約の義務を履行しない場合にはリース借主が損害賠償請求権を行使する旨を約定することかできる。リース借主が損害賠償請求権を行使するとき，リース貸主は協力しなければならない」と規定している。つまり，当事者双方は，約定の方法をもってリース借主による損害賠償請求権の行使を確定することかできる。リース借主による当該権利の行使を保証するために，当事者双方は，リース借主が損害賠償請求権を行使するときにおけるリース貸主の協力について約定した場合，リース貸主は協力しなければならず，このことは法律によって規定されている。当該協力義務は，売主探し，証拠収集の協力，関連契約書類の提供，および裁判での証言等を含む。ファイナンス・リース契約の司法解釈第18条の規定によると，リース借主が損害賠償請求権を行使するとき，リース貸主が必要な協力をしなかったことによって，リース借主に損害をもたらした場合，リース借主はリース貸主に対して相応の責任負担を求めることができる。

(4) 無断で契約の内容を変更しないこと

契約法241条によれば，リース貸主は売主と売買契約を締結するとき，リース借主との約定に従って契約の関連内容を確定し，リース借主の同意を得ずに契約の関連内容を変更してはならない。リース貸主が無断でリース借主に関する契約の内容を変更すると（例えば，リース物件そのもの，引渡し日時およびリース物件の品質等を変更すること），リース借主との契約に違反することになり，リース借主は違約責任を主張することができる。

(5) 担保権設定を理由としてリース借主のリース権行使を妨害してはならないこと

契約法242条の規定によれば，リース貸主はリース物件の所有権を有するため，リース契約関係の存続期間において，リース貸主はリース物件に担保権を設定する権利を有する。リース貸主とリース借主は担保権の設定について別段の約定がある場合，その約定に従う。約定がない場合，リース貸主による担保権の設定を認めなければならない。例えば，ファイナンス・リース期間を10年としているが，しかし，9年を経た後にリース貸主がリース物件に担保権を設定した。その際，債権者が担保権の設定を認めるのであれば，自らの意思でリース物件上の残余利益を引き受ける旨を表明することになる。だがリース貸主がリース物件に担保権を設定する場合，リース借主のリース物件に対する権利行使を妨害してはならない。なぜならば，担保権を設定することによって第三者からの追奪を引き起こす可能性があり，さらにリース借主の使用を脅かすかもしれない。この場合，リース借主はリース貸主に対して違約責任の負担を求めることができる。

(6) 付随義務

ファイナンス・リース契約では，当事者の双方は誠実信用の原則にもとづく付随義務を負う。リース貸主について言えば，必要な告知，説明，協力等の付随義務を負わなければならない。ファイナンス・リース契約関係の存続期間において，リース借主の様々な権利の行使は，リース貸主の協力にかかっている。例えば，リース借主が損害賠償請求権を行使する場合，リース貸主は協力しなければならない（例えば，売買契約書の関連書類の提供や売主の住所および連絡方法の提供等）。これは契約法の誠実信用の原則から導かれる付随義務である。

3.2 リース借主の主要な義務

(1) リース料を支払うこと

契約法248条は「リース借主は，約定に従いリース料を支払わなければならない。リース借主が催告を受けた後，合理的期間内にリース料を支払わないとき，リース貸主はリース料の全額を支払うようリース借主に要求することができ，契約を解除し，リース物件を回収することもできる」と規定している。ファイナンス・リース契約では，リース料を受け取ることは，契約締結の主要

な目的であり，したがって，リース料の支払はリース借主の主要な義務である。リース借主は約定の日時，場所，方式，通貨の種類等に従いリース料を支払わなければならない。リース借主が催告を受けた後，約定どおりに合理的期間内にリース料を支払わなければ，リース貸主はリース料の全額をリース借主に要求することができる。

　また，ファイナンス・リース契約の司法解釈6条の規定によると，リース借主が売主に対して損害賠償請求権を行使することは，ファイナンス・リース契約におけるリース借主のリース料の支払義務の履行に影響を及ぼさない。しかし，リース借主がリース貸主の技能に頼ってリース物件を確定するとき，またはリース貸主がリース物件の選定に介入した場合，リース借主はリース料の支払義務の軽減ないし免除を主張するができる。

(2) 遅滞無くリース物件を受領すること

　契約法239条は，リース借主の受領権利を定めているが，しかし，権利と義務の一致の原則に従い，リース借主もリース物件の受領義務を負う。すなわち，売主がリース物件を引き渡すとき，リース借主は買主のように受領義務を負わなければならない。

　ファイナンス・リース契約の司法解釈5条の規定によれば，以下のいずれかに該当する場合，リース借主は，リース物件の受領を拒否することができる。1，売主が引き渡したリース物件が約定したものと重大な不一致が生じた場合。2，売主が約定した引渡しの期間または合理的期間内にリース物件を引き渡さず，リース借主やリース貸主からの催告を受けたにもかかわらず，催告期間満了後に依然として引き渡さない場合。以上の事項のいずれかに該当し，リース借主がリース物件の受領を拒否したときは，遅滞なくリース貸主に通知しなければならない。通知せず，または正当な理由なくリース物件の受領を拒否し，リース貸主に損害をもたらした場合，リース貸主はリース借主に対して損害賠償を求めることができる。

(3) リース物件を適切に保管し，使用すること

　契約法247条1項は「リース借主はリース物件を適切に保管し，使用しなければならない」と規定している。いわゆる適切な保管とは，リース借主は善良なる管理者の保管義務を負わなければならないことを言う。また，適切な使用とは，リース借主はリース物件が通常有する使用性能にもとづいてリース物件

を利用しなければならないことである。例えば，リース借主は慣例に従いリースした船舶を港に停泊し必要な修繕をしなかった場合，適切な保管義務を尽くさなかったことになる。リース借主が適切な保管・使用義務を尽くさなかったことにより，リース期間内にリース物件の毀損，滅失をもたらした場合に，リース借主が損害を負担すると同時に，リース料を支払わなければならない。

(4) リース物件を不法移転してはならないこと

契約法242条は「リース貸主はリース物件の所有権を有する」と規定している。リース借主はリース物件を不法移転し，リース物件に担保権を設定することができない。ファイナンス・リース契約の司法解釈9条によれば，リース借主が無断でリース物件を譲渡する場合，リース貸主は，契約を解除できる。また，リース借主がリース貸主の同意を経ずにリース物件を譲渡したことについて，ファイナンス・リース契約の司法解釈9条によれば，リース借主またはリース物件の実際使用者がリース貸主の同意を得ずにリース物件を譲渡し，またはリース物件にその他の物権を設定した場合，善意の第三者は，物権法106条の善意取得制度にもとづき，リース物件の所有権または他の物権を取得することができる。

(5) 修繕義務

契約法247条2項は「リース借主は，リース物件を占有する期間において，修繕義務を履行しなければならない」と規定している。本条によれば，リース借主の修繕義務はリース物件の占有期間に限られる。つまり，リース物件の占有期間内においてのみ，リース借主はその義務を負わなければならない。リース物件が引き渡される前およびリース物件がリース貸主に返還された後に，リース借主は右の義務を負う必要がない。リース期間において，リース物件がリース貸主に取り戻され，もしくはその他の原因で占有を喪失した場合，リース借主は修繕義務を負う必要がない。

(6) リース物件によって第三者に損害をもたらした場合の賠償責任を負う

契約法246条は「リース借主がリース物件を占有する期間において，リース物件が第三者に人身傷害または財産の損害をもたらしたとき，リース貸主は責任を負わないものとする」と規定している。本条によれば，リース物件によって第三者が損害を被ったとき，リース借主は，損害賠償の責任を負わなければならない。この種の損害は，人身傷害や財産上の損害を含む。さらに，この損

害はリース借主がリース物件を占有する期間内に生じるものに限る。

(7) リース期間終了後のリース物件の返還義務

　契約法250条規定によると，ファイナンス・リース契約満了後，当事者双方がリース物件の帰属について約定せず，または約定が不明確な場合，リース物件の所有権はリース貸主に属するものとし，リース借主は返還義務を負う。リース期間満了後，当事者はリース物件についてリース借主に属する明確な約定がある場合を除き，リース物件の毀損，滅失が発生し，もしくは他の物と附合・混同が生じたことによってリース物件の返還ができなくなった場合，ファイナンス・リース契約司法解釈10条により，リース貸主は合理的な補償を請求することができる。

4　ファイナンス・リース契約の終了

4.1　ファイナンス・リース契約終了概説

4.1.1　ファイナンス・リース契約の終了の原因

　ファイナンス・リース契約の主な終了原因は以下のとおりである。

(1) ファイナンス・リース期間満了

　ファイナンス・リース契約は債権的使用権を設定する契約であり，契約の性質からみると，一定の期間を設けなければならない。リース期間満了後，リース借主はリース物件を返還・購入し，あるいは再リースをすることができる。リース借主は，リース貸主と再リースをしないかぎり，ファイナンス・リース契約は期間満了によって終止することになる。

(2) ファイナンス・リース契約が解除された場合

　ファイナンス・リース契約の解除は，法定解除と約定解除からなる。契約自由の原則に従い，当事者が協議を通じて契約を解除することができ，もしくは当事者の一方による契約解除の条件に関する約定による解除もできる。ファイナンス・リース契約が解除された場合に，当事者間の権利・義務関係も終了することになる。

(3) リース借主の資格喪失

　例えば，リース借主が破産によって合併や解散された場合等である。リース借主が破産した場合に，ファイナンス・リース契約の締結目的が実現できなく

なり，終了しなければならない。その際，リース物件はそもそもリース借主の財産に属さないため，リース貸主が取り戻す権利を行使することができる。
(4) 当事者双方が約定したその他の事由
　例えば，リース貸主の合併や分割が生じた場合に，当事者が直ちに契約も終了することを約定した場合である。

4.1.2　ファイナンス・リース契約終了の法律効果

　ファイナンス・リース契約の終了後，リース借主はリース物件の返還義務を負い，リース貸主はリース物件の返還を請求する権利を享有する。契約が終了した後，当事者双方は信義誠実原則により，依然として付随義務を負う。例えば，リース貸主は知り得た営業秘密の保持義務を負う。特に注意すべき点として，ファイナンス・リース契約において，当事者の破産により生じたリース物件の帰属，契約の履行および解除等の問題がある。契約法242条は「リース貸主はリース物件の所有権を有する。リース借主が破産した場合，リース物件は破産財産に属さない」と定めている。この条項は，リース借主が破産した場合にのみ，リース貸主が享有する取戻しの権利について規定する。つまり，リース借主が破産した際に，リース物件は破産財産に属さず，リース貸主はそれを取り戻すことができる。

4.2　ファイナンス・リース契約期間終了後のリース物件の帰属

　ファイナンス・リース契約期間満了後，リース物件の所有権の帰属は，原則として当事者間の約定によるが，約定がなければ，一般的にはリース貸主に属する。具体的に言えば，リース物件の帰属について，下記2つの規則を採用して確定しなければならない。
(1) 約定に従い帰属を確定する
　契約法250条の規定によれば，まずリース貸主とリース借主は，リース期間満了後のリース物件の帰属について約定することができる。また，リース物件の帰属について約定がないかまたは約定が不明確である場合は，契約法61条の規定によって帰属を確定する。すなわち，当事者がリース物件の帰属について補充協議を結ぶか，補充協議が不調の場合は，契約の関連条項または取引の慣習に従って確定する。例えば，契約の関連条項は「リース期間満了時，約定

がない場合には，契約は自動的に更新される」と定めている。つまり，リース借主による再リースが認められ，帰属について，リース貸主は所有権を留保していると解することができる。さらに，契約法61条の規定によっても，帰属を確定できない場合，リース物件の所有権はリース貸主に属すると解しなければならない。

(2) 約定がないか，または約定が不明確である場合，リース物件の所有権はリース貸主に属する

　約定はリース物件の帰属についての特別な措置であり，約定がないときは，リース物件の所有権はリース貸主に属するものとする。このルールは，国際社会における一般的な方法として用いられている[5]。なぜならば，ファイナンス・リース契約では，リース貸主はリース物件の所有権をリース借主に移転するわけではないからである。リース借主は契約によってリース物件に対する占有，使用，収益の権能を有するが，処分の権能は依然としてリース物件の所有権者であるリース貸主にある。リース期間内に，リース借主はリース貸主の同意を得ずにリース物件に対する譲渡，抵当権設定および賃貸等を行った場合，すべてリース貸主の権利に対する侵害を構成する。リース物件が他の動産や不動産に附合している場合であっても，リース貸主のリース物件に関する権利は変わるわけではない。リース物件が附合している動産や不動産を譲渡するとき，リース物件の価値範囲内の譲渡代金はリース貸主に属する。約定がないときは，リース物件の所有権はリース貸主に属するので，リース期間満了後，リース借主は返還義務を負わなければならない。

　通常，ファイナンス・リース契約終了後，当事者双方がリース物件の帰属について約定していない場合，または約定が不明確である場合，リース物件の所有権はリース貸主に属する。しかし，特別な事情がある場合，個々の具体的なケースを考慮した上で，リース借主が所有権を取得し，リース貸主に合理的な補償を与えることもできる。「ファイナンス・リース契約司法解釈」4条によれば，リース借主の原因により契約が無効となり，しかるにリース貸主がリース物件の返還を請求せず，あるいはリース物件が現に使用中で，リース貸主に

　　5　例えば，国際ファイナンス・リースに関するユニドロワ条約9条2項は，「リース契約が終止したとき，賃借人は，機器の買い取る権利を行使するか，またはリース期間を延長する場合を除き，前項に定められている状態で機器を賃貸人に返却しなければならない」と定めている。

返還されるとリース物件自体の価値または効用が著しく落ちる場合，人民法院は，リース物件の所有権はリース借主に属すると判示することができ，それと同時に，契約の履行状況やリース料の支払状況にもとづき，リース借主は，リース物件について一定の補償を行わなければならない。

第18章 請負契約

案例

甲は某家具販売業者であり，乙は某家具加工企業である。甲と乙は，注文契約を締結し，乙が2ヶ月以内に甲のために高級木材家具50組を製作することを約定し，家具を引き渡した後，甲は乙に報酬5万元を支払い，木材は甲が提供することとした。1ヶ月後，当地で発生した土石流により，甲が提供した木材および乙がすでに加工し終えた25組の高級木材家具が滅失するに至った。甲は乙にその木材の損失10万元を賠償するよう請求したが，乙は甲に約定報酬の支払を請求し，甲の木材は思いがけない理由によって滅失したものであるので，その賠償に応じる必要はないことを併せて主張した。双方はこれによって紛争が生じた。

簡単な評釈

本案は，請負契約中の材料の危険負担および報酬の危険負担に関わる問題である。請負契約中の材料の危険負担に関して，契約法が主に採用しているのは，所有者主義，すなわち注文者が材料の危険を負担するという規則である。当該事案の中で，甲の木材の損失は土石流により発生し，乙には過失がないので，甲の木材の損失を賠償する必要はない。請負契約中の報酬の危険負担の問題について，中国の契約法では明確な規定を置いていない。もし仕事の成果の引渡しの前であれば，仕事の成果の所有権は原則上請負人が有することに鑑み，仕事の成果が当事者のいずれの側の責めにも帰すことができない事由で毀損，滅失したときは，債務者主義をとるべきで，請負人が報酬の危険を負担する。本件では，すでに加工された25組の高級木材家具は意外事故で滅失したのであるから，乙は自ら報酬負担の危険を負うべきであり，甲に約定の報酬の支払を請求する権利はない。

477

1 請負契約概説

1.1 請負契約の概念と特徴

　請負契約は，請負人が，注文者の提示した求めにもとづいて一定の仕事を完成するものであり，なおかつ業務の成果を注文者に引き渡し，注文者は当該業務の成果を受領し，約定報酬を支払う契約である。契約法第251条は「請負契約とは，請負人が注文者の要求に応じて仕事を完成させ，仕事の成果を引き渡し，注文人が報酬を支払う契約を言う」と規定している。本条は請負契約について規定したもので，請負契約は以下のような法的特徴を有する。

(1) 請負人は約定した仕事の成果を完成する必要がある

　請負契約は，請負人が一定の仕事を完成し，あわせて仕事の成果を引き渡すことを目的とし，請負人は労務を提供するのみならず，その労務の最終的に一定の仕事の成果，一定の物として完成させ，注文者に引き渡さなければならない。

(2) 仕事の成果は特定性を有する

　請負契約において，請負人は注文者の特定の要求にもとづいて，特定の仕事の成果を完成する。請負契約において，請負人が最終的に完成した仕事の成果は，注文者が契約において行った要求に符合した成果でなければならず，その仕事の要求は，通常，特定性がある。

(3) 一定の一身専属性がある

　請負契約は仕事を提供する契約に属するから，そこには一定の一身専属性がある。注文者がある請負人を選択して契約を締結する場合，特定の請負人の技術，経験，技能等の信頼にもとづいている。請負人は，その請負の主要な仕事を第三者に託して完成させることはできない。

(4) 双務，有償，諾成の性質を有する

　契約法の請負契約についての規定から見れば，当該契約における請負人は，注文者の求めに応じて業務を完成し，業務の成果を引き渡す義務を負う一方で，注文人は報酬支払の義務を負うので，当該契約は双務，有償の契約である。契約法では請負契約の成立または効力発生に特定の給付を要件としていないことから，当事者双方の合意さえあれば成立するのであり，これは諾成契約に属する。

1.2 請負契約の内容

契約法252条は「請負契約の内容は請負の目的，数量，品質，報酬，請負方式，材料の提供，履行期限，検査基準と方法等の条項を含むものとする」と規定している。本条の規定によれば，請負契約は一般に以下のような内容を含む。

(1) 目的

請負契約の目的［標的］とは，請負人が注文者に引き渡さなければならない仕事の成果である。契約法251条第2項は「請負は加工，注文，修理，複製，測定［測試］，検査［検験］等の業務を含む」と規定している。これらすべてが請負人の具体的な仕事に属し，目的が志向する対象をなす。契約法は，請負契約について定義するのみならず，請負の具体的な仕事の形式について，加工，注文，修理，複製，測定［測試］，検査［検験］等の仕事を列挙している。

(2) 数量

一部の請負は1つの物を注文するだけではなく，多数の物を注文する可能性があるので，数量を確定する必要がある。例えば，注文家具は，一般に注文の数量を約定しなければならない。

(3) 質

請負契約の目的の質は，当事者の約定する規格，機能に適合しなければならず，そのほかに強度，硬度，弾性，延性，抗腐食性，耐水性，耐熱性，伝導性，堅牢性等の性能の面で特定の要求に達していなければならないので，当事者は契約締結時に，契約中にできるかぎり明確に規定しなければならない。

(4) 報酬

請負人が仕事を完成すると，注文者は報酬を支払わなければならない。請負人が一定の仕事を完成したことをもって，報酬を獲得するので，両者間には対価関係がある。報酬条項も，請負契約の主要な条項であり，契約中で報酬の具体的な額，計算方法，支払方式，支払時期等を約定しなければならない。

(5) 請負方式等のその他の内容

請負方式とは，請負人が独立して完成させなければならないのか，それとも下請に出せるのかということである。一般的に言えば，どの請負方式を採用するかを明確に約定していない場合は，請負人が自ら独立して完成させなければならず，注文者の承諾なしに，下請に出すことはできない。このほか，当事者

が，契約において材料の提供，履行期限，検査基準および方法等の条項も約定できる。

このほか，契約自由の原則により，当事者は，上述の条項以外の条項も約定することができ，当事者が特段の約定をした場合，このような約定も契約の条項とすることができる。

2 請負契約の効力

2.1 請負人の主要な義務

(1) 主要な仕事を自ら完成させる義務

契約法253条は「請負人は，自己の設備，技術と労力をもって，主要な仕事を完成させなければならないが，しかし，当事者に別段の約定がある場合は除く」と規定している。これによれば，請負人は，自ら主要な仕事を完成させる義務を負う。請負人は，自己の設備，技術と労力をもって主要な業務を完成させなければならない。「主要な仕事」とは，請負契約で任務を約定した中での，主体的，基礎的および大部分の仕事を指す。主要な仕事とは一般に，仕事の成果の質について決定する機能があり，通常，その技術的要求も相対的に高くなる。例えば，衣料品の作製の場合，寸法裁断と全体的裁断が請負人の主要な仕事である[1]。

請負人は，その請負の補助の仕事を第三者に委ねて完成させることができる。これについて，契約法254条は「請負人は，その請負の補助の仕事を第三者に委ねて完成させることができる。請負人は，その請負の補助の仕事を第三者に委ねて完成させる場合，当該第三者が完成させた仕事の成果について，注文者に対して責任を負わなければならない」，「補助の仕事」とは，「主要な業務」に対して言われるものであり，それは請負の仕事中の主要な仕事以外部分を指す。一般的に，補助の仕事とは，主要な仕事に対する補助と補完の性質の仕事で，それは請負の仕事の主要な内容を構成せず，請負の仕事の完成を助けることのできるものである[2]。例えば，製品加工の請負契約の中で，注文者が，製品の加工が完成した後，包装の仕事を第三者に委ねて完成させるとすると，この

---

[1] 胡康生主編『中華人民共和国合同法釈義』法律出版社，1999年，376頁。
[2] 魏耀栄他『中華人民共和国合同法釈論［分則］』中国法制出版社，2000年，279頁。

第三者の仕事が補助の仕事の性質に属する。当然，もし請負人がその請負の補助の仕事を委ねて第三者が完成させたとしても，第三者の完成した業務の成果について，注文者に対し責任を負わなければならない。

(2) 約定にもとづいて材料を選定し，注文者の検査を受ける義務

請負契約は，いずれの側が材料を提供するかについて，明確に約定しなければならない。もし契約で請負人が材料を提供すると約定した場合，契約法255条によれば，請負人は，約定にもとづいて材料を選定し，かつ注文者の検査を受けなければならない。請負人は，その提供した材料について瑕疵担保の義務を負う。請負人が，粗悪品を上質品として提供し，あるいは故意に材料の瑕疵を隠すことで造成業務の成果の質に約定との不適合を生じさせた場合は，違約責任を負わなければならない。請負人の提供する材料が契約の約定に適合することを保証するために，請負人は材料の選定後，必ず注文者の検査を受けなければならず，これをもって材料が約定の要求に適合しているか否か，ひいては請負業務における需要を満足させるか否かを確定する。

(3) 注文者が提供した材料を検査し，受領する義務

注文者が材料を提供する場合，契約法256条によれば，請負人は，注文者が提供した材料を検査し保管する義務を負うと規定している。具体的には以下のものが含まれる。

第1，注文者が提供した材料を遅滞なく検査する義務。請負人の検査を受けて，注文者が提供した原材料が約定に適合している場合，請負人は，確認のうえ，注文者に通知しなければならない。材料が約定に適合していない場合，請負人は，拒絶する権利を有し，かつ注文者に交換を請求できる。

第2，材料の質が契約の規定する要求に符合しないことが発見された場合，交換，補正またはその他の補救措置をとることを注文者に遅滞なく通知しなければならない。その他の補救措置の中には，価額の支払，請負人による代理購入等の方式が含まれる。

第3，注文者の提供した材料を勝手に取り換えてはならない義務。例えば，腕時計の修理時に，修理者は，注文者の腕時計の中の貴重な部品を密かに安価な部品に交換してはならない。このような義務の履行は，誠実信用原則の具体的な要求であり，注文者の合法的な利益を守るために必要なものでもある。

(4) 注文者が提供した材料を適切に保管する義務

契約265条の規定によれば，請負人の保管義務には，以下の3つがある。

1．注文者が提供した材料を適切に保管する義務。材料の適切な保管には，注文者の提供した設備，包装物およびその他の物品等の適切な保管が含まれる。

2．加工，修理した物について適切に保管する義務。例えば，注文者が鋼材を請負人に引き渡し，ある種の型番の機器の部品の加工を請負人に委託した場合，請負人は，当該鋼材を適切に保管しなければならず，それを多湿な場所に置いて錆を誘発してはならない。

3．完成した仕事の成果を適切に保管する義務。注文期間内においては，請負人は，成果物を引き渡すまでは，目的物を適切に管理する義務を負い，適切に保管して，滅失毀損が生じないようにしなければならない。この種の義務は，法定の契約義務である。この義務の違反によって損害が生じた場合，請負人は，損害賠償責任を負わなければならない[3]。

(5) 遅滞なく通知する義務

契約法257条は「請負人が，注文者の提供した図面または技術的要求が合理的でないことを発見した場合，注文者にすみやかに通知しなければならない。注文者が回答を怠る等の原因により請負人に損失が生じたときは，損失の賠償をしなければならない」と規定している。請負契約では，請負人は，注文者が提供した図面にもとづいて加工を行わなければならず，これによって，業務の成果が契約に適合するという要求を保証することができる。したがって，請負人が，提供された図面または技術的要求が合理的でないことを発見した場合は，注文者に遅滞なく通知しなければならない。注文者は，請負人の通知を受領した後，規定の期間または合理的な期間内に回答しなければならず，かつ措置をとらなければならない。注文者が回答を怠る等の原因により，請負人に工期の延長や再度の修正ややり直し等を生じさせ，これによって請負人に損失が生じた場合は，注文者が賠償責任を負わなければならない。

(6) 注文者の監督・検査を受け入れる義務

契約法260条は「請負人は，業務期間において，受注文者の必要な監督・検査を受け入れなければならない」と規定している。これは請負人が注文者の監

3　韓世遠『合同法学』高等教育出版社，2010年，486頁。

督・検査を引き受ける義務を定めたものである。監督・検査とは，注文者が，請負人の業務期間において，請負人の業務（例えば工事の進度等）について必要な検査，監督を行うことであり，材料の使用が図面と技術的要求等に適合しているか否かについて，必要な検査を行うことである。「必要」とは，契約の目的を実現するために必要な監督・検査である。「必要な監督・検査」とは，契約の性質および業務の難度等の要素にもとづいて，具体的に確定しなければならない。同時に，契約法260条によれば，注文者が請負人の仕事を監督・検査しているとき，請負人の正常な仕事を妨害してはならず，その監督・検査の過程で知り得た請負人の商業秘密を他人に明かしてはならない。

(7) 仕事の成果を完成し，引き渡す義務

請負契約では，請負人が履行しなければならない義務は，性質上，結果債務に属し，請負人は注文者が引き渡した仕事を完成し，かつ仕事の成果を引き渡さなければならない。これは請負人が負う基本的義務である。契約法261条によれば，請負人は，期限までに仕事の成果を引き渡す義務を負う。もし仕事の成果の引渡しが遅延し，その遅延が請負人自身の責めにより生じた場合，請負人は違約責任を負わなければならない。もし請負人が約定の期限内に仕事の成果を引き渡すことができない場合，注文者は，請負人に履行の継続を請求する権利を有する。ただし，履行の継続が請負人に過分の負担を負わせるときはこのかぎりでない。

(8) 秘密保護義務

契約法266条は「請負人は，注文者の要求にもとづき秘密を保護しなければならず，注文者の許可なく，複製品または技術資料を留め置いてはならない」と規定している。請負人は，請負契約の締結および履行の過程中，注文者の商業秘密および技術秘密を知る可能性があるので，もし外部に漏洩すると，注文者に損失を生じさせることがある。したがって，仕事の期間，請負人は，注文者の技術資料，情報および文書等について，適切に保管しなければならない。請負契約終了後，請負人は，注文者に関する情報資料を注文者に返却しなければならず，請負人は，これらの技術情報資料を自己のために複製したり留め置いたりしてはならない。秘密保護義務は，契約締結の前に適用されるのみならず，契約関係終了後も，この義務はなお存在する。

2.2 注文者の主要な義務

(1) 契約にもとづいて材料を提供する義務

契約法256条の規定によれば，契約で注文者が材料を提供することを約定している場合，注文者は，契約で規定した時期，数量，品質，規格に従い材料を提供しなければならない。同時に，注文者は，必要な資料を提供しなければならない。注文者が，契約で規定した時期および要求にもとづいて請負人に原材料，技術的資料，包装物等を提供せず，または，必要な補助業務および準備業務を完成しない場合，請負人は，契約を解除する権利を有し，かつ注文者に損害賠償を請求する権利を有する。

(2) 仕事の成果を受領・検査する義務

仕事の成果が完成した後，請負人は，注文者へ遅滞なく通知しなければならず，かつ注文者へ業務の成果を引き渡さなければならない。これと同時に，注文者は，仕事の成果を受領する義務がある。契約法261条は「注文者は，当該仕事の成果を検査しなければならない」と規定している。文理解釈からすれば，この中には合理的期間内に検査する義務が含まれている。注文者は，検査により請負目的物に約定との不適合または明らかな瑕疵があることを発見した場合，当事者双方が責任の確認と区別を行えるように，請負人に遅滞なく通知しなければならない。

(3) 報酬を支払う義務

請負契約では，報酬の支払は注文者の主たる給付義務である。契約法263条によれば，注文者は，報酬を支払う義務を負う。注文者が請負報酬の支払を理由なく拒絶または遅延した場合，請負人は，注文者に違約責任を負うよう請求する権利を有する。

このほか，契約法263条は「仕事の成果の一部を引き渡す場合，注文者は，相応の支払をしなければならない」と規定している。これは，もし仕事の成果を1回ですべて引き渡すものではない場合，つまり分期，分割で引き渡す場合で，報酬の支払期限に明確な約定がなく，確定できないような状況においては，一部の仕事の成果を引き渡すごとに，請負人は，注文者に相応部分の報酬の支払を主張する権利を有するということである。例えば，3セットの異なるタイプの家具を注文し，3回に分けて引き渡すことを約定したが，報酬の支払時

期に関しては確定していなかったときは，1セットの家具を引き渡すごとに，請負人は，注文者に当該セットの家具の報酬の支払を求める権利を有する。このほか，注文者は報酬の支払と同時に，請負人が材料を提供したのであれば，注文者が材料の費用も支払わなければならない。

(4) 協力義務

請負過程において，請負の仕事の円滑な進行には注文者の協力が求められることがある。例えば注文者が関連する図面，技術情報等の資料の提供を求められる場合である。契約法259条は「請負業務に注文者の協力が求められる場合，注文者には協力する義務がある」と規定している。この条文は，実際上，注文者の協力義務を規定したものとされ，注文者が強力義務を履行せずに請負業務が完成できなかったときには，この条文を根拠として，請負人は，注文者に合理的期間内に協力義務を履行するよう催告する権利を有し，かつ債務の履行期を延期する権利を有する。請負人の催告後，注文者がなお協力義務を履行しないときは，注文者は重大な違約を構成するものとされ，請負人は，契約を解除する権利を有する。

3 請負契約の終了

3.1 請負契約終了事由

請負契約は以下の事由によって終了する。

(1) 請負人が契約の規定に従って仕事の成果を引き渡した

請負契約中，請負人は，契約の規定する時期，場所，品質基準および要求等にもとづいて仕事の成果を引き渡し，その義務を履行する。注文者の検査を経て，請負契約は履行により終了する。請負人が仕事の成果の引渡しの提供をしたにもかかわらず，注文者が，検査を拒絶した場合は，違約を構成し，違約責任を負わなければならない。ただし請負人が契約の終了を求めたときは，供託の方式によりその契約の義務を履行しなければならない。

(2) 注文者による契約の解除

当事者は，交渉を通して契約を解除することができると同時に，当事人が請負契約中に契約の解除事由を約定していた場合，当該事由が生じたとき，解除権を有する一方当事者は，契約を解除する権利を有する。例えば，請負人の業

務が1ヶ月遅延した場合，注文者は契約を解除することができると当事者が約定しているというようなケースが，これに属する。

　解除事由を当事者が約定している場合のほか，当事者は，法律の規定にもとづいて契約を解除することもできる。その主なものは以下の2種の場合である。

　1．契約法総則および契約法第15章で規定する，請負人の違約によって注文人に解除権が生じる場合である。例えば，契約法253条第2項は「請負人は，その請負の主要な業務を第三者に委ねて完成した場合，当該第三者が完成させた仕事の成果について，注文者に対して責任を負わなければならず，注文者の同意を得ていない場合，注文者は，契約を解除することができる」と規定している。注文者がこの解除権を行使したとき，契約を終了させることができる。

　2．契約法で規定する注文者の任意解除権である。契約法268条は「注文者は，請負契約を随時解除できるが，請負人に損害を与えた場合は，損害を賠償しなければならない」と規定している。これは，法律上の注文者の任意解除権を定めたものである。任意解除権とは，注文者がなんらの理由によらずとも請負契約を随意に解除することができることである。当然ながら，請負人が契約解除の前にすでに完成した仕事については，注文人は，報酬の支払または損害の賠償をしなければならない。

(3) 請負人の契約の解除

　請負人も同様に，法定および約定の解除権を有する。契約で解除事由を約定しており，それが生じた場合，請負人もまた契約を解除することができる。例えば，契約法259条は「請負業務が注文者の協力を必要とする場合，注文者には協力の義務がある。注文者が協力義務を履行しないことにより請負業務が完成できなかったとき，請負人は，合理的な期間内に義務を履行するよう注文者に催告することができ，なおかつ履行期限を延期することができるが，注文者が期限を徒過しても履行しないとき，請負人は契約を解除することができる。」と規定している。これは請負人に特殊な状況下での法定の解除権を付与有したものである。

(4) 当事者の破産

　請負人の破産であれ，注文者の破産であれ，請負契約の履行の継続ができなくなることがある。請負契約は，当事者双方の信頼の基礎の上に打ち立てられるものであるから，したがって，破産は契約の終了を導き出すことがある。し

かし，破産後，破産管管財人は，清算を行わなければならず，関連する報酬の支払等の債権について整理をしなければならない。特殊な状況下で，履行を継続する必要性がある場合は，破産管財人は，また契約の履行の継続を決定する権利を有する。

3.2 請負契約の終了の法的効果

請負契約の終了は，以下のような法的効果をもたらす。

(1) 当事者の間の権利義務関係が消滅する

請負契約が一旦終了すると，当事者の間で，請負契約にもとづいて生じた権利義務関係が終了する。当然ながら，契約終了の原因が異なれば，それに応じて法的効果も異なる。例えば，契約解除の場合，当事者は原状回復義務を負う可能性があり，甚だしきに至っては損害賠償責任を負わなければならないこともある。契約の履行について言えば，契約の終了後，請負人は報酬を合法的に取得する一方で，注文者は仕事の成果を取得する。

(2) 当事者の間で一定の契約後の義務を負う

請負契約の終了後，当事人双方は，なお一定の契約終了後の義務を負わなければならない。すなわち契約終了後，誠実信用原則にもとづき，当事人双方は，一定の保護，秘密保持等の契約後の義務を負わなければならない。例えば，請負契約の履行の過程中，注文者が一定の協力義務を負い，請負人は，このために注文者の関連する技術資料を掌握することが可能となるが，誠実信用原則にもとづいて請負人は秘密保護義務を負わなければならない。

第19章 建設工事契約

案例

甲は某不動産企業であり，某地に一棟のビルを建築しようとしていた。乙は某建設会社。甲，乙は，建設工事請負契約1件を締結し，乙が当該棟のビルの建築を請け負った。契約締結後，乙は，当該ビルの建設を六つの部分に分けて，それらをそれぞれ六つの建設会社に下請に出した。甲はこれを知った後，乙が自ら建設施工を行っておらず，契約の約定に違反しており，契約の解除を請求しようと考えた。しかしながら，乙は，契約にはその下請を禁止しておらず，工事の品質が合格で，期限までに引き渡すことのみが求められており，契約の約定に違反していないと考えた。当事者双方は，ここにおいて争いを生じた。

簡単な評釈

建設工事契約について，契約法272条2項は「請負人は，その請け負った全部の建設工事を第三者に下請に出したり，その請け負った全部の建設工事を分解して一部下請[分包]の名目でそれぞれ第三者に下請に出すことをしてはならない」と規定する。当該条文は，請負人の分割請負行為について規定したものである。問題は，請負人が当該規定に違反して分割請負をすると，分割請負契約の効力はどのようなものかということである。発注者がこれによって契約を解除することができるのか否か，契約法は明確には規定していないのである。最高人民法院「建設工事契約司法解釈」第4条の規定によれば，請負人が違法に下請に出す行為は無効であると同時に，当該司法解釈の第8条の規定によれば，請負人の違法な分割請負の場合，注文者は，契約を解除する権利を有する。したがって，当該事案中，乙が，その請負う工事の全部を他の建設会社に分割請負に出し，それによって締結された分割請負契約は無効であり，発注者の甲には，契約を解除する権利がある。

1 建設工事契約概説

1.1 建設工事契約の概念と特徴

　建設工事契約とは，発注者と請負人が締結し，要求にもとづいて請負人が建設工事を完成し，発注者が一定の価額の支払をする契約のことである[1]。建設という語句の理解は一様ではないが，一般に，主として建築に従事する活動を指し，建築工事の実地調査，設計，施工等の活動を含むと考えられている。契約法269条は「建設工事契約とは，請負人が建設工事を行い，発注者が価額を支払う契約である」と規定する。この条文は，建設工事契約について規定したものである。建設工事契約は，請負契約の一種，または請負契約の一つの特殊類型と見ることができる。契約法は，建設工事契約について単独で規定しており，これは建設工事の質の保障に有利であり，なおかつ建設工事によって引き起こされる各種の紛争を解決するために基本的な法的根拠を提供している。

　建設工事契約は，主として以下のような特徴がある。

(1) 目的物の特殊性

　建設工事契約の目的物は，一般的な加工注文の成果ではなく，建設工事である。建設工事とは，土木工事，建築工事，電線・パイプラインと設備設置工事および補修工事等を含むものである。建設工事契約には，国民経済中のインフラが含まれるのみならず，各種の建築物，構築物およびその付属施設の設計，実地調査および施工も含まれる。建設工事契約において，家屋の建造が最も典型的なものであり，最もよく見られる類型である。

(2) 主体の特殊性

　建設工事契約中の発注者の資格［資質］について，法律では一般に特殊な要求をしていない。しかし，請負人には特定の資質を備えなければならないことを要求している。なぜなら，建設工事には，かなり高度な専門性の特徴があり，特に建設工事の質は，発注者の利益にわたるのみならず，社会の不特定多数の第三者の人身や財産の安全にも関係し，甚だしきに至っては国家経済と民生および社会の安定にまで関係する。したがって，請負活動に従事する請負人は，法律で明確に規定された資質を必ず備えなければならない。「建設工事契約司

　1　欧海燕『標準建築合同比較研究——以中英為視角』法律出版社，2010年，1頁。

法解釈」1条の規定によれば，請負人は，建築施工企業の資格を取得しかつ資格等級を超えてはならない。さもないと，施工契約は無効となる。

(3) 契約の種類の多様性

契約法269条の規定によれば，建設工事契約には，3種類の契約が含まれうる。すなわち，工事現地調査契約，工事設計契約，建設工事施工契約である。指摘しておかなければならないのは，建設工事契約は確かに多種類の契約類型を含むものではあるが，これは建設工事契約が混合契約であることを意味するものではないということである。まさに契約の種類の多様性によって，建設工事契約中の，契約の主体も多様性を有し，契約の主体には主として発注者と元請負人［総請負人］あるいは現地調査人，設計者，施工者等が含まれる。

(4) 要式，双務，有償の性質を有する

契約法270条は「建設工事契約は，書面形式を採用しなければならない」と規定する。ここから見て取れることは，建設工事契約が要式性を有するということである。契約法269条1項は「建設工事契約は，請負人が建設工事を行い，発注者が価額を支払う契約である」と規定する。したがって，建設工事契約は双務性と有償性を有する。

1.2 建設工事契約の締結

建設工事契約の締結には，契約締結の一般的手続（例えば申込みと承諾の段階を経ること）を適用しなければならない。しかし，法律は，建設工事契約について特殊な規定も置いており，例えば，当事者が書面契約を締結しなければならないことを要求している。建設工事契約の締結は，以下のいくつかの原則を遵守しなければならない。

(1) 法定の手続を必ず遵守しなければならない

中国においては，いかなる建設工事契約の締結であっても，一定の手続にもとづき，関係する法律の規定に従わなければならず，プロジェクト確定の過程において，一般に以下のいくつかの段階を経なければならない。すなわち，プロジェクト建議を提出し，フィージビリティ報告を作成し，建設地点を選定し，許認可を得た後，フィージビリティスタディ報告にもとづいて，実地調査の設計をし，初歩的設計が承認を得た後，承認を得た初歩的設計にもとづいて，技術設計，施工図面および総見積もり等の施工契約を締結し，施工を組織する[2]。

建築工事開始の前に，建設する組織［単位］は，国の関連規定によって，工事所在地の県級以上の人民政府の建設行政主管部門に施工許可証を申請し取得しなければならない。このほか，契約法273条の規定により，国家重大建設工事契約では，国の規定の手続と国が承認する投資計画により，フィージビリティスタディ報告等の文書を作成しなければならない。

(2) 請負人は相応の資格等級を備える

建築工事の質と安全を確保するために，中国の建築法等の関連する法律は，建設工事の請負人について，資格の要求を規定している[3]。したがって，建設工事の領域では，建設工事の施工であれ，現地調査であれ，設計であれ，いずれも請負人が一定の資格等級を備えることを要求している。法律では，請負人に資格がなく，あるいは資格を超える状況下で建築工事を請け負うことを厳格に禁止しており，請負人が何らかの形式で他の企業の資格等級を借用して工事を請け負うことを禁止している[4]。

見ておかなければならないことは，相応の資格等級を備えていないからといって，完成した建設工事の質が必然的に不合格であることを意味しないということである。例えば，ある施工組織の技術，資本等の実力はしっかりとありながら，すでに完成した建設工事の業績がないからというだけで，相応の資格等級を取得することができないという場合，実際に従事した施工行為は，建設工事の質には影響がないはずである。したがって，「建設工事契約司法解釈」2条では「建設工事施工契約は無効とするが，しかし建設工事が竣工して検収に合格となり，請負人が契約の約定に照らして工事価額の支払を請求した場合は，支持しなければならない」と規定する。当然ながら，この規定は契約が無効となった後，いかにして当事人の利益のバランスをとるかについて置かれた特殊な規定であるにすぎない。したがって，資格等級を備えていないにもかかわらず締結されたすべての契約を有効な契約と解釈すべきではない。

2　胡康生主編『中華人民共和国合同法釈義』法律出版社，1999年，413頁。
3　建築法12条は，「建築活動に従事する建築施工企業，実地調査組織，設計組織および管理監督組織は，以下に掲げる条件を具備しなければならない。(1) 略。(2) その従事する建築活動に相応しい法定の執業資格を具備した専門の技術人員を有すること。(3) 関連の建築活動に従事するに当たり備えるべき技術装備を有すること。(4) 法律，行政法規に定めるその他の条件。」と規定する。
4　王建東『建設工程合同法律制度研究』中国法制出版社，2004年，86頁。

（3） 通常は入札募集と応札の手続を経なければならない

　契約法271条は「建設工事の入札募集・応札活動は，関係する法律の規定によって公開，公平，公正に行われなければならない」と規定する。建設工事契約では，契約の締結は，2種類の方式をとることができる。その1は，直接注文の方式であり，すなわち発注者が承認を経て，または，関係する規定により，直接に請負人と交渉して契約を締結する。その2は，入札募集・応札の方式である。いわゆる建設工事入札公募・応札とは，入札応募側である発注者が入札の公告を行い，特定または不特定の相応の資格を備えた者を募集する一方で，工事プロジェクトを請け負う意向のある請負人が応札側として，自己についての工事報告評価およびその他の工事条件を提出し，入札結果にもとづいて建設工事契約の請負人を確定する行為を指す。入札募集と応札の方式によって一般建設工事契約を締結することは，公平な競争を実現する助けとなり，工事にかかる価額を低減させ，同時に建設工事の質を確保することにも有利である。

2　建設工事契約の効力

2.1　発注者の主要な義務

（1） 期限までに工事価額を支払う義務

　契約法269条は「建設工事契約は，請負人が工事建設を行い，発注者が価額を支払う契約である」と規定する。建設工事契約中，価額を支払う義務は，発注者の主要な義務であり，請負人が建設工事を行う対価である。工事代金は，約定の時期にもとづいて支払われなければならず，もし当事者が工事代金の支払時期を約定していない場合は，契約法279条の規定にもとづき，「検査に合格したとき，発注者は，約定にもとづいて，価額を支払い，かつ当該建設工事を受領しなければならない」。したがって，建設工事施工契約中，発注者は，建設工事が竣工し，かつ検収に合格した後に価額を支払わなければならない。価額の支払基準に関しては，「建設工事契約司法解釈」16条の規定にもとづき，建設工事の価額計算基準または価額計算方法について，当事者に約定がある場合は，約定に照らして工事価額を計算する。

（2） 期限までに原材料，設備，場所，資金，技術資料を提供する義務

　建設工事は複雑な全体的工事であり，もし期限までに質を保って工事を完成

しなければならないとすると，請負人が契約の約定にもとづいて建設工事をすみやかに行う必要があるのみならず，発注者が，全体的な建設工事中において，請負人の建設活動について協力をする必要もある。契約法283条では「発注者が約定の期限および要求にもとづいた原材料，設備，場所，資金，技術資料の提供を行わない場合，請負人は，工事期日を延期することができ，かつ工事停止，休工等の損害を賠償する権利を有する」と規定する。例えば，当事者が発注者と約定して，契約の約定にもとづき技術資料をすみやかに提供する義務を負う場合，発注者が関連する技術情報を理由なく遅延または隠匿して，請負人に損害を与えたときは，請負人は，発注者に違約責任を負うことを請求する権利を有する。

(3) 隠蔽工事のすみやかな検査義務

いわゆる「隠蔽工事」とは，内装工事を行う際の，例えば給排水工事，電線配管工事，床板基礎，壁面防護基礎，雨戸基層，吊り天井基礎等である。契約法278条では「隠蔽工事では，隠蔽の前に，請負人は，発注者に検査の通知をしなければならない。発注者がすみやかに検査をしない場合，請負人は，工事日時を延期することができ，なおかつ工事停止，休工等の損害の賠償を請求する権利を有する」と規定する。この条文の規定によれば，発注者には，隠蔽工事をすみやかに検査する義務がる。発注者は，在接到請負人の隠蔽工事についての工事終了・検収通知を受領した後，現場で検査および研修を行うものとする。検収について，発注者が期限までに現場へ赴き検査研修をしないのであれば，請負人は，施工を一時停止し，工事時間を順延することができ，なおかつ発注者に施行停止，休工等の損害の賠償を請求する権利を有する。

(4) 竣工した工事をすみやかに検収する

工事が竣工した後，発注者は，すみやかに検収を組織しなければならない。契約法279条では「検収に合格した場合，発注者は，約定にもとづき価額を支払い，なおかつ当該建設工事を受領しなければならない」と規定する。検収の後，合格であれば，発注者は，価額を支払わなければならない。発注者がすみやかに検収しないことにより，請負人が建設工事をすみやかに引き渡すことができなければ，当該建設工事の減失毀損の危険は，発注者が負わなければならない。「建設工事契約司法解釈」13条では，これをさらに一歩進めて「建設工事が竣工の検収なく，発注者が勝手に使用した後，使用した部分の質に約定と

の不適合があったことを理由として権利を主張した場合，支持しない。ただし請負人は建設工事の合理的な使用寿命内においては，地盤の基礎工事および構造部分［主体結構］の質について，民事責任を負わなければならない」と定めている。

実務上，当事者は，往往にして，実際の竣工日について争いが生じる。「建設工事契約司法解釈」14条の規定によると，それぞれの状況により実際の竣工日を確定しなければならない。その1，建設工事が竣工の検収を経て合格した場合，竣工検収合格の日を竣工日とする。その2，請負人が竣工検収報告をすでに交付したにもかかわらず，発注者が研修を延期した場合，請負人が検収報告を引き渡した日をもって竣工日とする。その3，建設工事が竣工検収を受けずに，発注者が自ら使用した場合，建設工事の占有の移転の日を竣工日とする。

(5) 建設工事を受領する義務

契約法279条の規定では，発注者が検収合格後に建設工事を受領する義務を負うことを定めている。もし検収に不合格であれば，発注者は受領を拒絶できる。検収に合格であれば，すみやかに受領しなければならない。

2.2 請負人の主要な義務

(1) 期限までに工事を完成する義務

期限までに工事を完成し，かつ仕事の成果を遅滞なく引き渡すことが，請負人の主要な義務である。施工過程において，請負人は，主要な工事の施工を独立して完成しなければならず，主要な工事を他人に分割請負に出してはならず，あるいは請け負う全部の建設工事を分割後に下請の名でそれぞれ第三者に下請に出してはならず，さらに相応の資格条件を備えていない組織に工事を下請に出してはならない。もし当事者間で工事量の確定に関して約定がある場合は，契約の約定にもとづく。当事者間で約定がない場合は，「建設工事契約司法解釈」19条の規定にもとづき，施工過程において形成された証明書［簽証］等の書面によって確認する。請負人が関係する証明文書を提供できないものの，注文者がその施工に同意したことを証明できるときは，当事者が提供したその他の証拠によって実際に発生した工事量を確認することができる。

(2) 工事の質を保証する義務

　工事の質を保証することは，請負人の基本的な義務である。建設工事の質を保証するために，請負人は，施工前の準備業務を真摯に行わなければならない。例えば，請負人は，施工場所の整地および施工現場内の用水，電気，道路と臨時施設の施工をしっかりと行わなければならず，施工組織の設計と工事予算の編成もしなければならない。請負人は，施工図面および運用規程に厳格にもとづいて施工し，工事の質を確保しなければならない。

　契約法281条は「施工者の原因によって建設工事の質が約定に符合しない場合，発注者は，施工者に，合理的な期間内に無償での修理またはやり直し，改築を請求する権利がある。修理またはやり直し，改築の後，引渡しの期限を徒過したときは，施工者は，違約責任を負わなければならない」と規定している。ここから見て取れるのは，建設工事の質が不合格の場合，当該建築の質の瑕疵が補正できるのであれば，修理，やり直し，改築の方式をとって履行を継続することができるということである。これによれば，施工過程において，建設工事から生じたあらゆる質の問題で，施行者が履行の継続の責任を負う。

(3) 違法に自分の請け負った部分の仕事を第三者に委ねてはならず，また全部を第三者に全部下請してはならない義務

　建設工事施工契約において，請負人は，違法に一部の仕事を第三者に委ね，また全部下請させてはならない義務を負う。具体的に言えば，以下のとおりである。

　第1，違法な分割請負の禁止である。分割請負とは，請負人がその請け負う工事プロジェクト中の一部を，第三者に委ね完成することを指す。契約法272条2項の規定によれば，請負人の分割請負は，発注者の同意を得なければならない。契約法272条2項は「第三者が完成したその仕事の成果について，総請負人または実地調査，設計，施工の請負人とともに，発注者に対して連帯責任を負う」と規定している。この規定によれば，分割請負の場合，第三者が完成した仕事の成果に瑕疵が存在した場合，請負人は，第三者とともに連帯責任を負わなければならない。

　第2，全部下請の禁止である。全部下請とは，請負人が請け負った工事プロジェクト全体を第三者に委ね，または請け負った全部の建設工事を分割して，分割請負の名で第三者が引き受けて，自身は建設工事プロジェクトの実地調査，

設計または施工の業務を担わないことを指す。全部下請行為には，重大な危険性があり，工事の質についてのコントロールを困難にする可能性があり，施工者が工事の怠慢や材料の削減をして，最終的に工事の質に重大な影響を及ぼすおそれがある。そのため全部下請行為の発生を法律は明確に禁止している[5]。契約法272条は「請負人は，請け負う全部の建設工事を第三者に下請に出してはならない」と規定している。しかし，部分的な分割請負について言えば，契約法272条は「総請負人または現地調査，設計，施工請負人は，注文者の同意を得て，自己の請け負う仕事の一部を第三者が引き受けて完成することができる」と規定している。ここから見て取れるのは，中国の法律では，総請負人または実地調査勘察，設計，施工請負人が，請け負う工事について一部分の分割請負を行うことを認めているが，それには注文者の同意を得る必要があるということである。

(4) 竣工後検収を経て引き渡す義務

契約法279条2項は「建設工事が竣工し，検収合格後に，はじめて引き渡して使用させることができ，検収を経ずにまたは検収に合格しない場合は，引き渡して使用させてはならない」と規定している。したがって，建設工事完成の後，請負人は，発注者が竣工後に検収を行うよう遅滞なく仕事の成果を引き渡さなければならない。実務上，請負人は，期限までに基本建設工事を完成しなければならず，完成後，請負人は，国の関連する引渡し検収規則を遵守し，例えば竣工製作図を引渡し，工事を注文者に引き渡さなければならない。発注者は，通知を受領した後，遅滞なく検収を行わなければならない。

工事が検収を経て合格したら，発注者と請負人が検収証書を署名し引き渡すことで，請負人は引渡しの義務を完成したことになる。契約の規定に修理保証期間がある場合，修理保証期間内における請負人の責任に属する工事の質の問題については，請負人が無償で修理する責任を負う。請負人が期限までに工事を引き渡さない場合は，相応の違約責任を負わなければならない。

(5) 監督を受ける義務

契約法277条は「発注者は，請負人の正常な業務を妨害しないという状況下において，いつでも作業進度，品質について検査を行うことができる」と規定

---

5 魏耀栄他『中華人民共和国合同法釈論［分則］』中国法制出版社，2000年，316頁。

している。この条文が定めているのは，発注者の検査の権利であるが，それは，同時に，請負人に発注者の合理的検査を受け入れる義務があることも意味している。契約法277条は，「いつでも」［随時］の2文字を採用しており，これは発注者が任意の時間に検査を行えることを示すものである。当然ながら，発注者の検査は，請負人の正常な作業に影響を与えてはならない。例えば，発注者が，まさに施工の真最中の工事現場に立ち入って現場実地調査の検収を行うことを求めるときは，工事現場では工事の停止をしなければならなくなるので，このような検査は請負人の正常な作業を妨害することとなる。

(6) 損害防止の義務

契約法282条は「請負人の原因により建設工事が合理的な使用期間内に人身または財産に損害を引き起こした場合，請負人は，損害賠償責任を負わなければならない」と規定している。本条は，請負人が建設工事の安全を保障する義務を規定したものであり，本条の規定によれば，請負人の原因によって建設工事の品質が不合格となり，他人に損害を与えた場合，請負人は，損害賠償責任を負わなければならない。このような建設工事の安全を保証する義務は，建設期間に存在するだけでなく，建設完成後も存在する。請負人は，建築物が他人に対して損害を与えることを防止しなければならず，それは他人の人身的損害のみならず，他人の財産的損害をも含む[6]。

2.3　請負人の建設工事優先権

建設工事優先権とは，建設工事竣工以後に，発注者が，約定にもとづいて代金を支払わない場合，請負人は，請け負った建設工事について，換価，競売等の方式によって得られた代価を優先的に求償できる権利である。契約法286条は「発注者が期限までに約定にもとづく代金の支払をしない場合，請負人は，発注者に合理的期間内に代金を支払うよう催告することができる。発注者が期限を徒過しても支払わないときは，建設工事の性質に照らして換価，競売が許されないときを除き，請負人は，発注者と協議して当該工事を換価することができるし，当該工事を法により競売するよう人民法院に申し立てることもできる。建設工事の代金は，当該工事の換価または競売の価額について優先的に求

　　6　胡康生主編『中華人民共和国合同法釈義』法律出版社，1999年，432頁。

償できる」と規定している。これは請負人の有する建設工事優先権を規定したものである。

建設工事優先権は，一般債権に優先する効力がある。建設工事優先権の行使には，以下の点について注意が必要である。

第1，契約法286条の規定によれば，発注者が約定の期限までに代金を支払わなかった場合，請負人は，合理的な期間内に価額を支払うよう注文者に催告することができるが，直接的に建設工事の競売によって求償することはできず，発注者が催告後に代金を支払うのであれば，請負人は，優先権をもはや行使できない。

第2，催告後，発注者がなお代金を支払わず，建設工事の性質に照らして換価，競売が許されないときを除き，請負人は，発注者と協議して当該工事の換価をすることができるし，当該工事を法により競売するよう人民法院に申し立てることもできる。請負人は，金銭化することによって得られた価額について優先求償権を有する。例えば，注文者が経営過程において，第三者に対して期限の到来した債務があり，これらの債権者が法院において建設工事の競売を主張した場合でも，請負人は，法によりこのような債権者求償権に優先する。指摘しておかなければならないことは，契約法286条の規定は，単に裁判所が競売の方式で建設工事を処理することを認めるというだけであって，売却［変売］の方式で処理することは認めない。

第3，建設工事優先権は，商品家屋の買主としての消費者の権利に対抗することができない。最高人民法院の「建設工事代金の金額の優先的受償権問題に関する批復」によれば，「消費者が商品家屋の全部または大部分の代金を支払った後は，請負人は，当該商品家屋について有する工事価額優先求償権を買主に対抗できない」これによれば，請負人の優先権は，消費者の家屋の買主としての権利に対抗できない。例えば，ある開発業者甲が不動産物件を開発し，その後予約販売の方式を採用してその中のある家屋を乙に売却した後，甲が丙への工事代金を支払わず，丙が当該家屋について建設工事優先権を主張するような場合である。このような事案においては，丙の建設工事優先権は，乙が当該家屋について有する権利に対抗することができない。

当然ながら，買主が有する権利は，預告登記を経由した以後でなければ物権的効力を生じず，預告登記を経由することがなければ，買主は一般の債権を有

するだけで，建築工事の請負人の優先権に対抗する効果は生じない。

第20章 運送契約

案例 甲は海鮮卸売市場を経営し，乙は運送会社を経営している。甲と乙は貨物運送契約を締結し，乙は2日以内に一定量の鮮魚を市場に隣接している取次販売代理人丙に送ることにした。その後，乙は品物の引き取りに1日遅れ，折しも，また運送の途中で土石流が発生し，交通がマヒ状態となり，乙は5日遅れて丙のところに着いた。時間が多くかかったため，大半の魚は腐敗，変質し，甲に10万元の経済損失を与えた。甲は乙が速やかに丙に鮮魚を運ばなかったために損失を被ったと考え，乙に損失賠償を請求した。他方，乙は期日どおりに貨物を運べなかったのは土石流が発生したためであると考え，責任を負う必要はないと考えた。

簡単な評釈 運送契約では，運送人は貨物を安全かつ速やかに目的地まで運送しなければならない。もし貨物が運送の過程で毀損滅失すれば，運送人は相応の賠償責任を負わなければならない。しかし，契約法311条の規定によれば，もし貨物の毀損滅失が不可抗力，貨物自身の自然的性質あるいは合理的消耗により，あるいは荷送人，荷受人の故意・過失によって生じたときは，運送人は損害賠償の責任を負わない。本件では，土石流によって損失が生じたが，乙の履行遅滞以後に不可抗力が生じたので，契約法117条の規定により，乙は不可抗力免責を主張することはできない。

1 運送契約概説

運送契約とは，運輸契約とも称され，運送人が旅客または貨物を安全かつ迅速に運送地点まで運び，旅客，荷送人または荷受人が運送費を支払う契約である。契約法288条は「運送契約は運送人が旅客または貨物を運送出発地から約

定の地点まで運び，旅客，荷送人または荷受人が運賃あるいは運送費用を払う契約である」と規定している。中国の契約法は運送契約についての一般規則を17章に掲げ，規定を置いている。この規則は各種の運送関係の紛争を処理する基本的な裁判準則をなしている。この規定によれば，運送契約は主に旅客契約と貨物運送契約の2種類に大別される。運送業の発展につれて，複合［多式連運］契約（multiple transport services ―訳者補）のような新しい運送方式が登場してきた。中国における関連法律，例えば鉄道法，民用航空法，海商法等でも運送契約について規定を設けている。運送に関する単行法規類と契約法の関連規則が共同で運送契約法律制度の全体を構成している。

運送契約には以下のような特徴がある。

第1，主体の特殊性。運送契約の主体は運送人と荷送人および旅客である。運送人とは，荷送人と契約を締結した当事者の一方である。中国では，運送人は旅客運送あるいは貨物運送の資格または運送許可を取得する必要のある者である。鉄道，航空等に対しては，法律上，運送人の資格について厳しい制限が課されている[1]。荷送人とは，貨物運送契約における貨物運送を依頼する者で，自然人でもあれば，法人その他の組織の場合もある。旅客とは，旅客輸送契約における一方当事者で，運送人の輸送対象者である。以上のほかに，荷送人が第三者の利益のためにしばしば貨物を運送することがあり，したがって貨物運送の当事者として，第三者すなわち荷受人も含まれる。

第2，客体の特殊性。運送契約の客体は運送行為で，それは旅客運送契約であれ，貨物運送契約であれ変わりない。それが指向するものは，運送人が交通手段を利用して，物品または旅客を空間的に変動させる行為のことである[2]。旅客運送契約でも，客体は運送人が旅客を運送する契約であり，旅客が客体なわけではない。運送契約の客体としての運送行為は，決して単純に交通手段による運送に従事する行為というのではなく，運送人が旅客または貨物を安全かつ迅速に目的地に運ばなければならず，そのことによってはじめて運送行為は完成する。

1　例えば，民用航空法92条は「公共航空運輸企業を設立するためには，国務院民用航空主管部門に経営許可証の取得を申請し，併せて法により工商登記の手続を済ませなければならない。もし経営許可証を取得できなければ，工商行政管理部門は工商登記の手続をすることができない」と規定している。
2　郭明瑞＝王軼『合同法新論［分則］』中国政法大学出版社，1997年，256頁。

第3，標準性を有する。運送契約は一般的には標準契約である。運送契約中の運送人の大半は運送を経営する企業であり，他方，荷送人や旅客は普通の消費者である。後者は運送人と同等の地位で談判することは困難であり，運送人と単独で契約を締結すると，そのコストもかなり高くつく。したがって運送契約は一般的には標準契約の形式をとる[3]。中国では，運送契約（その書面形式としては海運輸送引換証［貨運単］，貨物引換証［提貨単］，切符［客票］）の主要な内容と条項（例えば注意事項，違約責任，運送費，チケット金額）は，一般に国家が交通運輸部門に授権して統一的に制定させているもので，双方が勝手に変更する権限はない。国家が標準契約として運送契約を規定しているが，それは双方当事者の利益をよりよく維持し，運送人が運送道具をコントロールして勝手に運送費を高くする現象を防止するためである。

　第4，諾成性，双務性，有償性を有する。契約法293条の規定によれば，旅客運送は運送人が旅客にチケットを引き渡したときに成立するが，しかしチケットを実際に引き渡すことを旅客運送契約の成立要件とはしていない。運送契約は諾成契約で，原則として双方で合意すれば契約は成立するのであって，目的物を実際に引き渡す必要はない。運送契約は双務性，有償性を具えている。運送契約では，一方は運送行為に従事し，他方は運送費とチケット代金を支払う。故にこれは双務契約である。

2　運送契約の効力

2.1　運送人の主要な義務

　運送契約においては，運送人は以下のような義務を負う。

(1) 安全かつ迅速に運送する義務

　契約法290条は「運送人は約定期間内または合理的期間内に旅客，貨物を安全に約定の地点まで運送しなければならない」と規定している。本条の規定によれば，運送人は規定した時間どおりに運送しなければならない。すなわち約定の期間内に，あるいは合理的期間内に運送し，もし運送期限につき契約に明確な規定があれば，契約の約定の期間内に運送しなければならない。もし期間

3　魏耀栄等『中華人民共和国合同法釈論［分則］』中国法制出版社，2000年，351頁。

の規定がなければ，合理的期間内に運送しなければならない。もし運送人が規定した運送期間内に旅客または貨物を目的地まで運送しなかったときは，違約責任を負わなければならない。

　運送人は旅客，貨物を安全に約定の地点まで運送しなければならない。つまり，運送人は旅客と貨物を契約で約定した地点まで運送するだけでなく，さらに安全に運送しなければならない。安全に運送するとは，運送過程において旅客と貨物の安全を保障しなければならないということである。貨物について言えば，安全とは，運送を委託されたときの包装方式，形状構造どおりに約定地点まで運送することである。運送過程で，かりに外在的原因で，旅客に傷害を与え，貨物が毀損したときは，運送人はこれにつき責任を負わなければならない。

(2) 規定の運送路線にもとづいて運送する義務

　契約法291条の規定によれば，運送中，運送人は約定の，あるいは通常の輸送路線にもとづいて運送する。双方が運送路線を約定していれば，運送人は当該路線にもとづいて運送しなければならない。もし当事者に運送路線について約定がなければ，運送人は通常の路線にもとづいて運送しなければならない。通常の路線とは，人々が一般的，慣習的に走行する路線である。契約法292条は「運送人が約定の路線または通常の路線にもとづかず走行し，チケット代金あるいは運送費が増加したときは，旅客，荷送人，あるいは荷受人は増額部分のチケット代あるいは運送費用を拒絶することができる」と規定している。

(3) 公共輸送に従事する運送人は旅客，荷送人の通常の，合理的な運送の要求を満たさなければならない

　契約法289条は「公共輸送に従事する運送人は旅客，荷送人の通常の，合理的運送要求を拒むことはできない」と規定している。本条は公共輸送に従事する運送人の強制的契約締結義務を規定したものである。公共輸送とは，社会公衆に対する，運営資格を取得した運送人が従事する商業輸送活動のことである。本条の規定によれば，双方が契約を締結するとき，荷送人および旅客が運送人と契約締結を要求し，その申込みの内容が通常の，合理的なものであれば，運送人は当該申込みを受け入れなければならない。通常の，合理的要求の中には輸送路線の確定，輸送手段の要求，チケット代金の確定等が含まれる。しかし，もし当該要求が不合理的であれば，運送人は拒絶権を有する。例えば，荷送人

が選択した路線が非常に危険であるとか，支払の運送費用が低すぎるときは，運送人は運送を拒絶できる。契約法は公共輸送に従事する運送人に対して強制的契約締結義務を規定しているのは，社会公衆の利益を維持するためである。蓋し，公共輸送に従事する者はこの種の運送について独占権を有しており，もし強制的な契約締結義務を課さなければ，社会公共の便宜にきわめて大きな影響をもたらす。

(4) 付随義務

運送人は契約の約定にもとづいた義務を履行するほかに，誠実信用原則にもとづいて生ずる付随義務の履行が求められる。つまり，旅客あるいは貨物を運送する過程で，その他の外在的原因，あるいは契約締結時に予見しなかった状況が出現すると，運送人は当該状況を速やかに荷送人に告知しなければならない。例えば貨物運送中，降雨が続き，貨物が変質し，カビが生えたりすると，運送人は速やかに荷送人に告知し，かつ一定の措置を講じて，損失の拡大を防止する必要がある。

2.2 旅客および荷送人の義務

運送契約において，旅客および荷送人は以下のような義務を負う。

(1) 運送貨物が輸送に適合するようにとの要求に符合すること

旅客および荷送人が送る貨物は運送を認める法律の要求に符合しなければならない。禁制品，可燃性，爆発性，有毒性物品，およびその他運送を禁止している貨物に対して運送人は運送を拒絶する権利を有する。運送契約では，積載手段の制限，旅客および荷送人が運ぶ貨物は運送の要求，例えば大小，形状等が運送の要求に符合しなければならない。もし要求に符合しなければ，運送人は運送を拒絶できる。契約法289条は「公共輸送に従事する運送人は旅客，荷送人の通常の，合理的要求を拒絶することはできない」と規定している。本条の規定によれば，もし旅客や荷送人の運送の要求が不合理であれば，運送人は運送を拳悦する権利を有する。

(2) チケット代金および運送費用の支払義務

荷送人は契約の約定にもとづき，あるいは取引の慣習にもとづき，運送貨物の品質等に照らして相応のチケット代金あるいは運送費用を支払わなければならない。この点について，契約法292条は「旅客，荷送人あるいは荷受人はチ

ケット代金あるいは運送費用を支払わなければならない」と規定している。一般的に言って，運送費用は通常，運送路線，貨物の数量，交通手段の種類等の要素と密接に結びついている。貨物運送について言えば，もし当事者に特別の約定がなければ，一般的には，運送任務完成後に運送費用は支払われる。運送過程では，運送費用のほかに，さらに必要な雑費，例えば保険費，貨物梱包費用等の必要経費の支出があり，荷送人あるいは旅客がそれを負担しなければならない。

(3) 付随義務

運送過程において，荷送人には運送人と協力し，事実どおりに告知する等の付随義務がある。もし運送契約で約定していなかった客観的状況が出現すると，荷送人は密接に協力し合って処理しなければならない。

3 旅客運送契約

3.1 旅客運送契約の概念と特徴

旅客運送契約は旅客運輸契約とも称され，運送人が旅客およびその荷物を約定の時間にもとづいて目的地に運び，旅客は約定の運送費を支払う契約である。中国では，鉄道，道路，海上，河川，航空等の各運送企業が旅客運送を行っている。旅客運送契約は運送契約中の1類型で，その基本的特徴は以下の点にある。

第1，旅客運送契約の目的［標的］は旅客および携帯の荷物を運送する行為である。旅客運送契約と一般の契約との違いは，主に旅客運送契約の対象に特殊性が存する点にある。旅客運送契約では，運送人は救助義務があり，運送過程では患者の急病，分娩，遭難の旅客の救助に尽力する義務がある。それと同時に，運送人は旅客の携帯する荷物を目的地まで運ぶ義務がある。携帯荷物とは，法律の関連規定あるいは契約の約定にもとづいて，一定の基準内で携帯を認められ，別途運送人に運送費を払う必要のない旅客の荷物である。契約法296条は「旅客は運送中約定の量的制限にもとづいて手荷物を携帯しなければならない。限度を超えて手荷物を携帯するときは，運送手続をとらなければならない」と規定している。これによれば，旅客運送契約では，手荷物の携帯も旅客運送契約の条項に属し，契約がいったん成立すると，旅客は関連の手荷物

携帯の約定に従わなければならない[4]。他方，旅客が運送を委託する荷物は貨物運送の関連規定を適用しなければならない。

　第2，旅客運送契約は諾成，不要式の契約である。前述したように，運送契約は諾成契約であり，したがって旅客運送契約では，チケットの引渡しは契約成立の要件として存在するものではなく，当事者で運送事項につき合意をみたときに，契約は成立する。旅客運送契約は不要式の契約で，この契約は一般に書面形式を採用する必要はない。契約法293条は「旅客運送契約は運送人が旅客にチケットを渡したときに成立する。ただし当事者に別段の約定があるか，または別段の取引慣習があるときはこのかぎりでない」と規定している。旅客運送契約の成立面での特殊性は双方が一般に正式の書面での契約を締結しないという点にある。旅客がチケット［票款］の引渡しを求めたときは，運送人は旅客に乗車券［車票］を渡さなければならないが，運送人が切符［客票］を渡すのは単に契約成立の証明書にすぎず，契約成立の条件ではない。

　第3，旅客運送契約は双務の有償契約である。旅客運送契約では，旅客がチケット代を払うのは運送人が運送義務を履行することの対価として存在する。したがって旅客運送契約は双務，有償の契約である。これについて，契約法294条は「旅客がチケットなしに搭乗し，乗り越し，等級を超えて搭乗し，または失効した搭乗チケットを持って搭乗したときは，不足の料金を支払わなければならず，運送人は規定の定めるところにより追加料金を徴収することができる。旅客が支払を拒むときは，運送人は，運送を拒絶できる」と規定している。もし運送人が運送を遅延したときは，旅客の要求にもとづいて別の便に乗り換えることを要求できるし，チケット代金の払い戻しを請求することもできる。

3.2　旅客運送契約の効力

3.2.1　旅客の主要な義務
（1）有効なチケットを持って乗車する義務

　契約法294条は「旅客は有効な搭乗チケットを持って搭乗しなければならない」と規定している。有効なチケットを持って搭乗することは旅客運送契約中

---

[4]　魏耀栄他『中華人民共和国合同釈論［分則］』中国法制出版社，2000年，368頁。

の旅客の最も基本的な義務である。有効なチケットの一般的軽形式は無記名の,紙化されたチケットで,流通性と一回性の特徴を有する。有効なチケットは旅客運送契約の証書であり,旅客運送契約は当事者間で運送につき合意をみたときに成立が宣告される。チケットの実際の引渡しは契約成立にとって必要ではない。ただし,乗客は有効なチケットを持って乗車する義務があり,もし乗客がこの義務に違反すると,運送人は規定にもとづいて追加料金を徴収することができるし,また運送を拒絶することができる。

(2) 限度内の手荷物を携帯して乗車する義務

旅客運送契約では,旅客は必携の手荷物を携帯する権利を有し,一般的にそれにつき追加料金を徴収されることはない。契約法296条は「旅客は,運送中,約定の限度内で手荷物を携帯しなければならない。限度を超えて手荷物を携帯するときは,託送手続をとらなければならない」と規定している。本条の規定によれば,旅客は手荷物を携帯する権利を有するが,当該手荷物の携帯は契約の約定または法律の規定する限度に符合しなければならない。もし旅客の携帯する手荷物が限度を超えていれば,託送手続をとらなければならない。

(3) 禁制品を携帯してはならない義務

旅客契約では,旅客運送契約の安全を保障するために,旅客は禁制品を携帯することはできない。契約法297条の規定によれば,運送人は禁制品を降ろし,破壊し,あるいは関連部門に引き渡すことができる。旅客があくまで禁制品を携帯し,あるいは手荷物の中に入れて持ち込もうとしたときは,運送人は運送を拒絶できる。

(4) 約定期限内に払戻または変更手続をする義務

契約法295条の規定によれば,旅客が自己の原因でチケットが記載する時間に搭乗できないときは,約定の期間内に払戻または変更手続をしなければならない。例えば座席式から寝台式に,あるいは4等車から3等車に変更するとか,乗車時間を変更するとか,到着時間を変更する類いである。契約法295条は「期間内に手続をしなかったときは,運送人は運送賃を返還せず,かつ運送義務を負わない」と規定している。つまり,旅客が一方的に運送契約を解除し,あるいは変更するには時間の制約があり,もし旅客が速やかに手続をしないときは,運送人は運送賃を返還しなくてよく,かつ運送義務を負わない。

3.2.2 運送人の主要な義務
(1) 安全運送義務

運送人の主要義務は旅客および手荷物を規定どおりに目的地に運ぶことである。旅客契約では，運送人は安全に旅客を目的地に運ぶ義務を負っている。契約法290条は「運送人は，約定の期間または合理的期間内に約定の到達地まで，旅客および貨物を安全に運送しなければならない」と規定している。これにより，運送人の負う安全運送義務が確立された。旅客運送の過程で，運送人はこの種の義務を負い，この義務は主要義務をなす。

(2) 旅客の人身の安全を保護する義務

契約法302条は「運送人は，運送過程における旅客の死亡と傷害について損害賠償責任を負わなければならない。ただし，死亡と傷害が旅客自身の健康上の原因または旅客の故意・重大な過失により生じたものであることを運送人が証明したときはこのかぎりでない」と規定している。これにより，運送人の旅客の人身の安全に対する保護義務が確立された。例えば，タクシーが乗客を乗せた後，たまたま酔客が乗車を要求し，その酔客が先に乗車していた客を殴り，負傷させた。この場合，タクシー会社は損害賠償責任を負う。旅客運送契約では，法律に明確に規定する事由がある場合を除き，運送人が当該義務に違反してその結果旅客が人身損害を受けたときは，旅客は運送人に違約責任を負担するように請求する権利を有する。運送人の故意・過失によって旅客が死亡・傷害を被った場合，不法行為責任と契約責任の競合が生じ，このときは，被害者はいずれかの責任を選択して請求できる。

(3) 告知義務

旅客運送契約では，運送過程において相応の危険が存在する可能性があり，この種の危険を速やかに十分に回避できるようにするために，運送人は関連事情を告知する義務を負う。契約法298条は「運送人は，旅客に対して，正常に運転できないことに関する主な原因および安全運転のために注意すべき事項について速やかに告知しなければならない」と規定している。もし運送人が正常な運転ができない重要な事由があるとき，例えば航空機が濃霧のため正常に離陸できないようなとき，旅行計画の調整のため，速やかに旅客に告知しなければならない。

(4) チケットに記載する時間と運航便にもとづいて旅客を運送する義務

　チケットは単に乗車の証書であるだけでなく，通常，乗車の時間と便名が記載されている。これらはいずれも契約の主要な内容を構成する。もし一方が理由もなく変更すれば，それは相手方の利益に重大な影響を及ぼすだろう。契約法299条は「運送人は，搭乗チケットに記載された時間および運航便に従って旅客を運送しなければならない。遅延があるときは，旅客の請求にもとづいて，その他の運航便の搭乗を手配するかまたは払戻をしなければならない」と規定している。したがって，運送人はチケットに記載する時間と運航便で旅客を運送する義務を負う。もし法定または約定の事由が出来して時間と運航便を変更する必要があるときは，旅客に速やかに告知しなければならず，これによって生じた損失は運送人が負担する[5]。

(5) みだりに運送手段を変更してサービス水準を低めてはならない義務

　運送契約では，運送人は約定の運送手段にもとづいて運送しなければならない。契約法300条は「運送人が無断で運送手段を変更してサービスが低下したときは，旅客の請求により払戻または運送費の減額をしなければならず，サービスが向上したときは，追加料金を徴収しなければならない」と規定している。これにより，運送人がみだりに運送手段を変更して，サービス水準を低めてはならない義務が確立された。もし運送人が，例えば運送人が豪華な運送手段を普通の運送手段に変更するといったようなサービス水準の低下を来すと，それは契約の約定に違反し，違約責任を負い，運送費を減額しなければならない。また逆に，運送人が運送手段を変更して，サービスの質と水準を高めたときは，違約責任を負う必要はない。例えば，普通運送手段を豪華な手段に変更するといった類いである。これは旅客に有利となる[6]。もし運送人がサービス水準を高めることにつきあらかじめ旅客の同意をとっていれば，双方で契約の変更につき同意があったことになり，この場合には旅客はサービスの向上についての費用を割り増しで支払わなければならない。

(6) 旅客の携帯手荷物を適切に保管する義務

　運送過程において，運送人はさらに旅客の携帯手荷物を適切に保管する義務があり，旅客運送契約は保管契約とは異なるとは言え，旅客が搭乗している過

---

[5] 郭明瑞＝王軼『合同法新論［分則］』中国政法大学出版社，1997年，262頁。
[6] 魏耀栄他『中華人民共和国合同法釈論［分則］』中国法制出版社，2000年，372〜373頁。

程で身に着けている手荷物については，運送人は保管義務を負う。契約法303条は運送人のこの種の義務について規定している。本条の規定によれば，もし運送人が関連する保管義務を尽くさず，旅客の携帯手荷物を毀損，滅失させたときは，運送人は損害賠償責任を負わなければならない。

(7) 運送過程での救助に尽力する義務

契約法301条は「運送人は，運送過程において，急病，分娩，遭難の旅客の救助に努めなければならない」と規定している。この規定によれば，旅客運送中において，運送人は急病等の旅客に対して救助を尽くす義務を負う。救助に尽力するとは，運送人が最大限の努力を尽くし，各種の合理的措置をとり，旅客を助け，世話をし，あるいは救援の実行に尽力することである。具体的に言えば，救助に尽力する対象には，疾病，分娩，危険に遭遇した旅客の3種類がある。これのケースにおいては，旅客の生命健康は危険に曝され，救助の必要に迫られており，運送人が世話をする義務を定めておくことは，旅客の運送過程での生命健康安全を保障するうえで有利である。

4 物品運送契約

4.1 物品運送契約概説

物品運送契約は，運送人が運送する物品を指定した地点まで運び，荷送人が運送人に運送費を払う契約である。物品運送契約では，これに関わる主たる当事者は荷送人と運送人である。荷送人は物品を運送人に引き渡し，運送人は物品を約定の地点まで運び，あるいは特定の荷受人に引き渡す。物品運送契約は運送契約の1類型であるが，旅客運送契約とは異なり，物品の運送行為を目的〔標的〕とし，かつ物品運送契約では通常第三者が参加する。さらに，物品運送契約の効力の点でも旅客運送契約とは大きな差異が存する。物品運送契約の履行は，単に物品を約定の地点まで運ぶだけでなく，約定の荷受人に引き渡さなければならず，これが完成してはじめて契約義務が履行されたことになる。

物品運送契約は，運送委託人と運送人が締結するが，双方当事者は第三者を引渡の対象となることを約定することができる。すなわち，荷送人を荷受人とはしない。中国の実務から見ると，荷送人と荷受人とが異なる状況のもとで，いったん第三者を荷受人とすることを契約で規定したときは，運送人が物品を

目的地に運ぶと，荷受人が運送人に物品の引渡しを請求する権利を有する。もちろん，荷受人は権利を有するが，権利を法規することもできる。いったん放棄すると，当該権利は荷送人に移転する。

4.2 物品運送契約の効力

4.2.1 荷送人の主要な義務
(1) 告知義務

　契約法304条は，荷送人が負う告知義務および告知義務の内容を規定している。本条の規定によれば，荷送人の告知義務の範囲には主に以下のものが含まれる。

　1，荷受人の名称または姓名および証書が指示する荷受人。荷受人に告知することは，物品の具体的な引渡対象を明確にするうえで手助けとなり，また荷送人の利益を維持するうえで有利である。もし荷送人が物品の運送の手続をなすときに荷受人を具体的に明確にしていない場合は，荷送人は物品受け取りの証書を荷受人に告知しなければならない。

　2，物品の名称，性質，数量，重量。これらの要素は物品自身の状況である。荷送人は運送人に物品の具体的状況を告知しなければならず，それをやってはじめて運送人が適切な措置を採り，物品の運送過程において意外事故が発生しないようにすることを可能にする。

　3，物品受け取り地点その他の運送に関連する必要な状況。運送人が物品受け取り地点を告知してはじめて運送人は物品運送の具体的目的地を明確にすることができ，また運送人が適切な運送方式をとり，適切な運送時間と計画を案配し，物品を期日どおりに運ぶのを保障することを容易にする。

　契約法304条の規定によれば，荷送人が事実を正確に伝えないとか，重要な状況が漏れていることによって運送人に損失をもたらしたときは，荷送人は損害賠償責任を負わなければならない。換言すれば，荷送人が事実どおりに告知する義務に違反して運送人に損失をもたらしたときは，荷送人は損害賠償責任を負わなければならない。

(2) 手続処理の協力義務

　契約法305条の規定によれば，荷送人は手続処理に協力する義務はある。305条で言う審査承認，検査等の手続とは，物品運送および物品通関等，処理

を必要とする関連手続を行う,例えば特殊な物品の運送につき特定の部門の許可を必要とする手続を行うことである[7]。他方,国際物品運送は検査および輸入等の各種の審査承認手続を済ませる必要がある。荷送人に対して,運送人に審査承認,検査等の手続を済ませるうえで必要な関連文書を交付することを求めているのは,運送人は専門的に運送義務に従事する者で,法律上,運送人が運送するときはすでに審査・承認,検査等の手続についての文書を取得していることを要求するだけであるためである[8]。荷送人が運送人にこれらの手続を提供せず,あるいは提供した手続が不完全で,速やかにこれらの手続を提供せず,運送人に損失をもたらしたときは,荷送人は損失を賠償しなければならない。

(3) 合理的に包装する義務

契約法306条は荷送人の合理的包装義務を定めた。適切な包装は運送物品を保護できるだけでなく,運送人の運送上の安全を守ることもできる。例えば,荷送人が送る物品が燃えやすいとか,爆発しやすい物品であるときは,合理的に包装することは物品自身の漏洩を回避し,また運送人の運送の安全を有効に守ることができる。物品運送契約では,物品の性質の違いおよび物品内容の違いによって危険の度合いにも違いが存し,物品の具体的包装についても要求するところが異なってくる。もし荷送人が運送物品として引き渡した物が水産品等の生鮮物であったり,燃えやすい,あるいは爆発しやすい等の危険物品であると,物品の性質に符合し,その保存に便利な約定方式を採用して,あるいは法律が明確に規定する包装方式を採用しなければならない。

契約法306条2項の規定によれば,荷送人が包装義務に違反したときは,運送人は運送を拒否することができる。蓋し運送物品を包装することは荷送人の義務であり,もし荷送人が包装を希望しなければ,それは自己の義務を履行しないことである。運送人は当然運送履行義務を拒否する権利を有し,そのことで双方当事者の権利と義務の平等性を体現させている[9]。物品の包装が要求に符

---

7 例えば,固体廃物環境汚染防止法23条は「固体廃物を別の省,自治区,直轄市の行政区域に移転して貯蔵,処置するときは,固体廃物を移出する先の省,自治区,直轄市人民政府環境保護行政主管部門に申請しなければならない。移出側の省,自治区,直轄市人民政府環境保護主管部門は受け入れ側の省,自治区,直轄市人民政府環境保護行政主管部門の同意を得た後ではじめて当該固体廃物を移出先の省,自治区,直轄市の行政区域に移転することが許される。承認を経ていないときは,移転できない」と規定している。
8 胡康生主編『中華人民共和国合同法釈義』法律出版社,1999年,467頁。
9 魏耀栄他『中華人民共和国合同法釈論[分則]』中国法制出版社,2000年,383頁。

合せず，運送過程中にその他の物品に損害を与え，さらには人身の死亡・傷害を与えたときは，荷送人はこれにつき損害賠償責任を負わなければならない。
(4) 危険物品を運送するときは，危険物品運送に関する規定を遵守して運送処理をしなければならない

契約法307条の規定によれば，燃えやすい，爆発しやすい，腐食しやすい，放射性を有する等の危険物品の運送について言えば，荷送人は適切に包装し，併せて運送を委託するときに物品の具体的状況を告知し，また上記の規定にもとづいて関連危険物品の名称，性質および予防措置に関する書面資料を運送人に交付しなければならない。

(5) 費用支払義務

物品運送契約は双務，有償の契約で，荷送人は契約の約定にもとづいて運送人に費用を払わなければならない。契約法315条によれば，荷送人が払うべき費用としては以下の3項目がある。

1．運送費。運送費とは，運送人が物品運送義務を履行し，物品を安全かつ遅滞なく目的地に運ぶために必要な費用である。

2．保管費。保管費とは，主に運送人が物品を安全，迅速に目的地に運んだ後，荷受人が速やかに物品を受領せず，そのために運送人が保管したために生じた費用である。

3．その他の運送費用。その他の運送費用とは，運送人が運送過程において，物品を遅滞なく，かつ安全に目的地に運んだことで支出した必要な費用で，当該費用には運送費は含まれない。

4.2.2 運送人の主要な義務

(1) 物品を指定された地点まで運び，併せて荷受人に引き渡す

運送人の主要な義務は，物品を遅滞なく指定された地点に運ぶことである。契約法308条によれば，運送人は単に物品を遅滞なく指定された地点に運ぶだけでなく，荷送人の指示により物品を荷受人に引き渡さなければならない。つまり，もし運送人が物品を遅滞なく指定された地点に運んだ後，物品を誤って別の荷受人に引き渡したときは，運送人は違約責任を負わなければならない。

契約法308条の規定によれば，物品運送過程においては，荷送人は運送物品に対して処分権を有する。換言すれば，物品が運送を託されると，荷送人は物

品が引き渡される前は，運送人に運送を中止し，物品を返還し，あるいは物品の送り先を変更することを請求する権利を有する。運送人は荷送人が変更した後の要求にもとづいて運送義務を履行し，物品を安全，迅速に新たな目的地に運び，新たな荷受人に引き渡さなければならない。ただし，運送人は荷送人にこれによって増大した費用を請求する権利を有する。

(2) 適切に保管する義務

運送過程では，運送人は物品に対して適切に保管する義務を負う。適切に保管しなければ，運送人は物品を安全に運ぶことが難しくなり，契約締結の目的は実現できなくなる。契約法311条は運送人の適切な保管義務を定めたものである。適切に保管するとは，運送人が運送を託された物品の性質にもとづいて合理的な運送方式を採用し，厳格な運送計画を定め，物品が安全に目的地に運ばれるのを保障し，物品の毀損滅失による損失を防止することである。上記の規定によれば，もし物品が不可抗力，物品の自然損耗，荷送人または荷受人の故意・過失によって毀損滅失を被ったときは，運送人は賠償責任を負わない。もちろん，上記の免責が存在するかどうかの挙証責任は運送人が負う。

(3) 遅滞なき通知義務

契約法309条は「運送品到達後，運送人が荷受人を知っているときは，遅滞なく荷受人に通知を発しなければならず，荷受人は遅滞なく物品を受け取らなければならない」と規定している。これによりわかることは，運送人は遅滞なく通知する義務を負うということである。運送人が遅滞なく荷受人に通知する義務は，荷受人が遅滞なく物品を受け取ることができるかどうか，運送人の運送義務が完全に履行されたかどうかの問題に関わる。もし遅滞なく通知せず，物品到達後，荷受人が物品を受領する具体的時間を知らないと，物品の毀損滅失の危険が存在する。したがって，遅滞なく通知する義務は運送人がその義務を履行できるかどうかと直接関係する。もし運送人が荷受人を知らなければ，荷送人は合理的期限内に運送の物品の処分を指示しなければならない[10]。

(4) 相次運送［単式連運］契約中の契約締結運送人は全過程の運送責任を負わなければならない

相次運送とは，2人以上の運送人が同一あるいは多様な運送方式でもって運

---

10 胡康生主編『中華人民共和国合同法釈義』法律出版社，1999年，473頁。

送活動に従事することである。相次運送契約は契約の締結，変更，当事者の権利義務，違約責任等の面で物品運送契約および旅客運送契約とほぼ同じである。契約法313条は「数人の運送人が同一の運送方式で相次いで運送するときは，荷送人と契約を締結した運送人は，全区間の運送について責任を負わなければならない。損害が特定の区間で生じたときは，荷送人と契約を締結した運送人およびこの区間の運送人が連帯して責任を負う」と規定している。これによれば，一方で，荷送人と契約を締結した運送人は全過程の運送に対して責任を負わなければならない。損失がある運送区間で生じたときは，荷送人と契約を締結した運送人は当該区間の運送人と連帯して責任を負わなければならない。全過程に責任を負うとは，契約締結の第1運送人が物品の安全，遅滞なく目的地運送することに責任を負うことである。もし物品がその他の運送人の原因で安全に，遅滞なく目的地に運送できなかったときは，契約締結の第1運送人はなお荷送人または荷受人に対して責任を負わなければならない。他方，損失がある区間で生じたときは，荷送人と契約を締結した運送人と特定の区間の運送人は連帯責任を負わなければならない。例えば相次契約において，第1運送人が物品を北京に運送し，さらに他の運送人が北京から武漢に運送し，もし物品が北京から武漢への過程で毀損滅失したときは，第1運送人はこの区間の運送人と連帯責任を負わなければならない。

4.2.3　荷受人の主要な義務
(1) 遅滞なく物品を受領する義務

　契約法309条は「運送品到達後，運送人が荷受人を知っているときは，遅滞なく荷受人に通知を発しなければならず，荷受人は遅滞なく物品を受け取らなければならない」と規定している。運送人が通知し，荷受人は通知を受け取った後，遅滞なく受け取る義務を負う。その義務を履行しなければ，運送人に物品を保管する労をとらせ，物品保管の費用いたずらに増やし，また物品の毀損滅失の危険を増やし，さらに物品の経済価値の減損をもたらす可能性がある。このほかに，契約法309条は「荷受人が期間を徒過しても物品を受け取らないときは，運送人に保管等の費用を支払わなければならない」と規定している。つまり，もし荷受人が通知の後でも物品を受け取らないときは，そこで生じた保管等の費用は荷受人が負担しなければならない。

(2) 物品検査義務

契約法310条は「荷受人が物品を受け取るときは,約定の期間内に物品の検査をしなければならない」と規定している。物品の検査とは,荷受人は物品運送契約が記載する物品の数量,品質等の事項にもとづいて照合することである。物品運送契約の履行過程で,運送を託した物品が運送途中で毀損等のケースが発生する可能性がある。したがって物品が荷受人に運ばれたとき,荷受人が物品を検査する。これは運送人が契約の約定にもとづいてその運送義務を履行しているかどうかについて確定させることであり,また荷受人自身の利益を維持することであり,荷受人がいったん物品に毀損減失等の事由が存在することを発見した場合は,遅滞なく権利を主張しなければならない。

(3) 費用支払義務

運送契約では,荷送人または荷受人が費用を払うことは運送人が運送義務を負担することの主要な対価として存在する。荷受人は物品を受け取る権利を有するが,費用を払う義務がある。もし契約で荷受人が費用を払うと規定している場合,荷受人は規定の期限内に支払わなければならない。もし物品運送契約が約定を交わしていないときは,契約法61条によって支払期限を確定しなければならない。もし本規定によってもなお確定できないときは,同時履行の原則にもとづいて,荷受人が物品を受け取るときに支払わなければならない。

4.3 物品運送契約における危険負担

物品運送契約における危険負担とは,主に物品運送の過程で契約当事者の責めに帰することのできない事由によってもたらされた物品の毀損減失および運送費用が支払不能の危険である。このことからわかることは,危険負担には以下の2つの側面が含まれるということである。

1. 目的物の危険,すなわち物品が運送過程において毀損減失の危険に遭うことである。この種の危険については,原則として所有者主義を採用する。換言すれば,物品が運送過程で不可抗力によって毀損減失した場合の危険は,所有者が負担する。具体的に言えば,荷送人がこの危険を負担する。なぜなら運送過程においては,物品の所有権に移転は生じておらず,運送人は一時的に当該物品を占有しているにすぎないからである。物品の毀損減失が不可抗力,物品自身の原因,あるいは荷送人または荷受人の過失によって引き起こされたと

きは，運送人は賠償責任を負わない。

 2．代金の危険。代金の危険とは，実際には運送費用の危険である。契約法314条は「運送過程において物品が不可抗力により滅失したときは，運送人は，運送費を請求してはならず，すでに運送費を受け取ったときは，荷送人は返還を請求することができる」と規定している。この規定によれば，運送費用の危険は運送人が負担しなければならない。蓋し，物品運送過程でもし目的物の意外毀損あるいは滅失が生ずれば，物品の所有者はすでに目的物の危険を負担しており，荷送人に同時に代金の危険を負わせることはできないからである。なぜなら物品の意外滅失については，双方当事者にとって意外の損害であり，この損害に対しては当事者間で公平な分配がなされなければならないからである。荷送人について言えば，彼に物品の危険を負担させることはできない以上，運送費の危険を負担させるべきである。もし荷送人が物品の危険をすでに負担していれば，さらに運送費の危険をも負担させるわけにはいかない。したがって物品が運送過程で不可抗力によって滅失し，運送費を受け取らない場合，この運送費の損失は運送人が負担し，荷送人に運送費を負担させることはできない。

5　複合運送契約

5.1　複合運送契約概説

　複合運送契約は混合運送契約，連合運送契約とも称する。これは複数の異なる方式の運送人が運送方となり，荷送人あるいは旅客との間で締結した契約である[11]。この契約によれば，荷送人または旅客が費用を払い，同一の運送証書を使用し，他方，運送人は各自の運送手段を用いて連結させながら物品または旅客を指定された地点まで運ぶ。複合運送は１国内でも国を跨いでも行われる。例えばある会社が南米から中国へ物品を運ぶことになり，運送方式は約定により，先ず鉄道で物品を空港まで運び，その後，空輸で中国の空港まで運び，その後さらに，公道を運送して目的地の到達する類いである。複合運送には様々な形式があり，例えば鉄道と水路複合運送とか，鉄道，公道複合運送とか，鉄道，水路，公道複合運送とか，航空と鉄道あるいは公道複合運送とかがあり，

11　魏耀栄他『中華人民共和国合同法釈論［分則］』中国法制出版社，2000年，405頁。

水路運送でも河川直行運送もあれば，河川と海上との直行運送もある。同一運送方式も異なる路線の運送を組織することもある。さらに，地区と地区との異なる運送部門間での積荷複合運送や国際的な複合運送もある。

　複合運送には契約締結の経営者と実際の運送人の違いが存在する。一般的な運送では，運送人は通常自己の運送手段でもって契約で約定した運送義務を実際に負担する。しかし，複合運送では，締約経営者は実際の運送には関わらず，別の実際の運送人が物品または旅客を運送することがある。複合運送の経営者は締約運送人の場合もあれば，締約運送人が実際の運送人を兼ねる場合もある[12]。複合運送は一般に「運送委託は一度で，支払も一度で，チケットも一枚で，全行程につき責任を負う」といった総合的運送を実行し，荷送人または旅客は最初の運送人と運送契約を締結すると，旅客または荷送人はもはや費用を払う必要はなく，運送人から運送人へと運送していくときも，もはや別の証券を発行する必要はなく，複合運送経営者が発行した複合運送証書があればそれで十分である。

5.2　複合運送契約の効力

5.2.1　複合運送経営者の義務
(1) 全行程の運送につき責任を負う義務

　契約法317条は「複合運送人は，複合運送契約を履行し，またはその履行を手配する責任を負い，全運送区間について，運送人としての権利を有し，運送人としての義務を負担する」と規定している。この規定によれば，複合運送経営者は全区間の運送について責任を負う。複合運送経営者が全区間の責任を負うのは，一方では，複合運送経営者は運送契約の相手方として存在するからであり，他方で，複合運送契約の実際の運送人は一般に複数存在し，旅客または荷送人は実際の運送人を知ることが通常困難であり，複合運送経営者が全区間について責任を負うほうが運送契約の実際の締結に有利だからであり，また旅客または荷送人が違約責任を主張するのに便利だからである。複合運送契約では，複合運送経営者は各区間の運送人と相互の責任を約定することができる。しかし，当該約定は内部規定にすぎず，旅客または荷送人に対抗する効力を有

12　馬俊駒＝余延満『民法原論［第3版］』法律出版社，2007年，711頁。

しない。この点について，契約法318条は「複合運送人と複合運送の各区間の運送を引き受ける運送人は，複合運送契約の各区間の運送に関し相互間の責任を定めることができる。ただし，この約定は，全区間の運送について複合運送人が負担すべき義務に影響を及ぼさない」と規定している。

(2) 複合運送証書の発行義務

契約法319条は「複合運送人は，荷送人から物品の引渡しを受けるとき，複合運送証書を発行しなければならない」と規定している。この規定によれば，複合運送経営者は複合運送証書を発行する義務がある。複合運送証書とは，複合運送経営者が発行するもので，それによって複合運送経営者が，荷送人が引き渡した複合運送契約中の物品を受け取ったことを証明し，物品の引渡しを保証する証書である[13]。複合運送証書は権利を表徴するために存在し，荷送人はこれによって契約上の権利を主張することができる。例えば定められた運送方式，運送時間，代金等を主張でき，他方，運送人も運送契約の内容を明確化でき，自身の義務を確認できる。

(3) 複合運送経営者の賠償責任

複合運送契約では，複合運送経営者は全区間につき責任を負い，物品運送過程中に物品の減失，不足，変質，損壊，汚染等が発生すれば，運送人が賠償責任を負う。契約法321条は「物品の減失，毀損が複合運送の特定の区間において生じたときは，複合運送人の損害賠償責任および責任限度額は，この区間の運送方法を規整する関係法律を適用する。運送品の減失，毀損が生じた運送区間を特定することができないときは，本章の規定にもとづいて損害賠償の責任を負う」と規定する。この規定は，現在国際的に普及している複合運送経営者の「ネットワーク責任制」を体現したものである。これは複合運送の組織的業務と複合運送の発展に役立っている[14]。例えば，物品の毀損，減失が鉄道区間内で発生すると，中国の鉄道法17条，18条等の規定が適用され，価格保障の手続をした運送であるかどうかによって賠償責任が確定される。もし航空運送区間であれば，民用航空法128条，129条等の規定を適用して，相応の賠償額が確定される。

---

13 魏耀栄他『中華人民共和国合同法釈義［分則］』中国法制出版社，2000年，408頁。
14 胡康生主編『中華人民共和国合同法釈義』法律出版社，1999年，489頁。

5.2.2 荷送人の義務

荷送人の義務は一般の物品運送契約中の荷送人の義務と基本的に同一である。ただし複合運送契約では，荷送人の損害賠償責任には特殊性がある。複合運送では，荷送人は一般的に以下の3つの面での責任を負い，主にその提供する物品の種類，件数，重量および危険の特性の説明が正しく誤りがないことを保証する責任が，荷送人またはその雇われ人あるいは代理人の故意または過失によって複合運送経営者に損失を与えた責任，および危険な物品を運送することについての特殊な責任が含まれる[15]。契約法320条は「荷送人は，物品運送を委託する際の過失により複合運送人に損害を与えたときは，複合運送証書がすでに譲渡されていたとしても，損害賠償の責任を負わなければならない」と規定している。この規定によれば，もし荷送人が物品の運送を委託するとき過失があり，それによって複合運送経営者に損失を与えたときは，荷送人は当然賠償責任を負わなければならない[16]。

---

15 胡康生主編『中華人民共和国合同法釈義』法律出版社，1999年，487～488頁。
16 孫暁編著『合同法各論』中国政法大学出版社，2002年，236頁。

第21章 技術契約

案例 甲は技術コンサルティング会社で，乙は某製鋼工廠である。乙はある型号の鋼鋼を生産しようと思い，甲に関連するコンサルティングの意見の提供を求め，併せて当該コンサルティングの意見が符合すべき具体的な技術参数を列挙した。1ヵ月後に，甲は乙に具体的な技術参考方案を提供し，乙の験収をパスした。その後，乙は甲の提供した技術参考方案にもとづいて生産した鋼材が建築の要求に符合せず，50万元の経済損失を被った。乙は，甲の提供した技術方案は不合格であると考え，甲に当該経済損失の賠償を請求した。他方，甲は，乙の具体的要求にもとづいて関連の技術コンサルティング方案を出具し，しかも乙の験収をパスしており，賠償責任を負う必要はないと主張した。このため，双方で争いとなった。

簡単な評釈 技術コンサルタント契約で，もし受託者が提供した技術コンサルティング方案が約定に符合していれば，契約法359条3項の規定により，当事者に別段の約定なきかぎり，委託者がこれにより損失を被っても，受託者に賠償を請求する権利はない。

1 技術契約概説

1.1 技術契約の概念と特徴

契約法322条の規定によれば，技術契約とは，当事者が技術の開発，譲渡，コンサルティングあるいはサービスについて締結する，相互の権利義務を定めた契約のことである。技術契約は科学技術の不断の発展と社会の進歩につれて作り出されてきたもので，伝統的な典型契約には存在しなかった。それは近代の科学技術の発展と技術の商品化の発展につれて出現し，独立化してきた。

契約法の規定によれば，技術契約はさらに具体的には技術開発契約，技術譲渡契約，技術コンサルティング契約および技術サービス契約に分けることができる。つまり，技術契約とは一個の集合概念で，豊富な内容を含んでおり，様々な種類の具体的な契約類型の集合体である。技術契約は主に以下のような特徴を具えている。

第1，目的の特殊性。技術契約の目的は技術の成果である。典型的な技術契約はいずれも技術の成果に依拠して当事者の行為を基準化する。例えば技術の開発，譲渡等はいずれも技術の成果を前提とする。技術契約自身は技術の成果の商品化と市場化を実現するために生み出されてきたものである。その基準化するところのものは，最終的に技術成果の開発，譲渡関係等である。技術契約に関する契約法の規則も主に技術成果をめぐって展開されてきた。例えば，技術成果の発生，帰属，開発，利用等が技術契約の主要な内容を構成してきた。したがって，技術契約の目的は技術成果であり，技術ではない。もちろん，技術サービス契約や技術こんさる契約においては，必ずしも具体的な技術成果を目的としないものもある。ただし，これらの契約は技術契約の主要な類型ではない。

第2，主体の特性。技術契約は新技術の開発，譲渡，技術サービスあるいはコンサルティング等の内容に関わる。したがって，契約の一方または双方は単に民事権利能力と完全な民事行為能力を具えていることを必要とするだけでなく，一定の専門知識あるいは技能を具えていなければならない。したがって，実践においては，技術契約の主体の多くは研究機関や科学研究者である。

第3，内容の多様性。技術契約は技術の開発から応用までの全過程をめぐって展開され，技術契約の内容は多様性を具えており，技術の開発から運用までの各段階で行われる。したがって，契約目的の違いに応じて，技術契約は技術開発契約，技術譲渡契約，技術コンサルティング契約，技術サービス契約に分けることができる。このことからわかることは，技術契約は単一の類型の契約ではなく，多様性に富んだ内容を有する契約であるということである。

第4，履行の複雑性。他の契約と比べて，より多くの技術契約の履行の過程を有し，履行期限も長く，代金，報酬あるいは使用費の計算方式も複雑で，かつ技術開発自身が一定の予見不可能性を有することにより，技術契約には一定の危険が伴う。例えば，技術開発契約では，当事者が約定するのは新技術，新

製品，新工芸，あるいは新システムの開発研究であり，この種の研究開発について言えば，開発が成功するかどうかなお不確定できわめて大きな危険を伴う。したがって，受託者が順調に契約を履行できるかどうか，契約目的を実現できるかどうかも当事者の主観によって完全にコントロールできるわけではなく，非常に多くの客観的要素乃至偶然的要素の影響を受ける。

　第5，双務性と有償性を有する。技術契約は伝統的な双務契約の基礎のうえに発展してきた。その契約の目的には特殊性が具わるが，その本来の双務契約の性質が変わるわけではない。技術契約の当事者の一方が開発を行い，譲渡し，コンサルテンィグに従事し，あるいはサービスを行い，相手方が通常，代金あるいは報酬を支払う。したがって，技術契約は一般的に有償契約である。

1.2　技術契約の内容

　技術契約の内容には特殊性がある。契約法324条1項の規定によれば，技術契約には一般的に以下の条項が含まれる。(1)プロジェクトの名称，(2)目的の内容，範囲および要求，(3)履行の計画，進度，期限，場所，地域および方式，(4)技術の情報，資料および機密保持，(5)危険責任の負担，(6)技術成果の帰属と収益の分配方法，(7)検収の基準と方法，(8)代金，報酬または使用費および支払方式，(9)違約金または損失賠償の計算方法，(10)紛争解決の方法，(11)用語と専門用語の解釈。

　以上の条項以外に契約法324条2，3項の規定によれば，当事者はまた契約履行と関係する技術の背景資料，フィージビリティースタディーおよび技術評価報告書，プロジェクト任務書と計画書，技術基準，技術規範，原始設計および工業技術文書，およびその他の技術書類を契約の構成部分として約定することができる。もし技術契約が特許に関わるときは，発明創造の名称，特許申請人および特許権者，出願日時，出願番号，登録番号および特許権の有効期限を明記しなければならない。

1.3　職務上の技術成果と非職務上の技術成果

1.3.1　職務上の技術成果

（1）職務上の技術成果の概念

　契約法326条2項の規定によれば，職務上の技術成果とは，個人が法人また

はその他の組織の業務を執行し，あるいは主に法人またはその他の組織の物的技術条件を利用して完成させた技術成果のことである。例えば，特許法6条の規定によれば，本単位の任務を執行し，あるいは主に本単位の物的技術条件を利用して完成させた発明創造は職務発明とされる。

　一般的には，職務上の技術成果を形成する過程で，発明者と単位の間には労務関係が存在し，その関係により，発明者が従事するところの具体的な研究開発は，単位の業務を執行し，あるいは主に単位の物的技術条件を利用して完成させるものである。職務上の技術成果についての個人と法人の間には二重の法律関係が存在する。すなわち労働関係と職務発明創造の関係である。単位が職務上の技術成果を譲渡するとき，職務上の技術成果の完成者には優先的な譲受の権利がある。このことについて，契約法326条は「法人またはその他の組織が技術契約を締結して職務上の技術成果を譲渡するときは，職務上の技術成果の完成者は同等の条件で優先的に譲受の権利を有する」と規定している。

(2) 職務上の技術成果の認定規則

　契約法および関連司法解釈の規定によれば，職務上の技術成果の認定については以下のような原則を堅持しなければならない。

　第1，当事者の約定を尊重する。「技術契約司法解釈」2条2項の規定によれば，法人またはその他の組織に，その従業員が在職期間または離職後に完成させた技術成果の権益について約定があるときは，人民法院は約定に従わなければならない。私的自治の原則により，もし技術成果を個人の所有とするとか，あるいは単位の所有とすると約定しているときは，この約定を尊重し，かつ当事者の約定にもとづいて権利の帰属を確定しなければならない。

　第2，当事者に約定がない場合の認定基。契約法326条2項は「職務上の技術成果とは，法人またはその他の組織の業務を執行し，あるいは主に法人その他の組織の物的技術を利用して完成させた技術成果である」と規定している。これは，当事者に約定がないときの技術成果の法的帰属の認定基準を定めたものである。すなわちもし関連する技術成果が「法人またはその他の組織の業務を執行し」あるいは「法人またはその他の組織の物的技術条件を利用」したものに属するときは職務上の技術成果と認定する。その具体的内容は以下の3種類からなる。

　1．法人またはその他の組織の業務を執行する。もし個人自身の仕事が技術

契約の研究開発と直接の関係がなければ，職務上の技術成果とはならない可能性がある。例えば，某企業の技術員の本職の業務は本単位の汚水処理の化学研究であり，その技術員が暇なときに，自らコンピューターゲームソフトを開発すれば，それの開発はその本職の業務範囲には属さない。個人が離職後1年内に，引き続きもとの法人またはその他の組織の本職であった業務と関連する技術開発，あるいは引き渡された任務と関連する技術開発に従事した場合，職務上の技術成果となる。ただし，法律，行政法規の別段の定めがあるときはこのかぎりでない。つまり，もし個人が離職後1年以内であれば，もとの単位の業務と関連する技術開発に従事した場合，その関連する技術成果は職務上の技術成果と認定されなければならない。

2．主に法人またはその他の組織の物的条件を利用する。個人が法人またはその他の組織の物的条件を利用して完成させた技術成果は職務上の技術成果に属する。例えば，法人またはその他の組織の資金，設備，器材，原材料，未公開の技術情報や資料を利用する類いである[1]。契約法326条は「主に利用する」ものでなければならないことを強調する。蓋し，個人が技術成果を研究開発する過程でも，自身の物的技術条件を完全に利用し，あるいは部分的に法人またはその他の物的技術条件を利用し，かつその利用した部分的物的条件が技術成果の完成に対して通常実質的役割を具えていないということがあり得るからである。「主要な利用」の判断について，「技術契約司法解釈」4条は実質的影響の基準を採用している。すなわち単位の物的技術条件を利用するとは，最終的な技術成果の形成に対して実質的な影響を与えたものでなければならない。そうでなければ，主に単位の物的技術条件を利用したと認定してはならない。

しかし，技術契約司法解釈4条は2種類の例外ケースを規定している。その1は，法人またはその他の組織が提供した物的技術条件に対して，資金の返還あるいは使用した費用を納めることを約定している場合である。その2は，技術成果が完成した後，法人またはその他の組織の物的技術条件を利用して技術方案に対して検証，測定を行う場合である。これらの2種類のケースの場合，関連する技術成果は職務上の技術成果と認定してはならない。

3．上記1，2の事由を兼ね具えていることの判断。契約法326条は職務上の

---

[1] 「技術契約司法解釈」3条を参照。

技術成果を判断する2種類の基準を規定しているが，2種類の事由を兼ね備えているとき，どのように技術成果の帰属を認定するのかについて規定を設けていない。例えば，ある任務を完成する前に，個人が工作単位を変更し，かつ主に新しい単位の物的技術条件を利用した場合は，この成果は一方でもとの単位の業務に属し，また主に新しい単位の物的技術条件を利用しているので，この場合の職務上の技術成果の認定の条件をめぐって2つの法人間で衝突する可能性がある。この場合，「技術契約法司法解釈」5条により，もし当事者間で約定があれば，先ず当事者間での自発的な合意によって処理をする。もし合意がなければ，新旧単位の技術成果完成における貢献の大小にもとづいてその成果を分け合う。その分け合い方のうちには職務上の技術成果の共有を構成することもあり得る。そうした場合，双方が当該技術成果を共同で享有し，行使する。

1.3.2 非職務上の技術成果

非職務上の技術成果は職務上の技術成果の対概念で，法人またはその他の組織の業務を執行して完成させた技術成果に属さないもので，その中には個人の，法人またはその他の組織の業務を執行するためのものでないもの，部分的に法人またはその他の組織の物的技術条件を利用するも，なお「主に利用する」を構成しない状況のもとで形成された技術成果も含まれる。契約法327条は「非職務上の技術成果の使用権，譲渡権は技術成果を完成させた個人に属する。技術成果を完成させた個人は当該非職務上の技術成果について技術契約を締結することができる」と規定している。つまり，非職務上の技術成果の完成人は単に当該技術成果に対する身分権を享有するだけでなく，当該技術成果を譲渡し，利用する財産権をも享有する。職務上の技術成果においては，技術成果を使用し，譲渡する権利は法人またはその他の組織に属し，他方，職務上の技術成果の完成者はボーナスあるいは報酬を獲得する権利，優先的に譲り受ける権利，署名権，栄誉取得権等の権利を享有するだけである。

職務上の技術成果と非職務上の技術成果を区別することは，当事者の合法的権利を保障し，個人が知的創造活動を奨励し，技術成果を研究開発することに対して，重要な意義を有利であり，国家の科学技術の進歩と発展を促進するうで有利である。

1.4 無効および取消可能の技術契約

1.4.1 無効な技術契約

　無効な技術契約とは，技術契約が法律法規の強制性規定あるいは公序良俗に違反し，契約を無効とするものである。無効な技術契約は主に以下のケースが含まれる。

　その1は，不法に技術を独占し，技術の進歩を妨害することである。契約法329条は「不法に技術を独占し，技術の進歩を妨害し，あるいは他人の技術成果を侵害する技術契約は無効とする」と規定している。したがって，他人が合法的に技術の改善を行うのを制限し，技術の進歩を妨害する契約は無効となる[2]。本条が，不法に技術を独占し，技術の進歩を妨害する契約を無効とするのは，それが契約法323条の規定する原則，「すなわち技術契約の締結は，科学技術の進歩，科学技術の成果の転用，応用，普及および普及の加速に有利でなければならない」と矛盾するからである。

　その2は，他人の技術成果を侵害することである。契約法329条によれば，他人の技術成果を侵害する技術契約は無効となる。実践では，他人の技術成果を侵害する行為はしばしば以下のような表現をとる。すなわち，権利者の許可を得ないで不法にその発明創造を譲渡する契約で，技術成果の使用権が一方に帰属し，他方はこの技術成果を，許可を得ずに第三者に譲渡することを約定する契約である[3]。筆者は，真の権利者の保護に有利で，技術進歩を促進するうえで有利との観点からすると，この種の契約は効力待定の契約として処理するほうがよい。

1.4.2 変更可能，取消可能な技術契約

　変更可能，取消可能な技術契約とは，主に，当事者の一方が詐欺の手段でもって，現有の技術成果を研究開発の目的として他人と開発委託契約を締結して，研究開発費用を受け取るとか，同一の研究開発課題を前後して2つまたは

---

[2] 国際条約に類似の規定がある。例えばTRIPs協定第二部分第八節第40条の1は「知的財産権の許可活動あるいは条件が貿易に不利な影響をもたらし，且つ技術の譲渡や普及を妨害することがあり得ることに各構成員は同意する」と規定する。

[3] 段瑞春『技術合同』法律出版社，1999年，105頁。

2つ以上の委託人とそれぞれ開発委託契約を締結して重複して研究開発費用を受け取った場合に，損害を受けた側は人民法院に契約の変更または取消しを請求できる[4]。契約法52条により，詐欺手段でもって締結した契約が国家の利益を損なったときは，契約は無効となる。技術契約において，詐欺行為が主に損害を与えたものが国家の利益でないことによって，それを取消可能の契約とすることができる。

2 技術開発契約

2.1 技術開発契約の概念と特徴

技術開発契約とは，当事者間で新技術，新製品，新工芸あるいは新材料およびそのシステムの研究開発について締結された契約のことである。技術開発契約は主に以下のような特徴を有する。

第1，目的の特殊性。契約法330条によれば，技術開発契約は新技術，新製品，新工芸，新設備，およびそのシステムの開発を目的とする。つまり，技術開発契約の契約締結目的は新技術の追求であり，したがって研究開発の過程で，当事者は技術開発の失敗とか開発が成功する前に公開されるといったリスクに直面する。これについて，契約法337条は「技術開発契約の目的としての技術がすでに他人によって公開され，技術開発契約の履行が意味のないもとなるときは，当事者は契約を解除できる」と規定している。すなわち，技術開発契約の履行過程でもし技術開発契約の目的である技術がすでに他人によって公開され，公開の技術となっているような場合，技術開発契約の履行はすでに意味がなく，当事者は契約を解除できる。

第2，目的の特殊性。技術開発契約の目的は人類の叡智と創造的労働の凝縮である科学技術の成果である。この種の技術成果はまだ世に出ていない技術成果であり，開発が最終的に成功するかどうかは研究開発者の知的創造によって決定される。当該技術成果は委託者の特定の要求を満たすことができる。研究開発者は委託者の特別の要求にもとづいて科学技術の創造活動を行うものであり，その科学技術の成果は委託者の生産上のある種の要求を満たすためのもの

---

4 「技術契約司法解釈」9条。

である。技術開発契約と技術譲渡契約の目的上の違いはこの点にあり，技術譲渡契約では，譲渡人が譲渡するのは現有の技術成果である。

　第3，危険負担の特殊性。技術開発契約は特殊な危険に直面する。この危険とは，研究開発過程で，当事者の一方または双方の主観的努力にもかかわらず，現段階での科学知識，認識水準および試験条件の制約により，その時にあっては予見もできず，防止もできず，克服もできない技術上の困難に直面し，その結果，研究開発が失敗し，あるいは部分的に失敗し損失をもたらすという類いのものである[5]。一般的に言って，技術開発契約においてのみこうした技術の危険に直面する。なぜなら技術開発契約の目的は主にまだ存在しない技術成果だからである。他方，技術譲渡，技術コンサルティングおよび技術サービス契約では，当事者の一方が譲渡あるいは利用するのは，すでに存在する技術成果であり，したがってこれらの契約では，技術の危険負担規則は適用の可能性がなく，またその必要性もない。

　第4，双務性，有償性，諾成性を具えている。技術開発契約では，研究開発者は技術商品を提供し，委託者は研究開発費を提供しなければならず，双方が協力しながら研究開発活動を行う。したがって，技術開発契約は双務的で有償の契約である。技術開発契約は当事者間で合意をみたときに成立する。したがって，これは諾成契約である。

2.2　開発委託契約

2.2.1　開発委託契約の概念

　開発委託契約とは，研究開発者と委託者の間で合意をみた，研究開発者が開発を完成させ，委託者に開発成果を引き渡し，委託者は当該開発成果を受け取り，開発者に約定の開発費用を支払う契約である。契約法331条は「開発委託契約の委託者は約定にもとづいて研究開発費と報酬を支払い，技術資料，原始データを提供し，協力事項を完成し，研究開発の成果を受け取らなければならない」と規定している。厳密に言えば，開発委託契約は委託契約をもとにして形成され，広義では委託契約の範疇に属するが，それが技術開発を目的とすることに鑑み，そのため委託契約とは区別され，性質上は独立した典型契約であ

　　5　段瑞春『技術合同』法律出版社，1999年，150頁。

る。

2.2.2 開発委託契約の効力
(1) 委託者の主な義務

第1,約定にもとづいて研究開発費と報酬を支払う。契約法331条は「開発委託契約の委託者は約定にもとづいて研究開発費と報酬を支払わなければならない」と規定している。この規定によれば,委託者は契約の約定にもとづいて開発経費と報酬を支払う義務を負う。委託者が理由もなく研究開発費および報酬の支払を拒絶し,あるいは遅滞したときは,違約責任を負わなければならない。

第2,協力義務。契約法331条は,委託者は「技術資料,原始データを提供し,協力事項を完成させなければならない」と規定する。これは委託者の協力義務を定めたものである。協力義務には具体的には以下のものが含まれる。1,技術指導と原始データを提供する。2,開発者の要求にもとづいて関連する背景資料,市場情報等の状況を紹介する。ただし,委託者のこの種の義務の履行は,契約の要求する範囲を超えてはならない[6]。

第3,速やかに研究開発の成果を受け取る。契約法331条は,委託者は「研究開発の成果を受け取ら」なければならないと規定している。研究開発が完成したら,契約が約定した技術成果はすでに形成され,委託者は速やかに受け取る義務を負う。仕事の成果の表現形式は多様で,製品設計,材料指図書,技術発明方案もあれば,新技術,新製品の論文報告もあり,また新設備,新器具もある。いったん相手方が引き渡したら,委託者は速やかに受け取らなければならない。

(2) 研究開発者の主な義務

第1,約定にもとづいて研究開発計画を制定し,実施する。契約法332条は「開発委託契約の研究開発者は約定にもとづいて研究開発計画を制定し実施しなければならない」と規定している。開発委託の過程で,研究開発者は通常あらかじめ例えば研究開発の基本目標,方法,方案,研究開発の進度,研究開発の実験方法,期限等,研究開発の具体的内容と段取りを定める必要がある[7]。

---

6 魏耀栄他『中華人民共和国合同法釈論[分則]』中国法制出版社,2000年,442頁。
7 魏耀栄他,同書,443頁。

第2，研究開発経費を合理的に使用する義務。契約法332条は，研究開発者は合理的に研究開発経費を使用しなければならないことを規定する。前述の如く，研究開発費は報酬とは異なり，研究開発の仕事の正常な始動と展開のために委託者によって支払われる経費である。研究開発費を合理的に使用するのは，できるだけ委託者の支出を減少させ，同時にまた研究開発の仕事を順調に進展させるためである。

　第3，期日どおりに仕事を完成させ，かつ速やかに成果を引き渡す義務。契約法332条によれば，研究開発者は期日どおりに研究開発の仕事を完成させ，その成果を引き渡す義務がある。

　第4，協力義務。契約法332条によれば，研究開発者は関連する技術資料および技術指導を提供して，委託者が研究開発の成果を掌握するのを助けなければならない。通常，技術成果には専門性と技術性があり，委託者はなかなか当該技術成果を理解できない。研究開発者が関連する技術資料および必要な技術指導を提供することにより，委託者が研究開発の成果を掌握するのを助けることができるし，また技術成果のソフト化を実現するのに有利である。

2.3　共同開発契約

　共同開発契約とは，二者あるいは二者以上の市民および法人が一定の技術開発の仕事を完成するために，共同で投資をし，共同で研究開発の仕事を行い，共に技術成果を享受し，かつ危険を共同で負担する契約である。契約法335条は「共同開発契約の当事者は約定にもとづいて投資をし，分担して研究開発の仕事に参加し，協力・協働して研究開発の仕事をしなければならない」と規定している。本条の規定によれば，共同開発契約は以下のような効力を有する。

　第1，約定にもとづいて投資する義務。共同開発契約における投資は，資金の投入のこともあれば，その他の実物（例えば場所，設備等）あるいは技術の投入のこともある。共同開発契約では，当事者は契約で約定した投資割合，投資形式，および投資期限等にもとづいて投資をしなければならない。投資する財産は均等のこともあれば，不均等のこともある。具体的な投資の割合は当事者で定める。もし当事者が約定どおりに投資を行わず，これにより研究開発の仕事を遅滞させ，誤らせ，あるいは失敗させたときは，共同開発契約の当事者は契約法336条により違約責任を負わなければならない。

第2，研究開発の仕事を分担し，その仕事に参加する義務。「技術開発契約司法解釈」19条は「研究開発への分担・参加の中には当事者の約定にもとづく計画と分担，設計，工程，試験，試作等を共同で，あるいは分担して行うことが含まれる。

第3，研究開発の仕事を協力・協働して展開する義務。共同開発は，双方当事者の共同投資，共同労働を基礎とし，それぞれの共同開発研究の中での協力・協働が研究開発の成果を得る鍵となる[8]。契約法335条によれば，共同開発契約の当事者は研究開発の仕事を協力・協働して行う義務を負う。共同開発契約においては，共同開発者は勝手に共同開発の仕事から脱退してはならない。

3 技術譲渡契約

3.1 技術譲渡契約概説

3.1.1 技術譲渡契約の概念と特徴

技術譲渡契約とは，合法的に技術を有する権利者——その中には対外的には技術を譲渡する権利を有する人も含まれる——が，現に有する特許，特許出願申請，ノウハウの関連する権利を他人に譲渡し，あるいは他人が締結した契約を実施し，使用するのを認めることである[9]。現代社会において，技術譲渡契約をおし広めていくことは，科学技術の成果の転化を促進し，科学技術の進歩を促進し，資源の最適の配置を実現するうえで有利である。

技術譲渡契約は主に以下のような特徴を具えている。

第1，契約類型の多様性。契約法342条は「技術譲渡契約には，特許権の譲渡，特許出願権の譲渡，ノウハウの譲渡，特許実施許諾契約が含まれる」と規定する。本条の規定によれば，技術譲渡契約の範囲としては，特許権の譲渡，特許出願権の譲渡，ノウハウの譲渡，特許実施許可契約等の類型が含まれ，技術譲渡契約の類型は多様である。

第2，技術譲渡契約の目的物は一定の技術成果である。技術譲渡契約の目的物は一般的な有形物ではなくて，知的成果の範疇に属する技術であり，これらの技術の中には主に特許出願権，特許権，ノウハウおよび特許とノウハウの実

---

8 胡康生『中華人民共和国合同法釈義』法律出版社，1999年，508頁。
9 「技術契約司法解釈」22条。

施権，使用権が含まれる。技術譲渡契約中の技術には以下の3種類が含まれる。その1は，すでに特許権を取得した発明，実用新案，［外観設計］である。その2は，特許を取得していない技術である。それは通常専有技術と称され，この種の技術は社会に公開されておらず，秘密の方式で知識，プロセスプログラム［工芸程序］，操作方法等を譲渡することができる。その3は，その他の技術である。例えばコンピューターソフトウエア著作権，集積回路の設計デザインの専有権等である。

第3，譲渡技術成果の多様性。契約法342条が使用する「譲渡」の用語の中には所有権の譲渡と使用権許可の2種類の意味が含まれる。特許権の譲渡について言えば，譲渡するのは所有権であり，ノウハウの譲渡について言えば，その譲渡は使用権であって所有権ではない。

第4，技術譲渡契約は要式の，双務，有償の契約である。技術譲渡契約によれば，譲渡人が技術成果を譲渡すると，譲渡費を取得する権利を有し，譲受人は技術成果を受け取る権利を有するが，譲渡費を支払わなければならない。したがって，この契約は双務，有償契約である。契約法342条2項は「技術譲渡契約は書面形式を採用しなければならない」と規定している。このことからわかるのは，技術譲渡契約は必ず一定の書面形式を採らなければならないということである。なぜならば，技術譲渡契約の内容はかなり複雑で，譲渡技術の範囲，対象，譲受人の取得する技術の範囲，使用期限，譲渡人の保留する権利に関わるものだけでなく，さらに使用過程で生まれた新技術の帰属，譲渡費用等もある。これらはどうしても書面形式で確認し，事後の紛争の発生を防がなければならない。したがって，中国の契約法は，技術譲渡契約は書面形式を採用することを要求する。

3.1.2 技術譲渡契約の類型

技術譲渡契約には主に以下のものが含まれる。

(1) 特許権譲渡契約

特許権譲渡契約とは，特許権者が譲受人とその取得した特許権を譲受人に譲渡し，譲受人は当該特許権を受け取り，かつ約定にもとづいて代価を支払う契約である。特許権譲渡において，譲渡人は特許権全体を財産権として他人に譲渡し，譲受人は譲渡を通じて特許権を取得する。なぜなら特許技術譲渡契約は

特許技術の全体の譲渡であり，譲渡後，譲受人は権利者となり，特許技術の使用を自主的に決定する権利を享有する。技術契約司法解釈24条1項は「特許権譲渡契約あるいは特許出願権譲渡契約を締結する前に，譲渡人自身がすでに発明創造を実施しており，契約の効力が生じた後，譲受人が譲渡人にその実施の停止を要求したときは，人民法院は支持しなければならない。ただし，当事者に別段の約定があればこのかぎりでない」と規定している。この規定によれば，いったん技術譲渡契約の効力が生ずると，契約の約定で特別に譲渡人が引き続き使用できることを定めていないかぎり，譲渡人はもはや特許技術の使用の権利を享有しない。

(2) 特許出願権譲渡契約

特許出願権譲渡契約とは，当事者間で特許出願権の譲渡について締結する契約である。特許権と違って，特許出願権は発明者または設計者がその特許技術について有する一種の専属的権利で，それは特許権を授与する以前に法により享有する権利である。特許出願権は特許権獲得の基礎的権利で，通常，特許権者は特許出願権を取得した後，特許出願の提出と，国務院特許行政部門の審査・承認を経てはじめて特許権を取得する。したがって，特許出願権は必ずしも特許権を産むわけではない。特許出願が法律に規定する各種の条件に符合しないために特許権を授与されないこともある。特許権は権利者の申請と国家特許管理機関の審査・承認を経た後の知的財産権である。

(3) ノウハウ譲渡契約

ノウハウ譲渡契約とは，権利者がその有するノウハウを譲受人に譲渡し，譲受人が一定の費用を支払う契約である。ノウハウ譲渡契約では，譲渡人は全体の権益の帰属を譲渡することも，またその使用権益を譲渡することもできる。全体の権益の帰属を譲渡した後で，譲受人はノウハウの権益の帰属を取得すると，譲渡人は通常は当該ノウハウを使用することも，また再譲渡することもできない。技術の秘密性により，ノウハウ譲渡契約では，譲受人は契約締結過程でしばしば先にノウハウの秘密の内容を理解する必要があり，それがあって初めてノウハウ譲渡契約を締結するかどうかを決定する。したがって，譲受人はノウハウ譲渡契約締結の前に先に秘密保持義務を負わなければならない。

(4) 特許実施許可契約

特許実施許可契約とは特許権者およびその授権者が許可する側として譲受人

(被許可人とも称する)が約定の期間と範囲内で特許を実施することができ,譲受人が約定の使用費を支払う契約の事である[10]。技術譲渡には以下の2種類の類型がある。その1は,権利の全体の譲渡である。その2は使用権の譲渡である。したがって,特許実施許可は技術譲渡の特殊な形態である。蓋し許可するのは全部の権利の譲渡ではなく,一部の譲渡にすぎず,そのために明確に約定しなければならず,そうすることで紛争の発生を避けることができる。

3.2 技術譲渡契約の効力

3.2.1 譲渡人の主要な義務
(1) 技術を譲渡する義務

技術譲渡契約では,技術を譲渡する義務は譲渡人の主要義務として存在する。これは契約の類型と性質によって決定される。このため,もし譲渡人が契約の約定にもとづいて当該義務を履行しないときは,譲受人は譲渡人に違約責任を負うよう要求する権利を有する。契約法351条は「譲渡人が約定にもとづいて技術を譲渡しないときは,一部または全部の使用費を返還し,併せて違約責任を負わなければならない」と規定している。本条の規定によれば,譲渡人が約定に違反して勝手に第三者が当該権利を実施し,あるいは当該ノウハウを使用するのを許可したときは,違約行為を停止し,違約責任を負わなければならない。

(2) 権利瑕疵担保義務

譲渡人は自らが合法的に技術を有する権利者であり,譲受人が技術を獲得した後に他人の追奪を受けないことを保証しなければならない。契約法349条は「技術譲渡契約の譲渡人は自らが提供した技術の合法的保有者であり,かつ提供した技術は完全で,誤りがなく,有効で,十分に契約の約定の目標を達成できることを保証しなければならない」と規定している。本条は技術譲渡契約の譲渡人の権利瑕疵担保義務を定めたものである。すなわち譲渡人は譲渡する技術が他人の権益を侵害しないことを保証する義務を負う。もし譲渡した技術が他人の権益をした場合は,責任を負う。

---

10 段瑞春『技術合同』法律出版社,1999年,117頁。

(3) 技術競争と技術の発展を制限してはならない義務

契約法343条は「技術譲渡契約は譲渡人と譲受人が特許を実施し，あるいはノウハウを使用する範囲を約定することができる。ただし，技術競争と技術の発展を制限することはできない」と規定している。これにより，技術譲渡契約は譲渡人と譲受人は特許の実施あるいは特許技術の使用の範囲を約定することができるが，譲渡人は契約を許可する中で技術競争と技術の発展を制限することはできない。この種の義務は法定義務に属する。

(4) 約定にもとづいて資料を提供し，指導する義務

契約法347条は「ノウハウ譲渡契約の譲渡人は約定にもとづいて技術資料を提供し，技術指導を行い，技術の実用性と信頼性を保証しなければならない」と規定している。技術譲渡契約の特殊性は契約の目的物としての技術の複雑性にあり，譲渡人が技術を譲渡した後，譲受人は通常直ちにこの技術を生産力に転化することができず，譲渡人がさらに援助と指導を行い，譲受人が譲り受けた技術を掌握できるようにする必要がある。ノウハウの実施の中には，譲渡人が相応の技術資料と技術指導を行う必要があり，したがって当事者は，契約の約定で，譲渡人は必ず約定にもとづいて相応の資料と技術指導を行わなければならないのであれば，当事者は約定にもとづいてその義務を履行しなければならない。

(5) 秘密保持義務

契約法347条は，譲渡人は「秘密保持義務を負う」と規定する。蓋し譲渡人はすでにその譲渡したノウハウの内容を理解しており，もし譲渡人が譲受人にノウハウを譲渡した後，また他人に当該ノウハウの内容を漏洩すると，譲受人の利益は損害を受け，そのノウハウの価値も貶められる。したがって，譲渡人はノウハウを譲渡した後に，その譲渡した契約内容の秘密を守らなければならない。

3.2.2 譲受人の主要な義務

(1) 使用費支払義務

譲渡人が技術の譲渡を負担すべき義務と対応して，譲受人が負うべき主要な義務は使用費を支払うことである。使用費の支払は譲受人が譲渡を受けた技術の対価である。関連する使用費の支払は，双方当事者で約定しなければならな

い。譲受人はまた契約で約定した費用，支払時期，支払方式にもとづいて支払をしなければならない。契約法352条の規定によれば，もし譲受人が約定どおりに使用費を支払わないときは，使用費を支払ったうえで併せて違約金を支払わなければならない。使用費を支払わず，あるいは違約金を払わないときは，特許の実施あるいはノウハウの使用を停止し，技術資料を返還し，違約責任を負わなければならない。約定した秘密保持義務に違反したときは，違約責任を負わなければならない。

(2) 契約の約定にもとづいて使用する義務

技術譲渡契約を締結した後，譲受人は契約の約定にもとづいて譲り受けた技術を使用しなければならない。契約法348条は「ノウハウ譲渡契約の譲受人は約定にもとづいて技術を使用しなければならない」と規定している。約定にもとづいて技術を使用するとは，まず譲受人は約定の範囲を超えて当該技術を使用してはならないということである。例えば，契約では譲受人が使用するのを認めているだけで，産品の製造を認めていないときは，譲受人は産品を製造してはならない。

(3) 秘密保持義務

秘密保持義務とは，技術譲渡契約の譲受人は約定の範囲と期限にもとづいて譲渡人が提供した技術の中で未公開の秘密部分については秘密保持の義務を負うということである。契約法352条によれば，譲受人は「約定の秘密保持義務に違反したときは，違約責任を負わなければならない」と規定している。

3.2.3 技術の後続改良の成果の分配

契約法354条は技術の後続改良の成果の分配規則を定めたものである。いわゆる後続改良とは，技術譲渡契約の有効期限内に，一方または双方が契約の目的としての特許技術あるいはノウハウの成果に対してなした革新と改良のことである[11]。後続の技術成果は通常原有の基礎のうえに改良をなした結果であり，もし譲渡人が譲渡した特許またはノウハウがなければ，後続の改良もない。しかし技術の後続改良の後，技術成果の分配の問題となると，契約法の上記の規定によって，技術の後続改良の成果の分配は相互に利益を受けるとの約定の原

---

11 胡康生主編『中華人民共和国合同法釈義』法律出版社，1999年，521頁。

則を遵守しなければならない。当事者は相互に利益を受けるとの原則にもとづき，技術譲渡契約の中で，特許を実施し，ノウハウを利用した後の後続改良の技術成果の分配方法を約定することができる。当事者間に約定がなく，あるいは約定が不明確な場合，契約法61条の規定により事後的な協議を行い補充しなければならず，なおそれでも技術の後続改良の成果の分配が明確でないときは，実施後の後続改良した側は当該技術成果を享有し，他方は分配を享有する権利を有しない。

4 技術コンサルティング契約と技術サービス契約

4.1 技術コンサルテンィグ契約

4.1.1 技術コンサルティング契約の概念と特徴

技術コンサルティング契約とは，受託者が自らの掌握する技術にもとづいて，委託者が要求する特定の技術コンサルティングプロジェクトおよび課題について提供するコンサティングサービスである。契約法356条は「技術コンサルティング契約には特定プロジェクトについてフィージビリティースタディー，技術予測，特定分野の技術調査，分析評価報告が含まれる」と規定している。これは技術コンサルティングについて特に意味づけをしたものである。

技術コンサル契約には主に以下のような特徴がある。

第1，主体の特殊性。技術コンサルティング契約では，受託者は委託者の要求する特定の技術コンサルティングプロジェクトおよび課題等についてコンサルティングサービスを提供する。例えば，フィージビリティースタディー，技術予測，特定分野の技術調査，分析評価報告等の類いである。このことが受託者の特殊性を決定づける。通常では，技術コンサルティング契約では，コンサルティングサービスに従事する受託者は自らの技術スタッフ，技術知識等を有しており，その多くは専門的な機関およびコンサルティング解釈である。

第2，コンサルティングサービス内容の特殊性。技術コンサルティング契約の受託者が提供するコンサルティングサービスは特定の技術プロジェクトに対してである。「技術契約司法解釈」30条によれば「特定の技術プロジェクト」には科学技術と経済社会の協調発展に関するソフト科学研究プロジェクト，および科学技術の進歩と管理の現代化を促進し，経済の効益と社会の効益等を高

めて科学的知識と知識技術手段を運用して調査，分析，論証，評価，予測を行う専門的な技術プロジェクトが含まれる。

　第3，コンサルティング意見の参考性。技術コンサルティング契約では，受託者が提供するコンサルティングと報告意見は，委託者は最終的になす決定のために参考を提供するだけのものである。具体的な決定形成の仕事は委託者自身が行うのであって，受託者が行うのではない。したがって契約法359条3項により，委託者は，受託者が契約の約定の要求にもとづいて提供したコンサルティング報告と意見を採用して決定形成をなす。もしこれにより損失が生じても，当事者間で特別の約定がないかぎり，委託者が自ら損失を負担しなければならない。

4.1.2　技術コンサルティング契約の効力
(1) 委託者の主要な義務
　第1，約定にもとづきコンサルティング問題にかかわる問題を説明しなければならない。契約法357条は「技術コンサルティング契約の委託者は，約定に従ってコンサルティングに係る問題を説明」しなければならないと規定している。したがって，委託者は約定にもとづいてコンサルティング問題を説明する義務を負う。これは実際には委託者に委託の事項を明確に説明することを要求するものであり，当該事項を明確にしてはじめて，受託者は特定の技術プロジェクトについて委託者のためにコンサルティングサービスを提供することができる。約定にもとづいてコンサルティング問題を説明するとは，委託者が説明すべき事項は契約の約定の範疇を超えてはならず，コンサルティングを求めている問題と関連するものでなければならないということである。

　第2，技術の背景材料および関連技術資料，技術データを提供する義務。契約法357条によれば，技術コンサルティング契約の委託者は「技術の背景材料および関連技術資料，データを提供」しなければならない。委託者が提供する技術の背景材料および関連技術資料，データは受託者が委託事項を理解する前提をなし，受託者が技術コンサルティングサービスを展開する基礎をなす。「技術契約司法解釈」31条によれば，技術コンサルティング契約の委託者が提供した技術資料およびデータに対して，特別の約定がないかぎり，受託者が引用，発表，あるいは第三者に提供しても，違約行為とは認定されない。

第3，受託者の仕事の成果を受領する義務。契約法357条の規定によれば，技術コンサルティング契約の委託者は「受託者の仕事の成果を受領」しなければならない。いわゆる仕事の成果とは，受託者が委託者の委託にもとづいて形成した技術成果であり，一般的には特定の技術プロジェクトのコンサルティング意見と報告として表現される。技術コンサルティング契約では，受託者の仕事の成果はフィージビリティースタディーのプランの形をとることもあれば，技術予測の結論，特定の技術調査補報告，あるいは分析評価報告の形をとることもある。受託者は約定にもとづいて委託者がコンサルティィグを依頼した特定の技術プロジェクトについて特定の仕事を完成させた後，委託者はそれを受領する義務がある。

　第4，報酬支払義務。契約法357条の規定によれば，技術コンサル契約の委託者は「報酬を支払わなければ」ならない。技術コンサルティング契約は双務，有償の契約である。受託者は約定にもとづいて特定の技術プロジェクトについてコンサルティングサービスを提供し，コンサルティング報告を完成させ，委託者は報酬を払わなければならない。

(2) 受託者の主要な義務

　第1，期日どおりコンサルティング報告を完成させ，問題に回答する義務。契約法358条によれば，技術コンサルティング契約の受託者は「約定の期日どおりにコンサルティング報告を完成させ，あるいは問題に回答しなければならない」。契約法359条2項は「技術コンサルティング契約の受託者が期日までにコンサルティング報告を提出せず，あるいは提出したコンサルティング報告が約定に符合しないときは，報酬の減額あるいは免除等の違約責任を負わなければならない」と規定している。したがって，技術コンサルティング契約の受託者が期日どおりにコンサルティング報告を提出しなかったときは，履行遅滞の責任を負わなければならない。この種の責任は主に報酬の減額，免除，委託者が受けた損失の賠償等からなる。

　第2，約定の要求にもとづいてコンサルティング報告を提出する義務。契約法358条によれば，技術コンサルティング契約の受託者が「提出したコンサルティング報告は約定の要求のレベルに達していなければならない」。ここでの「約定の要求」とは，契約で約定した質の要求のことで，「コンサルティング報告は約定の要求のレベルに達していなければならない」とは，当事者間で特別

の約定がないかぎり，受託者が提出したコンサルティング報告が契約で約定した形式，内容，コピー数に符合し，約定の検収，あるいは評価方法にもとづいて十分検収，評価でき，承認されなければならないということである[12]。

　第3，費用負担義務。技術コンサルティング契約では，委託者が支払う報酬の中には通常費用も含まれる。したがって，委託者は報酬を払うほかに，受託者は一般に委託者に相応の費用の支払を請求することはできない。「技術契約司法解釈」31条は「当事者が技術コンサルティング契約で受託者が調査研究，分析論証，試験測定等でかかる費用の負担につき約定がないか，約定が不明のときは，受託者が負担する」と規定している。したがって，もし当事者が費用を約定しておらず，あるいは費用負担の約定が不明確なときは，受託者が当該費用を負担しなければならない。

4.2　技術サービス契約

4.2.1　技術サービス契約の概念と特徴

　契約法356条によれば，技術サービス契約とは，当事者の一方が自己の知識，技術情報および［労務］を用いて，相手方のために特定の技術問題を解決し，相手方はサービスの仕事［工作］を受領し，併せて報酬（サービス費）を支払う契約である。その中で，技術サービスの仕事の一方をサービス方，サービスの成果を受領する側を委託方と称する。厳密に言えば，技術サービス契約はサービス契約の1類型である。しかし，一般のサービス契約と比べて，技術サービス契約が提供するサービスは技術問題に関わる。

　技術サービス契約は主に以下のような特徴を有している。

　第1，内容［標的］の特殊性。技術サービス契約では，その内容は一定の技術行為であり，この種の契約は一方が他方に技術サービスの仕事を提供し，それによって特定の技術問題を解決することである。技術コンサルティングと異なるのは，これは技術の成果の提供を要求するということであり，単にコンサルティングの意見または報告を提供するだけではない。

　第2，契約目的［目的］の特殊性。技術サービス契約では，当事者が契約を締結する目的は受託者が委託者に技術サービスの仕事を提供し，それによって

12　何志『合同法分則判解研究与適用』人民法院出版社，2002年，529頁。

特定の技術問題を解決する。

第3，類型の多様性。技術サービス契約の類型は多様であり，その主なものとして，一般的な技術サービス契約，補助サービス契約，技術訓練契約および技術仲介契約がある。

第4，技術サービス契約は双務，有償，諾成の契約である。ある簡単な技術サービス契約は口頭の形式をとることがあり，したがって技術サービス契約は要式契約ではない。

4.2.2 技術サービス契約の効力
(1) 委託者の主要な義務

第1，約定にもとづいて仕事の条件を提供し，協力事項を完成させる義務。契約法360条は「技術サービス契約の委託者は約定にもとづいて仕事の条件を提供し，協力事項を完成させなければならない」と規定している。仕事の条件を提供することの中には，通常理解されるところの物的条件もあれば，関連するデータ，製図［図紙］，資料や，技術の完成状況，場所［場地］，サンプル等もある[13]。協力事項の完成とは，技術サービス契約の委託者が関連サンプル，材料，技術資料を引き渡し，またその他の行為に従事することである。その他の行為としては，設備や製品の鑑定やテストプロジェクトにおいて，関連する準備作業をきちんとやり，それによって受託者が全面的に当該技術問題を理解するのを助け，また受託者による技術サービスの仕事の展開のために手助けをすることなどがある。

第2，仕事の成果を受領する義務。契約法360条によれば，技術サービス契約の委託者は「仕事の成果を受領」しなければならない。これらの仕事の成果は特定の技術的プラン（現有の製品のデザインを改善した設計）の形をとることもあれば，特定の技術分析報告（例えば新製品，新材料の性能のテスト分析報告）の形をとることもある。受託者が契約で約定した質と期限にもとづいて技術成果を完成したら，委託者は期日どおりに仕事の成果を受領する義務を負う[14]。

第3，約定した報酬を支払う義務。契約法360条によれば，技術サービス契約の委託者は仕事の成果を受領するときに「報酬を支払う」義務がある。技術

13　魏耀栄他『中華人民共和国合同法釈論［分則］』中国法制出版社，2000年，493頁。
14　何志『合同法分則判解研究与適用』人民法院出版社，2002年，531頁。

サービス契約は，双務，有償の契約であり，したがって委託者は仕事の成果を受領するときに約定にもとづいて報酬を支払わなければならない。

(2) 受託者の主要な義務

第1，約定にもとづいてサービス項目を完成させ，技術問題を解決する義務。契約法361条によれば，「技術サービス契約の受託者は約定にもとづいてサービス項目を完成させ，技術問題を解決しなければならない」。したがって，受託者は約定にもとづいてサービス項目を完成させ，技術問題を解決する義務を負い，自己の知識，技術，情報および経験を利用して契約の約定どおりにサービス項目を完成させ，併せて特定の技術問題を解決しなければならない[15]。これが受託者の負う主要な義務である。

第2，仕事の質を保証し，併せて技術問題を解決する知識を伝授する義務。契約法361条によれば，技術サービス契約の受託者は「仕事の質を保証し，併せて技術問題を解決すると指揮を伝授」しなければならない。したがって，技術サービス契約の受託者が保証しなければならない質は，技術問題解決の知識の伝授と結びついている。つまり，受託者が引き渡す仕事の成果は，委託者が提起した特定の技術問題を十分に解決できるものでなければならない。ただし受託者が引き渡す仕事の成果の質について，契約で具体的な要求を提起することができる。例えば，技術訓練は特定の要求を満たさなければならず，技術仲介者は契約の締結に貢献しなければならないといった類いである。

第3，委託者が渡したサンプル，材料，技術資料を適切に保管する義務。技術サービス契約では，委託者はいくつかのサンプル，材料および技術資料を受託者に引き渡し，技術サービスの仕事の展開に資することができる。受託者が具体的なサービスの仕事を行うとき，委託者が渡したサンプル，材料，技術資料を適切に保管し，使用しなければならず，他の用に流用してはならず，みだりに関連するサンプル，材料，技術資料を公開してはならない。

第4，費用を負担する義務。受託者がサービスを提供するうえで必要とする費用について，委託者は負担すべきか。「技術契約司法解釈」35条1項は「技術サービス契約の受託者がサービスを提供するうえで必要とした費用の負担につき，当事者間で約定がなく，あるいは約定が不明確なときは，受託者が負担

---

15 魏耀栄他『中華人民共和国合同法釈論［分則］』中国法制出版社，2000年，494頁。

する」と規定している。したがって，技術サービス契約では，もし約定で負担につき明確に約定していれば，契約の約定に従う。もし約定がないか，不明確なときは，受託者がサービスを提供するうえで必要とした費用は自己負担する[16]。

4.3 技術コンサルテンィグ契約と技術サービス契約における新技術成果の帰属

　技術コンサルティング契約と技術サービス契約では，当事者は相手方が提供した資料，データ，サンプル，材料，場所を利用して，あるいは関連する技術成果を利用してさらに新技術成果を開発することあり得る。そして，その中には委託者が提供した技術資料や仕事の条件を利用して受託者が完成する新たな技術成果も含まれる。契約法363条は「技術コンサルティング契約，技術サービス契約の履行の過程で，委託者が提供した技術資料や仕事の条件を利用して受託者が完成させた新技術成果は，受託者に属す。受託者の仕事の成果を利用して委託者が完成させた新技術成果は，委託者に属す」と規定している。これによれば，技術コンサルティング契約および技術サービス契約では，以下の規則にもとづいて新技術成果の帰属を確定しなければならない。

　第1，新技術成果の帰属は双方当事者で約定する。約定があれば，約定にもとづいて処理する。当事者の約定を尊重することが紛争発生を避けるうえで有利であり，また新技術成果の利用にも便利である。

　第2，双方当事者で約定がなければ，「完成させたものが所有する」のとの原則により新技術成果の権利の帰属を確定する[17]。技術コンサルティング契約，技術サービス契約の履行過程で，委託者が提供した技術資料と仕事の条件を利用して受託者が完成させた新技術成果は受託者に帰属する。受託者の仕事の成果を利用して委託者が完成させた新技術成果は，委託者に帰属する。これは，新技術成果の完成者が投入した知的労働と創造を尊重するうえで有利であり，また新技術成果の利用においても有利である。

16　段瑞春『技術合同』法律出版社，1999年，236頁。
17　魏耀栄他『中華人民共和国合同法釈論［分則］』中国法制出版社，2000年，498頁。

第22章　寄託契約

案例　甲と乙は隣同士で，甲は外国に行こうとしたとき，自己の蘭の花を乙の庭に運んで行って，乙に保管を頼んだ。しかし，その際に報酬の問題は約定しなかった。乙はよく蘭を室外に運び出し，数日後に，突然雨が降り出し，乙は急いで甲の蘭を室内に運び入れようとしたが，それを運ぶ過程で不注意で滑ってしまい，蘭を毀損してしまった。甲は帰国後，このことを知り，乙はその保管義務を尽くさなかったとして，乙に損失賠償を請求した。しかし，乙は，自分には故意や重大な過失はなかったし，また保管費用も受け取っていないので，責任を負う必要はないと考えた。双方は，このため争いとなった。

簡単な評釈　寄託契約［保管合同］では，受寄者は寄託者が引き渡した目的物を適切に保管しなければならない。もし受寄者が適切に保管義務を尽くさず，目的物を毀損滅失させたときは，受寄者は賠償責任を負わなければならない。契約法374条の規定によれば，もし寄託が無償で，受寄者が自己に重大な過失がないことを証明できた場合は，賠償責任を負う必要はない。本件では，甲と乙は蘭の保管につき報酬のことを約定しておらず，したがって無償の寄託と推定すべきで，かつ乙は不注意で滑って蘭を毀損滅失させたが，故意や重大な過失は存在せず，契約法の上記の規定によれば，乙は賠償責任を負う必要はない。

1　寄託契約概説

　寄託契約は双方当事者の間で一方が他方に物を引き渡して保管してもらう契約である。契約法365条は「寄託契約は，寄託者が引き渡した寄託物を受寄者

が保管し，かつ当該物を返還する契約である」と規定する。寄託契約では，物品を保管する側を受託人［保管人］，保管のために物品を引き渡す側を寄託人と称す。寄託契約には主に以下のような法的特徴がある。
(1) 目的の特殊性
　当事者が寄託契約を締結するのは，特定の目的物を保管するためであり，寄託者について言えば，彼が寄託契約を締結するのは主に特定の財産を保管するためであり，受託人の主たる給付義務は保管サービスを提供することである。したがって，寄託活動はサービスを提供する行為の一具体的類型に属するが，しかし寄託契約は他のサービス提供契約とも異なる契約である。この種のサービスの内容は特定されている。すなわち寄託人の引き渡した物を保管する。
(2) 目的物の範囲の広汎性
　一般の保管契約では，目的物は不動産も含めば動産も含む。契約法365条は保管物の概念について厳格に限定しておらず，解釈上，動産，不動産の双方をも含めている。実践から見て，不動産の保管もかなり普遍的に見られる。例えば家屋を代わって管理することは現実の生活で大量に存在する。
(3) 要物性を具える
　契約法367条は「寄託契約は受寄物が引き渡されたときに成立する。ただし，当事者に別段の約定があればこのかぎりでない」と規定している。このことは，当事者に別段の約定がないかぎり，寄託契約は要物契約であることを意味している。つまり，寄託者から受寄者に保管物が引き渡されたときに契約の成立が宣告される。もちろん，当事者は約定を通じてこの規定の適用を排除することはできる。すなわち，当事者に別段の約定があれば，この契約を諾成契約とすることもできる。
(4) 原則として無償性と非要式性を具える
　当事者に特別の約定がないとき，寄託契約は原則として無償契約である。契約法366条は「寄託者は約定にもとづいて受託者に保管費を支払わなければならない。当事者が保管費について約定がないか，または約定が不明確で，本法61条の規定によっても確定できないときは，寄託は無償とする」と規定している。これによれば，寄託契約は一般的には無償性であり，当事者に特別の約定がある場合にはじめて有償性となる。それと同時に，寄託契約は非要式性である。この契約は口頭でも書面でも構わない。実践では，寄託者が財産を受寄

者に引き渡すとき，受託者はしばしば寄託者に寄託預かり証を渡す。しかし，当該証書は寄託契約の成立要件ではなく，契約が存在することを証明する意義を有するにすぎない[1]。

(5) 継続性を具える

寄託契約は継続性の契約である。寄託契約では，受託者は継続的に保管義務を負い，一度きりその義務を履行するものではない。したがって寄託契約は継続性の特徴を有する。寄託契約が継続的契約であることにより，寄託契約を解除するときは，単に将来に向けてのみ解除の効力が生ずる。

2 寄託契約の効力

2.1 寄託者の義務

(1) 保管費の支払義務

有償の寄託契約では，契約法366条1項は「寄託者は約定にもとづいて受託者に保管費を支払わなければならない」と規定している。したがって，保管費の支払が受託者の主要な義務をなす。有償の寄託では，保管費は受託者が提供した受託サービスの対価である。しかし，無償の寄託契約では，寄託者は保管費の支払義務を負わない。契約法366条2項は，当事者が保管費につき約定しておらず，あるいは約定が不明確なときは，当事者は事後的に補充契約を締結しなければならず，もし補充契約が締結されるとなると，その内容は契約の関連条項または取引慣行によって確定されなければならない。もしなお依然として確定できないときは，寄託は無償と推定される。有償の寄託では，保管費の支払基準，支払時期，支払場所等はすべて契約の約定に従わなければならない。契約で保管費の具体的な額が約定されると，寄託者は契約の約定にしたがって支払がなされなければならない。契約法380条は「寄託者が約定にもとづいて保管費その他の費用を支払わないときは，受託者は保管物に対して留置権を有する。ただし，当事者に別段の約定があれば，このかぎりでない」と規定している。これによれば，寄託者が期日にもとづいて保管費その他の費用を支払わない場合には，受託者は保管物に対して留置権を有し，それをもって保管費の

---

1 易軍『債法各論』北京大学出版社，2009年，169頁。

担保とする。

(2) 必要な費用の負担

必要な費用とは，受託者が物の保管目的を実現し，保管物の原状維持を可能にするために支出する費用のことである。例えば，受託者が支払う電気代，敷地代，輸送代等の費用の類いである。必要な費用は無償での保管の場合に限られる。蓋し有償寄託の場合，寄託者が支払う報酬の中にすでに必要な費用は含まれているからである。無償での寄託の場合，寄託者は保管費を払う必要はないが，必要な費用は返還する義務がある。この種の義務は法律によって規定されているため，それが契約内容の一部に転化されたのであり，したがって寄託者が必要な費用を払わないときは，無償寄託契約の受託者は寄託者に対して違約責任を主張できる。

(3) 貴重な物品の明告義務

契約法375条は「寄託者が貨幣，有価証券その他の貴重な物品を寄託するときは，受託者に告知し，受託者が検査，密封しなければならない。寄託者が告知しなかった場合，当該物品が毀損滅失したら，受託者は一般物品にもとづいて賠償すればよい」と規定している。この規定によれば，寄託者は貴重物品の寄託に対して告知義務を負う。例えば，もし寄託者が保管する物品が貴重な金銀の首飾りであることを告知すれば，受託者は保険の枠を使用して保管する必要がある。もし寄託者が貴重な物品の性質を告知しなければ，受託者は保管物品の危険や損害賠償責任等について予期できない。もし告知せず，目的物が毀損滅失したときは，寄託者は一般の物品にもとづいて賠償を請求できるだけである。

(4) 保管物の状況の告知義務

契約法370条は「寄託者が引き渡した保管物に瑕疵があるか，保管物の性質により特殊な保管措置を必要とするときは，寄託者は関連状況を受託者に告知しなければならない」と規定している。この規定によれば，寄託者は寄託物を引き渡すとき，受託者に目的物の以下の2種類の状況について告知しなければならない。

その1，目的物の瑕疵の状況。例えば，寄託物自身に破壊性の欠陥があるため，特殊な保管措置をとることを必要とする場合がある。もしそうした措置をとらなければ，保管物自身に損害を与える可能性があるし，また他の損害を引

き起こす可能性がある。

その2，保管物の性質にもとづいて特殊な保管措置をとる必要のある状況。これは，主に砕けやすい，湿りやすい，腐食しやすい，燃えやすい，爆発しやすい，有毒，放射性等の物品のことである。例えば，寄託者が寄託した物品に劇毒性があれば，寄託者は当該状況を事実どおりに受託者に告知し，受託者が適切な包装方式を用いることができるようにしなければならない。契約法370条の規定によれば，もし寄託者が寄託物の状況を事実どおりに受託者に告知せず，寄託物がこれにより毀損，滅失を受けたときは，受託者は損害賠償の責任を負わない。

2.2 受託者の義務

(1) 適切な保管義務

契約法369条は「受託者は適切に受託物を保管しなければならない。当事者は保管場所あるいは保管方法を約定することができる。緊急の状況または寄託者の利益を守るため以外は，勝手に保管場所あるいは保管方法を変えてはならない」と規定している。本条の規定によれば，受託者は適切に保管する義務がある。「適切に保管する」とは，受託者が法律の規定および契約の約定にもとづいて，そして受託物の性質にもとづいて，適切な保管場所を提供し，合理的な保管方法等を採用して，受託物を良好な状態に置くことである。緊急の状況または寄託者の利益を守るため以外に，勝手に保管場所や保管方法を変えてはならず，保管の過程で，受託者は合理的な予防措置をとり，受託物の毀損，滅失を防がなければならない。

注意しなければならないのは，契約法374条は有償の寄託と無償の寄託を区別し，かつそれぞれ異なる保管義務を定めていることである。蓋し，有償の受託者は保管の報酬を主張する権利があり，したがってその注意義務もより高くなるからである。本条の規定によれば，もし有償の寄託であれば，受託者は善良な管理者としての保管義務を尽くさなければならない。他方，無償の寄託の場合は，受託者は普通人の注意義務を尽くせば足りる。故意または重大な過失がなければ，受託物の毀損に対して賠償責任を負う必要はない。つまり，無償の管理者は社会の一般人の注意義務を負っているだけで，自己の事務を処理するのと同等の注意義務は負わない。

(2) 自ら保管する義務

　受託者は自ら目的物を保管する義務を負わなければならない。契約法371条は「受託者は受託物を第三者に引き渡して保管させてはならない。ただし，当事者に別段の約定があればこのかぎりでない。受託者が前項の規定に違反して受託物を第三者に引き渡して保管させ，保管物に損失を与えたときは，損害賠償責任を負わなければならない」と規定している。本条は，受託者が自ら保管する義務を定めたものである。すなわち契約に特別の約定がない場合は，受託者は自ら受託物を保管しなければならない。契約に特別の約定がないかぎり，受託者は受託物を第三者に引き渡して保管させてはならない。例えば，受託者が貨物の腐乱，変質の可能性を発見し，保管を行うための必要な保管条件を具えていなければ，寄託者の同意を得てはじめて第三者に引き渡して保管させることができる。

(3) 受託者の使用禁止義務

　受託期間中，受託者はその受託の便宜を利用して受託物を勝手に使用してはならない。契約法372条は「受託者は受託物を勝手に使用したり，あるいは第三者が使用するのを許可してはならない。ただし，当事者に別段の約定があれば，このかぎりではない」と規定している。つまり，契約の別段の約定がないかぎり，受託者は自ら受託物を使用してはならないし，他人が受託物を使用するのを許可してはならない。この種の規定は寄託者の利益を守るうえで有利である。もし受託者が勝手に受託物を使用することができると，受託物の毀損，滅失，償却を引き起こしやすく，したがって寄託者の利益を損ないやすい。

(4) 預かり証給付義務

　寄託者が受託者に保管物を引き渡すことで，寄託契約は成立する。したがって，一旦目的物を引き渡すと，受託者は預かり証を給付し，これは契約が存在することを証明する証書となる。契約法368条は「寄託者は受託者に保管物を引き渡すと，受託者は預かり証を給付しなければならない。ただし，別に取引慣行があれば，このかぎりでない」と規定している。したがって，一般的な寄託においては，寄託者が寄託物を引き渡すと，受託者は預かり証を給付しなければならない。ただし，取引慣行で預かり証の給付を必要としない場合は，こうした義務を負う必要はない。例えば，駐車場に駐車するとき，一般的に預かり証の給付を必要としない。もし預かり証を給付しないときは，寄託者はその

給付を請求する権利を有する。
(5) 受託物返還義務

　契約法377条によれば，寄託期間が満了するか，寄託者が満了前に寄託物を引き取るときは，受託者は受託物を返還する義務を負う。寄託契約では，受託者は受託物の所有権を取得しない。したがって，受託期間が満了すると，受託者は受託物を返還しなければならない。契約法376条は「受託期間が満了すると，受託者は特別の事由がなければ，寄託者に期間満了前に受託物を引き取るよう要求することはできない」と規定している。受託期間は主に寄託者の利益のために設定されるものであり，受託期間満了前に受託者が特定の事由もなく寄託者に満了前に受託物を引き取るように要求することはできない。ただし寄託者について言えば，契約法376条は「寄託者はいつでも寄託物を引き取ることができる」と規定している。この規定によれば，当事者が寄託期間について約定しているかどうかに関係なく，寄託者はいつでも寄託物を引き取ることができる。

　寄託期間が満了すると，寄託者は速やかに寄託物を引き取らなければならない。期限が到来しても引き取らないときは，寄託者は受託者に期限満了後の受託費用を払い，かつ契約の規定により違約金を払わなければならない。寄託期間を経過した寄託物について，受託者が規定により通知してもなお引き取らないときは，寄託物の毀損滅失の危険は寄託者が負担しなければならない。

(6) 危険通知義務

　契約法373条2項は受託者の危険通知義務を定めており，第三者が寄託物について訴訟を提起したり，差し押さえを申請したときは，受託者は危険通知義務を負い，当該の状況を速やかに寄託者に通知しなければならない。この義務は受託者が負うべき付随義務に属する。もし受託者が速やかに寄託者に通知せず，寄託者に損失を与えたときは，賠償責任を負わなければならない。

第23章　倉庫保管契約

案例　甲は専門的にワインを保管する会社で，乙は一定量のワインを保管のため甲に引き渡した。保管期間は1年，保管費用は2万元とした。双方の約定で当年1月1日より保管を開始することになった。甲は乙のために保管の空間を残しておいた。しかし，ワインが国外から輸入される途中で，半年間，留め置かれ，6月1日になって，ようやく乙は当該ワインを甲の倉庫に搬送した。当年の年末に，甲は乙に保管費用2万元を払うよう請求したところ，乙は，保管期限は1年で，6月から今に至るまでまだ半年しか経っていないので，甲はさらに継続して保管する義務があり，したがって次年度の5月31日に保管費を支払うべきであると考えた。このため双方で争いになった。

簡単な評釈　契約法382条は「倉庫保管契約は成立のときから効力を生ずる」と規定している。したがって，倉庫保管契約は一般的に諾成契約である。双方当事者の約定によれば，当年1月1日からワイン保管契約は開始されることになっており，したがって，たとえ目的物は引き渡されていなくても，当該倉庫保管契約はすでに効力を生じている。保管物の引渡しの遅延は荷送り人の原因でもたらされたものであり，保管人は相応の不利な結果を負うべきではない。

1　倉庫保管契約概説

　倉庫保管契約とは，専門的に倉庫保管業務に従事する保管人と寄託者の間で締結される，寄託者が引き渡した倉庫寄託物を受寄者が保管し，寄託者が倉庫保管費用を支払う契約のことである。契約法381条は「倉庫保管契約は，寄託

555

者の引き渡した倉庫寄託物を受寄者が保管し，寄託者が倉庫寄託費用を支払う契約である」と規定している。本条は倉庫保管契約について規定したものである。

倉庫保管契約には以下のような特徴がある。

(1) 主体に特殊性がある

倉庫保管契約の受寄者は倉庫保管業務に専門的に従事する者である。この種の法律主体は倉庫受寄者の資格を取得しなければならず，法律が特に定める条件を十分満足させるものでなければならない。例えば，一定の倉庫受託条件を具えるとか，専門的スタッフを招聘する等である[1]。契約法には受託者に対して特別の規定はないが，関連法律規定により，受託者は受託通関手続業務に従事する資格を具え，相応の倉庫保管条件を具え，併せて関連部門の許可を経て，関連営業登記の手続を済ませなければならない[2]。

(2) 目的物は動産である

倉庫保管契約の目的物は動産でなければならない。不動産は倉庫保管契約の保管対象にはならない。なぜなら受託者は主に自己の倉庫を利用して受寄者のために物品を保管するのであり，不動産は倉庫保管契約の客体にはなり得ないからである。さらに，倉庫保管物は特定物もあれば，種類物もあり，倉庫に保管する物品は一般的に大量の商品で，したがって倉庫保管の量も多く，この点で一般の保管契約と異なる。

(3) 諾成性，有償性を具えている

契約法382条は「倉庫保管契約は成立のときより効力を生ず」と規定している。このことから，契約法は倉庫保管契約を諾成契約と規定していることがわかる。当事者が合意に達しさえすれば，倉庫保管契約は成立する。受託者の身分の特殊性により，倉庫保管契約の当事者の一方は営利追求を目的とすること

---

1 例えば2005年，麻酔薬品および精神医療関係薬品管理条例46条は「麻酔薬品用植物栽培企業，指定生産企業，全国性卸売り企業，区域性卸売り企業および国家設立の麻酔薬品貯蔵単位は，麻酔薬品および第一類精神医療関係薬品を貯蔵する倉庫を設置しなければならない。当該倉庫は以下の要求を充たさなければならない。㈠専用の窃盗防止のドアを取りつけ，2人2個の鍵による管理を実行する。㈡相応の防火施設を具える。㈢監視施設と警報装置を具え，警報装置は公安機関の警報システムとネットワーク化する」と規定する。

2 例えば，「保留を必要とする行政審査承認プロジェクトに対する，行政許可設定についての国務院の決定」（国務院令第412号）は，石油製品の卸売，保管，小売り経営資格について特別の規定を設け，かつ関連部門の審査承認を経ることとしている。

を決定づけている。契約法381条は倉庫保管契約の概念を確定するとき,「寄託者は倉庫保管費を支払う」ことを要求している。このことから本法は倉庫保管契約を有償契約と定めていることがわかる。

(4) 倉庫預かり証は取引可能性を有する

倉庫保管中の倉庫預かり証の流通の問題。倉庫預かり証とは受託者が倉庫保管物を受け取ったとき,寄託者に発行するもので,一定の量の倉庫保管物を受け取ったことを表示する有価証券である[3]。したがって,倉庫預かり証は取引可能性がある。契約法385条の規定によれば,寄託者が倉庫保管物を引き渡すとき,保管者は倉庫預かり証を給付しなければならない。倉庫預かり証は貨物引換証[提単]のように単純な裏書の方式で流通するものではなく,必ず保管者の署名あるいは押印を経なければならない。ただし,倉庫預かり証も権利証書に属し,倉庫預かり証の保持者が倉庫預かり証を第三者に譲渡するとき,それは貨物の引渡しに相当し,第三者は貨物の所有権を取得できる。

2 倉庫保管契約の効力

2.1 受寄者の義務

(1) 善良な管理者としての保管義務

契約法381条の規定によれば,受寄者は善良な管理者として寄託者が引き渡した倉庫保管物を保管しなければならない。倉庫保管契約では,受寄者は善良な管理者としての保管義務がある。すなわち受寄者は当該業界の保管者が尽くすべき保管義務を尽くさなければならない。契約法383条3項の規定によれば,受寄者は可燃性,爆発性,有毒性,腐食性,放射性等の危険な物品を保管するとき,それに応じた保管条件を具えていなければならない。

(2) 受寄物検査義務

契約法384条は「受寄者は約定にもとづき倉庫受寄物に対して検査を行わなければならない」と規定している。本条は倉庫受寄物の検査義務を規定したものである。検査とは,受託者が貨物の数量,規格,品質等に対して受寄者が検査を行い,それによって契約で約定した保管物に属するかどうかを確定しなけ

---

3 郭明瑞=房紹坤『新合同法原理』中国人民大学出版社,2007年,676頁。

ればならない。受託者が検査の後，貨物の品質，数量，状況等が契約の約定と符合しないことを発見したときは，速やかに寄託者に貨物を回収するよう通知しなければならない。受託者は貨物の受け取りを拒む権利を有する。

(3) 倉庫預かり証給付義務

契約法385条は「寄託者が倉庫保管物を引き渡すと，受寄者は倉庫預かり証を給付しなければならない」と規定している。本条は，受寄者は寄託者が倉庫保管物を引き渡した後倉庫預かり証を交付しなければならない義務を定めたものである。契約法386条の規定によれば，受託者は倉庫預り証に署名または捺印しなければならない。倉庫預り証には以下の事項，すなわち記載しなければならない。受託者の名称または姓名と住所，倉庫保管物の品種，数量，品質，包装，件数，標識，倉庫保管物の損耗の基準，受託場所，受託期間，倉庫保管費用，倉庫保管物がすでに保険に入っているときは，その保険額，期間および保険者の名称，必要事項記入者，記入日時等を記入しなければならない。倉庫預り証は倉庫保管契約の存在を証明するもので，受託者が倉庫預り証を給付することは，すでに実際に貨物を受け取ったことを証明するものであり，寄託者は当該貨物預り証にもとづいて，受託者に貨物の所有権を主張する権利を有する。

(4) 寄託者の点検あるいは見本の摘出を認める義務

契約法388条は「受託者は寄託者または倉庫預かり証の所持者の要求にもとづいて，倉庫保管物の点検または見本の摘出に同意しなければならない」と規定している。これは，受託者は寄託者または倉庫預かり証の所持者による点検または見本の摘出の要求を認めなければならない義務を定めたものである。この義務は容認義務とも称される。受託者がその義務を履行するのは寄託者の請求によらなければならない。なぜなら，寄託者が貨物を倉庫に保管した後，倉庫保管の安全状況，保管物の状況を理解しておくために，受託者にその点検または見本の摘出に同意するよう要求する権利を有するからである[4]。

(5) 通知の催告の義務

契約法389条は「受託者は倉庫保管物に変質その他の損壊を発見したときは，速やかに寄託者または倉庫預かり証の保持者に通知しなければならない」と規

---

4 胡康生主編『中華人民共和国合同法釈義』法律出版社，1999年，560頁。

定している。これによれば，もし受託者が倉庫保管物を保管する中で保管物に変質その他の損壊があれば，あるいはこの種の変質または損壊の危険があるときは，速やかに受託者または倉庫預かり証の所持者に通知し，できるだけ早く対応措置をとり，さらなる損失の発生を食い止めなければならない。

契約法390条は「受託者は倉庫保管物に変質またはその他の損壊を発見し，その危険が他の倉庫保管物の安全と正常な保管に及びそうになったときは，寄託者または倉庫預かり証の所持者に必要な処置をなすよう催告しなければならない」と規定している。この規定によれば，もし受託者が倉庫保管物に変質またはその他の損壊の状況を発見し，その危険が他の倉庫保管物の安全と正常な保管に及びそうになったときは，受託者は催告の義務を負う。すなわち寄託者または倉庫預かり証の保持者に必要な処置をなすよう催告する義務を負う。ただし，もし保管物の変質やその他の損壊が軽微で，受託者が処理できる場合には，寄託者または倉庫預かり証の保持者に通知する必要はない。

(6) 倉庫保管物を返還する義務

倉庫保管契約では，受託者は保管物の所有権を有さず，したがって期限満了後，倉庫保管物を返還する義務がある。一般的に言えば，受託者は倉庫保管契約が満了後，倉庫保管物を返還しなければならない。当事者が倉庫保管期間を約定していないときは，契約法391条は「当事者が倉庫保管期間につき約定がなく，あるいは約定が不明確なときは，寄託者または倉庫預かり証の所持者はいつでも倉庫保管物を引き取ることができる。受託者もいつでも寄託者または倉庫預かり証所持者に倉庫保管物の引き取りを要求することができる。ただし，必要な準備期間を与えなければならない」と規定している。これにより，当事者が倉庫保管期間につき約定していないときは，寄託者はいつでも倉庫保管物の引き取りを要求できる。このとき，受託者は倉庫保管物を返還する義務を負う。

2.2 受託者の主要な義務

(1) 倉庫保管費の支払義務

倉庫保管費の支払義務は寄託者の主要な義務である。契約法381条は「倉庫保管契約は受託者が倉庫保管物を寄託者に引き渡し，寄託者が倉庫保管費を支払う契約である」と規定している。寄託者が支払う費用には2つの部分が含ま

れる。その1は，倉庫保管費である。それは受託者が保管物の保管をなすことにより，寄託者が支払うべき報酬のことである。その2は，その他の関連費用である。それは倉庫保管の必要から支出された検査費，輸送費，包装費等の費用である。これらの費用は必要な支出である。もし寄託者が倉庫保管費用の支払を拒否すると，受託者は倉庫保管物を留置してそれによって自己の債権の弁済に充てる。寄託者が倉庫保管費の支払を拒否したときは，受託者は倉庫保管物を留置する権利を有する。

(2) 説明義務

説明義務とは，寄託者が特殊な物品を引き渡すとき，受託者に当該物品の性質を説明し，併せて関連資料を提供する義務のことである。契約法383条1項は「可燃性，爆発性，有毒性，腐食性，放射性等の危険物あるいは変質しやすい物品を倉庫に保管するときは，寄託者は当該物品の性質を説明し，関連資料を提供しなければならない」と規定している。寄託者のこの説明義務は法定義務で，当事者が契約の中で約定しているかどうかに関係なく，この種の義務を負う。法律がこの種の義務を寄託者に課す主たる理由は，以下の点にある。すなわち，倉庫保管物がもし危険物品あるいは変質しやすい物品であれば，危険性がきわめて高く，もし特殊な保管をしないと，単に物品自身の損害を与えるだけでなく，人身の死傷あるいはその他の財産に損害をもたらすという重大な結果を引き起こす可能性がある。したがって，寄託者が保管のため引き渡すとき，受託者に特別の説明をして，受託者が特殊な措置を講じて保管することができるようにしなければならない。

(3) 目的物を引き取る義務

倉庫保管契約が満了すると，寄託者は寄託物を引き取る義務を負う。契約法392条の規定により，倉庫保管期間が満了すると，受託者または倉庫預かり証の所持者は倉庫預かり証によって倉庫保管物を引き取る義務を負う。期間満了後，もし寄託者または倉庫預かり証の所持者が速やかに倉庫保管物を引き取らなければ，受託者は貨物を寝かせたり，貨物が腐乱変質する等の状況が生ずる可能性がある。したがって法律によってこうした義務を負うことを規定した。

寄託者または倉庫預かり証の所持者が期日を過ぎても倉庫保管物を引き取らなければ，契約法393条により，受託者は保管物を供託する権利を有する。契約法393条の規定により，受託者は倉庫保管物に対して供託を行う場合，以下

の条件を具えることを必要とする。

　第1，倉庫保管期間が満了しても，寄託者または倉庫預かり証の所持者は保管物を引き取らない。寄託者または倉庫預かり証の所持者が期日を超えて保管物を引き取らないケースのもとで初めて貨物を供託する権利が生ずる。

　第2，寄託者または倉庫預かり証の所持者が，催告期間が満了した後も，依然として引き取らない。つまり，寄託者または倉庫預かり証の所持者が速やかに保管物を引きとらないからといって，受託者は直ちに貨物を供託できるわけではない。寄託者が引き取らない原因は様々で，例えば，一時的な不注意で期日どおり引き取ることを忘れてしまうケースもあり，しかるに供託の効果は直接契約関係の消滅をもたらすことになる。そこで，慎重を期すため，法律は受託者に催告の手続を履行すべきことを要求し，催告の後もなお引き取らないときにはじめて倉庫保管物を供託できるようにしたのである。

第24章　委任契約

案例　甲は民事事件を抱えており，弁護士乙にその処理を委任した。乙はその案件を引き受けた後，一定期間外国に行かなければならないことになり，当該案件の処理を別の弁護士事務所の友人の丙に委任した。丙がある期間処理をした後で，甲はこの状況に気づき，自分は乙の名前を慕って彼に委任したのであって，乙が処理できないのであれば，当然自分にそのことを告げるべきで，しかるに，乙は勝手に丙に委任したので，自分には委任契約を解除する権利があると考えた。しかし，乙は，丙には豊富な経験と知識があり，この案件を処理するにふさわしく，したがって，もし甲が契約を解除するのであれば，関連費用を支払い，かつ損失を賠償すべきであると考えた。

簡単な評釈　委任契約は一定の人格的信頼という属性を具えていて，受任者は原則として自ら関連事務を処理しなければならない。契約法400条の規定によれば，受任者は関連事務を他人に委ねるときは，委任者の同意を得なければならない。本案では，乙は甲の許可を得ずに，案件の処理を第三者丙に委ね，かつ他者への委任は緊急の状態のもとでなされたわけでもない。したがって，乙はこうした再委任を行うことはできない。甲は乙の違約行為を理由として契約を解除することができる。したがって，甲が契約を解除したのは，委任者の任意解除権にもとづくものではないし，また乙の損失を賠償する必要もない。

1　委任契約概説

1.1　委任契約の概念と特徴

　委任契約とは，一方が他方に事務処理を委託して，他方がその事務処理を承諾することを約定する契約のことである。委任契約はサービスを提供する契約の類型の一種である。委任契約関係において，自己のために事務処理を他人に委任する当事者を委任者と称し，他人の委任を受け入れて，相手方のために事務を処理する当事者を受任者と称する[1]。契約法396条は「委任契約は委任者と受任者が約定で，受任者が委任者の事務を処理する契約のことである」と規定する。これは，委任契約概念の意味を明確にしたものである。

　委任契約には主に以下のような特徴がある。

(1) 事務の処理を内容とする

　委任は，一方（委任者）が相手方（受任者）に一定の事務の処理を委託する契約である。委任事務の範囲は，非常に広く，およそ人々の生活と関連する事務のうち，法によって委託できないとされているものを除いて，ほとんどすべて他人に処理を委任することができる。例えば，受任者が契約の締結，契約の変更，契約の解除，催告の通知，同意の表示，拒絶の表示，通知の発送，登記の手続，訴訟の提起等を代わって行うことである。もちろん，すべての事務を委任することはできない。一般的に言って，法律の規定で，あるいは事務の性質によって，他人が代わって処理することのできないものは，受任者は処理できない。例えば，婚姻登記を行うときは，本人自らがなさなければならず，他人に委任することはできない。

(2) 委任者と受任者の範囲はきわめて広い

　委任者は自然人の場合もあれば法人の場合もある。受任者の範囲も非常に広い。契約法は受任者を自然人に限定していない。したがって委任契約の受任者は自然人に限られず，法人も含まれる。ただし，受任者がある事務を処理するにつき，もし法律が一定の資質を有することを要求しているときは，受任者は相応の資質を具えていなければならない。

　1　陳甦編著『委託合同行紀合同居間合同』法律出版社，1999年，3頁。

(3) 人格的信頼性を具えていること

委任契約は人格的信任にもとづく契約であり、その締結は、委任者と受任者との間に相互の信任の関係があることを前提とする。委任者が受任者を選ぶ理由は、受任者の能力、資格、品行等の面での信任にもとづく。また、受任者が委任の受け入れを望むのも、通常、委任者のために自発的に一定のサービスを提供することを前提としている。委任者は受任者に能力があり、かつ委任事務の処理を希望しており、これが委任契約締結の前提をなす。したがって、委任契約には一定の人格的信頼性が具わっている。

(4) 諾成、非要物性、有償性を具えている

委任契約は諾成の、双務契約である。この契約は当事者の意思が合致さえすれば成立する。委任契約の成立には一定の方式をとることを要しない。したがって、委任契約には諾成性と非要物性が具わっている。契約法405条は「受任者が委任事務を完成したときは、委任者は報酬を支払わなければならない。受任者の責めに帰すことのできない事由によって、委任契約が解除され、あるいは委任事務が完成できないときも、委任者は受任者に相応の報酬を支払わなければならない。当事者に別段の約定があるときは、このかぎりでない」と規定している。したがって、中国の契約法での委任契約は有償を原則とし、無償を例外とし、当事者に委任契約を無償とするとの特別の約定がないかぎり、委任契約は有償と推定される。したがって、委任契約は原則として有償契約に属する。

2 委任契約の効力

2.1 委任者の主要な権利義務

(1) 報酬支払義務

契約法405条は「受任者が委任事務を完成させたときは、委任者は受任者に報酬を支払わなければならない」と規定している。本条は委任者は受任者に報酬を支払う義務を負うことを定めたものである。もちろん、405条には「当事者に別段の定めがあるときは、このかぎりでない」との規定がある。したがって、私的自治の原則により、当事者は契約の約定にもとづいて、無償とすることができる。もし当事者が契約で報酬支払時期を約定していれば、委任者は当

該時期内に支払わなければならない。もし当事者で報酬支払時期を約定していなければ、委任者は委任事務が完成した後に報酬を支払わなければならない。

契約法405条によれば、受任者の責めに帰すことができない事由によって委任契約を解除し、あるいは委任事務を完成できなかったときも、委任者は報酬を支払わなければならない。この点について、主に以下の3つのケースは含まれる。その1、委任者の違約行為によって契約が解除される。例えば、委任者が勝手に委任相手を変え、そのため受任者が契約を解除するようなケースである。その2、委任者の原因で受任者が委任事務を完成できなくなる。例えば、委任者が約定どおりに関連費用を引き渡さず、そのため受任者が正常に委任事務を完成できなかったようなケースである。その3、不可抗力や委任者の死亡、破産などの事由が発生し、委任契約の履行を継続できなくなる。こうしたケースでは、受任者には過失がなく、したがって委任者は受託人に相応の報酬を支払わなければならない[2]。しかし、指摘しておかなければならないのは、たとえこのようなケースが出来たとしても、委任者は受任者に契約で約定した全部の報酬を支払わなければならないというわけではないということである。委任者は「相応の報酬」を支払えばよい。すなわち受任者が委任事項を完成させたその程度、仕事の状況等にもとづいて相応の報酬を支払えばよい。

(2) 委任費用の前払および償還義務

契約法398条は「委任者はあらかじめ委任事務処理費用を支払わなければならない。受任者が委任事務処理のために立て替えた費用については、委任者はその費用と利息を償還しなければならない」と規定している。本条の規定によれば、委任者の、委任費用をあらかじめ支払い、また償還する義務には以下の2種類が含まれる。その1、あらかじめ費用を支払う義務。すなわち、委任契約を締結すると、委任事務の性質にもとづいて、受任者が委任事務を処理するときに一定の費用が発生するであろうことが予知できる。こうした場合、委任者は特別の約定がないかぎり、支出を必要とする費用をあらかじめ受任者に支払い、受任者が順調に委任事務を完成できるようにしてあげなければならない。その2、費用償還義務。すなわち委任者があらかじめ費用を支払っていない場合、あるいは臨時に費用支払が生じた場合、受任者は費用を立て替え払いし、

---

[2] 邱聡智『新訂債法総論[中]』中国人民大学出版社、2006年、181頁。

委任者は受任者に立て替え払いの費用を償還する義務を負う。

(3) 委任の法的効果を受け入れる義務

　受任者が委任者の要求にもとづいて委任事務を完成させたら，関連する法的効果が委任者に有利であるかどうかに関係なく，委任者は当該法的効果を受け入れなければならない。受任者が委任事務を処理する過程で，債権債務関係を発生させることもあり得る。そうした場合，受任者が委任事務処理中に生じさせた債権については，委任者は当該債権を享有する権利を有する。受任人者が委任事務を処理する過程で生じさせた債務については，委任者はまた弁済の義務を負う。

(4) 勝手に委任を重複させてはならない

　いわゆる重複委任とは，委任関係が効力を生じた後，委任者が同一の事務を他人に委任して処理させる行為のことである。例えば，甲弁護士に訴訟の代理を委任した後，また乙弁護士を招聘して，同一の事務について訴訟を代理させるようなケースである。契約法408条は「委任者は受任者の同意を経て，受任者以外の第三者に委任事務の処理を委任することができる。これによって受任者に損失を与えたときは，受任者は委任者に損失の賠償を要求することができる」と規定している。本条の規定によれば，委任者が重複委任をする場合は，原則として，受任者の同意を得なければならない。そして，たとえ受任者の同意を得た場合でも，重複委任によって受任者に損失を与えたときは，受任者は委任者に賠償を請求する権利を有する。もちろん，先に受任を引き受けた側が，同意しなければ，委任者は両者の間の委任関係を解消し，別人に委任事務の処理を委任することができる[3]。

(5) 意外危険によってもたらされた損害に対する賠償義務

　契約法407条は「受任者が委任事務を処理するとき，自己の責めに帰すことのできない事由によって損失を受けたときは，委任者に損失の賠償を要求することができる」と規定している。これによれば，意外の危険によって受任者が損害を受けた場合，委任者は損害賠償の義務を負う。例えば，受任者が委任事務の処理のとき，交通の意外事故により人身の損害を受け，受任者は当該損害に対して過失がなければ，受任者は委任者に当該損害の賠償を請求する権利を

　3　魏耀栄等『中華人民共和国合同法釈論［分則］』中国法制出版社，2000年，581頁。

有する。蓋し，受任者は委任者のために事務を処理し，受任者の損失と受任者の委任事務処理の行為の間に直接の関連性があれば，利益と危険の一致の原則により，委任者は責任を負わなければならない。もちろん，委任者は賠償した後，直接の不法行為者に対して求償することができる。蓋し，委任者と直接の不法行為者の間には不真正連帯責任の関係が形成され，直接の不法行為者は究極的責任者であり，委任者には求償権がある。

2.2 受任者の主要な義務

(1) 授権範囲内で委任事務を処理する義務

受任者は委任者の関連事務を処理する権利を有し，この権利は委任者の授権により，委任者の意思と利益を体現したものである。したがって，受任者の，委任者の授権の範囲内での行為は合法性を有する。契約法406条2項は「受任者が権限を超えて委任者に損失を与えたときは，損失を賠償しなければならない」と規定している。受任者の，権限を超えた行為の中には，権限なき行為，権限を踰越した行為および権限終了後も引き続き委任事務に従事する行為が含まれる。

(2) 委任事務を自ら処理する義務

契約法400条は「受任者は自ら委任事務を処理しなければならない」と規定する。委任関係は一般的に委任者の受任者に対する信任と信頼関係，特に受任者の能力，技術，専門的知識，品徳等の面での信任関係のうえに築かれる。したがって，受任者は自ら委任事務を処理しなければならず，そうすることではじめて委任者の利益に符合する。契約法400条の規定により，受任者が別人に委任するときは，委任者の同意を得なければならない。

しかし，緊急の状況の場合，委任者の利益を守るために受任者が委任者の同意を得ずに再委任することはあり得る。例えば，某人が外地から魚とエビを購入することを受任者に委任したが，魚やエビは活魚類のため，運送途中，異常な暑さのため，魚とエビが腐乱変質し始め，それを運送人が発見し，受任者に報告したが，受任者は速やかに委任者と連絡がとれず，そこで受任者は魚とエビのさらなる腐乱変質を避けるために，運送人にそれらの魚とエビの生きた部分を当地で売却することを自らの判断で決定し，事後においてその売却した代金を委任者に支払った。こうしたケースは，緊急状態のもとでの再委任であり，

委任者は受任者が彼の同意を得ていないということを理由にして再委任の無効を主張することはできない。

再委任した場合でも，受任者と委任者の間の委任契約はなお依然として有効であり，受任者はなお委任者に対して責任を負う。再受任者が委任事務を処理した効果は委任者に帰属し，受任者は第三者の選任および彼の第三者に対する指示についてのみ責任を負う。もし委任者の同意を得ず，かつ緊急の状況でもないときに，受任者が勝手に再委任した場合には，再委任した第三者の行為について受任者は委任者に責任を負わなければならない。

(3) 委任者の指示にもとづいて委任事務を処理する義務

契約法339条は「受任者は委任者の指示にもとづいて委任事務を処理し，委任者の指示を変更する必要があるときは，委任者の同意を得なければならない。状況が緊急で，委任者と連絡をとることが困難なときは，受任者は適切に委任事務を処理しなければならない。ただし，事後に当該状況を速やかに委任者に報告しなければならない」と規定している。本条の規定によれば，受任者は委任者の指示にもとづいて委任事務を処理する義務があり，中途で委任者の指示を変更する必要があるときは，委任者の同意を得なければならない。ただし，緊急の状況下で，受任者が委任者と連絡をとることが困難なときは，受任者は適切に委任事務を処理し，事後に当該状況を速やかに委任者に報告しなければならない。緊急な状況とは，委任事務を行う段になって状況が変動し，委任契約中の約定を変更しなければ，委任者に損失を与えるような状況のことである。例えば，委任者が受任者に某地に赴いて某品種の柑橘1000キログラムの購入を委任し，受任者が現地に到達した後，当該柑橘に虫害が発生し，収穫も不良で，品質も不良であることを知ったが，委任者との連絡がとれず，そこで，隣県に赴き虫害がまだ発生していない別の品種の柑橘を購入したといったようなケースである。

(4) 必要な注意義務を尽くす

受任者は事務処理の過程において，法律と契約の規定により，必要な注意義務を尽くさなければならない。契約法406条1項は「有償の委任契約では，受任者の過失によって委任者に損失を与えたときは，委任者は損失の賠償を要求することができる。無償の委任契約では，受託人の故意または重大な過失によって委任者に損失を与えたときは，委任者は損失の賠償を要求することがで

きる」と規定している。本条は有償委任と無償委任の区別にもとづいて，2つの規則を定めている。すなわち

第1，有償契約では，受任者の注意義務は比較的重く，受任者の過失によってもたらされた委任者の損失は，すべて賠償責任を負わなければならない。有償の委任契約で，法律が責任負担の条件として過失があることを規定していれば，過失がありさえすれば，重いか否かに関係なく，受任者は責任を負わなければならない。

第2，無償契約では，受任者は以下の2つのケースにおいてのみ損失賠償責任を負うことが求められる。その1，故意によって委任者に与えた損失。その2，重大な過失によって委任者に与えた損失。重大な過失とは，正常な状況のもとで，受任者がその注意義務の範囲内で，予見できるのに予見せず，あるいは予見するも，事故は発生しないだろうと軽く考え，対応措置をとらずに生じさせた損失。無償委任契約では，もし受任者が主観的に一般過失あるいは軽過失にすぎないのであれば，免責を主張できる。

(5) 報告の義務

契約法401条は「受任者は委任者の要求にもとづいて委任事務の処理状況を報告しなければならない。委任契約が終了すると，受任者は委任事務の結果を報告しなければならない」と規定している。本条の規定は受任者の報告義務を規定したものである。その中には主に以下の2種類がある。その1は委任事務処理過程での報告義務である。受任者は委任者の要求にもとづいて委任事務を処理するほかに，事務の執行状況，完成の進行状況，突発事件に出会ったさいの処理の仕方と対策等の委任事務処理の具体的状況を速やかに報告しなければならない。その2は，委任事務を完成させた後の報告義務である。受任者は事務処理の全過程と処理の結果を委任者に報告し，併せて必要な証明を提出しなければならない。もし受任者が速やかに報告義務を履行せず，そのため委任者が速やかに指示を変更できず，損失を被ったときは，委任者は受任者に違約責任を負うよう請求する権利を有する。

(6) 財産引継ぎ義務

契約法404条は「受任者が委任事務を処理して取得した財産は，委任者に引き渡さなければならない」と規定している。これは，受任者が財産を委任者に引き渡す義務を定めたものである。委任事務が完成したら，あるいは段階的に

完成したら，受任者は委任事務にもとづいて獲得した各種の収益を速やかに委任者に引き渡す義務がある。

第25章　取次契約

案例　甲は取次人で，乙会社の委託を受けて，乙会社が生産した化粧品の販売をすることになった。そのため，双方は取次協力契約を締結し，契約期限を5年とした。その1年後に，甲は当該化粧品の販売量が良好なのを見て，自ら乙から購入し，それを転売することにした。双方はまた化粧品購入契約を締結した。甲はまた契約により乙に代金を支払った。取次協力契約の期間満了後，甲は乙にその販売した化粧品の総量にもとづいて報酬を支払うよう請求したが，乙は，甲が直接乙から化粧品を購入したのであり，したがって取次協力契約は1年で終了し，甲には報酬支払を請求する権利はないと主張し，双方で争いが生じた。

簡単な評釈　取次契約では，取次人は自己の名義で委託人のために取引活動に従事し，委託人は約定どおりに取次人に報酬を支払う。契約法419条は「①取次人が市場価格を具えた商品の売り買いをなすときは，委託人の，それに反する意思表示がある場合を除き，取次人自身が買主または売主となる。②取次人に前項の規定する事由があっても，委託人に報酬の支払を要求することができる」と規定する。しかし，本案では，取次契約は終了していないが，甲乙の間でまた売買契約を締結した。したがって，甲の乙に対する取次の報酬支払請求は，自ら購入した部分の化粧品の数量を除かなければならない。甲は取次協力契約で得ることのできる報酬のみを請求する権利を有する。

1 取次契約概説

1.1 取次契約の概念と特徴

　取次契約とは，取次人が自己の名義で委託人のために取引活動に従事し，委託人が報酬を支払う契約のことである。中国前近代にもいわゆる牙行，貨桟等の取次業に従事する商人が存した。現代社会では，取次は総じて委託業，競売業，証券業，不動産仲介業などの専門的な業者によって行われている。彼らは委託人の委託を受けて，取次業に従事する。取次は現代社会の商事活動の専業化，簡便化の特徴に符合する。中国の契約法22章は専門的に取次契約を規定し，取次業務を規範化し，当事者の権利義務を明確にするうえで重要な役割を果たしている。

　取次人は，自己の名義で取引行為に従事する過程で，2種類の契約関係に関わる。その1は，委託人と取次人の間での取次契約関係で，例えば取次人に品物の購入や販売を委託する類いである。その2は，取次人と第三者の間の契約関係で，例えば取次人が委託を受けた後，自己の名義で第三者から品物を購入したり，第三者に品物を売却したりする類いである。前者の関係はよく内部関係と称され，取次人と第三者の関係は外部関係と称される[1]。取次契約は前者の契約関係，すなわち委託人と取次人の契約関係のことである。

　取次契約には以下のような特徴がある。

(1) 取次人が従事するのは取引行為である

　取次人が従事する行為には特殊性がある。それは取引行為に限定されるということである。実践から見て，取次人が従事する取引の類型は絶えず発展しており，例えば証券取引や先物取引においては，委託人は株式や先物の売買を委託するが，これも取次である。また，家屋の仲介にも大量取次従事の活動があり，特に不動産売買と不動産賃貸の取次活動が顕著である。さらに，中国市場経済の発展の促進に有利であるとの視点から見ても，法律が禁止しない取引行為であれば，取次業務の展開が認められるべきである。

(2) 取次人は相応の資格を具えていなければならない

　取次は一定の専業化と独立性という特色を有している。取次人はある種の取

---

[1] 林誠二『民法債編各論［中］』中国人民大学出版社，2007年，228頁。

次行為に従事するにつき特定の資格を取得しなければならない。実践では，取次人の多くは顧客の委託を受けて売買行為に従事する特定の組織である。それらは通常一定の資格許可を得なければならない。取次人の行為を規範化し，委託人の合法的権益を保障するため，法律上，しばしばその設置のためには資格許可制度がとられている。

(3) 取次人は自己の名義で行為する

代理と異なり，取次人は自己の名義で対外的に取引行為を行う。同一の事務で，もし受託人が委託人の名義で行えば，それは代理を構成する。もし受託人が自己の名義で行えば，取次を構成する。例えば，受託人が某物を売却するさいに，委託人の名義で行えば，代理であり，自己の名義で行えば，取次となる。まさにこのように，取次人は自己の名義で相手方との間で契約関係を生じさせ，取次人は契約の当事者となり，独立して権利を享受し，義務と責任を負担する。

(4) 委託人と第三者は直接取引関係を発生させない

取次では，取次人は自己の名義で取引活動に従事し，第三者は基本的に誰が委託人であるか知らないし，委託人も第三者を知らない可能性がある。このことから，取次と直接代理は異なり，委託人は直接第三者と法律関係を発生させることはないということがわかる。取次の法的効果は，一般的には先ず取次人が引き受け，その後に取次契約にもとづき委託人にその効果が移転する[2]。

(5) 諾成性，不要物性，双務性と有償性を具える

取次契約は委託人と取次人が関連取次事項につき意思表示が一致しさえすればよく，特別の方式をとる必要はない。口頭方式でも書面方式でもかまわない。したがって，取次契約は諾成性と不要物性を具えている。取次契約では，取次人は自己の名義で委託人のために取引活動に従事し，委託人は報酬を払わなければならない。したがって，取次契約は同時に双務性と有償性を具えている。

2　鄭玉波『民法債編各論［下］』三民書局，1981年，503頁。

2 取次契約の効力

2.1 取次人の主要な義務

(1) 自己の名義で取引活動に従事する義務

契約法414条は「取次契約は取次人が自己の名義で委託人のために取引活動に従事し，委託人が報酬を支払う契約である」と規定している。この規定によれば，取次人は自己の名義で委託人の利益のために取引活動に従事しなければならない。これは取次契約と他の類型の契約（例えば委任契約等）との主要な違いをなす。第三者との取引行為において，取次人は自ら契約の権利義務の主体をなし，たとえ相手方が委託人と取次人の間の取次関係を知っていたとしても，相手方は取次人に契約義務の履行を請求できるだけで，委託人に請求することはできない。ただし，取次人はその後，取次人と委託人の間の約定にもとづき，取引によって得た関連利益を委託人に移転しなければならない。

(2) 自ら費用を負担する義務

契約法415条は「取次人が委託事務を処理するうえで支出した費用は，取次人が負担する。ただし，当事者に別段の約定があれば，このかぎりでない」と規定している。本条の規定によれば，取次人は取次の関連費用を自己負担しなければならない。この種の費用の中には事務処理で支出した交通費，労賃，取引税等が含まれる。取次契約では，報酬が明確に規定されているので，一般的状況下では，取次人が取次行為に従事した費用は当然報酬の中で計算される。したがって，もし当事者の間で特段の約定がなければ，事務処理費用は取次人が自己負担しなければならない。

(3) 委託物の善管義務

いわゆる"善管義務"とは，取次人は善良な管理者の注意義務の基準にもとづいて目的物を保管しなければならないということである。それは取次人が適切な手段をとって，委託物を可能なかぎりその本来の状態のままで保持することを要求する。例えば，取次人が他人の委託を受けて家伝の楽器の一部を売却する場合，取次人は適切な方法をとって保管し，楽器の損壊を回避しなければならない。

契約法417条は「委託物が取次人に引き渡されたとき，瑕疵があるか，腐乱，変質しやすい場合，委託人の同意を経て，取次人は当該目的物を処分すること

ができる。委託人と速やかに連絡がとれないときは，取次人は合理的に処分することができる」と規定している。本条は2種類のケースを区別している。その1は，委託人の同意を経た処分権であり，それは委託物にすでに瑕疵があるとか，腐乱や変質が生じている状況のもとで，委託人の同意を経ていれば，取次人は処分できるということである。その2は，取次人と委託人が速やかに連絡をとることができないときのことで，この場合は，取次人は合理的に処分できる。

(4) 指示された価格で取引を行う義務

　取次においては，取次人は自己の名義で行為するが，委託人の指示に従って取引を行わなければならない。取引の過程で，取次人は売る場合でも買う場合でも，委託人の指示した価格に従わなければならない[3]。契約法418条の規定によれば，取次人が指示された価格にもとづいて取引を行う義務には，以下の2つの面が含まれる。

　その1，取次人に取引を委託するとき，取次人が委託人の指定した価格に違背して，その指示された価格より低く売却し，あるいは指定された価格より高く購入しようとするときは，委託人の同意を経なければならない。

　その2，取次人が，委託人が指定した価格より低く目的物を売却し，あるいはより高く購入する場合，委託人の同意を経ていないからといって，当然に無効になるわけではない。もし取次人がその差額を補償した場合，取次人は事実上委託人の価格の指示に従っており，委託人に損害を与えておらず，取次人の行為は委託人に対して法的効力を生ずると考えるべきである。例えば，取次人は委託人の指示した価格より低く家伝の文物を売却するも，その後，差額を補足すれば，当該文物売却契約は委託人に対して効力を生ずる。法律がこの種の規定を設けた理由は，できるだけ取引を奨励し，併せて各当事者の利益に気を配ることにある。

(5) 報告義務

　契約法は取次人の報告義務を明確には規定していない。しかし，誠実信用原則により，取次人は速やかに委託人に事務処理の状況を報告しなければならない。取次人が取引活動を行う場合，委託人の指示に従い，かつ委託人の利益の

　3　魏耀栄他『中華人民共和国合同法釈論［分則］』中国法制出版社，2000年，594頁。

ために行うのであり，報告義務の履行によって，委託人は速やかに取次人が行おうとしている，あるいは現に行っている取引を知ることができ，速やかに市場の変化によってその指示を変更し，よりよく自らの利益を維持することができる。

(6) 速やかに物品または収益を引き渡す義務

取次人は業務を完成させた後，委託事務の完成で得た収益あるいは節約できた費用を委託人に引き渡す。

(7) 第三者との契約の履行義務

契約法421条1項は「取次人が第三者と契約を締結したときは，取次人はこの契約に対して直接，権利を享有し，義務を負う」と規定している。取次人が委託人の委託を受けて，第三者と契約を締結する場合，通常，自己の名義でもって行い，契約の相対性にもとづき，取次人と第三者と締結した契約で，もし取次人が売主であれば，第三者に目的物を引き渡す義務を負う。もし買主であれば，当然，第三者に代金を支払わなければならない。

2.2 委託者の主要な義務

(1) 報酬支払義務

契約法422条は「取次人が委託事務を完成または一部完成させたときは，委託人は相応の報酬を支払わななければならない」と規定している。このことから，委託人には報酬支払義務があり，取次人には報酬請求権があることがわかる。これもまた取次契約が委任契約と区別され，かつ典型的な商事契約の特徴の一つをなす点である[4]。契約法422条の規定によれば，取次人が委託事務を完成，または一部完成させたときは，また委託人に相応の報酬を主張できる。もし委託人が期日を過ぎても報酬を支払わなければ，本条の規定により，取次人は委託物に対して留置権を有する。取次人は留置財産を金銭に替え，あるいは競売，売却［変売］した後，その価額が債権額を超えた部分は委託人に返還し，不足部分は委託人が弁済する。

(2) 速やかに委託物を受領する義務

契約法420条1項は「取次人が約定にもとづいて委託物を購入したら，委託

---

4 魏耀栄他『中華人民共和国合同法釈論［分則］』中国法制出版社，2000年，600頁。

人は速やかに受領しなければならない。取次人の催告を経ても，委託人が正当な理由なく受領を拒絶したときは，取次人は本法101条の規定により委託物を供託することができる」と規定している。本条は，委託人の委託物受領義務の規定である。委託人が受領を拒絶したときは，取次人は法により委託物を供託する権利を有する。同時に，契約法103条の規定により「目的物を供託した後は，毀損，滅失の危険は債権者が負担する。供託期間の目的物の果実は債権者の所有となり，供託費用は債権者の負担となる」。したがって，いったん取次人が委託物を供託すると，目的物の毀損，滅失の危険は委託人が負担し，委託人はまた供託費用を負担しなければならない。

(3) 引き取り義務

契約法420条2項は「委託物を売却できず，あるいは委託人が売却を撤回し，取次人の催告を経ても，委託人が当該目的物を引き取らず，あるいは処分しないときは，取次人は本法101条の規定にもとづいて委託物を供託することができる」と規定する。本条の規定により，委託物を売却できず，あるいは委託人が売却を撤回したときは，取次人の催告を経て，委託人は速やかに目的物を引き取らなければならず，委託人が速やかに委託物を引き取らなかったときは，委託人はまた委託物を供託する権利を有する。

第25章 取次契約

第26章 仲立契約

案例 乙は仲介会社で，甲の委託を受けて，甲と丙の間の家屋購入契約の締結を促進することになった。甲と乙は仲立契約の中で，乙は甲と丙の取引を完成させるかどうかに関わりなく，甲は乙に5万元の報酬を支払うことを約定した。この過程で，乙は甲丙間の協議と面談を手配するため，併せて2,000元の費用がかかった。その後，甲と丙の取引は合意に至らず，乙は甲に5万元の報酬の支払を請求したが，甲は，乙は甲と丙の取引を促進しなかったので，契約法の関連規定にもとづき，支払を請求する権利はないと考えた。

簡単な評釈 本件は仲立契約に属する。契約法427条は「仲立人が契約の成立を完成させることができなかったときは，報酬の支払を請求してはならない。ただし，仲立活動に従事して支出した費用の支払を委託者に要求することができる」と規定している。本条の表現によれば，「してはならない」となっているので，これは強行法規に属する。本件では，当事者は取引を完成させるかどうかにかかわりなく報酬を支払わなければならないと約定しているが，強行法性規範に違反しているので，当該約定は無効である。したがって，乙は仲立の報酬の支払を請求することはできない。ただし，仲立人は委託者に必要な費用，すなわち乙の支払った各費用2000元の返還を請求する権利を有する。

1 仲立契約概説

仲立契約とは，仲立人が委託者のために第三者と機会を提供する，あるいは紹介活動を行う契約を締結し，委託者が仲立人に約定の報酬を支払う契約のこ

581

とである。市場の取引においては，取引双方が取引情報に欠け，そのため接触，意見交換，契約締結などしようがなく，仲介の働きを借りてはじめて双方が相互の契約締結の願望を知ることができ，したがって契約の成立を促すことができる[1]。実践から見ると，仲立契約の適用範囲は相当に広く，家屋売買，賃貸借から保険，貨物輸送，有価証券購入まで仲立契約を通じて行うことが可能である。

仲立契約は主に以下のような特徴を有する。

(1) 特定の取引の仲立契約の主体には特殊性がある

中国では，自然人間の仲立契約の主体については，法律は特別の要求をしない。いかなる市民も，その行為が法律に違反しないかぎり，他人の行う普通の民事活動のために契約締結の機会を報告することができ，あるいは契約を締結するサービスを提供することができる[2]。しかし，特定の取引の仲立については，法律は，通常，仲立人は相応の能力，知識，契約締結条件を具えること，相応の資格を取得すること，あるいは相応の行政許可を獲得するために仲立人は一定の条件に符合しなければならないことを要求する。

例えば，都市房地産仲介サービス管理規定8条によれば，房地産の仲立人は試験，登録を経て房地産仲立人資格証を取得した人員でなければならない。

(2) 内容の特殊性

契約法424条によれば，仲立活動には以下の2種類が含まれる。

その1は，他人のために契約締結の機会を提供することである。すなわち潜在的な取引当事者のために他人と契約を締結する機会を提供することである。これは，仲立人が委託者の委託を受けて，彼のために契約締結の相手方を探し求めて，双方の契約締結を完成させるケース，あるいは契約締結の情報を提供する，すなわち関係する契約主体の状況，契約履行能力，当事者の信用，売却の目的物の特徴等の情報を提供するケースである。

その2は，契約締結の仲介サービスを提供することである。すなわち仲立人が双方当事者の間で斡旋を行い，談判の協力を行い，取引を促進完成させることである[3]。したがって，仲立人は双方の間で単に仲介を担当し，当事者の契約締結のためにサービスを提供するだけである。

---

1 史尚寛『債法各論』中国政法大学出版社，2000年，434頁。
2 郭明瑞＝王軼『合同法新論［分則］』中国政法大学出版社，1997年，331頁。

(3) 役割の特殊性

仲立人は取引の促進完成の中で，独立して意思表示をなすことはない。仲立人自身は完全な民事行為能力を具えた者で，彼が他人と仲立契約を締結するとき，契約の一方当事者として，協議をなし，独立して意思表示をなすことができる。しかし，取引の促進完成において，仲立人の任務は，委託者とその相手方のために取引の情報を提供することであって，一方当事者を代表して相手方に意思表示をなすわけではない。

(4) 有償性を具えている

典型的な仲立契約では，仲立人は仲立活動に従事することから一定の報酬を獲得する。この報酬は，慣習的に"手数料"［傭金］と称されている。中国の契約法424条の規定によれば，仲立契約は仲立人が委託者に契約締結の機会を報告し，あるいは契約締結の仲介サービスを提供し，委託者が報酬を支払う契約である。このことから，本条は仲立契約は有償を原則とすることを明確にしており，仲立契約が原則として有償契約であることがわかる。

(5) 諾成性，双務性と非要物性を具えている

双方の意思表示の一致がありさえすれば，仲立契約は成立し，特別の形式をとることを必要としない。したがって，諾成契約に属する。仲立契約では，仲立人は契約の約定どおりに，委託者のために契約締結の機会を提供し，契約の成立を完成させる義務があり，委託者は仲立人に約定の報酬を支払う義務がある。したがって，仲立契約は双務契約に属する。さらに，仲立契約は法定の形式をとる必要がなく，法律上，仲立活動の形式について明確な規定を設けていない。当事者は書面，口頭等各種の形式を採用できる。したがって，仲立契約は非要物性の契約である。

(6) 委託者の側の給付義務の履行には不確定性が具わる

委託者は仲立人が提供した契約締結の機会を受け入れるべき義務はない。契約が成立するかどうか，取引が成功するかどうかは，相手方当事者等の諸々の要素によって決定される。したがって，取引が成功しないときは，委託者は契

---

3 「都市房地産仲介服務管理規定」2条は，房地産仲介サービスとして以下のものを含めている。その1は，房地産の相談である。すなわち房地産活動の当事者のための法律法規，政策，情報，技術等の面でのサービスの経営活動である。その2は，房地産の価格の評価である。すなわち，房地産に対して測量，その経済価値の評定，代理業務の経営活動である。その3は，委託人のために房地産の情報を提供したり，代理業務を仲立する経営活動である。

約の約定にもとづいて仲立報酬の支払義務を負わなくてよい。

2 仲立契約の効力

2.1 仲立人の主要な義務

(1) 契約締結の機会を提供し，あるいは契約締結の仲介サービスを提供する義務

　契約法424条は「仲立契約は仲立人が委託者に契約締結の機会を報告し，あるいは契約締結の仲介サービスを提供し，委託者が報酬を支払う契約である」と規定している。これによれば，仲立人の主要な義務は，委託者にサービスを提供することであり，サービスの内容には2つの面，すなわち契約締結の機会を報告することと，契約締結の仲介サービスを提供することである。仲立人が提供する仲介サービスには，一切の契約締結の機会を提供することが含まれ，その適用範囲は，契約法の規定する15種類の典型契約の締結に限られない。

(2) 事実どおりに報告する義務

　契約法425条は「仲立人は関連する契約締結事項について委託者に事実どおりに報告しなければならない。仲立人が契約締結と関連する重要事実を故意に隠し，あるいは虚偽の状況を提供し，委託者の利益を損なったときは，報酬の支払を請求できず，かつ損害賠償責任を負わなければならない」と規定している。本条は，例えば仲立人の事実のとおり報告する義務を期待したものであり，報告の内容には，第三者の信用状況，第三者が取引に用いようとしている目的物の存続状況，第三者の支払能力，購入商品の瑕疵等といった契約締結に影響する事項が含まれる[4]。仲立人が報告する相手方は，委託者でなければならない。もし委託者が数人いるときは，すべての委任人に報告しなければならない。

(3) 忠実義務

　仲立は人格的な信頼関係を基礎として締結される契約であり，したがって仲立人は誠実信用原則のもとづいて忠実義務を負わなければならない。具体的には，この義務には以下の内容が含まれる。

　1. 仲立人は，委託者が正確に判断して契約を締結するのを助けるために，

---

[4] 胡道才他主編『参閲案例研究・商事巻』中国法制出版社，2011年，147頁。

委託者に契約締結についての各種の情報を事実どおりに告知しなければならず，その中には不利益な情報も含まれる。

　2．仲立人は仲立活動に従事するとき，誠実信用の方式で当事者の間で斡旋を行わなければならず，取引を完成させようとして，真相を隠したり，事実を誇大化したり，虚偽の情報を作り上げたりしてはならない。

　3．仲立人は仲立活動に従事中に，利益の衝突に関わるときは，回避義務を負わなければならない。

　4．委託者の財物を不正流用したり，不法占有してはならない義務を負う。仲立人は委託者の財物を適切に管理し，仲立が終了した後は速やかに委託者に引き渡さなければならない。仲立人は自己の利益のために委託人の財物を勝手に流用したり不法占有してはならない。

(4) 勤勉義務

　仲立契約締結の目的は，仲立活動を通じて契約の締結を完成させることであり，したがって，仲立人は可能なかぎり関連情報を収集して委託者に報告し，あるいは仲介サービスを通じて取引を最終的に完成するよう努力しなければならない。この種の義務は勤勉義務と称される。仲立人の勤勉義務およびその範囲は契約の約定，誠実信用原則および取引慣行のもとづいて具体的に確定されなければならない。

(5) 付随義務

　誠実信用原則にもとづいて生ずる付随義務には以下のよう種類のものがある。

　1．秘密保持義務。仲立人は仲立契約中の各種の情報，資料に対して秘密保持義務を負う。例えば，ある家屋の仲介で委託者の住所，電話番号等を他人に漏洩し利益を貪ることは秘密保持義務に違反する。

　2．料金事項を告知する義務。例えば，不動産仲買機関の告知義務の中には以後の紛争発生を避けるために，サービス内容，料金等の内容を告知することが含まれる。

　3．速やかに通知する義務。仲立人は自ら了解した，委託者との契約締結と関連する事項を速やかに通知する義務を負う。これらの付随義務を履行することで，仲立契約の目的実現を保障できる。

2.2 委託者の主要な義務

(1) 契約成立後の報酬支払義務

　契約法424条によれば，仲立契約は有償契約であり，したがって委託者は仲立人がなした契約締結の機会についての報告や提供した契約締結の機会の仲介サービスに対して一定の報酬を支払わなければならない。契約法426条は「仲立人が契約を成立させたときは，委託者は約定にもとづき報酬を支払わなななければならない」と規定している。報酬の支払は委託者の主要な義務をなす。ただし，仲立人が報酬請求権を行使するためには以下の条件を具えていなければならない。

　1．委託者と相手方の間での契約締結を完成させること。報酬支払の前提は，仲立人が取引を完成させることである。契約法427条の規定によれば，もし取引を完成できなければ，仲立人は報酬の支払を請求できない。この規定は強行性規範に属し，当事者がその除外を約定することはできない。

　2．仲立契約は合法有効でなければならない。例えば，国家機関や事業単位の指導幹部は職権を利用して一定の仲立活動に従事してはならない。もし活動に従事すると，現行の法律規定に違反し，無効となる。

　3．仲立人が完成させた，委託者と相手方の間で成立した契約は，委託者が委託のときに締結しようと欲した契約でなければならない。

　仲立人の報酬について約定がないか，約定が不明確で，契約法61条の規定によってもなお明確にならないときは，仲立人の労務にもとづいて合理的に確定する。つまり，仲立人が仲立に従事する際に実際に要した時間，エネルギー，労務に払った価値，委託者の仲立の事物についての満足度，および契約締結を成功させる過程での役割にもとづいて確定しなければならない。仲立を報告する場合，仲立人はどの当事者に報告すべきかは，誰が報酬を支払うかによる。しかし，仲立を仲介する場合は，仲立人は委託者と相手方の間で仲立サービスを提供する。もし仲立活動が取引契約を成功させれば，委託者と相手方はともに受益者であるので，双方当事者が報酬支払義務を負う。

(2) 約定にもとづき費用を返還する義務

　仲立契約での委託者の主要な義務は報酬を支払う義務である。仲立の費用は一般的には報酬の中に組み入れられる。もし仲立が成功して取引が成立すれば，

委託者が支払う報酬の中には費用も含まれる。契約法427条によれば，委託者はたとえ取引が成功しなくても，必要な費用は支払わなければならない。ここで言う必要な費用とは，主に仲立人が仲立活動に従事する中で支払った交通費，労務費等である。

(3) 協力義務

委託者は仲立人に委託して一定の仲立行為に従事させる過程において，必要なときは一定の協力をしなければならない。都市房地産仲介サービス管理規定20条は「房地産の仲介サービス人員が業務を執行するときは，必要にもとづいて，委託者の関連資料や文書を調べ，現場を調査することができる。委託者はそれに協力しなければならない」と規定している。例えば，家屋の売却の仲介の委託するとき，もし購入しようと思っている人が仲介機関に現場を見せてほしいと要求したときは，委託者は現場見学を認め，かつ必要な協力をしなければならない。

本書は中国人民大学の出版助成を得て刊行された。

著者
王　利明　中国人民大学常務副学長，中国人民大学法学院教授

監訳者
小口彦太　早稲田大学名誉教授，江戸川大学学長

翻訳者
胡　光輝　北陸大学経済経営学部教授（第11章～第17章）
侣見　亮　一橋大学大学院法学研究科准教授（はしがき・第1章～第4章）
長　友昭　拓殖大学政経学部准教授（第18章～第26章）
文　元春　早稲田大学法学学術院准教授（第5章～第10章）

中国契約法

2017年11月30日　初版第1刷発行

著　者　王　利明
監訳者　小口彦太
デザイン　佐藤篤司
発行者　島田陽一
発行所　株式会社早稲田大学出版部
　　　　〒169-0051　東京都新宿区西早稲田1-9-12
　　　　TEL03-3203-1551
　　　　http://www.waseda-up.co.jp
印刷製本　大日本法令印刷株式会社

©Hikota Koguchi et al. 2017 Printed in Japan　ISBN978-4-657-17011-8
無断転載を禁じます。落丁・乱丁本はお取替えいたします。